異文化間交易とディアスポラ

フランチェスカ・トリヴェッラート 著

異文化間交易とディアスポラ
―― 近世リヴォルノとセファルディム商人 ――

和栗珠里／藤内哲也／飯田巳貴 訳

知泉書館

The Familiarity of Strangers
The Sephardic Diaspora, Livorno, and Cross-Cultural Trade
in the Early Modern Period
by
Francesca Trivellato

©2009 by Yale University
All rights reserved

Japanese translation rights arranged with
Yale University
through Japan UNI Agency, Inc., Tokyo

謝　辞

　本書はヨーロッパおよびアメリカ合衆国の以下の団体の経済的な援助なしには存在しなかったであろう。すなわち，the Italian Fulbright Commission（1996-97年），the Brown University Graduate School（1997-2000年），the Comissão para as Comemorações dos descobrimentos portugueses（1997年），the Luso-American Foundation（2001年），the École des Hautes Études en Sciences Sociales（1999-2000年），the European University Institute（2003年），the Maurice Amado Foundation Research Grant in Sephardic Studies at UCLA（2003年），the Radcliffe Institute of Advanced Study（2006-07年），the American Council of Learned Societies（2006-07年）である。また，2004年以降，the Whitney and Betty MacMillan Center for International and Areas Studies，およびイェール大学の the A. Whitney Griswold Faculty Research Fund からも寛大な支援を受けた。

　距離の遠近を問わず，見知らぬ私を快く手助けしてくれる多くの研究者に出会った。フィレンツェとリヴォルノでは，とりわけ Lucia Frattarelli Fischer に導いてもらった。また，Paolo Castignoli, Gabriele Bedarida, Nicoletta Baldini にもとくに感謝している。Diogo Ramada Curto はリスボンのロレート聖堂の教区文書館について教えてくれた。Sanjay Subrahmanyam は，私がゴア出身のヒンドゥー教徒の名前のリストを最初に見つけたとき，正しい方向に進ませてくれた。Agnelo Fernandes, Délio de Mendoça 神父，S. K. Mhamai 博士，Teotonio R. de Souza, Lilia Maria D'Souza は，ゴアでの調査を手伝ってくれた。Edgar Samuel と，スペイン・ポルトガルのユダヤ信徒団の名誉文書館員である Miriam Rodrigues-Pereira の助けをロンドンで得られたことは，私にとって幸運であった。Stuart Schwartz はミネアポリスの James Ford Bell Library の手稿書簡コレクションについて教えてくれたが，さもなけれ

ば，私はその存在を知らずにいただろう。

エルガス家とシルヴェラ家の末裔たちについての調査へ私を導き，今日に至るまで助言と励ましを与え続けてくれた Tony Molho には特別に感謝する。Phil Benedict, Paul Freedman, Maria Fusaro, Giovanni Levi は，学位論文として書いた本書の初期段階の内容を読み，その多くについて再考するのを助けてくれた。Oscar Gelderblom と Sarah A. Stein は，細部と全体の両面に注意しながら完成前の原稿をチェックしてくれた。Andrea Addobbati, Julius Kirshner, Steve Ortega, Annie Ruderman は，一部の章を読み，貴重な提言をしてくれた。また，匿名の3人の審査員によるコメントからも恩恵を受けた。その他の方々，とりわけ，Sebouh Aslanian, Aviva Ben-Ur, Dejanirah Couto, Alessandro Guetta, Richard Kagan, Florike Egmond, Katsumi Fukasawa, Maartje van Gelder, Arturo Giraldez, Jessica Goldberg, Rodolfo Savelli, Bert Schijf, Holly Snyder は，それぞれ異なる問題に関する質問に答えてくれた。興味深い質問とインスピレーションを与えてくれた Meena Alexander, Bruce Carruthers, Timothy Guinnane, Wolfgang Kaiser, Sabina Loriga, Evelyne Oliel-Grausz, Christine Philliou, Benjamin Polak, Jean-Laurent Rosenthal, Youval Rotman, Alessandro Stanziani, Daviken Studnicki-Gizbert, Khachig Tölölyan, Lucette Valensi, Abraham Udovitch にも礼を述べたい。最後に，Benjamin Ergas（ロンドンとシカゴ），Pierre Raphael Ergas（フランスとニュージーランド），Rachel Ergas（ローマ），Yasmine Ergas（ニューヨーク），Zeki Ergas（ジュネーヴ），Myriam Silvera（ローマ）は，彼らの先祖の物語と情報を私と分かち合い，一族の歴史がいかに多様な形を取りうるものであるかを私に気づかせてくれた。

ユダヤ博物館（ニューヨーク）とサザビーズ（ニューヨークとロンドン）のスタッフは，ヤコブ・カルヴァリオの肖像画の写しの所在と現在の所有者を突き止めるのを助けてくれた。Franco Gizdulich はリヴォルノの地図を用意し，Bill Nelson はその他の地図や家系図やグラフを作成してくれた。イェール大学出版局の担当編集者 Chris Rogers，上級編集員 Margaret Otzel，編集助手 Laura Davulis にも感謝する。彼らは原稿が書物として世に出るまでの手助けをしてくれた。また，注意深く原稿整理をしてくれた Jane Zanichknowsky と索引を作成してくれた Nancy

Zibman にも感謝する。
　Carolyne Dean には，誰に対するよりも深い感謝の念を抱いている。

用語と単位について[1]

　私は「商人」という語を 18 世紀半ばにウィンダム・ビーウェスが述べたとされる意味で用いる。すなわち，「何であれ品物を大量に売ったり買ったり交換したりする者，輸入であれ輸出であれ，商業的な方法で取引する者，購入・販売・交換などの手段で事業を営む者，商売という不可解な世界で勤勉を続けたり頻繁に交渉をおこなったりすることのみを生業とする者」である[2]。文体上の目的から「交易者」という語を同意で用いる場合もある。

　「セファルディム」という語は，中世ヘブライ語で「スペイン」を意味する セファラドに由来する。文章を簡潔にするため，また，一般的な習慣にならって，私はイベリア半島に起源を持ちヨーロッパと新大陸に住んでいたユダヤ人を示すのにこの語を用いる[3]。すでに指摘されているように，「ポルトガル出身のヘブライ人」「ポルトガル・スペイン系ユダヤ人」という表現のほうが，より現代的である[4]。どの呼びかたにせよ，複雑でしばしば流動的な現実を表すのは難しい。たとえば，セファルディム系ユダヤ人（ポルトガルでの改宗を避けて 1492 年にスペインに逃れた人々）と西方系ユダヤ人（ポルトガルに逃れて 1497 年以降は必然的にキリスト教徒として生きながら密かにユダヤ教の戒律を守り続けたであろう人々）を区別するのは，常に可能であるとは限らない[5]。適切と思われる場合には，私はレヴァント系ユダヤ人（イベリア半島を去ってオスマン帝国領に移ったのちにヨーロッパに戻った人々）とポネント系ユダヤ人（16-17 世紀に直接イタリアへやってきた人々）を区別する。これらの二種

---

　1)　〔訳注〕この箇所の原文では用語がイタリックで示される場合と非イタリックで示される場合があるが，訳文に併記する原語はすべて非イタリックに統一する。
　2)　Beawes 1752: 31.
　3)　Y. Kaplan 2000; Israel 2002a; Schorsch 2004: 5.
　4)　Bodian 1997; Swetschinski 2000: xii.
　5)　Segre 1996: 742.

類の呼びかたも，しばしば互換的，あるいは便宜的に，どちらも用いる。

「改宗ユダヤ人」はスペイン語でコンベルソ，ポルトガル語で マラーノと呼ばれるが，いずれも，強制的にカトリックに改宗させられたが，密かにユダヤ教の戒律を守り続けていることをしばしば疑われた人々である[6]。スペインでもポルトガルでも，いわゆる純血主義に関する法では，これらの改宗者（新キリスト教徒とも呼ばれた）は，旧来のキリスト教徒（ユダヤ人を先祖に持たないと定義される）と区別された。先人の例にならい，私はこれらの語（コンベルソ，マラーノ，新キリスト教徒）を差別的な含蓄なしに，また個人の内面的な信条に関係なく用いる。

固有名詞

町，都市，地域を示すのに，私は当時のヨーロッパで最も一般的に用いられていた名称，私が参考にした文書にも記されている名称を用いる。オスマンの都市を示す場合，イスタンブールよりはコンスタンティノープルを，テッサロニキ（現在のギリシャ名）よりはサロニカを，ハレブ（現在のシリア名）よりはアレッポを，イズミール（現在のトルコ名）よりはスミルナを用いる。英語ではレグホン，フランス語ではリヴルヌ，ポルトガル語ではリオルネと呼ばれる都市は，リヴォルノとする。

人名の表記は，近世にはまだ標準化されていなかった。人名は，書かれた文書の言語によって綴りが変わった。同じ言語の文書でも，あるいは同一文書のなかでも，異なる綴りで書かれることは珍しくなかった。たとえば，チュニス出身のあるムスリム商人の名は，1747年にリヴォルノで作成された一通の公証人証書のなかで，Aly Elghenay, Enghenany, Elghenany と綴られている[7]。離れた複数の場所で活動していた個人や集団を研究の対象とする場合，標準の欠如はとくに明白になる。彼らの記録はさまざまな言語で書かれ，彼らのアイデンティティも変わるからである。ここでも明確性と一貫性を与えるため，私はファー

---

　6) マラーノ（*marrano*）の語源には諸説あるが，それが軽蔑的意味を含んでいるという点ではいずれも一致している（Farinelli 1925; Révah 1959-60; N. Roth 1995: 3-4; Méchoulan 2001 :298)。

　7) ASF, *MNP*, Giovanni Battista Gamerra, 25270, fols. 141r-142r, no. 273.

トネームはすべて英語表記にし，ラストネームは最も多く用いられた綴りとすることにした。すなわち，Abram は Abraham, Isach や Isac は Isaac, Moisé や Moseh は Moses, Raffael は Raphael, Giacob は Jacob, Josef は Joseph, Eliahu は Elijah, などとした[8]。また，イタリア語で Vita と書かれる名は，このヘブライ名の一般的な英語訳である Hayyim に置き換え，ミドルネームとして現れる場合は省略した。女性の名前も，イタリア語で表記されたりヘブライ語で表記されたりするが，私はイタリア語よりも英語やスペイン語の最も一般的な表記を多く用いた（たとえば，Ricca ではなく Rebecca, Bianca ではなく Blanca）[9]。リヴォルノに住んでいたセファルディムの姓は，別の場所に住む同じ一族が異なる綴りを用いる場合があるにせよ，彼ら自身も用いたイタリア風の綴りにした。たとえば，Carvalho は使わず Carvaglio とする。それがリヴォルノやヴェネツィアで書かれた文書に現れる通常の綴りだからである。しかし，アムステルダムやロンドンではそうではない[10]。同様に，「エルガス＝シルヴェラ商会」などに現れる姓は，もともとのポルトガル語の Silveira や Silveyra ではなく，常に Silvera とする。リヴォルノでは，彼ら自身がこのスペイン語綴りを用いていたからである[11]。

　これらの男女の日常的な存在が多文化的な次元を持っていたことの顕著な表れとして，名前の可変性や，より一般的な言語的交配について述べておくことは重要である。しかし，名前は慣習的なものでもあり，コミュニケーション上の必要性によっても規定される。エルガス＝シルヴェラ商会や他のヨーロッパの商人たち（ユダヤ人であれ非ユダヤ人であれ）は，大規模な取引相手であったゴアのバラモンたちに言及する際，彼らの名を「翻訳」した。たとえば，ヒンドゥー名の Kamat はポルトガル語では Camotim（複数形は Camotins）とされた。この名はさまざま

---

　　8)　〔訳注〕訳文中のユダヤ人男性のファーストネームは，ユダヤ人名の標準的な日本語表記とされる新共同訳聖書の表記に基づくことを原則としたが，文脈によってはその限りでない場合もある。
　　9)　〔訳注〕訳文中の女性名は原則として原文で示された綴りのイタリア語読みをカタカナで表す。
　　10)　アムステルダムのセファルディム共同体における名前の綴りが標準化されていなかったことについては，Swetschinski 2000: 280–83 を参照。
　　11)　〔訳注〕訳文中の姓は原則として原文で示された綴りのイタリア語読みをカタカナで示す。

なヨーロッパの商人やセファルディムによって書かれた文書に現れるが，ヨーロッパ人との取引にかかわったヒンドゥー教徒によって用いられる場合もあった。このような慣例は，不均衡で一定方向的な翻訳のプロセスを反映しているが，わかりやすさや標準化の必要からも来ているのである。

〔訳注：その他，訳文中の表記に関し，いくつかの用語は厳密さよりも簡潔さや統一性，日本での標準的な表記を優先した。たとえば，「ユダヤ人」は人種や国籍というよりはユダヤ教を信奉する人々のことを指すため，厳密には「ユダヤ教徒」とするべきであるが，他の語句と合わせて用いられる場合などの語呂的なおさまりも考えて「ユダヤ人」とした。また，ネーデルラント連邦共和国はオランダ，イングランドはイギリスとした。ただし，いずれの場合も，文脈によってはその限りではない。さらに，ロレーヌ家はロートリンゲン家，その最初のトスカーナ大公はフランツ・シュテファンとした。なお，人名の一部は正確な読み方をつきとめることができなかったため，表記に誤りのある可能性があることをお断りしたい。また，註において研究者名は原則としてアルファベットのままとした。〕

貨幣単位

リヴォルノで遠距離交易に用いられていた主要な通貨は，スペインドル銀貨である（正しくは8レアーレ貨幣であるが，単にペッツァ（ペッツァ・ダ・オット・レアリ）と呼ばれることもあった）[12]。スペインドル貨は，16世紀の国際貿易で広く用いられていたスペインのレアル貨もしくはドル貨に似たものであった。計算貨幣としては，1スペインドルは長貨（モネタ・ルンガ）で6リラ，短貨（モネタ・コルタ）で5リラ15ソルドに相当した[13]。金額は，スペインドルとソルドとデナーロで示された。通貨制度が十進法によらないため，慣習的に，各単位の区切りにはドットではなくコロンが用いられる。すなわち，50：4：2は50スペインドル4ソルド2デナーロを表す[14]。1スクード（ピアストラまたはドゥカー

---

12) 〔訳注〕原書では英語で piece(s) of eight と piece(s) の両方が用いられているが，訳文ではすべてスペインドルとする。

13) 〔訳注〕長貨は市場で交換される際の貨幣価値，短貨は公定の貨幣価値。

14) 〔訳注〕日本語訳では記号で区切らずカタカナで単位を表記する。

トとも呼ばれた）は，7リラの固定価値を持つ銀貨である[15]。

サヴァリ兄弟の『商業辞典（*Dictionnaire universel de commerce*）』に引用された諺が示すように，「為替と風は変わるもの（"Change et vent changent souvent"）」である[16]。為替レートは，ヨーロッパ内の通貨間であれ，ヨーロッパとアジアの通貨間であれ，短期的にも長期的にも変動した。さらに，取引の種類，すなわち，商品の買いつけか，海上輸送か，通貨投機か，といったことによっても変化した。通貨投機には為替手形が用いられたが，その宛先や支払期間や利率によってもレートは変化した。以下に挙げるのは，本書に出てくる通貨の 18 世紀前半における最も一般的な為替レートであるが，厳密な数字というよりも大まかな指標として理解されるべきである。リヴォルノの 1 スペインドルは，ジェノヴァの 1 スクード，フランスのトゥルネ貨（計算貨幣であり，1726 年にエキュ銀貨の 6 分の 1 の価値であると定められた）で 60-75 スー，オランダの約 2.5 ギルダー，ヴェネツィアの 1 ドゥカート強，ポルトガルの 600-850 レアル，イギリスの 50-60 ペニーと交換された[17]。オスマンの 1 ピアストル（piaster isolette とも呼ばれた）はリヴォルノの 4 リラに相当した[18]。

イギリスの 1 ポンドは 240 ペニーまたは 20 シリングに分割され，1 ギニーは 21 シリングに分割された。ポルトガルのレアルは計算貨幣で，500 レアルは 1 クルサード，1,000 レアルは 1 コントであった。ポルトガル領インドでは，1 ルピーが 300 レアルに相当した。1720-30 年の 1 パゴダは 9 シリングであったが，1723-40 年には 8 シリングに下がり，1740 年代には 7 シリング 8 ペニーに定められた[19]。慣例として，18 世紀初期には 10,000 パゴダは 4,000 ポンドまたはスペインの 16,000 レアル銀貨の価値とされた[20]。

---

15) Ricci and Guidotti 1751: 86-87.
16) Savary des Bruslons and Savary 1723-30, 1, col. 650 (s.v. "Change").
17) Ricci and Guidotti 1751: 88-90, 96, 135, 141, 147, 154-55, 164, 167, 202; Ricard 1700: 311; Ments 2005 : 92. 17 世紀リヴォルノのトスカーナ通貨と外国通貨および為替相場については，Stumpo 1997 を参照。
18) ASF, *LCF*, 1953, 在リヴォルノのモーセ・カッスート宛 1741 年 5 月 16 日付書簡。
19) Ricci and Guidotti 1751: 167, 202; Yogev 1978: 126; Mentz 2005: 148.
20) Mentz 2005: 92.

重量単位

重量単位は場所ごとに大きく異なった。トスカーナの1ポンドはおおよそ360グラムに相当した。1オンスは12分の1ポンドであった。カンタロ（複数形はカンタリ）は，地中海全域で船荷に用いられた単位で，通常はそれぞれの地域の100ポンド，あるいは単純に1ハンドレッドウェイトに相当した。

ダイヤモンドの重量単位

ヨーロッパではダイヤモンドはカラットで測られる。1カラットは4グレインに分割される。インドではmangearあるいはmangelinと呼ばれる単位が用いられたが，これはリヴォルノの1グレインに相当した[21]。20世紀になるまで（20世紀になって，1カラットはメートル法の200ミリグラムと定められた），カラットの重さは土地ごとに微妙に異なった。19世紀末には，1カラットはリヴォルノで215.99ミリグラム，フィレンツェで197.20ミリグラム，ロンドンで205.30ミリグラム，パリで205.50ミリグラムだった[22]。17-18世紀のカラットの正確な違いについては不明である。そのため，私は文書で言及された単位を示したが（たとえば，「アレッポのカラット」など），他の場所の単位との明確な比較はできない。近代の科学的な測定道具がなかった当時は，どの数字も概算でしかなかったことも考慮すべきである。

暦

本書の登場人物たちは，異なる暦を用いる地域や集団のあいだで活動していた。1751年まで，トスカーナでは1年の始まりは3月25日であった。したがって，1月1日から3月24日までは現代の暦に合わせて翌年で示した。ヴェネツィアでは1年の始まりは3月1日であった（ヴェネツィア式暦と呼ばれる）。大半のユダヤ人共同体の文書ではヘブラ

---

21) Ricci and Guidotti 1751: 167. 17世紀前半のインド産ダイヤモンドの価格と重量単位の詳細については，Malynes 1622: 74-80を参照。

22) Lenzen 1970: 100.

イ暦が使われた。明確さと一貫性を持たせるため，すべての日付はグレゴリオ暦（今日，欧米や世界の大半の地域で一般的に用いられている暦）に合わせたが，例外的な場合はその旨を明記するか，クォーテーションマークでわかるようにした。

　〔英語への〕翻訳はすべて私がおこなったものである。一次文献から引用する場合には綴りを現代風にしなかったが，当時はつけないのが一般的であったアクセント記号や句読点は補足した。

略 号 一 覧

ACEL　Archivio della Comunità Ebraica, Livorno
　　　　Recapiti　　Recapiti riguardanti gli Israeliti in originale nella
　　　　　　　　　　Regia Segreteria del Governo
AHN　Archivo Histórico Nacional, Madrid
AIU　Alliance Israélite Universelle, Paris
ANP　Archives Nationales, Paris
　　　　AE　　Affaires étrangères antérieures à 1791
ANTT　Instituto dos Arquivos Nacionais Torre do Tombo, Lisbon
　　　　RGT　Registro geral de testamentos
ASF　Archivio di Stato, Florence
　　　　LCF　Libri di commercio e di famiglia
　　　　MP　　Mediceo del principato
　　　　MS　　Magistrato supremo
　　　　NMP　Notarile moderno: Protocolli
　　　　NMT　Notarile moderno: Protocolli (Testamenti)
　　　　TF　　Testamenti forestieri
ASL　Archivio di Stato, Livorno
　　　　CGA　Capitano poi Governatore poi Auditore vicario
　　　　GCM　Governo civile e militare
ASP　Archivio di Stato, Pisa
ASV　Archivio di Stato, Venice
　　　　NA　　Notarile atti
　　　　NT　　Notarile testamenti
　　　　VS　　Cinque savi alla mercanzia
BL　British Library, London
BLO　Bodleian Library, Oxford
BMC　Biblioteca del Civico Museo Correr, Venice

BNL   Biblioteca Nacional, Lisbon
BRM   Biblioteca-Archivio "Renato Maestro," Venice
   ACIV Archivio della Comunità Israelitica di Venezia
CCM   Archives de la Chambre de Commerce et de l'Industrie, Marseilles
   AA1801 Archives antérieures à 1801
GAA   Gemeentelijke Archiefdienst, Amsterdam
   NA Notarieel Archief
   PIGA Archieven der Portugees-Israëlietische Gemeente te Amsterdam 1614-1870
HAG   Historical Archives of Goa, Panaji, Goa
   PDCF Petições despachadas do Conselho da Fazenda
JFB   James Ford Bell Library, Minneapolis, Minnesota
NATH Nationaal Archief, The Hague
   HR Hoge Raad van Holland en Zeeland
NSL   Arquivo Paroquial da Igreja de Nossa Senhora do Loreto, Lisbon
PRO   Public Record Office (now the National Archives), Kew
   PROB Prerogative Court of Canterbury and Related Probate Jurisdictions: Will Registers
   SP Secretaries of State, State Papers, Foreign
SPL   Spanish and Portuguese Jews' Congregation, London
XCHR Xavier Center of Historical Research, Alto Porvorim, Goa
   MHC/F Mhamai House Collection, French
   MHC/E Mhamai House Collection, English
   MHC/P Mhamai House Collection, Portuguese

注では，紙葉番号がついている場合は紙葉番号を示したが，そうでない場合は日付が指標になる。

目　次

謝辞 …………………………………………………………………… v
用語と単位について ………………………………………………… vii
略語一覧 ……………………………………………………………… xiv

序　章 ………………………………………………………………… 3
  1　リヴォルノ，半ば忘れられた現実 …………………………… 8
  2　小規模なグローバル・ヒストリー …………………………… 12
  3　ディアスポラ，信用，異文化間交易 ………………………… 17
  4　商業と文化——ユダヤ人，商人，異文化間仲介業者（ブローカー）……… 28

第1章　ディアスポラの家族とビジネス・パートナーシップの形成
　　　 ………………………………………………………………… 35
  1　リヴォルノのエルガス家 ……………………………………… 39
  2　イベリア半島からリヴォルノへのシルヴェラ家の移住 …… 57
  3　エルガス＝シルヴェラ商会 …………………………………… 60

第2章　リヴォルノと西欧の離散セファルディム ……………… 71
  1　ヨーロッパにおける離散セファルディムの輪郭 …………… 74
  2　トスカーナのセファルディム ………………………………… 84
  3　イベリアからヨーロッパ北部へ ……………………………… 96
  4　リヴォルノと東方世界 ………………………………………… 105

第3章　新しい都市，新しい社会？――リヴォルノ，ユダヤ人ネイ
　　　 ション，共同体的コスモポリタニズム ………………… 117
  1　リヴォルノにおけるユダヤ人と他のネイション …………… 124

2　セファルディム貴族——統合された生活と分離された生活............ 140
　3　ユダヤ人ネイション内における共同体の闘争......................... 154

第4章　国家の商業力と商業に従事するディアスポラ——地中海に
　　　　おけるセファルディム... 173
　1　リヴォルノ港とユダヤ人商人... 180
　2　ユダヤ人商人と地中海貿易のパターン変化........................... 189
　3　西方系セファルディムとアレッポのフランス人....................... 194

第5章　結婚，嫁資，相続と商社の形態................................... 219
　1　結婚，嫁資と商人の資本... 221
　2　親族，契約，ネットワーク... 232

第6章　委託代理業，経済に関する情報，事業提携の法的・社会的
　　　　基盤... 259
　1　信用，契約，法廷... 262
　2　ネットワーク，集団の規律，情報..................................... 274
　3　商人の書簡と委託代理業... 281
　4　商業通信と印刷された経済ニュース................................... 286

第7章　異文化間交易と，商人が作成する書簡のしきたり................. 297
　1　使用言語... 298
　2　手本としきたり... 309

第8章　エルガス＝シルヴェラ商会の異種交易ネットワーク............... 327
　1　アレッポ，レヴァント，北アフリカ................................... 337
　2　ヴェネツィア... 345
　3　ジェノヴァ... 352
　4　アムステルダム... 356
　5　ロンドン... 360
　6　マルセイユ... 364
　7　リスボン... 366

　　　　　　　　　目　次　　　　xxi

　　8　ゴ　ア………………………………………………………373

第9章　地中海産サンゴとインド産ダイヤモンドの交易…………383
　1　地中海産サンゴ——漁，加工，取引………………………384
　2　インド産ダイヤモンドとヨーロッパ商業——1600年頃-1730年‥398
　3　機能する異文化間連携………………………………………408
　4　リスボンからロンドンへ——1740年代におけるインドとのダイヤモ
　　　ンド貿易………………………………………………………419

第10章　巨大ダイヤモンド事件——商人と訴訟………………431
　1　七つの地域をめぐる旅，あるいは終わりの始まり…………435
　2　破産と嫁資……………………………………………………451
　3　リヴォルノのユダヤ人——市場と法廷のあいだで…………457

結　論………………………………………………………………469
訳者あとがき………………………………………………………479
参考文献……………………………………………………………483
索　引………………………………………………………………551

異文化間交易とディアスポラ
——近世リヴォルノとセファルディム商人——

序　章

　過去20年のあいだに，ユダヤ商人や交易に従事するその他のディアスポラを「異文化間仲介業者(ブローカー)」と呼ぶことが徐々に一般化してきた[1]。しかし，これらのディアスポラの共同体に対する学術的関心が歴史叙述のグローバルな転換と連動して高まっているのに比べ，異文化間交易の研究は同じ歩調で進んではいない。異文化間交易という語はしばしば引き合いに出されるものの，その理解はまだ漠然としている。経済上の提携が政治地理的境界や言語的境界，宗教的境界を越えてどのように機能していたかを歴史研究が叙述的・分析的に説明することはまれである。このような概念的曖昧さに加えて，歴史家たちは「異文化間仲介業(ブロケージ)」という表現を，知的交流や外交交渉をも含めた多様な活動に関して用いる。いっぽう，経済史家たちは，異文化間交易を近代性の抽象的な指標にすりかえてしまった。すなわち彼らは，契約や強制力を持つ制度のありかたが匿名の売り手や買い手に相手の言語的・宗教的・民族的アイデンティティにほとんど関心を持たずに取引することを促すような，非人格的(インパーソナル)な市場の形成段階として異文化間交易を捉えているのである。その結果，中世のヨーロッパおよび地中海世界の異文化間交易に関する近年の研究のうちで影響力を持つものは，当事者の行動を経験に基づいて再現するよりも，理論的基礎条件から導き出そうとする[2]。

　本書では，異文化間交易という語を狭義で用いる。しかし，われわれは，商業の社会的・法的・修辞的決定要素だけでなく，経済的決定要素をも考慮しなければならない。私は，互いに未知の二者間でおこなわ

　1）　Curtin 1984.
　2）　注44参照。珍しい例として，Baskes（2005）は新制度派経済学の理論を18世紀メキシコの異文化間交易に応用している。

れるその場限りの取引を異文化間交易とはみなさない。このような取引は，太古の昔からいたるところでおこなわれてきた。そこには，信用や限定的なリスクは介在しない。このような取引では，通常，商品を検査することができるからである。異文化間交易という表現が意味するのは，むしろ，取引のルールについて暗黙の合意や明確な合意を共有するが，自分たちの力ではどうしようもない歴史的展開のために，しばしば異なる法を持つ別々の共同体に属すような商人たちのあいだにおける，長期的信用関係や事業提携のことなのである。より具体的に言えば，私が注目するのは，血縁や親類関係や民族的紐帯をまったく共有しない商人どうしの仲立ちをする委託代理業である。委託代理業は，他のいかなる種類の契約におけるよりも大きな権限を海外の代理人に委ねるため，法的手段によってのみモニタリングするのは難しい。私は，このように定義される異文化間交易が近世ヨーロッパ商業社会史の重要な側面を再検証するためのプリズムとなりうることを示したいと思っている。

　見知らぬ者どうしの提携を可能にするものは何だろうか。異文化間交易の基盤となる経済的・法的制度とは，どのようなものなのだろうか。そして，このような行為は社会的・文化的に何を意味するのだろうか。1492年にスペインから追放されたユダヤ人の子孫や，ポルトガルで1497年にカトリックへの改宗を強いられたユダヤ人の子孫は，上記のような疑問に取り組む際に興味深い話題を提供してくれる。セファルディムと呼ばれたイベリア系ユダヤ人は，ユダヤ人社会の中でも小規模ながら商業的に活発なグループであったが，17-18世紀ヨーロッパの商業社会の完全な一部でありながら，部外者的な存在であった。彼らは当時のヨーロッパにおけるユダヤ人グループの中で現地社会に最もよくとけこんではいたが，多分に悪名高いマイノリティのままだったのである。

　近世のイベリア系ユダヤ人に関する新旧の歴史研究は，このディアスポラの地理的分布と相互関係，その独特の組織やユダヤ教の中での文化的位置，経済活動のいくつかの次元などを明らかにしてきた。私の興味をそそるものは，近世ヨーロッパ商業社会におけるインサイダーおよびアウトサイダーとしてのセファルディムの役割である。彼らの投機的事業に焦点を絞ることは，自己完結的であると同時に外部に向かっても開

かれたセファルディム商人の生活のありかたのひとつを把握しようとすることである。交易は彼らにとって文化的同化の主要な媒体であり，セファルディムと非ユダヤ人が密接な個人的相互関係を結ぶ手段であり，ヨーロッパのいくつかの港湾都市がイベリア系ユダヤ人に対して寛容な新しい政策をとるようになる理論的根拠ともなった。利潤の追求は見知らぬ者どうしを接触させ，親しくさせ，ときには信頼のおけるビジネス・パートナーにさせる強い力を持った。だが，日常的な取引関係も，見知らぬ者どうしの事業的交流を奨励する政府の政策も，純粋にコスモポリタンな商業社会を目指したり生み出したりすることはなかった。こう述べることで私が言いたいのは，商業社会は調和的でも非差異的でもなく，ユダヤ人と非ユダヤ人の違いを完全に意識していたということである。見知らぬ相手に金を貸したり決定を委ねたりできるためには，互いの集団を隔てる境界線の解消や個人主義の高まりや，より寛容な態度が必然的にともなうはずだと想定する見かたがある。『ファミリアリティー・オヴ・ストレンジャーズ』〔Familiarity of Strangers〕と題する本書は，異文化間交易によって生まれた新機軸について力説すると同時に，上記のような見かたに異議を唱えるものである。

　本研究は，セファルディム商人のある集団が1590年代にトスカーナの港湾都市リヴォルノに定住し，地中海とヨーロッパの大西洋岸で繰り広げられる競争の激しい貿易において重要なニッチを占めていく軌跡を追う。彼らはまた，地中海が大陸間交易における辺境と認識されるのがふつうになった時代に，インドとの宝石貿易にも専門的に従事していた。本書は，トスカーナ大公のメディチ家やローマおよびイベリアの異端審問所やフランス王が出した政策に関して彼らが自分たちの地位をどのように守ったか，イタリア半島とオスマン帝国とヨーロッパ北部の間の商業的連環の形成にどのように寄与したか，そして地中海産サンゴとインド産ダイヤモンドの真にグローバルな取引にどのように影響を与えたか，といったことを検証する。これらの商人たちの活動を再構成するにあたり，私は彼らが非ユダヤ人とおこなった取引の方法と，彼らの流儀(モドゥス・オペランディ)が代理人のアイデンティティや決済のタイプによっていかに変わったかに視点を集中させる。近世ヨーロッパの大半の地域では，複数の事業体——家族経営の商会から合資による特許会社にいたるまで

——が共存していた。さらに，個々の商人は，遠隔地間交易のリスクを克服するために，個人的紐帯と市場取引と法的契約を組み合わせて利用していた。私の関心は，多様な商取引形態が長い時間をかけて発展していった経過を追うことよりは，上記の諸要素の組み合わせが集団や地域や決済のタイプによって違ったかどうかという点にある[3]。

17-18世紀にセファルディムが国際的カルテルや非ユダヤ人との長期的なパートナーシップを結ぶことを妨げていたのは，法的な規定よりもむしろ，社会に浸透した諸規範だった。また，同族婚的傾向の強い比較的小規模で緊密なディアスポラの共同体が中小規模のパートナーシップを通じて活動していたが，彼らはいかにして遠隔地の異文化間交易において力を持つようになったのだろうか。結局のところ，ヴェネツィア，リヴォルノ，ボルドー，バイヨンヌ，ハンブルク，アムステルダム，ロンドン（1656年以降），および東地中海と北アフリカとカリブ海地域の小さな定住地に居住していたセファルディムは，合計わずか 15,000－20,000 人の男女であり，商業や金融の世界で活動していたのは，そのごく一部にすぎない[4]。そのうえ，リヴォルノに拠点を置くセファルディムは，大西洋貿易には間接的にしかかかわっていなかった。彼らが交易をおこなっていた地域にはオスマン帝国やインド亜大陸も含まれていたが，ヨーロッパ人は，アメリカで略奪と人的搾取によって獲得していたようなヘゲモニーを，そこでは18世紀末まで持つことができなかった。

セファルディム商人は数の上では少なかったが，友人や一族から見知らぬ他人まで，さまざまな相手とビジネスをおこなっていた。彼らがどのような方法でそうしていたのかを説明するために，私は，国家が認可した諸制度が市場関係をより非人格的(インパーソナル)なものにするのに果たした役割を

---

3) 1930年代以来，経済学者，経済社会学者，経済史学者たちは，輸送コストと不確実性の削減に個人的紐帯や市場や社会的序列が果たした役割について論じてきた。私の研究に関連する新旧の記述については，Ben-Porath 1980; Williamson 1985; North 1990: 27-69; Powell 1990; Gelderblom 2003; Lamoreaux, Raff, and Temin 2003 を参照。

4) セファルディム定住地の人口動態については，第2章参照。Studnicki-Gizbert（2007: 41）は，2万人の新キリスト教徒およびポルトガル系ユダヤ人が16-17世紀のヨーロッパおよび大西洋世界に分散して生きていたと見積もっている。E. Samuel（2004: 90）は，17世紀には5万人もの新キリスト教徒がポルトガルに住んでいたと算定しているが，本書で明らかになるように，彼らと離散したユダヤ人のあいだの商業上の結びつきは，17世紀後半から18世紀前半にかけて，徐々に弱まっていった。

再検討する。荒っぽいながらも正当な一般化をするならば，歴史家の大部分は，血縁関係や蓋然的な類似点（宗教的あるいは民族的アイデンティティの共有や，自然なものと思われているそのほかの帰属意識）が信用の絆を強め，それが交易に従事するディアスポラに競争上の利点を与えたのだと憶測する。いっぽう経済学者たちは，このような絆を解消させ非人格的(インパーソナル)な市場を生み出すために諸政府が施行した法的規範の有効性を検証する。アヴナー・グライフのような経済学者は，社会的紐帯や文化的規範の重要性を認識しながらも，家族的・共同体的な諸義務を法的当局が緩めてきたプロセスを強調する[5]。

このようなプロセスが普遍的であったり漸進的であったりしたような場所はどこにも存在しない。セファルディム商人は活動に際して，諸々の社会的誘因，商行為に関して共有された諸規範，法的責任などを組み合わせて，代理人の協力を確保しようとした。ヨーロッパ大陸でセファルディム系ユダヤ人の定住が奨励された特定の港において，彼らは商人としての資格という点でキリスト教徒と平等であった。すなわち，彼らは所有権を保証され，キリスト教徒の商人たちと同じ民事法廷や商業法廷に訴えることができたのである。とはいえ，この一般的法則が普遍的法則になることはけっしてなかった。セファルディムの権利と義務は土地ごとに定義づけられるのが常だったからである。商業が社会的流動性と宗教的寛容に新しい道を開く力を持つことを近世ヨーロッパ社会で典型的に示したのはイギリスであるが，セファルディムが再びこの国に入ることを許されたのは1656年になってからのことであった。さらに，外来者であった彼らは，植民地貿易において国王の臣下と真に平等ではなかった[6]。いずれにせよ，セファルディムはヨーロッパのあらゆるところで社会的・政治的権利の制限に苦しみ，それが彼らの経済組織に影響を与えることもあった（ユダヤ人とキリスト教徒の通婚の禁止をはじめとして）。しかし，法的な制約や権利がすべてを物語るわけではない。実際，セファルディム商人は，集団的アイデンティティを属性として持

---

[5] これらの学術的解釈の詳細については，本書序章第3節を参照。この傾向の注目すべき例外は，Hoffman, Postel-Vinlay, and Rosenthal（2000）による18-19世紀ペルシアの信用市場についての研究である。

[6] Synder 2006, 2009.

つカテゴリーを超えて商業上の連帯を築き上げ，多くの場合，法の網の目をくぐってそうしたのである（したがって彼らは，国家的権威の支援に頼ることができなかったであろう）。

近世ヨーロッパにおける商業的拡大がもたらした結果のうちでとくに目を引くもののひとつは，前近代の法制度を研究する比較史家の言葉を借りれば，異文化間交易を可能にした「不安定な信用」の創出，すなわち，「信用とは言えないまでも，少なくとも行動に関する確固とした期待を生み出させる一定の手順[7]」の出現である。これらの手順は，交易に携わる当事者間に総合的な信用感覚があったことを意味するわけではないし，第一に強力な法廷による調停に依存していたにせよ，必ずしもそれしか頼るすべがなかったわけでもない。多くの場合，これらの手順は，慣習上の法的規範や利害が重層的に絡み合う社会システムから発生した。それによって期待値の予測可能度が向上し，見知らぬ者どうしが協力し合うのに必要な動機が生まれたのである。次節では，以下のような点の解明を試みる。すなわち，リヴォルノのセファルディムたちはどのような手順を利用できたのか。どのような手順を彼らがつくり出したのか。現地社会における彼らの地位は，彼らの市場取引の方法をどのように条件づけたのか。リヴォルノおよび各地のユダヤ人社会における家族や共同体の組織が，他のセファルディムやユダヤ人や非ユダヤ人との商取引に与えた影響は厳密にどのようなものであったのか。そして，法廷や政治的保護や外交特権が彼らの経済戦略においてどのような役割を果たしたのか。

1　リヴォルノ，なかば忘れられた現実

リヴォルノでユダヤ人が繁栄したのは，トスカーナ大公であるメディチ家がイベリア半島からの避難民を引きつけるためにおこなった特別措置によるものである。とりわけ重要なのは，1591年と1593年に公布された「リヴォルノ憲章」である。これらの憲章がユダヤ人に認めた特権

---

[7]　Benton 2002: 26.

の多さは,他のカトリック社会とは比較にならなかった。それらの特権は,それから間もなくオランダのユダヤ人が享受することになる特権に匹敵するものだった。とはいえ,リヴォルノはアムステルダムとは違った。リヴォルノは都市の規模においてずっと小さく,国際的な商品市場と金融市場においてアムステルダムと同じような中心性は持っておらず,知的活気や異端思想に対する闊達さの点でもかなわなかった。さらに,トスカーナ大公国では,ユダヤ人が国家財政や軍事面で幅を利かせることはなかった。その結果,リヴォルノに拠点を置くセファルディム商人は誰一人として,ロペス・スアッソ家,ヌネス・ダ・コスタ家,ピント家,ヌネス・ベルモンテ家といったオランダのセファルディム金融業者や外交官が享受した威信と富を獲得できなかった。それでも,17世紀なかば以降,リヴォルノのユダヤ人共同体は西欧のセファルディム居留地としてアムステルダムに次ぐ第二の規模になった——その順位は次世紀にも維持されたが,その後,西方系の離散セファルディムは首位を失い始めた。リヴォルノには株式市場も植民地帝国もなかったが,住民の約10%がユダヤ人共同体に属していたため,ユダヤ人居住者の比率がヨーロッパ都市のなかで最も高かったのである[8]。

　本書はリヴォルノのユダヤ人に関する包括的な歴史ではないが,歴史研究が最も手薄な18世紀前半におけるこの共同体の歴史に光を当てる[9]。本書でさらに重要なのは,ジョナサン・イスラエルが「ディアスポラ内部の諸ディアスポラ」と呼んだもの,すなわち,多様かつ重層的なセファルディム・ネットワークの発展を図式化しようと試み続ける点である[10]。1670年を境として,イスラエルの叙述からも,大半の近世ヨーロッパ交易史研究からも,地中海は姿を消してしまうのであるが,本書が光を当てるのはまさに,1670年以降の地中海である。本書は,西方系セファルディムが大西洋およびインド洋に確立した新旧のコネクションを検証する。地中海とイタリア半島は,もはや国際交易の中心で

---

[8] Israel 1998: 93.

[9] Renzo Toaff と Lucia Frattarelli Fischer は,16世紀後半から17世紀に焦点を当てている。Jean-Pierre Filippini の関心は,原則として18世紀後半から19世紀前半にある。参考文献リストに挙げてある彼らの著作を参照。

[10] Israel 2002a.

も機動力でもなくなっていたが，ヨーロッパ商業が1500年以降に経験した劇的な拡大がもたらした富と力をめぐる闘争から切り離されていたわけではなかった。18世紀には，地中海におけるヨーロッパ（とりわけフランス）の商業の復活が認められる。ヨーロッパ諸国は，自らの経済的影響力を広げようと，地中海で相互に戦争し合い，軍事と外交の両面でオスマン帝国と対峙した。イギリスは1750年になるまで，北アメリカとインドを合わせたよりも多くの部隊をジブラルタルとミノルカに駐屯させていたが，このことは示唆的である[11]。また，あるフランス商人が1682年にアレッポから書き送った報告によれば，ここには，1年を通してバグダッドからやってくるキャラヴァンに加えて，毎年夏には，インド産の綿布，ペルシア産の生糸，インディゴ，香料を15,000頭以上ものラクダの背に載せた大規模な隊商が到着していた[12]。そして，アメリカからもたらされる商品やアジア製品は，リスボン，カディス，セビリャ，ボルドー，マルセイユ，アムステルダム，ロンドンを経てリヴォルノに運ばれた。セファルディム商人は，こういった品物を輸入することで繁栄していたのである。

　17世紀なかばからマルセイユが急激に重要となる1715年までのあいだ，リヴォルノはイタリア半島で最も主要な商品集散地であり，おそらく，ヨーロッパの地中海沿岸で最も重要な港だった。典型的な例を挙げれば，1686年3月のある日，カディスを出港したイギリス船がリヴォルノに着き，インディゴ8梱，コチニール3樽，スペイン銀貨1万枚，砂糖22梱，およびその他の豊富な商品を積み下ろした。アルジェからやってきた別のイギリス船が続いて入港し，より豊富で多様な積荷を下した。そのなかには，真珠，塩漬けの魚，肉，野菜，カカオ，亜麻，羊毛，穀物，チーズ，麝香（じゃこう）（狐に似たインドの動物からとれる貴重な香料），「中国柑」などが含まれていた[13]。リヴォルノの波止場でこれらの積荷を待ちかまえる商人たちは，その出身，外見，宗教において，彼らが売買

　11）　Colley 2002: 70.
　12）　ANP, *AE*, B/III/234. 現代の研究は，歴史的文学が語る以上に，ヨーロッパ人の探検航海の時代以降もキャラヴァン隊が重要であったことを強調する。J. Green 1736: 4 など参照。
　13）　ASF, *MP*, 2328A.

する商品と同じくらい多様であった。それは,「リヴォルノ憲章」やその他の政策が, 多くのユダヤ人だけでなく, フランス, イギリス, オランダ, アルメニア, ギリシアなどの商人を惹きつけた結果であった。いくらかのトスカーナ人に加えて, ヴェネツィアやそのほかのイタリア各地からやってきた貿易商, ロシアやアフリカやアジアから散発的にやってくる人々までもが, リヴォルノの波止場や会計事務所にひしめき合っていたのである。

　トスカーナを研究する人々は, リヴォルノの商業的繁栄と人口の多様性がトスカーナ大公国やイタリア半島のその他の国々における宗教的反啓蒙主義や経済危機の始まりといかに対照的であったかを強調してきた[14]。外国人とユダヤ人は, この地方都市の生活や経済のなかで一風変わった役割を果たしていた。旧世界の小さな領域国家の沿岸に位置するこのフロンティア・ゾーンでは, 裕福な商人たちと隣り合って, 農村からやってきた貧しい移住者の群れ, 兵士, 船乗り, ムスリム奴隷などが生活し働いていた。私の関心は, リヴォルノの独特な地位やリヴォルノ内部の社会経済的構造よりも, ある程度のセファルディム人口を持つヨーロッパの他の港湾都市と比較した場合のユダヤ人受容に関する類似点や相違点のほうにある。伝統的に, プロテスタント色の強いヨーロッパ北部が商業面で発展的かつ寛容であったのに対し, カトリック色の強いヨーロッパ南部は古い貴族的理想が根付いていて偏狭であったとみなされている。リヴォルノはこのような区分に完全に合致するわけではないが, 土地ごとの法的・社会的諸条件は, セファルディムの企業家が国内外でおこなう事業に強い影響を与えた。

　ペレグリン・ホーデンとニコラス・パーセルによる区別にしたがえば, 本書は地中海の歴史というよりは地中海における歴史である[15]。地中海という地理的位置は, 商品交換の構成やパターンからイベリア半島およびローマの異端審問所の存在にいたるまで, いくつかの歴史的側面を条件づける。しかし, 地中海はリヴォルノに基盤を置くセファルディム商人にとって主要な利害の場ではあったが, 彼らの活動圏がそのなか

---

14) リヴォルノの例外性については, とくに Diaz 1976: 395-97, 1978; Cassandro 1983a を参照。

15) Horden and Purcell 2000: 2-4.

に限られていたわけではなかった。セファルディムは南ヨーロッパと大西洋を結ぶのに貢献しただけでなく，リスボンのカトリック信徒とポルトガル領インドの中心地ゴアのヒンドゥー教徒とのあいだに真の意味での異文化間ネットワークを構築した。そして，そのネットワークを通じて，地中海産サンゴはインドに向けて船積みされ，ダイヤモンドやそのほかの貴石と交換されたのである。このようなニッチ的特定市場を綿密に調べることによって，ヨーロッパの合資特許会社による独占や縦型の統合に長く対抗し続けた異文化間交易が商品連鎖の中で持っていた特異性に光が当てられるだろう。

2　小規模なグローバル・ヒストリー

　本書で展開されるのは，小規模なグローバル・ヒストリーである。リヴォルノのセファルディムが広範に張り巡らせたコネクションは，本研究が扱うグローバルな次元を規定する。分析を小規模レベルでおこなうのは，異文化間交易の内的な仕組みや，それがおこなわれる場の政治的・経済的な力の構造的諸関係を理解したいという欲求に応えるためである。そこから得られる結果は，通常理解されているようなグローバル・ヒストリーではない。それは，大洋，大陸，人間，時代を俯瞰することによって，数世紀にわたる構造的な変化のパターンを把握しようとする試みである。私は，リヴォルノのセファルディムが活躍した商業部門や場所のすべてについての包括的な歴史を示すことさえもしない。むしろ私は，彼らの商業活動を追うことによって，きわめて局地的で共同体的な生活が，広範な血族的・経済的なコネクションとどのように共存していたかを理解しようとする。私はまた，当時に関して従来考えられてきたような地理的・政治的・文化的境界の地図に合致しないコネクション，各地のユダヤ人社会を語るだけでは容易に見えてこないようなコネクションに，とりわけ興味を引かれる（したがって，リヴォルノのセファルディムとゴアのバラモン・カーストのあいだでおこなわれた交易にページが費やされることになる）。この意味において，私の研究は，かつては明白であったにもかかわらず，重層的な解釈上の伝統によって見えにく

くなってしまった諸々のコネクションを再発見しようとする近世史家たちと関心を共有している[16]。

グローバル・ヒストリーを小規模レベルで叙述することは，この研究が目指す2つの目的を追求するのに役立つ。近世ヨーロッパにおける商業制度と信用制度の長期的発展に重きを置く大半の研究とは異なり，本研究は，複数の事業組織の同時的共存とファミリー・パートナーシップの取引相手の多様性への注目を喚起する。さらに，このようなやりかたは，交易に従事するディアスポラを各々個別に扱おうとする大半の歴史研究の視野の狭さに対して，一見しただけではその場かぎりの取引相手にしか見えない者どうしのあいだのネットワークを定かにすることも可能にするであろう。

本研究の一部は微視的に，2つのセファルディム家系——エルガス家とシルヴェラ家——のビジネス・パートナーシップに注目する。1704年から1746年まで続いた両家のパートナーシップはリヴォルノを拠点にしていたが，オスマン帝国の都市アレッポにも支部を持っていた。エルガス゠シルヴェラ商会が作成した書簡のうち，13,670通が原本で現存するが，それらは，同じ宗教を信じる人々だけでなく，そうでない人々とも彼らが結んでいたビジネス上の関係を吟味するという稀有な機会をわれわれに与えてくれる[17]。これらの書簡は，リヴォルノのセファルディムがどのような軸線で通商をおこない，どのようなコミュニケーション体系を持っていたかを再構築するには，計り知れないほど貴重な

---

16) 重要な指摘がSubrahmanyam 1997に見出される。

17) 標準的な手続きとして，書簡を含むエルガス゠シルヴェラ商会のビジネス文書は，彼らの破産に関する裁判がおこなわれていた1748年1月23日にリヴォルノ総督の法廷に押収された。それらは現在，国立フィレンツェ古文書館の *Libri di commercio e di famiglia* と呼ばれる雑録集の中に収められている。この雑録集には5,500以上のフォルダーがあり，15世紀から19世紀までのトスカーナの商人たち——多くは小規模の貿易商——の私的なビジネスの記録も含まれている。これらの文書の多くは断片的であり，それらが本来どの裁判記録に添付されていたかを特定するのは難しい。エルガス゠シルヴェラ商会のビジネス文書については，Cassandro 1983a: 112n287; 1983b: 384n9に言及がある。それらの古文書館内の分類はCassandroの出版後に変更され，さらに2冊の台帳が2003年の再目録化の際に発見された。書簡帳は現在，ASF, LCF, 1931, 1935-1939, 1941, 1945, 1953, 1957, 1960に分類されている。古文書館のこの雑録集に収められた記録に基づく歴史研究は少ないが，18世紀前半のフィレンツェの絹商人トンマーゾ・バルディの取引実務に関するPaolo Malanima（1982: 265-70）の分析などがある。

史料である。両家のパートナーシップは一例にすぎないが，彼らの戦略は無空間に生まれたわけではない。それゆえに，セファルディム社会のパターン変遷，リヴォルノにおけるユダヤ人とキリスト教徒の関係の構造，遠距離交易を律した慣習的・法的規範，地中海の内外でエルガス＝シルヴェラ商会が展開していたようなファミリー・パートナーシップの具体的な役割などを明らかにするためには，巨視的な分析も不可欠となる。このような分析からは，たとえば，18世紀のセファルディム商人がリヴォルノとレヴァントを結ぶ交易でけっして優位を獲得できなかったことがわかるし，同時に，東地中海，とくにアレッポで，彼らがいかにフランスの商業的・外交的イニシアティヴに相乗りしながら影響力を伸ばしたかも示されるのである。

　私は，微視的分析と巨視的分析を組み合わせることで，いくつかの目的を果たそうと思っている。従来の歴史叙述の大半は，個々のユダヤ人共同体と，それらと地元社会や地元権力との関係に光を当ててきた（リヴォルノのユダヤ人，ローマのユダヤ人，ヴェネツィアのユダヤ人，トリエステのユダヤ人，等々）。それに対して，私は多様な場所における2つの家系の軌跡をたどり，そうすることによって，彼らの地平を構成していた局地的な次元とグローバルな次元の両方を復元しようとする。大半の研究は特定の離散した共同体に属する人々のあいだの経済的紐帯だけに注目するが，そうするかわりに，あるひとつのパートナーシップがおこなった事業運営を分析することによって，そのネットワークの全容を明らかにすることができる。私はまた，そのような分析によって，交易に従事するディアスポラの特徴として信用の重要性を唱えるという一般的なやりかたを越えようとする。取引相手がイベリア系ユダヤ人の子孫であるということは，エルガス＝シルヴェラ商会にとって重要な問題だった。それは，事業提携を促進させるような一連の「多重複合的関係」（結婚，共同体への帰属，経済的特化など）をともなったからである。だが，エルガス＝シルヴェラ商会の例が示すように，血縁や宗教的アイデンティティを同じくするからといって，相手の商業手腕や廉直さが保証されたわけではない。大枠におけるセファルディム社会——複数の大陸と海にまたがって離散した共同体——に属していることは，遠距離交易にかかわる人々のあいだの信用関係を容易にはしたが，確証したわけ

2 小規模なグローバル・ヒストリー

ではなかった。エルガス＝シルヴェラ商会の商業通信書簡からは，彼らがヨーロッパ北部にいる親族よりも有能なセファルディムを好んだこと，地理的にも文化的にも遠く隔たったゴアのヒンドゥー・エリート層との協同的信用関係を維持したことが理解される。結局のところ，同商会の思惑を裏切って彼らの破産を加速させたのは，インドの取引相手ではなく，あるペルシア系ユダヤ人だったのである。

　このような小規模のグローバル・ヒストリーには限界もある。限界の一部は，原史料の入手の困難さや，この企てそのものの実現が困難であることに起因している。たとえば，私が議論の対象にしようとしている地域の商業に関する統計は乏しく，地域ごとの体系的な比較を掘り下げたりセファルディム商人の活動をより広範な商業パターンと対比したりするのは容易ではない。グローバルであることを目指しながらも，本書は散発的に商業の流れを数量化するのみである。また，相対的な全体像もおおまかに描かれるにすぎないが，具体的にどのような社会規範や制度形態が異文化間交易に従事するセファルディムに有利に働いたかを説明するために，他の商人グループとの比較や対比を適宜おこなっていく。

　このような歴史叙述が直面するおもな難題のひとつは，その結論が歴史的文脈の重要性を再主張するものでありながらも，その大局における文脈が複合的で流動的で重複的であるということである。登場人物たちについて語るために引き合いに出されるもの——離散したユダヤ人，セファルディム，婚姻関係や財政的なつながりで結ばれた特定の家族の集まり，リヴォルノ，トスカーナ，地中海，ヨーロッパの大西洋岸，インド洋，ヨーロッパの海洋帝国，さらに多くの多様な商人共同体など——は，重要性の度合いにおいて同心円的に広がるものとして想定することも，不変で単一の相互関係を持つものとして想定することもできない。リヴォルノに拠点を置くセファルディムたちは，既存の経済的・社会的・法的・政治的諸条件に順応すると同時に，自らの存在と自らの活動によって新しい環境と新しいコネクションをつくりあげた。これらのセファルディムたちの日常的存在とより広範な地平を定義づけた多重的コンテクストを把握するために，私は共時的な語りと通時的な語りを組み合わせる。本研究は，規範構造と集団や個人がそれらを操作する方法と

のあいだの緊張を検証する方法として，微視的な分析基準も巨視的な分析基準も用いる[18]。ヨーロッパの交易史において，時を超えた変化を過度に強調することは，交易に従事するディアスポラの多面的な諸経験を平面化してしまう。従来の壮大な歴史叙述は，交易に従事するディアスポラの共同体を必要不可欠な存在，ヨーロッパ諸国の勢力伸長と植民地主義に18世紀なかばまで抵抗した英雄的ともいえる存在として，あるいは，ヴァイタリティを持ちながらも，ユダヤ人に特有の閉鎖性という限界を超えて非人格的(インパーソナル)な競争市場に完全に入り込むことができなかった内向的な集団として描いてきた。だが，私は本書のテーマがそのような誤謬に陥らないように努める。

　近世リヴォルノのセファルディム商人の歴史は，2つの年によって最も明確に区切られる。すなわち，異例なまでに自由主義的な2つのリヴォルノ憲章のうち第一のものが発布された1591年と，ナポレオンの部隊が最初にリヴォルノを占領して，そこに住むユダヤ人の生活とリヴォルノ港の運命を根本的に変容させることになる一連の制度改革を開始した1796年である[19]。この2つの年にはさまれた時代に，リヴォルノのセファルディム共同体は，形成期を経て黄金期を経験し，しだいに衰退していった。私はリヴォルノの都市とそこにおけるユダヤ人商人の歴史における諸局面間の相違を強調するが，本書の章構成は年代だけでなくテーマにも沿いながら展開される。

　18) 歴史的調査の共時的次元と通時的次元（「共時的」とは「一時的なコンテクストとしての歴史」を意味し，「通時的」とは「変化としての歴史」を意味する）については，Sewell 2005: 182-83参照。ミクロ的歴史観は共時性を優先する傾向があり（Ginzburg and Poni 1979: 188），個人による代理業と個人が接触する多様な規範的枠組みのあいだの緊張を調査する（G. Levi 1991; Revel 1996）。
　19) ナポレオン戦争は，メディチ家の最後の君主の死以上にリヴォルノとリヴォルノのユダヤ人にとって大きな転換点となった。メディチ家の最後の君主は1737年に没し，トスカーナ大公国はロートリンゲン公フランツ・シュテファンの支配下に置かれた。彼はハプスブルク家の後継者マリア・テレジアの夫だった。1737年から1765年まで，トスカーナは正式なハプスブルク家領ではなかった。フランツ・シュテファンはクラオン侯マルクに全権を与えてトスカーナの統治を任せた。クラオン侯のあとは，リシュクール伯エマニュエルとアントニオ・ボッタ・アドルノ元帥が継いだ。1765年以降は，マリア・テレジアの子で将来の皇帝ピエトロ・レオポルドが20年間親政をおこなった。その子フェルディナンド3世が1790年にフィレンツェで父のあとを継ぎ，1801年まで地位を保ち，1814年に復位して1824年まで治めた。〔訳注：フランツ・シュテファンはドイツ語読み，ピエトロ・レオポルドとフェルデナンドはイタリア語読みとした。〕

3　ディアスポラ，信用，異文化間交易

　私がエルガス＝シルヴェラ商会の書簡集を最初に読み始めたとき，彼らが何人かの非ユダヤ人と報酬上のサーヴィスだけでなく恩恵をも与え合っているらしいことに好奇心をそそられた。このような相手には，姓名からまちがいなくカトリック信者と判断できるヴェネツィア商人や，リスボンにいるフィレンツェ人やジェノヴァ人，その他ヨーロッパ全域にまたがる大勢のキリスト教徒が含まれ，さらには，すでに触れたように，ポルトガル領インドのヒンドゥー・カースト上層に属する一群の商人もいたことがすぐにわかった。このように雑多な相手との関係は，交易に従事するディアスポラについての伝統的な知識に矛盾するように思われる。それによれば，ユダヤ人はユダヤ人と，アルメニア人はアルメニア人と，クェーカーはクェーカーと取引したことになっているからである。

　エルガス＝シルヴェラ商会が非ユダヤ人と結んだビジネス上の関係について，ある2つの特徴が私の目を引いた。まず，このような関係が同商会の活動の中心にあり，リスボンやゴアのようにユダヤ人の所有権に対する法的保護が弱かった場所でもみられた点である。「新」キリスト教徒（ポルトガルで改宗を余儀なくされた人々とその子孫で，心のうちではユダヤ教を信じ続けているとしばしば糾弾された）は，16世紀初頭以降，ポルトガル領ではあまり寛大に扱われていなかった。リスボンとエボラとコインブラでは1536年に，ゴアでは1563年に，異端審問法廷が設立された。異端審問官たちは，「隠れユダヤ教」を撲滅するという名目で新キリスト教徒の資産を押収するのが常だった。このような迫害のためにポルトガル領の外へ移住する新キリスト教徒が次第に増え，領内にとどまった者たちと離散したセファルディムのあいだの紐帯を弱めた。18世紀初頭まで，セファルディム商人たちがポルトガルの本土や海外領土にいる新キリスト教徒のなかからビジネス上の代理人を選ぶことはまれだった。そのような彼らが，どのようにしてこれらの地域との異文化間交易を営んだのだろうか。第二に，インド洋に進出したエルガ

ス゠シルヴェラ商会は，喜望峰経由の海運ルートを支配したヨーロッパの国々や特権会社とどのような関係にあったのだろうか。私が得た証拠の数々は，交易に従事するディアスポラに関して歴史叙述が提唱してきたことの中核や，そのような歴史叙述が陥りやすい落とし穴についての再検討を促すに足るものであるように思われる。

　過去数十年のあいだに，ディアスポラは，社会学から文学批評やポストコロニアル研究，人類学，政治学にいたるまで，さまざまな学問分野の重要なテーマとして浮上してきた。1980年代なかばに出されたフィリップ・カーティンの『世界史における異文化間交易』（*Cross-Cultural Trade in World History*）は，その後の歴史研究に大きな影響を与えるものであった。それ以来，歴史家たちは，遠距離交易で繁栄したディアスポラの研究に特別な注意を払うようになった。カーティンが用いた「交易に従事するディアスポラ（trading diaspora）」という表現は，アブナー・コーエンからの借用である。コーエンは西アフリカを専門とする人類学者で，交易に従事するディアスポラとは，各地に分散して生活しながらも社会的・儀礼的相互作用を通じて「個人の行動を規制し，高度な画一性を保証する」ような「モラル共同体」であることを，カーティンよりも15年前に定義づけた。カーティンの功績は，この公式に立脚しながら，あらゆる大陸にまたがる古代から18世紀なかばまでの多様な事例に取り組んだ点にある[20]。

　『世界史における異文化間交易』が出版されたとき，超地域的な社会編成に関する歴史叙述はまだ揺籃期にあった。そのため，やむをえないことではあるが，カーティンは，社会学者ロジャーズ・ブルベイカーが「十把一絡げ手法（グルーピズム）」と呼んだ過ちに陥ってしまった。すなわち，それぞれ個別的で互いに際立った相違性を持ち，内的には均質で外部とは明確な境界線によって区切られる諸集団を，社会生活の基本的構成要素と

---

20) A. Cohen 1971: 267, 274; Curtin 1984. イギリスでは「交易に従事するディアスポラ」（trading diaspora）よりも「交易ディアスポラ」（trade diaspora）という言い方が好まれているが，これらはしばしば互換性をもって用いられる。Curtin のアプローチは，埋め込みという概念や前近代の市場における港湾都市の役割などの点で Karl Polanyi に負うものがある（Polanyi 1944; Polanyi, Arensberg and Pearson 1957）。交易に従事するディアスポラについての研究で Curtin の影響を明確に認めているものは多いが，たとえば，S. F. Dale 1994: 2; Baghdiantz McCabe 1999: 200; S. C. Levi 2001: 85-120 などがある。

してとらえようとする傾向のことである[21]。それから20年たっても、このような傾向は異文化間交易に関する叙述の大半にみられ、「信用」と「ディアスポラ」の混同が広まった要因となっている。J・F・ボシャーによれば、ナントの勅令廃止後の大西洋でユグノーの投機的事業が繁栄した理由は、「共通の宗教と離散した家族のあいだに注意深く育まれた関係に基づく個人的信用」によって説明される[22]。もっと近年になって、C・A・ベイリーは、19世紀以前のよりグローバルな相互依存的世界の形成に寄与したディアスポラに関連して、「商業的信用で結ばれた共同体」という表現を用いている[23]。またユーリ・スレスキンは、19世紀末から20世紀初頭のロシアに関して、「ユダヤ人の経済的成功は、彼らの特殊性、特別な訓練、ビジネス・パートナーや債務者や下請け業者の相対的な信頼性を保証するような集団内部の信用といったもののおかげである」と主張する[24]。17-18世紀のアルメニア商人の歴史を専門とする2人の研究者は、彼らの「信用のエトス」と「その根底にある道徳的・倫理的規範の共有」を称賛し、そのおかげで「柔軟性に欠けてコストのかかるイギリス人のヒエラルキー的組織体系のようなものをアルメニア人商館が持たずにすんだ」と述べる[25]。さらに進んで、集団的アイデンティティと信用の崩壊について述べる者もいる。スシル・チョードゥリによれば、「アルメニア人が個人的企業家としてよりもむしろ集団で行動することが多かったのは、彼らが自己のアイデンティティに感じていた自尊心の結果であった」[26]。

上記のような見解は、商人のコミュニティを円満で団結力があり自尊心に満ちたものとみなすロマンティシズムを掻き立てる。これらの見解のもうひとつの欠点は、明らかにしようとする現象の仕組みを説明して

---

21) Brubaker 2004: 8.
22) Bosher 1995: 78.
23) Bayly 2002: 61.
24) Slezkine 2004: 121. 近代に焦点を絞るYuri Slezkineからみると、交易に従事するすべてのディアスポラ（アルメニア人、パールーシー族、ジャイナ教徒、インド外のインド人、華僑、ラテン・アメリカとカリブ海域のレバノン人なども含む）は同じ特徴を持っているが、ユダヤ人は例外らしい。Slezkineの考えは、Bonacich (1973) の「中間的少数民族（ミドルマン・マイノリティ）」を想起させる。
25) Baladouni and Makepeace 1998: xxxiv.
26) Chaudhury 2005: 66.

いないことである。要するに，信用が商人共同体に自明のものとして備わっていると想定しているのである。だが最近になってようやく，この想定に異議を唱える研究者が現れてきた。カラチ北部地方出身のシンド族事業家について注目すべき研究をおこなった歴史家クロード・マルコヴィッツも，その第一人者のひとりである。彼はたとえば，本質的なものとして考えられている信用という概念を打ち消すような血族間の対立があったことに注目する[27]。また別の歴史家たちは，実証的研究と理論的考察を組み合わせて，交易に従事するディアスポラ内部の事業提携に影響を与えた特定の社会的規範や制度的諸力を図式化しようとした。しかしながら彼らは，同じ規範や同じ諸力が見知らぬ相手との信用関係においても作用していたかどうかを問いただすことはほとんどしてこなかった[28]。

経済学者たちは，信用についての常識的な理解をもっと辛辣に攻撃してきた。オリヴァー・ウィリアムソンは，信用という語をわれわれの語彙から完全に削除して「打算性」という語に置き換えることを提案し，信用という語で片づけられてしまう諸問題は標準的な経済理論によって説明することができると主張する[29]。だが，この論理にしたがえば，集団内の信用と集団間の信用の区別がつかなくなってしまい，有用性を最大限にしようとする各々の個人をその社会的・言語的・民族的アイデンティティやその他の特徴から切り離して扱い，他者と協力したり都合主義をとったりする気にさせるような情報や誘因や脅威だけを検証することになってしまう。

カーティンとウィリアムソンを隔てる距離は大きい。実際のところ，信用，交易に従事するディアスポラ，異文化間交易は，合理的選択理論を唱える人々とカール・ポランニーを信奉するきわめて多様な人々とのあいだで，長らく激しい議論の的となってきたテーマである。ポランニーによれば，経済的行動とは常に社会構造に根差しているのであり，

---

27) Markovits 2000: 261.

28) たとえば，Aslanian 2006; Prange 2006 を参照。交易に従事するディアスポラの経済戦略における社会的強制力と法的強制力の相互依存に関する初期の思慮深い評価については，Baude 1985 を参照。

29) Williamson 1993: 463. 最近の再検討は Guinnane 2005 にある。

資本主義的合理性などというものは近年の思いつきにすぎない。形式論者と実存主義経済史家の間の論争は，1970年代以後，新しい局面に入った。当時広まっていた正統的新スミス主義に対し，新制度派経済学者たちは，資本主義の発達に政府の諸制度が果たした役割を再評価した。彼らはしばしば，遠距離交易を有効な武器として利用する。強い影響力をもつダグラス・ノースによれば，「キャラヴァンや長い船旅でおこなわれるような遠距離交易の発展は，経済構造の諸特徴における急激な変化を必要とする」。彼の言う急激な変化には，新しい形態の非人格的な契約交渉も含まれるはずである。このような交渉にとって，国家の政策と制度は最も強力な誘因となり，保証を与える。ノースの言葉を借りれば，「結果としての歴史は，おもに制度の進化の歴史なのであり，そのなかで経済が果たす歴史的作用は，連続するストーリーの一部としてのみ理解されうる」のである[30]。理論における「制度の進化」という概念には，不文律や社会的規範の影響を認める余地があるが，ノースとその信奉者の著作には，国家を持たないディアスポラが変化を生み出す余地はほとんど残されていない。

　新制度派経済学は，ヨーロッパ商業のインド洋への拡大に関する歴史叙述においてとりわけ影響力を示した。歴史家K・N・チョードゥリはイギリス東インド会社や他のヨーロッパ北部諸国の特許会社に関する研究で新制度派経済学を用い，これらの会社を「官僚的経済機構」と呼んだ[31]。同時に彼は，交易に従事するディアスポラという概念の理論的有効性をも退ける。彼の主張によれば，ユダヤ人やアルメニア人や近世のインド洋で活躍していたその他の集団が果たした役割を説明するものは，「人間行動の全般的特徴」（このような表現で彼が意味するのは，経済的合理性のことである）であって，商人たちの空間的分散や社会的相互依存関係や非公式の組織などではないのである[32]。インド洋に存在した多くの商人共同体に関してジャン・オーバンとデニス・ロンバールが編集した重要な論文集は，最初にフランス語版で1988年に出版された。

---

30) North 1991a: 97–99（強調は著者による）。North 1990, 1991b も参照。初期の形成については，North and Thomas 1973 を参照。
31) Chaudhuri 1978: 82. Steensgaard 1973 も参照。
32) Chaudhuri 1985: 224–26.

この論文集はチョードゥリの見解を暗に論破してはいるのだが，質において断片的であり，編集者たちも執筆者たちも理論化をあえておこなおうとしなかったため，研究分野を超えて大きなインパクトを与えることはなかった[33]。

1989年以降，経済史家アヴナー・グライフの著作は，遠距離交易における諸制度の役割や事業組織と文化的信条の関係についての新たで活発な議論をより広範に呼び起こしている。彼は，ノースやそのほかの人々がおこなった制度の性格づけを限定的なものと認識し，それを批判して，制度とは「互いに結びついて行動の規則性を生み出すような社会的諸要因」のシステムであると定義づける。彼が「社会的諸要因」という語で示すのは，「規則，信条，規範，および組織」のことである[34]。彼の発言は，社会的規範とコード化された諸規則の相互的排除よりもむしろ，それらの相互依存を強調するような社会科学，とりわけ経済学のより広範なトレンドに推進力を与えた。いわゆる私的秩序に基づく経済学は――開発途上国においてであれ，産業化の進んだ国においてであれ――，いかなる国家的制度がなくとも契約や所有権が守られてきた歴史的文脈に光を投げかけてきた[35]。

グライフは，北アフリカに基盤を持つ特定のユダヤ人グループ（S・D・ゴイティンのおかげで研究者たちに知られるようになり，しばしばマグレブ系ユダヤ人と呼ばれる人々）の事業組織とジェノヴァ商人のそれを比較することによって，中世の地中海における「商業革命」を再考する[36]。グライフにとって，11-12世紀のマグレブ系ユダヤ人は，個々人

---

33) Lombard and Aubin 1988.

34) Greif 2006: 30, 382-83. ほかの箇所ではGreifは制度を「科学技術によらずに決定された抑制力で，社会的相互作用に影響を与え，行動の一定性を維持しようとする動機を与えるもの」と定義している（Greif 1998: 80）。Aoki 2001も参照．

35) Macaulay 1963; L. Bernstein 1992; Dixit 2004.

36) 中世地中海世界における商業改革については，Lopez 1971を参照．Greifは，1980年に旧カイロのゲニザ〔シナゴーグの文書庫〕で発見された埋蔵文書から多くの情報を得ている．カイロのゲニザのビジネス文書は，とりわけGoitein（1967-93），Udovitch（1970a, 1970b, 1977），Gil（2003），Margariti（2007）らによって論じられている．フスタート（旧カイロ）のベン・エズラ・シナゴーグの共同体は，神の名が記された文書（ユダヤ法では破棄してはならないとされていた）を通例のように埋めるのではなく，すべてゲニザの保管場所にしまっておいた．そのおかげでこれらは現存している．当然ながら，大半のビジネス文書には神への言及があった．

の利己主義と情報伝達の多角的連鎖が海外の代理人の誠実さを監視することを可能にするような，社会的に行われた市場管理の好例なのである。交易に従事するこのディアスポラのメンバー間でやりとりされた書簡は，詐欺や不正の防止に役立った。ごまかしが発覚した者は，皆からボイコットされたからである。このような事業組織をグライフは「共同体責任システム」と呼ぶ。しかしながら，13 世紀以降のジェノヴァ商人は，もっと効率的な「個人法責任システム」を運用していた。このシステムでは，信用性が限定的であることを利用して，パートナーシップはある代理人との契約を破棄し，追加的なコストをかけずに，また自らの評判をまったく傷つけずに，別の代理人を雇うことができた。

　グライフが示す例からは，マグレブ系ユダヤ人が採用していた事業組織が非効率的であったことがわかる。なぜなら，彼らのボイコットは他のマグレブ系ユダヤ人に対してのみ効力を持ったからである。それに対して，ジェノヴァ商人は非ジェノヴァ人との代理人関係を確立することもままあったということが公証人証書から理解される[37]。つまり，異文化間交易が標準化するためには，新たな契約や正式な法的規範や有効な法廷が必要なのである。これは，グライフが中世後期ジェノヴァ史研究から知ったおもな事柄のひとつだった。交易に従事するディアスポラにとって信用がいかに重要であるか，ということは，呪文のように何度も繰り返されてきた。グライフの分析は，このような紋切り型の見解に対する中和作用をもつ。だが彼は，分析において使うことのできた証拠を単純化している。第一に，法廷と法契約がマグレブ系ユダヤ人のあいだの代理人関係においていかなる役割も果たさなかったと彼は言うが，それは確かではない[38]。さらに，たとえ中世ジェノヴァの交易において個

---

[37]　Greif 2006: 288.
[38]　共同体責任システムは，Goiten の言う「形式上の友情」に似ているが，Greif の全般的な分析は，Goiten（1967-93, 1: 169-92）が強調するマグレブの商業組織のいくつかの特徴を見落としている。それらのなかには，契約上のさまざまな合意（ファミリー・パートナーシップ，コンメンダ契約，委任代理，融資，法定代理人の権限など）の利用も含まれる。また，ラビの法廷やイスラムの法廷も商業上の係争を裁定することがあった（ibid., 1: 172, 179, 251; Goitein 1973b: 93-101, 177-81, 2008: 167-236, 241-53, 542-43; Ackerman-Lieberman 2007; Margariti 2007: 199-205）。Udovitch（1977: 72）は，ゲニザの書簡に記録された取引のうち 20 件に 1 件が正式な契約の印が押されていたと見積もっている。彼はまた，このような文書の作成にイスラム法が用いられていたことを立証している（1970b: 128-30）。Moshe

人法責任が標準になっていたとしても，ほかの社会的・法的義務は，グライフの言う「個人主義的文化信条」と真っ向から対立する。たとえば，13世紀のジェノヴァでは，破産した商人は負債を息子に相続させ，家族の成員にとって不利なあらゆる条件を清算しなければならなかった[39]。ゴイティンの著作を読んだことのある者なら誰でも，中世の地中海商業に関するグライフの語りに異教徒間の交易がまったく出てこないことに疑問を感じるだろう。ゴイティンとその後継者たちは，ユダヤ人社会とムスリム社会が統合された例としてマグレブのユダヤ人を研究したが，それと同じ共同体が，グライフの研究においては，あるときには自己充足的であり，またあるときにはムスリム経済の立ち遅れを例証したりするのである[40]。

要するに，グライフの説では，遠距離交易の組織に関してマグレブ人

Gil（2003: 275）は，「これらすべての〔ゲニザの記録にある〕取引はパートナーシップによって実行された」のであって，報酬を受けない海外の代理人を通じてではなかったとまで述べ，これらの契約の遂行にユダヤやイスラムの法制度の強制力が果たした役割を強調する。Edwards and Ogilvie（2008）と Greif（2008）の間に交わされた意見も参照。

39) 中世ジェノヴァの「個人的文化信条」については，Greif 2006: 269-301 を参照。16世紀以前の北部および中部イタリアの破産法における家族の責任については，Santarelli 1964: 141-47 を参照。15世紀フィレンツェにおける父と子の責任については，Kuehn 2008: 65-67 を参照。中世イタリアの都市規約における家族的復讐については，Heers 1977: 105-11; Dean 1997 を参照。

40) Goitein がファーティマ朝に関して「比較的にみて自由貿易の時代」「寛容とリベラリズムの精神」と述べているのは，過度に近代的なカテゴリーを用いたのかもしれない（Goitein 1967-93, 1: 29; Goiten 1973a も参照）。彼は博識で文献学的精神の持主であるにもかかわらず，ムスリムとユダヤ人の間のパートナーシップは「なんら例外的なものではなかった」と述べている（Goitein 1967-93, 1: 72; pp. 85, 105, 116, 262, 281 も参照）。ユダヤ人とムスリムのあいだのパートナーシップについては，Udovitch（1970b: 126）や Gil（2003: 280-81）にも言及がある。Olivia Remie Constable（1994: 68-70, 77）および Roxani Eleni Margariti（2007: 155-57, 213-14）からは，アデンやそのほかのインド洋岸の港にいたマグレブ商人がムスリムやヒンドゥー教徒の商人，役人，船主，船長と普通にパートナーシップを結び，その程度が中世のスペイン商人がムスリムやキリスト教徒と契約を結んだ以上に高かったことがわかる。ゲニザに残るビジネス文書はすべてヘブライ文字で書かれたため（言語的にはアラビア語であっても），ユダヤ人とムスリムのあいだの商業上の関係の裏付けとするには理想的な史料ではない。とはいえ，そこには異文化間の事業提携に関する言及が含まれており，それらについて Greif は詳しい注をつけている。彼はまた，マグレブの「連合」の衰退についてもいくらかの説明をしている（Greif 2006: 84, 176n16）。Goitein によれば（1967-93, 1: 38, 149），マグレブのユダヤ人をビジネスから追いやったのは，貿易や宗教的寛容を嫌うマムルーク朝エジプトが13世紀中期に勃興したことと，海上におけるジェノヴァの優越性であった。

3 ディアスポラ，信用，異文化間交易　　25

とジェノヴァ人のあいだには著しい差異があるということになる。しかしながら，グライフはまた，「理論的には，共同体責任システムは異なる共同体のあいだに非人格的な交換を育みうる」ことも認めている[41]。実際，彼の著作のかなりの部分は，日和見主義と当局による没収という，交換に関する2つの基本的な問題の解決策となる制度の多様性の説明にあてられている。私は，彼が掲げる前提の一部からは離れつつも，彼のあとにしたがうことにより，18世紀になってもなお，個人法責任システムが共同体責任システムの諸要素といかに共存していたかを描き出す。このような例のなかには，複数の民族からなる遠く離れた共同体に属する商人たちが委託代理業にかかわる場合さえある。

　上で述べてきたことが示すように，異文化間交易研究では，多くの事柄が議論の的となっており，資本主義とその歴史的形態の解釈に関して相対する諸説にも影響を与えている。カーティンは著作の冒頭で次のように主張する。「文化的境界を越える交易と交換は，おそらく，軍事的占領の計り知れない過酷な影響を別にすれば，変革をもたらす最も重要な外的刺激であろう」[42]。このような確信は，異文化間交易を基本的にマクロ的な現象としてとらえる世界史学者に広く支持されている。彼らは，異地域間の交易，一極集中型の構造トレンドと多極分散型の構造トレンド，交易に従事するディアスポラが予測可能な地政学的境界を越えておこなう活動，などを研究するが，見知らぬ者どうしがどのようにして契約を結ぶのかということには，ほとんど，あるいはまったく，注意を払わない[43]。いっぽう，ノースにとってもグライフにとっても，異文化間交易は，見知らぬ者どうしや血縁関係を持たない者どうしの個人的な取引がかかわるマクロ的な現象である。しかし，彼らの研究では，異文化間交易の作用は，見知らぬ者どうしのあいだで実際におこなわれる

---

41) Greif 2006: 328. 彼はこの点を示すのに，中世ヨーロッパ経済史の移行期には，有限責任によるパートナーシップが欠如している場合にも，いまや各地の国家によって支持されるようになった共同体責任システムが非人格的な交換を容易にしたと指摘する（ibid., 309-38）。

42) Curtin 1984: 1.

43) 注目すべき例は Chaudhuri 1985: Abu-Lughod 1989; Bentley 1993 にみられる。Fernand Braudel（1972-73, 1981-84）は，彼が取り組んだいかなるテーマを定義するのにも「異文化間交易」という表現を用いていないが，このアプローチを先取りしている。

取引の分析の結果としてよりもむしろ,調停や教義上の革新のためにより安定した制度がつくり出されるという理論的前提の結果として現れてくる[44]。本書は,これら2つの立場のギャップを埋めようとする試みであり,異文化間交易がおこなわれるマクロ的文脈を検証するだけでなく,個々の具体的な取引やネットワークを細かく分析する。

英語で書かれた初期の重要な商業手引書の著者ジェラード・マリンズは,1622年に「或る商人が,トルコ人,異教徒,野蛮人,無信心者たちと取引をし,約束を交わすことは可であるか」と述べた[45]。この問いからは,信用のおける商人を良きキリスト教徒,良き市民になぞらえることによって利潤の追求を正当化した中世商業革命期のキリスト教神学の影響が,この時代にもなお続いていたことがうかがえる。非キリスト教徒,とりわけ,中世のイタリア都市で金貸し業を営んでいたユダヤ人は,有能で勤勉な商人を名誉ある市民であり敬虔なキリスト教徒であるとみなすプラス思考の連鎖から定義上除外されていたのである[46]。マリンズは自らの問いに十分な答えを与えていないが,その著作は,キリスト教徒の商人が「不信心者」とのあいだに信用上の協定をいかにして結びうるか(結びうるかどうか,ではなく),という問題に彼が関心を持っていたことを暗に示している。宗教改革が起こり,さらにセファルディム系ユダヤ人がヨーロッパの主要な海港都市に出入りできるようになると,キリスト教世界の社会的・象徴的統一性は大きく縮小された。それと同時に,16世紀にはヨーロッパ人による大陸間交易が拡大し,非キリスト教徒とのあいだにも信用関係を広げる必要が増大した。マリンズの問いかけは,偏見と実用主義的な寛容とが共存するような語彙的・概念的枠組みが長らく続いていたことを暴露するものではあるが,文字通

---

44) Milgrom, North and Weingast (1990) は,新制度派経済学の有名な論文のなかで,12-13世紀にシャンパーニュの大市に毎年遠方からやってくる商人兼銀行家たちの異文化間交易と金融取引は判事たちによって便宜を図られたと主張する。Greif (2006: 315-18) は,実証的証拠を何も挙げずに理論的可能性の概略を述べているとして,この論文を批判している。しかし,ジェノヴァの法制度の有効性に関する彼の主張も,それが想定通りに機能していたという推測に基づいており,ジェノヴァの法廷で審議の対象となった契約の例に関する議論は含まれていない。

45) Malynes 1622: 6. Gerard Malynes については,de Roover 1974; Finkelstein 2000: 26-53 を参照。

46) Todeschini 1989: 123-80; 1994a: 213-28; 2002: 227-309, 393-486; 2004; 2008.

り解釈すべきではなく，反語的にとらえるべきものなのである。

　マリンズから約90年後に著作活動をおこなったダニエル・デフォーは，同じ問題に頭を悩ませていた。彼が次のように自問したのは，1710年のことである。「コーランの教えではキリスト教徒を信用してはならぬとされているのに，われわれはいかにして，トルコ人のなかに入って交易し，マホメット教徒を信用することができるのか」。ここでデフォーは，自らの問いに明確な答えを与えている。すなわち彼は，「公正で正確で立派な交易を実践することにより」ムスリム商人（拡大解釈すれば，他の異教徒も）はヨーロッパ人の信用を勝ち得ており，同じキリスト教徒以上に信用される場合もあったと確信していたのである[47]。

　デフォーは，利潤の魅力は最も根深い宗教的不信感に対してさえもすべての商人を盲目にする，と確信していた。だがここでも，彼の確信を文字通りに解釈すべきではない。彼の主張は，イギリス商業社会の境界に関して激しく戦われていた知的・政治的議論の背景に照らし合わせて読み解かねばならないのである。だが，経験と個人的信用は宗教上のつながりよりも重要である，というデフォーの断言は，一連の生産的な研究の端緒を開いた。しかもそれは，知識階級の歴史家にとってだけではなかった。実際，リヴォルノのセファルディムたちは，キリスト教徒およびヒンドゥー教徒と持続的なビジネス上の関係を持つようになった[48]。私が上で概観した2つの流布しているアプローチ——宗教的あるいは民族的アイデンティティを共有することの重要性を信じるやりかたと，信用と所有権を管理する法制度を強調するやりかた——のいずれも，単独では，セファルディム商人がいかにして異文化間のビジネス関係を取り扱ったのかという問いに満足のいく答えを与えられない。私はそれらとは異なる提案をする。すなわち，エルガス家やシルヴェラ家のような商人が自らの属するディアスポラの範囲を超えておこなう交易

---

47) Defoe 1710: 13.
48) エルガス＝シルヴェラ商会の現存する文書には，オスマン帝国のムスリムとのビジネス上の関係に関するものはない。最も，この文書には，アレッポ支店の地元での活動は含まれていない。セファルディムとムスリムが北アフリカ貿易のために結んだ商業的連携に関するわずかな言及については，第3章を参照。

をサポートした集団内での規律，契約上の義務，慣習的規範，政治的保護，多方面におよぶ慣行などの生産的な組み合わせについて検証することである。

　私のアプローチには，社会ネットワーク分析の基本的な教訓や，信用に関して増えつつある理論的文学と経験的文学が含まれる。私は，信頼性をある個人やある集団が安定的に持つ特性とは考えない。そして，エルガス゠シルヴェラ商会がおこなった選択を，他の当事者たちとのあいだで交わされた戦略的・打算的なやりとりの結果として評価する。だが同時に私は，集団的なシンボル表象，共有された意思疎通のコード，彼らのコントロールを超えた強制力を持つ社会的規律などを彼らがどのように扱ったかをも分析する。要するに私は，異文化間交易のメカニズムを検証する際に，社会学者マーク・グラノヴェッターが社会的行動の「過度に社会化された」概念および「過小に社会化された」概念と呼んだ誤謬を避けようとしているのである[49]。

4　商業と文化 ── ユダヤ人，商人，異文化間仲介業者(ブローカー)

　本書は，リヴォルノのセファルディムの社会経済史である。しかしわれわれは，文化の概念を理解せずに「異文化間交易」という表現を用いることはできない。このような交易に携わった人々にとって，文化的差異は何を意味したのだろうか。われわれはいかにして，規範と実践から意味を引き出すことができるのだろうか。また，商業の政治的・象徴的役割に関する 18 世紀の議論を当時の経済的なやりとりの定式にはめ込むには，どうすればよいのだろうか。これらの疑問は，イデオロギー的な緊張に満ち，方法論的な複雑さを持つ。それは，知性の歴史と社会史と経済史が相互対話をおこなうよりは道を分かつことのほうが多いからではない。私は，これらの疑問に対し首尾一貫した答えを描き出そうと

---

　49) Granovetter 1985. Dario Gaggio (2006: 25) は，批判者たちの主張に反して，Granovetter の言う「埋め込み (embeddedness)」は，信用や共同体主義といった耳触りのよい概念の別名ではなく，社会的行動の戦略的特徴と規範的特徴の両方を露わにするのにきわめて有用な分析の枠組みであると述べる。私もこれと同意見である。

するのではなく，文化と経済を同族関係にあるとみなす時代錯誤に揺さぶりをかけたいのである[50]。

　文化と言うとき，私はユダヤ人と非ユダヤ人を結びつけたものと分離したものの両方を想定している。近世において，まったく異なる背景を持つ商人たちは，徐々に均一化しつつあった法的慣習や修辞的伝統から抜け出すことによって，自らの期待を表明し経済的目的を追求した。商業書簡は，異地域間および異文化間の商業慣習について，最も多くの情報を与えてくれる文書である。17–18 世紀に商業書簡を交わすうえでの作法がますます標準化していくにつれ，見知らぬ者とのあいだに信用関係を結ぶことが容易になっていった。同時に，宗教的伝統，社会的習慣，法的規範は，ユダヤ人と非ユダヤ人を分離し続けた。これら 2 つの文化的領域は同時に存在していたわけであるが，私はそれらのあいだの緊張に注目する。商業通信文に反映されたような多方面において共有された伝統は，経済的統合の強力なツールとなるが，それを社会的現実の反映と解釈することはできない。商業書簡で用いられるコスモポリタンな言語がコスモポリタンな寛容の感情，相互の尊敬，好奇心，差異の理解といったものを自動的にはらんだわけではなかったからである。

　グライフにとってもノースにとっても，文化と信条は経済的な規範や実践から推測可能なものである。たとえば，所有権を保護する法律の存在や，資本と労働の明確な区別を可能にする契約の存在は，集団への帰属を犠牲にして個人主義を育むような社会に典型的なものである[51]。この種の経済的還元主義がもたらすやっかいな副産物のひとつは，宗教，階級，性別，その他の差異に関係なく誰もが同じパターンの変化に与るような均質な社会を想定することである。このような全体論的イメージを持っていたのでは，セファルディム商人やその他の集団が近世ヨーロッパ経済に果たしていた役割を分析することができなくなってしまう。カーティンもまた，別の理由から，文化を静的なものとしてとらえている。彼にとって 19 世紀以前の異文化間交易は，諸集団のあいだに植えつけられた区分に基づきつつも，やがては，交易に従事するディ

---

　50)　示唆的な理論的アプローチについては，Cerutti 2004 を参照。
　51)　新制度派経済学による文化と経済の関係のとらえかたに対する批判については，S. R. Epstein 2000 を参照。

アスポラが「受け入れ側の社会」に同化していく結果に終わるものなのである[52]。彼の広範な調査にユダヤ人の存在が著しく欠けている理由は、おそらくここにある。もっと最近になって、「ディアスポラ研究」に従事する文学者や文化批評家の異種混交集団が、本質や純粋性といった概念を否定し、あらゆる境界が持つ多孔性に注目することにより、文化についての慣習的見解に揺さぶりをかけた[53]。ここでも、近世史の研究家にとって、このような命題は期待外れであると同時に示唆的でもある。実際、西欧のセファルディムほど、文化的交差(クロスオーバー)の好例を示す集団はめったにない。たとえば、アムステルダムのユダヤ人商人は、きれいに髭を剃り、他のユダヤ人に対する自分たちの集団的アイデンティティを定義づけるために純血性という概念を用いていた[54]。だが、キリスト教世界における彼らの地位を特徴づけた勢力不均衡や彼らを支配社会から隔てていた法的・文化的障壁を過小評価するのは、まったく正確でない。セファルディムたちが置かれていた立場を説明するために、私は人類学者フレデリック・バースの見識に着目する。彼は民族間の相互関係を研究する分野を開拓し、異なる民族集団のあいだに維持された経済的関係が、必ずしも社会的・文化的境界を消滅させるものではなかったことを発見した[55]。

リヴォルノだけでなく、ほかのどの場所でも、セファルディム商人は多様な伝統を統合し、非ユダヤ人と交わった。だが彼らは、非均質的で個々に異なる集団がつくりあげた遮断的社会の枠組みのなかでそうしていたのである。そのような彼らの経験を包括するのに、私は「共同体的コスモポリタニズム」という表現を用いる。共同体的コスモポリタニズムは、形態は場所によって変わるが、どのような場所でもユダヤ人とキリスト教徒のあいだの流動性を抑制し、相互関係を規制しようとした。17世紀のあいだにヨーロッパの大陸部におけるイベリア系ユダヤ人の定住が安全で安定的なものになるにつれて、法的規定、社会組織、集団的自己認識といったものは、ユダヤ人とキリスト教徒のあいだでま

---

52) Curtin 1984: 5, 11-12.
53) 古典的な例は、Hall 1990; Bhabha 1994; Clifford 1997 に見出される。
54) Y. Kaplan 1989c.
55) Barth 1956, 1969.

すます明確化しつつあった境界線を濃くしていった（ただし，イベリア半島からの避難民がユダヤ人というよりも「ポルトガル商人」として許容されていたフランスを除く）。イベリアを去った大半のユダヤ人の宗教的アイデンティティは，16世紀のあいだに曖昧な特徴を持つようになった。ヨーロッパや環大西洋地域で「ポルトガル人」とされた人々のなかで，コンベルソと元来のキリスト教徒は必ずしも区別可能ではなかった。異端審問所による迫害や，ヴェネツィア，リヴォルノ，ハンブルク，アムステルダムにおけるスペイン・ポルトガル系ユダヤ信徒団の発展によって，1630年代までに新キリスト教徒の大半がイベリア半島の外でユダヤ教に復帰したり，新たにユダヤ教を信じたりするようになっていた。だが，1世紀以上にわたって改宗者としてのアイデンティティを持ち続けた過去は払拭できなかった。歴史家ヨセフ・カプランがアムステルダムのセファルディムを「新ユダヤ人」と呼んだのは，彼らの親や彼ら自身がキリスト教への改宗者として育てられたからだけでなく，正統性を薄めた形の新しいユダヤ教を編み出したからである[56]彼らのキリスト教文化への順化は，商業的習慣においてだけでなく，服装，自己の律しかた，知的探究などの面においても明らかである。ヨーロッパの数か国語を流暢に操る者は多くても，シナゴーグでの礼拝に必要とされる基本的レベルを超えたヘブライ語能力を身につけた者はごくわずかだった。このような，仮想規範的なユダヤ主義と非ユダヤ的な礼儀正しさのユニークな統合が，セファルディムと非ユダヤ人のビジネス上の関係を容易にしたことは疑いない。しかし，それをユダヤ人の自由身分化後に起こった同化作用と比べることはできないのである。

近世のあいだに形成された新しいコネクションの一員として，国家や帝国や宗教的区分を越えて移動し，生きていくうちに多面的なアイデンティティを身につけるようになった人々がいる（大半が男性で，大多数は社会的地位が高かった）。そのような人々の類まれな個人的経歴は，近年の伝記研究によって明らかになってきた[57]。これらの伝記は，懐古主

---

56) 「新ユダヤ教徒（*Judío nuevo*）」という表現は，17世紀のスペインの文書に現れる（Y. Kaplan 1992: 230n2）。

57) 注目すべき例は，García-Arenal and Wiegers 2002; Muchnik 2005; N. Davis 2006; Colley 2007 に見出される。

義的あるいは帝国主義的に過去を都合よく利用しようとするやりかたを矯正するのに役立つ。だがわれわれは，近世ヨーロッパにおいてキリスト教徒とユダヤ人の関係を規定したそれぞれの社会的領域区分に対する内的・外的圧力を過小評価してはならない。個々のユダヤ人と個々のキリスト教徒は，経済的にも，知的にも，社会的にも，そして場合によっては性的にも，関係を持った。しかし，集団としては互いに異質なものとして自己と他者とを認識していた。世俗的権威も宗教的権威も，また数世紀におよぶ神学的反ユダヤ主義も，ヨーロッパのカトリック圏およびプロテスタント圏におけるユダヤ人とキリスト教徒の境界線を守ることに寄与した。私は，その様相の多様性を探究するのであるが，つまるところ，セファルディム共同体の宗教的指導者と世俗的指導者は，同じ目的を目指していたのである[58]。

　概して，異文化間交易はコミュニケーションと文化交流の幅広い機会を創出したが，法的・社会的障壁を解消することはなかった。セファルディムがイベリアの商人と取引する際にキリスト教的な偽名を用いた習慣は，ときには相対立するような複数の政治地理的・文化的コンテクストのなかで彼らが自由に動き回っていたことを示すと同時に，法的規制をかわすために慣例的に受け入れられていた虚構も示している。エルガス＝シルヴェラ商会は，書簡や荷札を書くときにも，委任状を書くときにも，幾度となくこの手段を用い，さまざまな偽名で署名した——最も多かったのは，ヴェントゥーラ，ヨセフ・ベネデッティ，エンリケ・シルヴェラであったが，プロスペロ・サルヴァトーレ・デル・モンテ，ピエトロおよびパオロ・デル・フォルテ，ラファエルおよびジュゼッペ・デル・モンテ，ダニエルおよびマヌエル・デ・フェリーセ，ヤコポおよびシモン・オリヴァ，ジョヴァンニ・フランチェスコ・ステッラ，ジョヴァンニ・シルヴェストロ・ペトリーニ，ディオニジおよびフェルディナンド・デル・ベーネといった名前も使われた。メディチ家はこのような方策を認めていた[59]。オランダのユダヤ人も同じ戦術を用いた。

---

58) ディアスポラ研究の異端児は社会人類学者 Jonathan Friedman（2005: 143-44）である。彼は，ディアスポラは文化的混交のみを意味するのではなく，同族婚や文化的・社会的均質化を通して集団アイデンティティの保持を深めることも多いと述べる。

59) 1593年のリヴォルノ憲章第3条。リヴォルノ憲章の近代版には，Guarnieri 1962:

4　商業と文化

　1671年付のアムステルダムのある公証人文書は，フランシスコおよびアントニオ・グティエレス・ゴメスが15もの異なる名前で事業をおこなっていたことを記録している[60]。キリスト教名とヘブライ名の両方を持つことは，隠れユダヤ教徒が広範な現象となっていた時代においてさえ，その商人が2つの宗教のあいだで揺れ動いていたことを必ずしも意味しない[61]。宗教的なためらいを持たなかったイタリアのユダヤ人も，イタリア名とユダヤ名をしばしば使い分けていた。このことから，彼らが支配的なキリスト教文化のなかに入り込んでいたことがわかるが，かといって，彼らが常に変幻自在であったわけではないのである[62]。

　ユダヤ人とキリスト教徒は，交易のみを通じてコミュニケーションをとっていたのではない。両者間の知的交流は，17世紀に活発化した。ヘブライ語や聖書学に興味を持つキリスト教徒の学者は，博識なラビに会って会話を交わした。最も，バロック期のイタリアにおけるこのような対話は，常に正しい相互理解によって特徴づけられたわけではない。実際，ヘブライ学の教師がキリスト教徒の弟子を持ったり君侯の家庭教師をしたりすることを強いられたように，強制的におこなわれる場合もあった[63]。リヴォルノは，国際的な大都市でもなければ宮廷都市でもなかったが，異国の学者やディレッタントが交流する場となった。近くにあるピサ大学も，さらなる知的対話を刺激した。18世紀前半のリヴォルノのラビ，ヨセフ・アッティアス（1672-1739年）は，自らが属する共同体で役職者に選ばれ，その務めを果たすかたわら，キリスト教世界の著名な学者やアマチュア研究者との教養あふれる世俗的議論に参加した[64]。アッティアスのような者はほかにもたくさんいたが，その多くは

518-25; Frattarelli Fischer and Castignoli 1987; R. Toaff 1990: 419-35; Bertoli 1992 などがある。ペンシルヴァニア大学図書館が所蔵しているリヴォルノ憲章の写本は，電子化されて http://dewey.library.upenn.edu/sceti/ljs/PageLevel/index.cfm?ManID=ljs379andPage=2 でみることができる。

60)　Pieterse 1989: 76.
61)　1570年にフェッラーラのある公証人は，ヴェネツィアの異端審問所でリゲット・マッラーノを弁護し，リゲットはカトリック諸国との貿易のためにキリスト教徒の名前を用いているが，彼がユダヤ人であることはずっと知っていたと述べた（Iony Zorattini 1980-99, 3: 60）.
62)　Cassuto 1918: 231-2; Stow 2001: 72.
63)　Ruderman 2001: 12-12. Coudert and Shoulson 2004 も参照。
64)　C. Roth 1946: 422; R. Toaff 1990: 335; Sani 2006: 31-42; Bregoli 2007a; Frattarelli

もっと閉鎖的な環境ののなかで生きていたため，彼の存在が目立ってみえるにすぎない。

　セファルディム商人はキリスト教の文化と社会に深く入り込んでいた。いっぽうキリスト教徒の商人たちは，ユダヤ人との取引契約に署名しながらも，反ユダヤ的用語を用いることに不快感を持たなかった[65]。市場――物理的な場所としても，交渉が継続するプロセスとしても――は，出会いと異文化交流を豊かにする新しい機会をつくった。商業は見知らぬ者どうしのあいだに新たな会話を促し，見知らぬ者と交易することから生じる不確実性を減らすための新たなツールをつくり出した。しかし，私が検証する事例において，市場は，匿名性や個人主義や尊敬といったものと同義ではなく，むしろ，近世的な勢力関係が，あるときは平和的に，またあるときは対立的に，再定義されるもうひとつの場だったのである。

　本書は，異文化間交易の開放性と閉鎖性をとらえ直す試みであり，市場の複合的な経験に敏感な経済史である。だがけっして，「市場」という言葉を「文化」や「社会」に単純に置き換えることを唱えず，むしろ，グローバルな商業文化（法や慣習を含む）が高度に地域的で分断された社会的・法的な取り決めとどのように共存していたかを示すことに取り組む。焦点を当てるのは，アイデンティティについての概念よりも，社会ネットワーク，権力，制度といったものであり，個々の人間よりも複雑に絡み合う共同体のネットワークを，流動性よりも部分的な文化受容や文化的順応を，普遍的な利潤の追求という推定上の自明の理よりもコミュニケーションの慣例的な様式を，関心の対象とする。

Ficher 2008.
　65）　例については第7章を参照。1990年代にアレッポの市場でおこなわれた人類学的フィールドワークによって，異教徒間の事業提携は，ムスリム，キリスト教徒，クルド人のあいだで，差異の感覚や不信感とさえも共存することが示された（Rabo 2005: 97-100）。

第 1 章
ディアスポラの家族と
ビジネス・パートナーシップの形成

───────

　1747 年 4 月,エルガス家とシルヴェラ家のパートナーシップは破産の処理を行っていた。その法的な合意文書には,必要とされた債権者の 3 分の 2 が署名しているが,その文書に付されたメモによれば,エルガス家とシルヴェラ家はリヴォルノで 160 年以上ものあいだ,商社を経営してきたと主張している[1]。ただし,そこには誇張がある。この商社はようやく 1704 年末から商売に携わっていたにすぎなかった。しかし,年長のパートナーであるアブラハム・エルガスは,自分の先祖たちはピサで評判のよい商人であり,その後 1590 年代にリヴォルノに移ってきてからもそうであったと,正当に主張することができた。このトスカーナの港町において,よりつつましい一族であったシルヴェラ家は,エルガス家との結びつきのおかげで富や威信の大部分を獲得していた。彼らは 18 世紀はじめにエルガス家がアレッポに支店を開設するのを支援した。破産するときまで,エルガス家とシルヴェラ家は,この町で尊敬を集めていた。彼らを倒産に追い込んだ,商売上のある競争相手の言うところによると,彼らは「この土地で最も重要で有力な者たちの一員だった」のである ("i quali sono de' primi e de' grandi della terra")[2]。

　本章では,リヴォルノにおけるエルガス家とシルヴェラ家,そして彼らの商業上の結びつきがたどった栄枯盛衰の過程を再構成する。セファルディムについての研究を始めるにあたって,家族間のつながりに照

---

[1] "[A]vendo tenuto casa aperta di negozio nella suddetta piazza di Livorno per il corso di cento sessanta e passa anni"(ASL, *CGA: Atti civili spezzati*, 2249, no.953).

[2] ASL, *CGA: Cause delegate*, 2500.

準を合わせることは，お決まりのパターンのように思われるだろう。結局のところ，移民の共同体や離散した共同体の物語は，強制的な別離によって引き離されたり，血のつながりによって結ばれたり，移住を経験することで変わっていったりするような遠方の親族たちの話に満ち溢れている。しかしながら，私の狙いは単にこうした事柄を記述することではない。ただ，時代や場所を越えてセファルディムが発展させてきた家族のコネクションを正確に描き出さなければ，彼らの戦略的な選択や，商業上の協力者として親族（血族も姻族もともに）を信頼することの利点と限界について分析を始めることができないのである。

　歴史の専門家や愛好者たちは，近世のセファルディムの家系に関する正確な情報を集めようと奮闘している。しかし，そこには多くの障害があるために，人生の最も基本的な出来事を再構成することさえ困難な状況である。たとえ文書史料が利用可能な場合であっても，それらの文書は多くの場所やコレクションのなかに散在している。しかも，文書の目録や図書館のカタログ，日々拡大し続けているオンラインのデータベースの検索エンジンを通じて，ある名前がいつも信頼に足るアリアドネの糸をもたらしてくれるとはかぎらない。しばしば，わずかな数のヘブライ語のファーストネームが，何世代にもわたって，また（同じ土地に住んでいるのであれ，違う場所であれ）傍系の親族のなかにも繰り返し現れるし，とくに男性，なかでも商人のあいだでは偽名も多いからである[3]。

　これからエルガス＝シルヴェラ商会のパートナーたちの先祖や親族の軌跡をたどっていくなかで，私は姓が同じであることが親族関係を示す十分な証拠であるとは考えていない。また，特定の時代に特定の場所で，エルガスあるいはシルヴェラを名乗る人物がいることを文書で確認することが目的なのでもない。むしろ私は，規模の大きなこれらの一族の成員たちがいくつもの婚姻関係を築き上げ，こうした結びつきが経済

3）　一般的な原則として，新キリスト教徒の一族においては，ユダヤ教に再改宗して最初の子どもにはアブラハムという名前をつけ，さらにその息子たちには別のユダヤ民族の祖先たち（イサク，ヤコブ，イスラエル）の名前をつける。それから先は，標準的には，長子には父系の祖父母の名前を，第二子には母系の祖父母の名前をつける。セファルディムの特徴的な命名慣習については，Gaster 1901: 96; E. Samuel 2004: 4 を参照。

的な投資の方向性を決定づけるプロセスを解明しようとしているのである[4]。本書のなかで一貫して論じているように，広範囲に離散した共同体の一員であるということは，商人たちが遠く離れた場所でビジネス上の代理人をみつけ出し，既存の商業ネットワークに参入することを容易にしたけれども，それだけですぐさま信仰を同じくする者のあいだに信頼関係がうまれるということにはならない。セファルディムの商人たちが，商業世界のニッチに特化することができたのは，入念に作り上げられた婚姻関係のおかげである。同様に，そのように特化していたからこそ，同じユダヤ人にとっても異教徒にとっても，彼らがビジネス上の代理人として魅力的だったのである。

本書の読者は，迫害を逃れ，緊密に結びついた共同体のなかで暮らし，盛んに同族婚を進めた商人たちが，いかにして異文化間交易に関する研究の主人公となりえるのか，疑問に思われるかもしれない。実際に，これは私の研究の核にある難問である。しかしながら，近世における異文化間交易を，社会的，法的な結びつきが失われた結果として見るのではなく，むしろそれを持続させた特定の法的，社会的，経済的なメカニズムについて考察するべきだというのが，私の最初の見解である。エルガス家とシルヴェラ家，そして彼らと商売をしたすべての者たちが，新たな機会を追い求め，見知らぬ相手にもネットワークを開いた動機は，豊かになりたいという欲求であった。商業上の優位をめぐる争い

---

[4] 私のアプローチは，Lévy 1999: 223-319 において刊行された 74 家のセファルディムの一族の「事典」のアプローチとは異なる。そこでは，さまざまな二次文献に基づき，一族の簡潔な歴史を描くための主要な基準として，家名が用いられているのである。しかしながら，この Lévy の事典は，相互に関連のある 3 つの都市（リヴォルノ，アムステルダム，チュニス）の一族の紐帯と共同体主義的な構造に基づいて，西方系セファルディムのディアスポラにおける登場人物を同定しようとした唯一の試みである。本章において，私は折にふれて本書の中心的な人物たちと緊密な関係を持っているであろうと思われるエルガスあるいはシルヴェラを名乗る個人の存在を示すが，リヴォルノのエルガス家やシルヴェラ家の成員たちと明確な関係を見出せないために言及を控えた場合のほうが多かった。この文脈において，エルガスというのは，ありふれた名前ではないものの，見分けがつきやすいユダヤ人の家名である。いっぽう，シルヴェイラ（Silveira，あるいは Sylveira）は，ポルトガルでは，新キリスト教徒にも旧来のキリスト教徒にも，また貴族にも平民にも，きわめて広くみられる名前である。リヴォルノでシルヴェラを名乗る者たちは，マラーノの詩人ミゲル・デ・シルヴェイラ（Brown and Boer 2000）や，アムステルダムのラビであるアブラハム・ゴメス・シルヴェラ（Franco Mendes 1975: 68, 89; Franco Mendes and Mendes dos Remédios 1990: 205）とは関係がないように思われる。

において軍事力や外交力がより重要であった時代に，利用可能なコミュニケーションの基盤が不安定で，しかも商業的な戦略を支援してくれる独自の国家を持っていないという状況において，セファルディムのパートナーシップは，自分たちの活動範囲を広げる前にまず，より緊密に結びついた内輪の仲間を確保しようとした。したがって，エルガス＝シルヴェラ商会が異文化間交易に従事したやりかたについて分析するためには，彼らがたどった軌跡や，リヴォルノに基盤を置く他のセファルディムのネットワークとの関係を調査することから始めなければならないのである。

　これから述べることは，リヴォルノのエルガス家とシルヴェラ家についての完全な伝記ではない。というのは，本書は両家の婚姻関係や経済活動について強調するいっぽうで，一族や個人の生涯のほかの側面には目を向けていないからである。なによりも，富裕なセファルディムの家系に属する若者は，誰もが商人としてのキャリアを求めたわけではない。宗教的な文献について研究することもまた，大いに尊敬を集めた道であった。たとえばリヴォルノのエルガス家には，博識で禁欲的な学者であったラビ，ヨセフ・エルガス（1688-1730年）がいた。その兄弟であるモーセ・エルガスは，商業によって得られた一族の財産を賢明に運用したものの，子供がないまま亡くなってしまった。1746年，モーセが甥たちに財産を遺贈したとき，彼は兄弟であるヨセフの名前で宗教学校に対する支援をおこなったばかりでなく，ヨセフの息子であるアブラハムに対して，彼が関心を持っているトーラー研究に励むよう命じたうえ，商業パートナーシップの経営を義務づけられた兄弟と同じ額の収入をアブラハムが受け取れることを保証した[5]。世俗の事柄に従事している商人にとって，宗教は崇高な事業であり，社会的な義務でもあった。エルガス家とシルヴェラ家は，聖地の困窮した共同体のラビから寄せられた多くの財政的な援助の要請に応じている。アレッポでは，エリヤ・シルヴェラが貧者に対して医療支援をおこなうための基金（Bikur Holim）を設立し，生徒や学者の教育を促進するためにシルヴェラ学院

---

[5] ASF, *MS*, 4045, letter E, no.2. ラビのヨセフ・エルガスについては，Carlebach 1990: 137-43; R. Toaff 1990: 336-37 を参照。

に基金を寄贈した[6]。第3章で示されるように，遺贈という点においても，エルガス家とシルヴェラ家はほかのセファルディムの商人たちとはなんら異なっていないのである。

　リヴォルノにおけるセファルディムの女性たちの生涯を理解し，とりわけ宗教的，ジェンダー的，社会経済的な境界を越えていく手段を理解することは，さらに困難である。年長のパートナーが死亡すると，息子や従兄弟，甥たちが跡を継いで事業を経営した。そのため，セファルディムの商社において女性が直接的な役割を果たすことはめったになかった。ただし，寡婦が一時的にそうすることはあった[7]。よって，さらなる研究の進展が待たれるとはいえ，富裕なユダヤ人女性が，イギリスの大西洋貿易でなされたようなかたちで，地域経済に活発にかかわることはなかったように思われる[8]。しかしながら，第5章と第10章で論じるように，ジェンダー的な視点は，セファルディムの商業活動に関する重要な側面を照らし出す。司令塔としての位置になかったとはいえ，女性は嫁資に関する法的，慣習的な権利を有しているために，商人たちの資本の形成や移動や保全に間接的ながらも決定的な役割を果たしていたのである。

1　リヴォルノのエルガス家

　トスカーナ地方にやってきたエルガス家の最初のメンバーは，イサク・イスラエル・エルガスの息子アブラハムであった（図1.1参照）。1594年，彼はサンタンドレア・フオリ・ポルタ教区に一軒の家を借りた。その教区では，同じ年に新しいシナゴーグが開設された（そして今

---

[6]　ASF, *LCF*, 1945, 在アレッポのエルガス＝シルヴェラ商会宛1736年10月11日付書簡；ASF, *LCF*, 1953, 在フィレンツェのエフライムおよびダヴィデ・カッスート宛1741年2月13日付書簡；Sutton 2005: 328.

[7]　たとえばラファエル・エルガスは，1772年に子供がないまま亡くなったとき，妻のレアに事業を託した（ASF, *NMP*, Giovanni Matteo Novelli, 26734, fol.31v, no.56; PRO, *PROB*, 11/962, fols. 171-181; PRO, *PROB*, 11/1332, fols. 216r-221r）。

[8]　18世紀のリヴァプールやフィラデルフィアにおいて，小規模な交易に従事していた女性との比較については，Haggerty 2006を参照。ローマのゲットーにおける中・下層の女性の経済活動については，Stow 2001: 29, 78-79を参照。

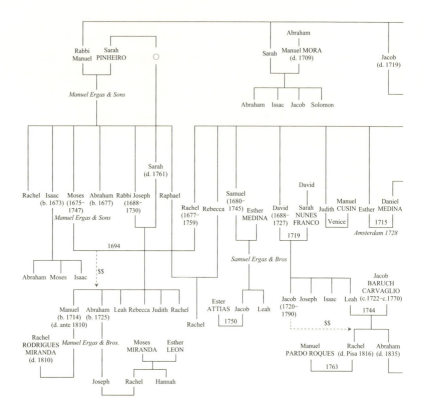

図1.1 リヴォルノのエルガス家（1595-1800年）

＊）エルガス＝シルヴェラ商会の経営者たちの名前はボールド体，エルガス家の姻戚の姓は大文字で示している。○は名前が不明な人物。破線の矢印は死亡時に子がなかった人物からの資産移動を示す。

典拠）SPL, MS 134; PRO, *PROB*, 11/851, 11/896, 11/962, 1018; R. Toaff 1990; Collins 2006; L. D. Barnett 1949: 67; ACEL, ASF, ASL より公証人証書，結婚契約書，出生記録，死亡記録

1 リヴォルノのエルガス家

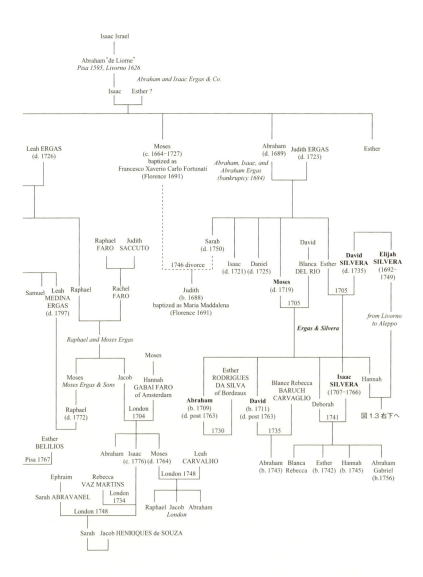

日でもそこに建っている)[9]。アブラハム・エルガスとその家族が，いつポルトガルを離れたのか，またトスカーナに落ち着く前にどこを訪れていたのかはわかっていない。1594年の賃貸契約書では，アブラハムは「レヴァント系ユダヤ人」と記載されているが，この名称は通常はオスマン帝国からイタリア半島にやってきたユダヤ人を指していた。しかし，1590年代においては，このように呼ばれているからといって，必ずしもアブラハムがオスマンの臣民であるとか，あるいはかつてオスマン帝国に居住していたということを示すわけではなかった。キリスト教国の当局は，イベリア半島からの避難民に対して曖昧なレッテルを貼っていたのである。アブラハムもまた，自分の先祖が1世紀前にポルトガルで強制的にキリスト教に改宗させられていたという疑惑や，そのことから生じるかもしれない背教の告発を避けるために，レヴァント系ユダヤ人と呼ばれることを好んでいたのかもしれない[10]。

アブラハムがトスカーナに到着する前の1世紀は，イベリア系ユダヤ人の歴史において，あるいはより一般的にユダヤ人のディアスポラの歴史において，まさに激動の時代であった。1492年，スペイン両王がカスティーリャ王国とアラゴン王国からユダヤ人を追放すると，その多くはオスマン帝国に避難した。そこでは，ユダヤ人とキリスト教徒は二級市民として扱われていたが，積極的に迫害されることもなく，改宗を促す組織的な運動の標的になることもなかったからである[11]。ヨーロッパ

---

9) ASF, *NMP*, Giuseppe Mazzoli, 1950, fol. 29r–v, また Frattarelli Fischer 1998a: 111 にも引用されている。アブラハム・エルガスの名前は，1595年にピサ在住者としてヴェネツィアの異端審問所に告発された新キリスト教徒のリストにも登場している（Ioly Zorattini 1980–99, 13: 237）。ピサのシナゴーグについては，R. Toaff 1990: 104–5; Luzzati 1995: 12 を参照。

10) R. Toaff（1990: 336）は，アブラハム・エルガスがイベリア半島からフランドル経由でピサにやってきたのではないかと推測している。1595年から1637年のあいだにピサのユダヤ人共同体に加入した成員のリストが失われており（Frattarelli Fischer 1987: 20），そのため彼らの出身地を証明することは困難である。クリストバル・メンデス，別名アブラハム・フランコ・イ・シルヴェラは，1661年にマドリードの異端審問所において，リヴォルノでイサク・エルガス（もとの新キリスト教徒）に会ったと証言しているが，イサクが厳密にポルトガルのどこの出身であるのかは知らないと主張した（AHN, *Inquisición de Toledo*, legado 165, exp. 12, fol. 55r; Graizbord 2004: 1, 122, 136–39）。エルガス家のなかには，ポルトガルの都市トランコーゾ出身だといわれている者もいた（註23に引用しているように，López Belinchón 2002 を参照）。エルガスというユダヤ人の姓は，ポルトガルでは14世紀中頃から記録されている（Tavares 1982–84: 222）。

11) M. R. Cohen 1994. 16世紀のユダヤ人とキリスト教徒の著作に記述された，キリ

では，ポルトガルを除いて，スペインから追われたユダヤ人が恒久的に定着することを許した国はなかった。その結果，約10万人のスペイン系ユダヤ人が，税金を払って国境を越え，ポルトガルに流れ込んだのである[12]。しかしながら，わずか5年後には，ポルトガルの新国王マヌエル1世がすべてのユダヤ人を強制的に改宗させ，財産を差し押さえるよう命じた[13]。ポルトガルの異端審問所によって最初の火刑がおこなわれると，さらに多くの新キリスト教徒が国を捨てていった。1530年代から1550年代にかけて，こうした亡命者たちのおもな目的地は，アントウェルペン，フェッラーラ，アンコーナ，ヴェネツィアと並んで，コンスタンティノープルやサロニカといったオスマン帝国の諸都市であった[14]。なかには北アフリカや南北アメリカ大陸に逃れた者や，ポルトガル領インドのコーチンやゴアに向かった者もいた。とはいえ1590年代まで，キリスト教諸国には，安全性の疑わしい避難所しかなかったのである。

　1591年と1593年のリヴォルノ憲章は，当時のヨーロッパで公布され

スト教ヨーロッパとオスマン帝国におけるユダヤ人の扱いかたの比較については，Stillman 1979: 290-93, 304-5 を参照。

12) Henry Kamen (1988: 4) は，1492年にスペインを離れたユダヤ人の数について，フェルナンドとイサベルによって公布された勅令の影響を控えめに見積り，15万人から40万人のあいだとされていた過去の推定値を修正して，4万人から5万人程度と主張している。Tavares (1982-84: 253-55) と E. Samuel (2004: 90) もまた，課税記録に基づいて，低い数字（3万人）を提示している。Jonathan Israel (1992: 367) は，当初は12万人という数字を受け入れていた。のちに彼は，1497年にポルトガルで強制改宗させられた人数を7万人と見積り，1492年にスペインからイタリア，オスマン帝国，フランドルへ出て行った人数を10万人としている (Israel 1998: 5-6)。学術的な知見に基づく他の推測によれば，ポルトガルへと流れ出た当時の移民の規模については，85,000 人から 115,000 人の幅がある (Swetschinski 2000: 57)。

13) こうした政策の詳細については，Tavares 1982-84: 483-500 と Marcocci 2004: 31-40 を参照。

14) 1538年フェッラーラで，ポルトガルからの避難民に対して最初の特許状が発行された。フェッラーラは 1573-74 年頃まで，イタリア半島におけるセファルディムの主要な中心地であった。1547年と1552年には，アンコーナにマラーノが受け入れられたが，1555-56 年には彼らはこの都市から追放され，教皇領のユダヤ人はアンコーナとローマのゲットーに囲い込まれた。ヴェネツィアでは 1552-55 年に，メンデス家の周辺でマラーノの初期の非公式な居住区が形成された。1572年には，サヴォイア公が海港都市ニースにユダヤ人を受容した。イタリア半島におけるユダヤ人については，Milano 1963; Segre 1991, 1996 を参照。アントウェルペンにおけるポルトガル系の新キリスト教徒については，Goris 1925; Pohls 1948; di Leone Leoni 2005 を参照。

たイベリア系ユダヤ人に関する最も大胆な法であった。もし，アブラハム・エルガスやほかの者たちが，ピサやリヴォルノに定住するようにというメディチ家からの招待に即座に反応したとしたら，この新しい特許状に関する情報は，新キリスト教徒やイベリア半島からの亡命者たちのあいだで急速に広まっていたにちがいない。初期の定住者たちの共同体におけるステイタスから判断すると，アブラハムはおそらく威信となにがしかの資本を携えていたのであろう。1600年までに，彼はピサのユダヤ人共同体を運営する世俗の役職に選ばれている[15]。

　リヴォルノは，国際的な商業中心地として，まさに台頭し始めたところであった。その潜在的な可能性は，ほとんど毎日のように拡大する港湾のインフラや，新しい定住者たち——後背地の農村からやってきた貧しい労働者，兵士，ギリシア人の船乗り，さらには起業家的商人——の到来からも明らかであった。古い海洋都市国家であるピサの南西15マイルに位置するリヴォルノは，しだいにトスカーナ地方の唯一の国際港として，また地中海における最も重要な港のひとつとして知られつつあった。近年ピサにやってきたほとんどのユダヤ人と同じように，アブラハム・エルガスもほどなくリヴォルノに移住している。リヴォルノの初期のユダヤ人共同体は，少数のイベリア系の家族集団によって支配されており，そのなかでアブラハムは指導的な位置にあった。1630年代に，彼は何度も共同体の役員団に名を連ねている[16]。1630-31年の悲惨なペストの流行まで，イタリアでセファルディムの移民を引き寄せていたのはヴェネツィアであった。それがいまや，ヴェネツィア商業の競争力が衰え始めたために，リヴォルノが急速に多くのイベリア系ユダヤ人を惹きつけるようになったのである。1620年代と1630年代には，エルガス家の他の成員たちが，よりよい機会を求めてヴェネツィアを離れ，このトスカーナの港町にやってきた。1633年まで，「リヴォルノの (*de Liorne*)」アブラハム・エルガスの系統は，「ヴェネツィアの (*de Veneza*)」ヤコブおよびイサク・エルガスの系統と区別することができた[17]。どちらのエルガス家のクランも，リヴォルノによく根を下ろし，

---

15)　R. Toaff 1990: 444.

16)　Ibid., 145, 156, 336, 455.

17)　ASV, *NA*, 10789, fols. 366r-367v. サラ・エルガスは，ヤコブとイサクの母親である

この地のセファルディムの寡頭支配体制において重要な家系となっていたのである[18]。

　以後の世代において，リヴォルノのエルガス家は，いとこ婚や近親婚をおこない，また他の同胞との婚姻関係を創出した。彼らは地理的な名称（「リヴォルノの（de Liorne）」や「ヴェネツィアの（de Veneza）」）を名乗らなくなっていたが，血縁や親族関係にあるからといって，厳しく長い一族の争い，とりわけ相続に関する諍いが起こることは避けられなかった。1746年12月，ラファエル・エルガスは，兄弟のモーセが亡くなる直前に，モーセの遺言に異議を唱え，甥たちに対して訴訟を起こした[19]。しかしながら，広範囲に散らばる同じ一族（イタリア語で「家（casa）」，英語で「家族（household）」または「クラン（clan）」）に属しているという意識はしっかり持っており，とりわけ部外者からの挑戦に直面したときにはそうであった[20]。アブラハム・エルガスが1689年に殺害さ

が，1621年にはすでにピサに居住していた（ASF, NMP, Vincenzo Cappelletti, 8408, fols. 28v–29v, 49v–50r）。エルガス家の別の系統も，ヤコブという名の人物が家長であったが，ヴェネツィアにとどまっている。1632–33年には，ヤコブは妻と3人の息子たちと1人の娘とともにヴェネツィアのゲットーに居住していた（ASV, Provveditori alla sanità, 569）。1639年，リスボンの異端審問所は，アレンテージョ出身のマヌエル・ダ・シルヴァなる人物が，イサク・エルガスという名前でヴェネツィアのゲットーに暮らしているとの情報を得ていた（C. Roth 1930a: 215）。

18) 1644年，ヴェネツィアとリヴォルノのエルガス家は，ユダヤ人共同体において最も威信の高い慈善団体の設立者に名を連ねていたが，それは貧しい未婚の少女に嫁資を助成するために設立された団体であった（C. Roth 1931: 4; R. Toaff 1990: 453–55）。ヴェネツィアのヤコブおよびイサク・エルガスは，それぞれ1646年と1651年に，初めてリヴォルノのユダヤ人共同体の役員に選出された（ibid., 455–56）。1663年と1688年には，エルガス家のさまざまなメンバーが，リヴォルノのユダヤ人の最富裕層に登場している（Frattarelli Fischer 2008: appendixes 6,7）。

19) ASF, NMP, Roberto Michieli, 27236, fols.167v–168r. 1719年のヤコブ・エルガスの死に際して，彼の息子たちのサムエル，ダヴィデ，ラファエルもまた不動産をめぐって訴訟をはじめ，それは3世代にわたって続いた。この訴訟についての言及（請願，友好的な合意，嘆願，審理など）は，以下の史料のなかに見出される。ASF, NMP, Agostino Frugoni, 24735, fols. 120r–121r; ASF, MP, 2483（fol.157），2486, 2488–2493, 2501, 2510（fols. 47r–v, 170v, 266v, 275r–v），2511（fols. 29v, 233v–234v, 276v），2512（fols. 2v–25r, 69r–v, 76v），2513（fols. 266r–v），2514（fols. 34r, 69v–70r, 172r–173v, 231r–v），2515（fols. 77r, 89v, 102v），2516（1739年1月4日）; ASF, Segreteria di finanze e affari prima del 1788, 806, nos. 43, 74, 424, 583, 584, 808, 978, 1014, 1015, 1018, 1020, 1026, 1062; ASL, CGA: Atti civili, 888, no.957; ASL, CGA: Atti civili spezzati, 2287, no.82; ASL, GCM, 974, fol.163r.

20) 1725年，エルガス家の成員のなかに，ユダヤ人共同体の書記官であったガブリエル・ペレイラ・デ・レオンの嘆願に対して抗議した者たちがいた。ペレイラは，マヌエル・

れると，その兄弟は暗殺者を雇ったとしてモーセ・アッティアスを非難し，彼を一族の敵と宣言したのである[21]。

　エルガスを名乗る多くの一族にまで，同じ血統に属しているという意識がおよんでいたのかどうかはあまりはっきりしない。そのなかには，活発に商業活動を展開し，ヨーロッパや地中海各地に居住している者もいた。たとえば，16世紀なかばにはイサク，サムエルおよびアブラハム・エルガスがアンコーナに住んでいた。彼らは「ポルトガル人」として言及され，フェッラーラにいるほかのセファルディムと交易していた[22]。エルガス家の全員が，16世紀にイベリア半島を離れたわけではない。同じ核家族に属するメンバーでも，新キリスト教徒と新ユダヤ教徒を隔てる宗教的な境界線の両側に分かれて暮らしていることは珍しくなかった。1605年には，ポルトガルのトランコーゾという町に住むジョルジェおよびバルタザール・エンリケスの兄弟が，ほかの3人の兄弟と協力してマドリードで商業パートナーシップを結んでいる。その3人の兄弟の1人はダヴィデ・エルガスであり，別名マヌエル・ダ・クーニャ，あるいはルイス・デ・アルトゥーナを名乗っていたが，彼はアムステルダムを拠点にしていた[23]。17世紀を通じて，アムステルダムにはさらに多くのエルガス家の成員が，ハンブルクからやってきた[24]。この

エルガスの息子アブラハムが「聖地の代表者会議」(Board of Deputies of the Holy Land) に選出されたことに対して，異議を唱えたのである。エルガス家の成員たちは，ペレイラの動機には自分たちの一族への憎悪しかないと主張した ("per effetto del gran livore che … ha colla nostra casa di Ergas" and "tutta la nostra famiglia")；ASF, *MP*, 2485（1725年6月24日）。

21) ASL, *CGA: Atti criminali spezzati*, 3083, fol. 61. R. Toaff（1990: 320）は，この殺人事件の日付を，誤って1679年としている。リヴォルノにおける刑事裁判の記録には，きわめてばらつきがある。この殺人に関して，事件後数年間の通知において断片的に言及されているところによると，名前の不明な2人のユダヤ人が調べられた（ASF, *MP*, 2328A［1689年2月7日，1692年6月16日］）。

22) Di Leone Leoni 2000: 38n, 47n, 53n, 89, 90.

23) López Belinchón 2002: 346–47. これは，アムステルダムにおいてエルガスという姓に言及した最初の事例である。1656年，ヤコブ・エルガス・エンリケス，別名バルタザール・ダ・クーニャ（1626年マドリード生まれ）は，このオランダの首都でサラ（1639年セビリャ生まれ）と結婚した（Verdooner and Snel 1990–91, 2: 614, 658）。

24) Ibid., 614. さらなる情報は，*Studia Rosenthaliana* の複数の号において，"Notarial Records Relating to the Portuguese Jews in Amsterdam up to 1639" という英語のタイトルで刊行された概要のなかに見出される。*Studia Rosenthaliana* 25.2（1991）: 179, 31.1（1997）: 142–43 を参照。ハンブルクのユダヤ人墓地に埋葬されたエルガス家の成員については，Studemund-Halévy 2000: 400–401 を参照。

1　リヴォルノのエルガス家　　47

　オランダの首都においては，リヴォルノのエルガス家ほど卓越したエルガス家の一族はなかったが，17世紀後半にはこの姓を名乗る複数の人物がスペイン系およびポルトガル系のユダヤ信徒団の役職に就任している[25]。この時期には，セファルディムの資本や人物はヨーロッパの南部から北部へと移動することが普通であったが，エルガス家のメンバーのなかには，さまざまな理由から逆方向に動く者もいた[26]。リヴォルノとアムステルダムのエルガス家が17世紀に婚姻関係を結んでいたのかどうかはわからないが，彼らはしばしば相互に経済的なサーヴィスを提供しあっていた[27]。

　オスマン帝国領のエルガス家とヨーロッパのエルガス家のあいだに，たとえ個人的なつながりがあったとしても，どのような絆によって両者が結ばれていたのか，またこのセファルディムの一族が，東と西の分家のあいだで結びつきを維持していたのかどうかはっきりしない。アドリア海に面するラグーザ（いまではドゥブロヴニクとして知られている）は，スルタンに貢納していた港町であるが，サムエル・エルガスは1586年にここでフランドル商人たちと宝石の取引をしている[28]。1620年代には，コンスタンティノープルでイギリスのレヴァント会社と交易しているエルガス家のメンバーがいたが，まだこの時期には，ユダヤ人は正式

　　25）　1639年，ダヴィデ・エルガスなる人物がアムステルダムのスペイン系およびポルトガル系のユダヤ人共同体の6名の役員団のひとりに選ばれており，また1675年にはヤコブ・エルガス・エンリケスも続いた（Franco Mendes 1975: 48, 78）。しかしながら，1670年にヤコブ・エルガス・エンリケスによって支払われた共同体税の記録によれば，彼は信徒団の最富裕層の一員ではなかった（Y. Kaplan 1989a: 193–94n71）。1661年，ヤコブ・エルガスは2,500ギルダーでアムステルダムに住宅を購入している（Bloom 1937: 65）。
　　26）　1653年，イサク・エルガス，別名セバスティアン・ダ・クーニャは，度重なる不貞のために，妻ラケル・ヌネスによって出廷させられたのち，アムステルダムを離れてヴェネツィアとリヴォルノに向かった（Swetschinski 2000: 238）。1655年，ダヴィデ・エルガスはリヴォルノのユダヤ人ネイションの文書庫で，2年前にアムステルダムで作成した遺言書に補遺を書き加えている。そのなかでは，甥のイサク・エルガスは，ヴェネツィア在住のほかの2人の人物とともに，ビジネス・パートナーとして言及されている（ACEL, *Testamenti 1629-1713*, L）。
　　27）　1671年，アムステルダムのヤコブ・エルガス・エンリケスは，別のアムステルダム商人アブラハム・テレスを支援した。テレスは，彼を援助していたリヴォルノのイサクおよびマヌエル・エルガスのサーヴィスを確保することで，リヴォルノの税関に2,400ドゥカートを投資したかったのである（GAA, *NA*, 3679B, fols. 2049–2050）。Cátia Antunes は，親切にもこの史料を参照させてくれた。
　　28）　Brulez 1965: 53.

にはイギリスから締め出されていた[29)]。いっぽうチュニスには，1630年代と1640年代にイサクおよびヤコブ・エルガスがいた。われわれは，この時期以降に，地中海の南岸にエルガス家のメンバーがいた痕跡を探すのに苦労している[30)]。

　地理的な移動や拠点の変更は，常にセファルディムの生活を特徴づける要素であった。しかし，17世紀なかばにリヴォルノやアムステルダムのセファルディムに対する法的な保護が増大し，現地社会にますます受けいれられるようになると，セファルディムの最富裕層はしだいに定住するようになっていった。エルガス家のなかにも，リヴォルノに根を下ろした者たちがいた。1678年までにこのトスカーナの港町で結ばれた5つのパートナーシップに，この一族の名前が登場している[31)]。そのうち最も成功したパートナーシップは，アブラハムが到着したときに締結され，息子のイサクと孫のアブラハムに継承されたものであった。彼らはエーゲ海の島々から穀物を，北アフリカからロウやナツメヤシを輸入し，さらには綿モスリンやコショウやタバコといった植民地物産を輸入することで繁栄した。また海上保険や信用ビジネスでも成功している。こうしたサーヴィスは，通常は非ユダヤ人にも提供され，とりわけヴェネツィアの金融市場において活発に展開された[32)]。とはいえ，40年

---

29) Braude 2001: 189.
30) Lévy 1999: 243. 1741年，ラビのサムエル・エルガスはチュニスからナポリへ向かった。ナポリでは近年ユダヤ人が再び受け入れられるようになっていたのである（Giura 1984: 47, 67, 104）。
31) この5つのパートナーシップは，"Abram de Isac e Abram Ergas," "Manuel e Jacob Ergas," "Rafael e Mosé Ergas," "Samuel e Jacob Ergas," "Mendes Daniel Ergs" である（R. Toaff 1990: 466）。また図1.1も参照。
32) Cassandro 1983a: 86, 88-89, 106-7, 139-57, 173-75. 1648年，このパートナーシップは新たに2人の仲間を加え（ヤコブ・カマコとサムエル・ルゼナ），"Abram e Isac Ergas e compagnia" と名乗った。このパートナーシップの金融取引については，"Ascanio Saminiati, Niccolò Guasconi e compagni di banco"; Università Commerciale Luigi Bocconi, Milan, Archivio Saminiati-Pazzi, seconda sezione, no.172 において言及されている。この私立文書館については，Groppi 1990を参照。リヴォルノ在住のアブラハムおよびイサク・エルガスのために作成された，ヴェネツィアのユダヤ商人による委任状は，1638年以降さらに頻繁に見出されるようになる。ASV, NA, Giovanni Piccini, 10798, fols. 191v-192v; 10803, fols. 648r-649v; 10805, fols. 696r-697v; 10806, fols. 266v-267v, 278r-279r; 10807, fols. 510r-511r, 559r-v, 615v-616v, 655r-v; 10808, fols. 51v-52r を参照。これらの参照に関して，私はFederica Ruspioに謝意を表したい。

以上にわたって繁栄したこのアブラハム，イサクおよびアブラハム・エルガスの商社は，1684年に破産を宣言した。不運ではあったが，この時代にはよくある出来事であった。

　破産を申告したとき，アブラハム・エルガス商会は，56,672スペインドル18ソルド4デナーロの負債があった[33]。また，エルガス＝シルヴェラ商会が1746年に破産したとき，この会社の負債額は22,218スペインドル19ソルド10デナーロであった。リヴォルノの商業パートナーシップの規模を評価できるような統計資料はまったく残っていないため，これらの貴重な数字を指標として利用し，エルガス家が18世紀前半よりも17世紀後半のほうがより多額の経費を動かしていたと示す誘惑に駆られる。現存するいくつかの会計文書から判断するかぎり，1730年から1744年のあいだに，エルガス＝シルヴェラ商会の年間取引高の範囲は，およそ27,000-60,000スペインドルであった[34]。彼らの経済的な地位は，ベニヤミン・メンデス・ダ・コスタやサルヴァドーレス家のような，ロンドンの取引先を含めた北ヨーロッパの富裕なセファルディムの投資家には比べるべくもないが，地中海の私的なパートナーシップやリヴォルノのユダヤ人商社のなかでは中上層のランクに位置づけられていた[35]。

---

33)　ASL, *CGA: Atti civili*, 365, no.4.

34)　1730年1月から1745年2月までの期間に関するエルガス＝シルヴェラ商会の台帳のうち，11冊が現存している。ASF, *LCF*, 1933, 1942, 1943, 1946, 1948, 1949, 1950, 1951, 1955, 1958, 1961. これらの台帳は，複式簿記の簡便な形で保存され，借方と貸方は，1年か1年半ごとに清算されている。また，債務者と債権者の日誌（1708-15年）と，リヴォルノにおいて日ごとに受け取っていた支払いの領収証を含む6冊の日誌（1729-44年）も現存している。

35)　リヴォルノ商人の資本総額に関するデータは，きわめて少ない。ファミリー・パートナーシップに対する投資額について言及している遺言書はめったにないし，会計簿の大半は失われてしまった。1783年，アブラハム・ソリアがリヴォルノで死亡し，事業を継続するためにパートナーのイサク・コーエンに12,000スペインドルの資本を残した（ASF, *NMT*, Vincenzo Luigi Lapi, 30593, fols. 30v-33r）。17世紀と18世紀にリヴォルノのセファルディム系ユダヤ人によって登記された有限責任の商業パートナーシップ（*accomandite*）は，資本総額からみれば300スペインドルから40,000スペインドルの幅がある。しかしながら，これらの契約が，リヴォルノにおけるユダヤ人の商業パートナーシップ全体を代表しているわけではない（第5章参照）。Eldem（1999: 209）は，1750年ごろにマルセイユのあるパートナーシップのレヴァント支社を設立するには，10,000-20,000ピアストル（6,500-13,000スペインドルに相当）の資本が必要であったと見積もっている。

第 1 章　ディアスポラの家族とビジネス・パートナーシップの形成

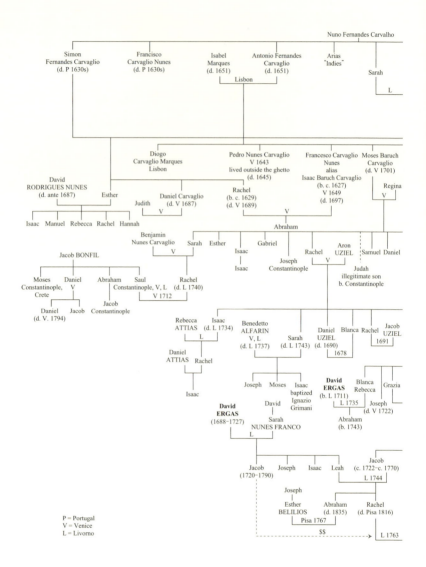

図 1.2　リスボンからヴェネツィアおよびリヴォルノに
移住したバルク・カルヴァリオ家

＊）カルヴァリオ家の姻戚の姓は大文字で示している。

典拠）Friedenberg 1988; A. Luzzatto 2000; Ruspio 2007: 183-85; ACEL, ASF, ASL, ASV より公証人証書，
　　　結婚契約書，出生記録，死亡記録

1 リヴォルノのエルガス家

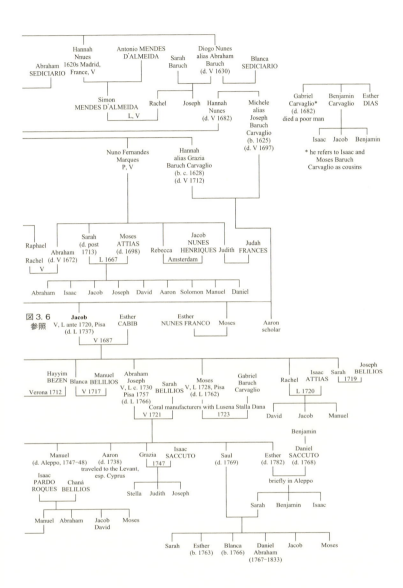

第1章　ディアスポラの家族とビジネス・パートナーシップの形成

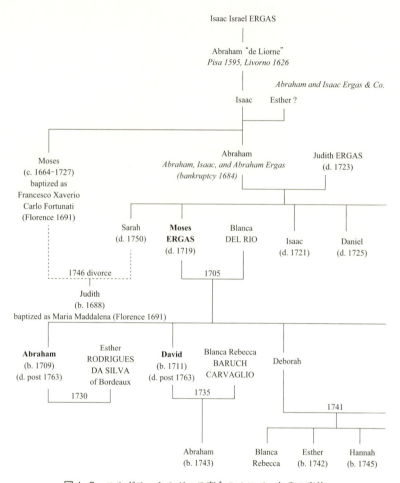

図1.3　エルガス＝シルヴェラ商会のメンバーとその家族

＊）エルガス＝シルヴェラ商会の経営者たちの名前はボールド体，エルガス家の姻戚の姓は大文字で示している。

典拠）R. Toaff 1990; Collins 2006; ACEL, ASF, ASL より公証人証書，結婚契約書，出生記録，死亡記録

1 リヴォルノのエルガス家

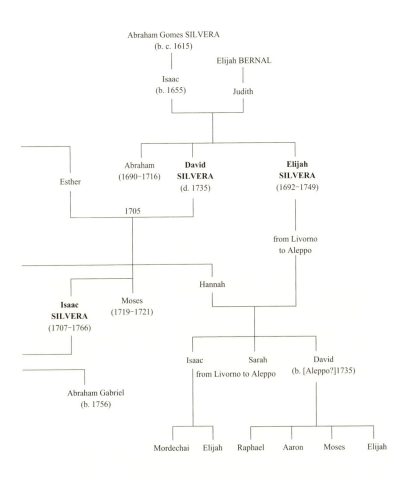

トスカーナにやってくる以前のエルガス家に関する情報が欠落しているために，彼らがなんらかの資産をともなって移住することができたのか，あるいは再出発を余儀なくされたのか，定かではない。イベリア半島からの移住は，危険で苦しい出来事であった。注目を集めていた家系は，自分たちが立ち去った場所との人的，商業的なつながりをどうにかして維持し，たとえ大部分ではなくても，ある程度の資産を新たな目的地に持ち出すことができた。さまざまな間隔をはさんで，カルヴァリオ・ヌネス，あるいはバルク・カルヴァリオという名前で，もとはポルトガルのグアルダ出身の兄弟たちが，17世紀初めにリスボンからヴェネツィアへと移住した（図1.2参照）。そこで，モーセとイサクはきわめて隆盛をみた事業を展開するいっぽう，1690年代に彼らの資産が減少するまで，フランチェスコ・ヌネス・カルヴァリオの名前でイベリア半島の諸会社と取引を継続した[36]。小・中規模のパートナーシップを経営しているすべての私的な商人と同じように，セファルディムの商人もまた，資本総額の点では国の支援を受ける寡占企業に太刀打ちできなかったし，何度も流動資産の不足にさらされていたのである。

1684年，アブラハム・エルガスが破産すると，長男モーセがその遺産を受け継いだ。彼の父親と祖父はおもに地中海世界の内部で交易に従事していたが[37]，モーセはこの伝統を継承しつつも，事業の地理的な範囲と取扱商品の幅を広げた。彼の目的は，拡大しつつあるセファルディムのネットワークにつながることであった。そのネットワークにおいては，（アレッポを基盤とした）地中海商業と大陸間貿易のいくつかの部門

---

36) C. Roth 1930a: 216; Ioly Zorattini 1980-99, 12:8-9; A. Luzzatto 2000: 310-13; Ruspio 2007: 115, 180-85; ASV, *NT*, Cristoforo Brambilla, 167.281, 166.35, 166.144; ASV, *NT*, Giovanni Piccini, 756.18, 756.214; ASV, *NT*, Carlo Gabrieli, 516.166, 516.183, 517.288; ASV, *NT*, Andrea Calzavara, 257.107; ASV, *NT*, Pietro Venier, 1008.60. 1668-91年の共同体の課税記録には，ヴェネツィアのゲットーにおける西方系のネイションの最も裕福な一族ではないとしても，2家か3家の最富裕家系のひとつとして，バルク・カルヴァリオ家が一貫して登場する（BRM, *ACIV*, 2）。しかしながら，彼らの全員が裕福であったわけではない。1682年には，モーセおよびイサクのいとこであるガブリエル・バルク・カルヴァリオが極貧のまま死亡した（ASV, *NT*, Cristoforo Brambilla, 166.144）。

37) アブラハム・エルガスが有するヨーロッパ北部との商業上の結びつきは，アムステルダムにかぎられていた。1684年，アムステルダムのヨセフ・ヌネス・マルケナは，"Abram, Isac e Abram Ergas" の債権者であると主張した。というのは，彼らに12反のオランダ産毛織物を送っていたからである（ASL, *CGA: Atti civili spezzati*, 2193, no.164）。

とが展開され、とくに地中海産のサンゴとインド産のダイヤモンドが交換されていたのである。この目的を実現するために、モーセは自身の結婚や、近親者の婚姻関係を念入りに計画した。パートナーの範囲を広げるためである（図1.3参照）。1705年、まず彼はアレッポとリヴォルノ、アムステルダムに分家を持つ一族の娘ブランカ・デル・リオと結婚した[38]。その後、彼は姉妹エステル・エルガスとダヴィデ・シルヴェラの婚姻関係を整えた。シルヴェラ家のなかに、モーセは自分の事業戦略の展開を手助けしてくれる人物を見出した。ダヴィデ・シルヴェラの先祖は、ダイヤモンド交易に関する豊富な知識を蓄積していたものの、財産をなくしていた。いまやシルヴェラ家は、リヴォルノではエルガス家よりも下位のステイタスに位置づけられており、一族の若者のひとりをアレッポに送ることに同意したのである。

　度重なる飢饉や疫病に見舞われ、ヨーロッパからも遠かったアレッポは、エリヤ・シルヴェラのようなセファルディムにとって、最も望ましい目的地というわけではなかった。しかし、これに先立つ20年ほどのあいだに、このオスマン帝国の都市には、商才に恵まれたセファルディムの若者が、リヴォルノやヴェネツィア、ときにはアムステルダムからも引き寄せられていた。数の上では少なかったものの、彼らは父親や一族の年長者たちの代理人やパートナーとして活動し、ヨーロッパ、とりわけフランスとの交易において多大な影響を及ぼしていたのである。フランスの保護のもとでアレッポに居住しているセファルディム商人のなかで、エリヤはすぐに頭角を現した[39]。

　エルガス家とシルヴェラ家がリヴォルノとアレッポで関係を強めてい

　38）　ASF, *NMP*, Agostino Frugoni, 24736, fols.5r–6v. エルガス＝シルヴェラ商会は、リヴォルノにおいて、アレッポのレベッカ・デル・リオから家を1軒借りていた（ASF, *TF*, 19, nos.127–128）。

　39）　Schwarzfuchs 1984: 709–10; ANP, *AE*, B/I, 77（1711年8月4日、1713年8月11日、1711年8月14日、1719年10月19日）；ANP, *AE*, B/I/84（1742年9月13日）；CCM, *AA1801*, J.943. 私は、エリヤ・シルヴェラの到着以前に、彼の親族がレヴァントに居住したことがあったのか、あるいはそのとき居住していたのか確認できていない。私の調査の過程では、シャブタイ運動を奉じたのち、1681年にスミルナで死去したラビのイサク・シルヴェラ（Barnai 1993: 120; Brown and Boer 2000: 14）と、18世紀アレッポのシルヴェラ家の成員たちのあいだには、個人的な関係は浮かび上がってきていない。とはいえ、証拠は不足している。

くと，第2世代においても通婚がおこなわれた。1741年2月，ダヴィデの息子イサク・シルヴェラ（1707-66年）がいとこのデボラ・エルガスと結婚した。デボラは彼の父親のビジネス・パートナーであったモーセの娘である。しかし，モーセ・エルガスは，自分の息子たちの婚姻関係を整えるにあたって，ほかの傑出したセファルディムの家系とのつながりをつくり出すことを選んだ。1735年，彼は息子ダヴィデとブランカ・レベッカ・バルク・カルヴァリオのあいだに婚姻関係を結んだ。そうすることで，近年ヴェネツィアからリヴォルノに移住し，北ヨーロッパとレヴァントの両方につながりを持つ，この重要な商人一族と結びつくことに成功したのである。5年後，モーセ・エルガスはエステル・ロドリゲス・ダ・シルヴァをボルドーからリヴォルノに移動させ，長男アブラハムと結婚するよう手配した[40]。大西洋貿易に直接参入することは，リヴォルノのセファルディムには手が届かなかったが，モーセはエステルを通じて，ロンドンで最も富裕なセファルディムのひとりであるベニヤミン・メンデス・ダ・コスタと，たとえ遠縁ではあれ，親族関係を持つこととなった[41]。エルガス=シルヴェラ商会にとって，ロンドン経由で地中海産のサンゴとインド産のダイヤモンドの交易を始めた1740年代には，メンデス・ダ・コスタは顧客としても代理人としてもはかりしれない価値を持った。そして，トラブルに見舞われたとき，エルガス家とシルヴェラ家が「血縁者」として助けを求めたのは，このメンデス・ダ・コスタに対してだったのである[42]。

---

40) このときには，ヴェネツィアで特別なケトゥバー（結婚契約）の作成が依頼された。エステルは，マルセイユからジェノヴァ経由で，船に乗ってリヴォルノに到着した。ASF, *LCF*, 1941, 在ヴェネツィアのダニエル・ボンフィル宛1730年6月9日，7月7日，7月21日，8月11日，9月8日付書簡。

41) 1764年にロンドンで登録された遺言書のなかで，ベニヤミン・メンデス・ダ・コスタは，年間20ポンドの年金を「私のいとこエステル・シルヴァ・エルガス（リヴォルノのアブラハム・ハイム・エルガスの妻）」に遺している（PRO, *PROB*, 11/898, fol. 272v）。

42) 彼らは，メンデス・ダ・コスタを「われらがアブラハム・ハイムと血によって結ばれた者」として言及し（ASF, *LCF*, 1953, 在パリのモーセ・カッスート宛1741年7月17日付書簡），また彼に対しては，血族の名によっていかなる援助をも惜しまないと約束した（"nos não faltaremos de fazerlo pois tendo nossa sangue," ASF, *LCF*, 1953, 在ロンドンのベニヤミン・メンデス・ダ・コスタ宛1741年8月21日付書簡）。彼らがベニヤミン・メンデス・ダ・コスタに手紙を書くときには，彼を「いとこにして友人（primo y amigo）」か，単に「いとこ（primo）」と呼んでいる；ASF, *LCF*, 1957, 1743年7月22日および9月2日。

2　イベリア半島からリヴォルノへのシルヴェラ家の移住

　ダヴィデ・シルヴェラは，おそらくかつてはとてつもなく裕福な新キリスト教徒の一族の子孫であったが，イベリア半島からの移住は，彼にとってステイタスの喪失を意味した。リスボンのシルヴェイラ家のクラン（ポルトガルではデ・パズ家として知られていた）は，16世紀末から17世紀初頭において，インドとの私貿易，とりわけダイヤモンド交易で重要な役割を果たしていた（図1.4参照）。1632年頃，シルヴェイラ家の数人のメンバーがマドリードへ移動した。当時のマドリードでは，影響力の強い宮廷大臣であったオリバーレス伯公爵が，野心的な軍事作戦の資金を捻出するために，空っぽの国庫を満たそうとして大胆な措置を講じ，ジェノヴァ人に代わってポルトガル人新キリスト教徒の資本家を登用し始めていた。ジョルジェ・デ・パズ・シルヴェラは，おそらくスペイン王室の短期借款の請負人（*asientistas*）のなかで，最も富裕な人物となった[43]。マドリードでは，リスボンのシルヴェイラ家のクランもまた，カスティーリャ語の発音になじむように姓を「シルベラ」に変え，イタリアに移動したときにもカスティーリャ風の綴りを保っていた。

　1643年にオリバーレスが失脚し，1647年に国庫が破綻すると，スペインの異端審問所がポルトガルの銀行家を新たな活動の標的にしたた

---

43)　リスボンおよびマドリードのシルヴェラ家と，アジア貿易における彼らの成功については，Boyajian 1993: 14, 37-38, 117, 134, 143, 215; Disney 1978: 98-99 を参照。マドリードにおけるシルヴェラ家の財政請負人については，Israel 1978: 46; Boyajian 1983: 30-32, app. A-7; Broens 1989; Álvares Nogal 1997: 127, 182, 191, 198, 205, 208-67, 272-80 を参照。1632年，ジョルジェ・デ・パズ・シルヴェラは金銭を支払い，スペイン王から帰化のための特許状を獲得した（Herzog 1997: 251）。若きペドロ・デ・バエサ・ダ・シルヴェラ（1591-1641年）だけが，依然として繁栄していた家業を営むためにポルトガルに残り，キリスト騎士団の騎士という貴族身分を獲得したが，〔スペイン支配から脱して〕新たに復位したポルトガル王ジョアン4世の生命を狙う陰謀を企てたとして処刑された。ポルトガルにおけるハプスブルグ家の王位回復のために，1641年にブラガ大司教によって組織されたこの陰謀にペドロが引きずり込まれたのは，新キリスト教徒の自由と異端審問所の廃止を約束されたためである。しかし彼の関与が露見し，計画は挫折した（De Azevedo 1921: 240; Boxer 1970: 460-61; Grant Smith 1974: 257n76; Boyajian 1983: 129）。

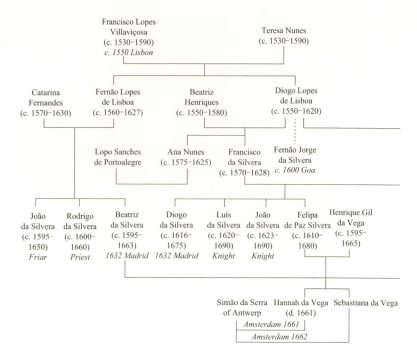

図1.4　リスボンからマドリードおよびアムステルダムに
移住したシルヴェラ家（もとシルヴェイラ家）

典拠）Boyajian 1983, appendix A-7; Boyajian 1993: 14, 37-38, 117, 134, 143, 215; Schreiber 1994: 84; ANTT, *Inquisição de Lisboa*, processo 11559; AHM, *Inquisición de Toledo*, legado 165, no. 12, fols. 56v-57v; GAA, *NA*, 3002, fol. 30; GA, *NA*, 3004, fol. 49

め，多くの人々が亡命を余儀なくされた[44]。マドリードでの生活がさらに困難になると，サンティアゴ騎士団の騎士に叙任されていたにもかかわらず，ディオゴ・シルベラ（1616-75年）はアムステルダムに脱出し，妹や姪たちを含む他の人々も，彼のあとを追った。彼らは，当初は新キリスト教徒として生活していたものの，まもなく公然とユダヤ教に帰依した。1661年，クリストバル・メンデス，別名アブラハム・フランコ・イ・シルベラは，スペインの異端審問所に対して，1643年にたびたびピレネー山脈を越えてヨーロッパの多くのセファルディムの居住地を訪

44）Sicroff 1960: 216-22; Israel 1978: 48, 2002a: 228-31; Boyajian 1983: 120-21, 125; Schwartz 1991: 754-55.

2 イベリア半島からリヴォルノへのシルヴェラ家の移住　　59

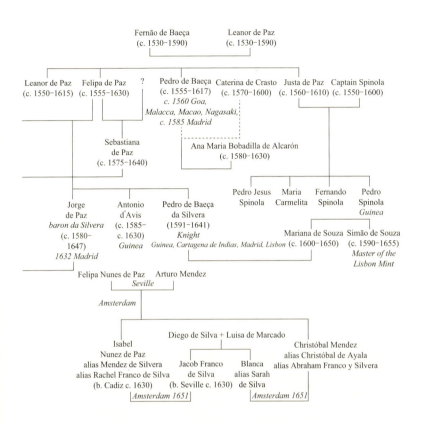

れていたことを告白している。その後，1649年から50年にかけての冬には，フランスを横断する長い旅路の末に，両親や姉妹をアムステルダムに連れていった[45]。

　シルヴェラ家のクランのほかの成員には，もっと早い時期にポルトガルを離れていた者もいた。エルガス＝シルヴェラ商会の共同設立者の祖父にあたるアブラハム・ゴメス・シルヴェラは，1615年ごろにリヴォルノで生まれている[46]。彼やその子孫にとって，リヴォルノのユダヤ人

---

45) AHN, *Inquisición de Toledo*, legado 165, exp. 12, fols. 56r–57v, 71r. トレドの異端審問所は，マドリードの管轄権を有していた。
46) Collins 2006: 295. R. Toaff（1990: 471）は，アブラハムおよびダヴィデ・シルヴェ

共同体のなかで確固たる社会文化的な地位を築くまでには長い道のりがあり，しかもそれはエルガス家との絆によってようやく実現したものであった。アブラハム・エルガスと協力関係を結ぶまで，ダヴィデ・シルヴェラはおそらく1689年から90年にかけてユダヤ人共同体の下級の役職についていただけであったが，1720年になってようやく最も威信の高い地位に選ばれている[47]。

3 エルガス＝シルヴェラ商会

モーセ・エルガスにとって，結婚による結びつきは事業の方向性を決めるうえで大いに役立った。ダヴィデおよびエリヤ・シルヴェラは，流動資本だけでなく，高価な宝石の取引に関する専門的な知識と，アレッポでしっかりとした足場を構築する機会を彼にもたらした。レヴァント貿易は，エルガス＝シルヴェラ商会の主要な活動領域であった。同社はほかにも，リヴォルノで生産されたサンゴのビーズを，リスボンかロン

ラが，おそらくチュニス経由でリヴォルノにやってきたと示唆している。このトスカーナの港町には，18世紀にはこの姓や似たような姓を名乗る一族はほかにもいた。エルガス＝シルヴェラ商会に関係するシルヴェラ家は，もとはゴメス・シルヴェラと呼ばれていた。デ・サ・シルヴェラ，サックート・シルヴェラ，あるいはシルヴェラ・デ・マトスと名乗るほかのシルヴェラ家の人々も，18世紀のリヴォルノで生涯を送ったが，いずれも共同体のなかでは傑出した地位にはなく，エルガス＝シルヴェラ商会の人々とは関係がなかったように思われる。彼らのなかには，共同体の死亡記録に名前が記載されている者もいる（ACEL, *Registro delle tumulazioni 1716-46*）。1729年，ブローカー（*sensale*）のモーセ・シルヴェラ・デ・マトスは，為替手形の詐欺で裁判を受けた（ASF, *MP*, 2493）。1732年，故ヨセフ・デ・サ・シルヴェラの息子のアブラハムという人物が，リヴォルノで死亡した。1729年の時点で，彼の全財産はわずか500スペインドルと評価されているが（ASF, *NMT*, Giulio Ceccanti, 23628, fols. 79r-80r），彼はビジネスでいくらか財産を築いたにちがいない。というのは，3年後に彼は，3人の娘の嫁資を，それぞれ100スペインドルから600スペインドルに引き上げているからである（ASF, *NMT*, Giulio Cesare Grifi, 25344, fols. 54v-55v）。アブラハム・デ・サ・シルヴェラという名前の別の人物が，1781年にリヴォルノで亡くなっているが，彼はほんのつつましい財産を残しているだけである（ASF, *NMT*, Jacopo Filippo Bargioni, 28919, fols. 23r-24r）。ピサでは，イサク・サックート・シルヴェラという人物とその家族が，1643年の地方課税調査において，財産なしとして分類された（Frattarelli Fischer 1987: 45）。しかし，1657年に彼はピサの共同体の理事（*massaro*）に選出されている（Lévy 1999: 297）。彼の寡婦ブランカは，妻と離婚して親族を刺したことを理由に，1709年に甥の相続権を剥奪した（ASF, *NMT*, Matteo Tavola, 23883, fols. 3r-4r）。

47) R. Toaff 1990: 471; ASF, *MP*, 2474, fols.401r, 412r, 430r; ASF, *MP*, 1814, fol.808.

ドン経由でインドに輸出することを得意としていた。さらにエルガス＝シルヴェラ商会は，地中海と植民地の市場を結びつけるうえで欠かすことのできない役割を果たしていた。リスボンやマルセイユ，ボルドー，アムステルダム，ロンドンでのコネクションを通じて，彼らは植民地の主要産物を輸入し，手工業製品と原材料の両方をイタリア半島とオスマン帝国から西ヨーロッパに輸出していたのである。

17世紀末から18世紀前半において，リヴォルノで大いに繁栄していたセファルディムのパートナーシップは，おしなべてこれらの3つの分野の商業活動に特化していた。別の言いかたをすれば，エルガス＝シルヴェラ商会は，食料品よりも手工業製品や奢侈品に焦点を絞っていた既存のネットワークにしっかりと結びついていたとはいえ，それほど革新的であったわけではない。同時に，近世ヨーロッパ，とりわけ地中海世界におけるほとんどの私的パートナーシップと同じく，セファルディムの商社はきわめて多種多様な商品を取り扱い，さまざまな取引方法を用いていた。彼らの成功は，単一の投資が当たったからというよりは，複数の商品の販売の賜物であった。それゆえ，さまざまな場所での需要と供給に関する広範な知識と，正確で時宜を得た情報を集める能力こそが，成功のカギだったのである。

イギリスの遠隔地貿易を研究する歴史家たちは，1685年以降，とりわけ大西洋貿易において，「規模の革命（revolution of scale）」が起こったことを発見した。より多くの私商人が単一商品の取引，特定の地域，あるいは輸入や輸出や再輸出のいずれかのみに特化し始めたのである。同時に，海上貿易のより広範な領域，とくに砂糖やタバコが，ロンドンやグラスゴー，ブリストルといった港町で，少数の業者の手に握られるようになった[48]。しかし，地中海商業では同じような変化は生じなかった。18世紀のマルセイユは，地中海の港湾都市として急速に発展していたが，歴史家シャルル・キャリエールが「細分化された資本主義（capitalisme morcelé）」（つぎはぎの資本主義（patchwork capitalism））と呼ぶものによって特徴づけられていた。そこでは，多数の小・中規模の商社が，雑多なヴェンチャー事業を支援するために資本を蓄積していたの

---

48) Price and Clemens 1987; Morgan 1993: 191-93; Zahedieh 1998; Nash 2005: 112-15.

である[49]。同様のシステムは，リヴォルノの商業資本主義も支配していた。ここは多様な経済活動の拠点であったが，株式市場を欠いていた。マルセイユと同じく，リヴォルノでは大多数の商人は依然として信用取引を商品の交易と結びつけていた。ようやく18世紀末になって，金融投機の一形態として海上保険に特化する人が，リヴォルノでもわずかにみられるようになったのである[50]。

　とはいえ，地中海世界でも専門化の傾向が現れていた。ヨーロッパ人は，17世紀から18世紀のあいだに絹を，そしてのちには綿を，他の商品よりも大量にレヴァントから輸入していた。地中海で事業を展開しているセファルディム商人は，おもに北アフリカで交易をおこなう者と，エルガス＝シルヴェラ商会のようにヨーロッパの大西洋岸やインドと並んでレヴァントの商社と取引する者とに，しだいに分かれていった。地中海商業の多様化の要因は，商業組織の伝統的な形態に固執したり，あるいは極力リスクを避けたりするといったことよりも，環境的，政治的な条件によるものである。ヨーロッパ人は，新世界のプランテーションでおこなったようには，中東や北アフリカにおける生産活動を統制しなかった。このことは，地中海商業の細分化を促進させたにすぎない。さらに，多元的な投資戦略や事業組織は，地中海と大西洋の両方にそのまま残っていた。1640年から1815年までのマデイラ産ワインの製造，流通，消費に関するデイヴィッド・ハンコックの業績が示すように，互いに遠く離れた大西洋諸市場の統合は，個人や小規模な商社の集合体が，相対的に自立しながら分散しておこなった事業展開の意図せざる結果として現れてきたのである[51]。

　エルガス＝シルヴェラ商会は，おもにローカルな商品と輸入品との交易にかかわっていた。資本の移動や商品購入のための資金調達，顧客との取引には，彼らはよく為替手形を使っていた。こうした基本的な信用貸借を運用するには，本国や海外での為替レートについての情報を常に得ておかなければならなかったが，自分たちで銀行業を営むことはあまりなかった。当時の慣例にしたがって，海賊や戦争や難破によるリス

---

49)　Carrière 1973: 916-23.
50)　Addobbati 1996b, 2007.
51)　Hancock 2005a, 2006. Nash 2005: 96-104 も参照。

クを減らすために，彼らは自分たちの商品を複数の船に分散して積み込み，ひとつの船に商品や人をまとめて載せることはしなかった[52]。船での輸送のたびごとに，彼らは申告する積み荷の総額や購入する保険契約の額を決めなければならなかった。ヨーロッパの保険市場はよく統合されていたので，彼らはリヴォルノやヴェネツィア，ロンドン，アムステルダムで利用可能な保険の相場や料金を比べ，最も適切な保険を選ぶことができた[53]。またエルガス゠シルヴェラ商会は，ときには海上保険契約を請け負った[54]。彼らは，北アフリカで捕らえられたユダヤ人やキリスト教徒の奴隷を身代金と引き換えに請け戻すことにはあまり関与しなかったが，18世紀のあいだにリヴォルノのユダヤ人がこうした活動において果たす役割はしだいに小さくなっていった[55]。

　エルガス゠シルヴェラ商会のおもな活躍の舞台は地中海であり，繊維製品が主要な交易品であった。彼らはレヴァントから綿を輸入し，南イタリア産の生糸やトスカーナ地方やエミーリア地方で生産された良質の絹織物とともに，それを大陸ヨーロッパや北ヨーロッパに再輸出していた[56]。さらにこの商社では，カディスやジェノヴァ，マルセイユ，ア

52)　エルガス家の事例では，船を所有していた証拠は乏しい。ASL, *CGA: Atti civili spezzati*, 2196, no.116 を参照。

53)　そうした事例は，在ロンドンのナタン・レーヴィ・ソンシーノ宛書簡に見出される（ASF, *LCF*, 1953, 1741年2月13日；ASF, *LCF*, 1957, 1744年2月10日）。

54)　さらなる予防策として，エルガス゠シルヴェラ商会は，商人に提供した海上保険と同じ条件で第三者の保険に加入することもあった。たとえば，ASF, *LCF*, 1953, 在ヴェネツィアのジュゼッペ・ドリウッツィ宛1741年5月27日付書簡を参照。

55)　「トルコ人の奴隷」タフラナを150スペインドルで請け戻す任務について，ASF, *LCF*, 1935, 在ヴェネツィアのプロスペロおよびラファエル・サロニキオ宛1709年7月12日付書簡のなかで言及されている。またリヴォルノのフランコ家は，捕虜の請け戻しに関与し続けていた（ASF, *NMP*, Giovanni Giuseppe Mazzanti, 23704, fols. 24v–25r, no.16）。1673年に海上で捉えられた奴隷の請け戻しの相場は，150スペインドルであった（ASF, *MP*, 1541）。17世紀にユダヤ人とキリスト教徒双方の奴隷の請け戻しに関与していたリヴォルノのエルガス家の成員については，Grandchamp 1920–33, 6: 224 を参照。1606年，ユダヤ人ネイションのすべての成員は，ユダヤ人捕虜を請け戻す資金を調達するために，リヴォルノを通過する船荷について，*seboim*（ヘブライ語の *Pidion Shebuyim* のポルトガル語形）と呼ばれる特別税を支払うことが求められた（Laras 1972; R. Toaff 1986）。17世紀後半にサント・ステファノ騎士団の活動が衰えてからは，この税の半額が慈善活動に用いられた。18世紀初頭の奴隷の請け戻しにおけるリヴォルノのユダヤ人の役割については，Lo Basso 2004: 158–65 を参照。

56)　エルガス゠シルヴェラ商会の貿易構造において多様な商品が持っていた相対的な重要性や個々の取引からの利益について，正確に確認することは不可能である。なぜなら，リヴォルノで受け取られた書簡が失われているからであり，また慣習にしたがえば，海外の代

ムステルダム，そしてのちにはロンドンから，少量ながらアメリカ大陸産の商品（タバコ，イン.ディゴ，砂糖，コーヒー，そのほか赤色染料ブラジリン（brazil de pernambuco）やメキシコ産の濃青色染料ヘマトキシリン（campecho）といった，さまざまな色の染料）を輸入していた。またエルガス＝シルヴェラ商会は，リヴォルノのセファルディム商人のエリート集団とともに，インド向けの地中海産サンゴの輸出をほぼ独占していた。アルメニア人も少数ながらこの交易に参画していたが，その規模は比較にならなかった。サンゴのビーズやネックレスは，インドで未加工のダイヤモンドや他の宝石，あるいはそれらよりは有益ではないものの，コショウや綿織物といった一連の商品に交換された。

　情報が行きかう頻度，貿易にかかわる商人の同質性，運ばれる貨物の中身といった観点からみて，レヴァント貿易と，サンゴとダイヤモンドの交換とは，きわめて対照的だった。レヴァントとの貿易では，エルガス＝シルヴェラ商会は，頻繁に行きかい，互いに競合している海上輸送サーヴィスを当てにすることができた。彼らの投資は需要と供給の予測不可能な変動によって左右されたが，地中海商業の混合的な性格のおかげで，そうした事態にうまく適応することができたのである。さらに，オスマン帝国における消費者や取引相手のほとんどが，ほかのセファルディムであった。対照的にインドとの交易は，喜望峰回りの海上輸送の厳格なパターンや毎年のサンゴ採集量の予測不可能な変動，宝石を調達してくれるインド商人のサーヴィスにかかっていた。

　交易の主要な3つの領域のなかで，エルガス＝シルヴェラ商会は，新しい市場の開放や閉鎖，特定の商品取引の収益性の変動といった事態にうまく適応していた。1740年，2世紀ぶりにユダヤ人がナポリに迎え入れられることを知ると，エルガス＝シルヴェラ商会は，すぐさまそこに拠点を構えたユダヤ商人と接触し，宝石や綿織物，香辛料を販売した[57]。アブラハム・エルガスの義理の息子にあたるフェルディナンドお

理人や業者とのあいだでは，パートナーたちは商品と商品を物々交換し，あるいは為替手形を用いて借金や貸付を解消していたのであって，単一の事業や船荷ごとに支払いをおこなうことはほとんどなかったからである。

　57)　ASF, LCF, 1953, 在ナポリのアーロン・ウズィエル宛1741年1月23日付書簡。リヴォルノのほかのセファルディムも，1740年から1746年のあいだに，ナポリにいるユダヤ人に委任状を与えている。これはユダヤ人がナポリでの交易を許された時期であった（ASF,

よびヤコブ・ロドリゲス・シルヴァは，1741 年夏，急いでナポリに自分たちの商社の支店を構えた[58]。別の言いかたをすると，これらの人物の視座から見れば，今日では近世のヨーロッパの商業中心地を描いた地図には登場しないような場所で，新たな可能性が開けることがありえたのである。

　18 世紀はじめには，アムステルダムとロンドンが世界経済の中心であった。とりわけロンドンは，資本と投資の才能を持った者には誰にでも機会を提供したが，同時にきわめて競争の激しい場所でもあった。1688 年以降，ロンドンは膨大な数のセファルディム商人を引き寄せ始めていたが，エルガス家やシルヴェラ家のような商人にとって，ロンドンに息子や甥を送り込めば成功が約束されるというわけではなかった[59]。彼の一族で初めてリヴォルノからロンドンにやってきたのは，エルガス家およびシルヴェラ家の親類でラファエルの息子ヤコブ・エルガスであり，1699 年の終わりか 1700 年のはじめには到着していた。彼は，兄弟モーセとのパートナーシップを代表するためにそこに送られたのであり，ロンドンのユダ・スピノもまたそのパートナーシップに一枚かんでいた。1704 年 6 月，ヤコブがハンナ・ガバイ・ファロと結婚したことから，さらなる資本が彼の事業に加えられた。ハンナはもともとアムステルダム出身で，2,900 ポンド（12,000 スペインドル以上）もの莫

NMP, Giovanni Battista Gamerra, 25267, fols. 63r–64r）。ナポリへのユダヤ人の再定住については，Milano 1963: 221–33; Giura 1984 を参照。
58) ASF, *LCF*, 1953, 在ローマのヤコブ・バラファエル宛 1741 年 8 月 14 日付書簡。
59) ロンドンに移ったエルガスという名前の最初の人物は，おそらくアブラハム・エルガスである。彼は 1691 年に家族とともにアムステルダムからイギリスへやってきた（Abrahams 1925: xxvii）。しかしながら，彼は 1695 年のロンドンの人口センサスには見当たらない（Arnold 1962）。ロンドンのスペイン系およびポルトガル系のユダヤ人共同体の埋葬記録は 1657 年から記載が始まっているが，そのなかに掲載されたエルガスを名乗る最初の人物は，ダヴィデ・ゴメス・エルガスの妻であり，彼女はユダヤ暦 5480 年テヴェット月 13 日（1719 年 12 月 25 日）に死亡している；L. D. Barnett 1962: 17。ダヴィデ・ゴメス・エルガス，別名ダヴィデ・ラ・クールは，1730 年にロンドンで死去した（PRO, *PROB*, 11/635, fols. 52r–53r）。彼の孫アブラハムは，フィリップ・ド・ラ・クールという名前のほうがよく知られていたが，ライデン大学を卒業して，ロンドンとバースで上流階級向けの医師となり，いくつかの不幸に見舞われたのち，1786 年にアムステルダムで死去した（PRO, *PROB*, 11/1141, fols.6r–62r; Rubens 1935: 119; Hyamson 1951: 83, 105, 213）。1776 年，ジェントルマンであったラルフ・エルガスは，グッドマンズ・フィールズのプレスコット通り 22 番地に居住し，フリーメイソンの古代派グランドロッジの会員であった（Shaftesley 1973–75: 178）。

大な嫁資をもたらしたのである[60]。当初は事業がうまくいっており，ヤコブは東インド会社の株をいくらか購入した。しかしながら，ロンドンのセファルディムの信徒団に対する貢献が縮小していることから判断すると[61]，数年後には彼の事業はつまずいたらしい。1709 年にはこのパートナーシップのロンドン支店は閉鎖されている。ヤコブは兄弟に 4,440 スペインドルの負債を負った[62]。ヤコブの状況はさらに悪化していく。彼は資本の大半を失い，1716 年に妻子とともにトスカーナに戻った。翌年，彼はリヴォルノの税関に仲介人（mezzano）の免許を申請してい

60) ヤコブ・エルガスは，1700 年 8 月にロンドンのスペイン系およびポルトガル系のユダヤ信徒団に対して財政的な貢献をおこなったとして，最初に記録されている（SPL, *MS* 373A, fol.40）。1701 年（ユダヤ暦 5461 年エルル月 27 日）には，ロンドンで新たに落成したベヴィス・マークス・シナゴーグに対して，1 ポンド 6 シリング 6 ペニーを寄付している（Gaster 1901: 91）。習慣にしたがって，彼は自分の妻の嫁資について，その 3 分の 1 相当の額を負担している（SPL, *MS*, 134）。この結婚契約（*Kettubah*）の読解にあたって，Edgar Samuel の助力に感謝する。また，L. D. Barnett 1949: 67 も参照。結婚契約の意義については，第 5 章，註 14 参照。

61) *A list of Names of all the Adventures in the Stock of the Governour and Company of Merchants of London trading into the East-Indies, the 15th of April, 1708*（n.p., 1708）．1702 年，このシナゴーグはヤコブ・エルガスの賦課金（*imposta*）の額を 9 ポンド 1 シリング 0 ペニーと査定したが，その額からヤコブは負担者の中層に位置づけられる（Gaster 1901: 96）。1676 年以降，この賦課金の比率は，ロンドンで売買されるあらゆる商品 100 ポンドにつき 2 シリング，ロンドンを通過する商品（たとえばリヴォルノからロンドン経由でインドに輸送されるサンゴ）100 ポンドにつき 1 シリング，そしてダイヤモンド，宝石の原石，金，銀，あるいは為替手形の金額 100 ポンドにつき 6 ペニーであった（L. D. Barnett 1931: 105-6）。したがって，1702 年におけるロンドンでのヤコブの取引額は，2,000 ポンドから 5,000 ポンドのあいだであったにちがいない。この賦課金は，アムステルダムのスペイン系およびポルトガル系のユダヤ信徒団が徴収していた税をモデルとしており，そこではすべての男性成員の総資産に課せられる税（finta）と輸出入に課せられる税（imposta）を含んでいた。同様に，銀，金，ダイヤモンド，真珠，琥珀，貨幣，保険契約の取引と仲介手数料に課せられるものもあり，それは貧者や移民の支援にあてられた（Vlessing 1995: 226-28; Swetschinski 2000: 182, 197-98）。finta はロンドンでも導入されたが，ある人物の総資産というよりは収入に対して算定された。ヤコブ・エルガスは，ユダヤ暦 5467 年（1707-08 年）には finta として 4 ポンド 13 シリング 4 ペニー，5468 年には 4 ポンド 9 シリング，5471 年には 3 ポンド 13 シリング 4 ペニー，数年後には 2 ポンド 4 シリング 6 ペニーを支払っている（SPL, *MS* 103, fols. 59v, 67r-68r, 82r, 95r）。これらの支払額からみると，彼の事業は衰退している。Edgar Samuel（2004: 359-60）は，徴収された finta は，2,449 ポンドにつき 1 ポンドであったと計算している。1752 年には，ベニヤミン・メンデス・ダ・コスタ，サムソン・ギデオン，フランシス・サルヴァドール，アブラハムおよびモーセ・フランコのような商人たちに，最大で 18 ポンド 15 シリングもの査定額を課せられた。

62) その負債の 3 分の 1 は免除された。ASF, *NMP*, Giovanni Battista Gamerra, 25260, fols. 132r-139v, no. 136. Filippini 1987: 55-56 と本書第 5 章も参照。

る。国際商業に関与する商人にとって，この地位を得ることは没落を意味した。仲介人は，少なくとも理論的には，自分自身のために貿易をおこなうことができなかったからである[63]。

　こうした試練にもかかわらず，ヤコブはロンドンに戻り，死ぬまでベヴィス・マークス・シナゴーグの近くに住んだ。彼の息子たちであるアブラハム，イサクおよびモーセは，ロンドンを故郷として平穏に暮らしたが，まとまった財産を形成することはなかった。イサクは1735年と1748年の2度結婚し，約2,500ポンドから3,000ポンドの年収を得た[64]。また1760年代を通じて，彼はロンドンの拠点からルゼナ＝カルヴァリオ商会の支援もおこなったが[65]，この企業はピサにおけるサンゴのビーズの主要なセファルディムの生産者であった。彼の2人の甥（イサクの兄弟モーセの息子たちであるヤコブおよびアブラハム・エルガス）は，一族のほかの者たちよりも成功している[66]。

　エルガス＝シルヴェラ商会のようなパートナーシップにとって，ロンドンやアムステルダムとのあいだに信頼できる結びつきを持つことは，リヴォルノで需要のあるアメリカの商品を手に入れ，レヴァント産品の販路を見出し，さらに最も重要なことには，ダイヤモンドの国際取引への参入を確保するためには不可欠であった（ロンドンは未加工のダイヤモ

---

63) ASL, *Dogana*, 5, no.340. ヤコブは，ユダヤ暦5477年（1717年）と5480年（1720年）のロンドンのスペイン系およびポルトガル系のシナゴーグの納税者のなかには登場しない（SPL, *MS* 103, fols. 101r, 122v）。仲介人の地位については，LoRomer 1987: 67-68を参照。

64) 1734年（ユダヤ暦5495年エルル月24日），イサク・エルガスはレベッカ・デ・ヤコブ・ヴァズ・マーティンスと結婚したが，彼女は233ポンドの嫁資を持参した。2番目の妻，サラ・アブラヴァネルとの結婚契約（ユダヤ暦5508年アダル月15日）には，嫁資の額が記載されていないが，1年後イサクのfintaの額が増加していることから，この2度目の結婚では1,200ポンドの嫁資を受け取ったと推測される。イサクは，1776年に亡くなったときには，ベリー通りに居住していた（PRO, *PROB*, 11/1018, fol. 246r-v）。イサクの兄弟モーセは，1748年（ユダヤ暦5508年アブ月28日）に寡婦であったレア・カルヴァリオと結婚し，嫁資として500ポンドを受け取った。彼は1764年に死去している（PRO, *PROB*, 11/896, fols. 315v-316r）。イサクとモーセの母ハンナは，つつましい境遇で1759年に死去した（PRO, *PROB*, 11/851）。

65) ASF, *Arte dei Giudici e Notai*（*Proconsolo*），608. また本書第8章も参照。

66) ラファエル・エルガスは，リヴォルノで，モーセ・エルガスの息子でロンドン在住の甥ヤコブのために，600ポンドで仲介人の免許を購入した（PRO, *PROB*, 11/962, fol. 178r）。ヤコブは，1773年に，550ポンドの負債のために投獄されている（PRO, *Court of Chancery*, C12/85/11）。

ンドの世界的な取引市場となっていたし，アムステルダムはダイヤモンドの研磨やカットの世界的な中心地だった）。しかし，親族や姻族がこれらの都市で最も有能で緊密な絆を持つ貿易業者でなかった場合には，彼らが最良の提携者であるとはかぎらなかった。実際に，これから見ていくように，エルガス＝シルヴェラ商会は，アムステルダムとロンドンで代理人を探すときには，親族よりもほかのセファルディムを選んでいたのである。

1767年秋，ヤコブ・バルク・カルヴァリオの息子アブラハムと，ヴェネツィアのエステル・ベリリオスの結婚式がリヴォルノでおこなわれた。ヤコブ・カルヴァリオは1720年代はじめにヴェネツィアから移り住み，リヴォルノで最も裕福で傑出したセファルディム商人のひとりとなっていた。彼の息子たちであるヤコブとアブラハムはピサに住み，そこに大きなサンゴ加工場を所有していた。ベリリオス家とカルヴァリオ家の成員は，少なくとも3世代にわたって通婚し，ヴェネツィアとリヴォルノの結びつき，そしてこれら2つの富裕な商人一族の絆を強固なものとしていた。アブラハムとエステルの縁談が進められているあいだに，ヤコブ・カルヴァリオはキリスト教徒の公証人に遺言を筆記させた。彼はアブラハムとエステルとのあいだに，あるいは「スペインかポルトガルの家系に属し，リヴォルノかヴェネツィアかロンドンかアムステルダムかアレッポに居住する両親から生まれた，ユダヤ人のネイションに属する女性と〔アブラハムが〕おこなうあらゆる結婚から」生まれたすべての息子たちを相続人に指名している[67]。

ヤコブ・カルヴァリオは，自分が属していると考えていた集団の民族的，地理的な範囲について，著しく明確で自意識の強い定義を示してくれる。すなわち，離散するセファルディム一般というわけではなく，彼が名前を挙げた都市に居住するセファルディムの家系である。エルガス家も，自分たちがこのグループの一員であると考えていたであろう。エルガス＝シルヴェラ商会の主要な人物のひとりであったダヴィデ・エ

---

[67] "[D]a qualunque altro matrimonio che da lui si contraesse con donna di nazione ebrea oriunda portughese o spagnola e nata da genitori abitanti in Livorno, Venezia, Londra, Amsterdam o Aleppo." ASF, *NMT*, Giovanni Lorenzo Meazzoli, 26541, fols. 28v-34r.

ルガスが，1735年にヤコブのおばにあたるブランカ・レベッカ・バルク・カルヴァリオと結婚したのは，偶然ではない。これらの一族は，リヴォルノのセファルディム社会の上層を形成していたのである。彼らはリヴォルノで最も文化的に同化し，地位を確立したユダヤ人であり，その活動範囲において最もグローバルなユダヤ人であった。本書は，エルガス＝シルヴェラ商会について書かれているのと同時に，こうした一族に関する書物でもある。そして，これらのセファルディムの親族会社が――イギリスやオランダにおいて国家から特許状を得た巨大な企業と比べれば，明らかに小規模であるとはいえ――セファルディムの離散地域とそれを越える領域に築いた，相互に絡み合う商業ネットワークに関する書物なのである。

　エルガス＝シルヴェラ商会が，（たとえば，資本の蓄積という観点から）リヴォルノにおける他のセファルディムのパートナーシップをどこまで代表する事例であるのかを検証するための十分な統計的証拠は欠如している。しかし，広範な史料から情報を引き出すことで，私は彼らの貿易の組織や傾向が18世紀前半のリヴォルノのセファルディムのエリート集団のなかで一般的であったことを示すことができると考えている。同じような家系と比較して，エルガス家とシルヴェラ家に関する唯一の例外は，彼らの商業通信がほとんど損なわれることなく現存しているということである。この一群の通信文書によって，われわれは一企業の枠をはるかに越えた事柄について考察することが可能となる。この離散したセファルディムの一部分が，ヨーロッパ商業の構造的な変革にいかに適応し，またそうした変化を方向づけるのに役立ったのかを検証することができる。さらに，血統や宗教，民族に基づく結束の重要性についての常識的な記述を越えて，信仰を同じくする者と異教徒とのあいだに協力関係が築かれた方法について検証することもできるのである。

　私は，1590年代にリヴォルノに定着したのち，変容するヨーロッパ商業世界で新たな地位を得るために，エルガス家があらゆる世代において，いかにあちこちの家族との婚姻関係を利用していたのかを示すことから始めた。以下に続く3つの章では，セファルディム社会との関係で（第2章），リヴォルノのユダヤ人共同体との関係で（第3章），そして地中海商業との関係で（第4章），エルガス＝シルヴェラ商会を位置

づける空間的，時間的なパースペクティヴを広げていこう。同時に，これらの3つの章では，異文化間交易が形成される世界の法的，社会的，経済的，外交的な輪郭を詳細に肉づけしていく。そうすることで，これらの章は，本書の残りの部分でエルガス＝シルヴェラ商会が事業を展開した方法を綿密に考察するために欠かすことのできない前奏曲となるのである。

第 2 章
リヴォルノと西欧の離散セファルディム

1744年3月,オーストリア継承戦争はイギリスとフランスの海上での衝突へと発展し,その範囲は地中海世界にまでおよんだ。その夏のはじめ,フランスの旗を掲げてスミルナからリヴォルノへと向かうフランコ家所有の船を,イギリスの軍艦が拿捕した。フランコ家は,リヴォルノのセファルディムのなかで,おそらく最も富裕な一族であり,ロンドンに分家があった。その船が拿捕されたというニュースがこのトスカーナの港町に伝わると,エルガス゠シルヴェラ商会はすぐさまベニヤミン・メンデス・ダ・コスタに事の次第を伝えた。この人物もまた,ロンドンの傑出したセファルディム商人のひとりであった。書簡のなかで,エルガス゠シルヴェラ商会の者たちは,荷物を満載した商船が無事に戻ってくるよう神に懇願している。その積み荷の大部分は,彼らがいう「われわれのネイション」[1]に帰属する商品だったからである。

「ネイション (nation)」という用語は,中世では大学の外国人学生や外国人商人,あるいは政治的な会議や聖職者会議の地域代表団を意味する言葉として使われていたが,近世ヨーロッパにおいては,君主権力によって集団としての固有の法的地位を与えられた外国人の共同体や民族宗教的な共同体を指していた。こうした地位は,多数派を形成する住民

---

1) "[U]n navio de guerra ingles truxò al navio de capitan Audibert francês de estes senhores Franco que venia de Smir con rico cargo y Deus restaure a los interessados y lo mas es de nostra nacion" (ASF, *LCF*, 1957, 在ロンドンのベニヤミン・メンデス・ダ・コスタ宛1744年6月22日付書簡)。Audiberts家はマルセイユの商人,船主,仲買人であった (Carrière 1973: 939-41)。ロンドンのフランコ家については,C. Roth 1964: 223; Yogev 1978: 145 を参照。

から彼らを隔離して居住させるいっぽう，地域社会や地域経済の構造へと統合するために与えられたものであり，特別な権利と義務をともなうものであった。ヨーロッパの各地において，ユダヤ人は地域的な制約のもとにあるとはいえ，非キリスト教徒のなかで公式に信仰の権利を認められた唯一のネイションであった。16世紀の大半の時期において，聖俗権力も一般の庶民も「ポルトガル系のネイション」（あるいは，ポルトガル語で単に nação）には疑念を抱いていた。なぜなら，アントウェルペンや南西フランス，さらにはフェッラーラやアンコーナ，ヴェネツィア，フィレンツェといったイタリア諸都市に住むすべてのポルトガル人がほんとうにカトリック信者であるかどうか，疑っていたからである。世紀後半になると，この「ポルトガル系のネイション」という表現は，ヴェネツィア，リヴォルノ，アムステルダムにおいて新たに形成されたセファルディムの共同体の正式な名称となった（図2.1 参照）。

　エルガス＝シルヴェラ商会の書簡が示しているように，セファルディム系ユダヤ人は，「ネイション」という語を，他のユダヤ人たちから自分たちを区別するために用いていた。すなわち，中東欧のアシュケナジム系ユダヤ人，アヴィニョンのユダヤ人，イタリア半島のイタリア系（Lo'azim）とアシュケナジム系のユダヤ人，バルカン半島と東地中海のギリシア語を話すユダヤ人（Romaniote），レヴァントとアフリカ北岸のアラビア語を話すユダヤ人（Musta'rabim）であり，イベリア半島から追放された時点で，あるいはその直後にオスマン帝国に定着したセファルディム系ユダヤ人たちとさえ，自分たちを区別していたのである。こうした境界線は，閉鎖的なものではなかった。オスマン帝国領のセファルディムは，ヴェネツィアではポルトガル系ユダヤ人と一体化しており，アムステルダムとロンドンではイタリア系のラビがセファルディムの信徒団を指導していた。しかし，社会的な境界線や象徴的な境界線がユダヤ人社会の内部に障壁をつくり出していた。「同じネイションに属する人々（homens da nação）」という表現からは，彼らの自尊心や優越意識が滲み出ている。こうした自意識は，社会経済的な要素を持っていた。つまり，彼らは「実業家（homens de negócios）」であり，その財産は国際商業や金融業と結びついていたのである。また，彼らの自意識は，ほかに適切な言葉がなかったために，一般にエスニックなア

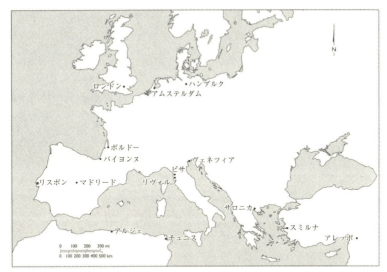

図2.1 17-18世紀のヨーロッパおよび地中海世界における西方系セファルディムの主要居住地

イデンティティを指すときにも使われていた。彼ら（あるいはその先祖たち）は，イベリア半島出身者としての自意識を持っていたのである[2]。

エルガス＝シルヴェラ商会が活動を始める前の世紀に，この離散したネイションは，互いに絡み合った2つの重大なプロセスを経験した。その過程を通じて，ネイションの内部構造と外部とを隔てる境界線とが，より明確に定義されるようになったのである。こうして「ネイション（nação）」は，イベリア系ユダヤ人をほかのユダヤ人から区別する，地域を越えたアイデンティティ（それは現実のものであるのと同時に想像上のものでもある）を表象するものであり，またセファルディムがキリスト教徒の社会に存在することを可能にする法的，社会的な取り決めを

---

2) Yerushalmi 1971: 12–21. オランダ系セファルディムの歴史家たちは，エスニック・アイデンティティの概念を，西方系セファルディムに関する学問的な主要問題のひとつとしている。とりわけ Bodian 1994, 1997; Glick 1997; Y. Kaplan 1997, 1999, 2000 を参照．Kenneth Stow（2001: 24）は，ユダヤ人の文脈における「エスニックな」アイデンティティとは，それぞれ独自の伝統と儀礼を有する特定の信徒団（'edah）——セファルディム系，アシュケナジム系，イタリア系など——の成員であることを指すと主張している。しかしながら西方系セファルディムは，イベリア半島と結びつく集合的なアイデンティティをつくり上げており，そのため現在ではエスニシティの概念を喚起させるのである。

示すものでもあった。本章では，16世紀後半から18世紀前半にかけての離散したセファルディムを特徴づける制度化と差異化のプロセスを概観する。すなわちそれは，セファルディムの商人たちが異文化間交易に従事していた法的，社会的な状況に照準を合わせるということである。そのためには，いかに多様な勢力がイベリア半島を離れた新キリスト教徒を勧誘し，17世紀なかばまでに新たに形成されたセファルディムの共同体に加わらせようとしたのかを示すことから始めよう。そうすることで，境界線を越えて果てしなく行き来する媒体としてだけではなく，別々の共同体のあいだの諸関係の集合体として異文化間交易を理解するための準備が整うはずである。

　ネイションの制度的な構造が固められていくいっぽう，セファルディムの世界はますます細分化されていった。本章ではまた，リヴォルノを拠点とする人々の目から見た，セファルディム内部のネットワークの形成と変容についても考察していく。そうすることで，アムステルダムを中心に展開するような西欧におけるセファルディムの経験についての主要な物語に対抗するだけでなく，地政学的な状況の変化のなかで離散した共同体の人々がチャンスをつかみ，また新たにつくり出していく可能性と，自分たちではコントロールしえない構造的な変化に適応していく必要性とのあいだの緊張関係を照らし出すことにもなるのである。ここでは，エルガス゠シルヴェラ商会が属する商人グループの関心を引いたセファルディム内部のネットワークに注意したい。そこに着目することで，信仰を同じくする人々の協力関係が，同じネイションに帰属しているという曖昧な意識に拠るのではなく，結婚や経済的な専門化を通じて打ち立てられた同盟関係に基づくものであることが理解できるだろう。

1　ヨーロッパにおける離散セファルディムの輪郭

　1536年にポルトガルの異端審問所が開設されるまで，1497年に強制的にカトリックに改宗させられていたユダヤ人は嫌がらせや攻撃にさらされていた。1506年にはリスボンで，ユダヤ教徒とされた人々（Judaizers）に対するとりわけ苛烈な虐殺事件が起こっている。とはい

え,新キリスト教徒のなかには表面上カトリック信者となっていただけの家もあったという証拠が存在したにもかかわらず,ポルトガル政府は当初,宗教的な画一化を押しつけるための体系的な努力をなそうとはしなかった。1497年から1536年まで,ポルトガル王権の側に組織的な圧力が欠けていたために,新たにカトリックに改宗したユダヤ人が隠れユダヤ教徒としてとどまり,各地に拡散する余地が生まれていた。この稀有な宗教経験は,そうした状況のなかで生きた男女や子供たちを,またその子孫をもはっきりと特徴づけ,離散セファルディムの集合的なアイデンティティを形成したのである。

　しかしながら,イベリア系ユダヤ人と新キリスト教徒の曖昧な宗教的アイデンティティは,セファルディム世界の一体性を危険にさらすことになった。心から改宗したのであれ,うわべだけ転向したのであれ,ひとつの家族のなかに異なる宗教的アイデンティティが共存するようになったのである。1497年に強制的に改宗させられた人々のなかには,敬虔なカトリック信者として生き続けた者もいた。また,イベリア半島を離れてからユダヤ教信仰に戻った者のほとんどには,(ヘブライ語はいうまでもなく) ユダヤ教の戒律や儀式についての知識が欠けていた。信仰を明らかにすることを拒む者もいた[3]。さらに,宗教的な動揺は,ヨー

---

3) 1930年代以降,歴史家たちは,イベリア系ユダヤ人の宗教的な信念について,すべてのコンベルソとマラーノがユダヤ教を奉じたいと考えていたとする Cecil Roth (1930a, 1931, 1932) の見解から,隠れユダヤ教徒は異端審問所による所産であるという示唆 (Rivkin 1957-58; Netanyhau 1966: 3) まで,幅広い解釈をともないながら議論してきた。これら2つの立場は,さまざまな外見をまといながら,微妙に変形させられたり,組み立てなおされたりしてきた。マルクス主義的な歴史家たち (典型的なのは Saraiva 1969) は,ポルトガルにおける新キリスト教徒の迫害の要因を,宗教的な狂信よりも「資本家階級」を排除しようとする国家的な努力に帰している。Révah (1959-60) は,Roth の見解をおおむね妥当だと示した。Yoseph Hayim Yerushalmi (1971, 1980) は,Roth と Révah の研究を発展させ,隠れユダヤ教徒の再教育に焦点を当てた。セファルディム世界におけるさまざまな宗教的経験の分類を試みながら,José Faur (1992: 41-52) は,敬虔なキリスト教徒のコンベルソ,敬虔なユダヤ教徒,ユダヤ教とキリスト教を信じるコンベルソ,そして宗教的に無関心なコンベルソを区別した。今日では,ほとんどの研究者たちが,かつてマラーノであった者の多くの生涯が直線的な軌道からどの程度外れていたかという点について強調している (Wachtel 2001; Gracía-Arenal and Wiegers 2002; Graizbord 2004)。Thomas Glick は,「文化を行き来する人々 (cultural commuters)」という用語を用いている (Glick 1997: 70)。Studnicki-Gizbert (2007) は,成員の外見上の宗教的な帰属に関係なく,1630年代までは大西洋世界における単一の「ポルトガル・ネイション」があったと言及している。

ロッパ中でカトリック当局を憤激させ，プロテスタントを悩ますこととなった。こうして 16 世紀後半以降になると，キリスト教徒とユダヤ人のあいだの諸関係を和らげ，セファルディムの諸共同体のなかにわずかでも正統なユダヤ教信仰を植えつけるために，内外の諸勢力によって，離散セファルディム社会の成員に規範的な行動を課す努力がなされるようになったのである。

　キリスト教神学では，すべての非キリスト教徒の改宗が目標とされており，そこにはユダヤ人（彼らはキリスト殺しの民として非難されていた）も含まれていた。非キリスト教徒の改宗はローマ・カトリック教会の第一の使命であった。権力拡大を目指すためであれ，あるいは心からの信仰ゆえであれ，世俗の政治権力はこの目的を追求するためにしばしば教会権力と結束した。イベリア半島から避難民が到着すると，ヨーロッパのキリスト教国やキリスト教徒社会は新たな問題に直面した。教皇庁は教会法や教義を根拠に，強制された洗礼であっても取り消すことができないものとみなした[4]。この規定は，新たに創設されたローマ教会の異端審問所（1542 年）の法廷を持つイタリア諸国，すなわちヴェネツィア領やトスカーナ大公国，教会国家，さらにはフェッラーラ，モデナおよびレッジョ，マントヴァの各公国にとって，特別な意味を持っていた。原則として，ユダヤ人は異端審問の対象外に置かれていた。教会はユダヤ人を異端というよりも異教徒とみなしており，洗礼を受けていない者についてはなんの権威も有していなかったからである。しかしながら，（すべてのユダヤ人が洗礼を受けさせられた）1497 年以降にイベリア半島で生まれたか，あるいはそこで生活していた者については，棄教の廉で正当に告発することができた。離散した新キリスト教徒は，背教者としてローマの異端審問官の格好の標的となったのである。

　　4）　Ravid 2001; Caffiero 2004. 17 世紀初頭に，カトリックの支配層において，強制された洗礼の正当性に異議を唱える少数意見があったが，神学者でヴェネツィア国家の神学顧問であったパオロ・サルピ（1552–1623 年）もそのひとりであった。サルピの立場は，教会からの世俗権力の自立性を主張する手段として，ヴェネツィアでは好意的に受け止められていたが，けっして公的に採用されたものではなかった（C. Roth 1930a: 207, 214; Ravid 1976: 210, 2001: 265; Pullan 1983: 277–78; Ioly Zorattini 1984; Cozzi 1987a: 355–56）。ローマ・カトリック教会は，1963 年の第 2 ヴァティカン公会議で，ようやく強制的な洗礼の正当性を完全に否定した。

教会の教義から導かれたこうした帰結は，潜在的な火種となった。イタリア諸国が，イベリア半島からの亡命者が持つビジネス・スキルや経済的な紐帯ゆえに彼らを誘致しようとしていた時期に，教皇庁はイベリアからやってきた人物について調査する権限を持っていたからである。世俗権力と教会権力との衝突は，エンリケス・ヌネスに対してヴェネツィアでおこなわれていた長期にわたる審理において頂点に達した。彼はリゲット・マラーノという名前でも知られていたが，このリゲットはキプロスでオスマン帝国との戦争が始まった1570年の秋に，ヴェネツィアの異端審問所によって逮捕された。ヴェネツィアやフェッラーラ，ローマ，そしてリスボンで集められた証拠からは，リゲットがあるときにはカトリック信者，またあるときにはユダヤ人と，そのときに最も都合がよいほうを称しながら，ヨーロッパやオスマン帝国中を旅して商売していたことが明白であった。各地の異端審問所との共同調査を含む長期の系図学的な調査ののち，裁判官たちはリゲットが1530年代にリスボンで生まれており，そのために背教の罪を犯していると結論づけた。この裁判について最初に検討したブライアン・プランによれば，イベリア出身の新キリスト教徒やユダヤ人に関するヴェネツィアの政策を形成するうえで，リゲット事件は決定的な影響をもたらした。ヴェネツィア共和国は1550年にすべてのマラーノの追放令を制定していたが，その後も依然として多くのマラーノがヴェネツィアにやって来ていた。リゲット裁判は，こうしたマラーノの到来を黙認するような政策がはらむ危険性を白日の下にさらしたのである。ゲットーの内側に暮らすユダヤ人でさえも，新キリスト教徒の存在によって脅かされていると感じていた。ヴェネツィアにおけるレヴァント系ユダヤ人の代表（console）であったカイム・バルクは，ゲットーの外に住んでいたポルトガル出身の新キリスト教徒の長老ガスパーレ・リベイロを異端審問所に告発している。1580年，バルクはリベイロを「2本の舵をもって航海するマラーノ」と呼んだ。「なぜならリベイロは，ユダヤ人でもキリスト教徒でもないからである」[5]。

1589年，リゲットの裁判に続いて，ヴェネツィア当局はポネント系

---

5) Pullan 1977: 37-38, 1983: 209.

とレヴァント系のユダヤ人，すなわち西方（イベリア半島）出身と東方（オスマン領）出身のユダヤ人に対する新たな特許状を公布した。これらの特許状では，イベリア半島からの避難民がゲットーを取り囲む壁の内側に居住し，ユダヤ法を固守するかぎり，新参者の素性については一切調査しないものとされたが，これは前例のない処置であった[6]。この決定がなされたのは，おもに東地中海に商業的な利害関係を持つヴェネツィアの支配層が，ヨーロッパにおけるインド産コショウの下請け販売に関するフェリペ2世の提案を，1583年に拒否したあとであった。彼らはイタリア半島において増大しつつあるスペインの影響力に屈服することを恐れたのである。セファルディム系ユダヤ人がヴェネツィアに到来することを政府が認めたのは，彼らがイベリアの市場との結びつきの強化とアジアからの輸入促進に貢献してくれることを期待したためであった[7]。

　キリスト教ヨーロッパ世界のほかの地域では，新しい条件でユダヤ人を受け入れるために，支配者たちはヴェネツィアとは異なる解決方法を見出していた。ユダヤ人は，1290年にイングランドから，また1394年にフランス領の大部分から追放されていた（わずかにアルザスとアヴィニョンに少数のユダヤ人が居住し続けていた）。ようやく1656年になって，クロムウェルはユダヤ人がイングランドに再び入国することを認めた（ただしそれは，立法によるというよりも，クロムウェルの持つ特権によって実現したものであった）[8]。いっぽうフランスは，より曖昧な政策をとっていた。フランスのローマ・カトリック教会は，自立性を守るために，領域内ではローマによる異端審問所の設立を認めなかった。16世紀なかばには，イベリア半島の新キリスト教徒たちがピレネー山脈を越え，海岸沿いの町サン・ジャン・ド・リュズやサン・テスプリ・レ・バイヨンヌ，その地域の内陸部（ビダシュやペルオルド），さらにはその北のボルドーに定着し始めていた。また，オランダ共和国への途上にあって，ナ

---

6) Ravid 1976: 211, 1978: 33; Pullan 1977: 58.

7) Ruspio 2007: 71. トスカーナ大公もまた，フェリペ2世の提案を辞退したが（Braudel 1972-73, 2: 560），この決定とリヴォルノ憲章の公布とを直接的に結びつける証拠はない。

8) ピューリタン革命期に，イギリスへのユダヤ人の再受容を認めた宗教的動機を強調する見解については，Katz 1982を参照。クロムウェルの政策の経済的側面については，E. Samuel 1988-90bによって分析されている。

ントに数家族がとどまり、ルーアンにも小集団が生まれていた。フランス王権は、ユダヤ人に対してというよりも「ポルトガル商人」に対して特許状（lettres patentes）を交付することによって、こうした状況に対処したが、その特許状には「彼らの生涯にかかわるいかなる調査も」禁止する条項が含まれていた[9]。1684年には、フランスの公文書において初めて、ボルドーに居住するイベリア半島出身の商人のことをユダヤ人として言及している。しかしながら、18世紀の大半の時期においては、世論も地方当局もともに、公然とユダヤ教信仰を実践することに対して寛容であることはほとんどなかった[10]。

　プロテスタント諸国には異端審問所はなかったが、イベリア半島からの亡命者に対する当初の反応は煮え切らないものであった。1580年、ハンブルクの世俗当局は、商業技術を持っているがゆえに、新キリスト教徒としてのイベリア半島からの亡命者を歓迎したが、その結果は当地の商人やルター派聖職者の反対にあっただけであった。ようやく1612年になって、新キリスト教徒たちはユダヤ人としてハンブルクに迎えられている。1622年には、デンマークの統治下にあったアルトナとグリュックシュタットの近くに、2つの小さなユダヤ人共同体が設立された[11]。いっぽう、ユトレヒト同盟（1579年）がオランダ共和国全土で良心の自由を認めた後、1580年代から1590年代に小規模な新キリスト教徒の集団がアムステルダムに到着した。彼らのほとんどは、ポルトガルからスペインとフランスを経由してやってきたが、なかには1585年にスペイン軍によって再占領されたアントウェルペンから移ってきた者や、ポルトガルの植民地であったブラジルからオランダへ渡ってきた者もいた。アムステルダムでは、彼らはキリスト教ヨーロッパ世界において可能なかぎり安全な環境を享受しており、多くが公然とユダヤ教信仰を実践し始めた。1604年にはシナゴーグが落成し、1618年までにアムステルダムには3つの異なるユダヤ信徒団が形成されていた。人口が増えるにつれて、ユダヤ人亡命者たちは自分たちの制度化された組織を持

---

9) Nahon 1989b: 48.
10) Nahon（2003: 48-49）は、1723年の特許状においてイベリア半島出身の新キリスト教徒が初めてユダヤ人として認識されたとする従来の年表を修正している。
11) Whaley 1985; di Leone Leoni and Salomon 2001; Studemund-Halévy 2004.

とうとした。1639年には，(ヘブライ語で) パルナッシム (*parnassim*)，あるいは (ポルトガル語とヘブライ語の混合で) セニョーレス・ド・マアマド (*senhores do Mahamad*) と呼ばれる7人の世俗の理事の指導の下で，スペイン系とポルトガル系を統合したユダヤ人共同体の運営が開始されている[12]。

　17世紀なかばにおいて，セファルディム系ユダヤ人はまだヨーロッパ中で孤立した存在であったが，彼らが歓迎されたところでは徐々に法的地位が改善され，社会に受け入れられるようになっていた。ジョナサン・イスラエルが論じているように，フランス宗教戦争 (1562-98年) から生じてきた知的・政治的な環境と経済的な配慮が結びついて，キリスト教ヨーロッパ世界においてユダヤ人の存在に対する好意的な態度が広がるとともに，イスラエルが「親ユダヤ的重商主義 ("philosemetic mercantilism")」と呼ぶ一連の新しい政策が形成されたのである[13]。これらの政策や姿勢は，イベリア系ユダヤ人に対してより親密な方向へと地域社会を変えていったが，同時にユダヤ人とキリスト教徒のあいだに境界線を引くことにもつながった。文化的な混交や宗教的なシンクレティズムは個々のセファルディムの生活を特徴づけているが，それはとくに最初の数世代において，あるいは中央アメリカや南アメリカのように異端審問の圧力が均一ではなかった地域や，フランス南西部のように異端審問がまったく存在しなかった地域において，とりわけ顕著であった。しかし，文化的な混交は称賛を得るよりも疑惑を搔き立てることのほうが多かった。

　皮肉にも，まったく異なる集団——キリスト教世界の世俗権力，カトリック教会，ユダヤ人共同体の世俗の指導者と宗教的な指導者——の利害が，離散したセファルディム社会の規範的な共同体生活を安定させる方向へと収斂した。イタリアでは異端審問による新キリスト教徒への過酷な迫害によって，多くのイベリア系ユダヤ人はゲットーに居住するようになり，積極的にマラーノとしての過去を消していった。またアムステルダムでも，世俗当局はポスト宗教改革期における宗派化政策を思わせる方法で，ユダヤ人への寛容に理解を示したが，それは諸宗教を永続

---

12) Pieterse 1989; Vlessing 1995: 223; Bodian 1997: 43-53; Swetschinski 2000: 4.
13) 「親ユダヤ的重商主義」という表現については，Israel 1998: 93 を参照。

的に分離するということを意味していた。ラビにとっては，自分たちの信徒団，とりわけその最も富裕なメンバーが，キリスト教的な慣習に深く染まっている状況に適応するほかには，選択肢はほとんど残されていなかった[14]。セファルディムの共同体の世俗の指導者たちは，新キリスト教徒に標準的なユダヤ教信仰への転向を促そうと努力していた。

　貧しいコンベルソの未婚女性や孤児に嫁資を支給するために，1613年にヴェネツィアでセファルディムの慈善基金が設立されたのを端緒として，各地のユダヤ人社会で貧者救済のための組織が創設された。こうした団体の目的は2つあった。ひとつは困窮した新キリスト教徒の若い女性をユダヤ人男性と結婚させること，もうひとつはイベリア半島に出自を持つという，排他的ながらも地域を越えた集合的なアイデンティティを強化することである。ヴェネツィアの嫁資基金が援助するのは，居住している場所にかかわらず，イベリア半島出身者の子孫である女性（父親の側であれ母親の側であれ，ポルトガル系かカスティーリャ系である貧しいユダヤ人女性）[15]だけであった。1615年にオランダで創設された同様の組織である「貧しき孤児や若き女性に嫁資を供給する聖なる兄弟会（Santa Companhia de dotar orfans e donzelas pobres）」は，「フランス，ネーデルラント，イングランド，ドイツを含めたサン・ジャン・ド・リュズからダンツィヒのあいだに居住する，このポルトガル系のネイションかカスティーリャ出身の孤児や貧しき未婚女性」[16]に限定して，嫁資を提供した。これに続いて1644年には，リヴォルノでも「孤児と未婚女性のための慈善基金（Hebrà para cazar orfans e donzelas）」が設立された。原則として，すべてのユダヤ人女性にこの基金から援助を受ける資格が与えられたが，1670年から1704年のあいだに援助を受けた女性のうち，イタリア系やアシュケナジム系はわずか10％にすぎず，またリヴォルノ出身者以外のセファルディム系の女性も14％だけ

---

14)　Bodian 1997: 146.
15)　Bodian 1987: 39
16)　バイヨンヌの近くにはより多くの新キリスト教徒が定着していたが，1619年にはサン・ジャン・ド・リュズからマラーノが追放された。アムステルダムのこの「聖なる兄弟会」については，Révah 1963; Bodian 1987, 1989; Swetschinski 1981: 67-69を参照。ヴェネツィアのゲットーにおけるイタリア系・アシュケナジム系の慈善団体とレヴァント系の慈善団体の比較については，Horowitz 2001: 242-45, 2002: 296を参照。

であった[17]。個人の贈与者もまた，遺産を寄付する場合に同じような傾向を示している。ヴェネツィアでは，1697年に富裕なイサク・カルヴァリオが，ポルトガル系およびスペイン系のネイションに属する立派な父親から生まれた，貧しく名誉ある女性（"putte honorate, povere, figlie de buoni padri della mia natione portughese o spangola"）を援助するために信託財産を寄付した[18]。

ヨーロッパのセファルディムにとって，イベリア半島は自尊心の源であると同時に，トラブルの要因でもあった。イベリア半島の黄金時代との文化的なつながりは，セファルディムの商人エリートにとって，なんとしても手に入れたい血統書のようなものであった。しかし，セファルディムの寡頭支配層は，イベリア半島とより実際的な関係を結ぶことをとくに警戒していた。商業投機のためであれ，あるいはマラーノやコンベルソを改宗させようとする試みによって駆り立てられたのであれ，「邪教の地」（セファルディムはイベリア半島をこう呼んでいた）への旅は，異端審問所の存在ゆえに危険であるというだけではなく，宗教的に揺れ動いている潜在的な証拠だとして同じユダヤ人から軽蔑されていたのである。1644年以降，アムステルダムのポルトガル系ユダヤ人共同体は，スペインやポルトガルに旅行した人物が礼拝を主導したり，共同体の役職に就いたりすることを4年間禁止した[19]。リヴォルノの慈善基金（Hebrà）は，スペインやポルトガルを旅行した役員を死んだものとみなしたが，息子や男性の近親者が代わりに就任することは認めていた。1654年，リヴォルノのユダヤ人共同体は，キリスト教徒名でイベリアを旅した者は，シナゴーグでのモーセ五書の朗読役と役職就任から2年間排除されることを定めた。これらの規則は厳格に施行され，したがわなかった者への罰として，しばしば一時的な破門（herem）がおこなわれた[20]。

---

17) C. Galasso 2002a: 126–27. また Orfali 2001 も参照。
18) ASV, NT, Cristoforo Brambilla, 167.281. また本書第3章も参照。
19) Y. Kaplan 1984, 1985, 2000: 111. ロンドンとハンブルクの信徒団もまた，より穏やかなかたちではあったものの，イベリア半島へ行った者を罰していた（Y. Kaplan 2000: 163, 175）。
20) リヴォルノの慈善団体の規約では，スペインとポルトガルにはっきりと言及しているが，共同体の規約（haskamot）では，"as partes de Ponente donde não poden estar Judeos"（第

要するに，宗教的アイデンティティの流動性は，少なくとも17世紀の大部分を通じてヨーロッパのセファルディムの経験や歴史の特徴であり，外部から見たセファルディムに対する認識の指標であり続けたのである。しかし，カトリック諸国とプロテスタント諸国の双方において，離散したセファルディムの存在が保証されるかどうかは，マラーノであった過去との結びつきを絶ち，新たに形成されたスペイン系やポルトガル系のユダヤ信徒団を制度化することにかかっていた。セファルディム商人は，繁栄をもたらしてくれる安全な環境をつくり出すことに関心を持っていたために，この制度化のプロセスの支持者であり，受益者でもあった。共同体の指導者として，その成員が正統な信仰を維持しているかどうか監視することは，キリスト教徒の商人の目に映るセファルディム商人の信用度を増すことになった。こうした基本的な事実こそ，たとえばエルガス＝シルヴェラ商会と非ユダヤ人とのあいだで結ばれたようなパートナーシップにおける経済的な協力関係を理解するために不可欠なのである。ユダヤ人とキリスト教徒の境界が強固になることは，こうして，異文化間交易の発展を阻害したというよりも，むしろ促進した。

　アムステルダムにおいては，良心の自由は近世ヨーロッパにおいて考えうるかぎりの柔軟性を有していた（なにもスピノザだけが，ユダヤの律法と啓示宗教について懐疑的な態度で考察した唯一のセファルディム系ユダヤ人だったというわけではない）。しかしながら，ポルトガル系とスペイン系のネイションの指導者たちは，共同体の公的なイメージとして，その規範的なユダヤ教信仰の実践を教義の核に据えることを推進した。ロンドンでは，アムステルダムよりもユダヤ人口がきわめて少なく，ユダヤ人の組織化の歴史も非常に浅かったため，こうした組織の基盤強化のプロセスはより緩慢で，またいっそう不均衡なものであった。それは，富裕なイベリア系商人たちが，自分たちの社会的な立場を強化するために，ユダヤ人社会の周縁部で生き続けたからである[21]。イタリア半島では，セファルディムの個人的なアイデンティティと集合的なアイ

25条）のように，間接的な表現が用いられていた。R. Toaff 1990: 267, 561 を参照。

21）アムステルダムと「公的なイメージ」の表現については，Bodian, 2004: 112-16 を参照。ロンドンについては，Y. Kaplan 1992: 237-38; Endelman 1990 を参照。

デンティティとのあいだに複雑な関係性や矛盾が消えなかったわけではない。とはいえ，リヴォルノの事例が示しているように，離散したネイションの内側でも外側でも，新キリスト教徒の圧倒的多数がユダヤ人共同体の宗教的な指導者と世俗の指導者の権威を受容するような力が働いていたのである。

2　トスカーナのセファルディム

　トスカーナ大公は，ポルトガル出身の新キリスト教徒の商人と学者がおそらく秘密裏にユダヤ教信仰を実践していると知りつつも，彼らがフィレンツェに居住できるように，早くも 1545 年には安全通行権を保証する特許状を交付し始めた。近世イタリアは社団的な社会であったが，トスカーナ大公国は特定の個人や集団に特許状を与えていた。レヴァント系ユダヤ人は，オスマン帝国に居住していたイベリア系ユダヤ人の子孫であると定義づけられるが，彼らは 1549 年にトスカーナに招請された。ヴェネツィアのようにフィレンツェも，オスマン帝国の商人勢力に最初の危機の兆候がみられたのに乗じて，これらの商人集団を誘致しようとしたのである[22]。1551 年から 1563 年のあいだには，オスマン帝国の臣民であるアルメニア人，ギリシア人，ムスリムを含む東地中海出身の他の商人共同体を対象として，さらに多くの特許状が交付された[23]。大公フランチェスコ 1 世（位 1574-87 年）は，1576 年，リヴォル

---

22) Galluzzi 1781, 1: 281; Frattarelli Fischer 1994: 217-18, 2000a: 99-105, 109; Molho 1997: 1012.

23) 1551 年の特許状は，あるギリシア商人の要請に促され，「ギリシア人，トルコ人，aggiumi，アルメニア人，ペルシア人」に向けて出された。Sebouh Aslanian が私に示唆してくれたところによると，aggiumi という用語（いかなるイタリア語の辞書にも載っていない）は，アラビア語で「ペルシアから来た人物」を指す Ajemi が転訛したものであり，オスマン帝国のアルメニア人に対して，とくにペルシアのアルメニア人を表したものだろうということである。特許状には，「モスク」と「シナゴーグ」（この文脈においては，おそらく一般的にカトリック以外の信仰の場所を示したものであろう）を建設する権利が含まれていたにもかかわらず，「東方の人々」（"persone orientali"）のなかでユダヤ人は言及されていない。ASF, Pratica segreta, 186, fols. 94v-96v の全文を参照。また，Cassuto 1918: 89-90, 170-79 も参照。1560 年，コジモ 1 世は教皇ピウス 4 世の抗議を制して，ギリシア人が再びピサに定着するよう促した（Galluzzi 1781, 2: 219）。1563 年には，トルコ人とアジアとアフリカからやっ

ノへの来訪を希望するレヴァント系ユダヤ人に特化した安全通行権を認める可能性について，スペイン国王フェリペ2世と協議している[24]。

同じころ，メディチ家は新キリスト教徒の歓心を得ようとするいっぽうで，表面上は教皇ピウス5世に譲歩した結果，それまで数世紀にわたってトスカーナに居住してきたユダヤ人の生活を脅かす政策を導入した。まず1567年に，大公はユダヤ人に対して黄色の身分標識を着用することを命じた。続いて1571年から1573年のあいだには，トスカーナに暮らすすべてのユダヤ人（約700人で，大半は小さな町に散らばっていた）が，新たに設立されたフィレンツェとシエナのゲットーに居住させられた[25]。中世以来，少数のユダヤ人が定着していたピサでは，1570年にシナゴーグが閉鎖されたが，その20年後にはセファルディムが町に定着するように誘致された[26]。セファルディム系ユダヤ人は国際商業網の再構築に有用であると認識されていたために，キリスト教徒の権力者によって当初から独自の集団として扱われ，この地域に居住していたイタリア系ユダヤ人とは区別され続けたのである。

1591年と1593年のリヴォルノ憲章は，イタリア系ユダヤ人よりも海外からやってきたユダヤ人の必要性に合わせて制定され，トスカーナにポルトガルからの亡命者を誘致しようとしてきたメディチ家の長年の努力に成果をもたらすこととなった[27]。メディチ家は，1589年のヴェネ

てきた「ムーア人」に対して，特権が付与された（Frattarelli Fischer and Castignoli 1987: 1)．
24) Frattarelli Fischer 2000a: 109-10.
25) Cassuto 1918: 100-117; Siegmund 2006.
26) Luzzati 1985: 137-38.
27) これらの特許状の分析については，Cooperman 1976，とくに第2章を参照。リヴォルノ憲章は，ユダヤ人に対して，リヴォルノとピサに25年間居住することを許可しただけではなく，ローマ・カトリック教会が彼らの追放を要求した場合には，5年前に退去が通知されることを布告している。1591年7月30日と1593年8月22日に公布されたリヴォルノ憲章の原文は，ASF, *Pratica segreta*, 189, fols. 116v-118v, 196v-201vで読むことができる。1593年のテキストの欄外の（fol.196v）註では，リヴォルノ憲章の複製と配布を禁止している（"non se ne dia copia né vista"）。1626年のある文書では，印刷版の存在について言及されているが，最初の印刷されたバージョンは1798年のコレクション *Collezione* のなかに収められている。それに続いて，Cantini 1800-32, 14: 10-19に収載された別の版がある。トスカーナ大公は，リヴォルノ憲章のコピーを，まずエリザベス女王とオスマン帝国のスルタンに送付した。1602年に公布された法令では，リヴォルノ憲章を広めることが禁止されている（ASF, *Auditore delle Riformagioni*, 24, no. 314）。にもかかわらず，リヴォルノ憲章は，ユダヤ人の指導者と世俗の支配者にモデルを提供した。手書きの写しが不法に出回り，ヨーロッパ中の

ツィアの特許状よりも明確に，新参者がカトリックの信仰を放棄しているかぎり，ピサの異端審問所が彼らを尋問することを禁止した[28]。この条項は，強制的な異端審問からセファルディムを常に守ったというわけではなかったが，隠れユダヤ教徒の消滅を加速させたことはまちがいない[29]。1545年から1591年まで，ポルトガルの新キリスト教徒は表面上はカトリック信者としてトスカーナ社会にやってきて，（とりわけフィレンツェにおいて）地元のエリートと融合したが，1591年以後はほとんどがユダヤ人としてピサやリヴォルノに到来するようになった。リヴォルノにおけるラビおよびユダヤ人の世俗当局は，近年の移住者を共同体の一員として受け入れる前に，割礼を施すために彼らを北アフリカに送るようになった[30]。1634年，著名な裁判官となったポルトガルの新キリスト教徒，アントニオ・ディアス・ピントは，最終的にフィレンツェを離れてヴェネツィアのゲットーに向かったが，彼の旅立ちは，トスカーナにおいてカトリック信者を自称するポルトガル系マラーノの存在に終止符を打つ画期となった[31]。

アブラハム・エルガスが1594年にユダヤ人としてピサに定着したとき，彼はイベリアからの移住者たちの小さなグループの一員だった。リヴォルノが西地中海世界において確固たる地位を築き，（とりわけ1580年から1640年のスペインによるポルトガル統治期に）イベリアで反ユダ

セファルディムの指導者による請願をもたらしたのである。そのなかには，メナセ・ベン・イスラエルがクロムウェルに提出した *Humble Addresses* も含まれている（Ravid 1982: 164）。アムステルダムのラビも同様に，当地のスペイン系およびポルトガル系のユダヤ信徒団の書庫に現存しているリヴォルノ憲章のコピーを分析したであろう（GAA, *PIGA*, 1353）。逆に，1723年にフランス王からポルトガル系の新キリスト教徒に与えられた特権の翻訳がフィレンツェの文書館に保存されている（ASF, *MP*, 2481, fols. 254-55）。1766年には，トリエステのハプスブルク家の支配者が，ユダヤ人に関する新たな立法を考案するためのモデルとして，リヴォルノを引き合いに出している（Dubin 1999: 83-84）。

28) 1593年のリヴォルノ憲章，第3条。

29) ピサとリヴォルノ出身のユダヤ人や新キリスト教徒が，ピサの異端審問所によって訴追された事例については，Laras 1978; Prosperi 1994, 1998; Frattarelli Fischer 1994, 2003a: 264-69 を参照。残存史料が不足しているため，ピサの異端審問所の影響力に関する体系的な調査は困難な状況である。

30) Frattarelli Fischer 1998a: 100.

31) Ibid., 92; Frattarelli Fischer 2000a: 142. 17世紀の最初の30年間のヴェネツィアにおいて，依然としてゲットーの外に居住していたポルトガル系の新キリスト教徒がいたことについては，Ruspio 2007 を参照。

ヤ的な迫害が苛烈になるにつれて，ますます多くの移民が到来した[32]。1620年代から1630年代にやってきた移民のなかには，ナヴァッロ家やイェズルム家，フランコ・アルブケルケ家などが含まれていた[33]。移民には，ユダヤ当局と都市当局による継続的な調査が求められた。ヴェネツィアの領事は，1655年6月4日になってもなお，マラガからリヴォルノに航海してきたオランダ船について記録しているが，その船には40人の「当地に到着するや，すぐさまユダヤ人となるキリスト教徒」が乗船しているだけであった[34]。そのわずか2か月前に，リヴォルノのユダヤ信徒団によって起草された規約では，異端審問所の疑念を招かないように，すべてのユダヤ人に対して，イベリア半島から到着した船を下りて上陸した人々と話すことを禁じていた[35]。

　隠れユダヤ教徒の存在がトスカーナ当局の差し迫った関心事ではなくなったちょうどそのころ，メディチ家の最後の2人の支配者であるコジモ3世（位1670-1723年）とジャンガストーネ（位1723-37年）は，宗教的なマイノリティに対して，以前の大公たちほど寛容な態度を示さなくなり始めていた[36]。しかしながら，それまでにリヴォルノにおけるユダヤ人の存在は確かなものとなっており，リヴォルノ憲章も撤廃されることはなかった。1782年に憲章が廃止されるまで，ピサの異端審問所はリヴォルノのユダヤ人の生活に介入し続けたが，メディチ家とハプスブルク＝ロートリンゲン家の大公たちは異端審問所の権力を抑えよう

---

[32] Novinsky 1992: 75-107; Israel 2002a: 125-50; Studnicki-Gizbert 2007: 151-74.
[33] R. Toaff 1990: 141-48.
[34] "Da Malaga comparve hiersera una nave zelandese in .XI. giorni, senz'altro carico che 40 passeggeri di quella sorte de cristiani che quando sono qui diventano subito hebrei" (ASV, *Senato: Dispacci console Livorno*, 1). 新キリスト教徒はマラガで秘密裏に乗船し，港から港への移動に必要な健康診断書を携帯していなかった（Frattarelli Fischer 2003b: 96n22）。
[35] R. Toaff 1990: 563.
[36] モラルの退廃という古い考えに影響されて，トスカーナ大公国の公式な歴史家であったヤコポ・リグッチョ・ガルッツィ（1781, 5: 148-149）は，メディチ家の最後の2人の君主は頑迷さと不寛容のゆえにトスカーナの衰退を促したと主張した。この見解は，Diaz（1976: 494-96）によって支持されている。トスカーナの政治経済史に関するさらに近年の研究は，こうした見解に異議を唱えている。たとえば，Waquet 1990: 75-77を参照。しかしながら宗教政策に関するかぎり，Adriano Prosperiはコジモ3世の評価について修正することを拒絶し，彼の統治のもとでピサのユダヤ人とマラーノがしだいに迫害されていったと主張している（1998: 149, 151-52, 154）。

としたのである[37]。1730年，リヴォルノの住民であったヤコブ・グティエレス・ペーニャが背教の疑いで告発され，異端審問所によって逮捕されたが，世俗当局の介入によって釈放された[38]。また1736年11月には，異端審問所の役人が夜中にヤコブ・バルク・カルヴァリオの屋敷を急襲し，なかにいた女性たちや使用人たちのほか，カルヴァリオの孫たちをも脅かしたものの，起訴された者は誰もいなかった[39]。

ジャンガストーネ・デ・メディチは，イニシアティヴを発揮するよりも，何もしようとしなかった君主として知られているが，リヴォルノにポルトガル出身の新キリスト教徒がさらにやって来るための外交的な介入を支え続けた。1720年代には，イベリア半島の異端審問所が，新キリスト教徒のあらゆる痕跡を抹消する活動において，最後の，そしておそらくは最大の暴力を引き起こしたが[40]，各地のユダヤ人共同体のなかには，イベリアのユダヤ人を救うべく行動を起こしたところもあった。ロンドンのユダヤ人は，イギリスの外交官や商人たちとともに，マラーノの逃亡を助け，彼らが所有していたブラジル産の金やダイヤモンドをポルトガルから密かに持ち出した[41]。リヴォルノのセファルディムもイベリアのユダヤ人たちの運命を気遣って，1724年までに国務長官であり軍事大臣であったカルロ・リヌッチーニをはじめとしたトスカーナの高官たちに働きかけ，イベリア半島からの亡命者に避難所を提供する計画に引き込んでいる[42]。1726年5月末には，少なくとも3家族のポ

---

37) 摂政会議は，1744年から1754年まで，トスカーナの異端審問所の活動を一時停止していた。1754年にハプスブルク＝ロートリンゲン家によって調印された新たな政教協約の一部として，この裁判所は司教と世俗の役人が同席するかたちで再設置されている（Villani 2003: 55）。

38) ASF, *MP*, 2495（1730年5月8日，1730年5月20日）．C. Roth（1931: 2-3）は，不正確ながら，このエピソードはリヴォルノ憲章によって与えられた異端審問からの保護がひどく脅かされた唯一の事例であるとしている。すでに1725年には，リヴォルノのユダヤ人はピサの異端審問所による迫害に対して抗議している（ASF, *MP*, 2485, 2506）。

39) ASF, *MP*, 2506.

40) ポルトガルでは，新キリスト教徒の逮捕と訴追の新たな波が1718年に始まり，1721年以降それがエスカレートして，1722-23年にピークを迎えたのち，1740年まで続いた（Israel 2002a: 574-75）。研究者のなかには，この迫害の開始を1723年（Braga 1982: 9），あるいは1725年（Veiga Torres 1978: 58）に設定する者もいる。

41) R. D. Barnett 1973-75; Boxer 1969: 384.

42) ASF, *MP*, 2517, fol.142v.

ルトガルの新キリスト教徒商人が，リヴォルノまでの安全通行権を獲得した[43]。こうした活動は，その範囲は限定的であったものの，メディチ家が依然として「親ユダヤ的重商主義」に関与し続けていたことを示すとともに，地元のユダヤ人共同体と離散した共同体の双方に一定の影響を与えたのである。1729年には，絹織物業者・商人としてリヴォルノで成功するいっぽう，ピサの異端審問所から目をつけられていたセファルディム系ユダヤ人のヤコブ・デ・モライスを守るために，リヌッチーニは数年前に交付されていた安全通行権の効力を発揮させた[44]。1731年1月には，ロンドン出身のセファルディム商人で，リヴォルノやポルトガル，インド諸国との取引を活発に展開していたガブリエル・ロペス・ピネイロが，リヴォルノに移動するために安全通行権を求めてきたが，これはピネイロが自分の財産証明を提示することを条件に認められている[45]。

　これらのエピソードは，人や情報がいかにイベリア半島と離散したセファルディムのあいだを回り続けていたかを明らかにしていると同時に，イベリア系ユダヤ人をリヴォルノに定着させるためにつくられた法的枠組みの有効性について検証する試金石となる。1590年代のリヴォルノ憲章制定後，すでに定住しているユダヤ人と海外からやってきたユダヤ人は別の機関が責任を負うのか，また新キリスト教徒は当地のユダ

---

43) この外交活動（"Il negozio della venuta qua de gl'ebrei spagnoli e portoghesi"）の証拠は，とりわけASF, *MP*, 2517（fols. 215v-217r, 142r-v）；2518（fols. 13r, 18r, 20v, 23r-v, 25r, 28r, 97r-v）に見出される。評議会の文書には，安全通行証はひとつも残っていない。ユダヤ人の指導者たちは，リヌッチーニに訴える際に，新キリスト教徒がリヴォルノの交易に対してなしえる商業上の貢献という，すでに受け入れられていた見解を繰り返すだけではなく，ポルトガルにおける新キリスト教徒への迫害に抗して介入するようはっきりと要請してもいた。ASF, *MP*, 2486（1726年3月6日）。

44) ASF, *MP*, 2494（カルロ・リヌッチーニによる聴聞官ジャコモ・コンティ宛1729年8月12日付書簡）。トスカーナ政府はその2年前に，ロンドンのモーセ・アルヴァレスによる安全通行権の要請に対して，慎重に対応している。アルヴァレスはかつてプロテスタントの女性と結婚していたと認めた。しかし法律顧問は，その結婚は無効であり，罪は重くないとして，安全通行権を交付すべきであると結論づけた（ASF, *MP*, 2488）。アルヴァレスはリヴォルノにやってきて，1728年5月にユダヤ人女性レベッカ・フランチャと結婚したが，のちに彼は離婚をちらつかせて彼女を脅している（ASF, *MP*, 2491）。本書第5章，註15も参照。

45) ASF, *MP*, 2530（ジャコモ・コンティによるカルロ・リヌッチーニ宛1731年1月26日付書簡）。

ヤ法廷によって裁かれるのか，という点について規定しようとした特別な法はなかった。1720年代に上記のような安全通行権が交付されると，こうした曖昧な点がこぞって表面化してきたのである。

　1725年5月11日付の書簡で，リヴォルノ総督は，キリスト教徒名で取引をした――こうした行為について，メディチ家はけっして異議を唱えていなかった――ユダヤ人や隠れユダヤ教徒に対する裁判権をめぐって，リヴォルノの世俗の法廷とユダヤ法廷とのあいだで対立があることをフィレンツェの役人に報告している。リヴォルノのユダヤ法廷は，「ポルトガルやスペイン，あるいは公にユダヤ教徒であることが認められていない他の地域において，隠れて生活しているユダヤ人」に対する君主の裁判権を認めていたが，「公然とユダヤ教信仰を実践できる場所でユダヤ教徒として暮らしている外国出身のユダヤ人」に対しては，たとえキリスト教徒の偽名を使って訴訟を起こしたとしても，自分たちが裁判権を保有していると主張していた[46]。実際には，新参者や短期の滞在者を新キリスト教徒とするか海外出身のユダヤ人とするかは，必ずしも容易ではなかった。たとえば，ジェノヴァのパオロ・アントニオ・カストロなる人物は，リヴォルノではガブリエル・アリアスというユダヤ名を使っていたが，1721年に彼はキリスト教徒として，リヴォルノのセファルディムの商人たちをフィレンツェの法廷に告訴した。しかし訴えられた側は，フィレンツェへの移動を避け，リヴォルノのユダヤ法廷で判決が出されることを望んだ[47]。この裁判の管轄権争いは8年におよび，1733年にリヌッチーニが「海外出身のユダヤ人」に関する裁判権がユダヤ法廷にあることを認めるまで続いた。このように，ユダヤ人共同体の法廷にさらなる権限を譲渡することで，トスカーナ大公国の当局は，イベリア半島からの避難民の新たな流入によってユダヤ人とキリスト教徒との関係が再び不安定になってしまうおそれがあるときに，新キリスト教徒がユダヤ教に改宗することを促進するための別の手段を得た

---

　46) ASF, *MP*, 2517, fols. 215v–217r. この文書の抜粋については，R. Toaff 1990: 664 も参照。「海外のユダヤ人」に関する信徒団理事の司法権の問題については，すでに1645年に提起されていた（ASF, *MP*, 2160, fol.576）。1730年代には，seboim税（本書第1章註55参照）の査定のためにリヴォルノのユダヤ人と「海外の」ユダヤ人を区別する手段についての古くからの争いが再燃した（ASG, *MP*, 2497; Laras 1972: 94–99）。

　47) ASF, *MP*, 2476, fols. 712–22.

2 トスカーナのセファルディム

表 2.1 リヴォルノのユダヤ人人口（1591-1841 年）

年	総人口	ユダヤ人人口	ユダヤ人の割合（％）
1591	530[1]/c. 700[2]		
1592	900[3]/1,140[4]		
1601	3,118[5]/3,710[6]	<u>134</u>[7]	c. 3.92
1604	8,663[8]	c. 200[9]	
1609	5,046[10]		
1613		c. 300[11]	
1616	7,509[12]		
1622	9,103[13]/10,545[14]	<u>711</u>[15]	c. 7.23
1633	8,642[16]	c. 700[17]	
1640		1,500[18]	
1642	11,954[19]/12,978[20]	<u>1,175</u>[21]	c. 9.42
1643	11,597[22]	1,250[23]	
1645	10,079[24]	1,723[25]	
1655		3,000[26]	
1672	18,146[27]		
1689	20,654[28]	3,500[29]	
1692		1,250[30]	
1693	17,709[31]	<u>2,397</u>[32]	13.53
1727-28		10,000[33]	
1738	30,897[34]	<u>3,476</u>[35]	11.25
1758	32,717[36]	<u>3,687</u>[37]	11.26
1761	34,538[38]	7,000[39]/1,256 家族[40]	
1767	30,000/44,000[41]	3,800[42]	
1778	36,595[43]	c. 4,000[44]	
1787	37,977[45]	4,350[46]	11.45
1793	41,278[47]		
1807	64,095[48]	<u>4,697</u>[49]	7.28
1808	62,377[50]	<u>4,963</u>[51]	7.95
1809	50,671[52]	<u>4,753</u>[53]	9.38
1813	48,630[54]		
1833		4,833[55]	
1834	66,463[56]	<u>4,701</u>[57]	7.07
1841	78,435[58]	<u>4,771</u>[59]	6.08

注）本表は入手可能な数値をまとめたものである。ユダヤ人人口に関して最も信憑性が高いデータもしくは推計には下線を施している。総人口の数値の多くは市壁内部だけでなくリヴォルノの周辺地域の住民を含んでいる。よって，市壁内部の人口に占めるユダヤ人の割合はもっと高かったと考えられる。割合はデータの信憑性が十分高い場合のみ示している。

1) Fasano Guarini 1978: 62, 1980: 199.
2) R. Toaff 1990: 119.
3) Fasano Guarini 1980: 199.
4) R. Toaff 1990: 119.
5) Fasano Guarini 1980: 199. Pardi (1918: 28) は，リヴォルノおよびその周辺の住民総数は兵士を含めて 4,985 人だったとしている。
6) Fasano Guarini 1978: 62.
7) R. Toaff 1990: 119. Pardi (1918: 28) は 114 としているが，これは誤りである。Bachi (1938: 283) もこの誤りを繰り返している。Fasano Guarini (1980: 199) は 124 としている。

8) Pardi 1918: 32. Vivoli (1842, 3: 64, 237) は 1604 年に 8,000 人，1606 年に 5,000 人の住民がいたと推測している。
9) R. Toaff 1990: 279.
10) Fasano Guarini 1980: 199.
11) R. Toaff 1990: 279.
12) Fasano Guarini 1980: 199. 別の文献では 8,300 人となっている (Fasano Guarini 1978: 62)。
13) 兵士 642 人を除外した数 (Pardi 1918: 34; Fasano Guarini 1980: 199)。Di Porto (1980: 239) は典拠に言及せず 9,714 という数値を挙げている。
14) Fasano Guarini 1978: 62. R. Toaff (1990: 119) はすべての数値のうち最も高い 14,413 人を信じている。
15) Pardi 1918: 34; Bachi 1938: 283; A. S. Toaff 1955: 360, 363-64; R. Toaff 1990: 119; Israel 1998: 93; Fasano Guarini 1980: 202.
16) Repetti 1835, 2: 780; Pardi 1918: 35; Fasano Guarini 1980: 199. R. Toaff (1990: 119) は 12,978 人としているが，本表の注 20 を参照。
17) Repetti 1835, 2: 780; Pardi 1918: 35; R. Toaff 1990: 119; Fasano Guarini 1980: 202.
18) A. S. Toaff 1955: 360, 363-64; Israel 1998: 93.
19) Pardi 1918: 37; Fasano Guarini 1980: 199. Pardi (1918: 37) と Di Porto (1980: 239) は別の史料に基づいて 12,302 人としている。
20) R. Toaff (1990: 119) は 1632 年と 1642 年について同じデータを繰り返しているが，校正ミスであろう。Israel 1998: 93 も参照のこと。
21) Pardi 1918: 37; Bachi 1938: 283; Di Porto 1980: 239. Fasano Guarini (1980: 202) と R. Toaff (1990: 121) は 1,115 としているが，校正ミスであろう。
22) Fasano Guarini 1980: 199. Pardi (1918: 37) は民間人を 11,657 人としている。
23) R. Toaff 1990: 121; Israel 1998: 93. Fasano Guarini (1980: 202) はこの数値を 1645 年のものとしている。
24) Fasano Guarini 1980: 199.
25) Di Porto 1980: 239.
26) A. S. Toaff 1955: 360, 363-64. Israel (1998: 93) はユダヤ人人口は「1655 年までに 2,000 人を超えていたであろう」と述べている。
27) Pardi (1918: 38-39) は，市壁内に住んでいたのは 17,000 人にすぎなかっただろうと述べている。R. Toaff (1990: 119) はこの数値を 1674 年のものとしている。
28) Pardi 1918: 41; Di Porto 1980: 239.
29) Di Porto 1980: 239. Pardi (1918: 41) も Toaff (1990: 121) も共に，5,000 という数値 (Pera 1888: 140) は 1689 年のものとするのが正しいことを示した。
30) Repetti 1835, 2: 780. しかし R. Toaff (1990: 121) はこれを引用して誤りだとしている。
31) これは Pardi (1918: 45) の 1694 年に関する推計である。
32) R. Toaff (1990: 121) が Livi (191820) から引用したもの。これはユダヤ人ネイションに保管されていた出生記録と死亡記録に基づいて Livi が計算した推測値である。しかし，これらの記録のうち第二次世界大戦後も現存するのはわずかしかない。
33) Vivoli 1842, 4: 388.
34) Pardi (1918: 44-49) は，1694-1766 年についてはカトリックの人口のみ詳細な数値を挙げ，総人口は推測にとどめている。
35) Bachi 1938: 283; R. Toaff 1990: 123; Filippini 1997: 1054, 1998, 1: 117.
36) Pardi 1918: 49.
37) R. Toaff 1990: 123; Filippini 1997: 1054, 1998, 1: 117.
38) Pardi 1918: 50.
39) Gorani 1986: 100.
40) Conforto and Fratelli Fischer 1982: 52.
41) Gorani 1986: 100.
42) Repetti 1835, 2: 871; Pardi 1918: 51-52.
43) Pardi 1918: 54.

44) Pardi (1918: 54) による推計.彼は教区記録に残る 8,000 人という推測を誤りとしている.
45) Pardi 1918: 56.
46) Pardi 1918: 54. この推計は 1784 年についての 4,302 人 (Filippini 1990: 123) や 4,327 人 (Filippini 1997: 1054) という数と合致する.
47) Pardi 1918: 60. Guarnieri (1962: 133) は,もっと高い 51,505 という数を挙げている.
48) Pardi 1918: 67.
49) R. Toaff 1990: 124; Filippini 1997: 1054, 1998, 1: 117.
50) Pardi 1918: 67.
51) Filippini 1997: 1054, 1998, 1: 117. Filippini は別の文献 (1982: 26) で 1808 年の人口調査はユダヤ人人口を低く見積もっており,5,338 人であった可能性があると主張している.
52) Pardi 1918: 68-69.
53) Filippini 1982: 26; Filippini 1997: 1054, 1998, 1: 117.
54) Pardi (1918: 70) はリヴォルノとその周辺のカトリックの住民 44,130 人に加えて推計 4,500 人のユダヤ人がいたとしている.
55) Bachi 1938: 283.
56) Pardi 1918: 81; Guarnieri 1962: 133.
57) Luigi Serristori, *Statistica dell'Italia* (Florence: Stamperia Granducale, 1842, 173), Bachi 1938: 238n2 に引用されている.
58) Pardi 1918: 85.
59) Sercia Gianforma 1990, appendix.

のである.

　リヴォルノのユダヤ人への支援にトスカーナの支配者が関与することは,地中海商業における同港の重要性とあいまって,成果を挙げていた.リヴォルノ憲章の公布から 2 世紀にわたって,リヴォルノの定住ユダヤ人口は急激に増加した.1601 年には,市内にはわずか 134 人のユダヤ人しか住んでいなかったが,ほんの 21 年後にはその数は 711 人にまで上昇し,都市人口の 7％以上を占めるようになった(表 2.1 参照).当地のユダヤ人共同体は,1643 年には約 1,250 名の成員を数え,半世紀後には 2,397 名に達した.18 世紀に入ってもさらなる増加が続き,ユダヤ人の数は 1738 年には 3,476 人,1758 年には 3,687 人,1787 年には 4,350 人となった.その間,リヴォルノ全体の人口も増加し,1591 年の 1,000 人足らずから 18 世紀末には 4 万人以上になっている.1642 年から 1787 年までの期間を通じて,ユダヤ人が都市の総人口に占める割合は,最低でも 9.5％,最大で 13.5％であった(都市の総人口は市内と郊外の住民を必ずしも区別していないため,市壁の内部ではユダヤ人の占める割合はさらに高くなっていたと思われる).こうした点からみると,リヴォルノは近世ヨーロッパ諸都市のなかで例外的な存在であった.わず

かにオスマン帝国の都市サロニカで，ユダヤ人が人口の過半数を構成していた例があるだけである[48]。

こうしてリヴォルノは，西欧ではアムステルダムに次いで2番目に大きなセファルディムの居住地となった。イタリアでは，リヴォルノに匹敵する規模のユダヤ人口を有するのはローマだけであったが，ポルトガル出身のユダヤ人はごくわずかであった。多くの富裕なセファルディムの居住地であったヴェネツィアのゲットーの人口は，1630-31年のペスト流行前には頂点となる3,000人に達したが，その後はしだいに減少していった[49]。アムステルダムにやってくるセファルディムの移民の数は，17世紀中葉の数十年間にピークに達したが，それはヴェネツィアがオスマン帝国との破滅的な戦争（1645-69年）に突入し，新キリスト教徒の資本家がマドリードを放棄し，さらに1654年にオランダがポルトガルによって北ブラジルを奪われたためであった。アムステルダムのスペイン系およびポルトガル系のシナゴーグは，1680年代にはおそらく4,500人ものメンバーを数え，1735年頃にはさらに増大していたであろうが，そのあいだにアシュケナジムの移民がセファルディム人口を凌駕し始めていた[50]。1695年には，ロンドンにはわずか548人のセファルディム（そのうち約20人が裕福な商人であった）と203人のアシュケナジムがいただけであったが，1740年代までに6,000人ものユダヤ人が暮らすようになっていた。続く半世紀間に，この数字は15,000人にまで膨れ上がったが，その大半はアシュケナジムであった。ロンドンのセファルディム人口は，1720年頃には1,050人，ポルトガルからの亡命者が到着した1720年代と1730年代には2,000人を少し超える程度で

---

48) 1520年代には，サロニカの4,863世帯のうち，2,645世帯がユダヤ人世帯であった（また1,229世帯がムスリム，989世帯がキリスト教徒）：Lewis 1984: 118。

49) ゲットーを有するすべてのイタリア都市のユダヤ人口に関するデータについては，Harris 1967に集められている。リヴォルノはこの研究から除かれているが，それはリヴォルノには公式にはゲットーがなかったためである。Favero and Trivellato (2004) は，1516年から1797年の間のヴェネツィアのユダヤ人口に関する新しい証拠について議論している。

50) Nusteling 2002: 51-53。過去の概算では，1683年のセファルディム人口を2,800人，18世紀中葉のピーク時に3,000人とするか（Bodian 1997: 156, 158），あるいは結婚記録をもとに，1680年代に3,275人から3,475人としていた（Swetschinski 2000: 91）。Israel (2002b: 100) は，より低く見積もる数字（1675年に2,230人，1700年と1725年に3,000人）とNustelingによる新たな見解のあいだで揺れている（Israel 2002a: 36）。1647年から1736年には，より小規模なセファルディムの共同体がロッテルダムにあった。

あった[51]。

　ヨーロッパにおけるその他のセファルディムの定住地は，いずれもリヴォルノやヴェネツィア，アムステルダムほど多くの人口を抱えることはなかった。ハンブルクのセファルディムの人口は，1660年代の約600人（加えてアシュケナジムが200人）が最高であった[52]。フランスでは，ポルトガル出身の新キリスト教徒は，1637年に200-300人を数えた。ユダヤ教信仰が公認されると，これらの定住地は規模を拡大させ，1728年にはバイヨンヌに1,100人のユダヤ人が居住し，1751年にはボルドーに1,500人が住んでいた[53]。オランダとイギリスのカリブ海植民地においては，18世紀のあいだにセファルディムの共同体がアムステルダムやリヴォルノを上回る勢いで増大したが，それでも旧世界の共同体よりも小規模なものにすぎなかった。キュラソー島では1702年に約600人のセファルディムが暮らしており，1789年には1,095人（総人口の5.2%）に増加した[54]。ブラジルの北に位置する小規模なオランダ植民地であるスリナムのユダヤ人口は，1791年のピーク時には1,350人に達したが，そのなかには870人のセファルディムが含まれていた。ジャマイカでは，1735年に700-800人，1770年までには900人のユダヤ人が暮らしていた。バルバドス島では，1750年に約400人のユダヤ人がいた[55]。いっぽう，北アメリカにおけるセファルディムの定住地は，富裕な商人を含んではいたものの，それらに匹敵するような規模には達していなかった。

51）Lipman 1971: 38; Endelman 2002: 41; Israel 2002a: 581-82.
52）Kellenbenz 1958: 41, 1989: 34. 近年の研究でも，この数字は修正されていない。またこれらの研究は，1652年のSemuel Aboabによる弾劾において言及されているような，ハンブルクには1,212人のユダヤ人と新キリスト教徒がいるという数字も信用していない（Studemund-Halévy 2004: 132-34）。
53）バイヨンヌについては，Schwarzfuchs 1966: 355を参照。ボルドーについては，Cavignac 1991: 15を参照。フランス革命の勃発時に，バイヨンヌとボルドーには，それぞれ2,500-3,500人と1,500-2,000人のユダヤ人が居住していた（Schwarzfuchs 1975: 146）。
54）Klooster 1998: 61, これは公式の人口センサスに基づいている。このほか，18世紀後半のキュラソー島のユダヤ人口を1,200人から1,500人とする見解もある。
55）カリブ海域のユダヤ人口に関する数字については，Emmanuel and Emmanuel 1970: 234; 277; Fortune 1984: 49; Goslinga 1985: 209, 309, 519; Robert Cohen 1991: 63-65; Arbell 2000: 36; Israel 2001: 337を参照。

3　イベリアからヨーロッパ北部へ

　人口統計学は，近世のセファルディムの世界で，リヴォルノが結節点としてどのような位置を占めていたのかを明らかにしてくれる。同時に，リヴォルノに拠点を置くセファルディムの商業ネットワークは，ほかのヨーロッパの都市がイベリア系ユダヤ人にとってより大きな魅力を持つようになるにつれて発展した。17世紀なかばには，オランダのセファルディムが地中海やイベリア半島から転じて，なによりもまず大西洋貿易や植民地のプランテーション（とりわけ砂糖）に投資するようになったが，それによってリヴォルノのユダヤ人は地中海世界における自らの地位を強化したのである[56]。17世紀後半には，スペインとのつながりは緩やかになったものの，リスボンとの関係はそうではなかった。リヴォルノのセファルディムのなかでも最も富裕な集団――エルガス家とシルヴェラ家もそこに含まれる――は，（まずアムステルダムにおいて，のちにはロンドンで）レヴァントとヨーロッパ北部とのつながりを強化しようと努めた。それとは対照的に，18世紀には，ミドルクラスのユダヤ商人家系は北アフリカと南ヨーロッパのあいだの交易に焦点を絞って，力を注いだのである。

　オリバーレスが失脚すると，離散したユダヤ人とイベリア半島との個人的，あるいは文化的，経済的な結びつきはますます弱くなったものの，完全に断ち切られることはなかった。1644年マラガでは，リヴォルノで印刷されたヘブライ語の書籍を所有していたとして，新キリスト教徒の商人が異端審問所に連行された[57]。亡命第1世代は，故郷との深い結びつきを象徴するものを常に持ち運び，それを子どもたちに伝えよ

　　56）　1620年代と1630年代において，アムステルダムのセファルディムが商業的な関心を移動させた点については，Israel 1989a: 124-70 を参照。リヴォルノから新世界へ旅立った者についてはわずかしか知られていない。1620年代後半には，少数のユダヤ人がスペイン領アメリカに向けてリヴォルノをあとにしている（R. Toaff 1990: 411n34）。1645年から1660年代のあいだには，それより多くが家族単位でオランダ領のカリブ諸島に向かったが，そのほとんどは貧しかった（Israel 2002a: 401-2）。

　　57）　López Belinchón 2002: 363n52.

うと努力した。たとえば1653年には，ポルトガルではフィリポ・テルソと名乗っていたラファエル・ベリリオスが，リスボンからヴェネツィアに携えてきた銀器を2人の娘に遺している[58]。イベリア半島と結びつけられることで危険が生じたり，非難されたりしたにもかかわらず，17世紀後半にリヴォルノで作成されたあらゆる階層のセファルディムの男女の遺言書が，イベリアを立ち去った者と，そこにとどまった者とのあいだに，断ち切られることのない個人的，経済的な絆が存在したことを証明している[59]。1662年，ラケル・グティエレス・ペーニャは1万

---

58) ASV, *NT*, Pietro Bracchi, 180.1115.
59) リヴォルノのユダヤ人男女の遺言書は，3つのコレクションのなかに見出すことができる。1629年から1713年のあいだにユダヤ人ネイションの書記官長（1593年のリヴォルノ憲章では，この書記官長に対して，公証人として活動する権限を与えている）によって作成された122通の遺言書が収められているフォルダは，リヴォルノのユダヤ人共同体の文書庫に保存されている。*Testamenti forestieri* というタイトルがつけられたフィレンツェの国立古文書館所蔵のコレクションは，外国人の公証人によって作成され，翻訳されて公的な契約を取り扱うフィレンツェの役所に預けられた，すべての遺言書を収載している。キリスト教徒の公証人の記録簿に現れるユダヤ人の遺言書は，さらに多数にのぼり，現在ではフィレンツェ国立古文書館に保管されている。厳密には，ユダヤ法では遺言書と死亡予期贈与（*donatio mortis causa*）とを同一視しており，ローマ法と比べて法的な意味づけが弱い（Colorni 1945: 209）。当時ラビたちは，ルネサンスのイタリアにおいて公認された遺言書のユダヤ法的な（*halakhic*）合法性について議論していた（Malkiel 1997; di Leone Leoni 1998 参照）。問題となるのは，ほとんどのイタリアの都市においても同様に，リヴォルノでも多くのユダヤ人がキリスト教徒の公証人を頼りにしており，彼らが作成した証書が，ユダヤ人の生涯の記録を示す重要な手段となっているという事実である。これらの史料の重要性については，Segre 1983; Simonsohn 1993-97 を参照。アンコーナについては，Bonazzoli 1987, 1998 参照。ヴェネツィアについては，Boccato 1976, 1990, 1993a, 1993b, 2006; Ruspio 2000-1, 2007 を参照。リヴォルノでキリスト教徒の公証人によって作成されたユダヤ人の遺言書は，ユダヤ人がカトリックの慈善団体に対する遺贈をおこなわないことが認められていた（そして，ほとんどすべてのユダヤ人がそうしていた）という点を除いて，ほかのトスカーナの臣民の遺言書と形式上の違いはない。彼らはまた，宣誓や *kinyan*（財産所有権を得る際に述べられる定型句に関する法律において説明された条文）のようなユダヤ法の定型句を付け加えることも許されていた。リヴォルノにおいて，キリスト教徒の公証人に頼っていたユダヤ人がいた理由を証明するのは困難である。彼らは，イベリア半島にいる新キリスト教徒の親族の正体が明らかになってしまうようなときでさえ，そうしていた。彼らがそのようにしたのは，キリスト教徒の法廷においては，訴訟の際に公証人によって作成された文書のほうが，より重要性をもって受け取られたためだというのは，ありえることである。たとえば1748年にラファエル・マヌエル・エルガスは，まずヘブライ語で遺言を書き留め，それをユダヤ人ネイションの文書庫に預けた。そして1751年になって，子どもたちのために新たな後見人を指名し，娘に嫁資を割り当てたいと望んだときに，彼はリヴォルノの公証人であるフィリッポ・ゴンネッラに遺言補足書の作成を依頼したのである（ASF, *NMT*, Filippo Gonnella, 27200, fols. 16v–17r）。

スペインドル以上に及ぶ財産の一部を母，夫，1人の姉妹に分配したが，彼らはみなスペインに住んでいた[60]。1683 年，ダニエル・リベイロ・エンリケスは，姪のラケルに対して，スペインに暮らす彼女の兄弟がイタリアに移住してきたり，ラケルに送金したりしないかぎりにおいて支払われる，週ごとの生活費を遺した[61]。その 1 年前には，商人ダニエル・エルガス・メンデスが，スペインから到着した「自分の一族や父の家族」全員に 10 スペインドルずつ与えることを求めている[62]。イベリアの新キリスト教徒との親族関係に関するこうした情報は，フィレンツェの最高法廷に対して公表されることもあった。ダニエル・コーエン・デル・ラーラの寡婦であるラケルという女性の遺産に関する訴訟の最中には，1684 年にユダヤ人共同体において作成された彼女の遺言書の写しが，トスカーナ大公の書記局に送られた。ラケルにはイベリアに親族がおり，リヴォルノに移住してユダヤ教に改宗する者がいれば，自分の相続人のなかに含めたいと望んでいたのである[63]。

　17 世紀ヴェネツィアのセファルディムの遺言書は，イベリアへの投資や取引先の新キリスト教徒との関係について，さらに率直に語っている。ディオゴ・ヌネスという別名を持つアブラハム・バルクは，ある商人一族の最初のメンバーであり，ほかの成員も彼に続いてヴェネツィアのゲットーに移住した。アブラハムは，ヴェネツィア到着後まもない 1625 年に遺言書を作成しているが，それによると，兄弟のうち 3 人が新キリスト教徒としてまだポルトガルに暮らしており，別の 1 人は「インド諸国」に渡っていた。アブラハムにはフランスで甥と結婚した姉妹

---

　60)　ACEL, *Testamenti 1629-1713*, 126. また C. Glasso 2002a: 81 も参照。
　61)　ACEL, *Testamenti 1629-1713*, 136.
　62)　"[S]i viniero alguna persona de mi linaje y de casa de mi padre de España"（ACEL, *Testamenti 1629-1713*, EE）．
　63)　ラケル は "tiene nella parte di Ponente nepoti eredi, è sua volontà che, venendo al judesmo alcuno di detti suoi nepoti, provato che abbia essere suo erede, si li dia tutto quello che vi serà in essere." ASF, *MP*, 2474, fol.384. Cristina Galasso（2002a: 83）によれば，17 世紀リヴォルノでは，ユダヤ人の女性よりも男性のほうがキリスト教徒としての偽名をよく使っており，男性よりも女性のほうがイベリア半島の親族や友人についてよく言及していた。さらに，男性はユダヤ教への改宗を条件としてイベリアの親族や友人に遺贈していたが，女性はこの点についてはあまり指示していない。おそらくこのジェンダー間の差異は，男性のほうがイベリア半島との貿易に深く関与しており，異端審問から出資金を守る必要があったことによるのであろう。

がおり,もう1人の姉妹はリヴォルノで新ユダヤ教徒と結婚していた。また彼の事業は,ブラジルからの大規模な砂糖の輸入に関係していたが,彼は商品をヴェネツィアにおけるスペインおよびポルトガルの領事であったジョルジョ・カルドーゾの邸宅で保管していた[64]。1635年,ポルトガル北部の小都市トランコーゾでジョアン・ロペス・ゴメスとして生まれたアブラハム・カビブは,ヴェネツィアのゲットーでポルトガル語の遺言書を作成した。彼には4人の息子がおり,1人はマドリードで,1人はブラジルで,そして残る2人はヴェネツィアで暮らしていた[65]。1691年,富裕なバルク・カルヴァリオ兄弟は,リスボンでの問題ゆえに「深刻な被害」を被ったと主張している[66]。1697年,アブラハム・エンリケス・フランコは,イベリアでの商業パートナー("en partes de Ponente")であるペドロ・エンリケス・マルケス——フランコの娘は彼に嫁いでいた——とともに,毎年夏にセビリャからカルタヘナ・デ・インディアに向けて出帆するスペインのガレオン船団("Galeones de Nueba Espagna")に3,900スペインドルを投資したと主張している[67]。

1690年代以降,リヴォルノのセファルディムの遺言状でイベリアに言及されることは少なくなっていく。そのころまでに,ほとんどの新キリスト教徒の商人と銀行家が亡命し,リヴォルノ出身者を含めたより多くのセファルディムがアムステルダムに移住したり,そこに投資したりするようになっていた。1598年から1699年のあいだにアムステルダムで結婚した2,579人のセファルディムの男女のうち,53.7％が外国生まれであったが,そのうちイタリア出身者はわずか9.7％にすぎない。フランスとイベリアの出身者の割合が多い要因は,これらの地域では新キリスト教徒が生活するうえでさまざまな障壁があったことによる(ポルトガル出身者31.3％,スペイン出身者16.5％,フランス出身者18％,ハンブルク出身者6.9％,新大陸の植民地出身者3.7％,オスマン帝国とモロッコ出

---

[64] ASV, *NT*, Giovanni Piccini, 756.18. ジョルジョ・カルドーゾとリスボンからの砂糖の輸入,彼とヴェネツィアのポルトガル系ユダヤ人との結びつきについては,Ruspio 2007: 86, 200-213 を参照。

[65] ASV, *NT*, Giovanni Piccini, 756.17.

[66] ASV, *NT*, Cristoforo Brambilla, 167.281.

[67] ACEL, *Testamenti 1629-1713*, 84.

身者1.1％，ロンドン出身者0.8％）[68]。ヴェネツィアやトスカーナのセファルディムがアムステルダムに移住する理由はいくつもあったが，女性に比べて男性の割合が高いことと，アムステルダムにおける結婚のタイミングからは（17世紀最後の20年間にピークがある），裕福なセファルディムにとっても，貧しいセファルディムにとっても，経済的な上昇が主要な動機であったことがうかがえる。おそらく，多くの移民は実際に困窮した状況にあったであろう。1697年，アムステルダムのセファルディム信徒団はイタリアから来たセファルディムに完全な成員資格を認めることを拒否しているが，それはあまりにも多くの困窮した人々が，ただ慈善を受け取るためだけにアムステルダムに移住しているとされたからであった[69]。

　17世紀後半にリヴォルノのユダヤ人が残した遺言書からは，彼らのなかで富裕な人々の多くが，いかにしてアムステルダムやロンドンとの結びつきを強化しようとしていたかがわかる。1646年，リヴォルノで遺言書を作成したアブラハム・デ・パズは，相続人のなかに，いまはアムステルダムで暮らす長男と，スミルナにいる別の息子，そしてリヴォルノ在住の義理の息子を指名した。また彼は，ジェノヴァ，フィレンツェ，ヴェネツィア，アムステルダム，スミルナ，コンスタンティノープル，チュニスにいる債権者を列挙している[70]。1651年，ポルトガル北部のヴィゼウ出身の新キリスト教徒で，ヨセフ・ソアレスとしても知られているローポ・ソアレスは，スミルナで遺言書を作成した。3年後，その翻訳がリヴォルノのユダヤ人ネイションの事務局に記録されたが，それはローポがアムステルダム，ヴェネツィア，フィレンツェ在住者とともに，リヴォルノにいる者も遺言執行人に指名していたからである。ローポの投資先のなかには，オランダ東インド会社への1,000ギルダー

　　68）Swetschinski 2000: 82-83. 1598年から1811年のあいだにリヴォルノ出身者とされる121人のユダヤ人がアムステルダムで結婚しているが，その最初は1647年，最後は1801年の事例であり，1680年以降で107件の結婚が成立している（Verdooner and Snel 1990-91, 2: 791-92）。

　　69）Swetschinski 2000: 86, 188.

　　70）Frattarelli Fischer 1997c: 86, 2003b: 102. ヴェネツィアのセファルディムの遺言書もまた，この時期にアムステルダムとの結びつきがあったことを示している。たとえば，ASV, NT, Pietro Bracchi, 185, fols. 1798r-1799vを参照。

の出資金と 4,300 スクードのフィレンツェの塩公債も含まれていた[71]。同じ年に，ピサのソロモン・イェズルムは，300 ドゥカート相当の絹とリネンをアムステルダムにいるおじに遺している[72]。

　バルク・カルヴァリオ家は，リヴォルノやアムステルダムだけではなく，ロンドンとも個人的，経済的なつながりを最も早く築いた家系のひとつであった。17 世紀最後の四半世紀に，ヴェネツィアのサラ・バルク・カルヴァリオとレベッカ・バルク・カルヴァリオは，それぞれリヴォルノ在住のモーセ・アッティアス，アムステルダムのヤコブ・ヌネス・エンリケスと結婚した[73]。1661 年，イサク・バルク・カルヴァリオはヴェネツィアにあって，すでにロンドンと取引していた[74]。また 1687 年までに，ダヴィデ・バルク・カルヴァリオの母方のおばたちの全員が，ロンドンに住んでいた[75]。

　エルガス家やシルヴェラ家，バルク・カルヴァリオ家のような商人にとって，ロンドンにはいくつもの魅力があった。ロンドンは地中海世界に新大陸の植民地物産をもたらすだけではなく，レヴァントの商品やイタリア産の高級な繊維製品の市場でもあった。またロンドンは，競争力のある海上保険に加入し，債券や株式を購入する場所でもあったし，17 世紀末までには未加工のダイヤモンドの世界的な市場ともなっていた。1750 年代に，リヴォルノのアブラハムとモーセのバルク・カルヴァリオ兄弟は，イングランド銀行に 2,200 ポンド相当の投資をおこない（通常は年利 3％であった），1,000 ポンド相当のイギリス東インド会社の株式を保有していた（合計額はおよそ 14,000 スペインドルに相当する）[76]。リヴォルノのフランコ家は，地中海産のサンゴとインド産のダイヤモンドの交易に関するロンドンの潜在的な可能性を，さらに貪欲に利用した。モーセ・フランコ・アルブケルケは重要な商人であり，絹織物とサンゴ

---

71) ASF, *TF*, 10, nos. 86–88.
72) ASF, *TF*, 10, no. 38.
73) ASV, *NT*, Andrea Calzavara, 257.107.
74) ASV, *NA*, Angelo Maria and Giovanni Piccini, 10840（1661 年 8 月 4 日）。
75) ASV, *NT*, Pietro Venier, 1008.60.
76) ASF, *NMT*, Giovanni Battista Gamerra, 25280, fols. 92r–94r; ASF, *NMT*, Filippo Filippini, 25175, fols. 85r–89v, 101r–108r; ASF, *NMT*, Giovanni Lorenzo Meazzoli, 26541, fols. 21v–26v. モーセ・カルヴァリオは，相続人たちに対して，資産の 3 分の 1 をオランダ公債に投資するように命じた。

の製造加工業者であり，また銀行家でもあったが，彼は息子のヤコブをロンドンに送った。ヤコブは兄弟のラファエルやサムエルと協力して働き，1777 年にロンドンで亡くなるまでに莫大な財産を築いた。ラファエルはリヴォルノにとどまっていたが，サムエルは 1743 年にボンベイに行き，1749 年にマドラスに移って，そこで 1763 年に死去した[77]。このフランコ家と張り合っていたのは，レーヴィ・ソンシーノ家やスピノ家，モンテフィオーレ家などであった[78]。またエルガス家のように，すぐには子孫をロンドンに定住させることができなかった家系も，ロンドンの金融市場を利用していた。ラビであったマヌエルの息子モーセ・エルガスは，1747 年に亡くなったとき，4,000 ポンド相当のイギリス東インド会社の株式（約 17,000 スペインドルに相当）を所有していた[79]。また 1749 年には，ラファエル・エルガスが，頭取と副頭取の選挙に参加するのに十分な額の債券をイングランド銀行に保有していた[80]。1790 年には，ダヴィデの息子であるヤコブ・エルガスが，イングランド銀行から受け取る年金のかたちで，5,000 ポンドを遺贈している[81]。

　ロンドンでの投資を守るために，リヴォルノのユダヤ商人のなかには，遺言書の写しや，ロンドン在住の親族に与えた法定代理人としての権限を，当地のイギリス領事のもとに登記する者もいた。こうした

---

　77) Fischel 1960; *Encyclopaedia Judaica* 1971–72, s.v. "Franco (English family)"; Yogev 1978: 125; R. Toaff 1990: 314, 315n, 413n. ロンドンへの移動に際して，フランコ家は家名からアルブケルケの名称をはずした。のちに，この一族の分家はキリスト教に改宗し，ラドロー男爵となった（C. Roth 1931: 11）。

　78) Yogev 1978: 145, 152. ナタン・レーヴィ＝ソンシーノについては，ASF, *LCF*, 1953, ロンドン在住のナタン・レーヴィ・ソンシーノ宛 1742 年 1 月 1 日付書簡；PRO, *PROB*, 11/784 を参照。ユダ・スピノについては，ASF, *NMT*, Giovanni Matteo Novelli, 26737, fols. 30v–31r; PRO, *PROB*, 11/716 を参照。モーセ・モンテフィオーレは 1712 年にリヴォルノで生まれ，1789 年にロンドンで死亡している。彼は，ロンドンで麦わらのボンネットと帽子の商売を始めた。彼よりも有名なのは，同名の孫モーセ・モンテフィオーレ（1784–1885 年）で，彼もまたリヴォルノで生まれ，19 世紀の主要なユダヤ商人，慈善家となった。イギリスに移住した全ユダヤ人のリストは（イギリスに帰化した者を除いて），Lipman 1971 のなかに見ることができる。

　79) ASF, *MS*, 4045, letter E, no.2.

　80) *A List of Names of all such proprietors of the Banck of England, who are qualified to vote at the ensuing election, to be made of governor and deputy-governor ... March 25th 1749* (London: Printed by J. Moore, [1749]) : 4.

　81) ASF, *NMT*, Jacopo Filippo Bargioni, 28920, fols. 6v–14r.

場合，その文書がロンドンのしかるべき役所に登録されるのである。表2.2は，手続きにしたがって，こうした行為をおこなった人物の一覧である。このリストには，ロンドンに投資したリヴォルノのすべてのユダヤ人が網羅されているわけではない（たとえば，エルガス家はこのリストには登場していない）が，こうした手続きが1760年代以前にはまれであったのに，それ以後にはこのような投資家の列に加わっているセファルディム以外のユダヤ人が増加していることが示されている。レカナーティ家は，18世紀前半から後半なかばまでのあいだに，このリストに登場する唯一のイタリア出身の一族だが，18世紀末には5,000ポンド相当の株式を保有し，トスカーナ出身のユダヤ人のなかでは東インド会社の最大の株主となっていた[82]。同じころ，北アフリカとの交易に特化していたリヴォルノのユダヤ人のなかには，ロンドンの金融市場にも投資する者が現れた。チュニスのヨセフ・ナタフなる人物は，イングランド銀行に相当額の預金をし，リヴォルノの代理人であったイサク・サックートを通じて東インド会社の株を購入している[83]。アルヴァレンガ家はロンドンとアルジェに親族が住んでいた[84]。アギブ家とラカ家は，リヴォルノ，ヴェネツィア，ジェノヴァ，アレクサンドリア，カイロで商売に携わっていた[85]。イサク・ラカは，困難を乗り越えて，1721年にいとこのソロモン・アギブとのパートナーシップを締結した。ソロモンは

---

[82] Furber 1940: 140; 1948: 273.

[83] ASF, *NMP*, Matteo Novelli, 26731, fols. 82r–83v; ASF, *NMT*, Giovanni Battista Gamerra, 25280, fols. 98v–100r, 100r–102v. 1760年，イサク・サックートとそのパートナーは，イングランド銀行に3,000ポンドの預金と，同額の東インド会社の株式，そして340ポンド17シリング6ペニーの南海会社の株式を保有していた（Filippini 1987: 57–58; 1998, 3: 288–89）。Trivellato の近刊も参照。

[84] ASF, *NMP*, Agostino Frugoni, 24731, fols. 94v–95v.

[85] ラカ家の事業については，ASF, *MP*, 2478, fols. 253–263, 751 and 2482, fols. 786, 851, 865, 919; ASL, *CGA: Atti civili e spezzati*, 2463, 2206, and 2207; ASF, *NMP*, Giovanni Battista Gamerra, 25270, fol. 176r, no.345 を参照。18世紀初期のジェノヴァにおけるアブラハムおよびソロモン・ラカの活動については，Urbani and Zazzu 1999, 2: 599, 602, 657, 678, 697–98 などを参照。1726年，ソロモン・ラカは，ヴェネツィアでのインド産ダイヤモンド売却に際して，エルガス＝シルヴェラ商会の取引先となっている（ASF, *LCF*, 1939, 在ヴェネツィアのソロモン・ラカ宛1726年6月17日付書簡）。1752年，ソロモン・アギブはイングランド銀行への投資分を2人の息子に遺贈した（ASF, *NMT*, Giovanni Battista Gargani, 26286, fols. 7v–8r）。

表2.2 ロンドンで遺書を登記したリヴォルノおよびピサ出身のユダヤ人
(1742-1848年)

姓	名	居住地	遺言書の日付	出典
Supino	Solomon	リヴォルノ	1738/10/3	11/692
Recanati	Isaac, Salvador の子	リヴォルノ	1742/2/4	11/716
Penha	Jacob, Abraham の子	リヴォルノ	1751/3/1	11/786
Attias	Daniel	リヴォルノ	1753/6/6	11/803
Recanati	Jacob, 故 Lazarus の子	リヴォルノ	1759/1/8	11/843
Rodrigues Monis	Raphael	リヴォルノ	1761/1/28	11/862
Baruch Carvaglio	Moses	ピサ	1762/8/11	11/878
Ergas	Rachel	リヴォルノ	1764/1/10	11/895
Medina, de	David	リヴォルノ	1764/9/5	11/901
Aghib	Solomon	リヴォルノ	1760/7/5	11/857
Castro, de	Isaac	リヴォルノ	1767/6/3	11/929
Baruch Carvaglio	Abraham, Jacob の子	リヴォルノ	1767/1/20	11/925
Saccuto	Daniel	リヴォルノ	1769/2/15	11/946
Recanati	Joshua または Salvador, Isaac の子	リヴォルノ	1769/12/19	11/953
Baruch Carvaglio	Saul, 故 Abraham の子	リヴォルノ	1769/10/9	11/951
Recanati	Raphael, Lazarus の子	リヴォルノ	1770/2/15	11/955
Ergas	Raphael, 故 Moses の子	リヴォルノ	1770/12/24	11/962
Recanati	Isaac, Lazarus の子	リヴォルノ	1770/7/3	11/959
Sachi	Joseph	リヴォルノ	1776/7/8	11/1022
Leon	Joseph, Moses の子	リヴォルノ	1780/6/27	11/1066
Nataf	Isaac	リヴォルノ	1782/5/14	11/1091
Saccuto Baruch Carvaglio	Esther	リヴォルノ	1782/3/28	11/1088
Serra	Daniel Solomon	リヴォルノ	1783/1/16	11/1099
Aghib	Jacob, Solomon の子	リヴォルノ	1783/9/30	11/1107
Recanati	Elihezer	リヴォルノ	1790/7/8	11/1194
Recanati	Lazarus, Isaac の子	リヴォルノ	1790/7/10	11/1194
Ergas	Jacob, David の子	リヴォルノ	1792/7/20	11/1220
Levi Sonsino	Abraham	リヴォルノ	1793/7/2	11/1235
Franco	David	リヴォルノ	1796/5/14	11/1275
Baruch Carvaglio	Aaron	ピサ	1798/10/26	11/1313
Medina Ergas	Leah	リヴォルノ	1799/11/26	11/1332
Attias	Abraham Raphael	リヴォルノ	1799/11/26	11/1332
Nunes de Paz	Solomon	リヴォルノ	1803/8/13	11/1397
Racah	Moses	リヴォルノ	1803/4/20	11/1391
Bassano	Israel	リヴォルノ	1809/12/19	11/1506
Villa Reale Leucci	Allegra	リヴォルノ	1816/8/7	11/1583
Nataf	Samuel	リヴォルノ	1816/1/26	11/1576
Baruch Carvaglio	Rachel de Jacob Pardo Roques	ピサ	1817/4/16	11/1591

Disegni	Jacob David	リヴォルノ	1825/11/3	11/1705
Franchetti	Isaac	リヴォルノ	1832/8/28	11/1804
Baruch Carvaglio	Daniel Abraham	リヴォルノ	1833/11/26	11/1823
Baruch Carvaglio	Abraham, Jacob の子	リヴォルノ	1838/4/26	11/1893
Leucci	Aaron	リヴォルノ	1848/12/15	11/2085

注）　出典は，PRO, *PROB* より。

リヴォルノに定着し，船主や商人として成功している[86]。革命の年月を生き延びたモーセ・ラカは，1803年トスカーナの港町リヴォルノで富裕な人物として死亡した[87]。

4　リヴォルノと東方世界

　第3章では，リヴォルノにおける旧来のセファルディムの寡頭支配層と，イタリア系および北アフリカ系のユダヤ人の新興集団との対抗関係について考察する。そのためここでは，以下の点に注意しておけば十分である。すなわち，ロンドンでの投資について登録した人物の構成が変化していることからわかるように，18世紀なかばまでにはリヴォルノに拠点を置くユダヤ人社会のこうした多様な構成要素が持つ財政的なネットワークが，少なくとも部分的に重なり合うようになっていたということである。対照的に，リヴォルノのセファルディムとオスマン帝国のセファルディムは，文化的にも，社会的，経済的にも，しだいに疎遠になっていった。オスマン領のサライェヴォに生まれたものの，生涯の大半をリヴォルノで過ごしたダヴィデ・アッティアスは，1778年にはレヴァントのユダヤ人が奉じる「運命論」を批判し，世俗的で合理的なヨーロッパ文化を受容するよう主張している[88]。彼の考えかたは，次の世紀で優勢となる態度を先取りしたものであった。その世紀においては，「西ヨーロッパのユダヤ人は，商業や知的交流のパートナーとして

---

86) ASF, *NMP*, Pier Francesco Martelli, 26197, fols. 122v–125r; ASF, *NMP*, Giovanni Giuseppe Mazzanti, 23704, fols. 49v–51r, no.35. モーセ・ラカの娘サラは，イサク・ラカと結婚した（ASF, *NMP*, Filippo Gonnella, 27191, fols. 147r–150r, no.211; ASF, *MP*, 2481, fol. 919）。

87) PRO, *PROB*, 11/1391, fol. 138r.

88) Lehmann 2005.

ではなく，保護や『再生』の必要な『東洋人』として，中東や北アフリカ，地中海のユダヤ人を見始めるようになったのである」[89]。

こうしたアッティアスの感覚は，キリスト教世界に住むセファルディムとムスリムの世界に暮らすセファルディムのあいだの溝が大きく広がった2世紀間よりあとの時代の傾向を表していた。1492年以降，とりわけスレイマン1世の治世（1520–66年）において，オスマン帝国はイベリア半島で強制的に改宗を迫られた人々の避難所となっていた。最も富裕な人々の多くは，ヴェネツィアとの外交や交易に従事していた。オスマン帝国の商業力の弱体化や，ヴェネツィアで創出された特別な政策の影響により，1530年代以降は多くのセファルディムがイタリア半島へと向かった[90]。1589年にスペイン系とポルトガル系のユダヤ人がヴェネツィアで受け入れられるようになると，ゲットーでは公式に3つのネイションが共存することとなった。すなわち，イタリア＝ドイツ系，レヴァント系，西方系のユダヤ人である。この3つのネイションは，ヴェネツィア政府と交渉するためにゲットー全体を代表する単一の組織を持ついっぽう，それぞれのネイションが独自のシナゴーグや慈善組織を維持していた[91]。ゲットーは狭く，混み合っていた。そこでは，あらゆる背景を有するユダヤ人がともに居住していたが，当初はユダヤ人社会内部の相違は強く残ったままであった。ラビで教養ある知識人のレオン・モデナ（1571–1648年）は，その自伝によれば，レヴァント系のユダヤ人よりもむしろキリスト教徒とよく交際している印象を受けるし，ある一節では，フェッラーラのセファルディム商人を「悪魔のようだ」と言って，怒りを隠そうとはしていない[92]。とはいえ，時間の経過とともに，この3つのネイションの境界線は曖昧になり，レヴァント系ユダヤ人がしだいに富裕な西方系の影響下へと引き寄せられ，また言語やエスニシティに関して異なる背景を持つユダヤ人のあいだの結婚も珍しくはなくなっていった。

---

89) Stein 2002: 334. また Rodrigue 1990; Schroeter 1994; Molho 1997: 1031–32 も参照。

90) オスマン帝国のユダヤ商人をヴェネツィアに誘致することを目的とした主要な政策については，Ravid 1978: 29, 33, 1987; Israel 1992: 367, 1998: 37, 2002a: 61–63 を参照。

91) Malkiel 1991: 13–16, 93–113.

92) Mark R. Cohen 1988: 92, 95.

対照的に，東地中海を挟んで，オスマン帝国のユダヤ人とイベリア系ユダヤ人は，一段と分離していった。バルカン半島やアナトリア，レヴァント，北アフリカに暮らすセファルディムと，イタリアや西ヨーロッパに定着したセファルディムとのあいだの言語や宗教儀式，社会習慣，経済活動における相違は，17世紀にはますます拡大していった。第一に，東方のセファルディムはすぐさま隠れユダヤ教徒であることをやめた。さらに，15世紀末から16世紀にオスマン帝国にやってきた亡命第一世代は，カスティーリャ語や，ヘブライ語とスペイン語が混じった俗語であるラディーノ語を話していたが，リヴォルノでは西方のセファルディム世界のほとんどがそうであったように，商業文書や法律文書，共同体の記録にはポルトガル語が用いられ，カスティーリャ語は文学や哲学，宗教のテキストで残っていたにすぎなかった。1743年，イサク・シルヴェラは，ジェノヴァの取引先に対して，自分がイタリア生まれであるにもかかわらず，ポルトガル語は「父なる言語であり，また母なる言語である」と語っている[93]。4年後，モーセ・エルガス——父親同様に，生まれも育ちもリヴォルノである——は，ポルトガル語の痕跡をとどめたイタリア語で遺言書を書き記した[94]。スペイン語は，各地のユダヤ人社会でしばしば使われていたにもかかわらず，新キリスト教徒のあいだではフランス南西部において優勢なだけであった[95]。いっぽう，言語上の同化はどこでも急速に進展した。1750年代の終わりには，

---

93) "VM perdoara se não lhe respondemos em italiano para ser que a lingua paterna e materna a de fazer sua operasão ainda que somos nacidos em Italia." ASF, *LCF*, 1953, 在ジェノヴァのイサク・コーエン・デ・ルゼナ宛1743年3月6日付書簡。

94) ASF, *MS*, 4045, letter E, no.2.

95) リヴォルノでは，1787年にユダヤ法廷において出された判決文がイタリア語で書かれ始めた（ASL, *GCM*, 961, no. 11; R. Toaff 1991: 23）。18世紀ボルドーでは，共同体の記録簿がスペイン語とフランス語で記載されていた（Schwarzfuchs 1981）。ロンドンのセファルディムの信徒団の最初の規約はスペイン語で書かれていたが，まもなくポルトガル語が共同体の行政言語として採用された（Y. Kaplan 2002a: 357）。ロンドンでは，書記の出身地や言語的な習熟度に応じて，スペイン語とポルトガル語が公式文書で時折用いられている（たとえば，SPL, *MS* 103, fols. 37v-38r を参照）。1779年と1782年には，チュニス在住のリヴォルノのユダヤ人のあいだで結ばれた商業契約が，スペイン語で作成されている（Filippini 1999: 135）。離散したセファルディムとアムステルダムのセファルディムの言語については，Díaz-Mas 1992: 72-101; Bunis 1992; Teensma 1993; Méchoulan 1991: 28-32; Swetschinski 2000: 278-80 を参照。

ボルドーの傑出した銀行家の息子であり、ロンドンに居を構えていたソロモン・デ・シルヴァは、英語を習得し、フランス語にも熟達していたが、スペイン語は初歩的なものしか書けなかった[96]。ヘブライ語の知識は、西方のセファルディムよりも、とりわけ東方のセファルディムのあいだで広がっていた。ヘブライ語ではなくポルトガル語（スペイン語と混ざったもの）が、離散したセファルディムの商人世界の共通言語だったのである。

東方のセファルディムと西方のセファルディムでは、共同体組織の面でも異なっていた。オスマン帝国においては、ラディーノ語話者、アラビア語話者、ギリシア語話者のユダヤ人や、生き残っていたカライ派共同体を含め、きわめて多様なユダヤ人共同体があった。スペインからの亡命者がオスマン帝国に到着すると、彼らはしだいにほかのユダヤ人に対して指導力を発揮し、自分たちの儀式を押しつけるようになった。サロニカとコンスタンティノープルのスペイン系信徒団は、オスマン帝国のユダヤ人の2つの中心を形成するようになった（そしてこの2つの信徒団はライヴァルでもあった）。ヨーロッパと同様にオスマン帝国においても、それぞれのセファルディムの共同体（kahal）は男性家長のなかから指導者を選出し、彼らが評議会（mahamad）を構成して共同体事務の統括やラビの指名、宗教的、道徳的な秩序の監督、共同体内での課税額の査定、地方当局や国家権力との交渉をおこなった。こうした共通点があるとはいえ、裕福な俗人がポルトガル系およびスペイン系の共同体の指導層となっていたヨーロッパや新大陸とくらべて、東方のセファルディム社会ではラビによる支配が強固であった。オスマン帝国のセファルディムの世界では、どの信徒団も1名のラビを指名し、ラビは2名の賢者（dayyanim）の補佐のもと、宗教に関わる裁判や民事、刑事の裁判を行った[97]。それとは対照的に、西欧ではセファルディムの各共同体が享受する裁判上・司法上の自治の程度は地域により違いがあったものの、その裁判権は世俗の指導者の手にがっちりと握られていた。ス

---

96) Raposo 1989: 197-98.

97) Hacker 1994. Bornstein-Makovetsky (1992) は、オスマン当局がユダヤ人共同体の世俗の指導者に与えた財政的、行政的な責任について強調している。Mark Alan Epstein は、俗人によって担われた「偶然のリーダーシップ」について言及している（1980: 53）。

ピノザは 1656 年夏にアムステルダムの信徒団から追放されたが、彼の著作をラビたちが検証したのち、追放を承認するかどうかは信徒団理事の判断にゆだねられた。ボルドーでは、1723 年にユダヤ人共同体が公式に認められてからしばらくして、1740 年代にラビの法廷（bet din）が創設されたものの、その法廷が扱うのは宗教や道徳に関する案件にかぎられていた。富裕な俗人が、ラビの権威にまさっていたのである[98]。

　ヨーロッパのセファルディムとパレスティナ（当時はオスマンの支配下にあった）との固い精神的な絆は、17 世紀から 18 世紀の過程で、なによりもまず送金というかたちで現れてくるようになった。少数の男性（ほとんどが学生や学者）や女性（ふつうは年配の寡婦）が宗教的な熱情に駆られてヨーロッパを離れ、聖書の地イスラエルに向かった。ほかにも聖地を短期間だけ訪れる者がおり、困窮した人々の集団がパレスティナに送られることもあった。しかしながら、聖地と西方のセファルディム社会とを結びつける最大の絆は、慈善活動であった。ラビたちは定期的にパレスティナから旅してきて、より裕福なヨーロッパのユダヤ信徒団に財政的な援助を懇請した。財産を有するセファルディムの男女は、エルサレムやヘブロンやツファットでの学問を支援し、貧者を救済するためにしばしば遺贈をおこなっている[99]。

　エリヤ・シルヴェラがアレッポで、ヤコブおよびヨセフ・ベリリオス商会、ロペス＝ピネイロ＝コーエン商会、メディナ＝カヴェス商会、そしてメディナ家など、小規模ながらも繁栄しているセファルディムの商社グループに加わったとき[100]、東方のセファルディムと西方のセファルディムのあいだの文化的な隔たりは大きかった。フランス領事の文書の

---

98) Berkovitz 2004: 19, 23.

99) リヴォルノからパレスティナのユダヤ人共同体に供与された支援については、R. Toaff 1990: 82-84 を参照。リヴォルノを除く西方系の離散セファルディムについては、R. D. Barnett 1964: 25-33; Nahon 1977, 1984, 1989a を参照。ヴェネツィアやリヴォルノ出身のセファルディムの遺言書では、しばしばエルサレムやヘブロン、サフェドの学生や貧者に対する寄付について言及されている。ASV, NT, Pietro Bracchi, 185, fols. 1798r-1799v; ASF, NMT, Giovanni Giacomo Mazzanti, 23707, fol. 121r; ASF, NMT, Roberto Michieli, 27327, fols. 24r-27r; PRO, PROB, 11/962, fol. 173r-v; ASF, NMT, Antonio Mazzinghi, 28055, fols. 13v-14r を参照。エルサレムの著名なラビ、ハイム・ヨセフ・ダヴィデ・アズライは、1773 年においてもなお、リヴォルノのユダヤ人エリート層から寄付を集めることは困難であると嘆いている（Cymerman 1997: 47-48）。

100) Schwarzfuchs 1984: 709-10.

なかでは，アレッポの富裕なセファルディム商人たちは「リヴォルノのユダヤ人」「イタリアのユダヤ人またはスペインのユダヤ人」「ヨーロッパのユダヤ人」「フランス保護下のユダヤ人」などと言及されており，また頻度は少ないものの「ポルトガルのユダヤ人」や，ときには「キリスト教世界のユダヤ人」とされることもあった。当時の言葉では，彼らは単に「フランク人」であったが，これはムスリム世界で総称的にヨーロッパ人を指す用語である。彼らはすべて，ヨーロッパの商人たちと外見的に変わらない生活をし，ユダヤ人であることを示す標識をつける義務はなかった[101]。彼らはラディーノ語よりはスペイン語，ポルトガル語，フランス語，イタリア語を話し，アラビア語はせいぜい初歩程度であった[102]。彼らはヨーロッパ的な服装をして，かつらをつけており，1690年にはアレッポのフランス領事が，かつらをつけて帽子をかぶるユダヤ人の習慣について公然と非難している[103]。また，アレッポの首席ラビは，「フランクのユダヤ人」に対して，あごひげをたくわえるべしという要請にしたがうことを義務づけようとしていたらしい[104]。1731年には，フランスの外交的な保護のもとでエジプト各地の港町に居住していたリヴォルノのセファルディムは，公式にはわずか23人にすぎなかった[105]。しかし，彼らの特権が，ユダヤ人のあいだでもフランス商人のあいだでも同様に反感を買っていた。あるフランス人のカプチン会修道士は，洗練されていない帽子をかぶっているとして，西方系セファルディムのことを嘲笑している。この修道士は，彼らがオスマン帝国のユダヤ人とは別の場所に埋葬されていることを強調し，彼らが「共有していない信仰信条もある」とさえ主張しているのである[106]。

　西方系セファルディムと東方系セファルディムとの深い断絶が警告し

---

101) アレッポでフランス商人が居住していた建物 (*khan*) については，Sauvaget 1941: 213–19; Paris 1957: 264–68; Fukasawa 1987: 71; David and Grandin 1991 を参照。

102) Russell 1794, 2: 60. スミルナにヨーロッパ系のセファルディムがいたことについては，Barnai 1992: 142 を参照。サロニカについては，Rozen 1988: 324–25 を参照。アレッポについての詳細は，本書第4章と第8章を参照。

103) その不満とは以下の通りである。"pour se distinguier des juifs du pays et paraître comme s'ils étaient chrétiens, ils portent le chapeau et la perruque"（Paris 1957: 257 に引用）。

104) Russell 1794, 2: 60.

105) Clément 1960: 207.

106) Febvre 1681: 354.

ているのは，信仰を同じくすることが商業上の結びつきを促進すると，あまり安易に想定すべきではないということである。実際に，結婚による結びつきや経済的な関係は，より広範なセファルディム社会の内側で派生してきた新たな枠組みに緊密に対応していた。加えて，まさにエルガス＝シルヴェラ商会が活動していた数十年間に，リヴォルノのセファルディムのなかで新たに意味を持つようになった象徴的な境界線が現れてきたのである。

17世紀後半から，リヴォルノ在住の北アフリカ系ユダヤ人や北アフリカに居住するリヴォルノ出身のユダヤ人として言及されていた，チュニスやカイロ，アルジェに拠点を置く家系のグループが，西地中海の北岸と南岸のあいだの地域で活動を活発化させ始めた。1685年には，こうした家系がチュニスに49あった（彼らはグラーナ Grana と呼ばれたが，これはアラビア語でリヴォルノを指す言葉である）。1710年までに，彼らは自分たちのシナゴーグを建設した[107]。チュニスでは，ロンブローゾ家がリヴォルノ経由で輸入されたスペイン羊毛製の安価な帽子（chéchias）の製造工場を3，4か所操業しており，リヴォルノに支店を開設していた。アギブ家やボッカーラ家，カンポス家，ファッロ家，グティエレス・ペーニャ家，レオン家，ラカ家，ソリア家，ヴァイス家，ヴァレンシン家のような他の家系は，その例にならって，マルセイユ，リヴォルノ，北アフリカ間の交易をしだいに支配するようになった[108]。

エルガス家やバルク・カルヴァリオ家，フランコ家などは，勃興してきたこれらの北アフリカのユダヤ人との通婚に抵抗した。彼らはまた，個別の分野で商業上の影響力を維持し，自分たちの労力をレヴァント（とりわけ著しいのはアレッポ），ヨーロッパ北部（そしてしだいにロン

---

107) Grandchamp 1920–33, 8: 52–60; Hirschberg 1974–81, 2: 82–85, 98–100; Avrahami 1984; Sebag 1991: 82, 95–96; Lévy 1999: 65–67.

108) Valensi 1977: 61–65, 1985: 210–28; Rozen 1984, 1985; Boubaker 1987: 155–56; Lévy 1999: 261–64. Jean-Pierre Filippini の研究（1977, 1984b, 1998, 1999）には，リヴォルノに拠点を置いていた北アフリカ系ユダヤ人の活動に光を当てているものがある。チュニスのロンブローゾ家については，Grandchamp 1920–33, 9: 29, 254, 10: 49；Rozen 1984: 53–54, 1985: 95–100; Boubaker 1987: 135, 157; Lévy 1999: 261–64; Boccara 2007 を参照。帽子の製造については，Valensi 1969 を参照。リヴォルノのモーセ・デ・メディナとチュニスのイサク・ボッカーラは，1756年に共同事業を清算している（ASF, NMP, 26729, Giovanni Matteo Novelli, fols. 101v–102r, no. 152）。

ドン），インドとのダイヤモンド交易に配分した。しかしながら18世紀後半には，これらの古株のセファルディムの家系は，地中海においては興隆するフランスの商業勢力に，また大西洋やインド洋ではとりわけイギリスに遅れをとるようになっていた。リヴォルノでもまた，ユダヤ人共同体内部での彼らの優位が揺らぎはじめ，レカナーティ家のようなイタリア系ユダヤ人や，リヴォルノ，チュニス，マルセイユ間の三角貿易に特化した一群のユダヤ人家系との競合にさらされていた。興味深いのは，地理的にも商売上でも特化したおかげで，リヴォルノの古いセファルディムのエリートが，非ユダヤ人との長期的な取引をおこなうようになったケースが頻繁にみられることである。対照的に，おもに北アフリカとの交易に従事しているユダヤ商人は，まずは親族や同胞を信頼し，ときおりムスリムの貿易商と共同出資することがあるだけであった[109]。

過去数十年間の多くの先行研究が主張しているように，明確な社会的，経済的，文化的な特性を有するがゆえに，セファルディムはユダヤ人社会の他の部分と分離しつつも，離散した各地の共同体のあいだに一体性を維持してきた。裕福な商人たちは，共同体における自分たちの立場の正当性を再確認するために，ほかのユダヤ人グループに対する優越意識を育んできた。イベリア出身のユダヤ人学者は，ほとんどのアシュケナジムのラビよりも徹底してキリスト教文化に染まっていた。個人や組織の絆のネットワークは，はるかな距離を越えてセファルディムを結びつけてきた。イヴリン・オリエル＝グロースが立証しているように，離散した共同体の全域で人々がつながりを維持してきた要因は，迫害と交易だけではない。地域の共同体において秩序や統合を保ち，宗教的な文献や品物を手に入れ，ラビを配置換えし，ユダヤ法に関する規定を守るために，ヨーロッパや大西洋岸各地のポルトガル系およびスペイン系のユダヤ信徒団のあいだで，コミュニケーションの経路が増加し，強化されてきた[110]。こうした接触や移住によって，西方系セファルディムに特徴的な，地域を越えた集合的なアイデンティティがさらに強固なもの

---

109) こうした事例は，ASF, *NMP*, Giovanni Battista Gamerra. 25272, fol. 27r-v, no.51 and 25273, fols. 47v-48r, no.62 のなかに見出される。

110) Oliel-Grausz 1999, 2000, 2006. また Nahon 1993 も参照。

となったのである。

　同時に，それぞれ特有の性質を持ちながらも相補的な諸ネットワークが，この多極化した各地のユダヤ人社会のあいだで交差していた。オランダのセファルディムとオスマン帝国のユダヤ人に関する学問的な文献の量は，リヴォルノのユダヤ人に関する研究を凌駕する傾向にある。しかし本章では，このトスカーナの港湾都市から放射状に伸びるセファルディムの移動と商業の主要な軸線を描き出してきた。南ヨーロッパにおけるセファルディムの最も重要な拠点として，リヴォルノが確固たる地位を築いてきた軌跡をたどっていくなかで，私は地中海におけるセファルディム世界の異なる構成要素を内包する多様性を描くだけではなく，セファルディムの活動精神を伝えようとしてきた。進取の気性に富んだセファルディム商人は，この精神をもって，新たな交易パターンを創出したり，それに適応したりしたのである。そうすることで私は，宗教的アイデンティティやエスニックなアイデンティティを共有していることが完全に自明なことであるとか，あるいは事業の上での関係を構築するのに，そのことだけで十分であるといった考えを再検討するための舞台を設定しようとしてきた。エルガス＝シルヴェラ商会の商業戦略がこれから示していくように，代理人の選定にあたっては，アイデンティティを共有していることがしばしば望まれたとはいえ，さらにそれ以上のものが必要であった。同じ離散共同体の内部でさえ，親族関係と信用のネットワークが絡み合って，ようやく信頼関係が維持されたのである。

　たとえ法的に制限されていないとしても，マイノリティとしてのステイタスが，事実上ビジネスの組織化の機会を制限しているとき，マイノリティの商人にとって（セファルディムだけの商社に特許状を与えた国家はないし，非ユダヤ人のなかではセファルディム商人は莫大な資本を調達して，それを大規模に運用することもできなかった），セファルディム内部の強固なネットワークは，異文化間交易に従事するための必要条件でもあった。ビジネス上の協力関係は，必ずしも宗教的，社会的な境界線を解消することを必要としなかったのである。

　1590年代のリヴォルノにおけるユダヤ人ネイションの形成は，ヨーロッパの支配者たちがイベリア半島からの亡命者のよく知られた起業家能力を確保しようと努力した結果であった。こうした努力は，イギリス

よりも大陸ヨーロッパで，またアムステルダムやハンブルクよりもヴェネツィアやリヴォルノでより強力になされたが，それは新キリスト教徒と新ユダヤ教徒のあいだの宗教的な境界線を，たとえそれが穴だらけのものであったとしても，固定化することをともなっていた。1704年にエルガス＝シルヴェラ商会がリヴォルノで活動を始めるときまでに，彼らは自分たちの先祖のように（真摯なものであれ，表面上であれ）カトリック教会への忠誠とユダヤ教信仰のあいだで揺れ動くことはとっくにやめていた。親族のなかではただ1人，エルガス＝シルヴェラ商会の創設者にとって父方のおじにあたるモーセ・エルガスだけが，1691年に3歳の娘とともに洗礼を受け，フランチェスコ・サヴェリオ・カルロ・フォルトゥナーティを名乗っている。妻のサラはこの選択にしたがわず，教会法の求めにしたがって離婚した。このエルガス=フォルトゥナーティは，おそらくフィレンツェ出身の親族にとって結節点の役割を果たし続けたと思われるが，他の多くの人々と同様に，彼の改宗に妥協の余地はなかった[111]。

　ヨーロッパ北部では，少数のセファルディム，とくに富裕な者たちが，異なる宗教的アイデンティティを装い続けていた。ユダヤ人とキリスト教徒のあいだの境界線は，異端審問所が絶えず警戒しているところではより明確であったが，適応への圧力はアムステルダムでもまたより強くなった。ヨセフ・カプランが示しているように，アムステルダムではイベリアに旅した人物は共同体の周縁的な位置に追いやられたのである。共同体の指導者として，また商人として，セファルディムの上層や中層に位置づけられる人々は，共同体の境界線を固定化することに利害を持つ集団であった。共同体の統制は，経済的な孤立主義を導くよりも

---

111) 利用可能な史料では，他の親族たちがこの改宗をどのようにみていたのかはわからないが，エルガス=フォルトゥナーティが，義理の兄弟のマヌエル・モラのために，フィレンツェ当局の高官たちとのあいだを取り持ったことをわれわれは知っている（Frattarelli Fischer 2006b: 155）。教会法は，配偶者のいずれかが改宗に応じない場合には，結婚の解消を規定しているが，カトリック当局はしばしば新たな改宗者と生家との関係を維持することを奨励した（Rothman 2006: 41, 60n10）。よくあったことだが，サラ・エルガスは自分の相続権を守るために争わなければならなかった。ASF, *NMT*, Michiel'Angiolo Brocchi, 22211, fols. 45r–56v; ASF, *NMP*, 25262, Giovanni Battista Gamerra, fol. 186r–v, no. 236; ASF, *NMT*, Roberto Michieli, 27237, fols. 24r–27r; ASF, *NMT*, Antonio Chiocchini, 27402, fol. 7r–v; ASF, *NMT*, Paolo Brignole, 27562, fols. 6v–7v を参照。

むしろ、ユダヤ人とキリスト教徒のあいだの諸関係をより安定的で平和的なものにしたのである。こうした安定性のおかげで、セファルディムの商人たちが好意を抱いて取引をおこなう多くのキリスト教徒を含めて、他者の目から見たセファルディム商人全体の信用度が増すこととなった。そこで第3章では、ローカルなユダヤ人共同体の発展や内部対立とともに、リヴォルノにおけるユダヤ人とキリスト教徒の関係性へと視点を移してみよう。

第3章

新しい都市，新しい社会？
——リヴォルノ，ユダヤ人ネイション，共同体的コスモポリタニズム——

―――

　〔リヴォルノは〕それほど大きくはないが，整然と建設され，近代風である。ここは十分な防備が施されている。この町には約4万の住民がいるが，そのうち2万はユダヤ人であり，取引のほとんどは彼らの手を通しておこなわれている。ここは自由港であることから，貿易がきわめて重要な意味を持っており，あらゆる民族の商人たちがたいそうよく集まっている……。ここではあらゆる民族，マホメット教徒さえもが，自由に往来し，居住することができる。ユダヤ人は市内の特定の地域に住み，見事なシナゴーグを有している。そして，重税を課されているにもかかわらず，大いに繁栄している。

　アルジェにおける監禁状態から解放されたのち，1790年代にボストンに戻る航海の途中にリヴォルノに立ち寄ったジョン・フォス船長は，リヴォルノについてこのように書いている[1]。このフォスの見かたには，リヴォルノについて大いに流布していた当時の見解が反映されているが，不正確な点もある。たとえば，ユダヤ人は重税を課されていなかった。また，自由身分として往来していたムスリムはほんの一握りであって，ほとんどは波止場やガレー船で強制的に働かせられており，運がよければ無給の家内使用人として使われていただけであった。どうもフォスの日誌に記載された事柄は，リヴォルノの印象をそのまま書き記した

---

1) Foss [1798] : 155–56.

というよりは，リヴォルノについて聞いたり読んだりしたことから引き出された部分が多いようである。フォスの数年前には，ドイツの地理学者アントン・フリードリヒ・ビュッシングが，まったく同じ観点からリヴォルノについて記述しており，彼の報告は英訳されていくつも出回っていた[2]。ビュッシングの記述も同じように，キリスト教徒の旅行者や，商人，船長，海軍司令官，冒険家，知識人や博識家といったたくさんの人々の記述から多くを借用している。こうした記述は，18世紀の過程でリヴォルノのイメージを形成するのに貢献した。すなわち，「近代の」都市類型学にとってユニークな存在であり，沈滞するイタリア半島にあって繁栄を謳歌し，ユダヤ人を歓迎し，さまざまな宗教的マイノリティに寛容な都市というイメージである[3]。

　ユダヤ人が都市人口の半分にのぼったとフォスが言うとき，彼は異論がないわけではないがよく知られた決まり文句を繰り返している[4]。この数字は実態からかけ離れていたが，これによって読者に衝撃を与えることはなかったにちがいない。1719年にリヴォルノを訪れたあるフランスの旅行者は，この町を「ユダヤ人のパラダイス」と呼び，ユダヤ人口を15,000人とした[5]。あるイギリス人もまた，のちにこの誇張された統計を取り上げている[6]。1728年にはモンテスキューが，リヴォルノには6,000–7,000人のユダヤ人がいると書いたが，これについてはラビ

---

　2)　Büsching 1778: 121; Büsching 1762, 3: 128; *Universal Gazetteer* 1771, s.v. "Leghorn"; Payne 1791, 2: 372. より正確には，Wyndham Beawes（1752: 723）が，「フランス人，イギリス人，オランダ人などだけではなく，ユダヤ人，トルコ人，アルメニア人の共存。ただし，トルコ人は一時的な通商のみ」と記述している。こうした観察は，別の辞書でも繰り返されている（Mortimer 1766, s.v. "Florence")。他の箇所と同様に，ここでは「トルコ人」とはオスマン帝国の臣民とムスリム全般のいずれかを指している。

　3)　旅行記に現れるリヴォルノのイメージについては，Mangio 1978b; Mascilli Migliorini 1989; Addobbati 2007: 17–22 を参照。

　4)　Büsching 1762, 3: 128; *Universal Gazetteer* 1771, s.v. "Leghorn"; *Encyclopædia Britannica* 1778–83, 4: 4176; Seally 1787, 2, s.v. "Leghorn." ほかにも Büsching（1778: 121）は，ポルトガル，スペイン，ロシア，スウェーデン，ノルウェーを除いて，ヨーロッパには「数百万人」のユダヤ人が住んでいると述べている。

　5)　Guyot de Merville 1729: 555–56. これは，Mangio 1978b: 315, 316n69 にも引用されている。『百科全書』（Diderot and d'Alembert 1751–80, 9: 600）における「リヴォルノ」の項目では，ユダヤ人はこのトスカーナの港町を「新たな約束の地」とみなしていると主張している。

　6)　Beckford 1786: 151.

のヨセフ・アッティアスが訂正し，せいぜい 5,000 人にすぎないとしている[7]。この数字はかなり現実的であるが，依然として誇張された数字であり，そのすぐあとの 1738 年刊行の旅行記にも再び登場している[8]。いっぽう，サヴァリ兄弟の権威ある『商業辞典』は，リヴォルノに 1 万人のユダヤ人がいるという見解を支持している[9]。そのほかには，「数千人のユダヤ人」と曖昧に言及することが好まれていた[10]。14,000 人とした者もいる[11]。フランス人のドミニコ会修道士ジャン＝バプティスト・ラバは，1705–06 年にリヴォルノを訪れているが，22,000 人という最も大きな数字を提示した[12]。

　これらの報告は，リヴォルノの住民たちの生活についての洞察を与えてくれるというよりも，むしろユダヤ人の中心地としてのリヴォルノの名声の系譜を再構成するのに役立つ。ユダヤ人口に関する過剰な数字は，ほぼ常に，彼らの経済的優位に関する言及とないまぜになっていた。近代の研究者は，たいていこうした空想を訂正するいっぽうで，このトスカーナの港町では，支配者も住民もユダヤ人に対して好意的な気質を持っていたことを賞賛し続けている。1930 年代，セシル・ロスはリヴォルノを「ユダヤ人の知的な生活が完全に自由であったイタリアで唯一の場所」であるとし，ためらうことなく「リトル・エルサレム」という名誉ある称号を与えた[13]。その 30 年後には，アッティリオ・ミラーノが，ユダヤ人にとっての「抑圧の時代」のイタリア諸国にあって，リ

---

　7) この文章は，モンテスキューの『旅行記』に現れているが，現在では Montesquieu 1950, 2: 1087 に収載されている。モンテスキュー（1950, 1:49–50）は『ペルシア人の手紙』（1721 年）のなかで，イタリア半島の衰退の例外として，リヴォルノを賞賛している。スミルナに住む友人に宛てた手紙 XXIII で，架空のペルシア人ウズベクは，「ここは新しい都市であり，ここを沼地の村から，イタリアで最も繁栄した町へとつくりあげたトスカーナ大公の才能を証明しているのだ」と書いている。

　8) Ray 1738, 2: 226.

　9) S.v. "Juif" in Savary des Bruslons 1759–65, vol. 2, col. 461. 同じ数字が，すでに Addison 1705: 394 と Salmon 1729, 9: 492 にも出ている。

　10) Payne 1791, 2: 372.

　11) Orrery 1773: 101（referring to 1754–55）．

　12) Mangio 1978b: 316n69 に引用されている。Labat もまた，ユダヤ人を「憎むべき」「傲慢な」「悪辣な」「詐欺師」としているのは，偶然ではないだろう。

　13) C. Roth 1946: 399. ルネサンスにおけるイタリアのユダヤ人に関する Cecil Roth の見解と，彼への批判については，Ruderman 1998 を参照。

ヴォルノは「オアシス」であったと言っている[14]。同時代のユダヤ人著作家のなかにもまた，こうした評価に寄与した者がいた[15]。

　リヴォルノの名声は，正当なものである。1620年代初頭から，リヴォルノ港は17世紀イタリアのどこよりも急速に発展し，続く18世紀の大半の時期においても競争力を維持していた。都市人口の構成は，当時としては異例なほど多様であり，リヴォルノのユダヤ人はキリスト教ヨーロッパ世界のほとんどの地域とは比べものにならないほどの特権を享受していたのである。しかしながら，こうした特権がいかに寛大なものであったとしても，それはユダヤ人が居住を認められていたカトリック諸国において，ユダヤ人とキリスト教徒の関係を規定する法的，社会的，文化的な諸原則を覆すものではなかったし，反ユダヤ的な感情や事件を払拭したわけでもなかった。

　エドワード・ギボンは，『日記』（1764年）のなかで，リヴォルノを「ユダヤ人にとって正真正銘のカナンの地」にほかならないと書いているものの，ユダヤ人への攻撃が繰り返されていることは，潜在的には執拗な「宗教的な嫌悪感」が存在することを証明していると認めている[16]。1722年，ユダヤ人指導者たちは，怒った群集がユダヤ人の邸宅に石を投げつけた事件について，調査報告を公開するよう君主に要望した[17]。ギボンの来訪の数年前の1751年には，偶発的な発砲が近隣のユダヤ人への攻撃を誘発した。公式の記録によれば，逆上した群集の激情（furia del popolo inviperito）が武器を取らせたということである[18]。1787年には，物見遊山でピサを旅していた2人のユダヤ人と3人のムスリム商人が，聖像画を冒瀆したとして告発され，かろうじてリンチを

---

14) Milano 1963: 322–28.

15) とりわけ，*Danielillo ó Respuestas à los Cristianos*（Amsterdam, 1738）を参照。これは，C. Roth 1931: 5–6 と Orfali 1997 および Isaac Euchel の "Letters of Meshulam ben Uriyah ha–Eshtamoi"（1780）において論じられ，Dubin 1999: 134 に引用されている。

16) "L'hemeute qui s'est faite contre les Juifs confirme assez que la haine religieuse contre les Etrangers couve toujours sous les Cendres et qu'elle n'attend que la permission pour eclater"（Bonnard 1961: 230–31）. Mascilli Migliorini（1989: 645）だけがギボンの肯定的な見解を引用していることに注意。ギボンはフランス語で日記をつけていた。

17) ASF, *MF*, 2478, fol.727.

18) ASF, *Consiglio di Reggenza*, 65. また Pera 1888: 317 も参照。

免れていた[19]。1790 年と 1800 年における革命的な出来事や穀物価格の急上昇に際しては，カトリック教会に煽られた民衆暴動が，より持続的な反セム的暴力へと発展した[20]。これらのエピソードは，表面上は良好にみえるユダヤ人とキリスト教徒との関係の暗い側面であるというだけではなく，ユダヤ人が暮らしているキリスト教ヨーロッパ世界ではどこでもそうであるように，リヴォルノでも根深い緊張関係が存在していることを示していた。こうした緊張関係を抑制するために，ユダヤ人指導者は，どこでもそうしていたように「公的なスキャンダル」や攻撃を誘発するような行為を戒めようとした。1677 年，ユダヤ人共同体は，街頭で新月の祝賀行事（*Kiddush Levanah*）をおこなった者に罰金を科している。ユダヤ人の祝祭は通常は夜におこなわれ，必然的にキリスト教徒の一団によからぬことを思いつかせたのである[21]。

よって歴史家は，リヴォルノが例外的に寛容な環境であると同時に，対抗宗教改革期イタリアの典型的な都市であったことをしっかりと理解する方法を取り戻さなければならない。法的な規範や社会的な慣習は利益への衝動を抑えようとしたので，ユダヤ人の生活の枠組みや，ユダヤ人と地方当局や地域社会との関係を描くことは，エルガス＝シルヴェラ商会のようなパートナーシップや，セファルディム商人と非ユダヤ人とのあいだのビジネス上の関係を理解する一助となるのである。

利用可能な史料や一般的な分析の枠組みが，多くの手引きを与えてくれるわけではない。街路や旅籠，作業場，住宅のなかで，外国語やひどく訛った地元の言葉を話し，見慣れない服装をして，ときには肌の色も異なる人々どうしの日常的な出会いについて知ることができるような一次史料を欠いているので，模範的とされた振る舞いや非難の対象となった逸脱行為を列挙するために，私たちは法的，行政的な記録に目を向けなければならない。こうした史料を活用することは，明らかに流動性よりも障壁を形成する作用を映し出す傾向にある。また，ユダヤ人の大半

---

19) Addobbati 2002: 73–75.
20) Mangio 1995: 14; Filippini 1998, 1: 144–45, 3: 321–57; Fettah 2000: 466–70; Frattarelli Fischer 2003a: 288–89.
21) R. Toaff 1990: 603. キリスト教徒がユダヤ人の礼拝をあざける機会を制限するために，さらなる配慮がなされた（584, 589–91）。

はつつましい状況で生活していたにもかかわらず，これらの史料はユダヤ人やキリスト教徒の社会の上層に偏って伝えているきらいがある[22]。それでもなお，リヴォルノのユダヤ人ネイション（*la Nazione Ebrea*）についての法的，行政的な枠組みについて検討すること，そしてそのエリート層について詳細に考察することによって，断片的な経験を抽出し，政府当局とさまざまな外国人集団や民族宗教的なマイノリティとのあいだの交渉において作用していた力学を再構成することが可能となるだろう。これらのマイノリティのなかでも，ユダヤ人は経済的に最も影響力が大きく，既存の社会秩序にとって社会的に最も脅威となる存在であった。なぜならユダヤ人は，キリスト教徒の貴族的な生活様式を模倣することで（とりわけ貿易や金融に携わるエリートのセファルディム男性のなかで顕著であった），ユダヤ人とキリスト教徒の社会的な領域が分離されていることについての不安を和らげると同時に，強めもしたからである。

　ヨーロッパであれどこであれ，国家の政策によって，あるいは市場での自然発生的な混在状況によって，宗教的な寛容がある程度形成されている海港都市に言及する際には，「コスモポリタン」という形容辞を用いることが一般的である。リヴォルノについても，トスカーナの他の領域とは異なり，コスモポリタンな都市だとする歴史家もいる[23]。アンリ・メシュランは，セファルディムがアムステルダムに定着し，繁栄することができたのは「必然的なコスモポリタニズム」のゆえだと賞賛している[24]。またジョゼ・ド・ナシメント・ラポーゾは，17世紀のボ

　22）　アムステルダムにおけるユダヤ人の貧困や慈善活動についての文献（Robert Cohen 1982; Levie Bernfeld 1993, 2002; Egmond 1993）に匹敵するような研究は，リヴォルノについては存在しない。われわれは，1713年に「浮浪者や怠惰で恥ずべき悪人」を統制するために，共同体の指導者にさらなる権力が与えられたことを知っている（ASL, *GCM*, 961, no. 10）。しかし，リヴォルノのユダヤ人共同体が「貧しく生活に困窮している」メンバーの移住を組織していたのかどうか，またどのようにしておこなっていたのかという問題については，今後の研究を待たなければならない。

　23）　たとえば，Mangio 1995: 16, 18; Marzagalli 1999: 37; Fettah 2004: 179 を参照。

　24）　Méchoulan 1991: 21. また，Méchoulan 1990 も参照。Daniel Swetschinski（2000）は，商業とコスモポリタニズムの関係という物語に警告的な結末を導入している。彼にとって，アムステルダムのセファルディムは「いやいやながらのコスモポリタンな人々」であり，法的な制約のみならず，社会的な制約や，大部分はユダヤ人の宗教的アイデンティティにより忠実な生活を送りたいという願望によって縛られていたのである。

ルドーについて，新キリスト教徒がユダヤ教信仰を実践することが認められていなかったにもかかわらず，「真のコスモポリタンな商業中心地」として記述している[25]。さらには内陸の住民と比較して，コスモポリタニズムを，あらゆる時代や地域の海港都市に共通する特徴だとする者もいる[26]。こうした性格づけはすべて，商業と開放的で寛容な文化的背景とのあいだの結びつきを想定しており，必ずしも経験的な証明を欠いているというわけではないものの，地域的，歴史的な特性という文脈のなかで検証されるべきであろう。新しい法律が，1世紀前ならば考えられなかったような理由で，リヴォルノや他のヨーロッパ諸都市の住民にセファルディムの存在を受容するよう強制していた。しかしながら，宗教的寛容という政策は，互いに尊敬しあう寛大でコスモポリタンな態度と等置できるわけではない。商業の隆盛という期待が，宗教的マイノリティに便宜を図るための理論的な根拠を政府当局に与え，利益の追求が，ユダヤ人と非ユダヤ人のあいだの取引の機会を増加させたのである。同時に，トスカーナ政府と異端審問所，そしてユダヤ人指導者の誰もが，個々のユダヤ人とキリスト教徒の友情によって，これら2つの集団間の境界線が修復不可能なほど浸食されることはないと確認することを望んでいた。

リヴォルノの場合には，共同体的コスモポリタニズムという用語を用いることがふさわしいと思われる。この表現は，自由主義的-多元主義的な同化モデルに通じた人には，おそらく語義矛盾のように聞こえるだろう。しかし，共同体のアイデンティティを定義づけ，強化している論理を表現するとともに，リヴォルノにおいて最も特権が与えられていない階層にも与えられている階層にも，共通して看取できる見知らぬ者どうしの親密さ（familiarity with strangers）を表現するには，この用語が最適なのである。こうした共同体の論理に合わせて，国家はリヴォルノにおける個々のネイションに対して，国家との関係のうえでそれぞれの位置にふさわしいと考えられる特別な権利と義務を与えた。文化変容は排他的に一方向に作用し，社会的な対立や上昇は主として出身共同体の枠内に制限されていた。その結果は，今日のロンドンやニューヨークと

---

25) Raposo 1989: 133.
26) Pearson 2003: 39.

いうよりもむしろ，オスマン帝国末期のアレクサンドリアに似た，高度に多様ではあるものの高度に分断された社会であった。すなわち，大部分の個人にとって，自らが属するネイションが将来の展望の範囲を規定する社会だったのである[27]。

本章では，このリヴォルノの共同体的コスモポリタニズムの輪郭を示し，それをほかのカトリック諸国やプロテスタント諸国においてユダヤ人-キリスト教徒関係やユダヤ人の自治を統制する規範と比較する。そうすることで，互いに関連した2つの目的を追求しよう。ひとつはリヴォルノのコスモポリタニズムの本質について検討することであり，もうひとつはセファルディム商人にとって統治機構へと発展していくユダヤ人ネイションの役割（すなわち，とりわけ18世紀初頭まで間接的ながらも強力に展開された役割。18世紀初頭には，共同体に関わる事柄についてのセファルディムの優位に対して，ユダヤ人社会のほかの構成要素が挑戦するようになった）について考察することである。本書の行論の過程で，私たちは共同体的コスモポリタニズムが貿易の組織化に対していかに影響を与えたかを目にすることになるだろう。

1　リヴォルノにおけるユダヤ人と他のネイション

1421年，領土拡張政策の一環としてフィレンツェ共和国がジェノヴァからリヴォルノを購入したのは，コジモ・デ・メディチが共和国の事実上の統治者であった時代である。リヴォルノはピサの港湾システムのなかに組み込まれたが，当時ピサはアルノ川による土砂の堆積作用の深刻な影響を被っていた。16世紀半ばには，コジモの子孫〔厳密にはコジモの弟の子孫〕で同名のコジモ・デ・メディチ（コジモ1世，位1537-74

---

27)　共同体的コスモポリタニズムについての私の理解は，オスマン帝国時代後期のアレクサンドリアに関するRobert Ilbertの研究に多くを負っている。そこでは，諸集団のあいだでの厳格な区分とヒエラルヒーをともないながら，職業的なエリートのなかで不安定でコスモポリタンな文化が共存していたことが強調されている。Ilbert 1992, 1996, 2: 733, 2002を参照。

年）がトスカーナの世襲的な君主であったが，リヴォルノが漁村から地中海における遠隔地商業の中心地へと変貌する基礎を築いたのは，このコジモ1世であった。その事業は，港湾の軍事的な防衛計画から開始された。1545年，新しい都市条例が制定され，それによってリヴォルノには国内のどの都市よりも大きな財政上の特権と司法・行政に関する自治権が与えられた。1571年，地中海やヨーロッパ中の商人や船舶を引き寄せるために，コジモ1世は新たな港の建設に着手した。3年後，リヴォルノとアルノ川を結ぶ運河が完成し，これによってピサを経由してフィレンツェまで直結した。波止場や造船所，倉庫，検疫所が完成すると，フランチェスコ1世はメディチ家の信頼の厚い建築家ベルナルド・ブオンタレンティに命じて，居住地区を計画させた。このプロジェクトによって，リヴォルノの特徴的な形態ができあがった。五芒星の形をした外周が直行する街路を取り囲み，その街路に沿って個人の住居や公共建築物が対称的に建ち並んでいたのである（図3.1参照）。1606年，以前は目立たなかったこのトスカーナの町は，盛大なファンファーレとともに，支配者たちによって「都市」の名を与えられた。支配者たちは，リヴォルノの美観と機能性のうちに自らの栄光が映し出されているのを目にしたのである[28]。

　リヴォルノは，ルネサンス建築の合理的な諸原則にしたがってゼロから建設された「新しい都市」であった。また，社会実験が意図されていたという点においても，新しい都市であった。外国人や商人を含めて，社会的，経済的にふさわしい集団をリヴォルノに居住させることは，都市や軍事，港湾のインフラストラクチャーを建設するというメディチ家の計画にとって決定的に重要であったが，同時にそれは長い時間を要する困難な仕事であった。しかし，1550年代と1560年代にフィレンツェが地中海世界のさまざまな商人共同体に交付した特権は，かぎられた効果しか生み出さなかった。そのため1572年には，リヴォルノに居住していた45家族の外国人が，すべての税を免除されている[29]。また1577

　28）　リヴォルノの都市史については，Matteoni 1985; Frattarelli Fischer 1989, 2006a を参照。1500年から1800年のトスカーナ大公国の歴史については，Diaz 1976; Cochrane 1973; Diaz, Mascilli Migliorini, and Mangio 1997 を参照。
　29）　Frattarelli Fischer 2006a: 281.

第3章 新しい都市,新しい社会?

図3.1　18世紀なかばのリヴォルノの地図
1. 大聖堂
2. マドンナ聖堂
3. サンタ・カテリーナ聖堂
4. シナゴーグ
5. アルメニア使徒教会サン・グレゴリオ・イルミナトーレ聖堂
6. ギリシア統一教会（サンティッシマ・アンヌンツィアータ聖堂）
7. ギリシア正教会（サンティッシマ・トリニタ聖堂）
8. バーニョ（ムスリム奴隷の収容所）
9. フェルディナンド1世と4人のムーア人のモニュメント
10a.-10b. フェルディナンダ通り（メインストリート）
11a.-11b. レアーレ通り
12a.-12b. マドンナ通り

典拠）ASF, *Segreteria di gabinetto*, 696, fols. 24-25.
図版提供）イタリア文化財・文化活動省

年には，かつてあるフィレンツェ人商社のアジアでの代理人であったフィリッポ・サッセッティが，ヴェネツィアの地位を侵食してリヴォルノをヨーロッパにおける東地中海商品の集散地とし，新大陸の植民地産品の集散地となっているアムステルダムのようにするために，(きわめて低率の関税を含む) 好条件を提示して「レヴァントの商人」(たいていは「トルコ人とユダヤ人」) をリヴォルノに誘致するよう提案した[30]。1601年までに，リヴォルノには 3,710 人の住民が居住していたが，そのうち 23 人が商人や仲買人で，100 人以上がユダヤ人であり，また住民の大半が男性——兵士，ムスリムの奴隷，季節労働者——であった[31]。

1590 年代に制定されたリヴォルノ憲章は，外国人や交易に従事するディアスポラの定住を加速したが，同時にメディチ家の目的をも明らかにした。1593 年の憲章は，「あらゆるネイションの商人たち，すなわちレヴァント人や西方人，スペイン人およびポルトガル人，ギリシア人，ドイツ人やイタリア人，ユダヤ人，トルコ人やムーア人，アルメニア人，ペルシア人や他の人々」に対して公布された[32]。しかしながら，ユダヤ人の代表によってなされた要求にしたがって 1591 年の憲章を改定したこの法文の用語や規定をみると，なによりもイベリアの新キリスト教徒と，ヨーロッパやレヴァントにおいてすでにユダヤ教信仰を奉じていた，かつての新キリスト教徒に訴えかけることを目的としていたことは明らかである。この新しい憲章は，2 世紀以上にわたって，リヴォルノにおけるユダヤ人ネイションの社会的，経済的，行政的な組織のありかたと，キリスト教徒とユダヤ人の関係の輪郭を形成することとなった。リヴォルノ憲章は，1737 年まで歴代のメディチ家の君主によって更新され，トスカーナの摂政たちによっても，また大公国がハプスブルク＝ロートリンゲン家の直接支配下に入った 1756 年にも裁可された。1808 年には，ユダヤ人ネイションに代わって，ナポレオンがフランスで創設したものをモデルとしてユダヤ評議会を設立させたものの，リ

---

30) Sassetti 1853.
31) Fasano Guarini 1978: 62.
32) "A tutti voi mercanti di qualsivoglia natione, levantini e ponentini, spagnioli e portoghesi, greci, todeschi e italiani, hebrei, turchi e mori, armeni, persiani e altri, saluto"(1593 年のリヴォルノ憲章前文)。

ヴォルノ憲章が廃止されたのは,ようやく 1836 年のことであった[33]。

ローマ法は,近世の大陸ヨーロッパにおいてあらゆる法体系の基礎をなしていたが,それによれば,ユダヤ人は奴隷や従属地域の二級市民ではなく,市民として認識されるべきであった。この原則をもとに,中世や近世のイタリアでは,ユダヤ人は(政治的な特権を除いて)多くの市民的な特権を享受していた。しかし,教会法や支配者によって制定された差別的な立法は,ローマ法の一般原則を覆した[34]。リヴォルノ憲章は,地元のユダヤ人に与えられる市民権や財産権の限界を明確にしたが,カトリックのヨーロッパではどこにおいても認められていなかった特権もあった。たとえばリヴォルノでは,ユダヤ人は最初から,1215 年の第四ラテラーノ公会議で規定された身分標識をつける必要はなかったのである。

リヴォルノのユダヤ人が享受していた司法上の自治は,ローマやヴェネツィアのユダヤ人をはるかにしのぐ水準にあった。ローマやヴェネツィアでは,ラビと世俗の指導者が,内部の規律にかかわる条例や任意の調停を通じてゲットーの住民の治安を維持していたが,都市政府に代わる役割を担う権利は,けっして有してはいなかった[35]。それに対して,1593 年のリヴォルノ憲章は,信徒団理事(マッサリ)(parnassim や senhores do mahamad,あるいは *memunim* に相当するイタリア語)の制度を導入していた。毎年,5 人の信徒団理事が選出され,共同体のあらゆる事柄を監督するばかりでなく,すべての民事裁判と下級の刑事裁判におけるユダヤ人どうしの法廷闘争を処理する責任を負っていた[36]。彼らは,ラビの助言を受けるかどうかにかかわらず,ユダヤ法(*halakhah*)に基づいて判決を下し,商人の法の慣習的な諸原則やフィレンツェの商業裁判所の法令を自らの判断に組み込むこともできた[37]。リヴォルノでは,ユダ

---

[33] 1737 年 7 月にリヴォルノ憲章の更新を命じた法令は,ASF, *MP*, 2525 に収められている。リヴォルノ憲章の廃止については,Fubini 1998: 25–39 を参照。

[34] Colorni 1945: 306–20.

[35] ローマについては,Stow 2001: 99–126 を参照。ヴェネツィアについては,Malkiel 1991: 37–47 を参照。

[36] 1593 年のリヴォルノ憲章,第 25, 33 条。信徒団理事によって宣告された刑事裁判の判決は,警察長官(*bargello*)によって執行された。ASF, *MP*, 2489 も参照。

[37] Milano 1967; A. S. Toaff 1965: 276; R. Toaff 1968, 1990: 205–35; Orfali 1992: 211–12.

ヤ人どうしのいかなる裁判も，まず信徒団理事の判決を受けなければ
ならず，そのために法の執行における共同体的な論理が強化されたの
である。ユダヤ人の裁判官によって下された判決については，リヴォ
ルノ総督の法廷に上訴することができたが，この法廷は法律の専門家
（*auditore*）によって主導され，キリスト教徒とユダヤ人のあいだのあら
ゆる訴訟の場としても機能した。

　1614年以降，信徒団理事はまさに例外的な権限を与えられた。それ
は，共同体への新たな成員の加入について審査するとき（その手続きは
投票（バロッタツィオーネ）と呼ばれた），信徒団理事は新参者にトスカーナ市民，すなわち
大公国の臣民としての身分を与えることができるというものである[38]。
ユダヤ人ネイションの成員は，外国人としてではなく，このトスカー
ナ市民としての資格で，都市行政官や上訴裁判所に出頭した。彼らはま
た，大公国の臣民として，大公国やその同盟国から外交上の保護や領事
による保護を享受した——これは，とりわけオスマン帝国との商業行為
に際して有用な特権であった。こうした特権を認めるかわりに，メディ
チ家はユダヤ人ネイションの成員資格の条件として，リヴォルノに永住
することを課した。そのため，数か月間にわたってリヴォルノを離れよ
うとする者は，あらかじめ許可を得なければならなかった。とはいえ，
リヴォルノのユダヤ人ネイションに属する全家長に対して，あらゆる直
接税の支払いが免除されていることは，富裕な商人にとって，この居
住条件にしたがうのに十分な動機となっていた[39]。トスカーナ当局はま
た，新しい成員を選別する権限をユダヤ人の指導者に与えることで，望
ましい水準以下だと思われる家族を受け入れた場合に生じる結果につい
て，彼らに責任を負わせようとした。そうした圧力が感じられたのが，
1718年の事例である。このとき信徒団理事は，80人の「海外のユダヤ
人であり，〔リヴォルノのユダヤ人〕ネイションの敵」を，おそらく彼
らが貧しいという理由で閉め出したのである[40]。

---

　38)　1593年のリヴォルノ憲章，第31条．*ballottazione* という用語は，新たな成員を選
　　ぶプロセスとしての「投票（ballot）」に由来している。
　39)　1593年のリヴォルノ憲章，第5条；R. Toaff, 1990: 408-9; Filippini 1983: 210-12,
　　1998, 3: 83-85。
　40)　Frattarelli Fischer 1991: 39．

リヴォルノのユダヤ人は他の特権も享受しており，それはトスカーナの他の地域のユダヤ人や，イタリアやヨーロッパのユダヤ人の大部分と異なる点であった。重要な国際的コネクションを有する商人を引き寄せることを狙って，リヴォルノ憲章はユダヤ人に古着の小売り以外のあらゆる経済活動をおこなうことを許可していた[41]。この規定は，ユダヤ人には古着の販売と質屋としての金融業しか認めていなかったイタリア諸都市の中世的な伝統を打ち破るものであった。ヴェネツィアでは，セファルディム系ユダヤ人はすべてのギルドから排除されていたため，輸出入品の卸売りと金融業に特化していたが，リヴォルノでは手工業ギルドは組織されず，ユダヤ人は地元の小売業や製造業において活発な活動を展開することができた[42]。当初から，彼らは絹織物業やサンゴの加工業を営み，タバコや他の作物の栽培を通じて，郊外にも投資を拡大していた[43]。リヴォルノ憲章は，ユダヤ人ネイションに加わっている者，とりわけ商人にとって魅力的な特権を含んでおり，そのなかにはトスカーナ以外の地域で過去に蓄積されたすべての負債の帳消しや，商業活動にかかわる個人の帳簿および契約の法的有効性の保証などがあった[44]。

　リヴォルノに暮らすセファルディムの家系内の自律的な決定権が最大限に尊重されていることがよく理解できるのは，おそらく13歳以下のユダヤ人の子供に対する強制的な洗礼の禁止であろう[45]。こうした洗礼はどこにおいても珍しいものではなく，カトリックの修道会による熱狂的な改宗運動や，ユダヤ人の家庭で働いていたカトリック信者の使用人や乳母の個人的なイニシアティヴによっておこなわれていた。ローマからの圧力に抗することを誇っていたヴェネツィア政府でさえ，ユダヤ人の子供に対する洗礼についての理論や実践には，表だって抵抗することはなかったのである。メディチ家は，新たにカトリックに改宗した者へ

　41）　1593年のリヴォルノ憲章，第31条。
　42）　1593年のリヴォルノ憲章，第29条。
　43）　Frattarelli Fischer 1997a.
　44）　1593年のリヴォルノ憲章，第6, 16, 24, 28, 39条。
　45）　1593年のリヴォルノ憲章，第21条。この条項は，教会法を覆すものであった。教会法では，洗礼への同意年齢を6歳に設定していたのである。洗礼は，カトリックの秘蹟のなかで，唯一俗人によっておこなうことが可能であり，ユダヤ人の子どもに対してキリスト教徒（とりわけキリスト教徒の家事使用人）が同意なく洗礼を施すことは，珍しくなかった。

1　リヴォルノにおけるユダヤ人と他のネイション　　　　131

の指導に特化した施設（Casa dei Catecumeni）をフィレンツェに創設したものの，ピサとリヴォルノにはけっして開こうとはしなかった[46]。同時にメディチ家は，とりわけ順応主義的なコジモ3世の統治下で，ユダヤ人や「ルター派」（改革派の教会やセクトのもとにあるほとんどのキリスト教徒に対して，ローマ教会が貼った集合的なレッテル），ムスリムの奴隷の改宗を進める数多くの修道会を積極的に支持していた。イタリアのあらゆる都市と同様に，リヴォルノでも公共空間や都市の祝祭はカトリックの儀式に満ち溢れていた。ユダヤ教からカトリックへの改宗は，公的に祝われていた[47]。

　リヴォルノのユダヤ人は，イタリアでは唯一ゲットーに囲い込まれず，不動産の所有権も否定されていなかった。しかしながら，社会的諸集団や政府の介入によって，事実上都市の中心部に地域区分（ゾーニング）が設定され，ユダヤ人がキリスト教徒と同じ建物に居住することを禁止する試みがなされた。中心部にシナゴーグを擁し，ユダヤ人が支配的であった区域は，大聖堂の背後に位置し，都市の中心的な広場やメインストリートであるフェルディナンダ通り（のちのグランデ通り）からは離れていた。このフェルディナンダ通りは，造船所とピサや後背地へ伸びる道を結び，宗教行列や他の公的なイヴェントの舞台となっていた街路である（図3.1および図3.2参照）[48]。しかし，裕福なユダヤ人は，都市内の最も名のある地区に邸宅や建物の一部を購入していた。1625年の法令は，ユダヤ人と非ユダヤ人が同じ建物に居住している場合には，別の階段を使うよう求めていたが，それはそうしたルールが実現可能だというよりも，ユダヤ人と非ユダヤ人のあいだで物理的な空間を区分したいという当局の願望を反映していたにすぎなかった[49]。また，ユダヤ人のなか

46）　Frattarelli Fischer 2006b, 2006c, 2006e: 463-75.
47）　Frattarelli Fischer 2006b: 141-49.
48）　1593年のリヴォルノ憲章第29条は，当地にはゲットーを置かないことを規定している。リヴォルノ総督による1765年の書簡には，ユダヤ人の居住用に指定された街路の一覧が挙げられている（ASL, *GCM*, 961, no.32）。リヴォルノのユダヤ人の居住パターンについては，R. Toaff 1990: 131-40; Conforto and Frattarelli Fischer 1982; Frattarelli Fischer 1983, 1984, 2003a: 254n5を参照。他のイタリア諸都市においては，ユダヤ人は長期貸与（*jus hazakak*と呼ばれた）に基づいて不動産を所有することができたが，この制度については，Colorni 1956: 60-63を参照。
49）　R. Toaff 1991: 18-19. ユダヤ人の指導層もまた，住居の配置に関して，しだいにユ

図 3.2 リヴォルノの旧シナゴーグ（1920 年頃）
写真提供）フィレンツェ，アリナーリ文書館

にはキリスト教徒や自由身分のムスリムに不動産を賃貸している者もいた。ユダヤ人ネイションはムスリムの奴隷に賃貸しすることは禁じているものの，自由人についてはそうではなかったことから，1726 年にラファエル・エルガスは，シナゴーグの近くに自らが所有する建物を「トルコ商人」に貸す許可を君主に求めている[50]。

地中海世界におけるリヴォルノの商業上の位置づけが上昇すると，異端に対する寛容の精神が広く認識されていたこととあいまって，外国人商人が引き寄せられてくるようになった。1579 年から 1597 年のあいだに，フランス，フランドル，イギリス，ジェノヴァの領事が業務を開始

ダヤ人とキリスト教徒のあいだの境界線を維持することに関心を示すようになった（R. Toaff 1990: 582）。

50) ASF, *MP*, 2511, fols. 84v–85v. *Encyclopædia Britannica*（1778–83, 6: 4176）に記載されているように，「奴隷ではないトルコ人は，特定の地区に住んでおり，それはユダヤ人居住区の近くであった。」

1 リヴォルノにおけるユダヤ人と他のネイション

し、さらにオランダ、ポルトガル、スウェーデンの領事も加わった[51]。リヴォルノにおける外国人の国籍の構成は、時代とともに変化した。18世紀前半には、イギリス人が最も裕福であり、フランス人とオランダ人がそれに続いたが、アルメニア人やラグーザ人、ギリシア人は後れを取っていた。公認されたネイションは、それぞれ領事が統括していたが、各領事に与えられていた司法上の自治権は、そうした特権が引き起こす外交上の対立を懸念して、ユダヤ人共同体の信徒団理事と同じ水準だというわけではなかった。ユダヤ人だけが「臣民のネイション」すなわち大公国の臣民によって構成されるネイションを形成し、他の商人共同体は単なる「外国人のネイション」にすぎなかったのである[52]。アンシャン・レジームのヨーロッパにおけるあらゆる法と同様に、リヴォルノ憲章は普遍的な性格を持っていたわけではなく、ユダヤ人に特化した権利と義務を規定していた[53]。他の外国人は、自分たちのステイタスを増大させるためにこれらの特権を求めたが、リヴォルノ憲章がリヴォルノの多くのネイションとの交渉に適用されるかどうかが決まるのは、君主しだいであった[54]。

　これらのネイションのなかには、人口規模の点でユダヤ人と肩を並べるものはなく、また男女や子供、富者と貧者、学者や職人や商人といった構成員の多様性の点でも、ユダヤ人に匹敵するようなネイションはなかった。ほとんどの外国人は若い男性で、海外に本社を置く商社の代理人であった。彼らのなかには、地元の女性と結婚してリヴォルノに根を下ろしている者もおり、とりわけ18世紀にはそうであった。「フランドル人」(低地諸国出身者で、ときにはハンブルクやハンザ諸港出身者も含み、カトリック信者、ルター派、カルヴァン派の商人を指す流動的な用語)は、1620年代と1630年代には多かったが、その後はしだいに数を減ら

---

51) 第一に、領事の代表権は継続的なものではなかった。1625年にフランス領事が死亡したとき、そのポストは2年間空席で、副領事が代理を務めていた。また1640年から1650年には、リヴォルノにはフランス領事は駐在していなかった (Reynaud 1947: 103)。17世紀リヴォルノに駐在したイギリス領事については、Villani 2004bを参照。
52) Dubin 2006: 53-55.「臣民のネイション」という表現は、少なくとも1774年までみられる。
53) この点については、Luzzati 1986も強調している。
54) これらの事例は、Filippini 1976: 236; Frattarelli Fischer 2006e: 451に見出される。

していった――1666 年と 1710 年には約 20 人のフランドル人がいたが，それ以後はわずか 10 人あまりであった。それとは対照的に，イギリス商人は 17 世紀なかばから 1752 年のあいだに倍増し，1752 年には 21 人のイギリス商人がリヴォルノのイギリス商館（イギリス王権に服するカトリック信者は排除されていた）の会員であった。カルヴァン派のフランス人とスイス人の多くもイギリス商館の会員資格を持っていたが，多数の職人や小商人がつくるフランス人ネイションに加わった大商人はわずかであった。1650 年から 1720 年には，フランス商人の数は 15 人から 25 人のあいだで上下していたが，1783 年には 7 人に減少していた。リヴォルノにはさらに多くの外国人商人が住んでいたが，彼らは領事の権威には緩やかにしか結びついていなかったため，一次史料にはほとんど記録されなかった[55]。アルメニア人は，16 世紀なかばからトスカーナに現れるようになった。彼らはゆるやかに増加し，そのピークを迎えた 17 世紀なかばには，リヴォルノには少なくとも 47 人のアルメニア商人がいた。しかし 1763 年には，アルメニア人の家長はわずか 14 人しかいなかった[56]。そのころまでに，数の上ではギリシア人がアルメニア人を凌駕するようになっていたものの，彼らは総じてつつましい資産しか持っていなかった。1789 年，ある旅行者は，アルメニア人とギリシア人はほかの外国人商人と比べて裕福ではなく，彼らは地元の小売業に従事しており，アルメニア人は水夫の制服を縫っていると記録している[57]。結局のところ，外国人はリヴォルノにいたものの，彼らの数はユダヤ人住民の数やアムステルダムのような都市の外国人の数と比べれば，かすんでしまうような規模にすぎなかったのである。

地方当局も中央政府も，信教の自由についてはきわめて慎重に統制しようとした。リヴォルノ憲章は，ユダヤ人にシナゴーグを保有する権

---

55) リヴォルノにおける外国人商人の数については，ASF, *Consiglio di Reggenza*, 652, no. 213 (1752); Castignoli 2001: 101-4; Mangio 1980a; Filippini 1976: 240-41, 1988: 581-94, 1998, 2: 418-19; Engels 1997: 129-35 を参照。

56) Castignoli 2001: 117; Frattarelli Fischer 1998b: 23, 26-30, 35. 17 世紀初頭のリヴォルノには 120 人のアルメニア人が住んでおり，18 世紀には 100-200 人であったという主張は，誇張されているように思われる。Zekiyan 1978: 914; Herzig 2004: 156 を参照。また，1669 年に教皇使節が福音宣教省に送った書簡では，リヴォルノには 300 人のアルメニア商人が居住していると述べているが，これも信用できない（Aslanian 2007b: 160-61）。

57) Gorani 1986: 108.

利を認めていた。最初のシナゴーグは，1595年にフェルディナンダ通り114番地に完成したが，まもなく中心地からより離れたところに移転させられた[58]。しかしリヴォルノ憲章は，普遍的な原則として信仰の自由を認めたわけではない。プロテスタンティズムの脅威は，イタリア半島のほかの領域と同じく，リヴォルノにおいても教会権力や世俗権力を悩ませ続けた。1618年と1621年には，総督の就任に際して，アルプス以北の地域からリヴォルノに浸透してくるかもしれない，きわめて有害な思想に警戒するよう訓示がおこなわれている[59]。とはいえ，外国人商人を惹きつけ続けようと望むかぎり，メディチ家は「異端」との戦いを遂行することはできなかった。非カトリック信者が，主要な広場につながった街路（マドンナ通り）にある2つの教会に集まっていることは，公然の秘密であった。ギリシアの東方帰一教会式の典礼を奉じる教会（サンティッシマ・アンヌンツィアータ教会）が1606年に完成し，そこにはギリシアの分離主義者であるメルキト教徒も参集していた。イギリス人，オランダ人，フランス人，ポルトガルの新キリスト教徒，そして怪しげなカトリック信者のアルメニア人によって構成される，信じられないほど雑多な集団が，カトリックの修道会によって運営されているマドンナ教会において，複数の言語で信仰を告白し，自分たちの守護聖人に祭壇を捧げていた[60]。

　イギリスの政治的，商業的な勢力が増大すると，イギリス王権はリヴォルノにおいてイギリス臣民が公に信仰を実践できる権利を要求した。その結果，1695年に国教徒は墓地を獲得し，その後1707年には，ピサ大司教が一貫して反対していたにもかかわらず，イギリス商館内で国教会の聖職者が司祭することが認められている[61]。これは大きな譲歩であった。1786年，あるイギリス人は，リヴォルノは「プロテスタントの信仰が公に認められているイタリアで唯一の都市」であると主張している[62]。いっぽう，アルメニア人の使徒教会であるサン・グレゴリ

---

58) R. Toaff 1990: 116, 132–33; Luzzati 1995: 11–12, 48.
59) Castignoli 2001: 79.
60) Villani 2004a; Frattarelli Fischer 2006a: 303, 305.
61) Castignoli 2001: 80, 97; Villani 1999: 39.
62) Beckford 1786: 152. ほかにも，より慎重に，あらゆるプロテスタントのなかで，国教徒だけが信仰を許されていると記述している者もいる（Büsching 1762, 3: 128, 1778: 121;

図3.3 リヴォルノのアルメニア教会サン・グレゴリオ・イルミナトーレ聖堂
写真）著者撮影

オ・イルミナトーレ教会は，1714年に落成しているが，それ以前に教皇は，ローマの典礼に則ること，またけっしてアルメニア大司教の名前を挙げないことを条件に，アルメニア語でミサを挙げることを認めている（図3.3参照）[63]。都市のより周縁部にあるサンタ・カテリーナ教会では，シリアのマロン派によって保持されていた礼拝堂があり，アラビア語で祈りが捧げられていた[64]。また，1737年にロートリンゲン家が統治するようになってから，初めてギリシア正教の典礼を執りおこなうことが可能となった。しかしながら1757年になっても，当局はまだギリシ

Seally 1787, 2: s.v. "Leghorn"；Payne 1791, 2: 372)。リヴォルノにおけるプロテスタンティズムについては，Santini 1982; Villani 2003 を参照。

63) Frattarelli Fischer 1999: 300, 2006d: 32-41. 415年，アルメニア教会はカルケドン公会議の権威を受け入れなかった。このことは，アルメニア首座主教区が分離して，自立的に発展する道を確固たるものとした。教皇庁との和解に向けた最初のステップは，1439年のフィレンツェ公会議においてもたらされたが，アルメニア教会は独立を主張し，ローマを大いに落胆させた。17世紀初頭には，カプチン会や他の修道会士の布教活動の結果として，アルメニア人のなかにはわずかながら改宗する者もいた。リヴォルノのサン・グレゴリオ・イルミナトーレ教会は，1944年の空襲で甚大な被害を被り，今日ではファサードが残っているだけである。

64) Bellatti Ceccoli 2008.

ア正教徒が集まる場所（サンティッシマ・トリニタ教会）について，そのファサードにはいかなる宗教的な表象も飾ってはならないと主張している[65]。

　キリスト教ヨーロッパ世界では，宗教的な寛容がムスリムにまで広げられたところはどこにもない。しかしながら，リヴォルノとマルセイユでは，数多くのムスリムの奴隷がいたために，少なくとも彼らに埋葬場所を与える必要があった[66]。トスカーナ政府は，数千人のムスリムの奴隷が収容されていた建物（Bagno）の内部に3つのモスクが存在することを許容していた。これは，北アフリカにおいてキリスト教徒の捕虜が収容されていた場所を模倣した，近世ヨーロッパでもユニークな建物である[67]。これらのモスクの存在は秘密にされていたと考えられるものの，きわめて特異なものであるために，著述家の注意を引くこともあった。ビュッシングは，「マホメット教は……リヴォルノでは……容認されている」と記述している[68]。『ブリタニカ百科事典』第2版は，リヴォルノにおいてはすべての改革派の教会が見境なく受け入れられているという誤った記事を訂正しているが，以下のように，このカトリックの都市において認められている信仰の列にムスリムも加えている。「ローマ・カトリック信者，ユダヤ人，ギリシア人，アルメニア人，マホメット教徒，そしてイギリス商館の人々でさえ，公に心ゆくまで自分たちの信仰を実践することができる。しかし，他のプロテスタントは私的におこなうことで満足しなければならない。」[69]

　今日では，かつて信じられていた以上に，多くのムスリム商人がヨー

---

65) Panessa 1991: 33-56; Castignoli 2001: 81, 109-14. この建物は現存していない。

66) 18世紀最後の四半世紀に，マルセイユのムスリムに対して，墓地のために割り当てられた空間については，CCM, *AA1801*, G.6を参照。Tékéian（1929:35）は，17世紀のマルセイユにはモスクがあり，18世紀初頭に破壊されたと記している。

67) モスクは，Frattarelli Fischer 2000b: 88において再現された17世紀後半のBagnoの見取り図に登場している。この建物は1750年に取り壊されたが，リヴォルノには依然として1つかそれ以上のモスクがあったと言及している旅行記もある（Büsching 1762, 3: 128; Payne 1791, 2: 372）。ある人物は，それらのモスクは小さく，「5-6個のダチョウの卵で飾られていた」と記している（Misson 1739, 1: 552）。イスラームとキリスト教における宗教的な象徴としてのダチョウの卵については，N. Green 2006を参照。この文献については，親切にもSarah A. Stein が私に教えてくれた。

68) Büsching 1778: 122.

69) *Encyclopædia Britannica* 1778-83, 6: 4176.

ロッパの港町を訪れていたことが知られている[70]。そのひとりであったアリ・ベン・ラマダンは，1749年にリヴォルノに滞在した。彼は「アルジェ出身のトルコ商人」で「完璧なまでにイタリア語が流暢であった」と言われている[71]。その10年前，ラマダン・ファテットという名前の「ダルマチア出身のトルコ系ムーア人」が，自分の代理でイギリス人船長に対する訴訟をおこなうために，リヴォルノ在住のイギリス商人に委任権を与えている[72]。1747年にイサク・ナタフとトリポリのムスリムがリヴォルノまで航海するチャーター船の費用を分かち合ったように，北アフリカの商人と交易しているユダヤ人は，短期間のパートナーシップを含めて，ムスリム商人とのあいだにさまざまな可能性をはらんだ関係を結んでいたと思われる[73]。

　ここでもう一度，毎日のビジネス上の協力関係がいかに根深い偏見と共存していたのか，また日常的な相互作用がどの程度まで上から課された寛容政策をなし崩しにすることができたのかという点について考えなければならない。キリスト教徒とユダヤ人，そしてムスリム商人は，しばしばリヴォルノの中心街の広場や街路を並んで歩いたが，そこではオスマン帝国に対する軍事行動の勝利を描いたフレスコ画が，多くの建物のファサードを飾っていた。1748年にトスカーナ政府がマグレブのイスラム諸勢力と平和条約を結んだ後，ロートリンゲン家の摂政会議はそうしたフレスコ画を撤去するよう命じている[74]。しかしながら，フレスコ画を発注した君主であるフェルディナンド1世（位1587-1609年）の大理石の像は，足元に等身大よりも大きな4人のムスリムの黒人奴隷のブロンズ像を鎖でつないだまま，今日まで港のそばで立ち続けている（図3.4参照）。宗教的なマイノリティに対するリヴォルノの寛容さを称

　　70）　Kafadar 1986; Dursteler 2006: 158-73. リヴォルノについては，1650年代に「トルコ商人」に対して個別に発行された，現存の安全通行証を参照（ASF, *MP*, 2312, また Frattarelli Fischer 2003b: 101 にも引用されている）。

　　71）　ASF, *NMP*, Giovanni Battista Gamerra, 25272, fol. 27r-v, no. 51.

　　72）　ASF, *NMP*, Giovanni Giuseppe Giuliani, 23411, fol. 64r.

　　73）　ASF, *NMP*, Giovanni Battista Gamerra, 25270, fols. 141r-142r, no. 273. 1750年，アルジェ出身の別のムスリム商人がリヴォルノにいたが，そこで彼は，不在のあいだに自分の事業を監督するようヨセフおよびラファエル・ガバイ・ヴィッラレアーレに委託している（ASF, *NMP*, Giovanni Battista Gamerra, 25273, fols. 47v-48r, no. 62）。

　　74）　Frattarelli Fischer 2006a: 296.

1 リヴォルノにおけるユダヤ人と他のネイション

図3.4 フェルディナンド1世と4人のムーア人のモニュメント
(1595-1626年にリヴォルノに建設)
写真提供) フィレンツェ，アリナーリ文書館

賛する記述で，このモニュメントに言及しないものはないとすれば，私たちの目にはこうした矛盾が同時代の人々よりもいっそう明白に映るにちがいない[75]。

2　セファルディム貴族 ── 統合された生活と分離された生活

　宗教集団を分離することは，リヴォルノのユダヤ人のなかでの重大な文化変容を妨げるものではなかった。アムステルダムのセファルディム文化について分析したヨセフ・カプランは，オランダの礼儀作法や上品な美的感覚に適合したユダヤ文化である「良きユダヤ文化（*bom Judesmo*）」について述べている[76]。リヴォルノでもまた，スペインの下級貴族の文化とラビ的なユダヤ教，そして商人的な価値観が融合した，きわめて独創的で一見矛盾した文化が現れていた。近世ヨーロッパではどこでも，ユダヤ教信仰を捨てなければ，ユダヤ人が正式に貴族階級に加わることはできなかった。さらに，キリスト教徒の（とりわけ南ヨーロッパの）貴族が，土地所有ではなく動産によって財産を築いた者を見下していた時代に，セファルディムのエリート層は商業や金融業に深く関与していた。にもかかわらず，ここでリヴォルノにおける「セファルディム貴族」層について語るのは，ハンブルクやボルドー，アムステルダム，ロンドンと同様に，西欧のセファルディム社会の上層において，文化的，社会経済的な特徴が形成されていたからである。セファルディム商人は，キリスト教徒の上流階級の外面的な指標を身につけ，他のユダヤ人に対する優越意識を表現し，強化するためにそれを用いた。選択的な文化変容は，セファルディム商人がキリスト教徒の商人社会に同化することを容易にしたが，それはなによりもまず自分たちのネイションの内部での象徴をめぐる闘争を引き起こしたのである。

---

　75)　Addison 1705: 393; Salmon 1729, 9: 492; Ray 1738, 2: 226; Misson 1739, 1: 552; Stevens［1758?］: 92; Büsching 1762, 3: 129; *Encyclopædia Britannica* 1778-83, 6; Beckford 1786: 152; Seally 1787, 2, s.v. "Leghorn"; Starke 1800, 1: 196. 鎖でつながれた4人のムーア人の像は，ピエトロ・タッカによって考案され，1623年から1626年のあいだにフェルディナンド1世の像に加えられた。

　76)　Y. Kaplan 2002a: 350-53.

2 セファルディム貴族

　西欧のセファルディム社会においてはどこでも，男性はラビによるかみそりの使用禁止を無視して，ひげを剃っていた。彼らはまた，地元のエリート層の服装や消費パターンを取り入れ，贅沢を戒める道徳的な論争にはほとんど関心を示さなかった。リヴォルノでは，1655年に共同体の指導者たちによってユダヤ人ネイションの条令に奢侈禁止条項が加えられたが，アムステルダムで同じ立場にある者たちと同様に，その指導者たち自身がそうした条項を破っていた[77]。セファルディムはイベリア半島との結びつきについて肯定的な印象を持っていたが，ほとんどのユダヤ人にとって，それは背教の烙印にすぎなかった。ディアスポラのなかでは，なかば真実でなかばフィクションであるイベリア貴族の血統について繰り返し語られていた[78]。ヨーロッパや新大陸のセファルディムの古い墓地では，墓石に紋章が彫られた[79]。フランコ家の墓石には，ラテン語の標語（「繁栄は平和とともに sub pace copia」）とともに，ヤシの木が生えた泉の図柄が刻まれている[80]。エルガス家の紋章は，王冠を戴き，後脚で立ち上がったライオンであった（図3.5参照）[81]。紋章の使用は，ミリアム・ボディアンが，アムステルダムのセファルディムに関して「二文化併用生活（"a bicultural life"）」と呼ぶ多くのものの一例である[82]。18世紀ボルドーでは，グラディス家が「貴族のように生活しよう

---

　77) ACEL, *Recapiti*, no. 26; R. Toaff 1990: 565-66, 570, 577, 585. アムステルダムについては，Swetschinski 2000: 220 を参照。ヴェネツィアについては，Malkiel 1991: 220, 342-43 を参照。ユダヤ人の奢侈禁止令は，アルザスやロレーヌのように，ユダヤ人共同体がより大きな敵意にさらされているところでは，一段と厳格に施行されていた（Berkovitz 2004: 33-58）。

　78) E. Samuel 1988-90a; Bodian 1997: 85-89; Boer 2002: 97-98, 109-110n8.

　79) 最初に Cecil Roth（1931: 18, 1930a: 208）が，ヴェネツィアとリヴォルノの旧ユダヤ人墓地の墓石にみられる紋章に注意を促している。残念ながら，ヴェネツィア（A. Luzzatto 2000）とは異なり，リヴォルノの紋章については修復もカタログ化もされていない。ハンブルクとアムステルダムにおける紋章の使用については，Bodian 1997: 89 を参照。すでに C. Roth（1967）は，アシュケナジム系とイタリア系ユダヤ人の家系も，ときおり紋章を使用していることに注目している。

　80) フランコ家は，ロンドンでも同様に紋章を認定されている（Rubens 1949: 92-93）。

　81) エルガス家の紋章は，Aghib Levi d'Ancona 1971: 29, 1989: 182 でも言及されている。Aviva Ben-Ur は，冠は貴族性か忠誠心の象徴と考えられるが，カバラの概念（王家の冠）を暗示しているか，あるいは単に，多くの儀礼用の品とともに，評判の高い人物を示す「よき名前の冠」を意味すると考えることもできると，私に教えてくれた。

　82) Bodian 1994: 66-67, 1997: 90.

142　第 3 章　新しい都市，新しい社会？

図 3.5　ヤコブ・エルガス師の妻サラの墓標（ユダヤ暦 5522 年／西暦 1761 年）
写真）著者撮影

としていた (*vivre noblement*)」。すなわち，ユダヤ教信仰を堅持しつつも，洗練された美意識やエキゾチックな植物のコレクションを展示するために，市街地に邸宅を建て，郊外に地所を購入したのである[83]。

セシル・ロスは，「17世紀のゲットーの上流階級の肖像は，同時代の貴族の肖像とほとんど区別がつかない」とまで結論づけている[84]。リヴォルノには宮廷はなく，土地貴族もいなかったし，ヴェネツィア貴族のような閉鎖的な貴族階級も存在しなかったが，そのため社会的なヒエラルヒーは外見によってかなり曖昧になった。現存するヤコブ・バルク・カルヴァリオの肖像画は，1687年にヴェネツィアでエステル・カビブと結婚した際に作成されたものだが，そのなかで彼は（奇妙に頭からずれている）かつらをかぶり，黒のタイツをはき，金襴のジャケットを羽織って，左手に手袋を，右手には婚約者のための婚約指輪を持った姿で描かれている（図3.6参照）。その衣装とポーズは，まさに地元の貴族のものである[85]。1760年代に，リヴォルノのイサク・メディナは，流行の外套とかつらを身につけ，楽譜をもって，まるでヴィヴァルディの肖像画を思わせるかのような構図で描かれている[86]。さらに豪華なのは，1688年のイングランドへの軍事遠征に際して，オラニエ公ウィレム3世に150万オランダ・ギルダーを貸し付けたフランシスコ・ロペス・スアッソ，別名アブラハム・イスラエル・スアッソや，1780年にゲインズバラに肖像画を描かせたラファエル・フランコのように，アムステルダムやロンドンの上流社会に同化した，裕福な新キリスト教徒とセファルディムの投資家や外交官の肖像画である。その絵のなかでフランコは，ヴェスト，乗馬ズボン，レースの靴下をつけた優雅な身なりで机の前に座り，イギリス貴族と見分けがつかないように描かれている[87]。

---

83)　Menkis 1988: 131–35, 1990: 12.
84)　C. Roth 1930a: 171.
85)　Friedenberg 1988; Mann 1989: 313; Richard Cohen 1998: 29–31; Zell 2002: 15–17. ヤコブのかつらが，髪の毛が少しみえるような位置にあるのは奇妙である。
86)　ペンダントになったイサク・メディナと妻の肖像画は，ユダヤ人共同体の文書館の閲覧室に保存されている。複製と説明については，Mann 1989: 60, 313–14を参照。
87)　ゲインズバラによるフランコの肖像画については，Rubens 1955–59: 24; Waterhouse 1958: 68を参照。同じ外観の別の2人のイギリス系ユダヤ人の肖像画が，E. Samuel（2004: 323）に再現されている。ロペス・スアッソについては，Swetschinski and Schönduve 1988を参照。

144　　　第 3 章　新しい都市，新しい社会？

図 3.6　作者不詳「ヤコブ・バルク・カルヴァリオの肖像」
(ヴェネツィア，1687 年頃)
図版提供) ニューヨーク，ユダヤ博物館／Art Resource, NY

2 セファルディム貴族

　さまざまな場所で得た特権や課せられた制約によって，セファルディムの資産家の消費モデルが形成された。ヴェネツィアでは，ユダヤ人は常に完全な不動産所有権を否定され，狭いゲットーの領域では，個人の住居が身分の高いキリスト教徒の客人を歓待するための豪華な邸宅となる可能性はかぎられていた[88]。1725年になってようやく，ハンブルクやアルトナ，ヴァンツベックのユダヤ人に対する服装規定や，劇場やオペラへの入場に関する制約が緩和されたが，対象となるユダヤ人の多くはセファルディムであった[89]。ボルドーでは，新キリスト教徒は劇場に足を踏み入れることを長いあいだ禁止されていた[90]。緊迫した議論の後，彼らは地元のフリーメイソンの支部からも排除された[91]。支配的な文化や社会規範への同化は，とくにイギリスにおいて急激に進行し，かつ深部にまでおよんだが，そのためにイギリス系ユダヤ人のエリート層においては，他のユダヤ人との絆が弱まっていた[92]。キリスト教徒の行動規範を模倣することはまた，大西洋を超えて人種的な要素をもたらした。アフリカ人奴隷に対するセファルディムの態度が，元来カリブ海のオランダ人奴隷所有者と変わるところがなかったばかりではない。ヨーロッパの長い伝統では，ユダヤ人は二者択一的に黒人か白人として表現されてきたにもかかわらず，同化したセファルディムは，いまやまぎれもなく白人として認識されるようになったのである[93]。

　ヴェネツィアやリヴォルノでは，セファルディムが宮廷ユダヤ人となることはなく，北方のユダヤ人のような社会的ステイタスや金融資本を享受することもなかった。しかしながら，彼らは共同体のなかで傑出した存在であり，リヴォルノではリヴォルノ憲章によって公に認められたあらゆる機会を使って，地域のエリート層がステイタスを獲得するための慣習を身につけようとした。リヴォルノでは，ユダヤ人医師がキリス

---

88) ヴェネツィアのゲットーについては，Concina, Camerino, and Calabi 1991 を参照。
89) Israel 1998: 209.
90) Nahon 2003: 90. しかしながら，アブラハム・グラディスはおおっぴらにユダヤ教を奉じていたにもかかわらず，1750年代までにこの町のグラン・テアトルの大株主になっている（Menkis 1990: 37）。
91) Jacob 2006: 105-6.
92) Endelman 1979: 118-65, 1990: 9-33.
93) Schorsch 2004: 180.

ト教徒の患者を診察する権利についてしばしば議論されていたにもかかわらず、学問やビジネスの道に進まないユダヤ人の若者は医師を目指した[94]。また、キリスト教徒やムスリムの家内使用人は、裕福なユダヤ人世帯にとって欠かすことのできないものであった。ヤコブおよびレア・エルガスは、34年間にわたって家でムスリムの女性使用人を雇用していた[95]。

　ユダヤ人一族のステイタスは、市内の住居の立地においてもある程度示されていた。1626年にアブラハム・エルガスがリヴォルノに到着すると、彼はシナゴーグの近くに住居を借りた。約20年後の1644–45年までには、裕福な商人一族の家長として、アブラハムはフェルディナンダ通りに住んでいた[96]。さらに10年後、彼は同じ通りに大きな新しい家を買い、その家は子孫に継承されたが、彼らはさらに新たな不動産を購入している[97]。エルガス＝シルヴェラ商会の経営者たちは、そこよりも周縁部にあるレアーレ通りに2軒の大きな家の一部を所有していたが、その通りにはバルク・カルヴァリオ家やアッティアス家も居住していた[98]。ユダヤ人は、原則としてリヴォルノの市壁の外部に不動産を所

---

94) ASL, *GCM*, 961, no. 27; Cooperman 1976: 296–98; R. Toaff 1990: 114, 200.

95) ASF, *MP*, 2487（1726年7月29日）, 2488（1726年1月13日）, 2518, fol. 34v. キリスト教徒の使用人や乳母を持つ許可は1620年に撤回されたが、この禁令はほとんど無視されていた（Cooperman 1976: 298–300; R. Toaff 1990: 328–34, 542–43; C. Galasso 2002b）。リヴォルノのユダヤ人家庭にキリスト教徒の使用人がいたことは、いくつかの遺言書のなかに記録されている：ASF, *NMT*, Giovanni Giacomo Mazzanti, 23707, fols. 121r–125v; ASF, *NMT*, Giovanni Battista Gargani, 26286, fols. 7v–8r; ASF, *NMT*, Filippo Filippini, 25175, fols. 85r–89v, 101r–108r, 123r–126v; ASF, *NMT*, Giovanni Lorenzo Meazzoli, 26541, 21v–26v; ASF, *NMT*, Jacopo Filippo Bargioni, 28920, fols. 6v–14r. 1720年、ヨセフ・イェズルムは、共同体の役員団のもとで、甥がその父親のあとを継ぐ権利について争っていた。なぜなら、その甥はムスリムの奴隷（"schiava turca"）から生まれたからである。しかしながら信徒団理事は、その元奴隷がユダヤ教に改宗していたことを探り出した（ASF, *MP*, 2475, fols. 30–31）。

96) R. Toaff 1990: 448.

97) Frattarelli Fischer 1983: 893n28.

98) この情報は、1742年の地震のあと（おそらく1746–47年）に編纂された"Prospetto delle case"に由来する。ASF, *Segreteria di finanze e affari prima del 1788*, 806, nos. 45, 976–77. この文書は、Conforto and Frattarelli Fischer 1982 と Frattarelli Fischer 1983 において分析されている。エルガス＝シルヴェラ商会が不動産を所有していたさらなる証拠は、ASF, *NMP*, Giovanni Battista Gamerra, 25263, fols. 116r–119v, no. 138; ASF, *LCF*, 1935（公証人の不動産譲渡証明書の複写）; ASL, *CGA: Atti civili spezzati*, 2214, no. 155 に見出される。アッティアス家とバルク・カルヴァリオ家の不動産所有については、それぞれ ASF, *NMT*, Jacopo Filippo Bargioni, 28918, fols. 90r–92v および ASF, *NMT*, Niccolò Guidotti, 31386, fols. 12v–14v を参照。

有することは許可されていなかったが，他の外国人ともども例外も認められていた。これらの資産は大きくはなかったが（1780年代はじめには，おそらく4ヘクタールに及ぶものがひとつだけあった），しかしそれらの不動産は莫大な威信をもたらしたのである。1724年，ダヴィデおよびラファエル・エルガスは，リヴォルノの周囲の平地にいくつかの住宅を購入する許可を大公から得た[99]。エルガス家とシルヴェラ家の家長たちはまた，非常に多くの時間を郊外の邸宅で過ごした。ダヴィデ・ゴメス・シルヴェラは，1735年にそこで亡くなっている[100]。

　死亡や破産に際して作成された財産目録は，こうした富裕なセファルディムの邸宅の様子を知る手がかりになる。1684年に事業に失敗したとき，アブラハム・エルガスは見事なほど多彩な宝石，コイン，銀器，錦織やその他の高価な織物，衣服を所有していた[101]。半世紀後，彼の甥にあたるアブラハムおよびダヴィデ・エルガスと，彼らのビジネス・パートナーであるイサク・シルヴェラは，妻や子供たち，使用人とともに，市街地の隣り合ったアパートメントに住んでいたが，そこは絵画（風景を描いたものもあれば，ヘブライ語の銘の入った聖書の物語を描いたものもあった）や大きな鏡で飾られ，ガラスのシャンデリアで明りが灯されており，彼らは黒檀の柱のついたベッドで眠っていた。また，棚にはかつらの入ったケースやヘブライ語のさまざまな書籍（残念ながら書名は特定できない）が収められていた。いっぽう，郊外の住居はこれより

---

99) Filippini 1997: 1059, 1998, 1: 126–27n24; ASF, *MP*, 2510, fol. 60r. フランコ家はすでに郊外に土地付きの家を保有していた（ASF, *NMP*, Giovanni Giuseppe Mazzanti, 23703, fols. 14r–15v, no. 9）。裕福なアルメニア商人のダヴィデ・シェリマンは，リヴォルノに長く住んでおり，1740年代にはリヴォルノ郊外にかなり大きなヴィラを所有していた（Sanacore 1998: 140–41）。

100) 1739年以降，エルガス＝シルヴェラ商会は，ピサのカルミニ会士と教皇大使から，年間約70スペインドルで，家付きの土地一区画を借りていた（ASF, *NMP*, Giovanni Giuseppe Giuliani, 23411, fols. 87v–92r）。1739年から1743年のあいだに何度か，彼らは郊外の住居に関する通信の遅れを責めている。ASF, *LCF*, 1945, 在リスボンのメディチおよびニッコリーニ宛1739年8月3日付書簡；ASF, *LCF*, 1957, 在フィレンツェのモーセ・カッスート宛1743年8月26日付書簡；ASL, *CGA: Atti civili*, 817, no.808を参照。埋葬記録によれば，ダヴィデ・ゴメス・シルヴェラは「ブドウ園で（"na vinha"）」死去した（ACEL, *Registro delle tumulazioni*, 1735年6月19日）。

101) Frattarelli Fischer 1991: 36.

つつましやかであった[102]。また，さらに贅沢な内装の家に住むセファルディムもいた。1743年にソロモン・スレマの財産目録が作られているが，それによると彼は驚くほど多種多様な宝石や銀器，磁器，家具，食器類やグラスやカトラリーのセット，絵画，さらには高価なコインを所有していたのである[103]。

こうした快適な住居には，大家族が集まって暮らしており，そこでは食事規定が順守されていた。特別な機会には，ユダヤ人ではない友人や知人が招かれ，食卓についた。1770年には，ほかならぬリヴォルノ総督が，最も高位の政治権力者や地元の貴族，また数多くの商人たちとともに，ユダヤ人の婚礼に参列している[104]。ラビのヨセフ・アッティアスは，ルドヴィーコ・アントニオ・ムラトーリやジャンバティスタ・ヴィーコ，アントニオ・マリャベッキ（大公の司書）といった立派な学者たちの友人であり，文通相手であったが，その蔵書はユダヤ人とキリスト教徒双方の知識人や来訪者を惹きつけ，同時代のフランスのサロンのミニチュア版のようになっていた[105]。ユダヤ人の男女や子供たちはまた，喜劇の上演（"aas comedias de Goim"）に大挙して出かけたが，それは「スキャンダル」を引き起こし，1665年に信徒団理事が抑制しようとしたものの，うまくいかなかった[106]。半世紀後，エルガス＝シルヴェラ商会の経営者たちは，定期的にオペラや劇場に足を運ぶ人々のなかに加わっていた[107]。1741年4月の最終日曜日，彼らは仕事場を離れ

---

102) 会計事務所とともに都心の住居と郊外の住居が記載された1746年の財産目録は，55ページの長さがある。これらの資産の総額は，14,175スペインドルと見積もられた（ASL, *CGA: Atti civili e spezzati*, 2245, no. 953)。

103) ASF, *NMP*, Roberto Micheli, 27235, fols. 6v–11v, 15v–22r, 34v–35r, 36v.

104) Frattarelli Fischer 1991: 39.

105) 1739年，トスカーナの世俗当局は，フィレンツェの異端審問所に対して，アッティアスの蔵書の検閲を許可しなかった（Morelli Timpanaro 2003: 202, 208）。アッティアスの異端的な書籍のコレクションについては，Bregoli 2007a; Frattarelli Fischer 2008 において検討されている。このヨセフ・アッティアスは，リヴォルノではイタリア名で知られており（ジュゼッペ・アッティアス），アムステルダムのラビであり，印刷業者でもあったヨセフ・アッティアス（1700年没）と混同すべきではない。このアムステルダムのアッティアスの工房には，キリスト教徒の顧客も来ていた。

106) R. Toaff 1990: 314, 579.

107) ASF, *LCF*, 1930（1704年3月3日，1706年3月17日，1711年5月11日）: ASL, *CGA: Atti civili*, 817, no. 808. 1752年，イサク・パルド・ロケスは，リヴォルノの劇場のボックス席を500スペインドルで購入した（ASF, *NMP*, Niccolò Mazzinghi, 27112, fols. 41r–v,

て，家族とともにピサのいわゆる「橋の上のゲーム」に加わったが，それは毎年恒例の貴族的な祝祭であり，奢侈と洗練された趣味が誇示される場であった[108]。

　ユダヤ人指導者とともに政府当局もまた，ユダヤ人とキリスト教徒のあいだのコミュニケーション回路を維持しておきたいという願望と，当然尊重されるべきだと考えられている社会的な境界線の侵犯を制限する必要性とのあいだで板挟みになっていた。コジモ3世は，ユダヤ人と非ユダヤ人のあいだのあらゆる性的な関係の禁止（とくにキリスト教徒の売春婦を買うユダヤ人男性を狙ったもの）を何度も繰り返して命じており，また1677年から1683年には，一連の法を制定することでキリスト教徒とユダヤ人のあらゆる関係を抑えようとした。こうした諸法によって，キリスト教徒の使用人がユダヤ人の家庭で働くことや，ユダヤ人の家族がキリスト教徒の乳母を雇うこと，同じ建物のなかでキリスト教徒とユダヤ人が暮らすことが禁止された[109]。その数年前には，ユダヤ人ネイションもまた，成人式(バル・ミツヴァ)の前夜に多くの人間が集まることを禁止することで，ユダヤ人とキリスト教徒の接触に新たな制約を課した。こうした機会に大勢が集まると，ユダヤ人の儀礼をキリスト教徒が嘲笑する騒ぎに発展することがあったからである[110]。ユダヤ人とキリスト教徒の交際は，特定の社会層に限定された現象であり，とりわけ社会の上層で

---

no. 75)。また，Pera 1888: 204-5; R. Toaff 1990: 696; Frattarelli Fischer 1997b: 36 も参照。

　108) ASF, LCF, 1953, 在フィレンツェのエフライムおよびダヴィデ・カッスート宛1741年4月28日付書簡。この祝祭については，Zampieri 1995-96; Addobbati 2002 を参照。これを歴史的に再現した祭りは，今でもピサでおこなわれており，現在では6月の最終日曜日に開催されている。

　109) Cantini 1800-32, 19: 123-25, 188-90, 320-21. 近世リヴォルノにおける，あらゆる社会層のキリスト教徒とユダヤ人の出会いや，こうした行為の取締りに関する言及については，C. Galasso 2002a: 104-13; Frattarelli Fischer 2003a: 285-87, 290-94, 2005: 59-60 を参照。ほかのイタリア諸都市において，キリスト教徒とユダヤ人のあいだの性的な関係や社会的な交際を禁止するために，キリスト教徒の支配者とユダヤ人共同体の双方が制定した法については，Horowitz 2002: 278-79 を参照。

　110) R. Toaff 1990: 584, 589-91. ヴェネツィアでは，ラビのレオン・モデナが自分の説教を聞きに来たカトリックの司祭と貴族の数を自慢していた（M. R. Cohen 1988: 96, 117, 131）。17世紀のアムステルダムでは，非ユダヤ人の訪問者をシナゴーグに受け入れるための特別な規定がつくられていた。対照的にロンドンでは，1664年以降セファルディムの指導者たちは，異教徒の男女がシナゴーグでの礼拝に参加することを禁止しようとしていた（Y. Kaplan 2002a: 351-53）。

多くおこなわれていたことが知られている。しかしながらこうした点もまた，キリスト教徒の憤激を招くこととなった。1734年夏，モーセ・バルク・カルヴァリオは，毎年ピサ近郊の温泉開きで非ユダヤ人と交際しているとして，リヴォルノのあるキリスト教徒の商人から抗議を受けている[111]。

アムステルダムの裕福なセファルディムであれ，リヴォルノの富裕な商人であれ，あるいはローマの中流のユダヤ人であれ，誰もが同じようなジレンマに直面していた。正統なユダヤ教信仰のために儀式的，社会的な空間を維持しておく必要性と，数限りない機会におこなわれる非ユダヤ人との交際——この二つのあいだで，どのようにバランスを取ればよいのか。ケネス・ストウの言葉を借りれば，16世紀ローマのゲットーにおいて，住民たちは「伝統主義的な文化変容」のプロセスに乗り出していた。それは，自分たちの行動様式をキリスト教徒の隣人たちにも受け入れられるように変えていくいっぽうで，ユダヤ人としての明確なアイデンティティはしっかりと保持するというものである[112]。大部分のセファルディムにとって，カトリックの影響は非常に強力であったが，なかには異端思想に染まる者もいた。とはいえ，オランダの宗派化された土地であれ，あるいはローマの異端審問所の脅威のもとであれ，ポルトガル系とスペイン系のユダヤ人が生き残るためには，宗教的な動揺という懸念は取り除かれる必要があった。セファルディムの商人たちは，ユダヤ人が平和的に受け入れられることによる最初の受益者なのである。

共同体による課税や個人的な支援者のおかげで，ユダヤ人ネイションはすべての子どもに教育を施すことができた。正統ユダヤ教学とキリスト教徒の礼儀作法とを融合させることは，単にユダヤ人の受容を促進するための戦略的なツール以上の意味をもった。これによって，個人としても集団としてもセファルディムの生活が規定されたのである。こうして幼いころから，リヴォルノのユダヤ人の少年たちは数か国語（通常は

---

111) ASF, *MP*, 2502. ほかにトスカーナの温泉を旅したユダヤ人に，サウル・ボンフィルとユダ・ヌネスがいる（ASF, *NMP*, Giovanni Battista Gamerra, 25273, fols. 127v–128r, no. 243, 25276, fol. 181r–v, no. 537）。18世紀には，サン・ジュリアーノとピサの温泉は，エリート層の旅行者を惹きつけていた（Addobbati 1993）。

112) Stow 2001: esp. 92–95.

地元の言葉とスペイン語やポルトガル語）に通じ，実用的な数学を学んだが，ヘブライ語はシナゴーグで祈りを唱えるのに必要な程度しか身につけなかった[113]。教育へのアクセスには，ジェンダーと社会層という制約があった。エルガス家とシルヴェラ家の妻たちは，イタリア語とおそらくポルトガル語の読み書きが十分にできたが，彼らの親族で裕福な商人の寡婦であったラケル・エルガス（1677-1759 年）は，自分の名前を署名することができなかった[114]。裕福な人々は若者のための宗教学校のスポンサーとなった。ラファエル・エルガスは，子供がないまま 1770 年に亡くなったとき，莫大な額の財産を慈善活動に寄付した。彼はイギリス東インド会社とイングランド銀行に 50,400 スペインドルも投資しており，その利息によって，宗教学校と 10 人の学識者用住居，リヴォルノの慈善団体によって分配される嫁資，そしてほかの慈善活動のための費用がまかなわれたのである[115]。

　慈善活動は，セファルディムの資産家が自分の社会的立場を主張するための機会をふんだんに提供した。1695 年にシナゴーグの改築が始まると，富裕なセファルディム商人は建物の装飾のために多額の寄付をおこない，たいていは敷地内に一族の名前を刻むことを求めた（図 3.7 参

---

　113) 1660 年代に設立されたヘブライ語の学校（タルムード・トーラー Talmud Torah）は，定期的に運営されており，7 歳から 14 歳までのすべての男子と「ふさわしい年齢まで」の女子が通わなければならなかった。また裕福な一族は，子供たちのために家庭教師を雇用した。1728 年以降，ユダヤ人の初等学校のカリキュラムには，スペイン語とポルトガル語，計算法，基礎的な経理の技能が含まれていた（R. Toaff 1990: 337-41）。アムステルダムについては， Swetschinski 2000: 279; Y. Kaplan 2002a: 359 を参照。

　114) ラケル・エルガスの遺言書はロンドンで検認されたが，そこには以下のように記述されていた。「私，故モーセ・エルガスの寡婦ラケル・エルガスは，上述のあらゆること，そして文字が書けないために，アブラム・ヨセフ・デ・サ・シルヴェラ殿に署名してもらうよう希望したことを証明する」(PRO, *PROB*, 11/895, fol. 80v)。

　115) PRO, *PROB*, 11/962, fols. 171-181r. 1752 年，富裕なサンゴ加工業者のモーセ・バルク・カルヴァリオは，年 300 ドゥカートの基金とともに，ピサにユダヤ人学校（yeshiva, リヴォルノ系ユダヤ人の俗語では "esgher"）を遺贈した。ラファエル・エルガスとその寡婦レア・メディナ・エルガスも，私立のユダヤ人学校を設立した（ASF, *NMT*, Filippo Filippini, 25175, fols. 101r-108r; ACEL, *Tribunale dei massari*, filza 358, no. 57, 1797 年 3 月 26 日付レア・メディナ・エルガスの遺言書の写し）。富裕なユダヤ人が共同体のシナゴーグを避けようとすることを妨げるために，1694 年にはユダヤ人ネイションによって，土曜日やほかの宗教的な祝日に自宅で礼拝を行うことが禁止された（ASL, *GCM*, 961, no. 25）。R. Toaff 1990: 341-43; Filippini 1993: 16 も参照。

152　第 3 章　新しい都市，新しい社会？

図 3.7　フェルディナンド・ファンブリーニとオモボーノ・ロゼッリ「リヴォルノのシナゴーグの内部」（1793 年）
図版提供：パリ，フランス国立図書館

照)[116]。リヴォルノのユダヤ人ネイションには，60 ものボランティアの慈善団体があった[117]。特権階級にかぎられたすべてのクラブと同じように，こうした慈善団体によって，セファルディムは共同体内でのステイタスを上昇させることが可能となり，またほかの成員の評判を確かめることもできたのである。こうした理由から，セファルディムはできるだけこれらの団体の理事会を排他的に統制し続けようとした。1734 年，サウル・ボンフィルは，自分の兄弟か甥が，リヴォルノの慈善団体の理事会における自分のポストを継承することを求めた。それは，1710 年にヴェネツィアで，モーセ・バルク・カルヴァリオが，さまざまな慈善団体の自分のポストを，それぞれ 5 人の息子たちに継承させたことと同じである[118]。社会経済的な地位を永続させることもまた，同じように重要であった。17 世紀のあるセファルディム商人の遺言書は，遺言執行人に対して，子どもたちを社会的に同等のランクの人物（"gente di mio eguale"）と結婚させるよう求めている[119]。1765 年には，アブラハム・ダ・コスタが自分の財産の半分を慈善団体(ヘブラ)に遺贈したが，この善意の受益者はリヴォルノ出身か，少なくとも 10 年間リヴォルノに居住し，尊敬すべき両親や先祖（"buon parentado"）を持つ未婚女性にかぎられていた[120]。

今日われわれが理解しているような意味での複合的なアイデンティ

---

116) 後援者には，ダヴィデ・デ・メディナ，サムエル・ヤコブ・エルガス，ヤコブ・ロドリゲス・サルミエント，ガブリエル・フェルナンデス・ディアス，ダヴィデ・アッティアス，ヨセフ・デル・リオほかが含まれていた（A. S. Toaff 1955; R. Toaff 1990: 278-82, 656）。シナゴーグの外観は 1895 年に再建された（図 3.2）。建物は 1943-44 年の空爆で深刻な損害を被ったため，1962 年には代わりに新たな建物が建てられた（Luzzati 1995: 73-79）。空爆の結果として，シナゴーグの古文書も大半が破損した。

117) R. Toaff 1990: 268, 337.

118) サウル・ボンフィルについては，ASF, *NMT*, Giovanni Giacomo Mazzanti, 23707, fol. 121r を参照。モーセ・バルク・カルヴァリオについては，ASV, *NT*, Carlo Gabrieli, 517.288, 518, fols. 234v-240v を参照。ヴェネツィアとリヴォルノのほかの事例は，ASV, *NT*, Luca Calzavara, 247.59 (Jacob Belilios, 1687); ASV, *NT*, Carlo Gabrieli, 515.121 (Manuel Coronel, 1710); ASV, *NT*, Carlo Gabrieli, 515.104 (David Mocato, 1709); ASF, *MS*, 4045, letter E, no. 2 (Moses Ergas, 1746); ASF, *NMT*, Giovanni Matteo Novelli, 26739, fols. 24v-528v, no. 25 (Isaac Saccuto, 1762) に見出される。1627 年以前には，こうしたかたちでの選出は，ヴェネツィアのユダヤ人当局には存在しない（Malkiel 1991: 207-8）。

119) Weinstein 2009: 704.

120) ASF, *NMT*, Marc'Antonio Ducci, 26460, fols. 113r-114r.

ティが知られていない社会において，西欧のセファルディムは複数の文化の伝統を吸収し，統合していたという点で特異であった。言語的な能力とイベリアの小貴族の伝統文化を保持していることは，地元の文化を吸収したこととあいまって，セファルディムの男性や一部の女性がキリスト教徒のエリート層と友好的に交際することを可能にした。しかしながら，こうした親交を継続することが，共同体の障壁の崩壊を意味したわけではない。1740年代にエルガス＝シルヴェラ商会のためにヨーロッパ中を旅したモーセ・カッスートは，ヴェルサイユ宮殿を含む多くの貴族の宮廷を訪れて，巨大なダイヤモンドの買い手をみつけようとしていた。しかし，取引の相手を探していないときには，カッスートは頻繁にユダヤ人と交際しており，そのため彼の日誌はさまざまな地域に暮らすユダヤ人の状況についての観察に満ち溢れている[121]。

3 ユダヤ人ネイション内における共同体の闘争

　共同体の理事会において権力を行使する際に，セファルディムが自らの富と象徴的な自己イメージをどの程度利用していたのかについて考えることは，共同体的コスモポリタニズムがどれほど深く機能していたのかを測定する手がかりを与えてくれる。18世紀前半のあいだに，リヴォルノのエルガス家のようなセファルディムは，新たなユダヤ人定住者の挑戦を受けることがますます増えていた。すべての西欧セファルディムの共同体は，寡頭支配的な構造を持ち，世俗の高位の役職就任者の選挙を支配するために党派間や親族間で展開される闘争によって分裂していた。アムステルダムでは，支配的な家系間での同族結婚が，権力を維持するための装置となっていた[122]。富裕な商人がほんの一握りしかいない小規模な定住地であったハンブルクでも，共同体内のより開かれた選挙制度が採用されていた1662年から1678年にかけての時期

---

[121]　ハーグに滞在中，カッスートは地元のセファルディムの客となったが，その富と気前の良さは，フィレンツェのゲットーの貧困状況と著しい対象をなしていた（BLO, MS Ital. d.9, fols. 143v-144r）。カッスートの旅行については，本書第10章参照。

[122]　Swetschiski 2000: 194.

を除いて，セファルディムの共同体は厳格な階層構造をなしていた[123]。ヴェネツィアでは，17世紀はじめにユダヤ人の人口規模が拡大するにつれて，権力の集中が進んでいった[124]。当初は民主的な体制であったボルドーのユダヤ人ネイションは，1716年に世襲的な官職保有制度に転換している[125]。新たな挑戦に直面したオランダのセファルディムは，閉鎖的な階層となった。アシュケナジムの移民が目立って増加し，アフリカ人奴隷のなかにユダヤ教に改宗する者が出てくると（改宗することで奴隷身分から解放される権利が得られた），オランダ世界のスペイン系およびポルトガル系のユダヤ人共同体は二層構造の社会制度を考案し，完全な資格を持つ成員（*yehidim*）と，限定的な資格しか与えられない成員（*congreganten*）が区別されるようになった。そして，もし完全な資格を持つ成員がアシュケナジムや限定的な資格しか持たない成員と結婚した場合には，その地位を失ったのである[126]。

17世紀末まで，リヴォルノのユダヤ人ネイションは，厳格に西方系セファルディムの手に握られていた。しかし，共同体がより大きくなり，またその構成が複雑になるにつれて，共同体の役職の支配をめぐる対立は激しさを増した。18世紀には，まずイタリア系ユダヤ人が，そしてのちには北アフリカ系がセファルディムの覇権に挑戦した。この世紀のあいだに，北アフリカ系と西方系のセファルディムのあいだの通婚やビジネス上の協力関係は増加したが，それぞれの集団の上層と下層はますます乖離し，もはやエスニシティというよりも階級と呼ぶほうがふさわしくなっていたと思われる。

共同体における権力バランスの変化は，国際商業の構造的な変化とともに，地元の人口動態を反映していた。1720年代と1730年代に，イベリア半島から新キリスト教徒を引き寄せようとしたメディチ家による最後の試みののち，イベリアからリヴォルノへの移民は劇的に減少した。そのいっぽうで，教皇領やほかのイタリア諸国からやってきた新しい家

---

[123] Israel 1987a: 34.
[124] Malkiel 1991: 113–23.
[125] Berkovitz 2004: 22.
[126] Y. Kaplan 1989b; Swetschiski 2000: 188; Robert Cohen 1991: 161–74; Schorsch 2004: 217–53.

系は，北アフリカ出身者とともに，しだいにリヴォルノのユダヤ人のエスニックな構成を変化させていった[127]。1753年から1807年のあいだにユダヤ人ネイションに加入した487家の新たな成員のうち，33.48%がイタリア半島から到来し，次いで29.18%が北アフリカ，16.74%がレヴァント，11.8%がヨーロッパ出身であった。いっぽう，イベリア半島出身者（"Ponente"）は，わずか3%である[128]。ナポレオンによる1808年の人口センサスまでに，北アフリカ出身者はユダヤ人ネイションの13%を占めるまでになり，リヴォルノのユダヤ人商社の42.64%を支配していた[129]。

1597年にピサの共同体から独立して自治を始めたリヴォルノのユダヤ人ネイションは，1642年には毎年5名の信徒団理事の選出を開始したが，その就任資格を持つ候補者は，きわめて制限されたイベリア出身の商人グループのなかから選ばれていた[130]。共同体の人口増加によって，新たな代表組織や運営機構の創設が求められたが，役職就任者に課せられたエスニックな条件は撤廃されなかった。1667年には，信徒団理事を補佐するために，統治官（*governanti*）（大公によって指名された終身職で，推挙によって交代した）の新たな評議会が招集された[131]。1693年には，役職につくセファルディムの成員の増加とイタリア系ユダヤ人の排除を目的として，大規模で恒久的な別の議会（ネイションの議会 *congresso della nazione*）が創設された。60人の議員は終身職として選出され，そのポストを3代にわたって子孫に継承する資格が与えられた。さらに，大公が信徒団理事や統治官を選出するための候補者リストを

---

[127] R. Toaff 1990: 128-29.

[128] Filippini 1983: 214-15, 1998, 1: 122-23, 3: 87-88. Filippiniが利用した資料は，おそらくこの時期のユダヤ移民をすべて調査したわけではなく，また彼らの出身地がいつも正しく言及されているわけではないので，これらの数字は正確な統計であるというよりも，概算を示している。このことは，なぜFilippiniがさまざまな刊行物で少しずつ異なる数字を提示しているのかを説明してくれるだろう。

[129] Filippini 1984b: 63, 1998, 3: 62, 69.

[130] 1637年から1641年の短いあいだだけ，メディチ家はリヴォルノの信徒団理事の選出権をピサの信徒団理事に移した。1642年には信徒団理事の選出システムに関する改革が試みられたが，完遂されなかった（R. Toaff 1990: 155-60）。

[131] はじめは，統治官は12人であった。その数は1690年に18人に増加され，1693年には30人になった（*Collezione* 1798: 306-12）。

提出するのも，この議会であった[132]。これらの規定は，セファルディムによる寡頭支配の永続化を可能にしたが，同時にイタリア系ユダヤ人の反感──「相互の嫌悪感」と定義される反感──を買うことにもなった。イタリア系ユダヤ人は，セファルディムのことを「モーセの律法からの逸脱者」とみなしたが，逆にセファルディムは，「卑しい生まれで，古着の修繕屋，けちな小売商（"gente vile, rappezzatori di vesti rotte e rivenduglioli"）」として，イタリア系を見下していたのである[133]。

1697年，メディチ家はセファルディムをなだめるために，イタリア系ユダヤ人が統治官に加わることを再度禁じた。結果として，ユダヤ人ネイションはいまだ「ポルトガル系およびスペイン系のネイション」として言及されうる状態であった[134]。しかしながら，イタリア系ユダヤ人は自分たちの要求に固執したため，1715年12月，メディチ家はユダヤ人ネイションの自治機構の実質的な改革を承認し，セファルディムによる権力の独占に風穴を開けた[135]。この譲歩や他の特権が，共同体組織の支配をめぐる対立に火をつけた。この対立は1720年代を通じて続いたが，このとき公文書では「スペイン系ネイション」と「イタリア系ネイション」に言及している[136]。セファルディムは，依然として象徴的な権力や影響力を行使した。1731年には，フィレンツェ政府が彼らに譲歩し，あらゆる下級官職の選出には3分の2の多数が必要であるという要求を受け入れている[137]。

---

132) ネイションの議会の創設と，イタリア系ユダヤ人から出された別の提案の却下を認めてもらうために，セファルディムたちはコジモ3世に，今後6年間で12万スクード相当のトスカーナ産の織物を購入することを約束した。この提案は，地元の絹織物業がつぶれかかっているときにあって，とりわけ魅力的であった（R. Toaff 1990: 178, 405）。

133) ASL, *GCM*, 961, no.33, また Vivoli 1842, 2: 342–43 と Filippini 2001: 38 でも言及されている。

134) R. Toaff 1990: 177n72, 697.

135) このときもまた，セファルディムたちはトスカーナ大公を買収しようとしたが，奏功しなかった（Filippini 2001: 38）。

136) この文言は，ASF, *MP*, 2475, fols. 79, 92 のなかで，1721年に登場する。中央権力による調停が示すように，セファルディム系とイタリア系，そしてのちには北アフリカ系ユダヤ人の家系間の対立が継続していた。このことについては，ASF, *MP*, 2475, fols. 391–396, 434; ASF, *MP*, 2476, fols. 443, 458–465; ASF, *MP*, 2479, fols. 227, 366–460; ASF, *MP*, 2481, fol. 40; ASF, *MP*, 2497, fol. 181; ASF, *Consiglio di Reggenza*, 645, nos. 50, 57, 806, no. 57 を参照。また，Filippini 2001 も参照。

137) Ibid., 44–46.

リヴォルノにおいて，一方にイタリア系や北アフリカ系，他方に旧来のセファルディムのエリートが位置する対立は，アムステルダムにおけるアシュケナジムとセファルディムの対立と比べれば，開始された時期も遅く，また同じ水準にまでエスカレートすることはなかった。ポーランドや東ヨーロッパ出身のアシュケナジム難民は，三十年戦争の終結（1648年）によってアムステルダムに流入し始め，1670年代にはその数がさらに増大し，1726年以降はより大きな影響力を発揮するようになった。18世紀末までに，アムステルダムにおけるセファルディムとアシュケナジムの人口バランスは完全に逆転した。1795年には，都市人口221,000人に対し，約25,000人のユダヤ人がいたが，そのうち22,000人はアシュケナジムであり，セファルディムはわずか3,000人にすぎなかった[138]。ほとんどのアシュケナジムは，とりわけ移民の初期段階では，悲惨というほどではないにしても，つつましい状態で生活しており，イベリア系の新ユダヤ人の覇権に挑戦できるほどの経済力や威信は持ち合わせていなかった。ステイタスを維持するために，アムステルダムのポルトガル系およびスペイン系の信徒団は，成員がアシュケナジムの男女と結婚することを禁じた[139]。非イベリア系のユダヤ人はまた，影響力のある慈善団体の運営からも排除されていた。金銭が集められて，遠く離れた場所の貧者，とりわけほとんどが新大陸に，また一部がオスマン帝国に送られたが，これらの救済策にさえ明確な区分が設けられており，貧しいセファルディムは貧しいアシュケナジムよりも高額の援助金を受け取っていたのである[140]。1762年，アムステルダムの学識者で裕福なセファルディムであったイサク・ピントがヴォルテールに反駁したのは，まさにこのような文脈においてであった。すなわち，ヴォルテールが悪意をもってユダヤ教徒を反啓蒙主義者として描くのに対し

---

　　　138)　Nusteling 2002: 45n3, 54–55; Fuks-Mansfeld 2002: 171. 1795年のオランダ最初の人口センサスでは，アムステルダムのユダヤ人は20,335人を数えたが，Fuks-Mansfeldはこの数字を過小評価だとしている。

　　　139)　Y. Kaplan 1989b: 43. 権力バランスがこのような状況であったため，セファルディムの家系と結婚したアシュケナジム（ほとんどの場合は男性であった）は，当初はポルトガル系およびスペイン系のネイションの成員から排除されることを甘受していた。18世紀後期には，アシュケナジムの女性と結婚したために成員資格を喪失したポルトガル系の男性が，より強力に異議を申し立て始めた（Swetschinski 2000: 188）。

　　　140)　Méchoulan 1991: 60.

て，ヴォルテールは「スペイン系およびポルトガル系のユダヤ人を，残りのユダヤ人から」区別していないとしてピントが反論した有名な逸話のことである。ピントは「残りのユダヤ人」という言葉によって，ドイツやポーランドでの迫害を逃れてアムステルダムに流れ込んできた貧しいアシュケナジムを意味したのであった[141]。

セファルディム以外のユダヤ人家系は，リヴォルノでは少数にとどまり，また貧窮していたために，1730年頃までは既存の寡頭支配体制にとって実質的な脅威とはならなかった[142]。このことは，17世紀のリヴォルノでセファルディムとイタリア系の家系間での結婚がみられなかった理由を説明している[143]。レカナーティ家は，イタリア系のなかで相当な富を蓄積し，西方系セファルディムによって支配されている商業ネットワークに食い込んだ最初の一族であり，ラザロおよびサルヴァトーレ・レカナーティは，少なくとも1729年以降，マルセイユの有力な商人家系であるルー家のリヴォルノにおける贔屓の代理人となった[144]。本書第1章でみたように，彼らはロンドンの金融市場にますます多くの投資をするようになり，ラザロ・レカナーティはリヴォルノの最も傑出した9つのユダヤ商人家系のなかで，唯一のイタリア系であった[145]。その後の20年間に，レカナーティ家やモンテフィオーレ家のようなイタリア系

---

141) Y. Kaplan 1997: 140. アシュケナジム系ユダヤ人のネガティヴな描写は，イギリスでも同様に一般的であった（Katz 1994: 258）。

142) R. Toaff 1990: 128.

143) C. Galasso 2002a: 19, 41–43. 残念ながら，18世紀のリヴォルノにおいて，これらの集団間での結婚に関する体系的な研究をおこなうために利用できそうな史料はない。この時代には，セファルディム以外の移民が増加しており，イタリア系とアフリカ系ユダヤ人のなかには社会的，経済的に影響力のある地位にまで達している者もいた。1688年以降，フィレンツェにはユダヤ信徒団がひとつしかなく，そこにイタリア系，アシュケナジム，レヴァント系，西方系のユダヤ人がともに含まれていた（Cassuto 1918: 90）。イタリア系とセファルディム系ユダヤ人のあいだの多くの結婚については，フィレンツェでは1713年から記録されるようになったが，この年には嫁資の支払いの記録も開始されている。ただし，フィレンツェのユダヤ信徒団は，概してリヴォルノの共同体よりもかなり貧しかったことに注意すべきである（ASF, *Nazione Israelitica*, registro 68）。

144) CCM, *AA1801*, L/IX.920, L/IX. 1114.

145) ほかは，西方系セファルディムが5人（ヨセフ・フランコ，イサク・アッティアス，ヨセフ・レオン，ヤコブ・エルガス，ヤコブ・ボンフィル）と，アフリカ系ユダヤ人が3人（ユダ・ファッロ，ミカエル・ペレイラ・デ・レオン，ヤコブ・アギブ）である。R. Toaff 1990: 182.

ユダヤ人は，フランコ家に代わって，リヴォルノで最も国際的に活動しているユダヤ商人となったのである[146]。

イタリア系と北アフリカ系ユダヤ人の数が増加し，その影響力が強まるにつれて，異なるユダヤ人集団間の結婚を禁じる公式な規定は，もはや導入されなくなった。エスニックな区分によって個別の信徒団が形成され，それぞれ異なる典礼にしたがっていたヴェネツィアやアムステルダムとは異なり，リヴォルノではすべてのユダヤ人が同じシナゴーグで祈りをささげ，ユダヤ人ネイションは組織上つねに統一されていたが，それはこうした組織がもはやセファルディムの権力基盤ではなくなっていた18世紀前半においても変わらなかった[147]。時間の経過とともに，個々の交友関係や業務上の関係，さらには婚姻関係が異なるエスニック集団に属するユダヤ人のあいだで結ばれていたことは，当然考えられる。たとえば1673年には，アナニア・エルガスの娘ラケルが，数年前にレヴァントからやってきたモーセ・アギブと結婚した。彼らの息子であるソロモンも，レヴァント出身の女性と結婚している。彼女の名前はラケル・ラカであった[148]。また，ソロモン・ボッカーラは，1740年頃にチュニスからリヴォルノに移住したが，のちに彼の息子は，富裕なイタリア系ユダヤ人一族であるモンテフィオーレ家の女性と結婚した[149]。

にもかかわらず，ユダヤ人ネイションを構成する異なるエスニック集団間の象徴的な障壁は，依然として強固であった。たとえばイタリア系ユダヤ人は，いかに尊重され，運営上の役職に就任しても，シナゴーグで最上位の威信を発揮しうる典礼の司宰役は禁じられたままであった[150]。また，北アフリカ系ユダヤ人に関する制約は，最も強固であった。1745年，統治官はヨセフ・ラタを評議会から排除し，のちに彼の親族の1人をほかのユダヤ人に対するスパイ容疑で告発した[151]。西方系

---

146) Gorani 1986: 102; Filippini 1984a: 644-45, 1998, 3: 246.

147) メディチ家は，おそらくこの決定にかかわっていたであろうが，別々のシナゴーグや信徒団を設立するかどうかについて，議論されたようにはみえない。

148) Aghib Levi d'Ancona 1989: 183.

149) ASF, *NMT*, Jacopo Filippo Bargioni, 28918, fol. 44r-v. 1770年代における富裕なイタリア系と北アフリカ系ユダヤ人のあいだの結婚の別の事例は，ASF, *NMP*, Giovanni Matteo Novelli, 26733, fols. 186v-189r, no. 462 に含まれている。

150) Filippini 2001: 42-44.

151) ASF, *Consiglio di Reggenza*, 645, no. 50, 652, no. 7.

セファルディムと北アフリカ系ユダヤ人は，しばしば相互に侮辱しあった。1760年，未払いの債権の清算に関する厳しい訴訟の最中に，有力商人であったイサク・サックートは，彼が帳簿を捏造したとするチュニスのヨセフ・ナタフの当てこすりに対し，憤然として応答した。信徒団理事たちの前で，サックートが「われわれは野蛮人(ベルベル)の国にいるのではない」と宣言すると，すかさずナタフもこう答えている。「私はたしかにベルベル人だが，盗人ではない。」[152]

1751年，リヴォルノに居住して貿易をおこなっているイギリス商人たちが，課税割当額の支払いを拒否した。彼らのなかには，長期にわたるリヴォルノ在住者も多く含まれていた。1737年以降，リヴォルノに暮らすすべての外国人は，トスカーナ大公国の市民権を得て，それに付随する税金を支払うか，あるいは外国人のままで財政上の免責特権を享受し続けるかを選択しなければならなくなった。しかし，ユダヤ人だけはトスカーナの臣民としての身分資格を与えられ，しかも人頭税を免除されていた。イギリス国籍の商人に対する免税特権を否定した際に，トスカーナ当局は，仮に過去50年間に先祖が海外にいたことを跡づけられるすべての人物をトスカーナ臣民の身分から排除しなければならないとしたら，リヴォルノ出身だといえる者は誰もいなくなり，この港町は「市民のいない都市」になってしまうと主張した[153]。この主張には誇張があったが，しかしながら実際にリヴォルノには，他のイタリア諸都市やヨーロッパの最大規模のいくつかの都市と比べてもまれなほど，さまざまな住民が暮らしていた。こうした多様性は，都市の日常生活や，著しく広められていたイメージに不可欠な要素であった。1676年，地

---

152) "Detto signore Isache Saccuto dise a detto signor Nataf 'Non siamo in Barberia' ed esso signor Nataf soggionse e rispose 'Se son Barbaro, non son ladro.'" (ACEL, *Tribunale dei massari*, filza 286, no. 1〔11 July 1760〕). 当時，北アフリカ沿岸は一般にベルベル海岸として言及されていた。

153) "[S]e si volesse escludere dal nome de' cittadini tutti quelli che per mezzo secolo traggono la loro origine altrove, non vi sarebbe uno che si potesse dire livornese e sarebbe una città senza cittadini." ASF, *Consiglio di Reggenza*, 65. 1737年に定められた規則と，それが生み出した対立については，ASF, *Consiglio di Reggenza*, 644, 652を参照。18世紀リヴォルノにおける市民権と財政上の義務との関係については，Conforto and Frattarelli Fischer 1982: 53; Frattarelli Fischer 1983; Verga 2001 でも議論されている。

中海世界に広く流通することを期待して，メディチ家が新しい金貨を発行したとき，そこには「多様な人々，ひとつの都市（"Diversis gentibus, una"）」という標語とともに，リヴォルノの都市の姿が刻まれていたのである[154]。

　リヴォルノは，トスカーナのほかの領域とは異なり，フロンティアの社会であり，国際商業の舞台に参入したいというメディチ家の願望に駆られた政治的，社会的な工学の実験場であった。リヴォルノにおけるユダヤ人の顕著な割合と，彼らに与えられた特権（それには，閉鎖的なゲットーの外部に不動産を所有し，非ユダヤ人に賃貸しする権利も含まれる）は，ユダヤ人と非ユダヤ人が出会う機会を増大させた。こうした接触や，そこから生み出される個人的な力学についてほとんど知ることができないのは，きわめて残念である。しかしながら，トマス・コーエンが16世紀ローマについて記述しているのと同じように，リヴォルノのユダヤ人は，地元の社会に関しては「親しい友人であり，同時によそ者でもあった」ことを，あらゆる事柄が示している[155]。商人や学者，文化の消費者としての立場で非ユダヤ人と交わるセファルディムのエリート層はまた，ユダヤ人ネイションの役職のほとんどを掌握し，ユダヤ人と地元住民のあいだの境界線の監視を委ねられていた。こうした境界線は，非ユダヤ人との経済的な協力関係を妨げるというよりは，むしろセファルディム商人が事業を進めるために必要な平和を促進したのである。

　18世紀後半，とりわけ1765年にピエトロ・レオポルドがトスカーナ大公に就任すると，ギルドの廃止や，立法制度や司法制度の合理化を含めた，アンシャン・レジームの社団的な特権の縮小を目的とする多くの改革が，ハプスブルク＝ロートリンゲン家によって開始された[156]。教会改革もまた，この計画の主要なテーマであり，カトリック以外のいくつかのキリスト教諸派に対する信仰の自由が認められるにいたった。にもかかわらず，ユダヤ人ネイションは共同体による自治を守り，強化することに成功した。1769年から1780年のあいだに，ほとんどの官職

---

154)　Frattarelli Fischer 2006a: 304.
155)　T. V. Cohen 1988: 221.
156)　概観は，Diaz, Mascilli Migliorini, and Mangio 1997 を参照。

の世襲制は廃止されたが[157]，1766年リヴォルノ総督は，共同体の規約に違反した人物を一時的に破門することができる信徒団理事の権力について，それを廃止したり縮小したりするための計画を放棄している[158]。1780年には，多くの反対があったにもかかわらず，イタリア半島においてはじめて，ハプスブルク＝ロートリンゲン家はリヴォルノのユダヤ人に積極的な政治特権を付与したが，そのとき，人口的な要素や社会経済的な要因を無視した共同体代表制の原則にしたがって，ユダヤ人ネイションは1名の代表者を選出する権利を得たのである[159]。

大公ピエトロ・レオポルド（のち神聖ローマ皇帝レオポルド2世，位1790-92年）は，啓蒙専制政治という野心的なプランに着手した。トリエステでは，1781年の寛容令の可決後に諸改革が導入され，ルイス・デュビンが「国内統合（civil inclusion）」（解放後の市民統合（civic inclusion）とは異なる）と呼ぶ状況が現出し，キリスト教徒とユダヤ人の関係を緩和して，ユダヤ人がキリスト教的な環境に同化することを促進した。リヴォルノでは，ハプスブルク＝ロートリンゲン家がこの先例にならうことはなく，誰もがトスカーナにおける「ユダヤ人の状況」に無関心であり，ユダヤ知識人もまた同様であった[160]。1808年，ナポレオンがトスカーナを自らの帝国に編入すると，ユダヤ人共同体の指導者たちはフランスの同化モデルが採用されることに抵抗した。1814年の王政復古とともに，ユダヤ人指導者は旧来の特権を回復したが，このときユダヤ人ネイションは裁判権を放棄しなければならなかった。ユダヤ人が完全に自由身分となり，ユダヤ人ネイションのすべての特権が廃止されたのは，ようやく1848年のことである[161]。

---

157) Filippini 1997: 1052.
158) ASL, *GCM*, 961, no. 26.
159) 社団的な諸勢力を抑えるために，大公はユダヤ人ネイションによって出された10人の候補者のなかから代表を選出する権利を維持していた。これ以降の11年間で，ラザロ・レカナーティ（イタリア系ユダヤ人）は5回この役職に就任し，ダヴィデ・フランコとヤコブ・ボンフィル（どちらもセファルディム）は2回，ヤコブ・アギブ（北アフリカ系ユダヤ人）もまた2回就任した（ASL, *GCM*, 961, no. 7）。実効性のある政治的権力を得るための手段として，洗礼を不動産所有権の代替とするという，よりラディカルな提案は否決された（Milano 1963: 331; Gavi 1995; Verga 2001: 1061）。
160) Dubin 1999: 198-225, 2006; Wyrwa 2000; Bregoli 2007b.
161) Filippini 1997: 1061-65, 1998, 1: 146-49.

共同体的コスモポリタニズムは，1591年の最初のリヴォルノ憲章の公布から，すべての社団的組織が廃止されるまでのあいだに，リヴォルノが外来者を適応させてきた道のりを描いている。この共同体的コスモポリタニズムは，原則としては，ポスト宗教改革期に外国人や宗教的なマイノリティを受け入れる余地を残していた近世ヨーロッパのほぼすべての社会にもあてはまるものである。しかし，ユダヤ人の法的地位や，彼らがキリスト教徒の社会に参加する方法は，地域ごとに大きく異なっていた。西方系セファルディムがベルリンのハスカラ（ユダヤ啓蒙主義）の中心的な局面にどれほど先んじていたかという点を強調して，デイヴィッド・ソーキンは，ヨーロッパの大西洋岸の港町では，ユダヤ信徒団の成員であることは「自発的」なものであったが，対照的にイタリア半島やアシュケナジムの世界では強制的なものであったと主張している[162]。しかしながら，ボルドーのような大西洋岸のフランスの都市では，おそらくこのモデルは適合しない。ジェラール・ナオンのような歴史家にしたがって，近年ロナルド・シェクターは，南西フランスのユダヤ人共同体のあいだでの世俗化に関する説明を「神話」と呼び，ボルドーのポルトガル系ユダヤ人が「アルザスやロレーヌ，メッツのユダヤ人ほど，キリスト教徒と分離されていなかったということはほとんどない」と主張している[163]。

歴史家が北西ヨーロッパの寛容モデルと南ヨーロッパの非寛容モデルとを対比する傾向にあることを考慮すると，カトリックのリヴォルノとカルヴァン派のアムステルダムにおけるセファルディムの法的地位を比較することには意味がある。そうした比較は，ポスト宗教改革期のオランダ社会を特徴づける宗派の境界線に沿った高度な分離状況を強調することから始められるべきである。たとえば近年の研究では，プロテスタントとカトリックの通婚が，かつて信じられていたほどありふれたものではなかったことが示されている[164]。アムステルダムにおいてもリヴォルノにおいても，個々のユダヤ人と非ユダヤ人とのあいだの社会的な接触の機会は豊富にあったが，そうした機会は共同体の指導者たちによっ

---

162) Sorkin 1999: 90-92.
163) Schechter 2003: 30.
164) B. Kaplan 2007: 282-84, 2008.

て監視されていた。1655 年，アムステルダムのユダヤ評議会は，土曜日と日曜日に非ユダヤ人とともに集う人々を非難している[165]。そうした接触を制限するために，アムステルダムの政治権力は，ユダヤ人がキリスト教徒の使用人を雇用することを禁じたが，リヴォルノではそれは許されていた[166]。キリスト教徒とユダヤ人のあいだの性的な関係は，キリスト教社会のどこでもタブーであった。刑罰を免れた違法な性的関係も多かったとはいえ，そうした関係が意味するのは，恋愛関係というよりも女性に対する性的な搾取であった[167]。ユダヤ人と非ユダヤ人の学問的な対話は，とりわけアムステルダムにおいて熱心におこなわれていた。しかし，リヴォルノと同じくアムステルダムでも，ユダヤ人の子どもはキリスト教の学校には通えなかったために，基礎的な教育は依然として完全に分離しておこなわれた。商業や金融業以外の分野では，経済的に分離された状況がなお一般的であった。アムステルダムのセファルディムは，手工業ギルドから排除されていたために，わずかに製糖業やタバコ製造業，ダイヤモンド加工業などに従事することが許されていたにすぎない[168]。セファルディムがこれらの企業の多くを支配するようになると，彼らはまず，主として貧しいアシュケナジムによって構成されるユダヤ人労働力を雇用したのである。

　いかなるカトリックの国よりも，オランダ共和国のほうが，宗教的な寛容度は比較にならないほど大きかった。異端審問制度がなかったために，クリエル家やベルモンテ家，ロペス・スアッソ家の成員がそうであったように，新キリスト教徒の商人がスペインやポルトガル王権のためにオランダ駐在の外交官として活動することもできた。サウル・レーヴィ・モルテラのような高名な学者が，カルヴァン派の聖三位一体への崇敬（一神教と相容れない概念であるとみられていた）を偶像崇拝として嘲笑することも可能であったが[169]，この種の公の議論はリヴォルノでは

---

[165]　Sutcliffe 2006: 98.
[166]　Nadler 2003: 22.
[167]　リヴォルノでは，こうした関係についてはほとんど知られていないが，刑事裁判記録には，ユダヤ人男性とキリスト教徒の売春婦がかかわった多数の事件が含まれている（R. Toaff 1990: 317-20; C. Galasso 2005: 83）。
[168]　Swetschinski 2000: 13-14, 21-22; Huussen 2002: 35.
[169]　Bodian 1997: 72-73. 1670 年代にユグノー，またとりわけカトリックの「偶像崇拝」

想像できなかった。リヴォルノでは，ユダヤ人の論争は主としてネイションの枠内でおこなわれていた。ラビのヨセフ・エルガスは，カバラ学におけるシャブタイ派の影響に長々と反論する書物をものしたが，彼があえて反キリスト教的な感情を表明したのは，青年時代と晩年だけであった[170]。ヨセフ・エルガスは，ライヴァルであったパドヴァの著名なカバラ主義者モーセ・ハイム・ルッツァットのことを，「はさみでもってあごひげをあたること」によって，ユダヤ教の基本的な規定を無視していると非難したときのように，同じユダヤ人に対しては，それほど控え目であったわけではない[171]。しかしながら，ラビであったエルガスは，自分の兄弟やいとこたちがあごひげをたくわえることを期待していたわけでもなかった[172]。同じ一族のなかに，非ユダヤ人との経済的な結びつきを創出することで富や社会的な認知を得た者がいるにもかかわらず，正統なユダヤ教信仰を守ることがセファルディムたちにとって何を意味したのか，もう少し詳しくわかるといいのだが，実際にはそうはいかない。

　リヴォルノ以上に，アムステルダムでは一連の法体系によってユダヤ人の共同体組織の自治が弱体化された。アムステルダムでは，ユダヤ人は土曜日に出廷することは免除され，世俗の法廷はユダヤ人のラビの役職者と世俗の役職者による裁定を取り入れることが求められた。しかし，アムステルダムのスペイン系およびポルトガル系の信徒団は，完全な自治団体としてというよりも，内部の懲罰権を有する自発的な宗教団

───────────────

に対して，イサク・オロビオが火をつけた論争については，Y. Kaplan 1989a: 235-62 を参照。

170)　Alessandro Guetta は親切にも，エルガスが 18 歳のときに書いた（しかしながら，最初に刊行されたのは 1832 年であった）*Pery Megadim* の一節を，私に教えてくれた。それは以下のように読める（第 34 章）。「私たちは，たとえ偶像崇拝をおこなっている者の顔立ちがよいというだけであっても，けっして異教徒を褒めてはならない。さらに重要なことは，私たちは彼のおこないや，彼ら〔異教徒たち〕に関する他のいかなることをも評価することを慎むということである……なぜならば，そうすることは私たちが彼らと交際し，彼らの邪悪な行動から学ぶことにつながるからである。」

171)　Horowitz 1994: 96.

172)　1660 年代には，スペインの異端審問に出廷した証人が，リヴォルノのイサク・エルガスなる人物には「黒い髪とあごひげがあった」と述べている（AHN, *Inquisición de Toledo*, legado 165, esp. 12, fol. 71r）。私たちは，彼があごひげをたくわえていたと仮定すべきであろうか。あるいは，これは彼の髪の色に関する一般的な供述として受け取るべきだろうか。

体として扱われた[173]。1683年の数か月間には，アムステルダムの都市政府は，ユダヤ信徒団の評議員に対して，一定期間の破門を宣告する際には，事前に都市当局の承認を得るよう強制するまでになっていた。一時的な措置であったとはいえ，この規定はセファルディムの共同体が考えうる自律性への最も重大な侵害であった[174]。トスカーナでは，ユダヤ人ネイションが新たな加入者に対してトスカーナ臣民の身分を付与することができたということを想起していただきたい。信徒団理事はユダヤ人のあいだの民事，刑事双方の訴訟について広範な裁判権を有していた。イタリアではどこでもそうであったように，リヴォルノでもユダヤ人の慣習や制度が結婚に関する法にも適用されていた。結果として世俗当局は，教会法が重婚と宣言するような結婚も，ユダヤ人の場合には認めていたのである[175]。アムステルダムでは，ユダヤ人は自分たちの儀式にしたがって結婚式を挙げることが認められていたが，1622年以降はラビによって執りおこなわれた結婚もすべて，市役所に登録しなければならなくなった。さらにのちには，ユダヤ人たちは，縁談を進めるためには，結婚が許される血族の範囲についてのオランダ諸身分の規定を尊重しなければならなくなったのである[176]。

　結局のところ，トスカーナ大公国はオランダ以上に多くの役割をユダヤ人ネイションに委ねていた。そうすることで，曖昧な宗教的立場を放棄してユダヤ人共同体の諸階層に加わるよう，新キリスト教徒を仕向けるだけの誘因をつくり出した。他方，リヴォルノにおけるユダヤ人の自立性の高さはまた，社会的にはあまり統合されていないということを意味していた。トスカーナのユダヤ人と比べて，イギリスのユダヤ人は，共同体的コスモポリタニズムの地域的な多様性というスペクトルの対極に位置していた。ロンドンの富裕なセファルディムは，ユダヤ法にはあまり厳格にはしたがわない傾向にあり，大陸ではみられないほど，共同体に所属していることを軽視していたのである。ロンドンのユダヤ人はアムステルダムよりも数が少なく，また近年定着したばかりであったた

---

[173] Swetschinski 2000: 12, 15, 17.
[174] Y. Kaplan 2000: 110, 138.
[175] Colorni 1945: 185-87; Milano 1963: 581-84. また，本書第5章も参照。
[176] Huussen 2002: 36.

めに，彼らは 18 世紀ロンドンで地位のある人々がとるべきであると広く思われていた規範にしたがって，騒々しい金融の中心地を離れ，田舎に住居を構えて引きこもり，非ユダヤ人との陽気な集まりに加わった。彼らはイギリス上流階級の社会的な慣行を急速に，また深く吸収し，なかには国教会に改宗する者もいたが，それでも反ユダヤ的な感情は一掃されなかった。1753 年のいわゆるユダヤ法案により，イギリスにおいてユダヤ人の帰化を容易にすることが提案されたものの，それは法案の破棄を求める民衆の抗議に火をつける結果となった[177]。結局，アダム・サトクリフが言うように，あらゆる差異の平準化というよりも，むしろ相異なる文化が互いに尊重しつつ生産的な出会いをなすこととしてコスモポリタニズムを理解するならば，イギリス社会における同化主義の運動は，ロンドンをアムステルダム以上にコスモポリタンな都市に変えることはなかったのである[178]。

　つまるところ，近世ヨーロッパにおいて，重商主義的な寛容政策とユダヤ人の法的，社会的な受容とのあいだに直接的な相互関係を跡づけられるような場所はどこにもないのである。地中海世界においてリヴォルノのおもなライヴァルであったマルセイユは，差別主義的な政策にもかかわらず商業の繁栄が実現した顕著な事例を提示してくれる。フランスのこの港湾都市における宗教的な均質性は，1685 年のナント勅令の廃止以後，多くのユグノーの事業家たちが少なくとも表向きはカトリックを奉じるようになって，さらに高まった[179]。フランス王権からの圧力にもかかわらず，有力な卸売商や金融業者，船主の利益を代表していた当地の商業会議所は，マルセイユに民族宗教的なマイノリティが定着することに強く反対した。1682 年，王令によってマルセイユからユダヤ人の追放が命じられると，わずかなユダヤ人は地下に潜ってマルセイユに残り，1690 年と 1758 年のあいだに一度ならず追放令が繰り返されたあとでさえも，事業を継続していた。ただし，それは少数にすぎなかっ

---

[177]　C. Roth 1964: 213-21; Perry 1962.
[178]　Sutcliffe 2006.
[179]　Carrière（1973: 284）は，18 世紀のマルセイユにいた 393 人のプロテスタント商人を数えているが，そのほとんどは名目上はカトリック信者であった。

た[180]。いっぽう，ムスリムの存在は，海上でとらえられた多数の奴隷にほぼ限定されていた。ギリシア人船員や水夫もまた，19世紀に新たなギリシア人の商人エリート層が登場するまで，きわめて周縁的な存在にとどまっていた[181]。

マルセイユの商業会議所は，メディチ家によってリヴォルノのために採用されたモデルとは正反対の商業発展モデルにしたがっていた。1667年，トスカーナのライヴァルとは異なり，マルセイユは強力な商船団を頼りにすることができるので，フランス臣民ではない者をすべて追放しても失うものは何もないと主張されている[182]。こう断言したことは正しかった。というのは，マルセイユは（フランスの大西洋岸の諸港ほどではないにせよ）急速に発展し，17世紀末にはヨーロッパとオスマン帝国のあいだの貿易で優位を占めるようになるのである。とはいえ，第4章で見るように，マルセイユの商業会議所は，地元では禁止しながらも，海外ではリヴォルノ出身のユダヤ商人と協力していた。

要するに，リヴォルノ，アムステルダム，ロンドン，マルセイユの大まかな比較からは，国家理性や，貿易の絶対的原理，融和政策，寛容な態度などの複雑で地域に局限された相互作用を看取することができる。アムステルダムやロンドンよりは小規模ながら，マルセイユや他の多くのヨーロッパの都市や港町と比較すれば，近世のリヴォルノはコスモポリタンな都市だといえる。この形容辞は，多元的な文化的伝統を選択的に吸収し，遠く離れた都市や国家，帝国に定着しているという観点から見れば，西方系セファルディムによりよく当てはまるだろう。地球上に広がった彼らの経済的な協力関係の範囲は，よそ者とも生産的に会話す

---

180) Crémieux 1908; Weyl 1886: 268, 1888: 99; Israel 1998: 132–33. 1682年にマルセイユから追放されたユダヤ人は，リヴォルノに避難先を見出した。マルセイユへのアクセスを取り戻そうとした者もいたが，王の代理（*intendant*）は，プロヴァンス議会（*parlament*）の意向に反して，その努力を拒絶した（CCM, *AA1801*, G.5）。1758年6月12日の勅令の写しは，CCM, *AA1801*, G.5 にある。Carrière（1973: 282–83）は，18世紀にマルセイユに居住していた20人のユダヤ商人を挙げているが，彼らの経済的な影響力が弱かったことを強調している。

181) Mandilara 1998. また，註66も参照。

182) Paris 1957: 11. Jean-Pierre Filippini（1998, 1: 93）は，リヴォルノを「反マルセイユ anti-Marseilles」と呼んでいる。リヴォルノと敵対するために，マルセイユが意識的にこの政策を考案したことを考慮すれば，マルセイユが「反リヴォルノ anti-Livorno」であるというほうが，より適切であるように思われる。

ることができる彼らの能力のなによりの証拠である。それでも，コスモポリタンという用語が喚起する内容は，同時代の習慣と結びつけてとらえなければならない。この言葉がしばしば否定的な内容を意味していたこともまちがいではない。ピエトロ・レオポルドでさえ，憤りを表明しながら，リヴォルノでは地元に貴族階級がいないために，商人によって支配されているというありふれた常套句を繰り返している。そして，その大半が外国人である以上，彼らは国家には帰属していないとつけ加えている。彼らのあいだでは，分裂，悪意，党派心，互いの破滅への願望，そして侮蔑の応酬が蔓延しているというのである[183]。18世紀イタリアの支配者のなかで最も開明的な君主によって，トスカーナ当局が誇る社会的な実験に言及して書かれたものであるにもかかわらず，こうした非難の言葉から，私たちは近世において寛容や同化がけっして完全なものではなかったという限界について理解することができる。

実際，リヴォルノのセファルディム商人は，ひげをそり，キリスト教徒のジェントルマンのような服装をしていたが，宗教的な祝日に仕事に関する書簡を書くことは慎んでいた[184]。そして，ポスト宗教改革期のヨーロッパの多くの国家がユダヤ商人や外国人商人を引き寄せようとしていたものの，同時に宗教的なマイノリティを統制しようともしていたのである。この点で，ヨーロッパ諸国はムスリムの諸帝国とは異なっていた。ルディ・マティーは，サファヴィー朝イランでは，アルメニア人を含むキリスト教徒のマイノリティに対する公式の態度において，寛容への熱狂と沈静が連続して継起したとする通説に反論している。そうではなくて，ある時点を取ってみれば，これらの政策は「寛容や，コスモポリタンな受容や包摂から，偏狭な拒絶や排除，ときには圧制にいたるまで」幅広いものであったと，彼は主張しているのである[185]。

---

183) "In Livorno non vi è, si può dire, nobiltà; il ceto dei mercanti, che forma il primo e secondo ceto, è composto per la maggior parte di forestieri che non stanno a Livorno che per il loro interesse personale, senza nessuno attaccamento al paese, di mercanti paesani, sensali, etc; … regna fra di loro la disunione, la malignità, il spirito di partito, di rovinarsi e calunniarsi." Lorena 1969, 1: 31. また，Diaz 1978: 21; Marzagalli 1999: 37 も参照。

184) ASF, *LCF*, 1953, 在アムステルダムのモーセ・カッスート宛1743年3月8日付書簡；ASF, *LCF*, 1957, 在ジェノヴァのニコロ・カッターネオ宛1743年4月7日付書簡。

185) Matthee 2005: 4. 17世紀におけるオランダとオスマン帝国のあいだの寛容の形態に関する比較については，Parker 2006 を参照。

3　ユダヤ人ネイション内における共同体の闘争

　同様の態度は，18世紀リヴォルノでも共存していた。拷問に関するベッカリーアの論文の初版（1764年）や，ディドロとダランベールの『百科全書』の第3版（1770-79年），そのほかの啓蒙主義の古典作品がリヴォルノで刊行されているいっぽうで，1755年の教皇勅書『ベアトゥス・アンドレアス』の発布後，聖職者たちはキリスト教徒の幼児に対する儀式殺人の容疑で，ユダヤ人を非難し続けている[186]。共同体的コスモポリタニズムの概念は，これらの明らかな矛盾を説明し，ユダヤ人が自由身分になる以前に政治権力や地域社会とかかわっていた枠組みを明らかにする。共同体的コスモポリタニズムのローカルな性格はまた，エルガス家とシルヴェラ家のような商人たちの戦略についての情報も提示してくれる。それは，共同体の境界線の解体よりもむしろ，ユダヤ人ネイションの内部や離散セファルディムのあいだに生まれた家族の絆や社会ネットワークが，異文化間交易を可能にする条件の形成に寄与するからである。

---

186)　Caffiero 2004: 73-110. また，Rosa 1997; Caffiero 1997 も参照。

第4章

国家の商業力と交易に従事するディアスポラ
——地中海におけるセファルディム——

　アルジェリアとの交易はそれほどの量ではない。イギリス人，フランス人，リヴォルノのユダヤ人らがそこで競っている。イギリス人とフランス人は自前の船を送り，ユダヤ人は中立の旗のもとで，布，スパイス，紙，金属製品，コーヒー，砂糖，亜麻，ミョウバン，インディゴ，コチニールを運んでいる。引き替えに，羊毛，蜜蠟，羽毛，皮革，油，拿捕によって得た商品などを輸入しているのだ。（アベ・レナル，1776年）

　フェルナン・ブローデルは，近世の地中海についての名著のなかで，彼が「長い16世紀」と呼んだ時期の終わりごろには，ユダヤ人とアルメニア人が「かつては地中海全体を統括していた豊かなイタリアのブルジョワ層の，東地中海における後継者」になったと述べている[1]。ブローデルは，1540年代以降の東地中海における，オスマン帝国の非ムスリム臣民の活動にとくに関心を抱いていた。この時期，かつてイタリア商人がオスマン帝国諸港で享受していた諸特権をスルタンが縮小したからである。ブローデルの解釈は定説になった。つまり「イタリアのブルジョワ層」が商業から手を引いて土地投資を選んだかわりに，イベリア系ユダヤ人（その多くはオスマン帝国に居住し，なかにはヴェネツィア居住者もいた）が，さらに徐々にアルメニア人，のちにはギリシア人までもが，バルカン半島と東地中海とイタリア半島とのあいだの交易の主役と

---

1) Braudel 1972–72, 2:728.

なったという説である[2]。

　これらの国籍のない商人のグループが果たした役割について注意を喚起したブローデルは，クリストフォロ・コロンボが1492年に大西洋を横断し，ヴァスコ・ダ・ガマが1498年にインドに到達したときからさらに1世紀以上，地中海交易は活力を維持し続けたのだという自説に有利な証拠をまとめたが，それだけではない。ブローデルはさらに，ヨーロッパ列強諸国（最初にオランダ，次いでイギリス，最終的にフランス）が次々と東地中海の覇者としてイタリア（とくにヴェネツィア）に取って代わっていったという従来説に挑んだ。ブローデルは，この地域での国家間競争を強調する一般的な見かた（植民地時代の遺物）に挑んだり，交易に従事するディアスポラの研究がまだ認知されていなかった時期にその研究の妥当性を示したりする助けになった。彼の遺産は，17-18世紀の地中海についての断片的であろうとも豊かな著書に反映されている。この著書には，海賊も含めて，地中海を渡り，沿岸市場に品物を運ぶ無数の人々が登場する[3]。

　しかし，ブローデルの洞察は，地中海商業において国籍を持たないディアスポラが果たした経済的貢献を示す数値的史料による裏づけを欠いている。さらに，ブローデルがおこなった「イタリアのブルジョワ層」とその「後継者」の対比は，的を射ていると同時につかみどころがない。ユダヤ人にせよ，アルメニア人にせよ，ギリシア人にせよ，数と影響力を増していくが，それでも，この分野に関して，地中海における主役にはならなかった。その理由のひとつは，自力で戦争を遂行したり外交的合意を締結したりする力を持たなかったからである。交易に従事するディアスポラの政治的・軍事的・外交的弱点は，この地域にかぎっ

　　2）　16世紀のヴェネツイアとレヴァントにおけるユダヤ人についての参考文献については，本書第2章，註92を参照。バルカン半島におけるギリシア人の勢力伸長については，Stoianovitch 1960を参照。

　　3）　この点に関する再検討は，Greene 2002に見出される。ブローデルは，地中海に関する研究の中で（1972-73, 1: 578-82, 2: 802-23），オスマン帝国とキリスト教ヨーロッパ世界との関係におけるユダヤ人商人の役割を強調している。ブローデルはまた，資本主義のグローバル・ヒストリー3部作の中で，交易に携わる離散ユダヤ人と離散アルメニア人の役割を強調している（1981-84, 2: 122-24, 154-60）。17世紀のアルメニア商人に関する新しい研究の開拓にブローデルが与えたインパクトについては，Baghdiantz McCabe 1999: xxi-xxii, 27の見解を参照。

たことではなかった。フィリップ・カーティンの研究に対してサンジャイ・スブラフマニヤムが早々と洞察力に富んだ批判で警告したように，商人のコミュニティを「人類史を通じて存在したなかでも，比較的オープンで『流動的』なグループ」[4]として描く以上のことを望むのであれば，われわれは，交易に従事するディアスポラと政治的諸権力とのあいだの関係を考える必要があるのだ。

17-18世紀の地中海貿易における西方系セファルディムの地位の確立は，彼ら自身の内部組織と彼らの自らのサーヴィスをめぐって競おうとしたヨーロッパ諸勢力の政治的経済とが結合した結果だった。本章第1節では，トスカーナを支配したメディチ家やハプスブルク家の支配者たちがリヴォルノを優遇するためにとった政策や，それらの政策がセファルディムの商業に与えたインパクトについて論じる。ユダヤ人商人に与えられた諸特権は，彼らがこのトスカーナの港リヴォルノの経済において主要な場を開拓することを可能にしたが，オスマン帝国内で必要な外交的保護を保証するには不十分だった。フランス王権はこのギャップを埋めるべく踏み込んだ。本章第2節では，セファルディムが東地中海でフランス人と発展させてきた，緊迫してはいたが持続的な関係について扱う。そうすることで，国籍を持たない離散民族と国家の商業力との協働が，不均衡ではあれ，相互に利益をもたらしていたひとつのケースを分析する。ただし，それはより深い文化的なコミュニケーションや受容を養う場とはならなかった。

本章は，大西洋経済の台頭とアジア商品のヨーロッパへの流入で知られた時代のリヴォルノと地中海におけるユダヤ人商人に焦点を合わせる。イマニュエル・ウォーラーステイン率いる新マルクス主義の歴史家たちは，17-18世紀のヨーロッパとの関係におけるオスマン帝国の位置を半植民地的なものとして描いた。この時代，ヨーロッパ人は貿易収支のおかげで，地中海における優位を確立していた。ヨーロッパ人は国産もしくは植民地産の手工業製品を東地中海や北アフリカに輸出し，食料

---

4) Subrahmanyam 1996: xiv. 彼のアプローチについての説明は，彼自身の著作 Subrahmanyam 1990: とくに298-342, 1992, 1995を参照。Jonathan Israelは，その著作全体を通して，セファルディム商人にとっての国家政策の重要性を強調している（詳細は参考文献一覧を参照）。

と原材料を輸入した[5]。ヨーロッパ人は，オスマン帝国から輸出される商品の生産パターンに影響を与えただけでなく，地中海の大部分の海運ルートをコントロールしていた。それにもかかわらず，オランダ人が東南アジアの一部で，またヨーロッパ勢力が新世界のプランテーションや鉱山でおこなっていたような，生産過程や価格設定や運送システムをコントロールできる立場に地中海で近づけたヨーロッパ国家は存在しなかった。ヨーロッパ商人はオスマン帝国のさまざまな港に支店を持っていたが，彼らの特権はヨーロッパ諸国とオスマン帝国政府とのあいだの交渉を通じて引き出された譲歩に大きく左右されていた。彼らは市場で商品を仕入れ，現地で多数の仲介業者や供給業者や金貸しに頼っていたが，そのなかにはオスマン帝国の臣民であるユダヤ人やギリシア人やアルメニア人が多くいたし，少数のムスリムとアラブのキリスト教徒もいた。そのため，オスマン帝国とヨーロッパ諸勢力とのあいだの商業と外交の折衝役としてのユダヤ人の役割を研究することは，新マルクス主義的な解釈をかすませ，特別な意味合いを持たせ，これらの諸勢力が経済的・政治的・文化的な諸レベルにおいて繰り広げた多角的なやりとりに光を当てるのである[6]。

　地中海貿易の独特な性格の数々が，交易に従事するディアスポラや地元の仲介業者たちの重要性の説明となる。この地域における商業は，著しく多岐にわたっている。雑多な商品を扱うためには，アメリカの商品作物に投資するよりもさまざまなスキルや信用関係が必要だった。地中海の商人たちには，多様な商品の質を評価し，その価格の変動をこころえ，小さな単位での売り買いと莫大な数の供給元や顧客を相手とする取引で収益を上げるすべを知っていることが必要だった。「小さな取引で多くのもうけを」がこの地域の民間起業家たちを動かす原理だった。

　とはいえ，ヨーロッパ南部とオスマン帝国とのあいだの取引において，いくつか重要性の高い商品があった。ヨーロッパ人は東地中海地域から主として生糸と綿を輸入し，大量の毛織物と手の込んだ絹織物を輸出した。このトレンドが18世紀のマルセイユの急成長を支えたのであ

---

[5] Islamoğlu-İnan 1987; Masters 1988。
[6] たとえば，Morineau 1976; Bashan 1982–86; Rozen 1984, 1988; Miège 1984; Filippini 1979b, 1984a, 1989, 1990, 1999; Arbel 1995; Molho 1997 を参照。

る。この時期，ラングドック地方で生産された毛織物がフランスから東地中海への輸出の大半を占めており，原綿と綿糸の輸入は飛躍的に伸びた。しかし，地中海を航行するヨーロッパ船は，目を見張るような品揃えで原料や製品を積み込んで，航路に沿った多数の港のひとつひとつに寄港しては，荷物を積んだり降ろしたりした。全体的にみて，ヨーロッパ人が渇望していたのは，（アンゴラやモヘア，シェヴロン・ウールといった）毛織物用の糸や，（アレッポ没食子〔タマバチの寄生によって樫の木にできる虫こぶで，タンニンを豊富に含む〕，サフラン，アリザリンなどの）植物染料，蜜蝋，皮革，ダチョウの羽根，医薬品（とくにスカモニアと呼ばれるつる植物〔東地中海地域に自生するヒルガオ科のツル植物で，根の絞り汁や乾燥根が下剤や駆虫剤として用いられる〕），チュニスやエーゲ海諸島産の穀物（18世紀末にロシアが黒海からの穀物輸送のほとんどを統制下におくまでは），その他の食品（オリーブオイル，エジプトの米，アラビアのコーヒー，ドライフルーツ，蜂蜜，チーズ，サロニカ産のタバコ，豆類）といった商品である。スーダン産の金銀が砂漠を越えてチュニスまで運ばれ，そこで船に積み替えてリヴォルノに運ばれた。インドの綿織物（インド更紗あるいはキャラコ）やスパイス（コショウ，シナモン，ナツメグ，クミン）は，キャラヴァン・ルートに沿って紅海やペルシア湾から東地中海の諸港にやってきた[7]。

　ヨーロッパ船がオスマン帝国に運んだなかで最も人気があった商品は，ファッショナブルな織物（多様な絹のブロケードやモスリンなど）だけでなく，化学製品（ミョウバン，金属性硫酸塩，鉛白など），鉱物顔料（岩群青，辰砂，岩緑青など），香料，金属（鋼，銅，鉛，鉄棒，とくに鉄のワイヤー），豊富な手工業製品（陶磁器，ガラス製品，メガネ，石けん，ナイフ，はさみ，サンゴのビーズ，そして最も重要なのが紙），食品（塩，魚，果物，リキュール，そして現地生まれや外国からきたキリスト教徒のためのワイン）にまで多岐にわたっていた。塩漬け魚の積み荷は，定期的にバルト海から運ばれた。砂糖やコーヒー，コチニール染料，ブラジルボク

---

7) 英語の *chintz* という語は，フランス語の *indienne* や *toile peinte* の訳として最もよく使われる。これらの総称的な用語は，インドから輸入される，あるいはインドの製造方法やデザインパターンにしたがってヨーロッパで生産された花柄やそのほかの柄の部分染め綿布のすべてを指して用いられた（Fukasawa 1987: 42）。

染料，インディゴ染料といったアメリカ産品は，かなりもうけが大きかった。高価軽量という点で，インディゴ染料はとくに利益の出る商品だった。リヴォルノはまた，イタリア半島のさまざまな地域から来る大量の商品を再分配する中心地の機能も果たしていた。シチリアやカラブリア地方産の大量の生糸もそのひとつであり，これらはイタリア北部やヨーロッパに再輸出された。17世紀末までには，リヴォルノとイベリア半島とのあいだの取引は著しく減少したが，リスボンはブラジル産タバコ，砂糖，金の供給源だっただけでなく，インド産ダイヤモンドの国際取引の基地でもあり続けた。

ヨーロッパの商人と特許会社は，東地中海沿岸諸港で売る商品の不足に周期的に悩まされた。フランス人がアレッポで展開した貿易などは例外として，全般的には，オスマン帝国からヨーロッパへの輸入額は，輸出に比べて多かった。アメリカ銀で鋳造された貨幣（スペインのレアル貨，オランダのレイデル貨，ヴェネツィアのゼッキーノ貨，オーストリアのターラー貨，そのほかの貨幣）は，東地中海地域で生じたヨーロッパ側の赤字を財政的に助けた。銀はそこでペルシアやインドとの交易に用いられ，最終的には中国に到達した。中国は，近世において，銀の最大の消費地だった[8]。しかし，幾人かの研究者が指摘しているように，ヨーロッパ側が貿易赤字を常に銀の輸出で埋め合わせていたと考えるのは誤りである。というのも，両替レートがヨーロッパ人に有利だったからであり，またヨーロッパ人がオスマン帝国領海の海岸沿いの船の航行をコントロールしていたからである（18世紀には，現地の商人たちはオスマン帝国内の港から港に商品を運ぶために，フランス船を雇う傾向があった）[9]。

アメリカ鉱山からの流入があってさえ，銀は高価で，ヨーロッパ人は常に貴金属に代わる手段を探し求めていた。物々交換は，ヨーロッパ人がオスマン帝国の商品を獲得する際には，群を抜いて最も通常の手段

---

8) マルセイユからレヴァントへの銀貨の輸出については，Paris 1957: 129–38, 579–81 を参照。ヨーロッパと東地中海で流通していた銀貨の種類については，Carrière and Courduiré 1984 を参照。

9) Carrière and Couduiré 1984: 26–28, 44–45; Eldem 1999: 19–22. さらに，18世紀の第1–第3四半期のあいだ，オスマン帝国における銀生産は活発だった。1730年代と1740年代には，伝統的な政策を転回して，スルタンがヨーロッパへの金銀塊の輸出を許可した（ibid., 113–19; Pamuk 2000: 161–62）。

だった。そのため，18世紀のアレッポでは，生糸の買付が現金払いの場合には，10％の値引きが適用されたほどである[10]。信用取引が現金払いに代わるもうひとつの方法だった。為替手形は，先払いや，地中海の反対側にいるヨーロッパ人商人たちの負債の相殺に使われ，ときには現地の業者やオスマン帝国の役人たちとの取引で使われたりもした。しかし，オスマン帝国の通貨価値の下落のため，投機的な思惑で為替手形が使われることはあまりなかった[11]。

近世の地中海貿易の状態に鑑みれば，地中海の北西岸と南西岸とに構成員が分かれたディアスポラが，なぜ商品や情報や信用のやりとりに有利だったのか，また，なぜヨーロッパからの金銀地金の輸出ばかりに頼らずにすんだのか，理解するのはたやすい。たとえば，東地中海地域に金銀の地金を輸出したという記述は，エルガス＝シルヴェラ商会の書簡にはほとんど出てこないが，それは驚くべきことではない。18世紀の地中海では，ヨーロッパ諸勢力が常に戦争状態にあったが，そのなかでセファルディムの商人たちは，荷を積む船をより自由に選ぶことができ，その結果，キリスト教徒の海賊のリスクを最小限に抑えようとすることができた。キリスト教徒の海賊は，イスラム教徒の海賊よりもより大きな脅威になりつつあったのである。いっぽう，ヨーロッパの海運勢力は，セファルディム商人の船荷をいかに自分たちの船に積ませるかを競っていたのだ。

リヴォルノは，大洋を横断する冒険的事業に直接参入することもできず，強力な艦隊や活発な手工業や農業の盛んな後背地を欠いていたが，海外の商品の再分配を主とする国際的な交易中心地へと成長した[12]。メディチ家の政策によって，ヨーロッパ北部の勢力はリヴォルノを地中海における主要基地とし，また，地中海と西ヨーロッパの全域について精通しネットワークを持つセファルディム商人のパートナーシップはリヴォルノに本店を置いた。しかし，トスカーナ大公国の支配者たちは，

---

10) Ashtor 1983; R. Davis 1967: 34–35, 195–201.
11) Carrière 1973: 858–74; Grassby 1994: 48–51; Pamuk 2000: 162–63; Eldem 1986, 1999: 120–202; Fukasawa 2000.
12) 輸入品，とりわけ新しいタイプの織布は，17–18世紀のトスカーナの農村地帯では，ごく一部しか流通しなかった（Malanima 1990: 109–23）。

オスマン帝国内で活動するために必要とした外交上の保護をユダヤ人に提供できなかった。17世紀最後の四半世紀以降に地中海で支配的な勢力となったフランスは，常に良好な関係とはいかなくとも，より有益な協力者となりえた。フランス王権およびマルセイユの商人たちと西欧のセファルディム（とくにリヴォルノのユダヤ人）のあいだで交わされた選択的な提携を検証することで，ヨーロッパ商業のどれほどのシェアが実際にユダヤ人によって操作されていたのかという厄介な問題の再検討を始めることができるだろう。

　地中海がいつヨーロッパ経済の原動力であることをやめたのか，その時期について，歴史研究者の見解はばらばらである。ブローデルの大作に比肩するような，17-18 世紀の地中海交易についての包括的な研究はいまだない。ほとんどの歴史研究は植民地主義の悪しき影響を受けており，地中海をヨーロッパ勢の競争や膨張のひとつのはけ口としかとらえていない。古文書館に残る史料や歴史研究者の言語能力が，こうした分裂状態が長々と続いてきた原因だ。そのため，ほとんどの研究は，レヴァントにおけるイギリス人，東地中海におけるオランダ人，北アフリカにおけるフランス人などを研究対象としている。だが，西欧の離散セファルディムと，彼らがオスマン帝国とヨーロッパの両方に持っていた商業上のつながりに焦点を合わせれば，国の違いを越えて，民間商人と国家権力とのあいだの相互作用を検証できるだろう。

1　リヴォルノ港とユダヤ人商人

　リヴォルノの商業活動と港湾活動は，経済が停滞気味だった 17 世紀のイタリアのなかでは異常なほどダイナミックだった。この経済の停滞はヴェネツィア，ジェノヴァ，ナポリに影響していた[13]。リヴォルノは，16 世紀末の地中海にヨーロッパ北部の船や商人たちが到来したのちに確立された新しい交易システムのなかに，戦略的な地位を築いていた。すでに 1570 年代に使用が始まっていたリヴォルノ港は，1590 年代の穀

13）　Romano 1978: 204; Cassandro 1983a. 17 世紀の地中海におけるヴェネツィアの商業力の衰退については，Rapp 1975 を参照。

物危機の時期に役割を確立した。このときオランダ船がダンツィヒから穀物を輸入するのに使われたり，イギリス船が頻繁に寄港したりと，大西洋貿易の新顔たちが地中海にも入ってきたのである[14]。より自由な関税政策をとり，外国人の定住を奨励し，港湾の設備投資をすることで，17世紀前半には，リヴォルノはしだいにヴェネツィアの優位に挑戦するようになった。ヴェネツィア共和国は，クレタ島の支配権をめぐってオスマン帝国と長い戦争（1645-69年）を続けており，そのために東地中海における影響力が衰えつつあった。リヴォルノはこの状況からも利を得た。

　1620年代，イギリス人はこのトスカーナ地方の港を地中海における主要基地に決めた。彼らは大量の干し魚，金属（鉛，鉄，錫），毛織物，植民地産品（コショウ，タバコ，砂糖，綿，インディゴ，ショウガ）をリヴォルノに輸入し，リヴォルノでは，さまざまな贅沢なイタリア産絹製品や東地中海地域での支払いに必要な銀やそのほかの各種商品を買い付けた[15]。17世紀なかばから，マルセイユが幅を利かせるようになる1720年頃まで，リヴォルノは地中海ヨーロッパ最大の寄港地かつ商品集散地に成長し，イタリア半島とヨーロッパ北部（その植民地市場を含む），さらにオスマン帝国を結びつけた。マルセイユに優位を奪われたあとも，このトスカーナの町リヴォルノは，1780年代まで，地方港としてもイタリア半島の港としても国際港としても，きわめて重要な地位を維持し続けた。

　3つの政策によって，リヴォルノは独特な場所だった。まず，1646年にメディチ家は，この港湾都市は（大公国全体がではない）あらゆる国際紛争に対して中立を維持すると宣言した。オランダ領事とフランス領事は，1676年にトスカーナ領海における不戦条約に調印した。リヴォルノの中立性は，公的には1718年のロンドン条約で認められた。おかげでこの都市は，地中海を舞台に起きた無数の軍事衝突のあいだ，報復

---

14) Braudel and Romano 1951; Braudel 1972-72, 1: 601, 621-23. 地中海におけるオランダの海運と貿易に関するブローデルの評価の修正については，Israel 1989a: 53-60を参照。17世紀初期のリヴォルノにおけるオランダの貿易については，Engels 1997を参照。

15) Pagano de Divitiis 1997: 114-81. イギリスからリヴォルノに頻繁に輸入されていた商品の1674年のリストがASF, *Carte strozziane*, serie 1, 106, fols. 158-178に見出され，Frattarelli Fischer 1993: 46とMalanima 1995にも引用されている。

やボイコットで多くの港が機能不全に陥ったときにも，それを免れることができた。もっとも，戦時中は全般的に商業航海が沈滞するため，他港と同じくリヴォルノもそれらの紛争の影響に苦しみはした[16]。第二は，メディチ家がリヴォルノで徴収した関税が，1565年当初からきわめて軽かったことである。1676年に包括的な関税体制が策定され，主要食糧を含む商品の輸出入にかかるすべての課金が撤廃され，かわりに，商品をリヴォルノ市の倉庫に預ける際に支払う税（*stallaggio*）と停泊税（*ancoraggio*）という軽い税が課せられた。ドックと保管施設もまた，リヴォルノの成功を確立する一助になった[17]。さらに，18世紀になると，リヴォルノ港は国際的な金融・保険センターに成長した[18]。第三に，異例の特権と寛容が，リヴォルノに商業目的で定住する意志のある外国人商人とユダヤ人にまで与えられたことも，この都市を繁栄させる要点となった。それは，近隣の都市ジェノヴァの状況とは対照的だった。

　リヴォルノは，今も昔もよく「自由貿易港」だといわれる。リヴォルノは本当の意味では自由貿易区ではなかったが，その時代の自由貿易港の理想の典型的な例となった。リヴォルノは異例なほど軽い関税と，外国人や宗教的マイノリティを受け入れるリベラルな政策を併せ持っていたからである[19]。自由貿易港として，リヴォルノは自前の海軍よりも，民間船と外国船に頼っていた。1561年，教皇の承諾を得て，メディチ家はサント・ステファノ騎士団を設立した。同騎士団は，とりわけ，武装艦隊を率いてオスマン帝国の船を拿捕したり，捕虜となったキリスト教徒を解放したりする使命を帯びていた。また，シチリアやジェノヴァやときにはマルセイユと交易をおこなう際に，トスカーナのガレー船の少なさを補うためにも利用された。しかし，海上活動は騎士団の優先事項ではなく，この騎士団がトスカーナの商業や軍事面に与える影響は弱まった[20]。地元の商人たちのなかにも自分の船を所有し，要員を配置している者がいたとはいえ，リヴォルノに停泊する船の大部分は外国の

---

16) Filippini 1980; Frattarelli Fischer 1993; Addobbati 2007: 78–81.
17) Pagano de Divitiis 1993.
18) A ddobbati 1996b, 2007.
19) Caracciolo 1963; Kirk 2005: 155.
20) Angiolini 1996.

旗を掲げていた。セファルディムのなかでは、フランコ家が18世紀リヴォルノで最大数の船を所有していた。1710年、モーセおよびアブラハム・フランコ（別名アルベルトおよびサルヴァトーレ・アウディモンティ）は、リスボンを経由してインドのスラトに航海するために、トスカーナの旗と通行証を備えた5,000カンタロ（約230トン）の船を1隻、用意した[21]。しかし、輸出入に従事する民間商人の多くは、イギリス船やフランス船やオランダ船そのほかの外国船のなかに積荷スペースを借りていた。18世紀には、イギリス船がとくに多くリヴォルノ港に停泊していた[22]。フィレンツェやルッカそのほかのトスカーナ地方の町で織られた洗練された絹織物、リヴォルノで磨かれたサンゴのビーズ、カッラーラ産大理石、麦わら帽子、エルバ島産の鉄といった地元商品も船に積まれて遠い地に向かった[23]。

　研究者にとっては残念なことに、リヴォルノ税関の文書館は、イタリア王国成立後、新庁舎建設のために1877年に取り壊されてしまった。この取り壊しによる記録の喪失に加えて、リヴォルノには、ギルドや監督官といった、近世ヨーロッパにおいて都市経済の多くの部門を総じて

---

21) ASF, *NMP*, Giovanni Giuseppe Mazzanti, 23691, fols. 17r–18v, no. 25. フランコ家がヴェネツィアとリヴォルノで船を所有していたことを示すさらなる証拠は、ASF, *NMP*, Giovanni Giuseppe Mazzanti, 23691, fols. 42r–43r, nos. 60–61; ASF, *NMP*, Niccolò Mazzinghi, 27111, fol. 176r–v, no. 302 および 27112, fol. 5r–v, no.7; ASF, *Consiglio di Reggenza*, 65, 645; ASV, *NT*, 519, fol. 64v に見出される。そのほかのセファルディムの船主には、ソロモン・アギブ（1732年；ASF, *NMP*, Giovanni Giuseppe Mazzanti, 23704, fols. 49v–95r, no. 35）、バルク・カルヴァリオ家（1743年；ASF, *NMP*, Giovanni Battista Gamerra, 25226, fols. 93v–94v）、イサク・サックート（1761年；ASF, *NMP*, Giovanni Matteo Novelli, 26730, fol. 141r–v, no. 260）などが含まれていた。ヴェネツィアでは、数人のセファルディムが船主であり、17世紀後期には、ヴェネツィアの船団の中で最も大型の数隻は実質的に彼らが所有していた（G. Luzzatto1962）。

22) Filippini（1998, 1: 45）は、1700年にリヴォルノに寄港したすべての船舶のうち34.1％、1715年には56.2％、1730年には79.6％、1735年には72.8％をイギリス船が占めていたと主張している。これらの数字は高すぎて信用できない。ほかの研究者たち（たとえば、Santini 1982: 365）は、18世紀後半のほとんどの年で、イギリス船はリヴォルノに入港したイタリア以外の船の30％でしかなかったと主張している。

23) Mori（1956）によって提唱されたマルクス主義的解釈に最初に疑問を投げかけたのはLoRomer（1987）である。Moriの解釈とは、リヴォルノに手工業の活動が欠落していたことが都市の経済発展に長期的な負の結果をもたらしたというものであった。トスカーナの手工業製品の輸出を示す正確な数値は存在しないが、この貿易におけるリヴォルノのシェアは無視できない規模だったと考える研究者は何人かいる。Baggiani 1994, 1997; Fettah 1998; Mazzei 2003 を参照。

監督するような行政職や，あるいは通過する商品の流れを把握するような税関体制が存在しなかった。その結果，リヴォルノに入港・出港した船数，取引された商品の量や価値，さまざまな商人のコミュニティがこの町の経済に与えた貢献などについて記した信頼できる継続的な記録が，われわれには残されていないのである[24]。17世紀なかばから19世紀初頭にかけてのリヴォルノの港と商業活動について，最も包括的な研究をおこなったのは，ジャン゠ピエール・フィリッピーニである。彼は，フィレンツェとリヴォルノの国立文書館とフランス領事の文書館で，1676年から1814年にわたってリヴォルノ港の主動向がどう変化したかを探るために役立つ史料を発掘した。しかし，フィリッピーニの研究でさえ決定的な証拠を提示してはいない[25]。

図4.1は18世紀にリヴォルノに入港した船の数をまとめたものである。近隣諸港間で商品を運び，海岸沿いに航行する小型船（*barche, brigantini, feluche, leuti, golette, chesse*, 1780年以後はさらに *navicelli*）と，主として長距離でかさばる商品を運ぶ大型船（*navi*）とに分類した。このグラフから読み取れるのは，18世紀末には地中海のすべてのタイプの船舶が，大西洋を航行する船舶ほどではないにしても，大型化していることである[26]。この数値を含む種々のデータから，フィリッピーニは，1729年から31年に短期間の危機（"crise conjuncturelle"）があったこと，この危機が，リヴォルノの主要輸出品だった絹織物のロンドンへの

---

24) フィレンツェとリヴォルノの文書館史料でリヴォルノの商業研究に役立つ文書群の説明については，Baggiani 1994; Ghezzi 2007を参照。それらを補足するフランスの史料については，Fettah 1998で論じられている。1676年以前の時期について，Braudel and Romano (1951) がリヴォルノを出入りする船舶の積荷の申告（いわゆる *portate*）に基づいてリヴォルノ港の活動を推測しようとした。

25) Filippiniは断片的な史料や概観的な史料に頼らざるを得なかったが，彼がどのような統計方法を用いているのかは常に明確なわけではない。結局のところ，入手可能なデータが示すのは，輸出入品の詳細よりもむしろ入港する船舶の数である。Filippiniの論文の多くは，現在，3巻にまとめられており（Filippini 1998），その初めに1617年から1814年までのリヴォルノ商業の変動に関する総合的な概観が示されている。近世のリヴォルノ商業の概観については，Addobbati 2007: 51–110も参照。

26) Filippini 1998: 1, 39–40. リヴォルノ港の動きに関するデータは，1600年から1816年まで輸出品に課せられた税（*stallaggio*）の報告書からも引き出すことができる。これらのデータに関する議論と詳細については，Frattarelli Fischer 1993: 53; Addobbati 2007: 88–92, 98–106を参照。Ghezzi 2007も参照。

1 リヴォルノ港とユダヤ人商人　　　185

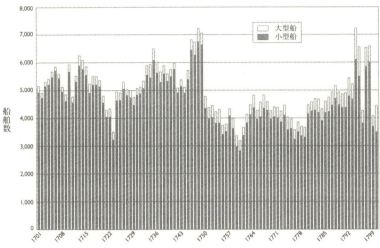

図4.1　リヴォルノ港に入港した船（1701-1800年）
典拠）ASF, *Segreteria di Finanze ante 1788*, 800; Filippini 1998, 2: 149-50

出荷減少の引き金になったことを明らかにした[27]。1729年から31年にマルセイユで起きた一連の破産は、ヨーロッパ中にいた数多くのユダヤ人銀行家を巻き込み、リヴォルノの状況を悪化させた[28]。そのことがまた、東地中海におけるフランス貿易を鈍化させ、火をみるよりも明らかな帰結として、このトスカーナ地方の港リヴォルノもまた沈下したのである。

フィリッピーニがリヴォルノの「構造的危機」としているのが1735年から1765年、ハプスブルク゠ロートリンゲン家の摂政時代である。このとき、イタリア諸港から数多く来ていた船が減少するいっぽうで、ヴェネツィアが一時的な復活をみせ、マルセイユが急速な成長を遂げたのである[29]。フィリッピーニが1748年以前の時期については悲観的にすぎる評価をしていると考える研究者もいる[30]。たしかに、図4.1にまとめたデータは、1720年代の後半よりも初頭の落ち込みを示してい

---

27) Filippini 1979a: 40.
28) Carrière 1973: 440-46.
29) Filippini 1998, 1: 67-69.
30) Mangio（1978a: 931）は、停滞したのは1734-40年のみであるとし、全体的な危機の始まり（大型船舶の来航の減少によって特徴づけられる）は1748年だったとみなしている。

る。このときリヴォルノは，1720年にマルセイユを襲った破滅的な疫病の流行と，同年の2つの財政危機のあおりを受けていた。2つの財政危機とは，フランス財務総監ジョン・ローによって導入された財政システムの破綻と，ロンドンで南海会社が引き起こした投機的バブルの崩壊である。加えて，1719年にトリエステとナポリ，1728年にメッシーナ，1732年にアンコーナが自由貿易港となったことで，リヴォルノは新たな競争に直面した[31]。続いて，1735年から48年に短く好調な時期があるが，その後，沈滞する。全体として，エルガス＝シルヴェラ商会が活動していた時期（1704-45年）は，リヴォルノが最も急激に凋落する，その少し前の時期だった。

　ハプスブルク＝ロートリンゲン家のフランツ・シュテファン（位1737-65年）とその息子ピエトロ・レオポルド（位1765-90年）の治世に，トスカーナ商業の再活性化に向けた取り組みがいくつかおこなわれた。そのなかには，商業と海事について広い権限を持つ政府機関の創設（1746-69年，商業委員会 Consiglio di Commercio）や，艦隊の刷新（1748年，海軍令 Editto della Marina），リヴォルノに隣接する郊外（サン・ヤコポ地区）に漁師や職人の居住区を新設する試み（1751-58年）などがあった。これらの構想はどれもある程度は成功した。1747年から1750年のあいだに，オスマン帝国とバルバリア海賊勢力とのあいだでいくつかの条約が調印されたことで地中海貿易は再活性化するはずだったが，ヨーロッパの対抗勢力は，このころ疫病が蔓延していたオスマン帝国諸港に寄港した疑いで，リヴォルノから来た船に長い検疫期間を課した[32]。最終的に1765年，ピエトロ・レオポルドは大いに恨みをかっていた1739年の決定を撤回した。それはすべての関税徴収を請負に出すという決定であり，このことは，密輸をより厳しく監視することにつながっていたのである。要するに，18世紀を通して，リヴォルノの港湾活動はかなり大きく変動したが，同時期のマルセイユやボルドーなどの他の諸港と

---

31) Guarnieri 1969: 37; Filippini 1998, 1: 66–67.
32) 政府による1758年の調査で意見を求められた商人全員がこの検疫の結果について不満を述べている（ASF, *Segretaria di finanze e affari prima del 1788*, 799）。Guarnieri 1969: 38; Filippini 1998, 1: 43, 67–68 も参照。

肩を並べるほど成長することはなかった[33]。1740年代から1750年代初頭にかけて続いた落ち込みののち、リヴォルノが最も厳しい挫折を経験したのは七年戦争の時期（1756-63年）だった。ヨーロッパ人（とくにイギリス人）の海賊は、この戦争のあいだ、莫大な利益を上げた[34]。アムステルダムの信用市場は1763年と1773年の危機に陥っていたが、1768-74年のロシアとオスマン帝国の戦争がレヴァント貿易をさらに困難にさせた[35]。リヴォルノの最後の栄光の日々は、1793-95年といえるだろう。このときトスカーナ大公国は反フランス連合に加わっており、イギリス王立海軍がリヴォルノ港を防衛し、1795年10月に破られるまでは、海上保険の金融市場が繁栄していたのである[36]。

　18世紀を通して、リヴォルノのユダヤ人口は増加し、ユダヤ人の商人や銀行家はリヴォルノの港の経済にとって必要不可欠な存在になった。残念なことに、リヴォルノでのユダヤ人パートナーシップの投資額や取引額を見積もることができるような、集約的な史料群はない。利用可能な史料は、間接的ではあるが、イベリア系ユダヤ人が、1590年代に出された諸特権の利益を得ようと殺到したりしなかったことを示している。しかし、1610年代か20年代までには、比較的多くのイベリア系ユダヤ人がリヴォルノにいた。1642年、メディチ家はイタリア半島を揺るがした領土紛争（カストロ戦争）での軍事行動に資金援助するため、特別税を課した。リヴォルノで、この課税を小売店主や商人たちが分担したその配分をみると、ユダヤ人が他のどのグループよりも人数が多かったことがわかる。80名のユダヤ人の商人と仲介業者がこの課税の最大部分（4,622スクード）を負担し、続いて12名のフィレンツェ人（1,460スクード）、10名のイギリス商人と同じく10名のフランドル商人（それぞれ1,400スクード）、そして32名のフランス人（1,054スクー

33）　Filippini 1998, 1: 64; Addobbati 2007: 69-70.
34）　Carrire and Courduiré 1975; Lo Basso 2002: 178-220. 対照的に、Riley（1986: 117-18）は七年戦争がマルセイユに与えた負の効果を低く見積もっている。
35）　1764年にリヴォルノで財政的な清算システムが再編されたのは、おそらく偶然の一致ではないであろう（Addobbati 2007: 109）。
36）　Mori 1956; Filippini 1998, 1:64, 70-72; Marzagalli 1999: 85-94; Addobbati 2007: 258-301.

ド）の順である[37]。1688年，フィレンツェ当局は，ユダヤ人のネイションが14から18の商社と，6から8の小売店（"case di fondaci o bottegai buoni"）を持っており，約100名の人々が快適に暮らしている（"persone che hanno qualche comodità"）と見積もっている[38]。

　利用可能な他の数値に鑑みると，ユダヤ人は常に，リヴォルノで活動する商人階級のうちで単一で最大のグループをなしていた。フィリッピーニは18世紀前半のパートナーシップの数を百たらずと推定している。そのうち30ほどをユダヤ人が経営し，20をオランダ人かドイツ人，15をフランス人，10をイギリス人，そしてさらに10をイタリア人が経営していた。また，少数のアルメニア人とギリシア人が独立した事業を営んでいた[39]。1765年にリヴォルノ総督ブルボン・デル・モンテが数え上げた商人の数は，その倍であった。内訳はさまざまであるが，まとめると，ユダヤ人が50名，トスカーナ人が30名，諸外国人が計120名である[40]。ユダヤ人の存在感は18世紀末も強いままであり，1793年には，143のパートナーシップのうち44，1796年には199のうち46をユダヤ人が経営していた[41]。さらに，多くのユダヤ人企業家が，17世紀には政府との独占契約を保有していた。タバコ産業の独占契約が1645年，ブランデー生産が1650年，紙生産が1652年である。18世紀にはほかにも絹，石けん，サンゴの店を経営するユダヤ人たちがいた[42]。

　リヴォルノ経済へのユダヤ人商人の貢献は，その数だけでなく，彼らが持っている地理的ネットワークや彼らの商業活動や金融活動の多様性

---

37) さらに，多様な出身地から来た商人たちに属する28の企業体が1,552スクードを支払い，倉庫を持つ（"che fanno fondachi"）48人の商人たちが1,012スクードを出した。税収は総額で22,843スクードになった（ASF, *Pratica segreta*, 169, fol. 241）。この文書については，Fasano Guarini 1980: 212; Frattarelli Fischer 2003b: 99を参照。

38) これらの数字は，公太子の結婚の際におこなわれた査定から引き出されたものである。ユダヤ人は3,000スペインドル，イギリス人は2,000スペインドル，フランドル人は800スペインドル，フランス人はわずかに400スペインドルを払うように要請された（Frattarelli Fischer 1993: 45）。

39) Filippini 1998, 1: 76. 1733年に55人のユダヤ人の署名が公式文書に見出される。Grendi（2004: 245–46）は18世紀半ばのリヴォルノに15人のイギリス人を数えている。

40) Addobbati 1996a, 1: 12–13. 1789年にリヴォルノを支配していた当局は，都市に220人の商人がいたとしている（Filippini 1998, 1: 76–77）。

41) Filippini 1984a: 639.

42) A. S. Toaff 1955: 367; Frattarelli Fischer 2003b: 108.

によるものであった。リヴォルノのセファルディムのパートナーシップは，カトリックのイタリア商人の最も堅実な者たちですら持ち得なかった大きな広がりをみせた。たとえば，サミニアーティ＝パッツィ商会は，1618 年に始まってから，1 世紀以上のあいだ，フィレンツェとリヴォルノで活動していた貿易と金融の主要な商会である。同商会はイタリア中に代理店や派遣員の幅広いネットワークを持っていたが，イタリア半島の外ではかなり手薄になり，イベリアと東地中海地域にいくつかの代理店があっただけで，アルプス以北ではごくわずかしかなかった（アムステルダムがヨーロッパ北部でのこの商会の主要支店であり，アントウェルペン，アウグスブルク，クラクフ，リヨン，リール，ロンドン，ウィーンとは二次的なつながりがあるだけだった）[43]。

2　ユダヤ人商人と地中海貿易のパターン変化

　地中海経済におけるユダヤ人商人・銀行家の重要性を強調するにあたって，ブローデルは「ユダヤ人の世紀」と呼んだ。「フッガー家の時代」（1500-75 年頃）や「ジェノヴァ人の『時代』」（1557-1627 年）と彼が呼んだのと類似の表現である。しかし，ブローデルが「偉大なユダヤ人商人の『時代』」と考えていた時期は非常に短く，1590 年から 1621 年，あるいは遅くとも 1650 年までである[44]。ブローデルは長い 16 世紀という概念を抱いており，東地中海におけるヴェネツィア貿易やのちにはオリバーレスがつくり上げた金融システムのなかでユダヤ人商人が果たした役割に言及している。オリバーレスの金融システムでは，ポルトガルの新キリスト教徒の銀行家が 1627 年から 1643 年まで，ジェノヴァ人に取って代わったのである。これに対して，ジョナサン・イスラエルは，セファルディム商人が国際交易に最大の影響力を行使したのは 1650 年から 1750 年であり，アムステルダムとカリブ海が彼らの交易

　43）　サミニアーティ＝パッツィ家の地理的ネットワークは，彼らの商業書簡の発信地から描き出すことができるが，Braudel 1981-84, 2: 185 に示されている。Groppi 1990 も参照。
　44）　Braudel 1972-73, 2: 823.

ネットワークの中心だったと主張している[45]。

　1595年から1650年代にかけて，オランダのセファルディムはイベリア半島と地中海との貿易によって成功していたが，その後は大西洋が彼らの戦略において突出するようになった。スペインとオランダとの12年の停戦（1609-21年）のあいだ，アムステルダムのセファルディムは大量のスペイン産羊毛とブラジル産砂糖を輸入した。彼らはまた，リスボンとイタリア半島とのあいだで，他の植民地商品（タバコ，ベニサンゴ，ダイヤモンド，スパイス類）の交易も手広くおこなっていた。1621年に停戦が終了すると，イベリア半島と低地地方との貿易のあいだには再び壁ができたが，新キリスト教徒とセファルディムはヴェネツィアとスペインとのあいだの金融と商業の紐帯を保ち続けた[46]。オランダとポルトガルとの貿易は，1640年にポルトガルが独立を取り戻した時点で，一時的に復活した。スペインによるオランダ船への入港禁止令は1647年に解除された。しかし，そのときまでにアムステルダムのセファルディム商人はしだいに関心を，ヨーロッパ南部からオランダ領・イギリス領カリブ海（スリナム，ガイアナ，マルティニク，ジャマイカ，バルバドス，とりわけキュラソー）に移していった[47]。イスラエルによると，17世紀半ばは2つの意味でターニングポイントだった。ひとつにはオランダのセファルディムが大西洋に活動をシフトしたこと，第二にクレタ戦争でヴェネツィアがオスマン帝国にクレタ島を奪われたあと（1669年），地中海におけるヴェネツィア貿易に，オランダのセファルディムが参

---

45) Israel 1978, 1983, 1984b, 1989c, 2002a.
46) Ruspio 2007.
47) アムステルダムの公証人文書のアーカイブに存在する800以上の貨物輸送契約書の調査に基づいて，Swetschinski（1981: 59-65）は，アムステルダムのセファルディムたちの商業活動のなかで1650年代まではポルトガルとその植民地が中心的地位を占めていたという同じ結論に達している。しかしながら，彼のデータによれば，オランダとポルトガルのあいだの貿易は1638年から1676年までの期間にもなお支配的であった。利用したサンプルが彼の結論に影響を及ぼしたのかもしれない。彼はまた，アムステルダムのポルトガル系ユダヤ人の商業世界においてイタリアは常に周辺的な位置にあったと主張している。しかしながら，Swetschinskiは別の文献（2000: 129-30）で，17世紀後半にアムステルダムとイタリア（とりわけリヴォルノ）のあいだの貿易がイベリア半島方面の回路の縮小にさほど苦しまなかったことを示唆している。1661年に締結された条約により，オランダとポルトガルおよびポルトガル領の大西洋の島々との貿易は復活した（Israel 1984a: 25, 33-36）。

加しなくなったことである[48]。イスラエルの言葉によれば，オランダのセファルディムは，18世紀の第1四半世紀まで，「西欧のセファルディム世界の原動力としての活動」を続けたのであるが[49]，その後，彼らは1720年代から1730年代にかけて活力を失い始めた。この時期，スペインとポルトガルでは異端審問の嵐が吹き荒れ，イベリア半島の新キリスト教徒に対して猛烈な迫害がおこなわれたのである。彼らのなかでスペインやポルトガルとの商業関係を維持できたのは，逃亡に成功したわずかな者たちだけだった[50]。

イスラエルの研究が明らかにした年代や地理的な関係は，17世紀のあいだにヨーロッパの主要な商業ルートと金融の中心を北と西に向かって移動させた構造的な進展を反映している。この構造変化によって，地中海は辺境の地になったが，近世の商業地図から消え去ってしまったわけではない。そのことを誰よりも認識していたのは，リヴォルノやヴェネツィアに拠点を持つセファルディム商人であった。18世紀前半，彼らは規模を縮小しながらも，イベリアとイタリアとの商業経路のいくつかで活動を続けていた。これらは，1世紀前にはアムステルダムに拠点を持つ同胞たちがコントロールしていた経路である。リヴォルノやヴェネツィアのセファルディムたちはまた，フランスとの新たな紐帯を開拓した。フランスはいまや，地中海において優勢を誇るヨーロッパ勢力になっていた。ヴェネツィアとリヴォルノには，世界中に散らばった西方系セファルディムの約3分の1に相当する約5,000人のセファルディムが暮らし（ユダヤ人全体の人口はもっと多かった），その商社も多かった。この事実に，東地中海における地位の確立を狙っていたフランス人が目をつけた。フランス人にとって，リヴォルノのセファルディムと連携することが，この時期には重要だった。南北アメリカとの通商がフランス貿易のほかのどの分野よりも急速に成長（1735年から1755年にかけて倍増）していた時期であっても，イギリスに比べれば，フランスの経済政

---

48) この時期にはまた，ユダヤ人の複数のパートナーシップがヴェネツィアからリヴォルノに移転した（Israel 1987b: 105, 110）。
49) Israel 1992: 394.
50) Israel 2002a: 566-84.

策はヨーロッパと地中海に焦点を合わせていたのである[51]。

　ポルトガルが喜望峰まわりの航路を発見したのち，さらには17世紀初頭にオランダとイギリスがインド洋で活動を始めたあと，ヨーロッパにとっての東地中海の位置づけは劇的に変化した。東地中海はヨーロッパにとってアジア商品を買い付けるための主要仕入れ先ではなくなり，そのかわりに，原材料（とくに絹と綿）の供給地になった。地中海におけるヨーロッパの商業・海運力は，オスマン帝国諸港における特別な特権をヨーロッパ船に与えるという外交的合意によって強化された。その結果，ヨーロッパ勢力はヨーロッパとオスマン帝国とのあいだの商業全体を支配し，オスマン帝国内の港湾間の輸送業務の大半を担うようになった[52]。しかし，ヨーロッパのどの国も，一部地域であろうとも地中海を単独で掌握できたわけではない。加えて，オスマン帝国当局は，地中海沿岸の経済のほとんどに対して財政・軍事・行政上の支配を続けた。過去20年ほどのあいだ，歴史研究者は17-18世紀にオスマン帝国の経済は不況にあったという旧来の見かたを微妙に修正し，中央アジアや南アジアとの陸上のキャラヴァン交易が一定の役割を果たし続けたこと，地元の手工業生産が状況に適応しながら存続していたこと，地元の金融市場の重要性，東地中海の港湾都市においてヨーロッパの貿易業者とムスリムやその他の現地のマイノリティとの交流があったことなどを指摘してきた[53]。このような研究は，17世紀末から18世紀の地中海交易と，この時代に特定の分野で進行していた国際商業における構造変化への適応プロセスに新たな関心を呼び起こした[54]。

　比較対照できる研究が存在しないため，オスマン帝国における非ムス

---

51) Crouzet 1966: 265. フランス革命勃発時にマルセイユは，アンティル諸島との貿易においても，フランスの港の中でボルドーに次いで第2位の規模を持ち，第3位のナントを凌いでいた（Fukasawa 1999: 581）。

52) この時期についての概観は，Mantran 1977; Stoianovich 1977; Panzac 1992; Faroqhi 1994 に見出されるだろう。

53) 総論は İnalcık 1994: 179-379; Faroqhi 1994: 474-75, 2004: 151-60 に見出されるだろう。アレッポについては，Masters 1988; Marcus 1989; Frangakis-Syrett 1991; Raymond 1991 を参照。スミルナについては，D. Goffman 1990; Frangakis-Syrett 1992 を参照。「オスマン帝国の衰退」という概念に関する歴史学・歴史叙述上の挑発的な議論については，Kafadar 1997-98 を参照。

54) 北アフリカ経済の動向に焦点を合わせた研究分野が明確に存在している。Raymond 1974; Valensi 1977, 1985; Boubaker 1987; Winter 1992; Cherif 1995 を参照。

リムの個々のマイノリティが特定の地域や貿易に特化していた度合いを評価するのは困難である。しかし，彼らは明らかに，ニッチ市場を独占し，大いに補完しあっていた[55]。ギリシア人はスミルナにとくに多く，そこで麦わらやライム，手織りの毛織物のような地元製品の小売りに従事していた[56]。地中海地域のどこであれ，彼らは船に人員を送り，船員や船長として働いた。アルメニア人は，イランからレヴァントへの生糸の輸出を牛耳っていた。ただし，1722年と1745-56年にアフガン人がイランに侵攻し，1743-47年のオスマン＝ペルシア戦争がこの貿易を中断させるまでである。その後，この輸出の大半はロシアに向かうようになり，いっぽう，イギリス人はしだいにベンガルと中国から生糸を買うようになった。18世紀後半，スミルナのアルメニア人は500人の従業員を抱える大規模な染色工場を開設した。またアルメニア人の数家族がコンスタンティノープルに移り，銀行と金融における影響力を獲得した[57]。

　オスマン帝国内に定住したイベリア系ユダヤ人は1540年代のヴェネツィアとの貿易と，サロニカでの織物製造業でとくに活躍するようになった。さらに地元で金貸しとして働く者も多く，オスマン帝国の金融界のトップに昇りつめた者もわずかながらいた[58]。17世紀，オスマン帝国のユダヤ人社会は，帝国経済がぶつかった不況ばかりでなく，1666年に自称メシアのシャブタイ・ツヴィがイスラムに改宗した事件に翻弄された[59]。さほどたたないうちに，少数ではあるが影響力の強いセファルディム移民のグループが，いくつかのオスマン帝国のコミュニティを活性化させると同時に，地元のユダヤ人と激しい紛争を起こした。その移民の大部分はリヴォルノからであり，ヴェネツィアからも多く，少数ではあるがアムステルダムとボルドーからの移民もいた。オスマン帝国のユダヤ人は，地元の仲買業や金融に関与し続けた。いっぽう，西方系

---

55) Eldem (1999: 49-59) は，18世紀のコンスタンティノープルにおける非ムスリムの商人たちのあいだのライヴァル関係についての論拠を挙げている。
56) Goffman 1990: 83-86.
57) Ferrier 1970, 1973, 1986; Herzig 1990, 1992; Jamgocyan 1991; Smyrnelis 1995: 28; Baghdiantz McCabe 1999; Matthee 1999.
58) Braude 1991b; Israel 1992: 367-68; Arbel 1995.
59) この出来事の影響を悲観的にみる立場については，S. Shaw 1991: 109-46 を参照。

セファルディムは，ヨーロッパ勢力，とくにフランスの陰のもとで国際貿易を担った。

3　西方系セファルディムとアレッポのフランス人

　オスマン帝国における西方系セファルディムの法的地位については，オスマン帝国政府とヨーロッパ諸国とのあいだで認められた諸特権の枠組みのなかで理解すべきである。西洋ではカピチュレーション（オスマン帝国のトルコ語では *imtiyāzāt*）として知られている枠組みである。カピチュレーションによって，ヨーロッパ人は人頭税の支払いを免除され，オスマン帝国臣民よりも低率の関税が認められていたが，*avanias* と呼ばれる追加的な罰金の一時的な課金を免れることはできなかった[60]。これらの外交上の合意により，受益者たちは，信仰の権利や商品の恣意的な差し押さえからの保護，商事・民事の争議の裁決における完全な自由裁量，刑事事件における広い裁判権を保証された。1673年に取り決められた新しいカピチュレーションでは，フランス王権は，輸出品・輸入品すべてについて，（イギリス人と同様に）商品価格の3％を関税として支払う条件をとりつけた。この関税率はヴェネツィア人が払っていた5％よりも低かった。オランダ人とジェノヴァ人も即座に同じ特権をスルタンから得たが，その後数十年間にわたってフランス人が追加的な特権を確保したため，フランス人はゆっくりと，しかし確実に，地中海中部から東部における主要勢力にのし上がった[61]。

　60）Boogert 2005: 117–57. フランスの領事たちは avanias を納めるために自らの収入（*avarie*）を用いていたと想定されるが，その負担が課せられたのはフランス領事の保護下にあるユダヤ人およびフランス人でないそのほかの人々のみであることが多かった。1744年にレヴァント会社は，この臨時税をアレッポにいるすべてのイギリス商人に課すのではなく「偽りの主張もしくは *abania* のもととなる侮辱や攻撃をおこなった人物」のみを対象とすべきという命令を出すいっぽう，領事や大使に対し，カピチュレーションに反すると思われる不当な要求には，どのようなものであれ反論するよう求めた（PRO, *SP*, 110/68, fols. 30–31）。

　61）近世の地中海におけるヨーロッパの貿易にカピチュレーションが与えたインパクトについては，Steensgaard 1967; İnalcık 1960–2000; İnalcık and Quataert 1994: 194–95 を参照。Mantran（1970: 381）によれば，1685年までにフランスの貿易と海運は地中海の中部および東部において首位に立っていた。フランスのレヴァント貿易に成長に関するより正確な見解については，Paris 1957: 87–91, 567–69 を参照。18世紀のカピチュレーションとその結果と

1740年のフランスのカピチュレーションは，オスマン帝国政府に外交官を置いていない国々の臣民に対してもスルタンが与えた許可を認めるものだった。つまり，フランス王旗のもとにあることを選ぶかぎり，その者たちはオスマン当局からはフランス人とみなされるというものである（第38条）。この条項の起草には，フランス人外交官たちがかかわった形跡がある。ユダヤ人は1394年にフランス王国（プロヴァンスとアルザスを除いて）から追放されていたため，フランス王権にとっては，フランスの保護下にあるユダヤ人という表現がカピチュレーションに現れないほうが好ましかった。1740年のカピチュレーションでは，かわりに，地中海交易で活動中の非フランス人の臣民という時代遅れのリスト——ポルトガル人，シチリア人，カタルーニャ人の臣民，メッシーナやアンコーナの住民など——を挙げている[62]。1740年頃には，フランス語の「ポルトガル人（*Portuguese*）」という語が暗にセファルディムを指していたのは明らかである。さらに重要なのが，カピチュレーションがフランス王権に，外国人をフランス王の庇護下に取り込む権力を与えていることである。

他のヨーロッパ諸国の支配者たちに発行されたカピチュレーションも，類似の諸特権を含んでいた[63]。セファルディムの貿易商は，ヨーロッパ勢力どうしの対立を利用して，自分たちにとって有利な条件を交渉し，たびたび利益を得た[64]。しかし，イギリスのレヴァント会社は自分たちの独占権からずっとユダヤ人を排除していたし，17世紀末以降の東地中海ではオランダ人の存在感は薄かった。また，オスマン帝国は

───────
しての法的な対立については，Boogert 2005を参照。

62) フランスの1740年のカピチュレーションの全文がDe Testa 1864-1911: 1: 186-210; Naradounghian 1897-1903, 1: 277-300に収録されている。

63) イギリスの1661年のカピチュレーションの第1条は，諸特権がイギリスとイギリス商人たちだけでなく「イギリスの旗と保護のもとにある，あるいはもとに入るであろうあらゆるネイションと商人たち」にも拡大適用されることを謳っている。*The capitulations and Articles of Peace between the Maiestie of the King of England... and the Sultan of the Ottoman Empire*, ed. Paul Ricaut Esquire Secretary to his Excellencie the Lord Embassador (Constantinople: Abraham Gabai, 1663), 2v.

64) スミルナの事例は，Eldem, Goffman and Masters 1999: 110-13に見出される。キリスト教徒の商人たちも，たとえばフィレンツェ商人ジョヴァンニ・タルジョーニが1689年にスミルナで死亡した際の訴訟が示すように，さまざまな領事からの保護を得るために競い合っていた（ASF, *MP*, 1606）。

ヴェネツィア人に対して高額の税を課したし、これらに加えて、地中海商業におけるマルセイユの影響力が成長した。これらのことから、フランスはセファルディムにとって最も望ましいスポンサーになったのである。このとき、トスカーナ大公はフランス人が彼らに与えたほどの特権を交渉で得られなかったため、リヴォルノのユダヤ人たちは大挙してフランスの保護を求めて押し寄せた[65]。

オスマン帝国内でフランスの保護を得ることは、きわめてはっきりした強みになった。関税面での優遇に加えて、セファルディム商人は現地の民事裁判権の介入を免除された。実際のところ、この免除はしばしば刑事事件にも拡大された。たとえば、1744年にアレッポでイサク・ベリリオスがムスリムの隊商随行員のひとりを殺害した際、ベリリオスは彼を裁判にかけようとしたオスマン帝国判事の手を逃れて、フランス領事の審理を受け、フランス領事は罰として、領事の保護下にあるユダヤ人たち全体に罰金を科したのだった[66]。フランス領事の職権には、さらに、ヨーロッパの諸法廷で使用できる商取引の証明書類を発行する機能があった。1735年、リヴォルノのセファルディム商人だったガブリエル・デル・リオは、非の打ち所のないフランス語で、マルセイユの商業

---

65) Milano 1949; Schwarzfuchs 1984; Masters 1987, 1988; Rozen 1992: 146-47; Filippini 1990; Philipp 1994. 1585年にアレクサンドリアのフィレンツェ人のネイションはすでにフランスの保護下にあった（ASF, *Pratica segreta*, reg. 189, fols. 26r-v）。サント・ステファノ騎士団の反ムスリム的な活動とオスマン帝国政府へのフランスの影響力は、コンスタンティノープルでトスカーナ大公国の外交代表が認められるのを妨げた。1668年にトスカーナ大公が得ることができたのは、オスマン帝国内のトスカーナ人が帝国の臣民として認められるという同意だけであった（Galluzzi 1781, 5: 206; Masson 1911: 384; Guarnieri 1962: 229; Mangio 1980b）。フランス人がより有利な条件を得ていたことや1682年にオーストリア・ハプスブルク家とオスマン帝国のあいだに戦争が勃発したことを考えれば、リヴォルノのユダヤ人たちがレヴァントにおいてフランスの保護を受けるほうを好んだ理由が理解できる。メディチ家の文書群のなかに1673年のフランスのカピチュレーションの写しが存在することは、トスカーナ大公国にとってフランスのカピチュレーションがいかに重要であったかを間接的に示している（ASF, *MO*, 1605）。

66) CCM, *AA1801*, J.908（1744年7月29日）；ANP, *AE*, B/I/84, fols. 272-277r（1744年9月29日）；CCM, *AA1801*, J.949（1744年9月30日）。ベリリオスは12年後に破産したとき、150人以上の怒れるムスリム債権者の一群が彼を襲おうとしているとしてヴェネツィア領事のもとへ避難した。このころまでにリヴォルノのユダヤ人たちはハプスブルク家の保護下に入っており、皇帝の大使が、ヴェネツィア領事がベリリオスとムスリム債権者たちの合意交渉にかかわったことはこのパートナーシップのリヴォルノの債権者たちに不利であるとして抗議した（ASV, *VS: I serie*, 185, fol. 102r）。V. Costantini 2001: 168 も参照。

会議所に手紙を書いた。1695年から1714年にかけて，彼がアレッポで税を支払った証拠を文書庫でよく探してほしい，そうすれば数人のフランス人商人が彼を告発していることがまちがいだとわかるはずだと依頼するためだった[67]。エルガス＝シルヴェラ商会も2度，同一商品に対してフランスの関税を東地中海の2つの港で課税され，2度とも彼らが受領書の写しを提出したことについて苦情を訴え，フランスの商業会議所に彼らの主張が正しいことを立証してほしいと依頼した。国務大臣と海軍大臣の介入後，フランス王権はエルガス＝シルヴェラ商会に対する払い戻しを命じただけでなく，マルセイユの商業会議所に，セファルディムたちのサーヴィスを失う恐れのあるこうした権限濫用を控えるように勧告した[68]。

　フランスの商人と当局は，リヴォルノのユダヤ人に保護を与えることが国家の利益を強固にしたのか，それとも損ねたのかという議論に関して対立していたが，どちらにせよ，その特権は海外でのみ有効だと考えることでは一致していた。マルセイユは，財務総監のジャン＝バティスト・コルベールによって1669年にいわゆる自由貿易港となったが，リヴォルノで運用されていた制度とはかなり異なっていた。マルセイユでは，保護主義的対策と財政的な免税が合わせておこなわれたが，外国人と非カトリック信者のマイノリティに対する寛容は含まれていなかったのである。マルセイユに寄港したフランス船は関税を払わず，その船の出航地とトン数に応じて，少額の通行税と軽微な料金を払うだけであった（*tonelage* および *cottimo*）[69]。しかし，これらの課税は，フランス船にフランス人商人が乗せた商品に適応されたのであり，外国人商人が輸入した商品，フランス船以外に積まれて輸入された商品，フランス以外の港を経由してマルセイユに到着した商品，マルセイユ以外の港を目的地にした商品には，すべて20％という法外な関税が課せられた[70]。東地

---

67) CCM, *AA1801*, H. 57.
68) CCM, K. 80（1736年11月25日）；ANP, *AE*, B/III/2, fols. 201r–202r（1736年10月31日）；CCM, *AA1801*, J. 49（1743年3月6日）。
69) 1722年以降，cottimoとtonelageは新しい関税（*droit du consulat*）に置き換えられた。その新税では，オスマン帝国から到着した商品には，積出港に応じて，見積価格の2％から3％が設定されていた（Masson 1911: 59; Paris 1957: 121）。
70) Paris 1957: 11; Carrière 1973: 319–30.

中海での利益幅が20％を超えることはまれだったため，この税は実質的には入港禁止令であり，リヴォルノはその一番のターゲットだった。1686年には，20％の関税を払ったレヴァント商品の85％が，リヴォルノからマルセイユに到着したものであった[71]。

こうした厳しい対策は，フランスのラングドック地方産の毛織物の東地中海への輸出の促進を意図していたにもかかわらず，広く悪用された。建前上は，自分の商品を直接マルセイユに送りたいと望むアルメニア人やユダヤ人に名義を貸して捕まった場合，東地中海にいるフランス人商人や船長は罰としてその船や商品を没収されたうえ，罰金を課された。その額は，1671年から1687年のあいだに1,000リーヴルから3,000リーヴルに引き上げられた[72]。1781年になってもなお，フランス人商人は，もし自分の名義を「ギリシア人やユダヤ人，アルメニア人，その他の外国人」に貸した場合には，「最も厳しい罰」が与えられると恐れるようになっていた[73]。とはいえ，このような禁止令が繰り返し出されたということは，違反が頻発していた証拠にすぎない。

1719年，アルジェにおけるフランス領事館の書記は，マルセイユで商品を売りたいセファルディム商人たちに名義を貸すフランス人が増えていることを糾弾した[74]。1746年にも，アレッポにおけるフランス人ネイションの代表者が，フランス旗をかかげてユダヤ人が船に積む商品の品質や重量や寸法を点検するのは困難だとこぼしている[75]。1702年，ある計画が暴露された。申し立てによると，ガブリエル・メディナ，サムエル・アブラハム・ルゼナ，レカナーティ家のひとりを含むリヴォルノのユダヤ人たちが，マルセイユでユダヤ人に科せられた禁令を回避するために，自分たちに代わって東地中海に船出し，貿易をするための船の

---

71) Paris 1957: 8-9n3.
72) Masson 1886: 253-54; Paris 1957: 19.
73) "Instruction relative à l'Ordonnance du Roi, concernant les consul, la résidence, le commerce et la navigation des sujets de Sa Majesté dans les Échelles du Levant et de Barbarie, rendu le 3 mars 1781," in *Réglemens concernant les consulats, la résidence, le commerce et la navigation des français dans les échelles du Levant et de Barbarie*（Paris: Imprimerie Impériale, 1812），160。
74) Paris 1957: 258, 324。
75) CCM, *AA1801*, J. 950（1746年5月5日付書簡）。

建造をプロヴァンス出身の船長たちに注文したというのである[76]。約10年後，リヴォルノにおけるフランス当局への情報提供者で，「宗教的にはユダヤ人だが，バイヨンヌ生まれであるためフランス人だ」と自負していたミシェル・カルヴォ・ド・シルヴァなる人物は，トスカーナ当局はこの計画に関与した者たちの一部を処罰したが，計画を画策した者たちには懲戒を与えなかったと商業会議所に報告した[77]。フランス人商人たちの商業通信文からも，あらゆる規制が常態的にくぐりぬけられていたことが確かめられる[78]。

　規則と実態との乖離に鑑みて，1688年に公布された王令は，東地中海からの帰路にイタリア諸港に寄港した船に対し，20％の税を免除した[79]。この特例は，外国人がマルセイユに商品を船で運ぶことを繰り返し禁じてはいたが，フランス人が帰路の積み荷を確保するためにリヴォルノのユダヤ人に頼っていたことを，暗黙のうちに認めるものだった。さらに，この特例によって，フランス船が生糸を買い付けるためにメッシーナに寄港することも可能になった。1688年までには，オスマン帝国内でセファルディムに対してフランスが外交上の保護を与えることはあたりまえになっていた。自由化と寛容策に対する商業会議所の断固たる反対と，地中海南東部市場において可能なかぎり最大のシェアを獲得しようとする王権の関与とのあいだの妥協策がこれだったのである。

　筋金入りの反ユダヤ主義者が一部にはいたにせよ，大部分のフランス領事はこれらの対策に好意的だった。海外のセファルディムが生みだした交易によって，彼らが個人的に利益を得ていたからである。1698年から1700年にかけて，アレッポのフランス領事だったジャン＝ピエール・ブランは，国務大臣のポンシャルトラン伯に一連の報告を送ったが，この報告からは，少なくともそれまでの15年間に，アレッポにおいてフランスの保護下で交易していた「イタリアあるいはスペインのユダヤ人（"juifs italiens ou espagnols"）」が25名前後いたことがわかる。

---

76) CCM, *AA1801*, H. 56（リヴォルノ，1702年1月27日）。
77) CCM, *AA1801*, G. 5（リヴォルノ，1711年12月3日）。Michel Calvo de Silva については，Filippini 1979b を参照。
78) Carrière 1973: 305.
79) Paris 1957: 16.

表4.1 オスマン帝国からフランス

輸出元	1749 輸入額	全体に対する割合(%)	1750 輸入額	全体に対する割合(%)	1751 輸入額	全体に対する割合(%)
コンスタンティノープル	2,146,793	11.10	1,369,591	6.52	996,886	4.56
スミルナ	4,531,162	23.42	5,629,076	26.80	3,775,138	17.26
アレクサンドレッタ	3,224,377	16.67	2,035,618	9.69	1,385,025	6.33
シドン	1,586,227	8.20	2,492,570	11.87	4,517,600	20.66
トリポリ（レバノン）	1,168,745	6.04	606,672	2.89	1,520,391	6.95
キプロス	581,505	3.01	358,237	1.71	632,534	2.89
エジプト	2,162,505	11.18	2,374,058	11.30	2,746,565	12.56
サロニカ	663,566	3.43	2,029,235	9.66	628,622	2.87
エーゲ海諸島	911,509	4.71	564,070	2.69	2,580,597	11.80
クレタ島	182,303	0.94	1,066,629	5.08	337,902	1.55
ギリシア半島部	1,635,278	8.45	1,353,087	6.44	1,924,726	8.80
北アフリカ	554,070	2.86	1,127,411	5.37	824,677	3.77
計	19,348,040		21,006,254		21,870,663	

典拠）CCM, *AA1801*, I. 33
注）単位はオスマン帝国のピアストラ貨

ブランは，競争相手であるイギリス人やオランダ人にセファルディムを奪われることを恐れ，セファルディムがリヴォルノの同胞とだけ交易する状態を放置した場合に起こりうる悪影響の数々を挙げた[80]。それから40年後の1739年から41年にかけて，アレッポで徴収されるフランスの関税にセファルディムの支払額が占める割合は31％となっていた[81]。

18世紀前半は，アレッポの西方系セファルディムにとって黄金時代だった。アレッポでは，セファルディムは他のオスマン帝国都市と比べて数も多く，影響力も強かった。リヴォルノのセファルディムは，1670年以降，ときおりアレッポでフランスの保護を受けるようになり，

---

80) ANP, *AE*, B/I/76（1699年7月10日および1700年4月15日）。ジャン=ピエール・ブランはまた，インド産綿布のマルセイユへの輸入に対する重商主義的な規制についても批判的であった。ほかのフランス領事たちは，ヨーロッパのほかの国家との競争について彼ほど恐れていなかったが，より拘束力のある措置を課すことはまったくできなかった。たとえば，ANP, *AE*, B/I/84（1743年8月28日）を参照。

81) Schwarzfuchs 1984: 713. 1681年に可決された改正法は，地中海地域に駐在するフランス領事が私的な貿易に携わることを禁じ，定額の俸給を与えていたが，海外勤務で必要な出費を賄うために少額の税（*droit d'avarie*）をフランスの旗の下で航海する船に課すことを認めていた（Paris 1957: 210-16, 314-15）。このような慣例もまた，しばしば濫用された。たとえば，1711年にアレッポのフランス大使館の高官がアブラハム・アギブとビジネスをおこなっていたとして逮捕された（Fukasawa 1987: 73）。

への輸入額（1749-55 年）

1752		1753		1754		1755	
輸入額	全体に対する割合(%)	輸入額	全体に対する割合(%)	輸入額	全体に対する割合(%)	輸入額	全体に対する割合(%)
686,939	3.09	513,188	2.17	646,173	2.85	929,515	3.98
4,280,905	19.27	5,205,557	21.98	6,553,717	28.89	7,207,385	30.87
2,412,156	10.86	1,913,162	8.08	2,647,000	11.67	2,699,291	11.56
3,845,634	17.31	1,484,661	6.27	1,816,071	8.00	2,175,665	9.32
569,194	2.56	872,041	3.68	790,855	3.49	342,383	1.47
455,968	2.05	1,037,877	4.38	244,430	1.08	614,993	2.63
2,701,336	12.16	2,693,261	11.37	2,146,076	9.46	2,785,546	11.93
1,452,443	6.54	612,301	2.59	979,437	4.32	1,350,315	5.78
2,447,942	11.02	6,702,563	28.30	4,654,009	20.51	1,158,352	4.96
181,288	0.82	627,511	2.65	231,839	1.02	475,080	2.03
2,418,987	10.89	1,307,660	5.52	1,081,123	4.77	2,110,561	9.04
757,102	3,41	710,411	3.00	896,885	3.95	1,500,332	6.43
22,209,894		23,680,193		22,687,615		23,349,418	

1682 年以後は，恒常的な保護が始まったが，この年に彼らはマルセイユから追放されている[82]。セファルディムの数は，サロニカでは少なかった。ここは 1685 年にフランスが領事を置いたところである。ほかにも，スミルナ，チュニス，アルジェ，カイロ，アレクサンドリアにも，セファルディムはいた[83]。セファルディムがアレッポを好んだことは推測の域を出ないが，スミルナがオスマン帝国のなかで最もヨーロッパ交易

82) Lutzky 1940; Milano 1949: 172; Schwarzfuchs 1984: 709; Rozen 1992: 147. 1711 年にアレッポの西方系セファルディムのなかで最も傑出した複数のパートナーシップ（ロペス商会，ピネイロ＝ファッロ商会，ヤコブおよびヨセフ・ベリリオス商会，エルガス＝シルヴェラ商会，メディナ＝カヴェス商会）が署名した 1 通の嘆願書がポンシャルトラン伯に提出された。その嘆願書には，ユダヤ人たちが 42 年前からフランスの保護下にあることが述べられている（ANP, AE, B/I/77, 1711 年 8 月 4 日）。その言及は，コルベールがユダヤ人のマルセイユへの出入りを再び認める意図を示した日（1669 年）を指しているのかもしれない。このコルベールの意図は，すぐに商業会議所の反対にあった。

83) 西方系セファルディムがアレッポを好んだ理由は，とくに当時は 1688 年の大火災にもかかわらずスミルナのほうが港として栄えていたことを考えると，謎である。リヴォルノでフランスのスパイをしていたあるユダヤ人は，リヴォルノおよびヴェネツィアのユダヤ人商人に与えられた外交上・財政上の保護はアレッポとサロニカにおいてのみ適用され，スミルナとアレクサンドリアでは適用されなかったと述べている（CCM, AA1801, K. 80, 1734 年 7 月 16 日付書簡）。だが彼は慣習的におこなわれていたことを法制と取り違えていたようだ。1693 年にフランスがスミルナにおいてユダヤ人への保護を一時停止したことについては，ASF, MP, 1606（スミルナ駐在オランダ領事による 1693 年 10 月 12 日付書簡）を参照。

がさかんな港だったにもかかわらず，レヴァント会社がアレッポを拠点にしていたことは注目に値する。アレッポでのフランス貿易のブームと，ほかと比べてイギリス人との競争が少なかったことは，このシリアの都市におけるセファルディム商人に大きな好機を与えたのだった。

アレッポは，コンスタンティノープルとカイロに続く，オスマン帝国第3の大都市だった。この都市には20万人の住民がおり，そのなかでユダヤ人はおそらく5,000人ほどだった。ユダヤ人の多数は現地生まれだったが，近年移住してきた西方系セファルディムは影響力のあるマイノリティだった[84]。彼らはユダヤ人のなかでは少数派だったが，通常，街中ではフランス人商人の数を上回っていた。領事によると，1698年にはフランス人商人は19名で，大部分はマルセイユ出身者であり，イタリア出身のセファルディムが25名いた。1711年には，リヴォルノないしヴェネツィア出身の20名のユダヤ人商人がフランスの旗の下で活動していると報告されている。1711年から1781年にかけて，アレッポ居住のフランス人商人の総数は82名だったが，同時期にその地にいた人数は17名を超えなかった[85]。

アレッポは，オスマン帝国におけるフランスの在外拠点（当時の用語では *échelles*）のなかで，貿易額の点でトップに近い位置を占めていた。アレッポでのフランスの貿易は，18世紀前半に力強く成長し，世紀後半には少しペースを落としながらも拡大を続けた。平均すれば，東地中

---

84) イギリス人医師のアレクサンダー・ラッセルは，1750年代初めにアレッポにいるユダヤ人を「約5,000人」と見積もった（Russell 1794, 2: 58v）。Masters (1998: 42, 89) は，アレッポの人口の約5%がユダヤ人であったと計算し，1672年には380のユダヤ人世帯のうち73世帯が「フランク系ユダヤ人」すなわち西方系セファルディムと同定されると述べている。1695年には約400人のユダヤ人男性が「フランク系」とされた（Masters 1987: 39）。アレッポの人口動態的特徴に関する議論については，Raymond 1984; Masters 1988: 38-42 を参照。

85) ANP, *AE*, B/I/76 ("Memoire sur l'état de la ville d'Alep," 1698); CCM, *AA1801*, G. 5; Fukasawa 1987: 76-78, 98n35. 1753年にはアレッポでフランスの商社9社が設立された。1772年までには，多くの商人たちのうち，行き来を繰り返す商人が6, 7人いた（Russell 1794, 2: 5r）。1685年以降，フランス人商人がオスマン帝国に住むにはマルセイユの商業会議所の認可を受けなければならなかった。1743年，フランスの当局は海外で活動できるパートナーシップの数を制限することにし，アレッポでは9，レヴァント全体で43に上限を定めた。だが実際は，これらの規制はしばしば無視された。Stoianovich 1977: 231 を参照。

海におけるフランス商業の10％である[86]。1749年から55年にかけて，オスマン帝国からマルセイユに到着した全商品の6.33％から16.67％（平均10.67％）が，アレッポの通関港であるアレクサンドレッタ（現イスケンデルン）から出荷された（表4.1参照）。シリアの都市アレッポは，貿易の量，価値，多様性の点ではスミルナにはとうてい太刀打ちできなかったが，原綿と綿糸の輸出および，ヨーロッパ製品と植民地産品の輸入に特化していた[87]。フランス人が，この新しい貿易パターンの主要な担い手だった。スペイン継承戦争（1713年）後，アレッポにおけるフランスの貿易はイギリスの貿易を凌駕し，オランダ人は脇役に追いやられた[88]。東地中海からヨーロッパへの綿輸入は，1700年から1760年のあいだに3倍に増え，フランスに輸入された分だけみれば6倍に増加した[89]。1730年代から1770年代にかけて，フランス人がアレッポから輸出した商品のなかで，綿は少なくとも50％（ときには60％以上）を占めていた[90]。アレッポからの輸出品が絹から綿にシフトするこの動きには，イギリス人もかかわっていたが，フランス人に比べると程度が小さかった。イギリス人は綿の供給を西インド諸島に頼っており，アレッポではイランやシリアの絹を求めていたからである[91]。逆にフランスは，生糸の多くを南イタリアで得ていた。

　アレッポのフランス領事が集めた商業統計は，西方系セファルディムがマルセイユとの貿易にいかに貢献したかを明らかにする助けになる（表4.2および図4.2を参照）[92]。2件のみ例外はあるが（1744年と1748

---

86) Fukasawa 1987: 115.
87) Masters 1988. フランスはレヴァントからインド産の染色済みキャラコよりも原綿を多く輸入していた（Fukasawa 1987: 27）。
88) Fukasawa 1987: 38.
89) Stoianovich 1977: 235.
90) Fukasawa 1987: 21–26.
91) R. Davis 1970: 195–96, 200.
92) アレッポにおけるフランスの貿易について2種類のデータ群がある。ひとつは，マルセイユの商業会議所によって保管されたのちパリの海軍卿に渡され，1716年と1772年のレヴァントおよび北アフリカにおける貿易の全体的な価値をひとまとめにしたものである。もうひとつは，海外のフランス領事によって作成され，マルセイユに送られたのち同省に渡されたもので，1725年から1780年までのデータが商品ごとに細分化されている。後者のほうがより詳細で信頼性があると思われるため，私はこちらを利用した。これらの史料については，Paris 1957: 499–503; Fukasawa 1987: 112–13 を参照。近世のすべての統計と同様に，こ

年),18世紀前半,フランス人のアレッポでの貿易収支は,大半の在外拠点とはちがって好調だった。南シリアやクレタ島,エーゲ海諸島で,フランス人商人は油と穀物を買うのにしばしば現金払いを強いられた。逆に,アレッポやスミルナやコンスタンティノープルがフランス製織物と植民地産品の最大の買い手になった[93]。実のところ,フランス領事の統計には,マルセイユからアレッポに運ばれたかなりの量の銀貨(多くはスペインとメキシコのスペインドル貨)の量は明記されていないのだが,フランスからアレッポへの輸出品のかなりの割合が銀(今度はオーストリアのターラー貨を含む)になったのは,1786年以降のことだったと思われる[94]。

　アレッポとフランスとの貿易のうち,セファルディムがどれほどのシェアをつかんでいたかについて,正確なデータがあるのは,1743年から47年にかぎられる。マルセイユからの輸入が12.79から52.96%,アレッポからの輸出が12から31.85%の範囲だった。その割合が最も高かったのは,1744年から45年にかけてフランス対イギリスの海上戦

れらのデータは正確な数字というよりは規模の大小を示すものである。商品の区分は微妙に異なる分類法に基づいており,年代もまちまちであるため,正確に比較することはできない。金銭的な価値も,市場価格よりはアレッポの領事関税の徴用に設定された料金に基づいている。さらに,マルセイユでおこなわれた価格の査定は,輸出品の価格には海上輸送料が含まれないいっぽう,輸入品の価格には輸送費が加算されている可能性が高いため,アレッポの記録とは異なるであろう。またさらに,領事の統計はオスマン帝国のピアストル貨で記録されていた。これらの取引で使用されていた銀貨(*piaster iselotte* として知られていた)は18世紀のあいだに価値が下がり続けたが,為替相場は一定で,3トゥール・リーヴルのままであった(Carrière and Courduiré 1984: 24; Fukasawa 1987: 145n15; Eldem 1999: 163–64)。そして,Eldem(1999: 144)は,フランスの領事たちは年毎の統計表の帳尻を合わせるためにオスマン帝国内のほかのフランスの在外基地から取り寄せた為替手形を引き合いに出すことを習わしとしていたと指摘している。この習慣は会計上の単純化をもたらし,レヴァントのフランス人商人たちのあいだでやりとりされていた為替手形の総額についての正確な記録とはなっていない。注意していただきたいのは,これらの統計が計算上の誤りを含む場合,私は各部分の数字を有効なものとして取り上げ,最終的な値を修正したため,私が作成した表の総額は原史料の数値と異なる場合があるということである。

93) Paris 1957: 406–10, 470–77, 488–91. 1744年と1748年には,イギリスとの海上戦争やそのほかの要因によって,フランスからアレッポへの輸出は輸入を下回った。1743年には,マルセイユからアレッポに13隻の船が到着し,7隻がアレッポからマルセイユに向けて出帆した。しかし,1744年には,アレッポに到着したのは1隻のみで,アレッポから出帆したのは5隻だった。さらに,1743年にフランス人がアレッポに輸入した商品の67%は1744年1月1日時点でまだ売却されないままだった(CCM, *AA1801*, J.949)。

94) Paris 1957: 417; Fukasawa 1987: 104n73, 138–40, 146n22.

表 4.2 フランス人とセファルディムがおこなった
アレッポとの輸出入総計（1725-52 年）

	輸　入				輸　出			
	フランス人	セファルディム	計	ユダヤ人による交易の割合	フランス人	セファルディム	計	ユダヤ人による交易の割合
1725	434,366				274,137			
1726	577,302				253,967			
1727	660,693				245,628			
1728	850,497				389,963			
1729	470,455				252,070			
1730	418,025				202,986			
1731	594,475				277,185			
1732	1,430,535				502,674			
1733	443,282				431,549			
1734	1,021,925				423,424			
1735	1,359,265				172,621			
1736	1,464,379				259,621			
1737	764,894				337,323			
1738	923,923				431,673			
1739	823,975				556,577			
1740	754,108				484,984			
1741	958,281				304,317			
1742	914,633				888,999			
1743	1,494,726	219,252	1,713,978	12.79%	794,411	108,370	902,781	12.00%
1744	163,419	183,953	347,372	52.96%	500,719	128,602	629,321	20.44%
1745	429,233	253,561	682,794	37.14%	423,725	198,001	621,726	31.85%
1746	1,016,975	398,758	1,415,733	28.17%	459,476	214,732	674,208	31.85%
1747	649,455	272,213	921,668	29.53%	541,156	123,685	664,841	18.60%
1748	397,288				527,203			
1749	1,269,444				967,074			
1750	921,344				764,892			
1751	628,691				449,189			
1752	749,102				598,053			

典拠）CCM, *AA1801*, J. 942, 944953
注）単位はオスマン帝国のピアストラ貨

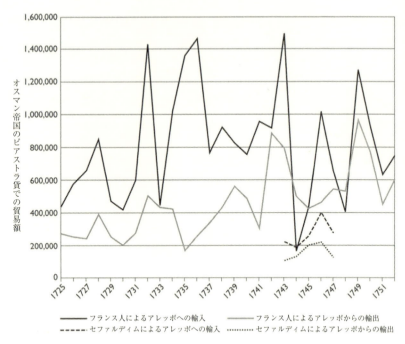

図4.2　アレッポにおけるフランス人とセファルディムの貿易（1725-52年）
典拠）CCM, *AA1801*, J. 942, 944-953

争が勃発したときである。このときマルセイユのフランス人商人は，リヴォルノで利用可能だった中立のスウェーデンやヴェネツィア，なかでもオランダの船を使った[95]。ヨーロッパ諸国間で武力衝突が始まると，交易に従事するディアスポラにとっては利益を得る機会が開けた。しかし，セファルディムたちはどの場所でも等しく有力だったわけではない。東地中海とフランスとの交易にセファルディムが果たした役割は，中心的というよりは補足的なものだった。セファルディムの役割は，フランス船に積み込まれた商品の多様性を広げることであって，フランス商業のパターンを形成するというほどではなかった。要するに，アレッポとフランスと交易のかなりの割合をセファルディムが担ったといっても，リヴォルノのユダヤ人がチュニスとフランスとの交易において果た

95）　Fukasawa 1987: 126。

した役割ほどではなかったのである。1772年，数名のユダヤ人が自分たちの事業を視察するためにチュニスから到着したのだが，このとき国務大臣はマルセイユの商業会議所がユダヤ人に対する禁止令を強行しないよう要請している[96]。フィリッピーニの計算によると，リヴォルノに拠点を置くユダヤ商人は，このトスカーナの港から北アフリカへの輸出品の83-94％を支配していたが，東地中海への輸出で支配していたのは，1765-90年のあいだ，11-35％にすぎなかった[97]。

フランス船に積み込まれてアレッポに向かったセファルディム商人の商品が全体に占める比率が，なぜアレッポからの帰り荷に占める比率よりも常に高いのか，その正確な理由は不明である。セファルディム商人は，商品を東地中海に輸入する際にはフランスの外交的保護を得ることができたが，とくにマルセイユとの直接交易を制限されていたことを考えれば，帰りの旅にはほかの国の船を選んだ可能性も排除できない。ここでも，セファルディムが競合する海運サーヴィスやヨーロッパにおける目的地のなかから，どのていど時宜に即して自由に選択できたかを明らかにしたり他と比較したりすることを可能にする統計値は，イギリスやオランダやヴェネツィアの領事たちの記録には現れてこない。しかし，セファルディムはアレッポから輸入するよりも多くをアレッポに輸出していた可能性もある。フランス人商人も同じことをしていたからである。もしそうであるならば，東地中海にいるセファルディムの親族やパートナーたちは，為替手形を使って現金を送金することで，不均衡を精算するのに有利な立場にいた。

アレッポとフランスの貿易の構成は，この貿易で西方系セファルディムが果たした詳細な役割を明らかにしてくれる（表4.3参照）。前述のとおり，フランス人商人は，保護貿易体制のもとで，ラングドックで生産

---

96) CCM, *AA1802*, J. 1586（ヴェルサイユ，1772年6月22日）。

97) Filippini 1984b, 1998, 3: 256-73. これらの数字は，リヴォルノで保険をかけられた商品の価値に基づいている。Filippini が認めているように，ユダヤ人商人たちはリヴォルノでは船貨の50％のみに保険をかけ，残りについては海外で保険証書を購入した。しかしながら，Filippini は，これらの保険証書をもとに輸出総額を計算する際に用いたさまざまな係数をどのように導き出したかを説明していない。Filippini 1984a: 640, 1998, 1: 27, 3:255 を参照。Marzagalli（1999: 60, 134）も，Filippini のデータには注意するよう呼びかけている。1790年代から1830年までのリヴォルノと北アフリカとの貿易に関するデータについては，Valensi 1977: 97 を参照。

された毛織物の輸出を支配した[98]。彼らはまた，フランス領アンティル諸島から輸入した植民地産品の東地中海への再輸出も独占していた。ただし，エルガス＝シルヴェラ商会の活動は，リヴォルノのセファルディムも新世界からの商品，とくにアメリカにおけるオランダ植民地とスペイン・ポルトガルの植民地からもたらされた商品をアレッポへ運んでいたことを示している。アレッポへの輸入に関しては，ユダヤ人商人は通常，2つのカテゴリーで優位に立っていた。「外国商品」と「雑貨品」である。これらの2つのカテゴリーの正確な構成について，わかっていることはほとんどないが，いずれにしても驚くことではないだろう。予測できるように，セファルディムはフランス産以外からアレッポに運び込まれる商品で，かなりのシェアを誇っていた。サンゴ，ダチョウの卵や羽根，皮革，紙，鏡，その他のガラス製品といった商品を含む，伝統的に地中海交易で扱われていたと推測できる多様な商品に関してもやはり同様だった。また，セファルディムは，フランス船に積まれてアレッポを出港する生糸の全量あるいはほとんどとアジア産香辛料のかなりの割合を扱っていた。ガラスの極小ビーズ（*conterie*）を扱っていたのは，ヴェネツィアのセファルディムだけである。このビーズは伝統的にヴェネツィアで生産されていた商品で，18世紀には前例をみないほどの成功を収めた[99]。これらの統計値から，ヴェネツィアのセファルディムがリヴォルノの同胞を凌ぐことも多かったことがわかる。このことは，リヴォルノがヴェネツィアよりも経済的に強力で，より大規模で豊かなユダヤ人共同体を抱えていたことを考えれば，戸惑いを感じさせるかもしれない。情報提供者ミケル・デ・シルヴァがスペイン継承戦争中に記していたように，リヴォルノに拠点を置く多くのセファルディム商人が，そのほうが都合がいい場合には，自分はヴェネツィア人だとして押し通していた，ということもあり得る[100]。アレッポでの生活が厳しいことを考えれば，概してリヴォルノのセファルディムほど豊かでなかったヴェネツィアのセファルディムのほうが，より多くの息子や甥をアレッポに送っていたとしてもおかしくはない。いずれにせよ，エルガス＝シル

---

98) Thomson 1982.
99) Trivellato 2000: 171-87, 219-45.
100) CCM, *AA1801*, K. 80（1712年10月12日付書簡）。

表4.3 フランス人とセファルディムがおこなった
アレッポとの輸出入詳細（1743-47年）

	計	フランス人 金額	全体に対する割合(%)	リヴォルノのユダヤ人 金額	全体に対する割合(%)	ヴェネツィアのユダヤ人 金額	全体に対する割合(%)	セファルディム貿易額の全体に対する割合(%)
1743年 輸入								
毛織物	691,585	652,082	94.29	19,613	2.84	19,890	2.88	5.71
雑貨	162,314	57,999	35.73	47,864	29.49	56,451	34.78	64.27
フランス領アメリカからの輸入品	483,967	483,967	100.00					
外国産品	310,943	254,133	81.73	42,228	13.58	14,582	4.69	18.27
コンスタンティノープルとスミルナを経由した商品						18,624	100.00	100.00
為替手形	65,169	46,545	71.42					
計	1,713,978	1,494,726	87.21	109,705	6.40	109,547	6.39	12.79
1743年 輸出								
インド更紗	307,457	293,600	95.49	5,027	1.64	8,830	2.87	4.51
織物	19,208	19,208	100.00					
生糸	13,582	6,788	49.98	3,630	26.73	3,164	23.30	50.02
毛糸	33,563	33,563	100.00					
香料	62,959	45,954	72.99	8,869	14.09	8,136	12.92	27.01
雑貨	191,260	156,096	81.61	18,317	9.58	16,847	8.81	18.39
キプロス島と沿岸向けの貴金属および為替手形	274,752	239,202	87.06			35,550	12.94	12.94
計	902,781	794,411	88.00	35,843	3.97	72,527	8.03	12.00
1744年 輸入								
毛織物	125,850	69,818	55.48	33,152	26.34	22,880	18.18	44.52
雑貨	117,861	8,892	7.54	18,065	15.33	90,904	77.13	92.46
フランス領アメリカからの輸入品	55,449	55,449	100.00					
外国産品	43,389	16,260	37.47	18,952	43.68	8,177	18.85	62.53
為替手形	13,000	13,000	100.00					
計	347,372	163,419	47.04	70,169	20.20	113,784	32.76	52.96
1744年 輸出								
インド更紗	199,836	190,185	95.17	4,100	2.05	5,551	2.78	4.83
織物	10,861	10,861	100.00					
毛糸	12,765	12,765	100.00					
香料	19,538	12,700	65.00	4,146	21.22	2,692	13.78	35.00
雑貨	132,861	98,045	73.80	19,320	14.54	15,496	11.66	26.20
キプロスとその沿岸への貴金属と為替手形	267,058	176,163	65.96	5,355	2.01	85,540	32.03	34.04
計	642,919	500,719	77.88	32,921	5.12	109,279	17.00	22.12

1745年 輸入								
毛織物	330,620	268,364	81.17	11,240	3.40	51,016	15.43	18.83
雑貨	174,582	35,810	20.51	41,958	24.03	96,814	55.45	79.49
フランス領アメリカからの輸入品	71,476	71,476	100.00					
外国産品	111,028	41,236	37.14	52,533	47.32	17,259	15.54	62.86
為替手形	12,347	12,347	100.00					
計	682,794	429,233	62.86	105,731	15.49	147,830	21.65	37.14
1745年 輸出								
インド更紗	186,790	159,970	85.64	17,685	9.47	9,135	4.89	14.36
織物	2,113	2,113	100.00					
生糸	3,570					3,570	100.00	100.00
毛糸	28,741	28,741	100.00					
香料	39,786	15,836	39.80	10,068	25.31	13,882	34.89	60.20
雑貨	115,944	68,565	59.14	26,580	22.92	20,799	17.94	40.86
キプロスとその沿岸への為替手形と貨幣	244,782	148,500	60.67	13,928	5.69	82,354	33.64	39.33
計	621,726	423,725	68.15	68,261	10.98	129,740	20.87	31.85
1746年 輸入								
毛織物	841,050	688,618	81.88	91,359	10.86	61,073	7.26	18.12
織物	26,651					26,651	100.00	100.00
小粒ガラスビーズ	50,687					50,687	100.00	100.00
雑貨	130,893	34,876	26.64	64,242	49.08	31,775	24.28	73.36
フランス領アメリカからの輸入品	226,607	226,607	100.00					
外国産品	127,119	54,148	42.60	72,971	57.40			57.40
為替手形	12,726	12,726	100.00					
計	1,415,733	1,016,975	71.83	228,572	16.15	170,186	12.02	28.17
1746年 輸出								
インド更紗	289,082	196,517	67.98	92,565	32.02			32.02
織物	15,508	15,508	100.00					
毛糸	15,236	15,236	100.00					
香料	29,956	15,693	52.39	14,263	47.61			47.61
雑貨	57,841	19,747	34.14	30,381	52.53	7,713	13.33	65.86
キプロスとその沿岸への為替手形と貨幣	266,585	196,775	73.81			69,810	26.19	26.19
計	674,208	459,476	68.15	137,209	20.35	77,523	11.50	31.85
1747年 輸入								
毛織物	387,053	354,325	91.54	8,643	2.23	24,085	6.22	8.46
雑貨	199,495	18,510	9.28	75,491	52.88	105,494	37.84	90.72
フランス領アメリカからの輸入品	180,756	180,756	100.00					
外国産品	101,464	42,964	42.34	49,978	49.26	8,522	8.40	57.66

為替手形	52,900	52,900	100.00					
計	921,668	649,455	70.47	134,112	14.55	138,101	14.98	29.53
1747年　輸出								
インド更紗	261,406	212,924	81.45	46,352	17.73	2,130	1.07	18.8
生糸	23,472			15,462	65.87	8,010	34.13	100.00
織物・毛糸	66,705	66,705	100.00					
香料	50,912	32,282	63.41	8,652	16.99	9,978	19.60	36.59
雑貨	159,296	126,195	79.22	28,008	17.58	5,093	3.20	20.78
キプロスとその沿岸への為替手形と貴金属	103,050	103,050	100.00					
計	664,841	541,156	81.40	98,474	14.81	25,211	3.79	18.6

出典）CCM, *AA1801*, J.942, 944-953.
注）単位はオスマン帝国のピアストラ貨

　ヴェラ商会の通信文が示すように，ヴェネツィアは東地中海におけるセファルディムのネットワークのなかで中心的地位を維持し続けた。

　17世紀なかばまでに，リヴォルノは，ヴェネツィアに代わって，ヨーロッパ貿易の地中海での主要なハブ港になり，東地中海とヨーロッパ北部とをつなぐリンクとして機能した。リヴォルノ港のインフラストラクチャー，低い関税，軍事的な中立，外国人やユダヤ人商人を集めることを狙った特定の政策などが，急成長する交易中心地の創出を支えた。17-18世紀の西方系セファルディムに関して，従来の研究は，地中海における存在の維持よりも，大西洋への拡大に集中している。ここに焦点を合わせるのは，「12年の休戦」が終了（1621年）し，オリバーレスが導入した財政システムが崩壊した（1643年）のち，イベリア半島とオランダの紐帯が緩んだこと，さらにクレタ島を失った（1669年）ヴェネツィアが，東地中海における存在感を弱めたことを考えれば，大まかには理にかなっている。しかし，この従来型の研究は，リヴォルノの成長や，リヴォルノのユダヤ人共同体の卓越した重要性や，18世紀の東地中海におけるフランス貿易の拡大や，大洋を横断したヨーロッパの拡大と地中海との関係などを軽視しているのである。

　メディチ家は，リヴォルノでセファルディムが安全に活動できる基地を与えた。しかし同時に，大公家は，海外では貧弱な外交的保護しか彼らに提供できなかった。遠隔地交易は常に，需要と供給の自然な出会い以上のものを必要とする。すなわち，商品を輸送し，情報を伝達し，契

約にまつわる競争を調停するために，複合的なインフラストラクチャーがなくてはならない。遠隔地交易はまた，誰が特定の市場にアクセスできるのか，参加者各人の身柄や商品や投資をどのように保証するかといったことについての諸国家間での合意にしたがって（あるいはときに無視して）発展する。技術上・組織上の制約はもちろん，外交上の合意が，近世において，ヨーロッパのキリスト教国とオスマン帝国とのあいだの交易パターンを条件づけた。商船団と後ろ盾になる強力な国家を持たないリヴォルノのセファルディムと，マルセイユを出港する強力な艦隊を持つが東地中海世界についての専門知識と人材を持たないフランス王権とは，相乗効果で利益を上げたのである。

　セファルディム系ユダヤ人は，どこにでも存在したが，地中海商業で支配勢力になったことは一度もない。ベンジャミン・ブロードが述べているように，歴史研究者は，地中海商業におけるユダヤ人の存在感の度合いを誇張する当時のヨーロッパ人の言い分を，簡単に信じすぎる。当時のヨーロッパ人にはユダヤ人が商売上手だという思い込みがあり，対照的にムスリムたちは商業的に無能であると強調しようとした。ヨーロッパの領事や商人はこうした現象に不満を述べていたが，それらはほとんど紋切型のフレーズであり，こうした偏見を助長しただけであった[101]。レヴァント貿易におけるユダヤ人の存在が大きすぎるという言説の多くは，現地での取引でヨーロッパ商人を助けたオスマン帝国のユダヤ人と，遠隔地交易に従事した西方系セファルディムとをごちゃまぜにしている。アレッポでは，コンスタンティノープルなどの他の在外拠点と同じく，フランス人のネイションは，多くのユダヤ人を含むオスマン帝国臣民を，通訳，仲介業者，貸金業者として雇い，彼らを被保護者と位置づけた。1671年から73年にかけて，アレッポで15か月を過ごしたヴェネツィア貴族のアンブロージョ・ベンボは，旅行記にこう書いた。アレッポでは関税役人はすべてユダヤ人であり，「たちの悪い泥棒で，西洋人に課された関税にかかわるすべての業務が彼らの手を通り，西洋人から……人並み優れた勤勉さで，自分たちがほしいと思ったものを奪い取るのだ」。1741年には，コンスタンティノープルを拠点とする

---

101) Braude 2001, 2007.

フランス人商人たちが，自分たちは「ユダヤ人への隷属状態のもとに」あるとさえ主張した[102]。当時のヨーロッパの一般人は，そしてのちの歴史家の幾人かも，こうした不満を文字通りに受け取ったのである。

『完全なる商人（Le parfait negociant）』の著者サヴァリは，その第2版において，ユダヤ人とアルメニア人とがリヴォルノの取引の大半を支配していたと主張した[103]。サヴァリによると，スミルナそのほかのオスマン帝国の港では，フランス人商人は，彼らに金を貸すユダヤ人やアルメニア人の餌食で，その利子は15，16，あるいは17％だったという[104]。18世紀に入るころには，文壇で最も広く模倣された定期刊行物『スペクテイター』紙の立役者であり，知識人で起業家だったジョゼフ・アディソンが，リヴォルノのユダヤ人は「あまりにも有力な取引業者で，同胞たるイギリスの商人たちは，ユダヤ人が我が国の貿易のほとんどをその手に握っていると不満を述べるほどだ」と記した[105]。サヴァリの息子たちは，著書『商業辞典』で，リヴォルノのユダヤ人は，このトスカーナの港におけるレヴァント貿易の98％を動かしており，残りわずか2％がフランス人，イタリア人，オランダ人，イギリス人，アルメニア人の手にあると主張した[106]。歴史研究者は，このような誇張された数値には慎重なものだが，国家を持たないディアスポラが地中海貿易において果たした役割に光を当てるために，逸話的な証拠に頼ることもよくある。たとえば，ミシェル・モルニョーは，わずかな例に基づいて一般化をおこなっている。その例のなかには，1768年にレヴァントから航海してきたオランダ船のケースがあり，その商品はギリシア人，アルメニア人，ユダヤ人などのオスマン帝国臣民が所有していたが，積み荷

---

102) ベンボは Welch 2007: 60-61 に引用されている。フランスの商人たちは，Eldem 1999: 224 に引用されている。

103) 新版に含められたものの中に "Mémoire pour l'instruction du commerce de Livourne（リヴォルノ商業に関する指南覚書）" と題された節があり，そこには "Les Juifs, et Arméniens y ont un établissement considerable, et font la plus grande partie des affaires（そこではユダヤ人とアルメニア人が相当に幅を利かしており，ビジネス界の最大派閥を形成している）" と書かれている（Savary 1679: bk. 2, chap. 4, p.157）。

104) Ibid., bk. 5, chap. 3, pp.492-93.

105) Addison 1705: 394.

106) Savary des Bruslons and Savary 1759-65, 3: col. 461（s.v. "Juif"）.

の4分の3はオランダ人商人の名前で登録されていたのだった[107]。

　フランス領事による統計は，断片的ではあるが，18世紀なかばのレヴァント貿易で，西方系セファルディムがフランスの貿易に果たした役割の規模と性格を推定する助けになる。これらの統計が示唆しているのは，リヴォルノとヴェネツィアのセファルディムが，通常はアレッポとフランスとの交易の12-30％を動かしていたこと，地中海でフランスとイギリスとの海戦が勃発した1744年には，アレッポに向かうフランス船の積み荷の50％以上を扱ったことである[108]。これらのパーセンテージに絶対の信頼を置くわけにはいかないが，おおまかな指標にはなるだろう。いっぽうでセファルディムは，オスマン帝国のほかの在外拠点との交易よりも，アレッポとの交易で影響力があったし，他のヨーロッパ諸国の地中海での投機的事業よりもフランスの貿易で影響力があった。他方，フランス領事の統計は，セファルディムがマルセイユ出身の商人の名義でフランス船に商品を積み込むという違法貿易を除外し，同様に，彼らがイギリス船やオランダ船やその他の船舶に乗せて直接リヴォルノとやりとりした送金も除外している。

　フランス領事の統計は，1740年以後，フランスと東地中海との交易が台頭したことを考えると，とくに重要だ[109]。フィリッピーニは，18世紀はじめの30年間に，フランス人商人が地中海に向かう船の船倉を積荷で満たすために，リヴォルノと北アフリカのユダヤ人の積荷に大きく依存していたと述べている。フランスの貿易は，船を満杯にするほどにはまだ発展していなかったからである[110]。1740年代なかばのアレッポに関するデータによると，西方系セファルディムは，フランスが東地中海で首位を築いたあともまだ，市場にかなりのシェアを維持し続けた。より具体的に言えば，フランスの統計が明らかにしているのは，セファルディムの貢献が，最大だったことはまれだったかわりに，フランスが取引する商品の幅をかなり大きく広げていたことである。セファルディ

---

107) Morineau 1976: 145.
108) アレッポで1739-41年にセファルディムたちがフランスの関税の31％を納めていたとする数値は，これらの推定値と一致する（註81でも挙げたSchwarzfuchs 1984: 713を参照）。
109) Paris 1957: 98-101.
110) Filippini 1990: 261.

3 西方系セファルディムとアレッポのフランス人

ムがアレッポの輸出入貿易を支配したのは，ほんの一時にすぎない。それは，マルセイユと東地中海との直接取引を外国人に禁じる法が停止された1781年から1785年のことであった[111]。

　フランスの商人たちと当局は，セファルディムとの商業関係について，利潤性にかかわらず，慎重であり続けた。貿易に力を入れる必要性と，非カトリック信者のマイノリティを排除する必要性との板挟みになっていたマルセイユの商業会議所とフランス王権は，ややこしい規則を制定した。目的は，海外で西方系セファルディムの協力を確保しつつも，彼らを王国の外部にとどめ，キリスト教王たるフランス王のカトリックの臣民と手を結ぶ機会は最小限にしようとしたのである。それでもなお，アレッポでは，フランス人商人とセファルディムはたえず交流していた。経済面で大きく貢献するセファルディムは，フランス当局への要求を強めていった。彼らはヨーロッパ人と同じように装い，かつらをつけることを認められるだけでは満足しなかった。彼らはひとつの組織としての象徴的な承認を要求し，フランス人ネイションの公的な場に参加することを強く主張したのだった。

　ひとつの社団もしくは外交上の代表者が，民間の儀礼や宗教儀礼に占める場は，彼らの社会的立場を示すものである。ユダヤ人は，犠牲者として，あるいは主権者に敬意を払うために参加する場合を除けば，ヨーロッパのカトリック世界の公的な儀式に姿を現すことは決してなかった。だが，アレッポのセファルディムは，本国においては想像もできないことを要求し，獲得した。1739年7月20日の手紙で，コンスタンティノープルのフランス大使は，フランス王の外交的保護の下にあるユダヤ人商人を，現地高官の訪問やフランス領事の入市などの場合におこなわれるフランス人ネイションの儀礼行列に加えるよう命じた。この手紙はさらに，ユダヤ人はフランス人商人のあと，フランス人職人の前に並ぶべきだと付け加えている。アレッポのフランス人商人は，ユダヤ人と並んで行進するという考えに対して，繰り返し「嫌悪感」を表明しており，現地の人々の物笑いの種になったと嘆いた（彼らが日常的にユダヤ人と一緒にビジネスをし，自宅にユダヤ人を招いていることは否定しなかっ

---
111) Fukasawa 1987: 140-41, 155n108, 221, 1999: 581; Eldem 1999: 247.

たにもかかわらず)[112]。1742年にアレッポに新領事が任命された際、フランス人商人は領事を町の近くで足止めし、領事がこの都市に入場するのを祝賀する式典にセファルディムが参加するのを阻止しようとした。フランス人商人は最初、ユダヤ人に領事が公式に入市する日に町を離れてくれと頼んだが、断固とした拒否にあった。そこで彼らは、セファルディムに、儀礼行列ではフランス人ネイションの事務官のうしろに並ぶように提案した。アレッポにおける「ヨーロッパのユダヤ人ネイション (nattione hebrea europea)」の代表として、エリヤ・シルヴェラは、西方系セファルディムにはフランス人商人と平等の立場で公的な儀式に参加する権利があると抗議した。最終的に、すべての対立を避けるため、領事はこの儀式を土曜日におこなうように指示したのだった[113]。

西方系セファルディムとフランスとの提携は、幸福なものとは言えなかった。経済的な相互依存関係は社会的な障壁を取り払わなかったし、宗教的不寛容を和らげもしなかった。セファルディムが唯一持っていた力は、ヨーロッパの領事たちの権限を互いに競い合わせて利用したり、彼らの保護のもとから離れると脅したりすることだった。ヤコブの子アブラハムの子のマヌエル・バルク・カルヴァリオは、1745年にリヴォルノを発ってアレッポに向かったが、フランスの保護を約束する証明書を携えていた。到着後、彼はモーセ・ローザとパートナーシップを結んだ。約1年後、カルヴァリオは、前年にフランス領事がリヴォルノのユ

---

112) 1742年9月22日、アレッポのフランス人商人たちはコンスタンティノープルのフランス大使に嘆願書を提出した。そこには、"la répugnance que nous avons à nous trouver avec ces gens là〔the Jews〕（そこでわれわれがこれらの人々〔ユダヤ人〕とともにいなければならないことの嫌悪感）"が示されており、さらに"Les juifs en marchant à notre suite nous couvrent de honte auprès des gens du pays（ユダヤ人たちがあとをついてくるので、われわれは地元の人々の前で恥をかく）"と付け加えられていた（ANP, *AE*, B/I/83, fols. 398r, 399r）。彼らは1739年の法令が承認されたときにもすでに「嫌悪感」を表していた（CCM, *AA1801*, J. 947, 在アレッポのフランス人ネイションからマルセイユの商業会議所宛1739年10月17日付書簡）。

113) ANP, *AE*, B/I/83, fols. 391r-39rv（海軍卿モルパ伯宛1742年9月13日付書簡）；CCM, *AA1801*, J. 908（アレッポ駐箚フランス領事からマルセイユの商業会議所宛1742年9月23日付書簡）。Schwarzfuchs 1984: 717; Philipp 1994: 315も参照。1740年代に、サロニカのセファルディムたちがフランスの公的な儀式に参加することについて、フランス人官吏たちのあいだに似たような動揺がみられた（Rozen 1988: 334）。「ヨーロッパ系ユダヤ人」という言いかたは、その1世紀前にPietro della Valle（1665: 277）がアレッポに旅したのちにも、その地の西方系セファルディムを指して用いられている。

ダヤ人に約束したことをすべて裏切ったと非難した。その約束とは，大衆的なタイプの綿織物（tolies ajami あるいは d'Aïntab と呼ばれる未完成織物で，それをもとにマルセイユで更紗が製造された）を販売する資格を取り上げたときになされたものだった。カルヴァリオはさらに，同胞がフランスの公的儀式において堪え忍んでいた屈辱に対して怒りの声を上げた。しかし，アレッポにいるフランス人商人がフランス領事の周りに集まり，カルヴァリオが多数の同胞をイギリス当局に売りわたし，その見返りにイギリス人から優遇されていると讒言した。フランス人商人はカルヴァリオが「扇動」していると非難し，みせしめとしての処罰（"une punition exemplaire"）を与えるべきだと訴えた[114]。

　すべての商人と同じく，セファルディムも互いに競い合っていた。マヌエル・バルク・カルヴァリオは，同胞のあるグループと袂を分かつリスクを冒す価値があると決意した。彼は重要なヨーロッパ権力の保護がなければ自分が力を失うだろうとわかっていたので，イギリス領事のもとでよりよい条件を確保できるようにうまく立ち回った。他のユダヤ人もすぐに彼に続いた。1747 年，神聖ローマ帝国がパッサロヴィッツ条約（1718 年）のもとで獲得したカピチュレーションの効力は，1737 年以降ハプスブルク家の間接的な支配下に入っていたトスカーナ地方にも適用された。アレッポに自前の領事を置いていなかったハプスブルク家は，トスカーナの全臣民の外交的保護をイギリス領事に委任した。そのなかにリヴォルノのユダヤ人も入っていたのである。当初，多くのセファルディムはこの上からの強制的な変化を歓迎しなかった[115]。それで

---

114) CCM, *AA1801*, J. 951（アレッポ，1747 年 8 月 9 日）；ANP, *AE*, B/I/85, fols. 135r–138v。フランス人商人たちは，フランスの保護下にある多くのユダヤ人たちがイギリス領事を買収して自分の名前で 258 袋の没食子（染料）を船積みしたと考えたカルヴァリオが彼らを告発したと断言している。カルヴァリオによる告発を受けたイギリスの当局は，キャラヴァン隊を止めて商品を差し押さえることができた。その埋め合わせに，カルヴァリオは自分の商品をイギリス船で優先的に輸送することを認められた。カルヴァリオのアレッポ到着については，ANP, *AE*, B/I/85, fols. 57r–v（1746 年 10 月 24 日）を参照。この文書は，Philipp 1994: 325n31 でも引用されているが，日付が誤って 1745 年 10 月 25 日になっている。アレッポのイギリス公文書保管庁の 1745-57 年の断片的な記録群からは，マヌエル・バルク・カルヴァリオの事例について，それ以上のことを明らかにできない。本書第 8 章も参照。

115) Masson 1911: 385; Schwarzfuchs 1984: 715-16; Rozen 1992: 150-51; Philipp 1994: 323. レヴァント会社の理事会はこの命令を 1748 年 1 月 26 日にコンスタンティノープル駐箚イギリス領事に通信し，アレッポ駐箚イギリス領事には 1748 年 4 月 26 日に直接伝えた

も，彼ら全員が強力な保護者を必要としていたのだ[116]。

　地中海における諸条件が，オスマン帝国との交易のために，セファルディムが強力な国家の後援を必要とする度合いを左右した。トスカーナのユダヤ人は，フランスの外交的保護を勝ち取るいっぽうで，商業パターンの変化に適応し，競合する国家間の対立を利用する優れた才能を発揮した。リヴォルノに強い基盤を持っていたユダヤ人商人は，フランス人にとって必要不可欠な存在になることができた。このあと検証するように，他の地域では，外交的保護はあまり重要でなかったり，手に入れることができなかったりした。それでもなお，セファルディムは，エルガス゠シルヴェラ商会がそうしたように，自分たちの交易ネットワークを組織するためにほかの方法をみつけたのだった。

(PRO, *SP*, 105/118, fols. 61, 69)。1748年7月にアレッポ駐箚イギリス領事は「皇帝の特許状」を与えられた (PRO, *SP*, 105/118, fol. 79)。

116)　ロシアが1783年にクリミアを併合したとき，リヴォルノのユダヤ人たちはトルコとハプスブルク家のあいだに戦争が勃発する可能性について懸念を示し，必要な場合には別の外交的な保護者を選ぶことができるよう要求した (ASL, *GCM*, 974, fol. 172r–v)。

第5章
結婚，嫁資，相続と商社の形態

　第4章で考察した近世地中海における遠距離交易の特徴は，ヨーロッパ・オスマン帝国間の交易の特定の分野に，ユダヤ商人が積極的に参入していたことを説明する一助となる。イギリスのレヴァント会社（1581–1825年）という例外はあるものの，フランスで王立アフリカ会社（1741–93年）が設立されるまで，ヨーロッパ諸国によって特許を与えられた独占会社は地中海ではほとんど活動していなかったし，このアフリカ会社にしても北アフリカとの交易を掌握していたにすぎなかった[1]。イギリスとオランダの大西洋をまたいだ投機的事業の資金確保を手助けしたのと同じようには，株式会社への投資が地中海商業を支えたことはけっしてなかった。むしろ，地中海には無数の私的なパートナーシップ（すべてではないにしても，そのほとんどは同じ宗教やネイションに属する集団の商人によって形成されていた）が集積していた。しかしながら，ヨーロッパ商人によって設立された私的なパートナーシップと西方系セファルディムによって設立されたパートナーシップとのあいだには，重大な違いがあった。オランダ，イギリス，フランス，そしてヴェネツィアの商人たちは，親族のなかから頻繁に会社仲間や海外の代理人を選んでいたが，資本を増やすために親族以外の人物と中期の更新可能な契約を結び，ときには海外で勤務する有給の社員（「代理人（factors）」）を雇用することもあった。それに対して，西方系セファルディムは親族会社の

---

1) オランダ・レヴァント会社（1625–1826年）は，国家から特許を得ていない民間の商人組織である。東地中海におけるイギリスとオランダの影響力の比較，および両者の協力と競合に関する議論は，Hamilston, de Groot, and van den Boogert 2000 を参照。

最も伝統的なモデルを採用していた。すなわち，包括的パートナーシップである。有限責任のパートナーシップとは異なり，包括的パートナーシップには期限がなく，すべてのメンバーが全責任を負って互いの代理人となっていた。

　親族組織のなかに身を置いているからといって，セファルディム商人がさまざまな顧客に奉仕したり，個人的なつながりのない委託代理人とともに働いたりすることがなかったというわけではない。すべての商人と同じように，アイデンティティのいかんにかかわらず，彼らは最も信頼でき，かつ取引する価値のある販売業者や取引先と良好な関係を築こうとした。とはいえ，リヴォルノのセファルディムは，18世紀後期までは非ユダヤ人との中期の有限責任パートナーシップには参入しておらず，その時期にいたってもなお，そうしたパートナーシップに参加することは散発的で，しかも少額の投資の場合にかぎられていた。ユダヤ人とキリスト教徒の共同での商業投機がみられず，18世紀後期になっても限定的であるのは，法的な障壁のためというよりも，むしろ共同体的コスモポリタニズムという社会的な基盤によるものであった。

　こうしたパターンを説明するために，私たちは2つの問題について考える必要がある。多様な形態のパートナーシップ契約の利点と限界，そしてリヴォルノの西方系セファルディムのあいだで普及していた特殊な親族構造である。親族であることとビジネスが結びつくのは，なにもこの集団に固有のことだというわけではない。実際に，こうした結びつきは長いあいだヨーロッパの経済史や社会史の古典的なテーマであり，近年では新たな関心に基づく成果もあがっている[2]。しかし，諸世代の文化人類学者たちが教えてくれているように，「親族」という言葉は，異なる時代や空間においてのみならず，近接して居住していた多様な共同体においても，別のものを意味していた。リヴォルノにおけるカトリック信者とセファルディムの親族システムはたいそう異なっており，そう

---

　2)　数が多すぎるために参考文献を列挙することができないが，いくつかの文献については，以下で論評している。近世ヨーロッパにおける企業戦略の構築に際しての家族関係の重要性について，総合的にまとめたものとして，Mathias 1995; Kooijmans 1995 を参照。近年 Julia Adams（2005）は，近世オランダの資本主義に関する解釈の中心に家父長制的な家族を据えている。

した親族構造は事業組織にも影響を与えた。独特な結婚のかたちがセファルディムのパートナーシップの構造にどのように影響を与えているかを見極めるために，私はエルガス＝シルヴェラ商会のパートナーシップに関する視野を彼らが結んだいくつかの結婚契約にまで広げてみよう。

多くの経済史家たちは，近世ヨーロッパ商業の並外れた組織的多様性を強調し，ファミリー・パートナーシップから特権的な合資契約，そして最終的には多国籍企業への移行という伝統的な説明に疑問を投げかけている。しかしながら，特殊な親族構造について知ることが，交易に従事するディアスポラの組織を理解するのにどのように役立つのかについて書かれたものはほとんどない。本章では，中世後期以来イタリアの大半の地域で失われた慣習——すなわち，同族結婚と婚約時の贈与——を，リヴォルノのセファルディム商人がどのように維持したのか，またこれらの慣習がいかにして彼らのファミリー・パートナーシップを強固にし，カトリック社会における周縁的な位置づけゆえに被った負の影響を克服するのに役立ったのかを提示する。本章ではまた，緊密な親族関係を核として，その周囲に展開したビジネス・モデルが，いかにしてこうした活動範囲を越えて大きく拡張し，異文化間交易の媒体となったのかについての解明を始めよう。そうすることで，本章と以下の諸章で，私は本書の中心的な課題，すなわちセファルディム商人が自分たちの交易ネットワークを拡大するために，どのようにして親族，ユダヤ人，そして見知らぬ相手との協力関係を確かなものにしていったのかという問題に，直接的に取り組んでいくことにしたい。

1 結婚，嫁資と商人の資本

近世ヨーロッパにおいて，西欧各地のセファルディムの親族構造はキリスト教徒の親族構造と著しく異なっていた。カトリックとプロテスタントの教会法が，それぞれ4親等以内と3親等以内の結婚を禁じていた（しかも特別許可が与えられることはまれであった）のに対して，セファ

ルディムのあいだでは同族結婚は慣例となっていた[3]。アムステルダムのセファルディム信徒団に加わっている新キリスト教徒用に編纂された宗教規範の要約において,ラビのメナセー・ベン・イスラエルは,いとこどうしの結婚やおじと姪の結婚が最も望ましいとする見解を述べている[4]。ほどなく,このベン・イスラエルによる同族婚の推奨は,オランダ連邦によって1656年に制定され,1712年に再度公布された,いとこどうしや姪との結婚を禁じる法令と相反することとなった(とはいえ,この禁止令が2度も公布されたことは,それがしばしば無視されていたことを示している)。それに対して,近世イタリアではこうした法律上の障壁はなかった。結婚に関する事柄については,ユダヤ法が優越していたからである[5]。ヴェネツィアやリヴォルノのセファルディムにとって,おじと姪の結婚やいとこどうしの結婚はきわめてありふれた現象であったために,そうした結婚を避けたいと思うならば,子供たちに特別な指示を残さなければならなかった。たとえば,理由は定かではないものの,1640年にアブラハム・カミス,別名ローポ・デ・フォンセカは,もしいとこと結婚したならば相続権を奪うと息子に警告している[6]。にもかかわらず,ユダヤ人の同族婚には地理的な制約がなかったので,この離散した共同体の内部で結合関係を築くにあたって,同族婚は最も重要なただひとつの要因となっていたのである。

キリスト教徒とユダヤ人のあいだの結婚慣行の相違は,相続や嫁資

---

3) ユダヤ法は親族間の結婚を規定していないが,聖書には多数の事例がある。アブラハムは異母妹と結婚し,イサク,エサウとヤコブはいとこと結婚し,ナホルは姪と結婚し,モーセの父はおばと結婚した (L. Epstein 1942: 146; *Encyclopaedia Judaica* 1971–72, vol. 11, cols. 1051–52; Menachem 1974: 361)。近世のキリスト教ヨーロッパにおける規範としての異族婚については,Sabean 1998: 63–98 を参照。いとこどうしの結婚やおじと姪のあいだでの結婚といった同族結婚は,近世スペイン (Casey 2007: 115–16) や南イタリア (Delille 1985: 227–37) と同様に,15世紀後期フィレンツェでもまれであったように思われるが (Molho, 1994: 261–66),これらの事例においてはすべて,一族によって狭い範囲のなかでの通婚方法が工夫されていた。カトリック教会は,アルプスの村落のように,しばしば同族結婚が避けられないような孤立した共同体の住民に対しては,より寛大に赦免状を与えた (Merzario 1981)。

4) ben Israel 1645–47, pt. 5 ("Tratado do matrimonio"): 82.

5) オランダ連邦については,Swetschinski 2000: 18–19; Huussen 2002: 36 を参照。イタリアについては,Colorni 1945: 185–87 を参照。

6) ASV, *NT*, Giovanni Piccini, 756.21. 2世代後の1702年には,姪たちに対して,サムエル・カミスがこうした指示を繰り返している (ASV, *NT*, Luca Calzavara, 247.115)。

1 結婚，嫁資と商人の資本　　223

に関する制度の違いと密接にかかわっていた。16世紀以降，トスカーナやヴェネツィアを含む南ヨーロッパ（そしてヨーロッパ全域の上流階級）では長子相続が普及していたが，ユダヤ人は慣習的に財産をすべての息子たちのあいだで平等に分割するとともに，息子たちがともに暮らし，父親の財産を共同で管理することを求めていた[7]。後者の規定により，分割相続によって世代を経るごとに家産が細分化される危険が抑えられた。たとえば1752年には，ソロモン・アギブが3人の息子たちに対して，もし彼らが袂を分かてば家産は消失してしまうであろうと想起させ，少なくとも最年少の息子が30歳になるまでは，家産を一体のまま維持するよう懇願している[8]。ただし，伝統を尊重することで経済的な利益が損なわれるおそれがある場合には，この慣行は遺言書によって特別に変更された（たとえば，商才に偏りがある場合には，ある兄弟が他の兄弟よりも多くを相続することもあった）。17世紀後期以降になると，セファルディム商人のなかには，財産の一部に信託遺贈を導入する者もいた[9]。しかしながら，ほとんどの場合には兄弟たちが財産，とりわけ商業資本を共同で相続，管理しており，このことは彼らのあいだで包括的なパートナーシップが好まれた理由を説明している。

　結婚や相続と切り離せないもうひとつの慣習として，嫁資があった。ユダヤ人とキリスト教徒では，この制度も著しく異なっており，結果として商人が資本を形成し，譲渡していく際の女性の役割にも差異が生じ

---

[7] 長子相続は，しばしば世代間の財産の移譲のための信託遺贈（*fideicommissum*; 複数形は *fideicommissa*）の設定をともなっていた。信託遺贈は，とりわけ動産への投資の減少と不動産投資の増加と結びついていた。ヴェネツィアについては，J. Davis 1962: 68-72; Sperling 1999: 42-50; Chauvard 2005: 323-31 を参照。フィレンツェについては，Litchfield 1969a; Calonaci 2005 を参照。南フランスについては，Derouet 2007 を参照。

[8] ASF, *NMT*, Giovanni Battista Gargani, 26286, fols.19r-22r, no.12. ヴェネツィアでは，1701年にモーセ・バルク・カルヴァリオが，息子たちが袂を分かつという望ましくない出来事に対して，特別な指示を残している（ASV, *NT*, Carlo Gabrieli, 518, fols. 234v-240v）。また，ヴェネツィアについては Boccato（1993b, 2006:55）を，アンコーナについては Bonazzoli（1993: 144）を参照。

[9] アブラハム・アッティアスは，1694年に信託遺贈を規定した。これは，おそらくリヴォルノのユダヤ人で最初の例だと思われる（Frattarelli Fischer 1983: 884）。ヴェネツィアの事例は，ASV, *NT*, Giuseppe Uccelli, 1123.74; ASV, *NT*, Carlo Gabrieli, 516.166 に見出せる（グラツィア・バルク・カルヴァリオがヴェネツィアの公債に投資していた6,000ドゥカートを信託遺贈に設定したとき，4人の息子全員に均等に遺贈したことに言及）。

ている。キリスト教徒の結婚制度においては，中世後期以降，新郎からの贈与（寡婦産）が消失し，婚姻時の財産の移動はもっぱら新婦の家族から新郎に支払われる嫁資のみとなった。父系による財産相続パターンにおいては，嫁資を除いて家産に対する娘たちの権利は排除され，また夫の死や破産に際しては，嫁資は妻の家族に返還された[10]。さらに，近世イタリアにおける嫁資相場の急激な上昇と，上流階級による商業からの漸進的な撤退により，父親や兄弟はしだいに娘や姉妹の嫁資を動産よりも不動産で支払うようになっていった——ただし，リヴォルノのユダヤ人においては，これはごくまれにしかみられない現象だった。

　ユダヤ人の法と慣習によれば，結婚契約は2つの主要な金銭の贈与——嫁資（*nedynya*）と寡婦産（*tosefet*）——と，新婦が初婚か否かによって変動する少額の贈与（*mohar*）によって構成されていた（寡婦や離婚した女性は mohar を受け取らなかった）[11]。リヴォルノを含むヨーロッパのセファルディムのあいだでは，新郎の家族によって支払われる寡婦産は，通常は嫁資の50％であった。この2つを合わせて，夫が運用する総資産が構成された[12]。もし女性が夫より先に死ねば，嫁資も寡婦

　10）　Bellomo 1961: 46-59; Owen Hughes 1978: 271-72. 12世紀以降，寡婦産（ローマ法では *donatio propter nuptias* とも呼ばれる）はフィレンツェではほとんど消滅した（Klapisch-Zuber 1985: 211-46; Kirshner 2002: 87-96）。17世紀ローマでは，結婚契約には25％の寡婦産が含まれることがあった（Ago 1995: 114, 120, 122-23）。16世紀ヴェネツィア（Bellavitis 2001: 175-78, 193-99; Sperling 2005: 34）と16-17世紀のパドヴァの領域（Lavarda 1998: 366-67）では，寡婦産はしばしばより少額であった。例外と思われる事例として，1745年にリヴォルノのギリシア商人が，新婦に対して100％を超える寡婦産を与えていた（ASF, *NMP*, Giovanni Battista Gargani, 26274, fols. 80r-82r, no.64）。

　11）　mohar は，妻が初婚の場合には夫は女性に 200*zuzim*（銀貨）を，またレヴィレート婚の場合には 100*zuzim* を支払うというタルムードの規定に対応している（L. Epstein 1942: 120n144）。中世エジプトでは，実際に銀貨によって支払われたのか，あるいはその分の価格が贈与の本体のなかに含まれていたのか定かではない。贈与の主体となるのは，この時代には例外なく金であった（Goitein 1967-93, 3: 119）。総額 200 枚の貨幣というのは，リヴォルノのユダヤ人のほとんどの結婚契約において言及されているが，それが常に支払われていたのかどうか明らかになっていない。支払われたとしても，その額には大きな開きがあった。少なければ25-30スペインドルほどしかなく（ASF, *NMP*, 21693, Leo Bichi, fols. 99r-101v, no. 163〔1702〕; ASF, *NMP*, 23703, Giovanni Giuseppe Mazzanti, fols. 170r-175v, no. 36〔1731〕; PRO, *PROB*, 11/962, fol. 173v〔1770〕），多ければ200スペインドルにもなった（ASF, *NMP*, 27236, Roberto Micheli, fols. 177v-179r〔1747〕; ASF, *NMP*, 26731, Giovanni Matteo Novelli, fols. 93r-96r. no.167〔1763〕）。

　12）　タルムードの規定では，寡婦産の贈与が課されていた（Menachem 1974: 390）。地域や時代によって割合は異なるものの，近世イタリアのユダヤ人のあいだでは寡婦産は一般

産もともに夫のものとなった。夫の死や破産の場合には，その寡婦は自分の家族から与えられた嫁資と，さらにその総額の半分の追加分〔すなわち寡婦産〕（あるいは，子供がいない場合には少なくともその半分）の返還請求権を有していた[13]。この規定は，商業資本を維持するうえで，きわめて重要であった。というのは，第10章で見るように，パートナーシップが破産した際には，嫁資は債権者たちの請求から保護されていたからである。この規定は，キリスト教徒の商人にもユダヤ人商人にも等しく適用された。セファルディムにとって，これがとりわけ意味を持ったのは，同族婚と多額の嫁資によって複合的な影響が生じたためである（寡婦産も嫁資もともに債権者の請求から保護されていた）。

多額の嫁資が家産の保全に及ぼす危険性を最小限に抑えられたのは，もうひとつの慣習のおかげであった。17-18世紀の西方系セファルディムは，ユダヤ法によるレヴィレート婚の規定を順守し続けており，この決まりにしたがえば，子供のいない寡婦は亡夫の最年長の兄弟（もしこの兄弟が亡夫よりも年長であれば）と結婚しなければならず，また寡夫は亡妻の姉妹と結婚しなければならなかった。実際には，裕福なセファルディムの大半はカトリック社会の伝統的な単婚制に順応しようとしていた。そうすることで，地域の社会的，商業的なエリート層からますます尊敬される機会を得たからである。ヴェネツィアとリヴォルノの富裕なセファルディムの結婚契約（kettubot ケトゥバー ）には，将来のいかなるときであっても新郎に再婚を禁止する規定が含まれることがあった。サラ・バ

的な慣行であった（Milano 1963: 560）。リヴォルノでは，例外もあった。1718年，サルヴァトーレ・レカナーティは，新婦の嫁資のわずか20％相当しか負担しなかった（ASF, *NMP*, Giovanni Battista Gamerra. 25271, fols. 3r-4v, no. 3）。16世紀ミラノでは，嫁資には夫によって追加された現金部分（*more hebraico teutonico*）を含んでおり（ドイツ系ユダヤ人の慣習による），それは嫁資の25-50％程度であった（Meron 1998）。パドヴァでは，1506年にラビのユダ・ミンツが，寡婦産は嫁資の150％を超えてはならず，嫁資は100ドゥカート以下であってはならないとした（Bonfil 1991: 258）。16, 17世紀のローマでは，寡婦産は一般的に嫁資の3分の1の額であった（Stow 1995a: 453）。アンコーナでは，寡婦産は嫁資の20-50％のあいだで変動した（Bonazzoli 1993: 141-42, 1998: 144n88, 145n95）。モデナでは，わずか10％であった（Bonazzoli 1993: 150）。リヴォルノにやってきたイタリア系ユダヤ人は，いささか異なる習慣を持ち込んだ。ピティリアーノで生まれ，別のイタリア系ユダヤ人であるシエナのサムエル・ガッリコと結婚したサラ・レーヴィの遺言書から，彼女の寡婦産は嫁資の10％の額であったと推測される（ASF, *NMT*, Antonio Mazzinghi, 28055, fols. 13v-14r）。

13) Milano 1963: 560; Todeschini 1994b; Lamdan 2002: 196; Siegmund 2002.

ルク・カルヴァリオは，1667年にいとこが将来の夫モーセ・アッティアスに17,000ドゥカートという破格の嫁資を支払ったときに，この要求をおこなった[14]。同じ条項は，1721年にレベッカ・フランチャがモーセ・アルヴァレス・ヴェガと結婚したときにも記載された。7年後，モーセはこの規定に違反した。信徒団理事は，結婚の合意の一部が成就されなかったとして，彼にレベッカと離婚させ，遅まきながらハリザ（halizah）の儀式がおこなわれた[15]。

ハリザの儀式を挙げること（あるいは setar halizah と呼ばれる文書を起草すること）は，レヴィレート婚を避けるための2つの伝統的な方法のうちのひとつであった。ハリザの儀式の挙行は，重要な義務であった。たとえば1754年には，この規範にしたがうために，ある寡婦が義理の兄弟に会うべくアムステルダムから大西洋を渡って旅してきた[16]。もし亡夫が事前に妻と離婚した場合には，レヴィレート婚は求められなかった。1746年11月，死に瀕したモーセ・エルガスが妻ラケルと離婚した

---

14) ASL, *CGA: Atti civili*, 429, no. 203. ケトゥバー（kettubah, 複数形 kettubot）は，花嫁に与えられる最終的な結婚契約であり，ここには花婿と合意したすべての財産にかかわる取り決め（嫁資や寡婦産, mohar）について記載されている。ケトゥバーはアラム語かヘブライ語で書かれている。これらの文書についての解説とイタリアのユダヤ人に関する歴史研究にとっての潜在的な可能性については，Vitale 1997 を参照。ケトゥバーの内容については，しばしばキリスト教徒の公証人によっても記録されている。リヴォルノで作成された結婚契約のすべてではないにしても，そのいくつかが公証人文書に記載されている理由は明らかではない。結婚契約について記録するためにユダヤ人がキリスト教徒の公証人のもとを訪れたのは，さらなる法的な保護を付け加える必要性を感じていた場合にかぎられていたのかもしれない。ローマでは，教皇庁役人によってこの第二の登記が求められた（Stow 1995a: 473n105）。

15) ASF, *NMP*, Giovanni Giuseppe Mazzanti, 23703, fols. 170r–175v, no. 36. モーセとレベッカのあいだで取り交わされた5,000スピンドルの嫁資と50%の寡婦産は，これがセファルディム社会の中上層に属する男女の結婚であったことを示している。

16) Oliel-Grausz 2006: 63. アシュケナジムは11世紀に一夫多妻制を拒絶していた。いっぽうセファルディムは，それを実践し続けた（Zimmels 1958: 166–68; L. Epstein 1942: 25–33; Falk 1966: 9–15; Lamdan 2002: 139–57）。一般原則として，イタリア系ユダヤ人やアシュケナジムがハリザを実行したのに対して，セファルディムの世界においては，ラビの権威によって，レヴィレート婚を求める宗教規範の強制が望まれた。このことは，リヴォルノを含む近世イタリアのセファルディムのラビによっても志向された（Gershon 1957: 69, 143, 239–40, 250）。16世紀ローマでは，ユダヤ人男性は結婚して15年たってから，第二の妻を娶ることを教皇庁当局に請願した（Stow 2001: 53）。レヴィレート婚は，17世紀アンコーナでも言及されている（Bonazzoli 1998: 77）。近世イタリアにおけるレヴィレート婚については，Adelman 1994 も参照。

のは，そのためである[17]。

　史料が欠けているために，リヴォルノにおいてレヴィレート婚がどれくらいの頻度でおこなわれていたのかを検証することはできないが，共同体の指導者たちの注意を引くほどには広がっていたに違いない。というのは，指導者たちはカトリックでは重婚が認められないことを気にしていたからである。1671年，ユダヤ人ネイションは，男性が最初の妻の嫁資を共同体の金庫に預けることなく，2番目の妻を迎えることを禁止した——おそらくこれは，富裕な商人たちにレヴィレート婚を思いとどまらせることを目的とした規定であろう[18]。しかしながら，重婚はなくならなかった。ソロモン・ガッリコなる人物（イタリア系ユダヤ人）が1753年に2番目の妻としてミリアム・ペーニャ（セファルディムの女性）を迎えたとき，2人の裁決者は最初の妻であるサラ・ヴィジェーヴァノ（イタリア系ユダヤ人女性）が彼らと一緒に暮らすよう求める決定を下している[19]。

　これらの独特な慣行——同族婚や，ときにはレヴィレート婚と結びついた50％の追加分〔寡婦産〕を加えた多額の嫁資——は，民間の商人の誰もが当時直面していた最も差し迫った2つの問題をセファルディムが解決するのに役立った。すなわち，いかにして流動資本を調達するかという問題と，どうやってそれを次の世代に継承するかという問題である。不動産投資が認められていたにもかかわらず，リヴォルノのセファルディムの投資先の大半は動産であった。キリスト教徒の商人とは異なり，セファルディムが娘たちに与えた嫁資は，依然としてほとんどが現金で構成されていた。貿易から上がる利益は，結婚によって一族内のある家から別の家へと移動したが，同族婚とレヴィレート婚の習慣によって，資本が外部に流出することはけっしてなかったのである。

　現存する史料によれば，エルガス家とシルヴェラ家が一度に受け取っ

---

17) ASF, *NMP*, Roberto Micheli, 27236, fols. 177v–179r.

18) R. Toaff 1990: 586. 1661年，ユダヤ人ネイションは，ユダヤ人男性は，死亡した兄弟の妻に子供がいる場合や，おじと結婚していた場合には，この女性と結婚してはならないとした。この禁令は1671年に再公布されており，規制が必要なほどこうした結婚が一般的であったことを示している（ibid., 574, 612）。C. Galasso（2002a: 27–41）は，17世紀リヴォルノのユダヤ人のなかでの男性の重婚の事例をいくつか紹介している。

19) ASF, *NMP*, Nicolò Mazzinghi, 27112, fols. 70v–71v, no. 129.

た資本として，嫁資は最も堅実なものであった。慣例として，嫁資や寡婦産はパートナーシップの会計簿に組み込まれ，記録された[20]。1750年，ラザロ・レカナーティとレベッカ・レカナーティが結婚の誓いを交わした際には，彼らはキリスト教徒の公証人の前で，合計 6,000 スペインドルにのぼる嫁資と寡婦産をレカナーティ家のパートナーシップの元帳に記録することについても誓約した[21]。6,000 スペインドルという額の財産の移動は，リヴォルノのユダヤ人の最富裕層と中間層のあいだの境界を定めているように思われる[22]。表 5.1 が示しているように，エルガス家とシルヴェラ家の新郎と新婦は，互いに合計 4,500–7,500 スペインドルを授受していた。両家の親族である別の 2 組の夫婦は，4,000 スペインドルの嫁資と 2,000 スペインドルの寡婦産で結婚している[23]。嫁資

---

20) エルガス家とシルヴェラ家のパートナーシップに関する初期の会計簿が欠落しているために，私たちはその資本についての正確な情報を集めることができない。エステル・ロドリゲス・ダ・シルヴァ，ブランカ・レベッカ・バルク・カルヴァリオ，デボラ・エルガスから夫にもたらされた嫁資については，それぞれ以下に記録されている。ASF, *LCF*, 1933（1730 年 9 月 11 日：1730 年 10 月 22 日），ASF, *LCF*, 1946（1735 年 8 月 22 日），ASF, *LCF*, 1954（1741 年 3 月 21 日）。

21) ASF, *NMP*, Giovanni Battista Gamerra, 25273, fols. 80r–81r, no. 80. 資本は 1759 年にようやくパートナーシップの会計に移された（ASF, *NMP*, Giovanni Battista Gamerra, 25277, fols. 162r–163r, no. 416）。同じ条項が，1718 年にサルヴァトーレ・レカナーティによって記録された（ASF, *NMP*, Giovanni Battista Gamerra, 25271, fols. 3r–4v, no.3）。ヤコブとダニエル・ナヴァッロ兄弟が 1661 年にヴェネツィアでパートナーシップを解消したときに言及しているように，残った資本を自分たちで分割する前に，彼らは「嫁資に関する勘定を取り除か」なければならなかった（ASV, *NA*, Angelo Maria Piccini, 11068, fol. 162v）。

22) 1733 年，さほど裕福ではない 2 人のイタリア系ユダヤ人が，400 スペインドルの嫁資で結婚した（ASF, *NMP*, Giovanni Giuseppe Mazzanti, 23704, fols. 134r–137v, no.121）。1741 年には，ラビであったコンスタンティノープルのアブラハム・ヨセフ・カネッテが，1,200 スペインドルの嫁資と 600 スペインドルの寡婦産をもって，レベッカ・スピノザとリヴォルノで結婚した（ASF, *NMP*, Giovanni Battista Gargani, 26272, fols. 141v–142r, no. 95）。私の結論は，量は多いけれども必ずしも代表的な事例とはいいがたい現存史料から導かれている。より体系的な比較をおこなうためには，リヴォルノのユダヤ人共同体の古文書館に保管されている 12 冊のケトゥバーの記録簿，法廷史料に現れるこれら 12 冊のケトゥバーや他のケトゥバーの複写，さらにはキリスト教徒の公証人の前で記録された多数の嫁資契約（*confessiones dotis* と *restitutiones dotis*）の分析が必要である。

23) これらは，ラファエル・エルガスとレア・エルガス（PRO, *PROB*, 11/962, fol.174r），およびダヴィデ・エルガスとサラ・ヌネス・フランコ（ASF, *NMP*, Agostino Frugoni, 24732, fols. 6r–7r）のあいだで授受された総額である。1750 年，エステル・アッティアスは，5,000 スペインドルの嫁資と 50％の寡婦産で，ヤコブ・エルガスと結婚した（ASF, *NMP*, Nicolò Mazzinghi, fol. 131r–v, no.228）。

1 結婚，嫁資と商人の資本   229

表5.1 エルガス＝シルヴェラ商会の経営者たちの婚姻における資産の移動

結婚日	妻	夫	嫁資	寡婦産	計[1]	非嫁資産[2]
1705.4.1	ダヴィデ・デル・リオの娘ブランカ	アブラハム・エルガスの息子モーセ	5,000[3]	2,500	7,500	
1705.6.3	アブラハム・エルガスの娘エステル	イサク・シルヴェラの息子ダヴィデ	2,500(cash)+500(trousseau)	1,500	4,500	
1730.8.23	エステル・ロドリゲス・ダ・シルヴァ	モーセ・エルガスの息子アブラハム	4,000	2,000	6,000	
1735.8.24	ブランカ・レベッカ・バルク・カルヴァリオ	モーセ・エルガスの息子ダヴィデ	4,000(cash)+1,500 ducats in the Venice mint[4]	2,750	6,750	500
1741.2.22	モーセ・エルガスの娘デボラ	ダヴィデ・シルヴェラの息子イサク	4,200	2,100	6,300	1,000
計					31,050	32,550

cash＝現金 trousseau＝嫁荷
1,500 ducats in the Venice mint＝ヴェネツィアの造幣局への預金1,500ドゥカート
典拠）ASL, CGA: *Atti civili spezzati*, filza 2245, no. 953
1) この総額には，新婦の処女性に対する褒美として与えられた，通貨単位が不明な200枚の貨幣（200 monete, prezzo regolato dalla egge o sia uso ebraico per la verginità）は含まれていない。第5章注11を参照のこと。金額はスペインドルで示されている。
2) 1705年のケースでは，嫁荷（*paraphernalia*）は嫁資とは別に計上されているが，1735年のケースでは含まれている場合と含まれていない場合がある。この違いには，こうした物品の法的扱いが不明確であったことが反映されている。すなわち，嫁資に含まれる過程について，Kirshner 1991を参照。ヴェネツィアでは15世紀初頭までに，嫁資と非嫁資産がしだいに夫のコントロールに置かれていくようになり（嫁資とは異なり）妻や妻の相続人に返還されなくなっていたが，婚姻の解消時に嫁荷は（嫁資とは異なり）妻や妻の相続人に返還された（Chojnacki 2000: 76-94）。
3) この結婚契約書には，嫁資が現金でエルガス＝シルヴェラ商会に支払われたことが明記されている。
4) エルガス＝シルヴェラ商会はヴェネツィアの造幣局に預けた1,500ドゥカートから年3パーセントの利子を受け取っていた。

は，たとえ正確ではないにしても，家の豊かさを示す良き指標であった。したがって私たちは，ダヴィデ・シルヴェラが資本よりも専門的な技能によってエルガス＝シルヴェラ商会に貢献していたことに驚くべきではない。これらの嫁資は，けっして少額ではないのである。1654年，町の最も高級な地区の貴族の邸宅と12部屋ある住居が，それぞれ4,500スクードと1,505スクード（それぞれ約5,250スペインドルと1,755スペインドル）で売却された。1世紀後の1746年ごろには，都市の主要な広場の角にある住宅は，年210スペインドルでまた貸しすることができた[24]。

セファルディムのあいだでは，6,000スペインドルを超える財産の移動をともなった結婚はほとんどなかった。リヴォルノのエルガス家には，破格に高額な嫁資をともなう結婚契約に記載された者もいる[25]。ヤコブの娘エステル・エルガスは，1715年，ダニエル・メディナに1万スペインドルの嫁資を持参したが，アムステルダムに夫婦で移住する前に，それとは別に5,000スペインドルをダニエルが負担した[26]。1万スペインドルとは，1745年にエルガス家が所有していたセッリストーリ通りの5階建ての住宅の価値と同じであった[27]。そうしたかなり大きな財産の移動は，前の世紀にヴェネツィアにやってきたイベリアからの亡命者の最初の2世代において頻繁にみられた。ヴェネツィアでは，50％の寡婦産も新キリスト教徒とセファルディムのあいだの規範となっており，17世紀には彼らの嫁資は地元の貴族や他の裕福な家系によってやり取りされる最高額の嫁資に匹敵し，ときにはそれを凌ぐこともあっ

---

24) Frattarelli Fischer 1983: 893n28; Conforto and Frattarelli Fischer 1982: 57.

25) 1694年，マヌエル・エルガスはラケル・エルガスと結婚したが，ラケルは5,500スペインドルの嫁資を持参し，2,500スペインドルの寡婦産を受け取ったため，総額は8,000スペインドルである（ASF, *NMP*, Roberto Micheli, 27236, fols. 177v-179r）。レア・エルガス（エルガス＝シルヴェラ商会の創設者のまたいとこ）とヤコブ・バルク・カルヴァリオの婚姻は1744年に結ばれ，6,000スペインドルの嫁資と50％の追加分〔寡婦産〕であった。レアの嫁資のうち，4,500スペインドルは父親が残した現金で，1,500スペインドルはおじたちが所有するフェルディナンダ通りの建物の一部に投資されていた（ASF, *NMP*, Giovanni Battista Gamerra, 25267, 99r-103r, no.15）。

26) リヴォルノのメディナ家の他の女性たちは，これらの時期に，4,000-18,000スペインドルの嫁資を有していた（ASL, *CGA: Cause delegate*, 2500）。

27) ASF, *NMT*, Giovanni Battista Gargani, 26285, fols. 85r-86v. 1746年に一覧が作成されたエルガス＝シルヴェラ商会の資産の価値の比較については，本書第3章，註102を参照。

た[28]。17世紀の第2四半期にヴェネツィアで繁栄していたユダヤ人事業主のヨセフ・フランコ・ダルメイダは，娘の1人に5,500ドゥカート，別の娘に12,000ドゥカートの嫁資を現金で与えた。彼はまた，生き残った唯一の息子に約25,000ドゥカートの資本を遺贈している[29]。

17世紀なかばにヴェネツィアに定着したのち，バルク・カルヴァリオ家はヴェネツィアとリヴォルノで活発に商業活動をおこなっていた諸家との結びつきを形成するために，婚姻関係を利用した。モーセとイサクのパートナーシップが高い利益を得ていたとき，彼らは姪のサラがリヴォルノのモーセ・アッティアスと結婚するために，上述の桁外れの嫁資を与えた。アッティアスは〔寡婦産として〕50％の割り当て分を贈与し，嫁資と寡婦産を合わせた額は22,500ヴェネツィア・ドゥカートに達した[30]。2世代ののち，リヴォルノへの移住後，それほど繁栄してはいないものの，ある程度の財産を回復していたとき，カルヴァリオ家はヴェネツィアとの紐帯を持つ2家と通婚した。すなわち，ベリリオス家とボンフィル家である。これらの婚姻関係は，4,600-7,000ドゥカートの嫁資をもって結ばれた[31]。18世紀後期にカルヴァリオ家が再び栄えるようになると，1767年，エステル・ベリリオスは婚約者と一緒

28) 1608年，エレオノーラ・ロドリゲスという女性がピエトロ・ブランドンという人物と，12,131ヴェネツィア・ドゥカートの嫁資と6,065ドゥカートの寡婦産で結婚した。1611年には，パウリーナ・ロドリゲスという女性がジョルジョ・ロドリゲス・ジョルジという人物と，22,500ドゥカートもの嫁資と11,280ドゥカートもの寡婦産で結婚した（Ruspio 2007: 139）。1575年，ヴェネツィア政府は嫁資の上限を6,500ドゥカートとする奢侈禁止令を公布したが（Hunecke 1997: 155），この法令は頻繁に破られた。16-17世紀には，2,000-4,000ドゥカートの嫁資が，貧困貴族と非貴族上層の特権であった（Cowan, 1982: 157; Bellavitis 2001: 184-85）。

29) ASV, *NA*, Angelo Maria Piccini, 11062, fol. 27r-v.

30) ASL, *CGA: Atti civili*. 429, no. 203; ASF, *NMP*, Leo Bichi, 21693, fols. 99r-101v, no. 163.

31) ラケル・ヌネス・カルヴァリオは，1712年にサウル・ボンフィルと結婚した。ケトゥバーによれば，もしラケルが子供を産むことなく死亡した場合には，ボンフィルは4,600ドゥカートの嫁資の半分を持ち続けることとなっていた。このことは1740年に現実となった（ASF, *NMP*, Giovanni Battista Gamerra, 25265, fols. 42r-43r）。サラ・ベリリオスが1721年にアブラハム・バルク・カルヴァリオと結婚したとき，アブラハムの父親は自家のパートナーシップの会計簿に，5,000ドゥカートの嫁資を書き入れている（ASV, *NA*, Carlo Gabrieli, 7115, fol. 496r-v）。1733年，モーセ・バルク・カルヴァリオはエステル・ヌネス・フランコと結婚し，7,000ドゥカートの嫁資に見合う3,750ドゥカートを与えた（ASF, *NMP*, Giovanni Giuseppe Mazzanti, 23704, fols. 121v-123v, no.108）。

に暮らすためにヴェネツィアからピサへ移動した。このとき，1万スペインドル（新郎が負担する50％〔寡婦産〕と200枚の銀貨〔mohar〕を含む）について，バルク・カルヴァリオ家の会計簿に書き込まれている。新郎の一族は，結婚契約のなかにその投資を保護する条項を挿入した。もしアブラハムが不当にもエステルと離縁した場合には，彼女はその総額を相続する資格を得ることになっていた。しかし，それ以外はいかなる場合でも全額（200枚の銀貨〔mohar〕を除く）がアブラハムかその相続人たちに戻ることとなっていたのである[32]。この規定は，寡婦に嫁資と50％の追加分〔寡婦産〕の両方の継承権を与えるという慣行から逸脱したものであった。イサク・サックートという人物は，妻のグラツィア・バルク・カルヴァリオに 10,020 スペインドルもの額を譲渡しなければならなかったが，1762年の遺言書でこの規定を順守している[33]。

2　親族，契約，ネットワーク

　結婚契約とは異なり，パートナーシップ契約がリヴォルノのユダヤ人に関する公文書史料のなかから見つかることはめったにない。けれども，結婚とビジネスは密接に結びついていた。エルガス＝シルヴェラ商会のトスカーナ支店に関する長大な記録のなかに，このパートナーシップの設立や投資について，またパートナーが利益と責任を共有した方法について記載した契約書の写しはみつかっていない。そして，後代の公証人証書や遺言書，あるいは法廷記録においてもまったく言及されていないことから，そもそもこうした契約書が存在していたということはありえないように思われる。モーセ・エルガスとダヴィデ・シルヴェラの提携の期間や条件について特記した私的な契約書や，公証人によって作成された契約書が存在しないのは，リヴォルノのセファルディム商人のあいだで例外的だというわけではなく，むしろ一般的であった。ローマ法もユダヤ法も商業慣行もすべて，包括的なパートナーシップの設立に

---

32) ASF, *NMP*, Raffaello Tortolini, 27858, fols. 91r–92r.

33) ASF, *NMT*, Giovanni Matteo Novelli, 26739, fols. 24v–28v, no.25.

関する口頭での契約の有効性を認めていたのである[34]。現存している少数のパートナーシップの契約書は，血縁関係や姻戚関係にはないものの，期間が特定された契約を結ぼうとしていたセファルディムか，あるいは一時的な，または目的が特化した冒険的事業に投資するための資金を集めようとしている一族のメンバーによって作成されたものであった。たとえばヤコブ・エルガスは，共同で所有し，運用していた資本の一部を使って，1705 年に兄弟のモーセと立ち上げたロンドンのパートナーシップを代表していた。彼らは，ポルトガル語で書かれ，彼らと 2 人の証人が署名したこの私的な契約を公証人に保証してもらうことによって，それを可能にした。この文書は契約条項について詳細に記しているが，それによれば，ロンドンで設立された「ラファエル・エルガスの息子，ヤコブ商会」という名称の会社は，リヴォルノで「ラファエルおよびモーセ・エルガス商会」として，また 1709 年以降は「モーセ・エルガスと息子たちの商会」として運営された家族合名会社とは区別されていた[35]。

彼らの仲間たちの大多数は，今日で言うところの黙約に基づく包括的なパートナーシップを運営していた。セファルディムは，どこでも同じビジネス・モデルを採用していたように思われる。たとえば，成功した新キリスト教徒の銀行家であるボルドーのガブリエル・デ・シルヴァ（1683 頃–1763 年）は，ファミリー・ビジネスを設立するための正式な契約をけっして結ばなかった[36]。またジェノヴァでも，ユダヤ商人は有

---

34) ユダヤ法については，Menachem 1974: 247, 276 の「契約」と「パートナーシップ」の事項を参照。ローマ法にはパートナーシップについていくつかの形態があるが，記述史料が欠けているため，利益と損失の均等分割については仮定である（Sherman 1917, 2: 354）。商業慣行において口頭での契約が容認されている点については，Lévy-Bruhl 1938: 70 を参照。

35) ASF, *NMP*, Giovanni Battista Gamerra, 25260, fols. 132r–139v, no.136（Filippini 1987: 55–56 も参照）。身近な親族とのあいだで結ばれた特別な冒険的事業のための契約に関する他の事例は，ASF, *NMP*, Giovanni Battista Gamerra, 25263, fol. 87r–v, no.112 と 25264, fols. 83v–85r, no.115 に見出せる。アレッポにおけるマヌエル・バルク・カルヴァリオとモーセ・ローザとのあいだのパートナーシップ契約についての文書が存在していることは，マヌエルの死後に勘定を清算するために，イギリス領事によって 1748 年に作成された宣告で言及されている。この宣告は，マヌエルに利益の 3 分の 2，モーセに 3 分の 1 を配分するよう主張している（PRO, *SP*, 110/72, pt. 3, fol. 579r）。

36) Raposo 1989: 172. ガブリエル・デ・シルヴァは新キリスト教徒として生活していたが，1763 年にボルドーのユダヤ人墓地に埋葬された（ibid., 290）。

限責任の一時的な商業契約にかかわる契約書は作成していたが，ファミリー・ビジネスを設立するために公証人を利用することはなかった[37]。さらなる調査が必要ではあるが，オランダのセファルディムもまた，貨物輸送契約や海上保険，委任状，短期の金銭貸借契約，将来の訴訟に備えた証明書，その他の形態の決済といったことに関して，あらゆる種類の公証人文書を常に作成しているものの，自分の親族とパートナーシップ契約を結ぶときには公証人を利用しなかったようである[38]。

パートナーシップ契約のかわりに，結婚によってビジネスの新しいパートナーを募り，嫁資のかたちで新たな資本を集めることができた。こうした包括的なパートナーシップは，家計と事業会計を区別していなかったが，これらを区別することは，マックス・ヴェーバーが資本主義へのカギとして「西洋に独特な」形態と位置づけていた慣行である[39]。けれども，これまで見てきたように，セファルディム商人は嫁資を会社の資本に組み込んでいた。さらに，エルガス＝シルヴェラ商会は，パートナーシップの資本に加えて，パートナーと外部の出資者が提供し，それぞれが出資額に応じた分け前を受け取っている資金を区別して運用しているわけではなかった[40]。当時，キリスト教徒のパートナーシップは普通，個人の事業と共同の事業とを区別していたが，結局のところエルガス＝シルヴェラ商会の個々のメンバーはそうはしていなかったのである。たとえば，エルガス＝シルヴェラ商会の信頼に足るリスボンの代理人であったフィレンツェ貴族パオロ・ジローラモ・メディチは，自分自

[37) この結論について，私は Urbani and Zazzu 1999 に収載されている，ユダヤ人が署名した公証人文書の英語版概要集に拠っている。

38) この観察は，1595 年から 1639 年までアムステルダムで登記されたポルトガル系の新キリスト教徒と新ユダヤ人に関する公証人記録の英語版概要に基づいており，それらの史料は 1967 年に開始された *Studia Rosenthaliana* 誌のほとんどの号の補遺として刊行された。Cátia Antunes（2004: 134, 136）はついでに，17 世紀アムステルダムにおけるユダヤ人と非ユダヤ人のあいだの財務契約を記録している公証人証書に言及している。Antunes の目下のプロジェクトの目的は，アムステルダムのセファルディムと非ユダヤ人のあいだのこうした契約の性格を明らかにすることである。

39) Weber 1968: 378-79。しかしながらウェーバーは，Sylvia Yanagisako（2007:42）が述べているように，家のメンバーの財政上の責任を制限するために法的な目的と会計上の目的によって生じた分離と，家とビジネス上の関係のあいだの現実の分離を区別しなかった。

40) 中世イタリアにおいて，ファミリー企業はこうした資金（*sovraccorpo* と呼ばれた）を利用し始めていた。Weber 2003: 162-66; de Roover 1963b: 77 を参照。

身のパートナーシップと，エネア・ベロアルディおよびルイジ・ニッコリーニと結んでいたパートナーシップの両方を有していた。1737-39 年に，彼はブラジルの取引先に対して，個人の会計に請求すべき船荷と，彼が 2 人のパートナーとともに責任を負うべき船荷を区別するように，はっきりと命じている[41]。

黙約に頼るという一見時代に逆行した選択は，結婚による結びつきが商業上のつながりよりも長く続くことから，パートナーの関与を危険にさらすようなことはなかった。さらに，正式な契約の欠如により，第三者に対してパートナーシップの実在性や信頼性が弱まるようなこともなかった。広く受け入れられていた商業慣行によれば，会社の名称，ここではエルガス＝シルヴェラ商会を，ビジネス書簡，会計簿，船荷証券や他のそうした文書において使用することは，商業裁判所や民事裁判所においてパートナーシップの存在や共同責任を認められるのに十分な証拠となった。その結果，あるパートナーが単独で公証人の前に現れ，ほかのパートナーたちの名前で文書に署名することができたのである[42]。この時代の専門用語でいえば，すべてのパートナーは「固く，永遠に結ばれた仲間（*socii in solidum* and *ad infinitum*）」であった。このローマ法の慣習にしたがって，それぞれのパートナーはほかの仲間が負った，また会社の名義で契約されたいかなる債務の総額に対しても責任を負っていた。このように相互に完全な義務を負うということは，しばしばビジネス文書にも詳述されており，エルガス＝シルヴェラ商会のリヴォルノ支店は，新たに都市にやってきた人物に対しても「固く結ばれたアレッポのわれわれの一族（*en solidum per dhos nostros de Aleppo*）」が負って

---

41) JFB, 1726fMe, fols.97r-98v, 101v, 102r, 104r, 108r-v, 119r-v. エルガス家のほかのメンバーは，ときおり新たな仲間と個別の契約を結んでいた（本書第 1 章，註 32 を参照）。

42) 通常，エルガス＝シルヴェラ商会発の書簡の写しには署名がない。なぜなら，パートナーシップの共同責任が絶対的な暗黙の了解事項だったからである。しかしながら，特別な場合には署名があることもある。たとえば，誰かがキリスト教徒の偽名で書簡に署名したときには，そのあとの注文や契約を跡づけやすくするために，記録されることが一般的であった。ある事例では，移動する代理人に対して，注意が必要な，むしろ秘密の指示を含んでいたために，モーセの息子アブラハム・エルガスが実名で単独署名している（ASF, *LCF*, 1957, 在フィレンツェのモーセ・カッスート宛 1743 年 7 月 8 日付書簡）。エルガス＝シルヴェラ商会とカッスートとの関係については，本書第 10 章参照。

いた責任を認めている[43]。

アレッポにいる親族と固く結ばれているがゆえに（「アレッポのわれわれの一族（i nostri d'Aleppo）」あるいは「アレッポのわれわれエルガス＝シルヴェラ商会（nostros Ergas e Silvera de Aleppo）」と手紙のなかで呼んでいるように），リヴォルノのエルガス＝シルヴェラ商会は，彼らに代わって契約を交わし，指示を出すことができた[44]。相互に代理権を行使していることは，とりわけ地中海の北西岸と南東岸のあいだで交易をおこなっている代理人や取引先にとって魅力的であった。1704年，エルガス＝シルヴェラ商会のリヴォルノ支店は，キプロスの通信相手に対して，自分たちはアレッポにはなじみがあり，そこで貿易会社を営んでいると知らせている（perché siamo di casa）[45]。4年後，彼らはヴェネツィアの顧客に対し，アレッポの親族が豊かな経験を活かして，遅滞なく奉仕することを約束している。双務的なパートナーシップのどちらと取引しても安全だと顧客や債権者を説得するためには，あらゆる契約がどの支店においても尊重されるという証拠を示すことが不可欠であった[46]。

こうした双務的なパートナーシップに対する債権者の信頼は，ときに揺らいだ。1756年，アブラハム・パルド・ロケスはリヴォルノのユダヤ人共同体の裁判官のもとで，債務者イサク・アベンダナに対する訴訟を起こした。パルド・ロケスは，ヴェネツィアのベリリオス家が彼のために振り出した為替手形にアベンダナが裏書きしていることから，ア

---

43) ASF, *LCF*, 1931, 在リヴォルノの Aguiar Raposo と息子たち宛 1706 年 10 月 29 日付書簡。

44) 事例は以下の史料に見出せる。ASF, *LCF*, 1931, 在ヴェネツィアのズアネッリとイオロッタ宛 1705 年 3 月 15 日付書簡；ASF, *LCF*, 1935, 在ジェノヴァのラザロ・サチェルドーティ宛 1715 年 2 月 15 日付書簡。

45) ASF, *LCF*, 1931, 在キプロスの Courei と Cruvellier 宛 1704 年 12 月 18 日付書簡。

46) ASF, *LCF*, 1931, 在ヴェネツィアのステファノ・チェッカート宛 1708 年 1 月 20 日付書簡："tanto qui che in Aleppo, dove haviamo la nostra casa con le nostre Ergas e Silvera di quale vi prometiamo un pontuale e bon trattare." エルガス＝シルヴェラ商会がリヴォルノで保管していた会計簿には，アレッポで実行された契約や，慣習のように 2 つの支店が共通の基盤に基づいて勘定を清算していた証拠は含まれていない。国際的な評価制度が欠けていたために，リヴォルノの法廷がアレッポのパートナーたちの会計状況を確認し，その財産を差し押さえることは難しかった。結果として，利用可能な史料からは，リヴォルノのエルガス＝シルヴェラ商会がアレッポのエリヤ・シルヴェラを調査するためにどのような方法を用いていたのかはわからない。

ベンダナはパルド・ロケスに 625 スペインドルの負債があると主張した。為替手形の換金について普及していたルールからすれば，アベンダナにはこの手形を換金する責任があった。しかしアベンダナは，アレッポのベリリオス家は前年に破産したために，自分はいまやその支払いについていかなる責任も負っていないと反論した。2 つのベリリオス家のパートナーシップ——ヴェネツィアのヤコブおよびヨセフ・ベリリオスのパートナーシップとアレッポのイサクおよびヨセフ・ベリリオスのパートナーシップ——は実際にはひとつであり，少なくとも共同で責任を負っていたと主張する根拠として，パルド・ロケスは，10 人のリヴォルノ商人によって署名された陳述書とともに，ベリリオス家から受け取ったビジネス書簡の抜粋を法廷に提出した。しかしながら，信徒団理事はこの証拠を却下した。アレッポのベリリオス家とヴェネツィアのベリリオス家は近しい親族ではあるものの，2 つの異なる社名（*ragioni sociali*）で経営されているために，2 つの異なるパートナーシップを設立していたとして，パルド・ロケスに不利な裁決を下したのである[47]。その首席裁判官はイサク・バルク・カルヴァリオであり，彼はまちがいなく共同責任の危険性を熟知していた。リヴォルノの民事法廷やユダヤ法廷で裁かれた同様の訴訟で，このような理屈が支持されたのかどうかはわからないが，ヴェネツィアの公的機関が正反対の解釈を認め，ベリリオス家はアレッポの親族と共同責任を負うため，その商品もまた差し押さえられるべきであると主張したことが知られている[48]。リヴォルノのユダヤ人当局は，この裁定を無視することを選んだのか，あるいはそれに気づかなかったかであろう。いずれにせよ，この論争は包括的パートナーシップや双務的パートナーシップの債権者がある種の不安定さに

---

47) 信徒団理事は，1757 年 5 月 27 日に判決を出した。1577 年 6 月 21 日，パルド・ロケスはその判決を上級の民事裁判所に上訴しないと宣言している（ACEL, *Tribunale dei massari*, filza 283, no. 17）。

48) ASV, *VS: I serie*, 185, fols. 102r-103r（1756 年 7 月 24 日）。1756 年 6 月，アレッポ駐在ヴェネツィア領事は，ヨーロッパにおける債権者の出資を保証するために，エマヌエルの息子イサク・ベリリオスを逮捕した。この行為は，ヴェネツィア当局がアレッポのベリリオス家とヴェネツィアのベリリオス家は相互に責任を負うと考えていたことを裏づける。しかしながら，当局は個人の法的責任を認めており，ヨセフの息子であるイサク・ベリリオスが「イサクおよびヨセフ・ベリリオス商会」に利害関係を持たないことが示されると，彼を釈放した（ASV, *VS: I serie*, 603,「アレッポ」のフォルダー）。本書第 4 章，註 66 も参照。

さらされ続けていたことを示している。ベリリオス家は，いずれかのパートナーがビジネス上でまずい決定をした場合に備えて，責任を限定するために抜け目なく2つの異なる社名を使用していた。同じような予防策をとっていた者は，ほかにもあった。モーセ・メディナはリヴォルノで「モーセおよびサムエル・メディナ商会」という名称のパートナーシップを，アレッポでは「メディナ＝チャベス商会」あるいは「メディナ＝ファーノ商会」として知られたパートナーシップを，またロンドンでは「モーセ・ハイム・メディナ商会」と呼ばれたパートナーシップを経営していた[49]。

こうしたセファルディムのパートナーシップの各支店が享受していた高度な自立性は，仲間たちにとってリスクがないわけではなかったが，レヴァントにおけるヨーロッパの競争相手に対しては大きな強みにもなった。リヴォルノとアレッポのあいだで商品や情報が到達するには1か月ほど——それ以上ではないとしても——かかったし，この2つの都市で取引される商品を扱うには，さまざまなタイプの専門的な技能が求められたために，各支店の自立性は，意思決定のプロセスにおいてより迅速であること，そして最善の場合にはより的確であることを意味したのである。レヴァントにおけるイギリス人貿易業者は，広幅生地の高い需要を当てにすることができたが，彼らの海外の代理人たちは，必ずしもこの市場での優位を利用できる立場にあるとはかぎらなかった。たとえば，1730年代から1760年代にかけてのロンドンのラドクリフ商会の通信が証明しているように，彼らのアレッポ支店の代理人は，商品を購入するためにはロンドンからの文書による許可を必要としており，そのために短期の好機をつかむ能力を制限されていたのである[50]。オスマン帝国に配置されたフランス商人（*régisseurs*）もまた，独力で判断する自由をいくらかは持っていたけれども，原則としてマルセイユにいる社長の指示にしたがっていた[51]。

---

49) Filippini 1987: 55.
50) R. Davis 1967: 147–48. ロンドンのパートナーがアレッポの代理人に送った古びた情報については，Grassby 1994: 45, 47 も参照。
51) Eldem 1999: 208–09. 18世紀マルセイユにおける有限責任パートナーシップの普及については，Carrière 1973: 879–81; Carrière and Courduiré 1984: 11 を参照。

包括的なパートナーシップは，近世のヨーロッパや地中海において広く普及していた商社のモデルではなかった。実際に，16世紀以降ヨーロッパ全域で有限責任のパートナーシップへの移行がみられたのである[52]。セファルディム商人もまた，有限責任を含む多様な形態の業務提携を採用することができたが，そうすることはほとんどなかった。トスカーナのキリスト教徒商人のあいだでとりわけ一般的だったのは，合資契約(アッコマンディータ)(*accomandita*, 複数形は *accomandite*) やコンパニーア (*compagnia*, 複数形は *compagnie*) 契約であった。前者は中世の双務的なコンメンダ (*commenda*) をより洗練させた形態である。合資契約は，常にそれぞれの出資者の責任を制限する条項を含み，通常はそれぞれの仲間の出資や労働の割合に応じて利益を分配した。合資契約は更新されることはあるものの，最初は3-4年間継続するのが一般的であった[53]。こうした契約は，トスカーナ商人が，好みに合わない商業投機への直接的な関与を避けたい，あるいは投資を分散させたいと望む，より広範な社会層からの出資者のみならず，貴族層からも資本を集める手段となった[54]。貴族を含めた裕福なフィレンツェ人には，合資契約を通じて，たとえばリスボンのパオロ・ジローラモ・メディチとエネア・ベロアルディのパートナーシップに出資していた者もいたのである[55]。

52) Lévy-Bruhl 1938: 30; Lapeyre 1955: 146-52. ヴェネツィアとトスカーナについては，下記の註54と76に引用した文献を参照。オランダについては，Brulez 1959: 35-123; P. W. Klein 1965: 224-25, 379-88, 418-21; Jonker and Sluyterman 2000: 89-90 を参照。

53) コンメンダ (*commenda*, 複数形 *commende*) は，中世地中海世界においてはほとんどどこにでもあるような商社の契約形態であった。その多くの変形タイプには，片務的なものも双務的なものもあった。片務的なコンメンダでは，定住しているパートナーが冒険的事業に必要な流動資本をすべて提供し，利益の分配（通常は25%に設定されていた）とひきかえに，移動するパートナーが海外に出かけ，両者の委託代理人として活動した。双務的なコンメンダでは，移動するパートナーが資本の3分の1を負担し，利益の半分を受け取るよう規定されているのが普通であった。すべてのコンメンダは，その航海のあいだだけに期間が限定されていた。コンメンダについては，Weber 2003; Lopez and Raymond 1955: 174-79; Udovitch 1970a; Pryor 1977 を参照。

54) 近世におけるトスカーナの合資契約については，Carmona 1964; Litchfield 1969b; Goodman 1981: 424-29; Bertini 1994 を参照。トスカーナの合資契約に関する法的条項は，Fierli 1803 に要約されている。1674年にリヴォルノで活動していたキリスト教徒の商社は，多くが合資契約に基づいて資本を集めていたが，その一覧については ASF, *Archivio Magalotti*, 225 と Malanima 1995: 153-54 を参照（また，本書第8章，註139も参照）。17-18世紀フランスの合資契約については，Lévy-Bruhl 1938: 33-40 を参照。

55) ASF, *Mercanzia*, 10854, fols. 39r-40r, 88r-89v; 10855, fols. 36v-37r; 10856, pp.21-22,

トスカーナのユダヤ人がこうした形態のパートナーシップを採用することは，法的には禁止されていなかったが，彼らがそうすることはめったになかった[56]。たとえ採用しても，ほとんどの場合それはイタリア出身のユダヤ人であり，彼らはフィレンツェやピサ，アレッツォ，あるいはモンテ・サン・サヴィーノで店を経営したり，小規模な交易をおこなったりするために合資契約を利用していたにすぎなかった。リヴォルノに拠点を置いて遠隔地交易に従事しているユダヤ商人が，こうした契約条項に頼ることはめったになかった。このような契約を作成した者も少しはいたが，それは通常は親族関係によって結ばれていない場合であった。1717年，ヤコブ・エルガスは，サムエル，ダヴィデ，ラファエルという3人の息子たちとのパートナーシップに投資していた2万スペインドルを守るために，彼らとの合資契約に署名した。彼の選択は異例であったが，ヤコブは息子たちのなかに訴訟好きな性格を見出していたにちがいない。というのも，ヤコブの死の2年後，息子たちは遺産をめぐって法廷闘争を始めたからである[57]。1733年に2人の兄弟と彼らの甥の1人とのあいだで結ばれた商業パートナーシップ契約（"compagnia di negozio in terzo"）もまた，合資契約にきわめて類似した契約として公認されているという点で，異例であった。会社仲間の3人は，各々3分の1ずつ資本を負担し（ほとんどは嫁資によってまかなわれた），利益の3分の1に対する権利を有し，会社の負債について3分の1ずつ責任を負った。このパートナーシップの継続期間は，例外的に

---

fols. 60r–61r, 91v–92r. メディチとベロアルディは，1736年11月に合資契約を解消した。両者は資本を集めるためにこの契約形態を利用し続け，メディチはジュゼッペ・サルトリと，またベロアルディはルイジ・ニッコリーニと，それぞれ新たなパートナーシップを形成した（ASF, *Mercanzia*, 10856, fols. 114r–115v, 126v–127v, 142r–v; 10857, fols. 36r–37r）。1743年にメディチが死去したとき，ニッコリーニはリスボンのジュリアーノ・ガッリと新たな事業を始め，一連の合資契約を通じてフィレンツェで再度資本を集めた（ASF, *Mercanzia*, 10858, fols. 38r–v, 125v–126r; Litchfield 1969b: 697 も参照）。

56) この点および以下の情報は，1632年から1777年までフィレンツェの商業裁判所に登記されたトスカーナの合資契約の写しについての分析に基づいている（ASF, *Mercanzia*, 10841–10859）。

57) ASF, *Mercanzia*, 10853, fols. 125v–126r, 136r–137r. ヤコブ・エルガスと息子たちのあいだの論争については，本書第1章，註19を参照。当時は，ほとんどの合資契約が2万から3万スペインドルの資本を集め，3年間存続していた（Frattarelli Fischer 1997c: 81）。

長く 20 年間に設定された[58]。特筆すべきは，ユダヤ人が合資契約を結ぶ頻度が，18 世紀後半，とりわけリヴォルノのユダヤ人共同体におけるセファルディムのヘゲモニーが弱まっていた 1770 年代に増加することであり，同時期に新たにイタリア系や北アフリカ系の家系とのつながりを築くために，婚姻関係においては同族婚が減少していたことである。1770 年代には，ようやくユダヤ人とキリスト教徒のあいだの合資契約も登場し始めていたが，それはまだ少数にとどまっていた[59]。こうした事実は，社会的，文化的な規範によるものにちがいない。アムステルダムやロンドンでは明らかに状況が異なっていたが，より体系的な比較をおこなうには，まだ知られている事例は少ないのである[60]。

ヴェネツィアでもまた，ほとんどのセファルディム商人は無限責任のファミリー・パートナーシップを運用していた。ヴェネツィアでは，フラテルナ（*fraterna*）と呼ばれるローカル・タイプの契約が結ばれてお

---

58) ASF, *NMP*, Giovanni Giuseppe Mazzanti, 23704, fols. 152r–155v, no. 137.

59) リヴォルノにおけるユダヤ商人間の合資契約は，以下のものを含んでいる。1670 年のモーセ・フランコ・アルブケルケとモーセ・アラトーネのもの（ASF, *Mercanzia*, 10847, fols. 56v–57r），1734 年のロペス・ペレイラとラファエル・エルガスのもの（ASF, *Mercanzia*, 10856, fols. 34r–35），1739 年のイサク・エンリケ・ロペスとアブラハム・メロのもの（ASF, *Mercanzia*, 10856, fols. 132v–133v and 10857, fol. 52r–v），1757 年のイサク・パルド・ロケスとマヌエル・フィンツィのもの（ASF, *Mercanzia*, 10858, fol. 198r–v and 10859, fol. 15r–v），1761 年のチェーザレ・レオーネとソロモン・コネリアーノのもの（fols.36v–37r），1764 年のサムエル・テデスコ，ヴィターレ・フナーロとアブラハム・カイヴァーノのもの（fols. 73v–74r），1765 年のヤコブ・フランコ・ダルメイダと彼の妻，およびレオーネ兄弟のもの（fols. 82v–83r），1766 年のテデスコ家とモルデカイ・コーエンのもの（fol. 88r–v），1770 年のヨセフ・コーエンとヨセフ・ヴェッルーティのもの（fol.128r），1769 年のマヌエル・スピノとファーノ兄弟のもの（fol. 127r），1771 年のヤコブ・フランコ・デ・ミランダとモーセ・ベルモンテのもの（fol. 140r–v），1775 年のイサク・ペーニャとダニエル・フィンツィのもの（fol. 181v），1775 年のガブリエル・セマクとヴィターレ・フナーロのもの（fol. 185r），1776 年のラザロ・レカナーティとサバト・モンテコルボリのもの（fols. 189v–190r），1777 年のアーロン・アッチャイウォーリ，コーエン兄弟とボンディ兄弟のもの（fols. 197v–198r）（すべて ASF, *Mercanzia*, 10859 所収）。1764 年のユダヤ人のマヌエル・モンセレスとキリスト教徒のアントニオ・ジュデッティのもの（ASF, *Mercanzia*, 10859, fols. 161v–162r）は異例である。他の事例は，ASF, *Mercanzia*, 10859, fols. 130r–v（サロモン・アギブ，セッティミオ・デッラッキィラおよびヴァレンティノ・フェデーリ）と 175v（サムエル・デ・パズとフランチェスコ・ベルラン）に見出せる。

60) Yogev (1978: 146–48) は，18 世紀にイギリス・インド間のダイヤモンド取引に従事していたユダヤ人と非ユダヤ人のあいだのパートナーシップの存在に言及しているが，これらの契約の条項については示していない。アムステルダムについては，註 38 を参照。

り，そこでは兄弟間の共同責任を認めていた。ファミリー・パートナーシップを経営するための負担を兄弟間で均等に分配しないことを望む場合にのみ，特別な規定が必要であった。たとえば1642年の父親の死に際して，ソロモンおよびヨセフ・フランコ・デ・アルメイダ（アントニオおよびシモン・メンデスとも呼ばれていた）は，公証人の前で，フラテルナを運用するにあたって，それぞれ60％と40％を負担することに合意した。彼らの事業は順調であり，1672年にソロモンは総額3万ドゥカートの財産を息子たちに残した。これは，公債に投資された額である[61]。

　リヴォルノとヴェネツィアのユダヤ人によって採用された事業形態のなかで，コンパニーアとして知られている契約は，あまり一般的ではなかった[62]。これは，合資契約よりも安定したタイプの事業提携で，14世紀に登場した。1340年代にフィレンツェの国際銀行が次々に破産したのち，コンパニーアは（フランチェスコ・ダティーニ（1335頃–1410年）の事例のように）1人，または（メディチ銀行（1397–1494年）の場合のように）1家族の指導のもとに，多数の自立的な存在を結びつける新しい事業形態として出現したのである。この組織は，主要な家族の統制のもとに，相互に連結した支店（給与雇用者によって管理される支店もあれば，若年のパートナーによって管理される支店もあり，その自立度は異なっていた）のネットワークを包摂しているために，近代の持株会社と似ているとされてきた。しかしながら，この規格化された組織でさえ，信用のお

---

61) ASV, *NA*, Angelo Maria Piccini, 11062, fols. 27r–29r; ASV, *NT*, Andrea Calzavara, 260.830.

62) ユダヤ商人の文書のなかで，これらの合意の形態を識別するうえで困難なことのひとつは，「コンパニーア」という用語が特殊な意味でも一般的な意味でも用いられているという点である。後者の場合には，商社（*compagnia di negozio*）や，より一般的な会社（*società*）という用語と同様に，いかなるタイプの商業パートナーシップをも表していた。たとえばモーセとイサクのバルク・カルヴァリオ兄弟は，ヴェネツィアに拠点を置いていた自分たちのビジネスを「フラテルナ兼コンパニーア（fraterna e compagnia）」と呼んでいた（ASV, *NT*, Cristoforo Brambilla, 167.281）。1782年にソロモン・エンリケスとヨセフ・フランケッティによって署名された合意は，チュニス，リヴォルノ，スミルナで活動するという厳密な意味でのコンパニーアの設立を目指しているように思われる（この契約は Filippini 1999: 143–44 に翻訳収録されている；また，Fukasawa 2000: 72n19 も参照）。Filippini（1984a: 642–43, 1998, 3: 245）は，ユダヤ商人によって設立された，コンパニーアのような会社組織の他の事例について言及しているが，それらが親族組織に基盤を持つことを強調している。註49も参照。

けない，あるいは技量に欠ける代理人を用いることから生じる危険性を取り除くことはできなかった。たとえば，メディチ銀行を弱体化させたのは，結局のところ不誠実で能力の低い支店の支配人たちであった[63]。にもかかわらず，コンパニーアは権力の集中と有限責任のバランスをうまく調和させた。だからこそ，スペインのメディナ・デル・カンポのルイゼ家やフランドルのデッラ・ファイユ家，南ドイツのフッガー家やウェルザー家のように，16世紀ヨーロッパの多くの有力商人たちによって採用されたのである[64]。

より安全で集権的な事業形態がすでに利用可能であった時代に，リヴォルノのセファルディムのほとんどが包括的なパートナーシップを運用することを選んだのはなぜだろうか。組織的，文化的な惰性も一因かもしれないが，より積極的な理由もあった。セファルディムの結婚慣行と地理的な分散によって，彼らは包括的なパートナーシップのいくつかの弱点を回避し，その利点を活用することが可能となったのである。合資契約は商人が資本を集めるのに有効であったが，出資を更新するかどうかは投資者の気まぐれに左右された。コンメンダは派遣代理人の利益を経営者の利益によりしっかりと結びつけることで劇的にリスクを減らしたが，時間や活動目的の制約が大きかった。コンパニーアは，おそらくこの3つのタイプの契約のなかで最も効率的であったが，同様の利点と欠点があった。包括的なパートナーシップは，相互に無限責任を負わなければならなかったが，莫大な利益ももたらした。継続期間が無制限であったことと，海外のパートナーに決定権を委託したこと——もしパートナーが有能で信頼できるならば，これら2つは非常に大きな強みとなった。遠隔地交易に従事する者は誰でも，これらの契約の長所と短所を天秤にかけ，リスクを抑えつつも，包括的なパートナーシップから利益を上げることができるかどうか見極めなければならなかったのである。

---

63) フィレンツェに本社を置いた14世紀のコンパニーアについては，de Roover 1948: 31-34, 1963a, 1963b: 44, 78-85; Padgett and McLean 2006 を参照。ヴェネツィアでは，16世紀以降，長子相続が広がるにつれて，フラテルナがコンパニーアに取って代わられた。コンパニーア契約の事例は，Lopez and Raymond 1955: 185-211 に見出される。

64) Brulez 1959; Jeannin 1967; Lapeyre 1955.

セファルディムの地理的な広がりと，結婚や嫁資に関する社会的規範の共有は，無限責任の合資パートナーシップに含まれる義務を遂行するうえで魅力的な誘因であり，永続的な保証となった。ほかのユダヤ商人，たとえば17世紀にアンコーナに拠点を置いていたユダヤ人は，東地中海においてより周縁的な位置づけにあり，いささか異なった親族間の契約にしたがっていた。彼らは通常，妻の嫁資に対する50％の追加分〔寡婦産〕を負担することはせず，詳細な私的契約を好んで，ファミリー・パートナーシップの黙約をあまり信用しない傾向にあった。こうした私的契約は，のちに訴訟や契約条項の再交渉の必要が生じたときにはいつでも，公証人証書から引き出すことができた[65]。

　セファルディムのパートナーシップの持つ高度にインフォーマルな構造は，換言すれば，社会規範を順守し，空間的なネットワークを統制することで支えられた。包括的なパートナーシップにすっかり頼っていても，それによってセファルディム商人が親族以外や非ユダヤ人と便宜的な関係を築くことが禁じられていたわけではない。実際にエルガス＝シルヴェラ商会のようなパートナーシップは，伝統的なビジネス・モデルに加えて，きわめて柔軟な形態の代理店を持っていた。大西洋岸のイギリス領では，パートナーと有給の社員による労働だけをあてにし，植民地と母国のあいだでの特定商品の売買と結びついた活動全体を統制することで繁栄したファミリー・パートナーシップもあった。しかしながら，リヴォルノのセファルディムは非特化型の商人として栄えた。彼らはユダヤ人が優勢ではなかったり，居住を禁止されたりしていた市場で活動することもあった。したがって，親族でもなく，直接雇用してもいない商人と協力的な代理関係を発展させることができた場合には，彼らはうまくやっていくことができたし，そうすることで自分たちの事業を広げていったのである。

　エルガス＝シルヴェラ商会の商業ネットワークには，代理人や取引先の3つのグループを確認することができる。最初のグループは，エルガス＝シルヴェラ商会のパートナーたちで構成されており，彼らはまた直接の親族でもあった。このグループの規模は，一族のライフサイクル

---

65) Bonazzoli 1987: 740, 759n93, 1998: 45–67.

（出生，結婚，死）や移住に応じて伸縮した。アレッポとリヴォルノのパートナーたちは，現地在住の商人として互いのために働いていたが，それぞれのサーヴィスに対して報酬を支払うことはなく，利益と損失は均等に配分した。人類学者のマーシャル・サーリンズにしたがえば，パートナー間の関係は，時間や規模，性質に制限のない相互責任に基づいているために，「一般化された互酬」のひとつと言うことができる[66]。わずか2年間しか存続しなかったが，1706年にリヴォルノのエルガス＝シルヴェラ商会は，キプロス在住のフランス人の取引相手に対して，羊毛の船荷を自分たちに送り，そのコストはアレッポの親族に請求するよう依頼することができた。というのは，このフランス商人は，地理的に近いアレッポのエルガス＝シルヴェラ商会のほうと，より頻繁に取引していたからである[67]。

　エルガス＝シルヴェラ商会が恒常的に頼っていた代理人や取引相手の第二グループを構成していたのは，ポルトガル系ユダヤ人ネイションのメンバーであり，このなかには親族も他の西方系セファルディムも含まれた。これらの代理人や取引相手は，サーヴィスの見返りとして，取引形態や立地によって異なる一定の割合の手数料（現地での仲介には0.5-2％，より複雑な取引の場合にはそれ以上）を受け取った。エルガス＝シルヴェラ商会は，きわめて近しいユダヤ人が手伝ってくれることを常に期待しており，またときには無料で彼らを手助けした。再びサーリンズによれば，それぞれの取引は一定の期限内で相応の価値や便宜という見返りが得られることを前提としているが，不均衡な取引は短期間しか許容されないために，こうした西方系セファルディムの仲間との関係は「均衡のとれた互酬」によって統制されていたとみることができる[68]。

　同種の期待は，エルガス＝シルヴェラ商会の取引相手の第三グループとの関係にも影響した。すなわち，ユダヤ人であれ非ユダヤ人であれ，ポルトガル・ネイションには属さない商人たちである。契約の履行を保証するのに最もふさわしいと思われる脅威や誘因は，民族宗教的な属性

---

[66] Sahlins 1972: 193-94: Ensminger 2001: 187-88.
[67] AFS, *LCF*, 1931, 在キプロスの Fouquier Lombard and Co. 宛1706年11月19日付書簡。
[68] Sahlins 1972: 194-95; Ensminger 2001: 188.

よりも接触の頻度によって決定されたが，法廷に召喚される可能性よりも緊密な情報の交換や誰かの評判が損なわれるという懸念のほうが，概して効果的な抑止力となった。このあとの諸章で見るように，エルガス＝シルヴェラ商会は，リスボンのキリスト教徒商人やポルトガル領インドのヒンドゥー教徒商人と強固な代理関係を築いたが，彼らとのあいだには血縁関係も共同体に基づく絆もなく，不正行為に対する法的な抑止力もほとんどなかった。見知らぬ者どうしがともに取引するためには，集権的な法制度による調停が必要であるという一般的な前提とは対照的に，慎重な態度や事業契約に関する慣習的な規範の共有，多方面での評判が，異文化間交易を成功させるのに十分に秩序ある振る舞いをうみだしていたと考えられるのである。

　私が提示した取引相手の分類は，社会ネットワーク分析の「反定言命法」に対応したものであり，それはアイデンティティの本質的な属性よりも，相互関係のかたちや戦略的な相互作用を優先する。予想に反して，このアプローチは近世貿易史において分析的かつ実証的に検証されるというよりも，比喩的に援用されている[69]。異文化間の経済交流における信用についての研究にとっていかに有益であるかを示すために，私はこのアプローチを（数学的な方法というよりもむしろ）分析ツールとし

---

　69) 「反定言命法」という表現については，Emirbayer and Goodwin 1994: 1414-15 を参照。社会ネットワーク分析は，もともと複雑なヨーロッパやアフリカの社会について研究していたイギリスの社会人類学者によって発展させられたため，歴史研究，とりわけ親族形態，ジェンダー関係，近隣住民の交際関係，職業による階層化，パトロネイジ，政治的縁故の研究にも有益なかたちで適用されてきた。ネットワーク分析，ネットワーク・アプローチ，ネットワーク理論と歴史研究に対するそれらの応用についての文献は，膨大なものである。基本的な記述は，Boissevain and Mitchell 1973; Mitchell 1969, 1974; Boissevain 1974; Wellman and Wetherell 1996; Podolny and Page 1998; Scott 2000 に見出すことができる。理論的，経験的な観点から見た現代世界におけるネットワークや市場については，Nee 1998; Casella and Rauch 2001; Rauch 2001 を参照。驚くべきことに，近年の研究は，相対的に見て，社会ネットワーク分析が長距離貿易の歴史に対してはほとんどインパクトを持たないことを明らかにしている (Lemercier 2005)。重要な例外は，スウェーデンの2つの商業ネットワークについての書物 (Müller 1998)，ラテンアメリカの密輸に関するいくつかの研究 (Moutoukias 1992, 1997)，そして近世大西洋のワイン貿易に関する最近の業績である (Hancock 2005a, 2006)。Murdoch (2006) は，近世のスコットランドとスウェーデンを結ぶ多様な親族関係，友人関係，経済的ネットワークと外交的ネットワークを描き出している。遠距離貿易に関する歴史家が，融通がきき，調和のとれた，反階層的な関係としてネットワークを理想化する傾向について，理解を示しつつも厳しく批判しているものとして，Hancock 2005b を参照。

て用いている。社会ネットワーク分析によって,われわれはビジネスにおける協力関係について,同類であるという感覚よりも,代理人の技量や信用度を抜け目なく評価した結果として理解することができる。この分析方法では,ネットワークとは法的,社会的な集団と同一の広がりを持つというよりも,動的で特有の背景を有するものとみなす。しかしながら,旧体制下のヨーロッパに適用するとき,社会ネットワーク分析を活気づける「反定言命法」は,経済的,社会的な相互作用を浸食する集団の分断や権力関係について考慮しなければならない[70]。たとえば,リヴォルノではユダヤ人と非ユダヤ人とのあいだの包括的なパートナーシップの設立は法的に禁止されていなかったものの,ユダヤ人とキリスト教徒の通婚はみられず,社会的な隔たりが共同体的コスモポリタニズムに組み込まれているために,そうしたパートナーシップはほとんどあり得ないものとなっていた。反対に,ユダヤ人と非ユダヤ人が信頼関係に強く依拠した商業上の関係を発展させていた場合でも,すべてを包み込んだ相互信頼に基づいて,無意識のうちに互いに抱擁するということにはならなかった。政治理論家のラッセル・ハーディンが言うように,信用とは関係する諸集団が同じ利益や価値を持っていることを必ずしも意味するわけではない。それは程度の問題なのである[71]。

家と資本主義の関係については,長きにわたって,歴史家や他の社会科学の研究者たちの議論の的となってきた。近年では,法人資本主義の勝利にもかかわらず,ヨーロッパのビジネス組織においてファミリー企業が存続していたことを強調する研究者もいる[72]。にもかかわらず,これらの議論の前には,依然としてマックス・ヴェーバーの亡霊が大きく立ちはだかっている。「市場は,根本的に,いかなる形態の兄弟関係とも相容れないものである」とヴェーバーは書いた[73]。このドイツの社会学者によれば,市場の諸関係の非人格化はヨーロッパに固有の現象であ

---

70) この点は,Imízcoz Beunza (1998) によって強調されている。

71) Hardin 2002: 9-10. ハーディンの著書は,急増している信用や社会資本に関する社会学の文献のなかでの記念碑的な作品である。Gambetta 1998; Cook 2001; Kramer and Cook 2004; Hardin 2004; Cook, Hardin, and Levi 2005; Tilly 2005 も参照。

72) Harlaftis 1993: 9-23, 1996: 39-103; Colli 2003; James 2006; Landes 2006.

73) Weber 1968: 637.

り，中世イタリア諸都市に起源があった。彼のあとを追って，15世紀前期以降，メディチ銀行を含めたトスカーナのコンパニーアの組織において，家族の結びつきが担う役割が徐々に小さくなり，親族以外の者がファミリー企業の株の購入を認められ，所有と経営が分離した証拠を見つけたという研究者もいた[74]。経済学者のアヴナー・グライフは，こうした議論を復活させた。彼にとって，核家族と利益に基づいた非親族による組織の増加により，中世ヨーロッパはそれ以前の文明や同時代の他の諸文明と区別されるのである。たとえば，12世紀のジェノヴァにおいて，新しいタイプの法的契約（とりわけ双務的なコンメンダ）により，親族以外の者が共同出資をおこない，有限責任を担うことが可能となった。グライフは，こうした契約の利用は「個人主義的な文化的信条」の証拠であり，マグレブのユダヤ人の「集団主義的な文化的信条」から離れて，「ムスリム世界の歴史とヨーロッパ世界の歴史における分岐点」を示すと解釈した[75]。

包括的なパートナーシップから有限責任のパートナーシップへの移行は，地域や集団，貿易形態を超えて同時に起こったわけではない。経済条件や法制度の違いが，この変化の速度や特徴を規定した。特定の嫁資制度と相続制度を持った家族構造の相違もまた，この移行に影響を与え

---

74) Goldthwaite 1983, 1987. Paul McLean and John Padgett（2004: 206）は，15世紀フィレンツェにおけるすべてのパートナーシップの約30％が親族のあいだで結ばれ，残りはパートナーの選択において「より『近代的』で，広域的で，コスモポリタンで」あったと推測している。

75) Grief 2006: xiii, 25–26, 251–53, 285–87, 299. また，Grief 1996 も参照。彼の解釈は，資本主義の勃興に関するウェーバーの理論の2つの系統をともに融合させている。ひとつは会社，とりわけ中世イタリアの有限責任パートナーシップの役割を強調するものであり，もうひとつは倫理の重要性を強調するものである（ウェーバーは，中世フィレンツェ商人の合理性よりも17世紀のピューリタンの資本主義的合理性のほうが優れていたと考えていたのだが）。とりわけ Weber 1968: 375–80, 1212–372 と 1952: 202–3n29 を参照。Grief は，コンメンダ契約が個人主義的な「文化的信条」の証拠を提示していると仮定することで，暗黙の裡にウェーバーにしたがっている。しかしながら，Abraham Udovitch（1970a）は，コンメンダ契約はイタリアで使われ始める前に，中世ムスリムの世界で使われていたことを示している。Timur Kuran（2004: 78–80）は，イスラーム法では，コンメンダのパートナーの1人が亡くなったとき，その契約は無効となり，このパートナーシップの資産は，亡くなったパートナーの相続人と存命のパートナーたち全員のあいだで平等に分割されなければならないことを示すことで，この明らかな矛盾を解決している。この相続システムは，資本の集中とは反対方向に作用し，おそらくより一般的には商業投資を抑制した。

2 親族，契約，ネットワーク

た。ヴェネツィアでは，とりわけ家産の統合を維持する方法を求めていた貴族層において，16世紀のあいだに相続人たちが標準的な慣行として長子相続を受け入れるまで，兄弟間の無限責任パートナーシップ（フラテルナ fraterna）が典型的な事業提携のかたちであった[76]。17世紀のスウェーデンにおいて，ファミリー・パートナーシップが存続していた要因は，法的条件や社会的条件によって説明される[77]。ヨーロッパで最初の株式市場を含む新しい財政機構の勃興にもかかわらず，アムステルダムやロンドンでの遠隔地交易や他の大規模な私的投資の運用において，親族の結びつきは依然として主要な役割を果たしていた。アムステルダムでは，親族による投資も非親族による投資も通常は文書で規定されていたが，しだいに更新可能な短期の有限責任会社の形態をとるようになった。デイヴィッド・ハンコックは，18世紀に最も急速に発展していた商業地域である大西洋のイギリス領において，「企業の設立にあたり，血縁関係は有効な絆のひとつではあったが，最も重要なものではなかった」ものの，驚くべきことに，黙約や無期限の取り決めがパートナーシップの正式な契約よりも一般的であったとも主張している[78]。

長期にわたる変化を熱心に跡づけようとするとき，近世に共存していた企業形態のこうした多様性や多元性について，私たちはややこしく考えるべきではない。歴史的でもあり，比較的でもある研究手法は，国家を持たずに交易に従事するディアスポラの研究にとって，とりわけ実り多いものである。こうした見かたをすることは，単に地域を越えた共同体における家族の重要性を再び主張するよりも，親族構造とビジネス組織の連関における特異性や持続性を明らかにしてくれるだろう。

---

76) Lane 1944b; Lopez and Raymond 1955: 185-86. ヴェネツィア政府は，ようやく1619年に，ある人物が自分自身の勘定で管理している家産の一部に対する個人の責任と，フラテルナの一部として管理しているものに対する責任とを区別する法律を制定した（Weber 2003: 106）。

77) Müller 1998.

78) Hancock 1995: 105-6. 17世紀アムステルダムについては，P. W. Klein 1965; Klein and Veluwenkamp 1993; Lesger and Noordegraaf 1995 を参照。18世紀イギリスの大西洋領におけるファミリー・パートナーシップの重要性については，Price 1986, 1991, 1992 を参照。対照的に，Kenneth Morgan（2000：46-47）は，18世紀後半のイギリスの大西洋領において，民間商人の書簡とともに送られたパートナーシップ文書数の顕著な増加を認めている。この証拠は，遠隔地交易事業の伝統において，18世紀なかばが重要な転換点であったことを示しているといえよう。

合資契約について十分に理解し，その契約を結ぶ資格があったにもかかわらず，リヴォルノのセファルディムのほとんどは，無制限の責任を有する包括的なパートナーシップを設立するために，血族や姻族と結んだ黙約を基礎として活動した。法学者が認めているように，合資契約はパートナーたちによってなされた軽率でまずい判断から投資家を保護したが，長期にわたる複雑な投資を要するような交易や金融活動には適していなかった[79]。西方系セファルディムに普及していた結婚慣習は，包括的なパートナーシップが引き起こす危険性の大部分を相殺した。同族結婚，嫁資と寡婦産の融合，そしてレヴィレート婚は，商業資本を家父長の系統に沿って継承，移譲することを容易にし，姻族の利益を結びつけた。有利な取引をおこなうには，コミュニケーションに時間がかかることが致命的であった世界において，エルガス＝シルヴェラ商会のようなファミリー・パートナーシップは，相互に代理人であることによって迅速に活動することができた。さらに，ファミリー・パートナーシップが合資契約よりもはるかに長く存続したことによって，包括的なパートナーシップは短期的な危機を乗り越え，時代を越えて信用や名声を高めていくことが可能となった。同時に，これらの利点は高くついた。ある状況下では，不誠実なパートナーや未熟なパートナーがいれば，他のすべてのパートナーも共倒れになってしまったのである。

セファルディムが近しいビジネスパートナーを選択する際には，社会的な区別よりも法的な区別のほうが意味を持った。近代の企業理論では，企業の範囲は取引に関与する諸集団に関して最適な配分がなされるために選択されると推測されている。たとえば，ある領域においては下請けに出し，他の領域においては共同で運用するほうが適切な場合がある[80]。しかし，セファルディム商人にはこうした選択の自由はなかった。社会的な障壁によって，非ユダヤ人とのパートナーシップを形成することは阻まれており，親族や同じユダヤ人を信頼するように強く促されて

---

79) Hansmann, Kraakman, and Squire 2006: 1372-74.

80) ほとんどの経済学者と異なり，Oliver Hart（1995）は，企業の内部組織，所有，境界に関する分析のなかで，権力は市場に対して外因的であると考えている。しかしながら，彼は「権力（power）」という用語によって意味するものを正確に定義づけてはいないし，その形態についても考慮に入れていない。

いた。しかしながら、彼らは誰と代理関係を結ぼうが自由であった。セファルディムの家長は、家族の事柄に関しては革新的ではなかった。彼らは自分たちにとってよい方向に作用した社会的な規範を再生産した。というのも、彼らは商業資本を保護するとともに、ネットワークを拡大するために、娘たちを利用することができたからである。とはいえ、私たちが安易に伝統的だとみなしがちな親族構造は、必ずしもセファルディム商人の事業を親族集団やユダヤ人の少数の共同経営者に制限していたわけではなかった。

　一連の重要な実証的かつ理論的な研究において、社会学者のマーク・グラノヴェッターは、親族や良き友人たちとの関係（「強い絆」）よりも、「弱い絆」（親族以外の人々や、ともに時間を過ごしたことがほとんどなく、感情の綾をほとんど共有しないか、まったく共有しない人々のあいだでの絆）のほうが、新しい情報や機会を提供するのにより適しているということを示そうとしてきた[81]。同時に社会学者たちは、弱い絆のほうがコストがかかり、監視するのが困難であると正しく想定している。なぜなら、利益を得る他の機会が訪れたときに、約束を破る誘惑に抵抗するための社会的な動機やなかば公的な動機を見知らぬ相手は持っていないからである。きわめて強力な絆からきわめて弱い絆にまでおよぶ広い範囲の個人的な義務や社会的な義務が、エルガス゠シルヴェラ商会にかかわる書簡の受け手を結びつけていた。私は、こうした義務が地理的に異なる文脈においていかに作用し、法廷が利用可能なときには法廷がどのような補足的手段を提供し、そして修辞学的な慣習がいかに説得力のある動機や脅威を伝え合うことを容易にしたのか、といった点について検証しているのである。

　しかしながら、私はまず、セファルディムのパートナーシップを比較の観点から位置づける必要がある。すべての離散した共同体が同じように、弱い絆によってもたらされる不安定さを緩和するために、親族構造や共同体組織を十分に動員できたわけではない。17-18世紀ヨーロッパにおいて西方系セファルディムが実現した地理的な広がりと安定性は、権威や社会的統制の効果的な伝達路を生み出したが、その結果、見

---

81) Granovetter 1973, 1974, 1983.

知らぬ相手との取引においてパートナーシップのメンバーに権限を与えることとなった。離散した他のユダヤ人集団は，同じような地理的拡散や相互関係をあてにできなかった。コスタンティーニ兄弟（1630年代にクレタ島で営業していたヴェネツィア領クレタ出身のユダヤ人で，このギリシアの島の支配をめぐるオスマン帝国とヴェネツィアの戦争が勃発したのち，1649年にヴェネツィアとアンコーナに移住した）の事業組織は，リヴォルノのセファルディムの企業組織とは部分的に異なっていた。コスタンティーニ家は資本を共同出資していたものの，パートナーシップ内では個別の責任を負っていた。海外での活動をおこなうためには，彼らは永続的な相互代理人契約を結んだ代理人を雇用しなければならなかった[82]。結局のところ，彼らはエルガス＝シルヴェラ商会のように，新しい市場を開拓することが難しかったのである。コスタンティーニ家の地理的な活動範囲は，おもにアドリア海と東地中海に制限されていた。彼らの代理人はほぼユダヤ人で占められ，通常は短期の業務のために雇われていた[83]。こうした規格化された組織によって，コスタンティーニ家は市場の変動にすぐに対応できた反面，限界もあった。エルガス＝シルヴェラ商会にとっては，地中海と大西洋を越えて拡大したメンバーを有するファミリー・ネットワークに加わっていたことが，よそ者と取引するようになったときに，彼らをよりよい立場に置くこととなった。交易に従事するディアスポラの規模や相互のつながりは，企業がどれだけ弱い絆の信頼性を保証できるかという点で，きわめて重大な意味を持っていたのである。

　セファルディムのパートナーシップとアルメニア人のパートナーシップを簡潔に比較することは，なおいっそう意味がある。アルメニア人の商業組織の中心にあるのは，ファミリー企業であった。彼らは，

　　82）Bonazzoli 1998: 53-57（このタイプの契約は，イタリア語では「相互代理商社（associazione per reciproca rappresentanza commerciale）」として知られていた）。ヴェネツィアでは，コスタンティーニ家はレヴァント系ユダヤ人の信徒団に属していた（ASV, NT, Angelo Maria Piccini, 11068, fol. 162r）。

　　83）Bonazzoli は，コスタンティーニ兄弟が一時的な提携関係にあった商人たちの宗教的なアイデンティティの問題を提起していないが，彼女の本では，こうした商人にはキリスト教徒は1人しかいなかったことが言及されている。コスタンティーニ家が保持した海上保険証書には，多くのキリスト教徒が署名している（Bonazzoli 1998: 69n1, 178-81）。

2 親族，契約，ネットワーク

　1604-05 年にアッバース 1 世によってイランの首都エスファハーン近郊（ニュー・ジュルファ New Julfa）に強制的に定住させられて以降，17-18 世紀の離散したアルメニア人のなかで最も進取の気性に富んだ集団となった。アルメニア人のファミリー・パートナーシップは，セファルディムのファミリー・パートナーシップとよく似ていた。アルメニア人のファミリー・パートナーシップも，しばしば結婚によって形成され，文書による契約によって承認されているとはかぎらなかった。家産が（慣習法によって定められているように）すべての兄弟姉妹で平等に分割されるか，あるいは生存している最年長の息子によって相続されるかどうかにかかわらず，ニュー・ジュルファの富裕な商人家系は，ひとつ屋根の下で暮らすことを強いられた。この拡大父系家族において，父親の死後もファミリー企業がのちの世代にまで維持されることを望んで，兄弟たちは相互に無限責任を負いながら共同で働いた。こうしてパートナーたちは，エルガス＝シルヴェラ商会がそうしていたように，自己責任で自由に取引することも，ファミリー・パートナーシップのために義務を負うこともできたのである[84]。

　しかしながら，セファルディムとは異なり，ジュルファのアルメニア人は委託代理人よりも派遣代理人に頼っていた[85]。派遣代理人は，通常は自己資本を持たない若者のグループから選ばれ，ニュー・ジュルファの商業エリートが資金提供した長距離航海を引き受けた。コンメンダ契約に規定された条項によれば，輸送する商品の代金や派遣代理人の経費の一部を移動しないパートナーが提供し，派遣代理人は自分の働きの見返りに利益の一部を受け取った。近年の研究により，イラン系アルメニア人の派遣代理人は，きまってジュルファの閉鎖的な家系「連合」（ほとんどはアルメニア教会に属していたが，カトリック教会に属している者もいた）から選ばれたことがわかっている。こうした特徴は，競争相手であった同時代のセファルディムよりも，むしろマグレブのユダヤ人と類似している。利用可能な史料が示すところでは，グライフの研究成果と符合するように，ジュルファの「連合」はメンバー間の日和見主義によるリスクを最小限に抑えるのには効果的であったが，外部の者と取引す

---

84) Herzig 1991: 160-73, 223-30, 1993; Aslanian 2007a: 318-42, 2007b: 149-50.
85) Herzig 1991: 231.

る能力という点ではあまりふさわしくなかった[86]。

　イラン系アルメニア人の事業組織における相対的な閉鎖性には，いくつかの要因があった。彼らのネットワークは，ニュー・ジュルファが中心的な結節点として機能していたために，より集約的であった。さらに，イランのアルメニア人の全人口が遠隔地交易に従事していた。近年の研究によれば，その数は 1,000 から 1,500 人のあいだであったと見積もられ，おそらくはセファルディム商人の総数に匹敵していた。にもかかわらず，ヨーロッパにおけるアルメニア人共同体の人口はより少なく，本質的に男性によって構成されていた[87]。17 世紀のアムステルダムでは，アルメニア人男性の数は 100 人を超えたことはなかった[88]。ヴェネツィアにそれほど多くのアルメニア人がいたというのもありそうにない[89]。リヴォルノの興隆によって当地に引き寄せられるアルメニア商人の数が増加したにもかかわらず，一時的な拠点として以上にリヴォルノに定着したのは，ほんの一握りであった[90]。東地中海のアルメニア人居留地は，より大規模であった。1613 年にアレッポを通過したアルメニア人旅行者によれば，アレッポのアルメニア人世帯は 300 にのぼり，スミルナにも 100 世帯があった[91]。しかしながら，ちょうどオスマン帝国のユダヤ人が西方系セファルディムほどには遠隔地交易に従事してい

---

86) Aslanian 2006, 2007a: 237-52, 280-83. 委託代理人と比較すると，コンメンダは「17-18 世紀におけるジュルファ商業の劇的な拡大にとって最も重要な唯一の要因であった」という説得力のある証言があるにもかかわらず，それが「商人や商品，信用が広大な距離を越えて流通するための理想的な手段」でもあったかどうかは明確ではない（Aslanian 2007b: 125）。ネパールからチベットへ旅した，あるコンメンダの代理人によってつけられていた会計簿については，Khachikian 1966 を参照。Bhattacharya（2008:76）は，派遣代理人のなかには，故郷を離れて働き，自分自身の資本を蓄積することで，実際には自己決定権を得た者もいたことを示している。

87) Aslanian 2007a: 241n54.

88) Van Rooy 1966: 347. アムステルダムの公証人文書によって同定されるアルメニア人の数は，1701 年から 1720 年までのあいだに頂点に達し，平均すると毎年 41 人であった（Bekius 2003: 25. 著者の許可を得て引用した）。Herzig 2004: 159-61 も参照。

89) 1653 年には，ヴェネツィアのアルメニア教会の新しい司祭が，73 人の成人男性によって選出された。1710 年には，ヴェネツィアを通過する 36 人のアルメニア人と，ヴェネツィアに居住している 27 人のアルメニア人が数えられている。約 40 年後には，ヴェネツィアには俗人 70 人と聖職者 17 人のアルメニア人が居住していた（Gianighian 2004: 62）。

90) リヴォルノにいるアルメニア人の数については，本書第 3 章を参照。

91) Herzig 2004: 153.

なかったように，オスマン帝国のアルメニア人はサファヴィー朝のアルメニア人のように活発な商業活動をおこなっていたわけではなかった。結局のところ，大西洋においてセファルディムはアルメニア人とは比較にならないくらいに影響力があり，そこではアルメニア人は散発的に交易をおこなっていたにすぎなかった[92]。

コンメンダ契約と，親族や輸送業者，移動商人と結んだ他の契約について監視するために，ジュルファのアルメニア人は商人集会と呼ばれる共同管理団体を設立した。それはニュー・ジュルファに本拠を置き，中央手形交換所として機能した。商人集会は，不正行為を防止するためにサファヴィー朝の支配者たちから与えられた広範な行政上，司法上の権限をもって活動したが，処罰はたいてい信用に対する制裁のかたちをとった。ジュルファの家系連合のメンバーに対して，商人集会と離散したアルメニア人の代表者たちが「移動法廷」の判事の役割を果たし，仲裁のための効果的でよく調整された，準公式組織となった。しかしながら，現存する史料が示すところでは，これらの団体組織は，ジュルファのアルメニア人とオスマン帝国のアルメニア人（あるいは，さらに言えば他のあらゆる部外者）とのあいだの取引をチェックしなかった。実際に，ジュルファのアルメニア人によって書かれたビジネス書簡には，自分たちの連合の外部にいる者たちに対して，法定代理人や委託代理人の権限を与えたことは記載されていないのである[93]。

実のところ，アルメニア人と非アルメニア人とのあいだのビジネス上の関係については，ほとんど知られていない。散在している史料が示しているのは，アルメニア人は他のキリスト教徒と並んでヒンドゥー教徒やムスリムと幾度も契約を交わしていたが，通常それは一時的なものであり，短期の信用貸付を集めるためであったということである[94]。エル

---

[92] 1660年代から1720年代にかけて，スペインの大西洋岸の港町カディスで活動していたアルメニア人は少数であった（Aghassian and Kévonian 1988: 163; Aslanian 2007a: 144-48）。Aslanian（2007a: 105-17）はまた，太平洋，とりわけフィリピンにアルメニア人が存在していたことを示す新たな証拠を提示している。

[93] Aslanian 2006: 393-99, 2007a: 252-78. 商人集会は，シャーの代表であり仲介者として活動していたジュルファの代表者（*kalantar*）と，他の20人の役人たちによって設立された。アルメニア人商人もまた，必要なときにはいつでも，18世紀インドにおけるイギリスの法廷で，同胞のアルメニア人に対する訴訟を起こした（Bhattacharya 2008: 79-81）。

[94] Bhattacharya 2005: 291, 293-300; Herzig 2006. 著者の許可を得て引用。シェリマン

ガス゠シルヴェラ商会は，リヴォルノでアルメニア人と商品を取引し，ときには彼らの代理人として海外貿易をおこなったが，全体としてはアルメニア人との交流はかぎられていた[95]。ロンドンのアブラハムおよびヤコブ・フランコは，1740年代に，おそらくリヴォルノで最も裕福なアルメニア人であったダヴィデ・シェリマンのために，マドラスとのあいだでサンゴとダイヤモンドを輸送した[96]。アムステルダムの公証人文書には，アルメニア人がオランダ商人にペルシア産の絹を販売し，オランダ産の織物を購入していた記録がたくさん含まれている。なかには，モスクワとネーデルラントのあいだで商品と信用貸付を移動させるために，船舶抵当貸借（為替手形と保険証書の混合）を利用している者さえいた[97]。にもかかわらず，アルメニア人と非アルメニア人とのあいだで共通の委託代理業がおこなわれたのか，それはどれくらいの頻度であったのか，またもしおこなわれていたのだとすれば，それにかかわった当事者たちが，日和見主義からどのように自らを守ったのかについては，よくわからないままである。

　結局のところ，西方系セファルディムとジュルファのアルメニア人は，商業活動においては家族と共同体主義的な組織に広く頼っていたが，異なる形態の契約も採用していた（アルメニア人はファミリー企業とコンメンダ契約を，セファルディムは包括的なパートナーシップと委託代理

家は，ゴアでダイヤモンドを手に入れるために，おそらくヒンドゥー教徒の代理人に頼っていた（Aslanian 2007a: 334, 2007b: 156）。中央アジアにおいて，17–18世紀にトルコ人，アルメニア人，アフガン人，ロシア人と取引するときには，インド商人はコンメンダを利用していた（S. F. Dale 1994: 66, 120）。

95) 1732年，彼らは「アルメニア人ヤコボの息子ダヴィデ」某から，556スペインドル相当のインディゴを購入した；ASF, *LCF*, 1942, fol. 17（借方，1732年3月19日）。翌年，彼らは「アルメニア人ガスパリの息子ジョヴァンニ」某にカカオを売却した；ASF, *LCF*, 1942, fol. 4（貸方，1733年4月24日）。1731年，エルガス゠シルヴェラ商会は「アルメニア人ピエトロの息子グレゴリオ」某に70スペインドルの貸付があったが，キプロスのToucheとJaunaはこの人物に対して為替手形を送っていた；ASF, *LCF*, 1942, fol. 11（貸方，1731年12月17日）。リヴォルノのアルメニア人のためにエルガス゠シルヴェラ商会がおこなった購入については，ASF, *LCF*, 1945, 在アレッポのエルガス゠シルヴェラ商会宛1738年5月6日付書簡と在リスボンのメディチ゠ニッコリーニ商会宛1739年8月3日付書簡に記録されている。

96) Bhaswati Bhattacharya (pers. comm. 2007年2月) は，インド国立マハラシュトラ古文書館において，スラトのイギリス人の工場の日誌から証拠を提示した。

97) Bekius 2003: 26–34.

の組み合わせを好んでいた）。彼らはまた，特有の管理団体を設立していた。セファルディムはエスファハーンの商人集会に匹敵するような集権的な管理団体を持つことは禁止されていた。彼らは異なる支配者の領地に居住しており，それぞれの共同体は自治的な裁判権の形態や範囲について地方行政当局と交渉したのである。同時に，大規模な共同体間の緊密なコミュニケーションや海外の家系との結婚契約の慣行によって，離散したセファルディムのなかで独特な協調のネットワークが形成され，信用をコントロールする多数の回路を開くことが保証された。最後に，アルメニア人とセファルディムの比較は，本書で明らかにしているように，セファルディムがアルメニア人よりもしっかりと異文化間交易に従事していたことを示しているがゆえに，非常に興味深い。インフォーマルで集権化されていないセファルディムの活動においては，親族ではない者や見知らぬ相手を委託代理人として信頼する度合いがアルメニア人よりも強かったのである。

　ジュルファのアルメニア人がセファルディムよりも事業取引において閉鎖的であったということはまた，アルメニア人がキリスト教徒として，ヨーロッパ世界においてセファルディムには認められていなかった利点を享受していた事実を考慮すると，奇異に思われる。たとえば，ニュー・ジュルファ出身の男性は，通常は地元の女性と結婚し，若い時期に各地を旅して過ごすあいだ，妻を地元に残していた。しかしながら，離散したアルメニア人は（男性も女性も），ヨーロッパやオスマン帝国，インドでは非アルメニア人のキリスト教徒とも結婚した[98]。こうした通婚は，アルメニア人が現地社会に融合したということだけでなく，おそらくはビジネス上の結びつきも広がったことを説明している。要す

---

98) すでに1629年には，エスファハーン出身の裕福な商人が，トレント公会議の典礼にしたがって，リヴォルノ出身の女性と結婚した（Frattarelli Fischer 1998b: 29）。リヴォルノのビジネスエリートとアルメニア人のあいだの婚姻関係については，Frattarelli Fischer 2006d: 29 も参照。離散アルメニア人の最も裕福なカトリック信者の一族であるシェリマン家は，ヴェネツィアの貴族家系と婚姻関係を結んだ（White 1961: 19n3）。アムステルダムに移民したアルメニア人女性はほとんどいないが，同地ではオランダ商人の姉妹や娘と結婚したアルメニア人男性について記録されている（Van Rooy 1966: 354）。17世紀後半にスラトのオランダ東インド会社の役員と結婚したアルメニア人女性については，Bhattacharya 2005: 306 を参照。スミルナでは，ペルシア系アルメニア人は同胞内で結婚していたが，定着したフランス商人と婚姻関係を結んだ者もわずかにいた（Kévonian 1975: 210; Smyrnelis 1995: 38-39）。

るに，西方系セファルディムとイラン系アルメニア人の事例における家族とビジネス組織との関係を理解するためには，彼らが利用した制度的な契約のかたちだけではなく，親族構造における微妙な差異や，地理的な所在や人口密度，宗教的なアイデンティティの変化に適応した方法について考慮することが必要なのである。イラン系アルメニア人がほとんど移動商人だけを利用していたことを考えると，彼らが世界中に広がっていたことは印象的であるが，彼らはおそらくヨーロッパや大西洋の港町にはまばらにしか居住していなかったために，見知らぬ相手を委託代理人として雇用する可能性は制約されていた。結果として，交易に従事するディアスポラは多様な形態をとり，異なるビジネス・モデルにしたがっていたのである。

第6章

委託代理業，経済に関する情報，
事業提携の法的・社会的基盤

　前もって情報を求めるあなたの要求に関して，あなたがよくご存知のように，ある遠く離れた場所から別の場所と交易する者は自分たちに何が起こるかけっして知りえないのだ，と私たちは申し上げます。　（エルガス＝シルヴェラ商会からジェノヴァのカルロ・ニッコロ・ズィニャーゴへ，1743年）

　遠隔地交易に従事する商人はみな，輸送，コミュニケーション，信用格付け，国際的な調停裁判において近代的な手法がなかった時代はとくに，海外の代理人や通信相手が有能かつ信頼できることを確信するために大変な苦労をした。エルガス＝シルヴェラ商会が1732年にヴェネツィア在住のあるセファルディム商人に書き送った際，最重要事項は，信頼できて勤勉な人物（"persona de confinanza y deligente"）[1]を頼りにできることであった。委託代理人は通常，第三者の代理としておこなう取引額の一定の割合を報酬として与えられ，その取引について法的に全責任を負う。有給の従業員はこれと異なり，雇用者の命令を実行するために定額報酬を受け取り，雇用者の命令に対して責任を負わない。評判のよい代理人とは，他の商人のために最も得るところの大きい市場の機会をとらえて，忠実につとめる者のことである。そうした代理人はいつなんどきでも，売買すべきタイミングや商品，戦争や海賊のリスクを

　1）　ASF, *LCF*, 1941, 在ヴェネツィアのダニエル・ボンフィル宛1732年12月12日付書簡。

最小限に抑えるための船の選択，最も有利な為替相場を知っていた。当然，詐欺行為によって簡単に儲けるという誘惑を抑えなければならない。それは，将来の委託はより多くの利益を生むと想定できるからである。評判のよい代理人は，延々と続き，費用がかかり，そしてしばしば決着しない訴訟に備える最上の保険でもあった。17世紀末にある高名な商法学者が示したように，法廷に行くことは好ましからざる事態だった。彼は，商人は「かつての純真さを放棄して，法廷で屁理屈を言うばかり」であると言って厳しく非難した[2]。商人の遺言書では，可能なかぎり法廷を避けて私的な仲裁人を使うよう相続人たちに忠告することがよくあるが，これは驚くようなことではない。ときには，それ以上法に頼ることを禁じて，私的な合意の費用負担を保証することもあった[3]。

委託代理は，他に類のない契約である。この契約は，定義の上でも当事者の選択の点でも不完全であった。結果として，この契約は，代理人に広範な裁量が認められているため，法廷で確認される契約のなかでは最も難しいものでもあった。2人の社会学者が指摘しているように，好ましい委託代理人は，「明細にあらわしにくく，値段を付けにくい資源」を提供してくれた[4]。公証人のもとで記録された委任状を通じて特定の命令を与えることも可能であったにもかかわらず，一般化された代理関係，つまりビジネスの決定にかかわる広範な権利の委任は，通常は商業通信のみを通じて確立された。それゆえ，商人が書いた多くの手紙では，依存関係のない他の商人に対して，自分のかわりに力の及ぶかぎり活動することを要求するにとどめている。その後商人は，過去の取引の成果および他の商人から聞いた経験に基づいて，委託代理関係を更新するか否かを決定する。

経済史学者は伝統的に，異なる時代に経済的な情報がある場所から他の場所へ伝えられる速度の変化を証拠資料で証明するために，あるいは新たなパートナーシップ契約や金融・保険システムの出現といった商業技術における特定の進歩を詳細に述べるために，商業書簡に依拠してき

---

2) "Mercatores male agunt qui relicta veteri simplicitate subtilizant in Foro"（Ansaldi 1689: 622）．

3) ASV, *NA*, Angelo Maria e Giovanni Piccini, 10840（1661年8月4日）。

4) Carruthers and Babb 2000: 52.

た[5]。「商人の心理学」と呼ばれてきたもの，つまり，多かれ少なかれ理想化され定型化された集団としての商人の心理学的特徴の概略を説明するために，商業通信に依拠する研究者もいた[6]。近年，経済学者と経済史学者は商人の書簡の研究に回帰しているが，ここでは，前近代の市場における情報の役割が注目されている。今や研究者の関心は，商人の書簡における情報伝達の専門的事項よりもむしろ，結びつきの構築，契約の履行，詐欺被害を最小限に抑えるといった際に，それらの書簡が果たした機能に集まっている[7]。どのみち，大部分の書簡は，なんらかの取引の遂行を命じることなく，市場の状況に関する情報を伝えていた[8]。エルガス＝シルヴェラ商会は通常，「この情報がいつものようにあなたの役に立つよう祈っています（"che la notizia vi serva di regola"）」という文言で書簡を締めくくった。価格，商品の入手可能性，為替相場，保険料，また，交易に影響を与える政治・軍事・外交上の出来事に関して絶え間なく流れ込む情報に基づいて，商人は投資をどのように，どこで，いつおこなうか決定した。さらに，商業書簡には特定の代理人の債務支払い能力や信頼性に関する直接・間接の情報が含まれていた。近世には，このきわめて重大な目的は，印刷物ではけっして達成されなかったのである。

　エルガス＝シルヴェラ商会の書簡帳によって，われわれはヨーロッパ内外の多様でばらばらな商人共同体間の代理人関係の仕組みを分析する機会を得た。私は，彼らの書簡を同時代の手稿や編集された往復書簡と比較する。そのなかには，リスボン在住のカトリック信徒の代理人のひとりであったパオロ・ジロラモ・メディチによって書かれた数点の書簡も含まれている[9]。さらに私は，18世紀後期のゴアにいたヴェンカテ

---

　5) 古典的な研究が次のなかに見出される。Sardella 1948; Renouard 1961; Melis 1962, 1: 13-17; Melis 1972: 14-27, 136-229; Melis 1973; Doria 1986.

　6) Lopez and Raymond（1955: 378）は，「商人の心理学について書簡よりもすぐれた手がかりはない」としている。S. D. Goitein（1973b:11）はマグレブのユダヤ人研究において，この共同体の「経済的な側面」よりもむしろ「心理学的側面」を説明するためにふんだんに商業書簡を引用している。

　7) これらの議論については，Avner Greif の研究が再び拠り所となる。

　8) Jeannin 2001: 245; G. Levi 1997:225.

　9) ミネアポリスの James Ford Bell Library 蔵のカタログでは，この149ページからなる通信を「在リスボンのフィレンツェ商人であるメディチ＝ベロアルディ商会とその後継者

シュおよびナラヤンのマーマイ゠カマト兄弟という2人のヒンドゥー教徒商人の商業書簡を利用する。この兄弟はおそらく，エルガス゠シルヴェラ商会が同世紀のもっと早い時期に30年以上にわたって取引していたカマト家の末裔であり，同じカーストと社会階層に属していたことは確実であろう[10]。

　この章では，委託代理業の管理において，情報，社会ネットワーク，そして法的諸制度が果たした役割を詳しく検討する。また，リヴォルノのセファルディムがユダヤ共同体の中であれ外であれ，海外の代理人を選ぶ際に利用できた手段を調査する。代理人契約を履行する際に，法廷はいかにして，またどの程度まで彼らの役にたったのか。そして社会ネットワークはいかにして，またどの程度まで，委託代理人を選択し監視するための補足的な（ときには不可欠な）手段を提供したのか。本章では，こうした問いを設定する。とりわけ，遠隔地交易の命運を左右する手段であった商業通信に着目する。また，経済に関する情報を同様に拡散させた印刷物に関連して商業書簡が果たした機能についてもとくに留意する。

1　信用，契約，法廷

　リヴォルノ在住のセファルディムは，リスボン，ハンブルク，アレッ

たちの書簡帳，1726年から1742年」と説明している（JFB, 1726 fMe）。実際にはその書簡帳には，パオロ・ジロラモ・メディチがベロアルディおよびのちのニッコリーニのパートナーとしてではなく，個人として送った書簡の写しだけが含まれている。エルガス゠シルヴェラ商会はメディチがベロアルディまたはニッコリーニと組んだパートナーシップとのみ取引したので，同商会に宛てたメディチの書簡は現存しない。この区別については，本書第5章および第8章の注128を参照。

　10）マーマイ゠カマト兄弟の商業文書は1759年から1819年にわたって現存している。その約3分の1はヨーロッパの言語――大半はポルトガル語，残りはフランス語と英語――で書かれている。これらの記録の記述と分析については，Souza 1985, 1989; Pinto 1994; Borges 1998: 672-84; Carreira 1998: 119; Sood 2007 を参照。エルガス゠シルヴェラ商会の書簡帳とは異なり，カマト兄弟の通信には数点の受領書簡および発送書簡の下書き（*burradores*）が含まれている。Chaudhuri 1985: 100 と Das Gupta 1970:181-82 で指摘されているように，このコレクションはインドにおけるヒンドゥー教徒商人とムスリム商人の活動を文書化した数少ない私的なビジネスの記録であるため，とくに重要である。

ポ，あるいはゴアで，彼らに代わって契約の取り決めをおこなっている代理人を，どうやって信用しえたのだろうか。多くの研究者は長年にわたり，血縁や同じ民族宗教共同体のメンバーであることが，悪意ある代理人を避ける保証として効果を発すると想定してきた。商人が習得すべき言語や習慣の多様性や彼らが直面していた不確実性を考慮すると，実際，親類や同宗信徒は基本的に頼れる人々であった。このことは，協働しようという彼らの生来の傾向というよりむしろ，意味のある共同体や幾重にも重なった社会的紐帯（通婚し，同じ信徒団に属し，近所どうしで生活し，あるいは多くの共通の友人や知人がいた）が共有され，それらが一体となって，公正さへの期待を高めたからであった。交易に大きくかかわるディアスポラには，遠隔地に親族や同宗信徒がいるというおまけもあった。交易についての説得力あるグローバル・ヒストリーの著者たちが主張しているように，「交易に従事するディアスポラは，アフリカからユーラシアにおよぶ広い地域を横断する交易を組織する最も効果的なやりかたを19世紀まで維持していた」[11]。

しかし，血縁と共同体の結びつきは，ビジネスの習熟を保証したわけではない。まず第一に，家族の成員が無能である可能性があった。デイヴィッド・ハンコックが，18世紀の大西洋貿易におけるイングランド商人とスコットランド商人を扱った研究のなかで述べているように，たまたま有能ではない息子が家族経営の会社を引き継ぐ偶然の事態は，私的な交易ネットワークを調和的で効果的なものとして理想化しないための有力な根拠となる[12]。

ダヴィケン・ストゥドゥニキ＝ギズベールによると，このような事態が起こるたびに，ポルトガルの新キリスト教徒，バスク人，ユグノーは，息子よりも甥のほうが有能であれば，息子ではなく甥をファミリー・ビジネスのリーダーに選ぶことで対処した[13]。ときには，経済的に困窮する親類に対する根深い義理感情によって，不快な重荷を負わさ

---

11) Pomeranz and Topik 1999:7.
12) Hancock 1995: 56, 2005b: 481-82. 同時期のイギリスの大西洋貿易の事例については，Haggerty 2006: 109-10 を参照。
13) Studnicki-Gizbert 2009: 87, 93. 16世紀後半のアントウェルペン商人もまた，自身の娘たちを望ましい後継者と結婚させ，結果として義理の息子に同族会社を引き渡した（Wijnroks 2003 を参照，Oscar Geldeblom は親切にも同書の情報を提供してくれた）。

れることもあった。さらに，商人家系の繁栄において姻戚関係はきわめて重要であるが，それだけが成功の主たる要因ではない。たとえば，ボルドー在住セファルディムのファミリー・パートナーシップのリーダーであったダヴィデ・グラディス（1665頃-1751年）は，1723年に息子のひとりをアムステルダムに派遣した際に，オランダの首都にいるセファルディムの銀行家であったヨセフ・ペイショットに援助を求めるよう息子に指示している。そのいっぽうでダヴィデは，アムステルダムにいる母方のおじは信頼できないビジネス・パートナなので，このおじを避けるよう，はっきりと息子に伝えている[14]。エルガス＝シルヴェラ商会もまた，アムステルダムとロンドンにおける代理人を選ぶ際に，最重要のビジネスは，親族ではなく最も有能なセファルディムに委託した。

親戚や同宗信徒だけで構成された交易ネットワークは，地理的範囲も経済的専門化も限定されがちである。西方系セファルディム商人のようなグローバルなディアスポラでさえも，法的限界あるいは移住パターンの結果として，地球上のいかなる場所でも同宗信徒の存在を頼りにできたわけではなかった。グラディス家の若者のひとりがフランス領カリブ海に移住したとき，同地におけるユダヤ人の地位が不安定であったことから，彼の交易手腕は，雇用や営業における王国役人との協力に大きく依存していた[15]。エルガス＝シルヴェラ商会は，17世紀なかば以降アジアのポルトガル帝国におけるダイヤモンド交易に進出するために，もはやリスボンのシルヴェラ家の子孫だけに頼ることはできず，かわりにヒンドゥー教徒の交易商人とのビジネス上の強力な結びつきを求めたのであった。

このような異文化間ネットワークの存在から，異なる共同体に属し，法廷や制度的支援を利用する機会も大幅に異なる商人たちのあいだの代理人関係を脅かしたり促進したりしたものは何だったのか，という問いが生じる。この問題に対する近年の理論的・歴史的アプローチは，ほぼ何の知見も提供していない。アヴナー・グライフは，「当事者のいっぽうが行動を選択する際に広範な自由裁量権を有する取引（たとえば代理

---

14) Menkis 1988: 106-7.
15) Ibid., 129-31, 151-77; Menkis 1990: 31, 33-37.

人関係）においては」，法的執行が困難であったことを認めている[16]。グライフによると，中世の地中海において，マグレブの商人と南イタリアに拠点を置く多くのユダヤ人とのあいだでは，代理人契約に対する政治的・法的障害がなく，このことはすべての当事者にとって商業的に有利な状況であったにもかかわらず，いかなる代理人関係も生じなかった。グライフのアプローチが持つ利点は，ビジネスの仲間を監督するためには同じ宗教的アイデンティティを共有するだけでは不十分であり，信用というものはむしろ，商人の行為に関する情報の拡散，および信用できないと判明した者に対する集団的なボイコットの実施，この 2 点を可能にするに十分なほどコミュニケーションのルートが多い場所で進展するということを立証していることである。しかしグライフは，このシステムは離散したユダヤ人のこの分野における活動範囲を制限しているとして，その非効率性に遺憾の意を示している[17]。彼の解釈によると，有限責任契約と 13 世紀にジェノヴァ国家の支援によって始まった新しい法廷のみが，マグレブの閉所恐怖症的な「共同体責任システム」を打破した。

エルガス＝シルヴェラ商会は，常に自分たちの代理人に対して告訴を盾に威嚇する立場にあったわけではない。そうした立場にあるとき，たとえばヴェネツィアのカトリック商人と取引するときに，経済的・社会的制裁よりも，法的措置に出ると脅すことのほうが確実で有効だったと想定するのは誤りであろう。事実，法による裁定は，社会的統制，多面的な評価点検，そして経済的な動機を強化したが，自動的にこれらにとって代わることはなかった。

いずれの場合でも，有限責任パートナーシップの利用のみが非人格的(インパーソナル)な市場の出現と同一視されうるわけではない。グライフは，彼以前の研究者たちと同様，労働と資本のあいだに境界を設定し，非人格的(インパーソナル)な交換

---

16) Greif 2006: 333.
17) Ibid., 78, 58-59, 288-300. グライフはメンバーにとって利益のある交換システムと，経済効率のよい交換システムを区別している（Ibid., 289）。私はこの区別を重要なものと認識しているが，セファルディム経済とリヴォルノ経済を比較して評価することは本書の範囲を超えている。私はグライフの主張，つまり「さまざまな要因——社会的，規範的，実利的な——が同時に行動に影響を与えうるという事実を把握する統合的枠組み」（Ibid., 147）を発展させることにより大きな関心を持っているが，グライフのようにゲーム理論には依拠しない。

を容易にしたとしてコンメンダを高く評価している。しかし，その根拠には一貫性がない。マグレブのユダヤ人や近世のセファルディムと異なり，13世紀のジェノヴァ商人は委託代理よりもコンメンダ契約を好み，ジェノヴァ人以外と契約を結ぶ場合もあった。中世のジェノヴァ商人と同様，17-18世紀のイラン系アルメニア商人は通常，低位の社会経済階層のなかから派遣代理人を雇い，海外での新しい機会を捕えるためにコンメンダ契約を利用した[18]。セファルディム商人とアルメニア商人を比較検討すると，アルメニア商人のコンメンダ契約による代理人は委託代理のリスクを最小化したが，いっぽうでは利用可能な通信相手の範囲を制限することにもなった。最後に，定住アルメニア人と移動アルメニア人のあいだでなされた合意を監視する商人会議が，詐欺行為をおこなった商人に対し，評判をおとしめることによって罰していたと考えられる。もしそうだとしたら，有限責任パートナーシップは，グライフが言うところの個人法責任をともなわなかったのかもしれない。

　要するに，グライフのアプローチには，長所も限界もあるのだ。信用は集団の成員であることの副産物だとする文化主義的な説明を省くいっぽう，「信じること」に関する大胆な文化主義的な結論を，文脈から切り離された法的・経済的契約の分析から引き出している。さらにグライフは，最新の制度経済史学について，不確実性を弱め財産権を保証する「非公式な制約（制裁，禁忌，習慣，伝統，行動規範）および公的な規則（規約，法，財産権）の両方」の重要性のみに形式的に敬意を表している，と批判している[19]。しかしグライフはまた，マグレブにおける結託のような社会的な規制システムの非効率性を強調し，ジェノヴァの政治制度の役割を賞賛している。ところがグライフは，これらの制度が財産権や代理人関係に関してどのように介入したのか，ということをまったく説明していない。グライフの主張によれば，「商慣習法」，つまり，言語的，民族的，宗教的，法的な背景にかかわらず，あらゆる商人が共有する信念を構成する法的規範の集合体が，自己実現的な制度として機

---

　　18) ジェノヴァのコンメンダにおける社会経済的ヒエラルヒーについては，Greif 2006, 285-86を参照。ジェノヴァ人と非ジェノヴァ人の代理人関係への言及については，同288を参照。

　　19) North 1991a: 97（強調部分は筆者による）。

1 信用, 契約, 法廷　　　267

能した[20]。このように指摘することで，グライフは中世ジェノヴァにおける法執行については未検証なままにしている。

　中世のヨーロッパおよび地中海地域で発達した商業や航海に関する慣習的な規範が，見知らぬ者どうしでおこなう商品・金融取引の安全性を高めたことは明らかである。7世紀にビザンツ帝国でロードス海商法が誕生したのち，中世の商慣習法に関する最重要の法典集成である『海の領事館（Consolate of the Sea）』が1494年にバルセロナで初めて印刷された。イタリア都市（ジェノヴァ，ピサ，ミラノを含む）のなかには12-13世紀に商業紛争にかかわる規則を発行したところもあったが，大陸ヨーロッパの国家が商慣習法の原則や制度を再編したのは，16-17世紀になってからであった。各国では，歩調を揃えるように新たな法律や法廷によって商習慣法が徐々に均質になり，それらの法はますます特定の地域に限定された制度構築のプロセスの影響を受けるようになった[21]。1647年，フランスのある法律家が，中世以来ヨーロッパ北部一帯で用いられてきた航海と商業に関する慣習的規範（オレロン法とヴィスビュー法を含む）の翻訳を出版した[22]。

　1673年の『商事勅令規定（Ordonnances du Commerce）』は，1647年の同規定の名声を上回るものであった。ルイ14世が発令し，財務総監

---

20) Greif (2006: 70-71) は，「商人の法」について「行動に関する一連の文化的なルールであり，商人の手引書の類では言及されない状況において，正直であるとみなされるような行動が代理人にとっていかに必要であるかを明記したもの」と定義している。新制度派経済学の研究者はしばしば，（中世の）ヨーロッパの商習慣法についてその自然発生的な進化と自己強制的な性格を強調しつつ説明した経済学者 Benson (1989) の見解に言及する。中世から近世におけるヨーロッパの商法の原理とその変容に関しては，よりシステム的かつ歴史的に詳細な解説が，Lattes 1884, 1899; Galgano 1976; Lafon 1979; Hilaire 1986; Piergiovanni 1987, 2005b; Szramkiewicz 1989; Padoa Schioppa 1992; Cerutti 2003 に見出される。これらの著者はみな，数か所の法廷に商慣習法を採択させるにいたった教義的，制度的，政治的な要素が複合的に絡み合ったプロセスと対立や，商慣習法と他の法源との関係を強調する。

21) 商業上の紛争を管轄する新たな複数の法廷が16世紀にジェノヴァで誕生した。そのなかには，1529年に創設された民事裁判所（Rota Civile）と1575年に創設された海事監督局（Conservatori del Mare）も含まれる。同時期に，多くの法学論文がイタリアで出版され，この原則のシステム化が始まった。このような論文のうち最初のものは，1553年にヴェネツィアで Benbenuto Stracca (1509-78) が出版している。Lattes 1909; Verrucoli 1981; Piergiovanni 2005a; Donahue 2005 を参照。

22) Cleirac 1647. Cleirac の著作は1661年にボルドーで，1671年および1682年にルーアンで，1788年にアムステルダムで再版された。英語訳は1686年にロンドンで発表された。私は現在，この作者と彼が残した影響の研究に取り組んでいる。

ジャン・バティスト・コルベールが出資し，ジャック・サヴァリが大半を執筆したこの勅令規定は，法廷の新たなヒエラルヒー成立を含めて，商習慣法に関してヨーロッパの国家が初めてあらわした包括的な法と行政の規定であった。新たな法廷は，ヨーロッパ大陸のあらゆる場所と同様にフランスでも，ローマ法と区別された商法の略式手続きにしたがって裁決をおこない続けた。そこでは，弁護士や法律の教育を受けたその他の専門家，証人，鑑定評価，証拠文書などは認められなかった。また，宣告された刑（同種の法廷で唯一公開された文書書類）は，物事の本質と呼ばれるもの，つまり，公正さという共通の観念に基づく明白な真理にのみ準拠していた。こうした手続きによって，しばしば遠隔地から旅してくる商人に対して，迅速で，手頃で，公正な裁判が約束された。この約束を果たすために，原則として商人はひとつの衡平法裁判所で出された判決を，上級の民事法廷に上訴することを禁止された。

　トスカーナでは，フィレンツェ（商業裁判所 Mercanzia）とピサ（海事監督局 Consoli del mare）の2か所の法廷が，商慣習法の手続きと原則をもとに裁判をおこなっていた[23]。ピサはリヴォルノからほんの数マイルであったが，少しの距離でも商人に移動させないために，ユダヤ人の法廷（信徒団理事会）と上級地方裁判所（Governatore e auditore）は両方とも，広く受け入れられている商法の慣習を統合させて判決を下していた[24]。ひとつには，統治者の法廷によって出されたすべての判決が総額200リラ以上のものを含めて簡単に控訴できたことにより，他方で

---

[23]　海事監督局については，Senacore 1982-83; Addobbati 2003 を参照。フィレンツェの商業裁判所について唯一の詳細な研究は14世紀前半に限定されているが，その権限について詳細に解説している（Astorri 1998）。1717年にリヴォルノで設立された商人の組織（商業代表団 Deputazione di commercio）は，1722年から1726年のあいだ，500スペインドル以下の金額がかかわるすべての商業上の紛争を扱う法廷としても機能していた。同組織は商法にしたがって裁定し，その判決は控訴不可能であった。しかし，この法廷は短期的な実験にすぎず，大部分は失敗に終わった（Mangio 1978a; Baggiani 1992）。

[24]　16世紀後期以降，リヴォルノ総督は，メディチ家の代理人が大公国の他の都市に対して持つよりも大きな司法権を有していた。1595年に初代総督が任命され，1616年以降は民事および刑事司法も管轄した。1624年からは *utriumque iuris* で教育を受けた auditore と呼ばれる専門的な判事が，これらの業務遂行に任命された（Casini 1962）。フィレンツェの上級法廷との関係における同法廷の独立性および法的権限については，Giuliano Capponi が1738年にメディチ家からロートリンゲン家に支配が移行する際に作成した報告書で解説されている（ASF, *MP*, 1807, no.28. また Baggiani 1992: 686 n22 にも引用されている）。

1 信用，契約，法廷　　　269

は，商業裁判所から出された判決に控訴することを禁じた規則に例外が認められたことにより，リヴォルノあるいはピサでおこなわれたほとんどすべての審理は，フィレンツェの上級法廷への上訴が可能であった。司法管轄権が重層的であることによって，訴訟が長引き，スピードと公正というよく知られた商習慣法の長所が弱められる可能性が確実に存在した。商業に関する紛争では，フィレンツェにある正規の上訴法廷（Ruota）に控訴することができた。この法廷はローマ法と都市規約にしたがって裁定するのみならず，権威的な商法の法典も併用していた。商業に関する紛争は，多様な事柄に関する紛争を審問する司法官（Consulta）に，あるいは公正の原則のもとに支配している君主の直接の諮問機関である枢密院（Magistrato supremo）に訴えることもできた[25]。

　状況はトスカーナに特有であったとはとても言えない。近世ヨーロッパやそれらの海外帝国，そして在地の商人にも外国商人にも正義をおこなうべく専門的な商業法廷が置かれていた町や都市でも，いたるところで司法上の争いがみられた[26]。訴訟は，多様な経路をたどることが可能であった。実際には，商人間の訴訟の大半は信用取引の不払いが原因で，個人間の（文書もしくは口頭の）合意によって，あるいは公権力に認可された専門の調停者の援助によって，司法の管轄外で解決された。公式の訴訟は費用がかかり長引くだけではなく，ビジネスに携わる者が常に追求する秘密主義を脅かし，ときにはその人物の評判に影をさすこともあった。さらに，現在と同様に当時の商人も，まだ有益であると思われるビジネスの関係を損なうことを恐れて，あるいは法の枠を超えた社会的圧力に反応して，債務者の便宜を図るほうを選択する可能性があった。訴訟は通常，下級から上級へと正式な裁決の過程をたどったが，逆の過程もしくはたらい回しもありえた。たとえば，ベニヤミン・サディクなる人物は，数年前におじとその債権者が合意していた友好的な妥協案に疑念を抱き，枢密院に直訴したが，その判決に満足せず，信徒団理事会に案件を持ち込んだ。1718年になってもまだ不服だった彼

---

25)　これらの法廷については，本書第3章および第10章を参照。
26)　18世紀フランスの商業紛争に関する管轄闘争については，Kessler 2007: 255–69を参照。

は，最終的に新たな妥協案の作成を公証人に依頼した[27]。

1766年，トスカーナ大公国政庁の長であったアントニオ・ボッタ・アドルノは，リビアのトリポリ出身のユダヤ人商人から受け取った控訴の要求について，リヴォルノの総督に助言を求めた。この控訴は，ブロケード織りの売買において別のユダヤ人に対して起こされた訴訟に関係していた。この件について信徒団理事会がすでに裁定を下していたが，総督は，「トスカーナでは，ひとつの判決が紛争を本当に解決するわけではなく，それゆえ，有罪を宣告された者が新しい裁判官を任命してさらなる見解を追加し，第二の判決を求めることができるように再審や控訴が認められているので」，ボッタに控訴を認めるよう勧めた[28]。摂政時代(1737-65年)，司法と行政のシステムは，メディチ大公支配下と同様に機能し続けていた[29]。当時ピエトロ・レオポルドは民事・刑事の裁判システムの刷新を目指していたが，続出する控訴の決着をつけることはまったく不可能だった。いずれにせよ，こうした遅滞は，南欧に特有なことではなかった。ジェラード・マリンズは，1622年に著した商業に関する論文のなかで，「大法官府〔ロンドンの衡平法裁判所〕では，商慣習法に対する理解が深く理解されていなければ，訴訟は人の一生分ほど続くだろう」と嘆いている[30]。

不運なことに，リヴォルノにおける民事法廷の現存記録からは，判決を下された訴訟の種類，紛争に際して法的な解決を求めたがる当事者の傾向，財産権と代理人契約を強く主張する裁判官の有効性などを統計的に分析することはできない。しかし，1629年から1799年のあいだにエ

---

27) ASF, *NMP*, Agostino Frugoni, 24731, fols. 167v-169r.

28) "E quanto alla dimandata revisione dell'Ebreo tripolino è nelle regole che gli debba essere concessa perché una sola sentenza in Toscana non fa realmente cosa giudicata e perciò si concede l'appello o revisione della medesima per dar luogo alla parte di poter soggiungere altre ragioni e tentare l'esito del secondo giudizio coll'elezione di giudici da concordarsi" (ASL, *GCM*, 963, fol. 94r).

29) Marrara 1965; Pansini 1992. リヴォルノの裁判所におけるこの持続性の証拠については，総督ブルボン・デル・モンテが1767年に起草した報告も参照 (ASL, *GCM*, 1, fols. 501-33)。

30) Malynes 1622: 211. ロンドンの衡平法裁判所は，イギリスにおいて慣習法よりむしろ衡平法に基づいて裁定する唯一の法廷であった。16世紀後半，同裁判所では訴訟を裁定するのに平均3年を要した (Jones 1967:306)。審理期間は17-18世紀のあいだに長期化した (Horowitz and Polden 1996: 52-55)。

ルガス家の構成員が単独または複数で君主の法廷に出頭した民事訴訟を概観すると,そこには明らかに一種のパターンが見られる。つまり,相続,海上保険契約,不動産の所有権,破産,不払いの信用契約,決算勘定,為替手形などに関する争いである。代理人契約それ自体は1件もない[31]。代理人契約についてリヴォルノの司法制度が果たした唯一の役割は,公正証書に記載された委任状における財産権の証明に関することのみであった。しかし,この場合にも,全権委任か特定業務かによって異なる委任状の機能を明らかにすることは,きわめて重要である。

特定業務の例として,エルガス=シルヴェラ商会は,ゴアのヒンドゥー教徒商人に対する委任状付与の草稿を作成させるために地元の公証人を雇う際に,最良の取引の実現に対するエルガス=シルヴェラ商会の期待をヒンドゥー教徒商人が満足させなかった場合,その証書を用いてヒンドゥー教徒商人を法廷に引っ張り出すことができる日はけっして来ないであろうと承知していた。しかし,エルガス=シルヴェラ商会は,彼らがヒンドゥー教徒商人に遂行を期待していた取引を委任状が特定しているならば,将来,自分たちの財産権を保証するためにその契約書を利用できるかもしれないことを知っていた。たとえば,もしヒンドゥー教徒商人がエルガス=シルヴェラ商会から請け負った商品を積載した船が行方不明になった場合,もっと簡単に保険業者から支払いを受けることが可能であった。1722年から23年にかけて,リスボンからリヴォルノに向かって船積みされたダイヤモンドの行く末を心配したエルガス=シルヴェラ商会は,ポルトガルの通信相手に対して,行方不明の貨物の探索を容易にするため,手紙のなかで船積みに言及した部分について公証人に署名させることと,商品の価値をそこに盛り込むことを求めた[32]。このような場合,1件もしくは複数の業務を遂行するよ

---

31) エルガスという名前が原告として現れる訴訟の特定について,私はASL, *CGA: Atti civili spezzati*, 2464に依拠している。この古い索引は不完全ではあるものの,リヴォルノ総督の法廷によって裁定された民事訴訟の重要かつ混沌とした記録を渉猟するのに有効なツールである。

32) ASF, *LCF*, 1631, 在リスボンのメディチ=ベロアルディ商会宛1722年11月27日付,1723年10月8日付,12月8日付書簡。商人が訴訟の可能性に直面したときに商業書簡の一節を公証人に署名させた他の事例については,ASV, *NA*, Angelo Maria Piccini, 11076, fols. 266v–267r; ASF, *NMP*, Giovanni Giuseppe Mazzanti, 23704, fols. 137v–140vで言及されている。

う第三者に委託した委任状は，保険がかけられた積荷に関する法廷紛争において財産権を証明・執行するため，税関から商品を回収するため，等々の目的で用いることができた。

　逆に全権委任は，委託代理人（この時代までには，書簡のみで連絡を取り合うのを通常とするようになっていた活動），あるいは，より多くの場合，法的代理人（血縁者であるなしにかかわらず）を指名するために用いられていた。たとえば，1748年3月にヨセフおよびラファエル・フランコは，ロンドンに在住する兄弟のアブラハムとヤコブに全権委任状を与え，二人が同地で彼らの代理人を務められるようにした[33]。同様に，ジャコモ・シェリマン伯爵は，旅の途中で1717年にリヴォルノを訪れた際，リヴォルノに住む彼の兄弟ピエトロに対する委任状の全権付与を文書化するために，在地の公証人のもとにたち寄っている。その書類によって，ピエトロはジャコモの法的代理人として活動し，さらに新たな代理人を指名することさえ認められていた[34]。また，面識のない者が全権委任状によって委託を受けることもあった。ダヴィデ・シェリマンは，1710年に，ローマで発行された公債の配当を現金化するために，同地在住のフェルディナンド・ミヌッチなる人物を選んでいる[35]。

　全権委任状と特定業務に関する委任状の違いから，これらの契約書を起草するかどうかの決定は，関係当事者のアイデンティティや彼らの親しさの程度よりも，契約書の機能および商人が達成しようとしている目的のほうに深く関係していたことがわかる。さらに，特定業務に関する委任状は，通信によってつくり上げられた代理人関係の代用にはならなかった。それらの価値は，法的な脅迫によって代理人に清廉潔白さを強要する効力ではなく，所有権を立証する効力にあったのである。

　商人は，自身の所有権を確実にするために，ほかにも各種の法的契約を用いていた。商業通信は，船荷証券と同様に証明力を持っていた。18世紀初期までに，船荷証券はしばしば，あらかじめ印刷された書式に船舶の名称，船長の名前，そして商人の名義で記録された商品の一覧表を手書きで記入することができた。個人間で署名された取り決めは，

---

33) ASF, *NMP,* Niccolò Mazzinghi, 27111, fols. 3r–v.
34) ASF, *NMP,* Agostino Frugoni, 24731, fol. 6v; 24733, fols. 36v–37r.
35) ASF, *NMP,* Giovanni Giuseppe Mazzanti, 23691, fols. 20r–v, no.28.

嫁資を含めて，負債の全額あるいは部分的な支払いを証明することができた[36]。不渡りになった為替手形に対する公正な「拒絶証書」は，商人が勘定を支払えない，もしくは支払いたくないときには，かなり一般的にみられた。拒絶証書は，債務者の評判に傷をつけ，証書の受取人が他の商人の債務（理由は支払不能であれ支払延期であれ）を引き継がないようにするという二重の役割を果たしていた。最後に，契約のなかで最も頻繁に裁判所で不服が申したてられたのは，保険証書であった。船舶の場所や旅程に関する情報がしばしば不確実なため，保険証書に関する裁定は困難であった。たとえば，1723年に信徒団理事会が下したある宣告が君主に上訴されている。アムステルダムからリヴォルノに向かう途上，船の沈没で積荷を失った荷主が，マヌエル・エルガスに賠償を要求したのである。一般的なやりかたにならって，エルガスは商品にかけた保険にダニエルおよびサウル・ボンフィルを加入させていた。当初，信徒団理事会はマヌエル・エルガスに無罪を言い渡したが，ボンフィル側は控訴した。結局君主は，マヌエル・エルガスは船舶の沈没が判明した時点でボンフィルを保険に加入させていたことを理由に，マヌエルに法的責任があると宣言した。裁判官は，リヴォルノとアムステルダム間では，17日あれば知らせが届くはずだという数名の商人の証言に基づいて採決を下した（この17日間とは，船が沈没した日からエルガスがボンフィルたちに保険の加入をさせた日までの日数を指す）[37]。

このような平凡な事例は，商人間の商事・民事訴訟において信頼を喚起することはほとんどないはずだ。アムステルダムとリヴォルノ間の距離を17日間で突破するというのは，楽観的な見積もりである。第一回の裁判でマヌエル・エルガスに無罪判決を言い渡した信徒団理事のなかに，マヌエルの友人や身内がいたのだろうか[38]。訴えに対する裁定を覆

---

36) ASF, *NMP*, Giovanni Battista Gamerra, 25263, fols. 87v-89v, no.113; ASF, *NMP*, Giovanni Giuseppe Mazzanti, 23687, fols. 95v-97r, no.106.

37) ASF, *MP*, 2479, fols. 64-67; 2509, fols. 185v-186r. 通常，商人によって署名された申告は，海事慣行を裁定に取り入れていた民事法廷で承認された。他の史料では，1763年にリヴォルノからアムステルダムまで1通の書簡が届くのに正確に17日間かかったとする記録がある（ASL, *CGA: Atti civili*, 107, no.711）。しかし，本書第8章注3を参照。

38) トスカーナ大公国当局はしばしば信徒団理事会によって下された裁定の不公平さに関する苦情を耳にしていた（Bedarida 1984: 613-14, 622）。これらの苦情は，世俗の法廷よりも先に第一審の訴訟を持ちこんだユダヤ人を信徒団理事会が除名することを阻むためにリ

そうとして，移動にかかる時間に関する申したてのような疑わしい証言を集めるだけの価値はあったのだろうか。複雑で理解しにくいトスカーナの法廷にアプローチするには，時間と狡猾さが要求されるのは明らかだ。結局，公正さはいつも勝利したのか。商人たちは，出廷する可能性を最小限にとどめるためにあらゆる手を尽くすに足る十分な理由があった。これらのことを考慮すると，セファルディム商人の商業組織にアプローチするには，彼らの社会的な機構を非効率なものと片付けてしまうのではなく，海外の代理人との関係を確保するために彼らが用いたさまざまな手段——親族の絆や共同体主義的制度から法的契約や法廷にいたるまで——を精査することで，より明快な洞察力を得ることができるだろう。

2　ネットワーク，集団の規律，情報

経済学者のパーサ・ダスグプタは，彼の同僚のあいだで広まっていた見解を，かなり説得力ある書きかたで，「ネットワークは抑圧的になりうる」，なぜならば「共同体主義的制度は市場が正常に機能するのを妨げる」からだと要約している[39]。非人格的(インパーソナル)なやり取りは近代性の普遍的な尺度を意味すると考える社会科学者は，この主張をメタ歴史的かつ予言的な真実であると解釈しがちである。大部分の歴史家にとって，市場取引において共同体主義的制度が果たす役割を理解しなければならないという特定の文脈を離れては，この引用は現実的な意味を持たない。自ら進んで，そして必要に迫られて，セファルディム商人の流儀(モドゥス・オペランディ)は，グライフが個人主義的信条と呼ぶものと集産主義的信条と呼ぶものを兼ね備えている。17-18世紀にセファルディム商人が比較的堅固で公的に認められた共同体を形成していたヨーロッパの港町では，彼らは商業にかかわる紛争を解決すべく法廷に出頭する際にはキリスト教徒商人と同様の公民権を享受し，それゆえに個人法責任の体制下にあった[40]。しか

ヴォルノ総督が介入する契機となった（ASL, *GCM*, 961, no.26）。
39) Dasgupta 2000: 387–88. Dasguputa 2003 も参照。
40) ロンドンのセファルディム商人は，在留外国人がイギリスの植民地貿易から排除さ

し，この特権があっても，セファルディム商人は同宗信徒とであれ見知らぬ相手とであれ，契約を確固たるものにするために，自身の親族関係や社会組織に依存していた。また，実質的な人種差別によって，セファルディム商人は正式な多国籍カルテルの構築を妨げられ，一連の相互接続したパートナーシップとして取引するにいたり，非ユダヤ教徒との長期にわたるベンチャー・キャピタルへの参加を思いとどまった。この差別は，危機の際には，集団としての評判を傷つけもした。こうした制約にもかかわらず，エルガス＝シルヴェラ商会のように，セファルディムは見知らぬ相手との永続的な代理人関係を発展させた。彼らは，商業世界の慣習的な行動規範，ヨーロッパ諸国からの制度的支援，そしてリヴォルノおよび離散したユダヤ人の共同体組織の強さ等をさまざまに組み合わせて，この発展を成し遂げたのである。

　セファルディム家系における親族の，そして社会的かつ制度的な結びつきは，人類学者や初期のネットワーク分析の提唱者であるマックス・グラックマンが呼ぶところの「多重関係」，つまり，多様な目的を果たす重層的な関係によって相互に結びついてる個人間の関係性を生み出した。多重関係は争いの原因を増やすが，社会における監視の手段を多重化することによって，互恵関係への動機を生み出しもする[41]。信用取引と情報のネットワークは，結婚や共同体主義的構造のもとでさらに密度が濃くなるとはいえ，法的，民族的，言語的，あるいは宗教的な集団の輪郭を必ずしも再現するものではない。情報や信用取引が循環するルートを再構築することで，われわれは信用を集団に所属することの副産物であるとする類語反復的な説明を避けることができる。

　ネットワークと制度が互いに排他的であることはめったにない。また，ネットワークは必ずしも排他主義的ではない。もしわれわれが社会

れていたため，アムステルダムやリヴォルノに比べるとはるかに重大な法的差別を経験していた。17世紀の大西洋貿易の日常業務からの排斥の影響については，Snyder 2006, 2009 を参照。18世紀になっても，アムステルダムの全外国商人は国家間の外交危機や大口の金融債務不履行の場合の集団的な報復措置に対して脆弱なままであった（Gelderblom 2013）。

41) Gluckman 1955:19-21. グラックマンが紛争と法的解決を「多重関係」と関連する2つの特性として強調したのに対して，「社会資本」にかかわる最近の社会学研究の大部分では，紛争へのあらゆる言及を概念から除いている。Bourdieu 1980; Coleman 1988 とくに S108-S109; Putnam 1993. 近世ヨーロッパのギルド史に関して，社会資本を理想的にとらえる一様な見かたへの批判については，Ogilvie 2004 を参照。

ネットワークの観点から考えるならば，信用についての本質論的なアプローチ（あなたが同宗信徒なので，私はあなたを信用する）と，法的諸制度は均等化効力を持つとする前提（私は誰も信用しない，しかし私が署名した契約はすべて効力があると法によって保証されるだろう）とのあいだの隔たりを縮小できるだろう。社会ネットワークという概念によって，われわれは，制限付きの合理性が商人を導くが，彼らの戦略は共同体的コスモポリタニズムの論理を含む規範的かつ社会的な束縛によっても限定されると推測できる。そのいっぽう，ネットワークは構造化されていない存在ではなく，法律面での慣習や修辞的伝統の上に構築されているのであり，それが商人に共有された規範や期待を与えるのだ——この非常に重要な点については，第7章でさらに詳しく説明する。

このアプローチの柱となるのは，コミュニケーションと社会経済的インセンティヴである。正直な言動はどの程度まで道徳的原則に理由があるのか，ということの判断は難しい。それはおそらく人によってかなり異なるが，倫理的責務は共同社会の圧力と結びついて，社会統制を生み出していた。すでに言及したような教訓集のなかで，ラビ・メナセー・ベン・イスラエルは，いかなる売買においても，価格，重量，寸法に関して——買い手がユダヤ人であろうがキリスト教徒であろうが——詐欺行為を働く者を厳しく非難している[42]。近世ヨーロッパの民族宗教マイノリティのいくつかは，いまだにメンバー個々のビジネス上の行為を厳しく監視していた。17世紀オランダのメノ派のあいだでは，不正行為や破産は破門という結果をもたらした[43]。18世紀のイギリスでは，フレンド派はクエーカーの名誉を汚さないよう，破産したメンバーの道徳性を厳しく検査した。強調すべきは，集団の規律というものは外部者の見かたにも影響を与え，集団の閉鎖性だけを表すシンボルではないということである。ジェイコブ・プライスは，クエーカーは彼ら自身で綿密な調査をするがゆえに，「取引相手がクエーカーであろうとなかろうと，信用格付けが非常に高い」と記している[44]。

リヴォルノでは，ユダヤ人ネイションの成人男性メンバーは役職の負

---

42) ben Israel 1645–47: 128–29（chap.13, *De vendas e compras*）.
43) Sprunger 1991.
44) Price 1986: 386.

2 ネットワーク，集団の規律，情報

担を分担し，自発的な宗教・教育・慈善団体に加わることを求められた。セファルディムがこれらの制度の統制を維持するためにいかに努力したかということについては，すでに見てきた。これらの制度は，ほかの何にもまして，個人の身近な家族を超えた社会的統制を強力に進める手段であった。富裕な商人は共同体のリーダーでもあり，折に触れてこの2つの役割は最も文字通りの意味で重なり合っていた。アブラハムおよびイサク・コスタの書簡集には，1720年代にアムステルダムからスリナム宛に商人の立場で書かれた手紙も，南アメリカ在住の共同体リーダーへの手紙も含まれている[45]。18世紀にリヴォルノおよびアムステルダムにおいて，富裕なセファルディム商人が共同体のなかで選ばれた役職者としての務めを免除してもらうよう求めたとき，この商人たちはすでにビジネス上の確固たる評判を当てにできるか，あるいは商業活動から完全に距離を置きつつあった。

近世イギリスを専門とする歴史研究者は，オランダとともに近世ヨーロッパにおいてほぼまちがいなく最も商業の活気にあふれていたイギリス社会における経済的・社会的信用度の相互依存を示してきた[46]。しかし，この興味深い研究分野は，宗教的・民族的観点から見てきわめて均質な社会を分析対象としており，それゆえに，集団的なステレオタイプが市場における関係に影響を及ぼしたかどうかという議論ができていない。セファルディム商人にとって集団としての評判はきわめて重要であり，西方系セファルディムの信徒団のなかで画一性を強化しようとする聖俗のリーダーたちが連携する理由にもなった。

商人の信用性は，本質的属性ではない。それは商人の過去の振る舞いに関する具体的な情報のうえに構築されたが，その商人が属する（ないしは属するとみなされている）集団に付与された汚名に苦しめられる可能性もある。ダスグプタは，ある集団に対するステレオタイプな見かたは，信用できるビジネスの代理人として名声を得ようとする個々のメンバーにとって，有利にも不利にも働きうることを認めている[47]。キリ

---

45) Oliel-Grausz 2006: 72.
46) とくに Muldrew 1999; Finn 2003 を参照。オランダについては，Goldgar 2007 を参照。
47) Dasgupta 2003: 333, 376.

スト教ヨーロッパにおけるユダヤ人商人は，現実に起こりうる過ち（ユダヤ人は常に正直だったのか？）を避けるためだけでなく，高利貸し，強欲，違法行為，彼ら特有の邪悪な好みといった一連の非難に答えるためにも，自らの集団的なセルフ・イメージを巧みに操らなければならなかった。本書の狙いにとってより重要なのは，セファルディム商人が比較的平等に扱われている状況においてさえ，絶え間なくそうした非難が繰り返されてきたということであり，それに比べれば，非難の起源や流布のしかたはあまり重要ではない。かつてヴェネツィア当局は，あるユダヤ人が強盗事件に関与したとき，ゲットー全体をくまなく捜索した。このとき，ラビ・レオン・モデナは，「一個人が犯罪に関係すると，彼ら〔キリスト教徒〕は，われわれを盗人集団と呼んで，共同体全体に怒りを向ける」と嘆いている[48]。1688年にアムステルダム証券取引所で暴落が起こると，反ユダヤ主義が急激に高まった[49]。同様の影響を避けたいと望むロンドン在住のスペイン系およびポルトガル系の信徒団は，1689年にメンバーに対して金銀取引を禁止しようとした[50]。取引所における1720年の暴落によって，ユダヤ人の投資家を嘲るカリカチュアや風刺文を使った，新たな，そしてさらに敵意に満ちた反ユダヤ主義の時代が始まった。1780年にロンドンの有力なアシュケナジム商人ヤコブ・プラガーは，ユダヤ教徒に割引手形が振り出される際に，イングランド銀行が1％上乗せしたことに不満を表明している[51]。

共同体のリーダーたちが持つおもな懲罰方法は，法定規範に背いたメンバーを追放する権限であった。よく知られているように，1656年にアムステルダムでスピノザに対して恒久的な追放令（ヘレム）が出された。一時的追放はもっと頻繁に適用されたが，これは宗教上の異議を防ぐだけでなく，食事規定，性行為，同宗信徒に対して名誉を傷つけるような発言，非ユダヤ教徒との交際，ないしは不適切な政治的意見の表明

---

48) M.R. Cohen 1988: 144. 当時，数名の下級貴族が巻き込まれた汚職スキャンダルゆえにヴェネツィアのユダヤ人共同体が被った集団的な非難については，Ravid（1978: 9–18, 51–53）も参照。

49) Israel 2002a: 453–54.

50) C. Roth 1964: 188; Katz 1994: 171.

51) 証券取引所の暴落については，Y. Kaplan 2002c: 162–63 を参照。割引為替手形については，Yogev 1978:261 を参照。

2 ネットワーク，集団の規律，情報

など，無数の軽い違反を阻止するためでもあった。破門による懲罰を受ける可能性のある不正行為の一覧のなかには，経済活動もいくつか含まれている[52]。ヴェネツィアでは，1607年にユダヤ教徒の合同信徒団が金銀貨での違法投機を禁止し，メンバーが市の公債に投資することも禁じた[53]。これらのルールはたびたび無視された。しかし，それよりも重要なのは，こうしたルールが常に政府の規制や反ユダヤ主義的な事件に呼応して決められ，またそれゆえに，商業界でユダヤ人が抱かれていた集団的イメージに対する深い関心を伝えていることである。

ヨーロッパ北部のセファルディム共同体における内部規律および彼らと地元社会との関係のありかたを，ヘレムというレンズを通して初めて研究したのはヨセフ・カプランである。カプランは，破門への恐怖におじけることなく怪しげな宗教行事をおこなう一団が17世紀のアムステルダムにいたことを見出した。しかしこの人々は，破門されたことにより，社会の周辺に追いやられていた（彼らはシナゴーグでの礼拝に出席できず，共同体の墓地に埋葬してもらえなかった）。評判のよい商人はこのような集団に姿を表していない。彼らは，いかなる代償を払ってでも，この類の制裁措置を回避した。ヘレムが是認される度合いは，場所によって異なった。アムステルダムでは，セファルディムはキリスト教徒と隣り合って暮らし，比較的広く受け入れられていたため，破門はほとんど抑止力を発揮しなかった。ハンブルクでは，セファルディムの共同体はもっと小さく，もっと敵対心の強い環境のなかで暮らしており，破門の持つ効力は比較的大きかった。ロンドンでは，多くのセファルディム商人は共同体の辺縁で生活していたため，破門はまれであった。経済面での不正行為がヨーロッパ北部のセファルディム共同体において破門の主要な対象ではなかったとはいえ，全体的に見て，カプランは「これらの共同体の社会的経済的エリートの地位を強化し」，かつ「これらの富裕で広く有力な人脈を持った家系が確実に共同体の規律にしたがう」ため

---

52) Vlessing (2002:149) は，1656年のスピノザに対する追放令（ヘレム）は，宗教的な啓示に関する哲学者スピノザの見解よりもむしろ，彼の父親の破産のせいであるとしている。対照的にIsrael (2002c: 135) は，1655年における彼の家族の財政破綻によって，スピノザが哲学のほうを好んで商売を放棄するよう促したのではないかと述べている。

53) Malkiel 1991: 150-51, 346-47.

には，この破門という方法はきわめて重要であると認識している[54]。

　1655年のリヴォルノのユダヤ人共同体の規則では，自分が完全にチャーターしたのではない船舶への商品積み込みを邪魔しようとする者，あるいは船長に融資した者は破門すると脅している。1671年から1694年までのあいだ，ユダヤ人ネイションは，偽造金銀貨の取引や50スペインドル以下の融資について，共同体全体の名声を損なうものであるという理由で，メンバーに対してこれらの行為を禁止している（違反者への罰は破門であった）[55]。1世紀後を見てみると，ユダヤ人のリーダーたちは，ほかの何よりも「ユダヤ人ネイションの商業上の信頼性を傷つける」ゆえに，破門をもって罰すべき違反の一覧表を作っている。一覧には，貨幣の偽造，市販されている薬の再調合，偽造サンゴの取引，密輸塩の貯蔵，不正な仲買業務などが含まれている。1740年以降はさらに，為替手形の通常とは異なる使用法によって非ユダヤ教徒に融資するために特別な許可を君主から得ていない者も破門された[56]。リヴォルノのシナゴーグの保存記録がほぼ壊滅状態であるため，こうした禁令がもつ強制力がどの程度であったのかは確認できない。これらのルールが広範囲で無視されていたことだけがわかっている。しかし，破門という脅しは，重要でなかったわけではない。スペイン継承戦争勃発時の1702年に，ユダヤ人商人は，積荷に関する公的な登録をせずに商品をフランスの船舶に積み込んだならば破門されると脅された[57]。同戦争末期には，数隻のフランス船の建造に融資していた同宗信徒をモーセ・フランコとヤコブ・サルメントが破門している[58]。

　オスマン帝国のセファルディムとは異なり，西方系のセファルディム商人は通常，商業にかかわる紛争の解決にラビの意見を求めず，利子をつけて金を貸し借りすることに対する宗教的な禁令を無視していた[59]。

　54）　Y. Kaplan 2000: 143.
　55）　R. Toaff 1990: 562, 568, 587-88, 605, 632. 香料を偽造した者には25スペインドルの罰金が課せられた（ibid., 583）。
　56）　ASL, *GCM*, 961, no. 12.
　57）　ASL, *GCM*, 961, no. 26; ACEL, *Recapiti*, no. 26.
　58）　このエピソードは，ユダヤ人の情報提供者によってマルセイユ商業会議所に報告された（CCM, *AA1801*, K.80）。本書第4章注77も参照。
　59）　Goldish 2008: xlvii, 21-22.

1765年に，チュニジアのラビ法廷は，メンバーのひとりであるヨセフ・ナタフを，商用でリヴォルノへ赴いた際に「彼のいとこが彼に寄せていた信頼を悪用した」という理由で告発している（実際にナタフはリヴォルノで債権を回収したのち，いとこに返金するのを怠った）。ナタフはおそらく，宗教的権威に対するヨーロッパの同宗信徒たちの開き直った態度に影響を受けており，ヘレムに対して，後悔ではなく，印刷された一連のパンフレットを使ってチュニジアのラビを中傷することで応えた。争いを避けるため，リヴォルノのラビは沈黙を守った[60]。この事例や他の事例を見ても，遠距離交易に従事する商人にとって，日和見主義は影響の大きな危険をはらんでおり，親族の絆はその危険に対する万能の盾ではなかったことがわかる。信徒団理事による懲戒処分や，身内・同業者による非公式の圧力は，疑わしいメンバーに目を光らせるための，そして商業界におけるユダヤ人の集団的な名声を高めるための重要な手段であった。それと同時に，セファルディム商人の社会的経済的信用は，彼らが直接属する共同体を超える広がりを持ったのである。

3 商人の書簡と委託代理業

　アムステルダムのような大都会にせよ，リヴォルノのようなもっと小規模な都市にせよ，個人の名声を築くにあたっては，口頭のコミュニケーションがきわめて重要である。街の中心となる広場で，波止場周辺で，ヨーロッパ北部の諸都市の取引所で，軽食堂やコーヒーハウスで，ユダヤ教徒はキリスト教徒と，地元民は外国人と，正直な商人は怪しげな相場師と袖触れ合って暮らしていた。テーブルで契約がまとめられ，商売上の秘密がこっそりと盗まれ，うわさ話はすぐに広がった。仲介業者，商人，船主，あるいは金融業者の評判をおとしめたり高めたりしうるたわいもないおしゃべりについて，かすかな痕跡が残る。残存する嘆願書が伝えているように，リヴォルノの商人は自らの商売に「偏見と不

60）　AIU, *MS 501 I*, H. ナタフはリヴォルノとジェノヴァで16年かかった一連の訴訟ののち，法廷でではなく，1774年に彼がいとこたちの姉妹と結婚するという相互的な合意によって親戚と和解した（Urbani and Zazzu 1999: 956-59）。Trivellato2009 も参照。

信」をもたらしうる噂(「広場の噂」)を恐れていた[61]。直接顔を合わせる交流に加えて,外国からやってきた親戚,船長,旅行者らが語る話から遠隔地の商人に関する新たな情報を得ることができたが,海外の委託代理人の評判は,何よりもまず書簡のやりとりによって築かれた。

近世ヨーロッパにおいて最も有名かつ最も広く模範とされた商売のマニュアルは,ジャック・サヴァリの『完全なる商人』(初版は1675年にパリで出版)である。同書では,「委託代理業を通じてビジネスをおこなう者は,救貧院へ直行だ」("qui fait ses affaires par commission va à l'Hôpital en personne")と断言して,委託貿易のリスクに警鐘を鳴らしている[62]。しかしサヴァリは,ヨーロッパにおける旅商人の時代がすでに終わっていたことを痛感しており,「代理人と通信相手ほど商売を維持してくれるものはほかにない」ことを認識していた[63]。サヴァリがこれらの語(「代理人」と「通信相手」)を用いているのは,偶然ではない。これらの語によって,複雑な海外の代理人関係をつくり上げるなかで書簡が果たす役割を認めているのだ。ジェラード・マリンズがサヴァリより数十年も前に提唱していたように,「代理人は商人の書簡によってつくり出された」[64]。1世紀後,ダニエル・デフォーは「通信相手」について,「ある人物が定期的にビジネス関係を持つ者」として,「多岐にわたり手紙を書くことと,長距離のやり取りを特徴とする」と述べている[65]。

きわめて重大な変化によって,商業通信の重要性が認められるにいたった。中世後期以降,最初にイタリア,次いでフランドルと低地地方において,商人が署名した文書(最初は単なる書簡であったが,のちに台帳,信用手形,あらゆる種類の契約書)は,公証人が押印していない他の

---

61) ASF, *MP*, 2495 (1730年1月4日)。

62) Savary 1675, bk. 2, chap. 47, p.33. サヴァリと彼の著作については,Hauser 1925; Perrot 1981を参照。1470年から1700年にかけてヨーロッパで出版された商人のための商人による文献の体系的な目録と分析については,Hoock, Jeannin, and Kaiser 1991–2001を参照。

63) "Il n'y a rien qui mantienne tant le commerce, que les commissionaires ou correspondans" (Savary 1675, bk.2, chap. 55, p.143)。

64) Malynes 1622: 111. この文脈において,代理人(*factor*)という言葉は委託代理人を意味する。中世ヨーロッパでは,この言葉は通常1人の商人もしくは金融業者のために書記として働く有給社員を指した(de Roover 1963b:78)。

65) Daniel Defoe, *Colonel Jack* (London, 1722), Hancock 2005b: 472に引用。

書類とは異なって，完全なる法的効力を持つこととなり，それゆえに法廷で証拠として認められるようになった。この変化によって，商人は時間と費用を節約できるようになった[66]。商業手引書は法原理におけるこの変化と，その実際への影響に注目した。14–15 世紀の手引書では，書簡作成についてほとんど言及されていない[67]。17 世紀初期には，当時最も有名なイタリア語の商業手引書であったジョヴァンニ・ドメニコ・ペリの『商人（*Il negoziante*）』が，書簡作成の重要性にかなりの字数を割いていた。同書は商業通信の短い文例を数点収録し，契約に関する章で書簡には法的価値があると断言している[68]。サヴァリも，商業通信の実務的，法的機能に生じた変化の相互関連する特質を忘れてはいない。サヴァリは商人に対して，発送したすべての書簡の写しを取っておくよう熱心に忠告し，その理由は，通信相手に以前書き送った内容を見直すことができるだけでなく，法廷にその写しを提出することができ，法廷ではその写しを原本と同等に扱うからだ，と述べている[69]。

　商業通信は，財産権を保証するために用いられるのが常だった。1743 年，エルガス＝シルヴェラ商会は，リスボンにいる通信相手がインド商館（ポルトガルのアジア交易を統括する独占的組織）からダイヤモンドその他の商品を回収できずにいたとき，商品が同商会の所有物であることを証明するために，ゴアから送られた書簡および船荷証券の写しを通信相手に送っている[70]。1744 年 12 月 16 日，エルガス＝シルヴェラ商会はリヴォルノの公証人のもとで，マルタのポール・プレポー商会に対し，リヴォルノに到着する前に予期せずマルタで航海を終えた船舶か

---

66) 中世イタリアにおける原則の進化については，Fortunati 1996 を参照。フランドルと低地地方におけるこれらの規範の受容については，Gelderblom 2013 を参照。14 世紀なかばまでに，為替手形にも公証人の押印は求められなくなった（de Roover 1953: 19）。

67) たとえば，Balducci Pegolotti 1936; F. Borlandi 1936; A. Borlandi 1963; Cortugli 1990 を参照。

68) Peri 1638, 1: 92–94（chap. 11），97–100（chap.12），108–11（chap.14）．同様の考察は，Giuseppe Maria Casaregi（1829）による『法の議論（*Discursus legales*）』のような商法の論文に見出される。Fortunati 1996: 82–84 に引用。

69) Savary 1675, bk. 2, chap.43, pp.7–8. サヴァリは，遠距離交易に従事する商人が法律上の目的から自らの書簡の写しを保管することを指示しているとして，1673 年の法令第 7 条を引用している。Ricard（1700: 531–32）も同様の教訓を繰り返し述べている。

70) ASF, *LCF*, 1957, 在リスボンのシュッテ＝ブエス商会宛 1743 年 6 月 7 日付書簡。

ら積荷を回収する委任状を与えた[71]。2日後，同商会はプレポーに書簡を送り，その書簡を委任状とみなすこと，そして彼らの主張が正しいことを証明するために使うことを依頼している[72]。

　書簡は代理人契約に代わるものとして，より頻繁に用いられた。これらは一般的にかなり曖昧で，遂行不良に対するペナルティが含まれていない。オールド・カイロのシナゴーグ文書庫(ゲニザ)に保存されている書簡では，マグレブのユダヤ人は通常，代理人に「あなたがよいと判断することは何であれ，してほしい」と求めていた[73]。その6-7世紀後，エルガス＝シルヴェラ商会は通信相手に対して，常にほぼ同じ言葉遣いで権限を委託している。それは――まるで代理人であるあなた自身の利益がかかっているかのように――，努力して商品を最適の価格で売却してほしい（"vendetele al meglio, come se fosse vostro interesse"）という依頼であった[74]。エルガス＝シルヴェラ商会は，保証，奨励，双務的な義務の約束の入り混じった文言で書簡の末尾を終えるのを常とした。たとえば，1716年にある代理人に宛てて，「われわれはあなたが親愛の情を込めてわれわれを待遇してくださることを確信しています。また，あなたがわれわれに何か注文を出したときには，必ずや同様の扱いをわれわれから受けるでしょう」と書き送っている[75]。1793年，リヴォルノのユダヤ人商人の未亡人リッカルダ・マリーニは，コーチンにいるユダヤ人貿易商に通信を送った際に，「あなたは，自分自身の商品を扱っているかのように，私の所有になるサンゴを必ずや最も有利な取引で売却し，収益を再投資することになるでしょう」という文言で彼を安心させている[76]。カマト家も似たようなやりかたで，1782年にボンベイ在住のオラ

　71）ASF, *NMP*, Giovanni Battista Gamerra, 25267, fols. 49v–51v. 彼らは3通の委任状を作成し，1通に3つの名前（エルガス＝シルヴェラ，アブラハム・エルガス，ヴェントゥーラ・ベネデッティ）のいずれかを記し，その名のもとに商品が船荷証券に記載された。

　72）ASF, *LCF*, 在マルタのポール・プレポー商会宛1744年12月18日付書簡。

　73）Greif 2006: 69.

　74）ASF, *LCF*, 1953, 在ヴェネツィアのピエトロ・トレヴァノ宛1741年4月14日付書簡。

　75）"[S]endo sicuri che ci traterete con ogni afeto e con il mede[si]mo ci trovarete a noi in quanto ci comanderete." ASF, *LCF*, 1936, 在ライデンのポーサデット商会宛1716年9月30日付書簡。

　76）"[E]stando certo que procurará tudo a minha vantagem tanto na venda do coral como no investimento dos retornos fazendo como cousa propria." XCHR, *MHC/P*, 7355.

ンダ人に宛てて，彼が自分たちの積荷を最適価格で売却すると信じていると書き送った[77]。

価格や品質が標準化されておらず，季節変動が大きく，注文を実行するまで時間がかかることなどから，こうした期限のない契約は合理的な経営方法であった。ときに商人は，自分の名のもとに特定の商品が売買される際の最高もしくは最低の価格を設定することもあったが，通常は，遠隔地の市場で入手可能な商品の品質や価格を予見することは不可能であった。契約当事者が自分の代理人に対して正直かつ有能であるように促すのに実効力を発揮した唯一の手段は，発注を中断すると脅すことであった。この脅しも，信憑性があり，相手にダメージを与える潜在力を持つものでなければならなかった。16世紀ジェノヴァのある商人兼銀行家一族の書簡は，彼らの通信相手に対して常に信頼できる存在であれと警告する文言で締めくくられている ("avertendo sempre al ben fidare")[78]。彼らの指示に効力を与えたものは，この一族が国際的な信用社会のなかで及ぼしていた影響力のみであった。

直接に報酬を与えること（委託料の支払い）以上に，この先も取引を続ける見込みがあることは，正直かつ熱心な心遣いを見せるための動機づけとなる。パオロ・ジロラモ・メディチは，通信相手からさらなる依頼という栄誉を受けることを熱望していると宣言して書簡を締めくくっている[79]。同様の理屈によって商人は，金銭的な報酬はなくとも，自らの名声の高まりとおそらくネットワークの拡大に役立つ頼みごとをすることが可能であった。1743年，エルガス＝シルヴェラ商会はマルセイユのキリスト教徒商人に対して，バイヨンヌへ向かうリヴォルノのあるユダヤ人に力を貸してくれるように頼んだ。同商会ではこの好意を忘れないこと，またリヴォルノの裕福なファミリー・ビジネスの長老である旅行者の父親が「永久に感謝し続ける」だろうことを保証している[80]。このように，商業通信に書かれた契約上の義務は，単なる好意から永続的な献身にいたるまで，さまざまな度合いを含んでいた。

---

77) XCHR, *MHC/P*, Outgoing Correspondence, vol. 2, fol. 6（1782年2月28日）。
78) Court 2004: 997.
79) "[B]ramoso ancor io dell'onor di molti vostri comandi resto"（JFB, 1726 fMe, fol. 2r）.
80) ASF, *LCF*, 1953, 在マルセイユのオノレ・ブレ宛1743年1月14日付書簡。

4 商業通信と印刷された経済ニュース

すべての商人にとって，通信に気を配ることは差し迫った必要であり，かつ日常茶飯事であった。ボルドーのアブラハム・グラディスは，1741年に通信相手のひとりに対して，自分は商会の台帳を個人的に任されており，毎週日曜日にそれを最新の状態に更新していること，また同様に自身の書簡複写帳を毎日記入していると断言している[81]。15世紀のヴェネツィアにおいて，商業通信はアドリア海各地の委託代理業の核心であった[82]。16世紀に民間の商人が大西洋横断の冒険事業に乗り出し，経済の情報を伝える新たな印刷物が急増したかなりあとでも，商業通信はヨーロッパの遠距離交易を支える柱であり続けた。

エルガス＝シルヴェラ商会が1704年にパートナーシップを結成したときには，リヴォルノは地中海とその周辺の経済情報が発信され，流布される中心地となっていた。1627年に，印刷された最初の価格表がトスカーナのこの港町で出版された。為替相場の一覧は1663年に出版が始まり，18世紀なかばまでに2週間ごとに出されるようになった[83]。エルガス＝シルヴェラ商会の時代には，毎週月，水，金曜に外国郵便が届き，それをもとに各地の価格，通貨為替レート，保険料，株式価値などが更新された[84]。印刷機が発明されたのちも，無数の「お知らせ（*avvisi*)」，つまり，地元の出来事だけでなく政治や経済のニュースも集めて手書きしたものが，宮廷や多くの人々のあいだで広まった。リヴォルノに関する「お知らせ」には，さまざまな地元のニュースや経済活動に関する情報が掲載されている[85]。エルガス＝シルヴェラ商会はこれら

---

81) Menkis 1988: 118, 1990: 27–28.
82) Lane 1944a: 97–99.
83) McCusker and Gravesteijn 1991: 253–63; Gremigni 1996.
84) ASF, *MP*, 2275, 総督ジャチント・デル・ヴィーニャからリヌッチーニ侯宛1723年1月18日付書簡.
85) 現存するトスカーナ大公国の「お知らせ」のコレクションは，ASF, *MP*, 2328A ("Avvisi di Livorno" 1686-1704)；ASF, *MP*, 1540-1561, 1612-1628 ("Avvisi di mare", 1664-1715); ASF, *MP*, 4277-4278 ("Avvisi da Costantinpoli e da altre località del Levante," 1543-1625); ASF, *MP*, 1605-1606 ("Avvisi di Levante, India et Barberia", 1665-93) を含む。近世イタリア，

の情報を簡単に利用できた。同商会では，さまざまな新聞も予約購読し，アレッポの同宗信徒に送るなどしていた。アレッポのユダヤ人たちは，「世界ニュース」に遅れないようにするため，はやる思いでこれらの印刷物を待ちわびていたのである[86]。

経済情報に特化したこの種の印刷物やその他の出版物を利用できるようになったとはいえ，これは私的な商業通信の終焉を示すものではなかった。ユルゲン・ハーバーマスは有名な著作『公共性の構造転換 (*Structural Transformation of the Public Sphere*)』において，17世紀後期に始まる経済新聞の登場によって，私的通信しか使われなかった時代にかわり，西洋資本主義の発展が新たな段階に入ったと主張している[87]。ハーバーマスは，経済情報と公共性の結合，つまり定期刊行物が実際に重要な役割を果たすものに関心を持った[88]。経済学者のなかには，とりわけジョン・マカスカーのように，ビジネスの歴史のみの見地から経済に関する印刷された情報源と手書きの情報源のあいだの対立をさらに深く追求し，開放的で効率がよく近代的なイギリス・大西洋市場経済の創出に際して印刷物の普及がきわめて重要であったとする者もいる[89]。セファルディム商人の活動において書簡と印刷された新聞が果たした具体的な機能について評価しようとする際に，この2つの情報源の一方が他方のあとに出現し，それを凌駕したというよりも，両者が高度に補完しあうものであり続けたとする点で，私と同意見なのはピエール・ジャニンだけである[90]。

1720年代のロンドンには日刊紙が3紙存在し，それが1770年代までに8紙にまでなった。ハンコックは，ロンドンを拠点とする商人が，

とくに17世紀なかばにおいても手書きの通告が依然として重要であったことについては，Infelise 2002 を参照。

86) ASF, *LCF*, 1942, fol. 28, 32; ASF, *LCF*, 1938, 在アレッポのイサクおよびヨセフ・ベリリオス宛1724年2月25日付書簡。

87) Habermas 1989: 16-21.

88) Gauci（2001: とくに160-80）は，17世紀後期のイギリスにおいて，経済問題に関する小冊子や定期刊行物の拡散が商業を政治問題にすることにどれほど貢献したかを示している。

89) McCusker 2005.

90) Jeannin 2001. 1550年から1630年にかけてアムステルダムが経済情報の中心地になった際の通信，人的交流，印刷機の重要性については，Lesger 2006: 214-38 を参照。また，Marzagalli 2007 も参照。

自身の積荷の到着，商品の競売，船舶利用の可否，そしてもっと一般的な業務について広く通知するために，これらの定期刊行物を巧みに利用していた様子を明らかにした。ハンコックはまた，18世紀の北米でマデイラ産ワインの広大な消費市場が創出される過程で，新聞，書簡，個人間の結びつきのすべてが一役買ったことも実証している[91]。ハンコックの研究によれば，イギリス・大西洋間の商業界においてさえも，定期刊行物は小売商および卸売商双方の市場戦略に目覚ましい革新をもたらしたが，書簡を完全に時代遅れのものにしたわけではなかった。たとえば，新聞がより大きなインパクトを与えたのは，イギリスとオランダの証券取引所が誕生したのちの金融市場統合に対してであり，それに比べれば，民間の商人間の遠距離交易の組織化に与えたインパクトは小さかった[92]。

手書きの情報源と印刷された情報源は，陸路であれ海路であれ同じルートを通って運ばれた。また，それゆえに，同じリスクと遅延の影響を受けやすかった。印刷された価格表が書簡に同封されるのは普通のことだった。郵便サーヴィスや陸海の輸送は，中世から近世にかけて全般的に改良されていた。しかし，鉄道，蒸気船，そして電報が発明される前は，コミュニケーションの遅さを改善する目覚ましい方策は存在しなかった[93]。最も偉大な改良は，イギリスの大西洋側でみられた。同地では，17世紀後期から18世紀なかばにかけて，小包や個人の手紙やビジネス書簡を運ぶ新しい定期配達サーヴィスが登場し，新聞が発行数を伸ばしていた[94]。17世紀，ロンドンからボストンまでの航海は2か月足らずであった。しかし，ヨーロッパ北部からインドまでは通常6か月から8か月かかり，戻りは7か月から9か月を要した[95]。さらに，ヨーロッ

---

91) Hancock 1995: 32-33, 1998, 2000.
92) Neal 1990.
93) Menard 1991. 16世紀のヨーロッパと地中海における海運のリスクおよびコミュニケーションの遅さについては，Braudel 1972-73, 1: 355-74, 1981-84, 1: 415-30 を参照。18世紀後期のマルセイユとレヴァント間の郵便事業については，Carrière 1973: 782-92 を参照。電信の発明以降も，その高いコストゆえにすべての商人が同等に電信を利用したわけではなかった（Markovits 2000: 181）。
94) Steele 1986. 18世紀には，大西洋を横断するコミュニケーションの信頼しうるネットワーク構築において，フランスはイギリスほど目覚ましくなかった（Banks 2002）。
95) Pearson 2003: 186-87.

パとインド洋間の航海は，いまだ季節による風向きの違いに強く影響されていた。ヨーロッパの船は1月から3月のあいだに出航した。この時期が選ばれたのは，東アフリカ沖で4月から9月にかけて南西から吹くモンスーンに乗って航海するためである。帰路の航海は，10月から3月にかけて吹く北東のモンスーン風の時期に合わせて喜望峰を回って戻った。したがって，返事が遅いとインドの通信相手を責める前に注意が必要である。船の沈没の知らせでさえも，宛先に届くまで長い時間がかかった。エルガス゠シルヴェラ商会のような商人が頼りの綱としていたコミュニケーションは，大西洋を定期的に行き交う商人のそれよりも不定期なものだったのである。

　書簡の遅れは損失を意味し，しばしば悩みの種であった。エルガス゠シルヴェラ商会では，ゴアからポルトガルに向かったと思われる船に乗せられたダイヤモンドでいっぱいの袋に何が起きたかを知るのに，1か月以上かかった。最終的に，彼らのイタリアにおける代理人が直接リスボンの税関におもむき，その商品がどこにあるかを突き止めることができた[96]。幸運にも，「お知らせ」や新聞がなかなか届かない手紙の埋め合わせになることもあった。サロニカに向かう途中で座礁した船に積んでいた300枚のヴェネツィア・ゼッキーノ金貨に関する知らせを待ちわびていたアブラハム・バルク・カルヴァリオは，積荷が引き揚げられたという知らせに関連したニュースを公証人のもとで記録している[97]。普段，自分の財産の行方を突き止めるために商人が頼れるのは，口伝えの情報だけだった[98]。とはいえ，輸送上の遅延がいつも責められるとはかぎらなかった。1737年にロンドンのアブラハムおよびヤコブ・フランコが17年前にマカオからリスボンに到着していた積荷の件でいまだに評価されていなかったのは，「インド便（*carreira da Índia*）」（ポルトガル船による，リスボン・ゴア間を毎年往復する航海）よりもむしろ，彼らの代理人のせいであった[99]。

---

96) ASF, *LCF*,1936, 在リスボンのピエトロ・フランチェスコ・ラヴァラ商会宛1716年2月7日付，3月18日付書簡，在ゴアのゴパラおよびニレア・カモティン宛1716年2月14日付書簡，在リスボンのジャコモ・マンゾーニ宛1716年3月18日付書簡。

97) ASF, *NMP*, Giovanni Battista Gamerra, 25273, fols. 18v–19r, no.20.

98) ASF, *NMP*, Giovanni Battista Gamerra, 25277, fols. 7v–18r, no.298.

99) JFB, 1726fMe, fol. 102r.

印刷物は多くの部数を刷ることができた。私的な手紙も，複数の異なるルートを通って運ばれた。エルガス＝シルヴェラ商会は，コンスタンティノープル宛てには2通の同じ書簡を作成し，1通はウィーン経由の陸路で，1通は海路で送るのを習慣とした。リヴォルノからマルセイユ，ロンドン，アムステルダム宛ての書簡も，陸路でも海路でも送られた。陸路の場合，リヨンあるいはマントヴァを経由した[100]。エルガス＝シルヴェラ商会は，民間の輸送業者を使ったり，郵便サーヴィスを使ったりした。同商会では，1743年にロンドンに「飛脚便で（con coreo）」ダイヤモンドを送ったときのように，ときには郵便サーヴィスに貴重な宝石を託した[101]。遅くとも15世紀には，ヴェネツィアとフィレンツェ間で通信や小包を定期的に運ぶ輸送業者がいた。この郵便サーヴィスは頻繁かつ定期的に行き来していたが，詐欺のリスクは排除されなかった。1738年，エルガス＝シルヴェラ商会は，フィレンツェからヴェネツィアに向かった運搬人が金（"oro cantarino e lametta"）を盗んだと訴えた。同商会は，運搬人の監督者にこのきわめて重要なサーヴィスをより高い水準でおこなわせるため，トスカーナの全権を任されていたクラオン公に被告人を訴えることを決心した[102]。また，機密の情報がかかわっているときには，手紙は受取人に直接手渡された[103]。

　書簡は，商人が印刷された情報源には頼ることができない4つの使命を果たした。まず，すでに見たように，書簡を用いることで，法廷で契約や財産権を立証できた。また，書簡によって商人は，市場の状況に関する特定の疑問や関心について尋ねたり返答したりすることができた。さらに，提携業者，代理人，納入業者の能力や信頼性についての情報を取引相手に知らせることができた。そして，必要であれば，書簡は秘密

　　　100）　マントヴァ経由のルートについては，ASF, *LCF*, 1945, 在アムステルダムのフェルディナンド・ロドリゲス・シルヴァ宛1737年1月21日付書簡を参照。リヨン経由のルートについては，ASF, *LCF*, 1953, 在マルセイユのグイントロー，プルダント，ブレ宛1742年12月4日付書簡，および在ロンドンのベニヤミン・アルヴァレンガ商会宛1742年1月7日付書簡を参照。

　　　101）　ASF, *LCF*, 1957, 在ロンドンのベニヤミン・メンデス・ダ・コスタ宛1745年6月3日付書簡。

　　　102）　ASF, *LCF*, 1945, 在フィレンツェのエフライムおよびダヴィデ・カッスート宛1738年1月17日付書簡。

　　　103）　ASF, *LCF*, 1945, 在マルセイユのモーセ・カッスート宛1741年5月28日付書簡。

も保証した。

　「お知らせ」や新聞には，市場変動に影響する軍事行動，外交交渉，海賊その他の出来事が満載されていた。しかし，それらのニュースは，常に商人が決断の根拠とするに足るような最新のもの，あるいは十分に正確なものとはかぎらなかった。また，すべての定期刊行物が，17世紀なかばまでにすでに氾濫状態になっていた情報市場において，等しく信頼できたわけでもなかった。1672年ころ，フランス南西部のタルタ出身でアムステルダムに在住するダヴィデ・デ・カストロという名のセファルディム商人が，ユダヤ教徒と新ユダヤ教徒への販売を目的として，スペイン語の小型定期刊行紙『アムステルダム通信（*Gazeta de Amsterdam*）』の発売を開始した。しかし，同紙の内容は，想定された読者層が他の方法ですでに入手していた情報の要約にすぎず，新分野を開拓することはできなかった[104]。商人が求めていたのは，新たな新聞ではなく，信頼できる情報であった。エルガス＝シルヴェラ商会が1741年にチュニスとフランス間の戦争勃発の状況を正確に把握するために頼ったのは，同商会の通信相手であった。この戦争は「〔地中〕海を泥棒の稼ぎ場に変えてしまい」，北アフリカからのサンゴの供給を，より広くいえば，おそらくレヴァント貿易を様変わりさせかねなかった[105]。これより前に同商会は，ヴェネツィアのピエトロ・トレヴァーノに，彼らの友人であるベリリオスの所有する船がアレッポからガラスや石鹸の製造に必要な灰を積んで到着しつつあるという情報を伝えている。当時，この原料の価格はすでに低下しており，新たな商品の到着によって市場がさらに落ち込む可能性があった[106]。商人は，通信相手を通じてのみ，船舶の入港・出航および自分の積荷に関するタイムリーな情報交換をして，潜在的な競争相手や好機を予測することができた。通信相手が程々の距離の場所に居住している場合，エルガス＝シルヴェラ商会は

　　104）　この出版物について，1675年1月7日から1690年7月3日のあいだのわずかな数冊の原本が，アムステルダム大学のRosenthaliana図書館に残されている。Boer 1988; Méchoulan 1991: 112 も参照。

　　105）　ASF, *LCF*, 1953, 在マルセイユのモーセ・カッスート宛1741年5月28日付書簡と在アレッポのエルガス＝シルヴェラ商会宛1741年8月13日付書簡。

　　106）　ASF, *LCF*, 1953, 在ヴェネツィアのピエトロ・トレヴァノ宛1741年1月20日付，1月27日付書簡。

最も利益が見込める売買の時期を決めるため,頻繁に彼らに通信を書き送り,取引すべき商品の品揃えの決定についても詳細に記述している。

レヴァントでは,生糸や羊毛などの主要商品を含め,あらゆる商品の価格は,現物で支払おうとするとさらに高額になったため,バーター取引に最適な商品の処分がとくに重要だった[107]。たとえば,織物貿易に影響を与えるファッションは,あっという間に変わっていく。印刷された価格一覧は,そうした詳細な最新のニュースを伝えたのではなく,大市場における価格の標準化に貢献したのである。大市場では,この価格一覧のおかげで一般的な相場を上回る価格を設定することが難しくなった。しかし,書簡の交換さえも,商人を落胆から守ることはできなかった。1724年,エルガス゠シルヴェラ商会はハンブルクのある商社に対して,黄色のガラスの小粒ビーズを一樽送るよう依頼し,商品について多くの詳細な事柄を書き送った。混乱を避けるため,同商会は同じ種類のビーズを2粒ハンブルクに送り,ハンブルクで入手可能な商品の見本を送るよう相手に求めた。こうした用心にもかかわらず,誤解("equiboco")——故意かもしれないし,そうでないかもしれない——が生じた。同商会は,受け取ったのは注文した33番型ではなく93番型だと苦情を訴えた[108]。1727年,リスボンのパオロ・ジロラモ・メディチは,リオ・デ・ジャネイロから届いたさまざまな種類の油の質が,通信相手と合意したものとかけ離れていることに気づき,補償を求めている[109]。

商人はこうした事件の発生を最小限に抑えようとして,可能なかぎり注意深く通信相手をふるいにかけようとした。書簡が拡散を促した情報のなかで最も重要だったのは,商人自身に関することであった。この情報は,直接的なもの(たとえば,ある代理人の成功もしくは失敗が第三者に伝わったとき),あるいは間接的なもの(書簡の交換そのものが互いに対する評価となっているという意味で)どちらもあった。大部分の書簡集に

---

107) ASF, *LCF*, 1939, 在アレクサンドリアのルー゠サンテティエンヌ商会宛1726年11月20日付書簡。

108) ASF, *LCF*, 1936, 在ハンブルクのホフマンとバフマイヤー宛1714年9月3日付,10月15日付,11月5日付書簡。

109) JFB, 1726 fMe, fol. 21r.

は，特定の代理人の推薦と非難の両方が含まれている[110]。1596年，アントウェルペンのハンス・ティスはリューベックにいる兄弟に宛てて，アンドリース・ファゲルなる人物への穀物の委託に反対する助言を書き送っている。「あまりファゲルを信用しすぎないように。なぜなら，彼はこちらにライ麦を持っていたが，それで利益をあげるのを忘れたからだ」[111]。

18世紀初期までに，ロンドンの大半の新聞の特別欄に大商社の倒産が掲載されるようになった[112]。しかし，商人が自分の投資を別の方向に向けるには，定期刊行物の紙面から自分の代理人の破産を知ってからでは遅すぎた。さらに，もっと規模の小さい商人の破産は，この種の出版物にはめったに掲載されなかった。優れた通信のネットワークを通じてのみ，商人はあらゆる種類の遠く離れた相手方の支払い能力に関するタイムリーなニュースを得ることができたのである。ヨシュア・ジョンソンなる人物が1770年代にロンドンからメリーランドにいる提携業者に書き送った書簡は，自分の競争相手に関する多くの率直な意見と噂にあふれている。この書簡は，市場の状況と同様に商人の評判に関する情報が広がる際に，商業通信がきわめて重要な役割を果たしたことを立証している[113]。

1人の通信相手との信頼性が失われると，悪影響をもたらすようなドミノ効果が発生した。パオロ・ジロラモ・メディチは1739年に，彼自身は不当だと考えていた非難を急いで正した。彼は，自分に言わせると事件はこうであったという内容を「みなに知らせてくれるよう」，通信相手に懇願している。それでもまだ，メディチは悪く言われ続けているという知らせを彼に伝えてくる者もいた。不当であろうがなかろうが，メディチは自分が中傷キャンペーンの犠牲者だと考えた。通信は，彼が状況をたて直すために持てる唯一の手段であった[114]。18世紀には為替

---

110) 近世大西洋におけるポルトガル商人の書簡の例については，Studnicki-Gizbert 2009: 93-94 を参照。

111) Gelderblom 近刊。

112) Hoppit 1987: 43-74.

113) Price 1979: viii.

114) JFB, 1726fMe, fols. 122r-123v. フィレンツェの通信相手はアンドレア・フランチェスキ男爵である。彼はメディチが請け負ったブラジル向け絹織物の発送について不満を述べ

手形は譲渡可能で頻繁に価値が下がったので，とくにこの時期において，私的な金融市場では，商人や銀行家の財政状況に関する照会がとくに重要であった。為替手形の裏書きをした無数の中小商社の債務支払能力は，慎重に扱うべき情報であった。ガブリエル・デ・シルヴァは，アムステルダムのある通信相手に対して，リューベックでデ・シルヴァが信頼を置いていた2つの商社は堅実であるようだ（"sont estimées solides"）が，3つ目のハンブルクの商社はあまりうまくいっていない（"la troisième qui étoit d'Hamburg n'est pas grand chose"）と急ぎ書き送ってくれたことに感謝の意を示している。1735年の1月から5月のあいだ，2人のフランス人銀行家がパリからボルドーのデ・シルヴァに宛てて ヨーロッパ各地で起きた14件の破産について伝え，このおかげでデ・シルヴァは破滅的な投資を防ぐことができた[115]。

アブラハム・ウドヴィッチは，11-12世紀のマグレブ系ユダヤ人の商業世界を語るにあたって，「商業通信は単なるコミュニケーションの手段以上のものであり，〔オールド・カイロの〕シナゴーグ文書庫(ゲニザ)に反映されているように，中世イスラーム世界の遠距離交易の全体的な有機的構造をまとめる力の源としての役割を果たしていた」と結んでいる[116]。700年がすぎ，新たな航路，定期的な郵便サーヴィス，そして新聞の急増によってイギリスと大西洋海域がかつてないほど統合されたのちにも，ある北米のイギリス商人はまだ以下のように記している。「私が唯一言えることは，あらゆる場所に宛てて書簡を作成したり返事を書いたりするときに，もし厳密な注意を払わないならば，書簡を書くことを完全にやめて運を天に任せたほうがましだ，ということだ」[117]。つまり，商業通信は近世にも重要性を損なわず，遠距離交易における委託代理業の基軸であり続けたのである。

委託代理は必要不可欠で，そのうえ，細心の注意を要する契約であった。熟達した忠実な代理人が委託者に対して提供すべき貢献とは，詳細

ている。
- 115) Raposo 1989: 243, 247.
- 116) Udovitch 1977: 63.
- 117) Steele 1986:214 に引用。

を網羅的に説明することができず，ときには，まったく予想できないようなものだった。無能力に対しては法律に頼っても事実上効力がなかったため，怠惰で無能あるいはまったく率直でない代理人は，多大な不利益をもたらす可能性があった。個人間の相互関係や面識がないとき，商人にとって，市場の状況や代理人として雇おうとしている人物の資質に関して信頼できる最新の情報を手に入れるために，書簡は最も頼りになる方法であった。商人がビジネスに関する合意に持ち込みたいと考えている相手の目から見た自身の評判を高めるには，書簡は他のどんな手段よりも役にたった。

経済理論によれば，遠距離交易に携わる人間が増え，さらに多様になるにつれて，中央権力（通常は，公正さとあまり高額でない強制力を提供する，国の認可を受けた裁判所）の仲裁が，閉鎖的な集団内部でだけ機能する非公式な風評による統制システムに取って代わると予測されている[118]。具体的な歴史的状況においては，最適な規模の非公式なネットワークは予測しにくく，事例によって大きく異なる。また，近世商業では，紛争の予防と解決のどちらに関しても，裁判所が利用できない，あるいは，最も効果的な方法ではないという分野があった。さらに，特定の集団に対する法的な差別や先入観のせいで，商人は法廷に赴くことを阻まれたり，思いとどまったりすることもあった。法学者のリサ・バーンスタインが強調するように，今日の合衆国（つまり，近世よりもはるかに法システムの信頼性が高いという文脈）においてさえも，商人は「故意に契約関係の諸相の全体あるいは一部を，法の枠を超えた義務や制裁によって左右されるがままにしている……。それは，商人が社会的な規範，商業の慣習，関係，信用，名誉，礼儀などへの気遣いによって突き動かされているか，あるいは評判に傷がついたり有益な関係が打ち切られたりするなどの法律外の制裁措置を恐れているからである[119]」。

海運業，商業そして金融業の契約にかかわるさらに画一的な規範の発達と普及は，専断的な没収を心配しなくてもよいと外国商人を安心させることにヨーロッパ諸国が示した関心と相まって，17-18世紀の異文化

---

118) Cooter and Landa 1984; Dixit 2004; Greif 2001 および 2006; Bueno de Mesquita and Stephenson 2006.

119) L. Bernstein 1996: 1787-88. Macaulay 1963 も参照。

間交易を強化した。海事にかかわるヨーロッパの慣習は，ヨーロッパ経済の影響とその植民地支配のルートに沿って広まった。そうするなかで，ヨーロッパ商人とそのパートナーたちは，それらの慣習によって正当な行為と不正行為とを区別するためのかなり明確な規範を手に入れた。また，法的紛争によって提供されるであろう解決方法について，かなり予測可能な期待が生じた[120]。しかし，商法と商業裁判所が公平かつ迅速に紛争を解決する能力について，過大評価したり当然のこととみなしたりするべきではない。さらに，あらゆる契約のなかで委託代理は（意図的に）最も不完全なものであり，したがって法的手段のみによる強制が最も困難だった。一般的な経済情報ととくに評判にかかわる判断材料の流布によって，商人は公的な司法の場にさほど頼らずにすんだ。書簡のやり取りのおかげで，エルガス＝シルヴェラ商会や他の多くの同業者は，自分たちの身近な領域の境界を超えた複雑な交易関係をつくり出すことができたのである。

---

120) コロマンデルにおけるイギリスとインドの商人の法に関する緊張関係については，Arasaratnam 1986: 274-93 を参照。法体制とヨーロッパの植民地拡大の全般については，Benton 2002 を参照。

第7章
異文化間交易と，商人が作成する書簡のしきたり

　広大な地理的距離を超えて異なる集団を結びつける信用関係が発展するためには，共通言語が不可欠である。港町ではたいていの場合，専門の通訳を雇うことが可能である。しかし，理解できれば事足りるわけではない。商人は，評判を高めるよう合図を送り，また暗黙の期待と明白な同意を守るよう代理人に圧力をかける方法も必要とする。そのため，法廷に頼ることは最後の手段であった。商人がこのような苦労を重ねて用いた通信上のコードを推測する際には，商業書簡が最も鮮明な記録となる。しかし歴史家，とりわけ経済史家は，商人が通信文書のなかで慣例として書き残した散漫な内容に対してこれまでほとんど注目してこなかった[1]。

　以下では，近世ヨーロッパの書簡の慣習を研究し，商業通信文書では修辞的な規範が重要視されていると主張する文化史家の研究に手がかりを求める。ロジェ・シャルティエは，16世紀なかば以降に新しいタイプの書簡作成マニュアル，つまり普通の人々のための手紙文例集が広まったことを明らかにした。小型サイズかつ手ごろな値段のこうした手紙文例集によって，大部分の人々が手紙を書く作法に恒久的な変化が生

---

[1] 数少ない例外のなかに，18世紀の大西洋における書簡作成に関するもの（Ditz 1999: とくに64-65）と18世紀のユーラシア大陸のイスラム圏における書簡作成に関するもの（Sood 2007; Aslanian 2008: 141-49）がある。Carlos Petit（1997: 64）は，商人の書簡にみられる感謝や愛情の表現が持つ契約上の意味に注目している。オールド・カイロのシナゴーグ文書庫(ゲニザ)に保管された書簡のなかで商人に対する判断が示されるやりかたの詳細な読解については，Goldberg 2007を参照。

じた[2]。さらに近年では，文学研究者のイヴ・テイヴァー・バネットが，18世紀に書簡作成マニュアルは「改良された道路網と輸送機関，郵便組織や定期航路の創設，印刷機，国民の祝日や記念式典と同様に，国民と初期の大英帝国の形成に貢献した」とまで主張している[3]。しかし，現存の通信文書とマニュアル集の比較をした研究はおこなわれていない。

この章では，異文化間交易に必需の実務・法務面での積み重ねから浮かび上がってくる商業書簡のしきたり，および17-18世紀のヨーロッパ商人の大部分を惹きつけた教養を示すコードに焦点をあてる。再びエルガス＝シルヴェラ商会の書簡を事例として取り上げるが，私はこれらの書簡を，非ユダヤ人の通信文書やその他の現存する通信文書集と比較する。世界のあちこちで多様な商人集団で書かれた手紙の様式が画一的であることは，おそらく，真にグローバルな商人文化が形成されていたことを如実に示している。同時に，このしきたりは，単独では契約や義務の保証にはならず，また異文化間交易に関係する人々のあいだに存在した法的・社会的障壁を取り除いたわけでもない。

1　使用言語

セファルディムが家庭で話していた言語や，ヘブライ語の習熟度に関しては，ほとんどわかっていない。大半のリヴォルノ在住のセファルディム商人と同様に，エルガス＝シルヴェラ商会のメンバーたちは，ポルトガル語，スペイン語，イタリア語に通じていた。エリヤ・シルヴェラはアレッポでの商取引において，これら3言語の語法をすべて必要としていた（おそらくエリヤは，アラビア語は通訳を使っていたのであろう）。これら以外にエリヤが習得していたかもしれない言語の能力については，憶測の域を出ない[4]。エルガス＝シルヴェラ商会がリヴォル

---

2)　Chartier 1991.
3)　Tavor Bannet 2005: x-xi.
4)　リヴォルノのユダヤ人の文書のうち，レヴァントと取引する者よりも北アフリカと取引する者の場合に，ビジネスの記録にアラビア語を使うことがよくみられる（Filippini

ノから発送した 13,670 通の手紙のうち, 70％にあたる 9,568 通がイタリア語で, 4,101 通がポルトガル語で書かれている。手紙の書き手のアイデンティティのため, あるいは現在の区分から漏れている離散したセファルディム間の違いを彼らが認識していたために, エルガス＝シルヴェラ商会はポルトガル語にスペイン語の表現をちりばめている[5]。ヘブライ語で書かれた手紙は 1 通のみであったが, 宗教的な祝祭に言及したり, 特殊な法的契約を指し示したり, ある人物を名前で呼んだりする場合に, ヘブライ語の単語が用いられた[6]。1555 年の教皇勅書（*Cum nimis absurdum*）は, ユダヤ人がキリスト教徒の法廷で元帳や会計簿を証拠として提出する意思があるならば, 帳簿類をヘブライ語で記入してはならないと定めている[7]。西方系セファルディム商人はヘブライ語の知識が乏しく, こうした法的認識はあまり重荷にならなかった。エルガス家とシルヴェラ家は, バルク・カヴァリオ家や大半のリヴォルノ在住ユダヤ人と同様, ポルトガル語で帳簿を作成した[8]。

ここまで「イタリア語」「ポルトガル語」「スペイン語」と表記してきたが, 当時ヨーロッパの書き言葉は完全に標準化されてはおらず, 大部分の人々は厳密な教育を通してではなく, 音から言葉を覚えていたことを思い起こしていただきたい。エルガス＝シルヴェラ商会の文書にはイタリア語とポルトガル語の構文, 文法, 語彙, 綴りが混在しており, リヴォルノのセファルディム文化が多様な影響のもとにあったことを示している。彼らの商業通信で使われたイタリア語は, 当然のことながら, トスカーナ方言の一種であり, ほとんど誤りがない。対照的にポ

1999: 134 参照）。

5) ASF, *LCF*, 1935, 在ジェノヴァのアブラハム・ルゼナ宛 1713 年 10 月 18 日付, 11 月 1 日付, 11 月 29 日付, 12 月 6 日付, 12 月 13 日付書簡；ASF, *LCF*, 1936, 在アレクサンドリアのアルメイダおよびフローレス宛 1716 年 8 月 31 日付書簡。

6) ほかでは, 唯一, 在トリポリのハイム・サムエル・アギアール宛の書簡がヘブライ暦に基づく日付になっている（ASF, *LCF*, 1937）。このヘブライ語の書簡は, あるペルシア系ユダヤ人宛になっている（本書第 10 章参照）。この書簡や他の書簡を書いたのが, エルガス＝シルヴェラ商会のパートナーシップのメンバーの誰かであったのか, あるいは従業員であったのかはわからない。本書第 8 章の注 3 も参照。

7) Stow 1977: 296.

8) Filippini 1989: 142. モーセ・フランコが 1731 年にパートナーシップを解消したとき, 彼は自分の帳簿をポルトガル語からイタリア語に訳させた（ASF, *NMP*, Giovanni Giuseppe Mazzanti, 23703, fols. 52r–54r, no.37）。

ルトガル語のほうは，かなりイタリア語から文法や正書法を借りている[9]。リヴォルノのユダヤ人ネイションに関する公的記録にも同様の混在がみられる。言語的純粋性に欠けていることは，多言語を用いるディアスポラに一般的にみられる特徴である。アムステルダムのセファルディムが日常的に使用する言語を分析した言語学者や歴史研究者によると，そこでもスペイン語とポルトガル語が混在した「語彙や構文の相互肥沃化」がみられるという[10]。またセファルディムは，居住地や旅先のどこでも，ドイツ語，フランス語，イタリア語など，その土地の言葉から単語，表現，文法，構文を借用していた。

エルガス＝シルヴェラ商会では，手紙の受取人の居住地よりも，相手のアイデンティティによって使用する言語を決めていた。この原則で，彼らは相手がセファルディムないしはインドのヒンドゥー教徒の場合はポルトガル語で書き送った。ほかの場合には——ヨーロッパやオスマン帝国のすべてにおいて，相手が非イベリア系のユダヤ人であれ，キリスト教徒の商人であれ——，イタリア語を使った。ボルドーにいたガブリエル・デ・シルヴァも，同様の基準で書簡を作成している。デ・シルヴァは，ほかのセファルディムに対して，スペイン語やポルトガル語で書簡を書き送っている。彼はヨーロッパ南部よりももっぱらヨーロッパ北部と取引していたので，キリスト教徒の通信相手（そのなかには多くのユグノーが含まれる）に対してはフランス語，まれに英語も用いていた[11]。

エルガス＝シルヴェラ商会の通信文書では，頻繁にイタリア語が使われており，イタリア語が地中海の商業言語としての重要性を維持していたことがわかる。たとえばフランス商人は，イタリア語方言を使った会話に慣れていた[12]。いっぽうでポルトガル語は，インド洋海域でイ

---

9) エルガス＝シルヴェラ商会の通信文書からの比較的長い引用は，本書第1章の注1と第9章の注101および本章の随所にある。Tavani (1959) は，リヴォルノのセファルディムがポルトガル語に熟達していたことについて綿密な調査をおこなった。

10) Teensma 1993.

11) Raposo 1989: 197.

12) レカナーティ家の人々は，マルセイユのルー家を含むフランスのパートナーシップとイタリア語で通信していた（CCM, *AA1801*, L.IX/920–925）。イギリス東インド会社の17-18世紀の文書には，イタリア語で作成されたりイタリア語に翻訳されたりした文書が数多く含まれている。Russell 1794, 2: 2; Boogert 2005: 8 も参照。

1 使用言語

ギリス勢力が台頭してきたのちも，現地で使われる共通言語のひとつとして残っていた。カマト家はポルトガル人と非常に近い関係にあったので，ヨーロッパ商人と取引する際には，ポルトガル語化したカモティンという名前を名のった。在地の商人も，ポルトガル語化した名前で彼らを呼ぶことがあった[13]。18世紀後期から19世紀初期に関して伝存しているカマト家の多くの商業書簡は，ポルトガル語，フランス語，英語で書かれているが，それらを作成したのがカマト家の人々であったのか，それとも従業員であったのか，判断するのは容易ではない。カマト家のなかには，2世紀近くのあいだゴアでポルトガル領インドのさまざまな分野で統治に携わった者がいたので，ポルトガル語に堪能な者もいた。インド洋海域の他の港町と同様に，ゴアにはポルトガル語とインド諸語の両方に通じた人々がいたため，こういう者を雇っていたこともありうる。バラモン階級の人々は，ゴアにおけるフランス政府の公式代表となると，さらなる言語能力を身につけるか，十分な能力を持つ者を雇わなければならなかった。彼らのためにフランス語や英語で書簡を作成する者は，誰もがこれらの言語をほぼ完璧に習得していた[14]。1783年の日付がある書簡でカマト家は，オランダ人顧客に宛てた金融関係書類の扱いについて，この顧客の言葉がわからないので，コーチンにいるユダヤ人商人に翻訳を依頼している[15]。当時，インド洋の西部では，オランダの影響はまだ微々たるものであり，カマト家がゴアのフランス人聖職者からアルメニア商人にいたるヨーロッパやアジアのさまざまな商人と取引する際には，ポルトガル語，フランス語，英語で事足りた。

カマト家は多言語を駆使するだけではなく，ヨーロッパの代理人や官吏と親しく仕事上の付き合いがあったおかげで，こうした人々の商業実務を熟知していた。為替手形での支払いを発注する際には，一般的な慣

---

13) いくつかの例が次のなかに見出される。XCHR, *MHC/E*, 54, 136; XCHR, *MHC/F*, vol.1, 51, 85 および vol.2, 16-18, 33-34; XCHR, *MHC/P*, 233, 2437, 12047, 15051, 6434; XCHR, *Undated Letters and Other Documents in Portuguese*.

14) カマト家とフランス人との関係については，Souza 1989を参照。書簡作成におけるポルトガル語とヒンディー語の翻訳者の役割については，Sood 2007: 178-82を参照。本書第8章も参照。

15) XCHR, *MHC/P*, Outgoing Correspondence, vol.2, fol. 27v. 1663年以降，コーチンはオランダの支配下にあり，20世紀にいたるまでユダヤ人居住区があり続けた。

習にしたがって（"com seo premio del stillo"）利子が支払われるべきことを書き加えた[16]。リスボンとゴア間で商品を船積みするために，通常カマト家は保険証書を購入した[17]。彼らの取引書類のなかには，ヨーロッパの信用基準に基づいて作成された多くの契約書が含まれている。たとえば領収書，会計帳簿の写し，船荷証券，税関申告書，委任状，調停文書，売買契約，契約と債務の証明書などである[18]。これらヒンドゥー教徒商人が残した通信文書は，商業書簡に含まれる情報が内地であれ外地であれ，ヨーロッパの法廷で法的証拠となることを彼らが十分に意識していたことを示している[19]。

　ゴアのポルトガル行政府に残存する記録では，民事・刑事法廷が商業契約の遂行に関して果たした役割を検証できない。しかし，これらの契約に署名している関係者の多くはゴアの住民ではなく，なかにはリヴォルノのセファルディムのようにポルトガルの法廷に出廷することを禁じられている者もいた。カマト家やエルガス家，シルヴェラ家のような商人は，修辞学的かつ法的なしきたりを共有することによって，行動や期待を規定する表現や規範について解読可能なコードを手にしていたのである。経済学者のオリヴァー・ウィリアムソンが「ガバナンスの融合体（"the governance mix"）」と呼ぶものの全体を描き出すためには，互いに共有する修辞学的かつ法的な慣習の強調が重要である。この「ガバナンスの融合体」とは，財産権を守る公式・非公式な一連のシステムであり，これらのシステムは次々連鎖的に発展するのではなく，むしろ相互に強化し合うのである[20]。

　商業における基準の統一は，法廷で出された判決，徒弟制度，商人間の個人的な接触，規則書の流布などによって強化された[21]。これら

---

16) XCHR, *MHC/P*, 233.
17) XCHR, *MHC/P*, 15667; XCHR, *MHC/P*, Outgoing Correspondence, vol. 6, fol. 3v.
18) いくつかの例が次のなかに見出される。XCHR, *MHC/P*, Outgoing Correspondence, vol. 1, 1778年10月19日，および，vol.2, fols. 3, 19; XCHR, *MHC/E*, 112, 136; XCHR, *MHC/F*, vol. 2, nos. 16–18, 33–34.
19) 在コーチンのダヴィデ・ラビー宛の書簡は，未払いの貸付を「確認」するためだった（XCHR, *MHC/P*, Outgoing Correspondence, vol. 2, fol. 19v–20r）。
20) Williamson 1985: 398.
21) ヨーロッパの商人の職業文化に関する研究は，Angiolini and Roche 1995に見出される。

の行動規範は，商業書簡によって広まる。また商業書簡は証明力があり，代理人関係は手紙を書くことに多くを負っている。捺印された約束（"obligo"）は，正式な契約と同じである[22]。商人は，全額返済され満足している（"ficando assim pago e satisfeito de todo"）と宣言することで，法廷で債権者を追及する権利を放棄する。結果として，商業書簡で使用される言葉は近世のあいだにいっそう型にはまったものになった。このような約束に使われる言語は，情緒的な絆によって社会的な依存関係，信用性，そして忠誠（"confidenza", "confianza"）を示すのに何世紀も前から使われてきた語彙をモデルにしている。この言語には，17世紀から18世紀にかけて，紳士らしく振舞おうとするヨーロッパ商人が使うような礼節を表す新しいコードが取り込まれた。

エルガス家とシルヴェラ家の人々は，カマト家の人々と直接顔を合わせることは一度もなかったようだが，カマト家を「友人（"amici di Goa"）」[23]と呼んでいる。これは，おそらく彼らが最も信用していた代理人を「友であるモーセ・ハイム・カッスート」[24]と呼んでいたのと同じである。彼らがカッスートの血縁者に保証したところによると，彼らは友人のためなら何でもするつもりがあった（"questo e molto più facciamo per amici"）[25]。18世紀のイギリスでそうであったのと同じように，「友情」という言葉は，親族間の紐帯から心情的なつながり，近所付き合い，仕事関係，政治的な連携，慈善事業，知識人どうしの親近感，精神的な愛情，そして経済的な結びつきにいたる，広い範囲の意味や関係を含んでいた[26]。取引上の友情は親しい関係を前提としたものではなかった。他のあらゆる商業通信と同様，エルガス＝シルヴェラ商会の書簡には，共同出資者，近しい間柄の人物，委託代理人，あるいは

22) ASF, *LCF*, 1953, 在フィレンツェのエフライムおよびダヴィデ・カッスート宛1741年4月21日付書簡，在リヴォルノのモーセ・カッスート宛1741年5月16日付書簡。

23) ASF, *LCF*, 1936, 在リスボンのピエトロ・フランチェスコ・ラヴァラ宛1715年1月10日付，7月9日付書簡；ASF, *LCF*, 1957, 在リスボンのシュッテとブエス宛1743年6月10日付書簡。

24) ASF, *LCF*, 1957, 在ロンドンのベニヤミン・メンデス・ダ・コスタ宛1743年7月8日付書簡。

25) ASF, *LCF*, 1953, 在フィレンツェのエフライムおよびダヴィデ・カッスート宛1742年11月12日付書簡。

26) Tadmor 2001: 167-236.

もっと広い範囲では，これと見込んだ買い手や売り手などの人物が「友人」と呼ばれている。こうした人々は，定期的に書簡や経済的な取引を交わす相手であり，血縁の有無，宗教，面識の有無にかかわらず信用できる人物であった。もちろん商業社会が無感情なわけではなく，今日的な意味での友情も存在したが，商業書簡からは，作成者や宛名人の生活の感情的な側面を理解する手がかりはめったに得られない。エルガス＝シルヴェラ商会に残された記録には，個人の詳細な情報はめったにみられない。他のセファルディムにお悔やみの言葉を記すときでも，かなり決まりきった言葉が使われている[27]。

　友情，愛情，好意などを示す言葉は，非常に実用的で，相互の依存を示している[28]。好意は勤勉と同義である[29]。相手の愛情を感じるというのは，魅力的なサーヴィスを提供してほしいと頼むことを意味する[30]。ビジネス上の友情の核心は信頼である。好意のやりとりによって，社会経済的な序列が強固になったり，より平等主義的な顧客関係が創出されたりする。パオロ・ジロラモ・メディチは，リオ・デ・ジャネイロにいるポルトガル商人との取引を進めるため，ロンドン在住の代表的

---

27)　一例が ASF, *LCF*, 1957, 在ロンドンのベニヤミン・メンデス・ダ・コスタ宛 1745 年 7 月 12 日付書簡に見出される。この書簡は，彼のひとり息子の死に際して送られたものである。

28)　エルガス＝シルヴェラ商会はカッスート家に対して，必要なものがあれば何なりと求めるように促し，自分たちからも愛情を示すことを請け負っている（"che tutto sta molto bene desiderando ci comandate in quello vi farà bisogno per esser reciproco nel amor"）；ASF, *LCF*, 1945, 在フィレンツェのエフライムおよびダヴィデ・カッスート宛 1737 年 11 月 17 日付書簡。その 4 年後，彼らは友情のもとに真摯なる愛情をこめてカッスート家と通信していたことを示してきたと主張した（"abbiamo voluto noi dimostrarvi avere corisposto con l'affetto della nostra sincera amicizia"）；ASF, *LCF*, 1953, 在フィレンツェのエフライムおよびダヴィデ・カッスート宛 1741 年 4 月 21 日付書簡。

29)　エルガス＝シルヴェラ商会は，ジェノヴァの通信相手に対し，自分たちとアレッポにいる自分たちのパートナーに注文するよう勧めた際に，「できるかぎりの勤勉さと愛情で奉仕する」ことを約束している（"se comandarete tanto a loro che a noy sarete servito con ogni deligenza e afeto"）；ASF, *LCF*, 1936, 在ジェノヴァのラザロ・サチェルドテ宛 1715 年 2 月 15 日付書簡。

30)　在ロンドンのあるセファルディムへの書簡のなかで，エルガス＝シルヴェラ商会は，彼が自分たちに抱いている愛情を知っているので，きっと彼が自分たち赤い毛織物を販売してくれるだろうと主張している（"stando certi di vostro amore procurerete anche l'esito della nostra lana rossa"）；ASF, *LCF*, 1945, 在ロンドンのナタン・レヴィ・ソンシーノ宛 1737 年 4 月 29 日付書簡。

なセファルディム系ダイヤモンド仲買人の友情に訴えている（"o amigo Benjamin Mendes da Costa"）[31]。二人の商人は社会階層の梯子の両極端にある。メディチは由緒ある血統を誇り，いっぽうメンデス・ダ・コスタは裕福であった。リスボンでは信頼でき，かつ広い人脈を持つ代理人はごくまれであった。メンデス・ダ・コスタは，自分が持つ信用をメディチに貸し与えることによって，のちに好意のお返しを受けることができたのである。

血縁や宗教的な絆は常に信用の保証になるわけではなく，新しい結びつきも探さなくてはならなかった。エルガス＝シルヴェラ商会は，1742年にロンドンにおける新しい通信相手を探す必要が生じた際，ベニヤミン・アルヴァレンガを頼った。彼が選ばれた理由は，両家がこの人物を非常に信頼していたからである（"con Vms tenemos toda la confiansa"）[32]。

エルガス家とシルヴェラ家は，元ユダヤ教徒でキリスト教に改宗したジュゼッペ・ジュスティニアーニや，ジェノヴァのフア家とは血縁関係になかったが，こうした人々に全幅の信頼を置いていた[33]。カマト家は18世紀後期のゴアでも依然として信用を外部の人々に拡大し続けていた。あるポルトガル商人からの事業委託をもっと増やすため，カマト家は彼が引き続き友人でいてくれることを求めたのである（"a continuação de sua amestade"）[34]。

商人が新たなつながりをつくったり，活動領域や地理的範囲を広げたりしようとする場合，最もよく使われた手段が，推薦状または自己紹介状であった。18世紀なかばのフランスでは，自己推薦状の書式をあらかじめ印刷したものを買うことができた。ここからも，手書きの書簡と印刷された書式は相互に補完し合っており，商業にかかわるコミュニケーションが高度に標準化されていたことがわかる[35]。エルガス＝シル

---

31) JFB, 1726fMe, fols. 98v, 99v.
32) ASF, *LCF*, 1953, 在ロンドンのベニヤミン・アルヴァレンガ商会宛1742年11月5日付書簡。
33) "[S]iendo che tomamos la confiansa em Vms y en los senhores Fuà." ASF, *LCF*, 1957, 在ジェノヴァのジュゼッペ・ジュスティニアーニ宛1743年4月24日付書簡。
34) XCHR, *MHC/P*, Outgoing Correspondence, vol. 6, fol. 38.
35) Raposo 1989: 244. Bartolomei 2007: 92, 102 も参照。

ヴェラ商会では，新たに委託代理人を採用する場合，申し入れの手紙に共通の友人の名を出すことが多い。そして規模の小さな仕事をまずやらせてみて，最初の取引が満足いくものであればそのあとも引き続いて取引することを約束している（"sperando che questo prencipio sarà per negotii di magior importanza"）[36]。情報は積荷と同等の価値を持つもので，新しい商業通信を開始する唯一の理由であった。1726年2月1日，のちに非常に親密な取引関係を結ぶことになるヴェネツィアのヤコブ・ベリリオスとヨセフ・ベリリオスに宛ててエルガス＝シルヴェラ商会が書き送った最初の手紙には，以下のように記されている。「あなた方は入手しうるすべてのニュースを必ず私たちに書き送ってください。私たちもあなたがたに同じようにすることをお約束いたします。あなたがたは，私たちの友人の友人です。あなたがたは私たちの親類〔アレッポ在住のエリヤ・シルヴェラ〕をご存知なのですから，堅苦しいことは抜きにしましょう。お願いしたいのはただ，次のことだけです。新しい手紙をお受け取りになったら，どうかそれらを私たちにお送りください」[37]。

友人を推薦することは，推薦する者の世評に必ず影響した。1727年にエルガス＝シルヴェラ商会は，シリア産の灰（ヴェネツィアの高級ガラスの重要な原料であった）を輸入する必要があったヴェネツィア在住のユダヤ人に対して，（現レバノンの）トリポリ在住のある商人一家を推薦した。しかし，このヴェネツィア在住ユダヤ人はほかの代理人を利用したため，エルガス家とシルヴェラ家はトリポリ在住の友人たちに謝罪する羽目になった[38]。1785年1月，スラトに活動拠点を置いていたポルトガル商人のフェリシアノ・ノゲイラは，ヴェンカテシュ・マーマイ・カ

---

36) ASF, *LCF*, 1936, 在レッジョ・エミリアのジュゼッペ・スコラリ宛1716年9月17日付書簡。ほかの例がASF, *LCF*, 1935, 在ヴェネツィアのマッテオおよびジャコモ・ズパナ宛1709年6月21日付書簡；在ミラノのフェデリーコ・ラトゥダ宛1739年9月23日付書簡にも見出される。

37) "Elle se sirva mandarno as todas boas novas que podendolhas, estem certos que não faltaremos de corresponder a nossa obrigação e ho estamos de que são amigos de sus amigos e como conhesem noso natural não tiramos adiante en serimonias rogandolhes que se capitarem otras cartas nos fazão a merced de estas." ASF, *LCF*, 1939, 在ヴェネツィアのヤコブおよびヨセフ・ベリリオス宛1726年2月1日付書簡。

38) ASF, *LCF*, 1931, 在トリポリ（レバノン）のGulhermi and Maron宛1708年10月31日付書簡。

1　使用言語

マトに対する憤慨を伝えている。それによると，カマトのいとこであるゴリンダ・ナイクが，ノゲイラに推薦されたマティアスなる人物に対して不満があったようだ。ノゲイラは，自分はマティアスの不正行為にはなんら責任がないと主張している。ノゲイラは非常に憤慨しており，マティアスが取引の交渉を危機にさらしたことを責め，マティアスに自身の行為が引き起こした損害を弁済させてやると誓っている[39]。カマトとノゲイラは争いをやめたにちがいない。なぜなら数年後には，彼らは再びともに取引をおこなっていたからである[40]。コーチンのオランダ総督からの評価を高めるため，1782年にカマト家は自分たちの経営，信用，そして評価（"conduta, credito e reputação"）の保証人となるオランダ人の名前を挙げ，何も疑わずに彼にしたがうこと（"cega obedencia"）を約束している[41]。カマト家のために働くことを希望していたアントニオ・ホセ・フェッレイラは，カマト家が彼に出したいかなる指示にも感謝を表明している（"cincera gratitadão em quelquer coza que me quierão"）[42]。

すべての推薦が無条件であったわけではない。ハンブルク在住のフィリップ・ヘンリー・ステングリンは，同市の他の銀行家から，ボルドー在住でステングリンの長年の通信相手であったガブリエル・デ・シルヴァに紹介してほしいと頼まれたことを認めている。しかしステングリンは，自分とデ・シルヴァとの友情が続き，そしていかなる「よろい戸」も感じさせないようにとしつこく求めている[43]。また，推薦状は常に肯定的ともかぎらなかった。デ・シルヴァは，紹介された新しい代理人に対して高額の委託事業をゆだねる前に，念のため，信頼できる友人にこの人物に対する評判を尋ねて再確認している[44]。つまり，すべて

39) "Hontem recebi huma carta de Gorinda Nayque a qual mi fez apaixonar muito por ver que senhor o impertinente elevantado Mathias se não quer conduzir come he justo na recepção das fazendas fazendo hum tão grande prijuízo as negociações e querendo que eu o faça responcavel por todos os dezapontamentos que a sua omissão cauzar." XCHR, *MHC/P*, 18333. ナイクがカモティンのいとこであったことは，XCHR, *MHC/P*, Outgoing Correspondence, vol. 6, fol. 1 から明白である。
40) XCHR, *MHC/P*, 6437.
41) XCHR, *MHC/P*, Outgoing Correspondence, vol.2, fol. 13.
42) XCHR, *MHC/P*, 18348.
43) Raposo 1989: 245-46.
44) "Faites nous le plaisir Monsr. de nous marquez entre nous quelle opinion vous avés du caractere de Mons. Paul Nairac de vôtre ville, qui vient de nous être recommandé d'une maison de

の商人が友人として適格だったわけではなかったということである。信頼できない，または無能な通信相手は，文字通り敵（"inimigos"）である[45]。業務が不満足な場合にはその先のすべての注文を中断する，という脅しは共通の認識であったので，個々の状況を考慮せずに信頼性を判断することは難しかった。さらに説得力があったのは，通信相手の性格を否定的に伝える警告である。1729年に，アントウェルペンに在住するダイヤモンド仲買人のジェイムス・ドーマーは，コンプトン氏なる人は胡散臭い人物だと言われている（"le charactère de Mr Compton étant assez connu"）ので信用しないほうがよいという助言を受けている[46]。

　商業書簡のなかで，「友人」という言葉の次に頻繁に使われていたのは「神」である。ユダヤ教の祝日の挨拶や，成人式(バル・ミツヴァ)あるいは結婚のような家庭の行事の祝福のための手紙の交換は，ユダヤ人どうしのあいだでのみおこなわれた[47]。しかし，異教徒や宗派の異なる商人に宛てた手紙にも神への言及が多くみられ，信仰心やアイデンティティの表明と同様に修辞的な技巧であるだけのことが多いようにも思われる。エルガス＝シルヴェラ商会では，宛先がユダヤ人であるなしにかかわらず，航海の危険に対して，あるいは通信相手の健康を祈って，または書簡の冒頭や末尾の単なる挨拶として，神の加護を祈る言葉を記している[48]。1790年

---

chez vous." Raposo 1989: 243.
　　45)　XCHR, *MHC/P*, 6437.
　　46)　Vanneste 2006: 46 の引用を著者の許可を得て引用した。
　　47)　いくつかの例が次のなかに見出される。在アムステルダムのヨセフ・デ・ロス・リオス宛1719年9月18日付書簡（ASF, *LCF*, 1937）および1729年9月29日付書簡（ASF, *LCF*, 1938）；在アムステルダムのヤコブ・シルヴェラ宛1737年3月4日付書簡（ASF, *LCF*, 1945）；在ロンドンのベニヤミン・メンデス・ダ・コスタ宛1743年4月8日付書簡（ASF, *LCF*, 1957）。
　　48)　いくつかの例がイタリアのカトリック信徒の商人とヒンドゥーのバラモンに宛てた書簡のなかに見出される；ASF, *LCF*, 1936, 在リスボンのピエトロ・フランチェスコ・ラヴァラ宛1715年11月6日付書簡；ASF, *LCF*, 1937, 在リスボンのメディチ＝ベロアルディ商会宛1729年4月28日付書簡；ASF, *LCF*, 1945, 在ゴアのフォンドゥ・カモティンおよびBabuxa Quenny宛1736年2月20日付，1739年2月16日付書簡。エルガス＝シルヴェラ商会は，彼らのおじの改宗によって自分たちの相続権が影響を受けないという保証をもらえたことをトスカーナ大公国の軍事長官に感謝して，大公家の繁栄を神に祈ることを約束するという定式的な文句で書簡を締めくくっている（"non mancaremo di porger li necezarij vuoti del signor Iddio per la prosperità delle prefate Altezze Sue Reali e di tuta la sua Real Casa"）。ASF, *LCF*, 1939, 在フィレンツェのカルロ・リヌッチーニ宛1725年12月19日付書簡。

に，リヴォルノ在住のユダヤ人商人サバト・コーエンは，ゴアにいるヒンドゥー教徒のゴパラ・ナイクに宛てた手紙の末尾で，宛先人に長寿と幸福な人生を与えてくれるよう神に願っている（"rogo a Deus guarde suas vidas por muitos e felizes anos"）[49]。カマトもヨーロッパ商人に宛てた書簡で似たような神への祈りを繰り返している[50]。フランシスおよびヨセフ・サルヴァドルは，アントウェルペン在住で彼らと多くの取引があるイギリス人カトリック信者の通信相手ジェイムズ・ドーマー宛てに，ロンドンからクリスマスの挨拶状を送っている[51]。それでもなお，長期の取引関係も書簡の定型句も，ユダヤ人の貪欲さや，誇張された彼らの商売の能力といった固定観念を払拭することはなかった。ジェイムズ・ドーマーは，1750年にインド産ダイヤモンドの購入に関してロンドン在住のセファルディムを打ち負かす計略を巡らせていたとき，アムステルダム在住のイギリス人代理人が協力に及び腰であることに気がついた。この代理人は，「私たちの唯一の心配は，ユダヤ人が同じ計略を思いついて，私たちの計画を台無しにするのではないかということです。なぜならあなたもよく知っているように，ユダヤ人が手をつけたところはどこでも，彼らに対して勝ち目はないからです」[52]。

2　手本としきたり

オールド・カイロのシナゴーグ文書庫（ゲニザ）で発見されたユダヤ人貿易商の商業書簡で使用されている言葉をエルガス＝シルヴェラ商会の通信文書と比較すると，明確な連続と重要な変化の両方がみられる。S・D・ゴイティンは，ゲニザ文書の分析から，当時のユダヤ人社会では神はあらゆる運命の絶対的な支配者であったと結論づけている[53]。600年後，神への祈りは単なる修辞的な文句となっていたが，当時は今日われわれ

---

49) XCHR, *MHC/P*, 17053.
50) いくつかの例が XCHR, *MHC/P*, 6437, 14001, 14012 に見出される。
51) Vanneste 2006: 38.
52) Vanneste 2006: 40 に引用された George Clifford から James Dormer への書簡。
53) Goitein 1973b: 7.

が考えるような異邦人に対するコスモポリタンな性格のものを暗示してはいなかった。

　友情を表す言葉は，安定を示すこともあれば変容を示すこともある。ゴイティンによれば，「友情」は11-12世紀のマグレブにいたユダヤ人商人の「遠距離交易を支える組織的なバックボーン」であった[54]。300年後，トスカーナの商人フランチェスコ・ダティーニの通信相手たちは，「友人」という言葉を信用できる取引の代理人を示すために使っている[55]。1675年，サヴァリが著した『完全なる商人』でも，友情（"amitié"）は依然として事業提携上の結束とされている[56]。委託代理人を友人になぞらえる習慣は，法律文書にまで浸透していた[57]。アレクサンダー・グラント卿は，ロンドンを本拠地とするスコットランド出身の裕福な商人で，イギリス東インド会社に大きな権限を持っていた。彼は1769年に，「交易の交友関係」は「まさに結婚に次ぐもの」であると商業書簡に書いている。その理由は，性格の類似性や「対等な友情や愛情」に基づいているからということである[58]。

　中世の地中海における商業の復活から18世紀のイギリス商業社会の発展まで，「友情と愛情」の語彙は絶えることなく使われ続けていた。しかし，時の経過とともに商業書簡はより形式化され，より礼儀正しいものになっていった。ダティーニの通信文は，エルガス゠シルヴェラ商会のものよりもずっと簡潔でいきいきした調子で書かれている。ロベルト・ロペスとアーヴィング・レイモンドによると，中世の商業書簡は「直接的でのびのびしている」が，これは18世紀の書簡集には到底当

---

54)　Goitein 1971: 486.

55)　バルセロナでダティーニのビジネスを取り仕切っていた人物にある通信相手が1398年にイビサから送った書簡には，「あなたが私のなかに良き友人を見出したものと固く信じています」と書かれていた（Melis 1972: 182）。ダティーニとフィレンツェの公証人ラポ・マッツェイのあいだの往復書簡にも，友情を表す広範な表現が満載である（Trexler 1980: 136）。15世紀のフィレンツェにおいて *friendship* という語が持っていたさまざまな意味合いについては，Klapisch-Zuber 1985: 68-93; McLean 2007: とくに29-30を参照。

56)　"La premiere chose que doivent avoir deux Associez est l'amitié et la deference l'un pour l'autre." Savary 1675: bk. 2, chap. 43, p.2.

57)　たとえば，CCM, *AA1801*, J.1586 に収録されている1727年のフランス王令を参照。この王令は，オスマン帝国でフランスの外交的保護を受けているユダヤ人やその他の外国人とフランス人商人との関係を規制している。

58)　Hancock 1995: 42 に引用されている。

てはまらないことである[59]。法的な変化に加えて，17-18世紀におけるヨーロッパ社会の根本的な変容も，商人が故郷の内輪の世界を超えて交易をする際に，貴族を気取るように促す要因であった。『ロンドンの貿易商（London Tradesman）』（1747年）の著者は，「商人は万能の天才で，上流社会の教育を受けた人であるべきだ」と記している[60]。18世紀の大西洋貿易に投資したイギリス商人のキャリアを研究するデイヴィッド・ハンコックによれば，彼らの経済面での投資は，地主貴族たちからジェントルマンであると認められたいという熱望に直結していた[61]。イギリスのエリートは大陸ヨーロッパのエリートたちよりもこの種の欲望に寛大であったかもしれないが，フランスでもこの種の障壁は部分的になくなっていた。まずサヴァリが，次いでジャン・トゥボーが（1682年），さらに聖職者ガブリエル・フランソワ・コワイエが著作『商いをする貴族（La noblesse commerçante）』（1756年）で，貴族の名誉の源泉を血筋から公益性に置き換えることによって，生産活動や商業活動に貴族が投資する際の概念的・法的根拠を与えた[62]。イタリアでも，古い貴族階級は商人エリートを遠ざけていたが，商人が用いる言葉は貴族的な外見に満ちていた。法的・社会的変化によって，商業書簡を書く際のしきたりを含めた新しいエチケットが生まれたのである。

　商人はこうしたエチケットをどのようにして習得したのだろうか。また，そのエチケットはいかにしてヨーロッパの外に広がったのだろうか。この問いに対して直接的な答えを提供する経験的証拠はない。近世のヨーロッパ商人のあいだでは，形式的な修行，口語文化，そして印刷されたテキストなどさまざまな形で，専門知識が習得され広がっていった。一般論として，印刷機の発明が商業通信に直接的な影響を与えたとすれば，それは何よりも，商人が書簡を作成する際にしたがうべきルー

---

59) Lopez and Raymond 1955: 378. 出版されているダティーニの書簡集から判断すると，最も高度に様式化された書簡はヴェネツィアの貴族によって書かれたものである。彼らはダティーニよりも際立って高い社会階級に属していた（Melis 1972: 192-200）。
60) Chapman 1992: 25 に引用されている。
61) Hancock 1995: とくに 279-81, 320-81。
62) Amalia Kessler（2004, 2007: 271-85）が主張したように，『商いをする貴族』は，コルベールが 1673 年に商法の統一法典を制定したことによって始まった法的・社会的変化のプロセスの頂点をなすものであった。この法典は，何をもって人を商人とみなすか，すなわち，王国の特別商業法廷に提訴する資格を持つ者は誰かという問題を提起した。

ルの成文化への影響であった。この影響力は，市場経済における印刷文化の最も永続的な遺産であるにもかかわらず，ハーバーマスとその後継者に看過されている。その理由のひとつは，印刷機の発明以前には，商業書簡だけに的を絞った手引書がなかったからである[63]。商業通信作成に関する手引きは，「商業の技術（ars mercatoria）」というくくりで示される文学の一大分野として16世紀なかばに登場した。「商業の技術」は，辞書，度量衡および通貨の換算表，帳簿に関する論文，その他，商人に必要な実務の手引きを含んでいた。同様に，商人に関する法原則の詳しい紹介，古代以来のヨーロッパ商業に関する大まかな歴史，その他各種のパンフットもこれに該当する。商業通信に関する手引書は，電信や蒸気機関によってコミュニケーションや輸送がスピードアップしたのちも，19世紀を通じて出版され続けた[64]。この種の手引書はアントウェルペンで最初に出版された。当時，アントウェルペンはヨーロッパ最大の植民地交易の中心地であった。それらのなかには，ジャン・ブールリエがフランス語とフラマン語の書簡を編纂して1576年に出版した八折り本『一般的な手紙と親しみを込めた手紙（Lettres communes et familieres）』がある。のちにこの分野の本は，複数の言語で書かれた小型版が基本になった[65]。

　63）　ダティーニは数冊の便覧を所有しており，そのなかには，度量衡単位をまとめたもの（いわゆる「商業実務」 pratiche di mercatura），織物業や会計術に関する手書きの教本，沿岸地方の地図や風向きのパターンを示した地図などが含まれていたが，書簡作成の手引きは含まれていない（Melis 1972: 120-27）。13世紀初頭のラテン語の稀少な手書き写本が2種類ある。そのうちのひとつには書簡作成のコツについて書かれた論文が含まれ，もうひとつには，身分の高い人々の書簡文例とともに商人や購買者のための書簡文例が含まれている。これらについては，Carlin 2007を参照。

　64）　当時最も人気があったもののなかに，Percy Sadler の Art of Correspondence がある。この本は1855年にブリュッセルで英語とフランス語で初版が出され，イタリア語に翻訳されて Il segretario inglese-italiano （Trieste: n. p., 1869）となった。Le Secrétaire du commerce （Paris: Blanchard, 1821）も参照。この本は2部に分かれており，前半には商業契約の手本，後半には商業書簡の手本が含まれている。

　65）　Lettres commvnes et familieres pour marchands et autres: Ensemble contracts, obligations, quietances, lettres de change et d'assurance, tres-vtiles à vn chacun. Le tout composé en François par Ian Bourlier, Troyen: et mis en Flamen par Iean de Heyden （Antwerp: Chez Ian Waesberghe, 1576）. Chartier（1991: 167-69, 189-90）は，ブールリエの作品以前に出版された2つの作品にも言及している：Gabriel Meurier, Formulaire de missives, obligations, quittances, lettres de change, d'asseurances （Antwerp, 1558）および，Gérard de Vivre, Lettres missives （Antwerp, 1576）。私はこの稀少な2冊を検証することができなかった。Meurier は，

このような手引書は，2つの伝統から発している。第一は，商業技術に関する論文のなかに，商人がとくに頻繁に用いる契約の写しが現れ，増加していったことである。そうした編集の一例として，『アムステルダムの手紙文例集（*Amsterdamsche Secretary*）』がある。1700年に出版された作者不肖の同書は，商人が民事・刑事裁判法廷で弁護したり権利を主張したりする際に必要とされるあらゆる種類の法的な定型句の正しい表現が，全19章にわたって集められている（オランダ語が中心であるが，ほかに英語，フランス語，ラテン語，スペイン語が含まれている）[66]。こうした小冊子のおかげで，商人はスピードアップと法的契約の正確さの確認をなしえた。さらに，商人が最も関心をもつ活動について公証人に教えることにもなった。第二の伝統は，家族間や外交面での通信文書にかかわる中世からルネサンス期の論文にさかのぼる。これらの論文は，のちに王，君主，あるいは地方の有力者のために手紙を作成する廷臣や書記がしたがうしきたりの手本になった[67]。これらの貴族的な手本は，社会の広い層に拡大するにつれてさまざまなかたちをとるようになった。たとえば，ルネサンス期イタリアのユダヤ人学者は，ヘブライ語で類似の編著をまとめており，そのなかでは手紙の作成に関する人文主義的な規範と聖書からの引用が混在している[68]。

　異なる目的を満たすために，3つの分野，すなわち宮廷人が作成する書簡のための手本，一般の人向けの手紙文例集，そして商業通信文作成用の専門的なマニュアルが存在した。しかしその内容は重複しており，どれも書簡のやり取りを礼儀正しくおこなうためのルールの定着に関与していた。つまり商業書簡は，書かれた時代の広範な修辞学的かつ社

教育的な著作のほかに，文法や外国語の教科書も数冊著している。

66）　*Amsterdamsche Secretary, bestaende in Formulieren van Schepenen-kennissen, Quijt-scheldingen, Schat-brieven, en andere, die gewoonlyk daar gebruikt werden*（Amsterdan: Jacob van Royen, 1700）．この作品は1714年，1726年，1737年に再版された。地元での必要に応じて，この書物には，とりわけ，ユダヤ人が法廷で述べる宣誓のスペイン語の定型文が含まれている（p.279）。

67）　中世および人文主義のモデルについては，Najemy 1993: 42-57; Murphy 2001: 194-268; McLean 2007: 44-58 を参照。16-17世紀イタリアの書簡文学については，Quondam 1981; Basso 1990; Morabito 2001 を参照。のちにこれらの文例集に寄せられた風刺的な意見については，Costo and Benvenga 1991 を参照。

68）　Cassuto 1918: 327-40. イタリア系ユダヤ人の書簡の伝統，とくに婚約の書簡については，Weinstein 2004: 41-43, 75-77, 138-39, 295-96, 352-57, 389-90 を参照。

会的な慣習を共有していたのである。マティアス・クラマーの著作『銀行のための手紙文例集 (Il segretario di banco)』は，1697年にイタリア語・ドイツ語版が出版された。同書には宮廷風，ビジネス用の両方の手紙の手本が掲載されている[69]。1760年代に編纂された『事務所と商人のための手紙文例集 (Le secrétaire du cabinet et celui des negocians)』には，商業通信文（"lettres de commerce"）とともに，親密な手紙（"lettres tendres et passionnées"）の文例も集められている[70]。アンニーバレ・アントニーニ（1702-53年）が集めたイタリア語書簡のフランス語訳のうち，約3分の1は商人の書簡，残りは一般的な礼儀正しさと「良き作法」（"bienséance"）についてである[71]。

社交のあらゆる場面における種々の手紙のモデル（礼状，祝いの言葉，お悔やみ，頼みごと，推薦状その他もろもろ）が掲載されている小冊子はほかにもある。また，支払い請求，債権者からの圧力への抵抗，かつての奉公人から借金する方法など，頻繁に使われる商業取引に関する手紙のモデルも，わずかながら存在する。18世紀の英語圏において，この手の小冊子のなかで最も売れたのは，『完璧な手紙の書きかた：または礼儀正しい英語の手紙文例集 (The Complete Letter-Writer; or, Polite English Secretary)』である。同書の内容には「生活のなかでの，ごく一般的な場面における親密な手紙」，「当代最良の著者による，さまざまなエレガントな手紙の例とよりよい表現方法」などが含まれている。その文例には，「取引，責務，娯楽，愛情，求愛，結婚，友情その他手紙を必要とするあらゆる場面」のためのものや，「正しい英語で書くため

69) Matthias Kramert, *Il secretario di banco: Overo, Stile di corrispondenza mercantile, spiegata in trè centurie di bellissime lettere di negotio in ogni genere di traffico* (Venice: Gio. Giacomo Hertz, 1697)。この著作は，1693年にニュルンベルクで初版が出版され，18世紀のヴェネツィアで数回再版された。

70) *Le Secretaire du cabinet et celui des negocians imprimé ensemble dans un volume en faveur des commençans, qui desirent s'instruire dans le style épistolaire sur toutes sortes de sujets, précédé d'une introduction à l'art d'écrite des lettres et suivi des complimens de la langue françoise* (Frankfurt: Chez les Principaux libraires, 1763).

71) *Receuil de lettres françoises et italiennes de bieseance et marchandes pour ceux qui souhaitent d'aprendre a bien ecrire en italien selon les bons principes et la nouvelle ortographe avec un abrégé sur la maniere de garder le ceremonial, et de dresser les lettres, selon le stile le plus moderne des italiens par Mr. l'Abbé Antonini* (Basel: Chez Manuel Tourneisen, 1761). アントニーニは，イタリア語-フランス語-ラテン語の辞書も著した。

2 手本としきたり

の文体，作法，文法や，その他の必要に応じた説明」などが含まれている[72]。商業の技術に関する教則本，手紙作成についての高尚な手引書，そして通信文書関連の小冊子は，それらの実用性や読者の階級の違いにかかわらず，その内容はおおむね似たような定型文であった。

　18世紀後期になると，商業書簡の作成法に関する専門的な手引書が大流行し，エルガス＝シルヴェラ商会の通信文書にみられるような契約用の言葉遣いが体系化された。とりわけイギリスで顕著であったが，ヨーロッパ中でこの傾向が見出せる。長距離かつ異文化間の交易における必要性にあわせて，同種の編集本は，対訳や多言語訳で出版された。ヨハン・クリスティアン・シナピウスが作成したドイツ語の手引書は，J・C・シェーデルによるフランス語訳が1782年に出版された[73]。またヨハン・カール・マイ（1731-84年）が1778年にドイツで出版した手引書のフランス語訳が，ドイツ人の出版業者によって刊行されている[74]。1763年の作者不詳『商人のための手紙文例集（*Secrétaire des négociants*）』には，フランス語版とイタリア語版がある[75]。『銀行のための手紙文例集（*Le secrétaire de banque*）』は，パリで1768年にスペイン語-フランス語版で出版された。同書はスペイン語の知識に乏しい者

---

72) *The Compleat Letter Writer: Or, New and Polite English Secretary, Containing Letters on the Most Common Occasions in Life*, 3rd ed. (London: S. Crowder and H. Woodgate, 1756), p. A2v. この著作ののちの版では，書名の校正ミス（compleat）が訂正された。当時の書簡手引書のうち，入手しやすいものは以下の通り。*The British Letter-writer: Or Letter-writer's Complete Instructor* (London: J. Cooke, [1760?]); W. H. Dilworth, *The Complete Letter Writer; Or, Young Secretary's Instructor, Containing Great Variety of Letters on Friendship, Duty, ... Business [sic], etc.* (Glasgow: Peter Tait, 1783); *The Accomplish'd Letter-writer: Or The Young Gentlemen and Ladies' Polite Guide to an Epistolary Correspondence in Business, Friendship, Love* (Newcastle upon Tyne: n.p., 1787); Henry Hogg, *The New and Complete Universal Letter-writer; Or, Whole Art of Polite Correspondence* (London: Alex Hogg, [1790?]); David Fordyce, *The New and Complete British Letter-Writer; or, Young-Secretary's Instructor* (London: n.p., [1790?]).

73) Johann Christian Sinapius, *Briefe für Kaufleute: Nebst einer Abhandlung über Wechselbriefe; Neue verbesserte Auflage* (Hamburg: Bey H. J. Mattheissen, 1782); J. C. Schedel, *Lettres à l'usage des négocians traduites de l'Allemand de J. C. Sinapius* (Hamburg: Chez H. J. Mattheissen, 1782).

74) Johann Carl May, *Lettres marchandes, fort propres à s'exercer dans le stile épistolaire du négociant*, 4th ed. (Leipzig: J. S. Heinsius, 1798).

75) *Secrétaire des negociants: Lettres françaises et italiennes suivant le style qui est le plus en usage aujourd'hui* (Turin: Chez les freres Raycent Guibert, 1763). この本の中表紙はイタリア語で書かれている。

がスペイン語で通信する際に役立つように,という明確な目的を持っていた[76]。ロンドンの某公証人は,1779年に,英語,イタリア語,フランス語,スペイン語,ポルトガル語の5か国語の商業用語と海運用語の語彙集をつけた商業通信文例集を作成している。同書は400ページを超える大著で,他の類似本よりも大型(15×23センチメートル)であり,明らかに卓上での利用が想定されていた[77]。4年後,類似の本で7か国語(英語,フランス語,ドイツ語,イタリア語,オランダ語,スペイン語,ポルトガル語)による商業書簡集がアムステルダムで刊行された[78]。ポスルスウェイト著『商人のパブリックな会計事務所(*Merchant's Public Counting-House*)』は広く知られた本で,その定型書式を参照すれば,商人はいかなる外国語の習得も広い知識の獲得も必要ないと宣伝されたが,これは虚偽広告の誹りを免れないだろう[79]。実際にはこうした出版物の利用は急速に広まり,伝統的な見習い期間を無意味にしたとまではいかなくても,商業通信で使用される言葉を標準化することに貢献したのである。

リヴォルノでも,18世紀後期にこの種の多言語による文例集が1点印刷されている[80]。ほかには書籍商や外国商人によって,あるいはおそ

---

76) Ignazio Paloma, *Le secrétaire de banque, espagnol et françois, contenant la maniere d'écrire en ces deux langues des lettres de correspondence mercantile, pourtout genre d'affaire et de trafic, etc. / El secretario de banco, español y francès, en que se contiene el modo de escrivir en estas dos lenguas las cartas de comercio, en todo genero de negocio y trafico, etc.* (Paris/Lyon: Chez Briasson et alii; Chez les Freres Perisse et alii, 1768), p. xv. Chartier (1991: 191) の見解の通り,こういった作品は,商人というよりも語学教師によって書かれることが多かった。*Secrétaire des negociants*(注75参照)の著者は「教授」である。Paloma自身,自らを「パリ在住のイタリア語・スペイン語教授」と名乗っており,シナピウス(註73参照)は,ハンブルク在住の「イタリア語教師」と名乗っている。

77) Charles Wiseman, *Epistolæ Commerciales, or Commercial Letters, in Five Languages, viz. Italian, English, French, Spanish, and Portuguese... To Which Are Added, Mercantile and Maritime Vocabularies, of Each Tongue* (London: Printed for the Author, 1779). この作品は1794年に再版された。

78) *Lettres marchandes, etc. en sept langues* (Amsterdam: Chez G. Holtrop, 1783). A. Hubert, *Lettres marchandes sur toutes sortes de sujets de negoce* (Rotterdam: D. Vis, 1787) も参照。

79) Malachy Postlethwayt, *The merchant's public counting-house: Or, new mercantile institution; wherein is shewn, the necessity of young merchants being bred to trade with greater advantages than they usually are* (London: John and Paul Knapton, 1750), 22.

80) *Le parfait écrivain de lettres en françois, italien, et anglois*, 2nd ed. (Livorno: Giov. Vinc.

らく郵送でリヴォルノに持ち込まれたテキストがある。こうしたテキストがエルガス＝シルヴェラ商会の会計事務所で使用されていたのか，もしくは事務員がそれを利用したのか，ということはわからない[81]。確かなことは，彼らの通信文が，書簡文例集に掲載されている書簡の手本に非常によく似ていることである。友情は，互恵的な結びつきと商業における信頼性として認識されていたので，商業書簡作成用のあらゆる手引書に不可欠な要素であった。シナピウスの編著では，あるハンブルク商人が，融資を検討している第三者が信頼できる人物かどうかアムステルダム在住の通信相手に対して尋ねている。そのハンブルク商人は通信相手に対して，自分たちには長年の友情（"amitié"）があるのだから，率直に答えてほしいと頼んでいる。そして，将来機会があれば感謝の念を示すことを約束している[82]。ワイズマンによれば，商人は，遠慮のない意見を相手から引き出すために相手に友情を想起させるのだという。「あなたと私のあいだに存在する友情に頼って，私はあなたが私の問いに偏見なく答えてくれることを願うのです。私は将来，似たような場合には，同様の公平さであなたのために何事かをする用意があるのです」[83]。

　商業書簡作成のエチケットのなかで，中世から近世にかけて生じた最も顕著な変化のひとつは，挨拶がますます複雑化する傾向である。ダティーニの通信文書では，挨拶は欠けているか，わざとらしいかのどちらかである。それに対して17-18世紀の手引書では，豊富な挨拶の定型文が集められている。外交文書ほどには厳格に体系的かつ階層化されてはいないにしても，商人の手紙もまた，相手との関係や相手の地位に応じて挨拶文が調整された。「謹啓（Dear Sir）」や「各位（Gentlemen）」といった慣用表現から，「尊敬に値する友よ（Worthy Friend）」，「私た

Falorni, 1796), p. 2. この本の初版を突きとめることはできなかった。それよりも数十年前にヴェネツィアで編纂された小型の商業書簡集には，多くの例のなかにリヴォルノが含まれている。Giovanni Garotti, *Lettere mercantile* (Venice: Antonio Perlini, 1756). 著者は算術の教師だった。

81)　エルガス＝シルヴェラ商会が破産したときの財産目録には，彼らが所有していた書物のリストはまったく挙げられていない（本書第3章の註102参照）。

82)　Sinapius, *Lettres à l'usage des négocians*, p. 21.

83)　Wiseman, *Epistolæ commerciales*, p. 91.

ちの最上の友人殿（Our overly good friend, Sir）」ないしは「私たちのよき友人殿（Our good friend, Sir）」といった，より個人的な表現まで，選択肢はさまざまであった[84]。16世紀後期に，メディナ・デル・カンポ出身の著名な銀行家かつ商人であったシモン・ルイスは，リスボン在住の人々と通信していたが，一握りの通信相手に対してのみ「いと高貴なお方へ（Muy magnifico señor）」という挨拶を送り，残りの大半の相手には簡単に「拝啓（Senhor）」と呼びかけている[85]。メディナ・デル・カンポはスペインの中心部に位置する小さな町であるが，当時は国際市場の中心であった。また，ガブリエル・デ・シルヴァも「拝啓（Monsieur）」と「いと親愛なる友へ（Monsieur et très cher ami）」を使い分けている[86]。

エルガス＝シルヴェラ商会では，一般的な頭文字（V.B.L.M., つまり"Vi bacio le mani"「私たちはあなたの手に接吻します」）で手紙を締めくくる場合があったが，大半は決まり文句（"caramente salutandovi", おおよその意味は「ご多幸を祈ります」）を用いている。パオロ・メディチは，フィレンツェ在住の親しい知人に手紙を書いた際，ややくだけた定型句（"con vero affetto"「真の愛情をこめて」）を使っている。これに対し，ジェノヴァ在住の通信相手との手紙を締めくくるときは，かなり丁寧な定型文（"bramoso ancor io dell'onor di molti vostri comandi resto per fine", 「末筆ながら，お役にたてることがございましたら，なんなりとお申しつけくださいませ」）を用いている[87]。ゴアのマーマイ・カマト家の人々は，こうした礼儀作法を完全に身につけていた。彼らが作成した書簡の書き出しは，英語では"Sir", "Messieurs", "Gentlemen"となっている[88]。ポルトガル人の通信相手には，冒頭に"Senhores", "Amigos e senhores", "Meu

---

84) Ibid. これらやその他の定型文は，それよりも1世紀前にイギリスの商人たちによって使われていた（Hancock 2002）。Kenneth Banks（2002: 160）は，フランスの軍事長官が1761年にアブラハム・グラディスに宛てた書簡のなかで用いた「わが親愛なる友人」という表現をフランスの高官とボルドー在住のユダヤ人商人のあいだの「特殊な友情のしるし」だと解釈している。しかし，両者は単なる知り合い以上の間柄だったかもしれないにせよ，このような挨拶上の言葉は，それ自体では純粋な友情の証とはならない。
85) いくつかの例がGentil da Silva 1959-61に見出される。
86) Raposo 1989: 244-45.
87) JFB, 1726 fMe, fol. 2r.
88) XCHR, *MHC/E*, vol. 1, 41, 54, 61, vol. 3, no. 99.

querido senhor", "Meu amigo e senhor" あるいは "Senhor da nossa mayor veneração" 等と書き，さらにヨーロッパ人官吏に対しては "Queridissimo e illustrissimo senhor" という特別な呼びかけを使っている[89]。手紙の末尾も慣習にしたがっている。たとえば，彼らが1782年にボンベイのエスカルテ某氏に宛てた手紙を締めくくる際，自身を「あなた様のいやしい僕（"os mais umildes sevidores"）」と呼んでいる[90]。

　マーマイ・カマト家の人々が，ヨーロッパの言語を母語とする書記，あるいはヨーロッパの言語と商業の慣習に熟達した書記を雇っていたかどうかは，不明である。ゴアのような場所では，在地のカサードス（海外に居留し現地の女性と結婚したポルトガル人男性）や一時滞在者のなかから通訳を雇うこともできた。そうでなければ，彼らはどうやってヨーロッパの商業通信文のしきたりを知るようになったのか。印刷された手本集を使ったのだろうか。カマト家の蔵書に関する記録は残っておらず，ポルトガル船でもたらされたであろう多言語の辞書，文法書，書簡の手本集を所有していたかどうかはわからない。ゴアのポルトガル文書庫で外交文書の翻訳者として働いたり，日常的に遠距離交易にかかわったりしたことによって，バラモン階級の人々はヨーロッパ式の書簡作成法を身につけることができた（第8章参照）。後年イギリス人がインド全域に帝国統治を確立した際，『事務所のための手紙文例集（Le secrétaire du cabinet）』の英語訳が1815年にコルカタで出版された[91]。

　ゴアのヒンドゥー教徒と同様に，ヨーロッパのユダヤ人もキリスト教のヨーロッパで発展した書簡作成のしきたりを習得していた。1691年にハンブルクで死去したラビのセムエル・アバスが所有していた広範かつ多岐にわたる蔵書には，当時最も普及していたフランス語の書簡作成のための小冊子が2点含まれていた。1点はA・M・ド・マレルブの『宮廷の手紙文例集（Le secrétaire de la cour）』（1645年版）で，もう1点はジャン・プジェ・ド・ラ・セルの『流行の手紙文例集（Le

---

89) XCHR, *MHC/P*, Outgoing Correspondence, vol. 2, fol. 5.
90) XCHR, *MHC/P*, Outgoing Correspondence, vol. 2, fol. 6.
91) *The Cabinet Secretary Comprehending Familiar Letters on Various Subjects, and Directions for Writing Them with Ease and Elegance*, John Steuart によるフランス語からの翻訳 (Calcutta: J. Cashman, Hurkaru Press, 1815)。

secrétaire à la mode)』(1655年版)である[92]。より大まかに言えば,近世ではセファルディムの商業手引書のようなものは発達しなかった。アブラハム・メルドラ(1754-1826年)は,リヴォルノのあるセファルディム家系の末子で,ヨーロッパ北部に赴任しており,1782年にシナピウスの商業書簡作成マニュアルをスペイン語とポルトガル語に翻訳した[93]。それより1世紀さかのぼる1697年,オランダのセファルディムであるヤコブ・デ・メッツが,帳簿作成に関する問答集がついた小冊子をスペイン語で作成した。この小冊子はオリジナルの著作とはとても言えない。過去のオランダおよびフランスの帳簿から大量に引用して,それらをかなり簡素化している[94]。1706年には,別のアムステルダム在住のセファルディムであるガブリエル・デ・スーザ・ブリートが,さらに大部で精緻な,実用的で財務にかかわる数学の論文を刊行した。同論文でも,過去の著作の再現,この場合はキリスト教徒によって1590年に出版された複式簿記に関するスペイン語で最初の論文からの引用に,多くのページが割かれている[95]。リヴォルノでは,ラビのヨセフ・アッティアスの膨大な蔵書(彼が1739年に死亡したのちに約1,250冊が売りに出されている)に,やはり商業技術に関する多くの古典作品が含まれている。

---

92) ラ・セルの *Secrétaire* は,とりわけ好評を博した。1634年の初版ののち,少なくとも6版を重ね,数多くの翻訳が出された。プジェ・ド・ラ・セルの著作については,Chartier 1991: 169-77 を参照。いずれのテクストも,2005年9月20日にハンブルクの Staats - und Universitätsbibliothek で開かれた展覧会 *Duties of the Heart: Reconstruction of a Sefardic Rabbinical Library* でアバスの蔵書の多くとともに展示された。アバスの蔵書については,Studemund-Halévy 2002; Y. Kaplan 2002b を参照。

93) Abraham Meldola, *Traduccion de las cartas mercantiles y morales de J. C. Sinapius: En español y portuguez* (Hamburg: Bock, 1784). この本について注意を喚起してくれたことで,Harm den Boer に感謝する。メルドラはのちに,*Nova grammatica portugueza em VI partes* (Hamburg: M. C. Bock, 1785)を出版した。アブラハム・メルドラについては,Körner 1994 を参照。

94) Jacob de Metz, *Sendero mercantile, que contiene 240 preguntas fundamentals con sus respuestas, para saber destinguir entre deve a hade aver* (Amsterdam: J. Ewoutsz, 1697). Yamey 1971 も参照。

95) Gabriel de Souza Brito, *Norte mercantil y crisol de quentas*, 2 vols. (Amsterdam: Juan ten Mouten, 1769-70). この著作の初版は,1706年にアムステルダムで Cornelio Hoogenhaisen によって印刷された。ブリートがモデルにしたのは,Bartolomé Salvador de Solórzano の *Libro de caxa y manual de cuentas de mercaderes y otras personas*(Madrid: Pedro Madrigal, 1590; reprint, Madrid: Instituto de Contabilidad y Auditoría de Cuentas, D. L. 1990)である。Hernandez Esteve 1985 も参照。

2　手本としきたり

なかには，おもに 17 世紀から 18 世紀にかけて発表された商法に関するイタリア語の論文（たとえばアンサルド・アンサルディの『商業と取引に関する法学論文（De commercio et mercatura discurcus legales）』，ジュゼッペ・ロレンツォ・マリア・カザレージの『商業に関する法学論文（Discursus legales de commercio）』，シジスモンド・スカッチャの『商業と為替に関する学術論文（Tractatus de commerciis et cambio）』など），為替手形に関する権威あるフランス語文献（ドュピュイ・ド・ラ・セラの『為替手形の技術（Art des letters de change）』）や，英語で書かれた初期の商人手引書（リチャード・ダフォーンの『商人の鑑（Merchants Mirror）』，1637 年ロンドン，第 2 版）などが含まれていた[96]。

　エルガス゠シルヴェラ商会の商業書簡には，信頼できる通信のやり取りと安心できる取引関係を示す際に，「良き文通（boa correspondenzia）」（あるいはイタリア語で buona corrispondenza）という表現が繰り返し登場する。当時の英語に直すと，"a good correspondency" である[97]。エルガス゠シルヴェラ商会では，この言葉を，アレッポ在住のパートナー，ベリリオス家やメンデス・ダ・コスタ家など他のセファルディム，あるいはキプロスにあるフランスの商会に対して用いていた[98]。長年付き合いのあるゴアのヒンドゥー教徒の代理人に宛てた書簡では，おそらく両者が文化的・地理的に遠く離れていたことが理由であろうが，この定型句は使わないものの，互いに「文通」することを繰り返し訴えている[99]。カマトは，ポルトガル商人に対して相互的で親密

---

[96]　ASL, *CGA: Atti civili*, 791, no. 361 ("Catalogo della libreria da vendesi in Livorno")。この文書のコピーを与えてくれたことで，Lucia Frattarelli Fischer に感謝する。

[97]　Tavor Bannet 2005: x。

[98]　ASF, *LCF*, 1931, 在キプロスのフーケ・ロンバール商会宛 1706 年 11 月 19 日付書簡；ASF, *LCF*, 1939, 在アレッポのイサクおよびヤコブ・ベリリオス宛 1725 年 9 月 3 日付書簡に例が見出される。メンデス・ダ・コスタへの言及については，ASF, *LCF*, 1953, 在ロンドンのモーセ・カッスート宛 1741 年 9 月 4 日付書簡を参照。

[99]　エルガス゠シルヴェラ商会は，カモティン家にサンゴを送るにあたり，彼らとおこなっている通信をやめるつもりはないので，自分たちの友情を信頼してもらってよいと書面で述べている（"a nosa amizade par que nos não queremos a partar de sua corespondenza"）。2 年後，彼らはより多くのダイヤモンドを注文し，カモティン家との通信を維持したい意向を示している（"pello desejo temos de sua corespondencia" ASF, *LCF*, 1938, 在ゴアのゴパラおよびフォンドゥ・カモティン宛 1722 年 1 月 21 日付書簡，および 1734 年 6 月 30 日付書簡）。カ

な文通の維持を強く訴えたり（"na mutual e familiar correspondencia"），文通の開始を求めたりするときに（"conseguir o honra de sua estimavel correspondencia"），同様の言葉を使った[100]。当時，商人はみなこのような語彙を使って意見を交わしていた。アムステルダムのアンドレ・ペルスは，ボルドー在住のガブリエル・デ・シルヴァに自己紹介しつつ，為替手形をハンブルクにいる共通の友人（"ami"）であるフィリップ・ヘンリー・ステングリンに送るよう依頼している。ペルスはステングリンの会社と文通を続けていた（"avec le quel nous sommes en correspondence"）[101]。リヴォルノのイタリア系ユダヤ人でヤコブ・バッサーノと呼ばれていた人物は，マルセイユのアフリカ会社の重役に宛てた書簡のなかで，この重役と畏れ多くも文通できる恩恵に浴すること（"le bonheur de votre très estimable correspondence"）を嘆願している[102]。

商人は長い時間，机に向かって手紙を読み，口述し，書いていた。こうした作業が最も報われるのが，「良き文通」であった。これは象徴的なたとえではなく，信用に対する代価の費用便益計算の要素に含まれていた。将来に利益をもたらしてくれるであろう文通相手の負債を帳消しにすることが有利となるのは，どのようなときか。エルガス＝シルヴェラ商会の人々は，絶えずこのように自問していたにちがいない。親密な関係にある代理人と手紙をやりとりする価値に関して，彼らが理由づけを共有していたことがあった。すなわち，マントヴァ在住の債権者であるオットレンギという人物との良き文通を維持するために，同商会は約73スペインドルの負債を取り消す価値があると判断した[103]。オットレン

マト家のひとりからゴアで受けたサービスについてエルガス＝シルヴェラ商会が苦情を述べたとき，彼らは取引相手のふるまいがいかなる「通信」（すなわち，関係）を表しているのか訝しんだ（"não savemos que dezer deste modo de coresponder"）；ASF, *LCF*, 1939, 在ゴアのゴパラおよびフォンドゥ・カモティン宛1727年1月23日付書簡。

100) XCHR, *MHC/P,* 14001, 14011. あるポルトガル人商人は，1782年にカマト家に宛てた書簡の冒頭で，彼らの「良き通信」を信頼していると述べている（"Confiando-me na boa correspondencia de VM com que me tratava, escrevoy representando que se achara a fazenda prompta de nossa negociaçião"）。XCHR, *MHC/P,* 3032.

101) Raposo 1989: 242.

102) CCM, *AA1801*, L/III, 372.

103) ASF, *LCF*, 1945, 在フィレンツェのエフライムおよびダヴィデ・カッスート宛1740年11月24日付書簡，および在フィレンツェのモーセ・カッスート宛1740年12月23日付書簡。

ギはイタリア系のユダヤ人で，エルガス家ともシルヴェラ家とも親族関係がなく，異なる共同体に属していた。それゆえ，エルガス＝シルヴェラ商会が下した判断は，義理によって強制されたというよりも，むしろ将来的な利益に対する期待から生じたのであろう。商人の信頼性はけっして当然のものとはみなされないので，一度開始されたからといって，良き文通はけっして与件とはならない。かなりの調整が必要な場合もあった。商業書簡は，見積もり，可能性，警告，失望を商人が明確に測るための，最も重要な手段であった。

　本書第5章ですでに述べたように，交易に従事するディアスポラのすべてが同程度にそして同様の手段で異文化間交易に従事していたわけではない。イラン系アルメニア人も，世界中を移動する代理人に指示を与えたり情報を交換したりする際に，商業書簡を大いに利用していた。しかし，17世紀後期から18紀初期にかけてジュルファの裕福なアルメニア人によって作成され，イスファハンやヴェネツィアその他に残されている書簡は，エルガス＝シルヴェラ商会の通信文書とは異なり，非イラン系のアルメニア人の大半には理解不能な，一種の方言で書かれている。実際，これらの書簡の宛先は，完全にとまで言わなくとも，おもに親族という限定された人々のなかから選ばれた共同出資者であって，他の商人集団から選ばれた委託代理人に宛てたものではなかった[104]。

　ここまで検討してきた商業通信文書で使われていた言語は，古典古代から引き継がれた，商業とコミュニケーションや愛の結びつきという遺産のひとつである。聡明な歴史家たちは，この種の理想化された結びつきが長く引き継がれつつ変容し，18世紀に結晶化したことを追究してきた。18世紀は，会話が商業社会に不可欠なものとして国家的理由に取って代わった時代であった。同世紀において会話とは，ひとつには文壇のサロンにおける社会的慣行が変化したものであり，また，デイヴィット・ヒューム，アダム・スミス，そしてとくにコンドルセといった自由放任経済の初期の提唱者たちが，市場を人間の条件とともに考察の対象とするのに用いた比喩的表現でもあった。このようにして形成された純朴ではあれ楽観的な経済自由主義において，商人は会話を通して

---

104) Aslanian 2007b: 132-33, 151n76, 155-57.

不確実性を緩和し，均衡価格を決める。そのような会話は，常に損得を度外視しているわけではないが，誠実なやりとりである。その誠実なやりとりはまた，教条でない道徳秩序をつくり出す媒体でもあった[105]。スコットランドの啓蒙主義思想家たちにとって，会話は，友情が実利主義的な義務から他者に対する普遍的な「共感」という理想にいたる道筋のひとつであった[106]。この変化が起こったのが，ヨーロッパ，とくにイギリスが地球規模の出来事にかかわるようになり，批判と熱狂の両方を喚起しつつ，前例のない次元にいたったときであったことは，偶然の一致ではない。この意味において，遠距離交易にかかわる商人の日常的な業務は，思想界と無縁ではなかった。さらに，セファルディムを含む商人たちは，新たな哲学が意図した聴衆の大きな一部を占めていた。しかし，競争の激しい経済的なやりとりのなかで，友情は，当時の社会的なしきたりから生じる洗練されたレトリックで飾りたてられている場合であっても，戦略的かつ利己的な意味を持ち続けたのである。

　エルガス゠シルヴェラ商会，パオロ・ジロラモ・メディチ，マーマイ・カマト家，その他の商人たちは，文化的・地理的境界を越えて，高度に儀式化された礼儀作法（しきたり）のもとで会話していた。この礼儀作法（しきたり）によって，取引の条件はあらゆる人に理解可能となり，社会的・経済的・法的に信頼できることが義務となった。デフォーは退屈しのぎに，遠方に居住し異なる言語を話す代理人に宛てた商業書簡に書かれた注文や依頼が「交易における一種の合言葉」で書かれていなかった場合に生じうる誤解の一覧表を作成している。彼によれば，「商人なら，こうした合言葉の知識を持っているべき」で，それがなければ「互いに理解しあうことはできない」のである[107]。この「合言葉」によって，頼りになる技術や広範囲に及ぶ法制度がないような場所での商業を介した関係が，統制された。そこには，愛や友情，相互利益などの語彙が依然として溢れていた。しかし，中世とは対照的に，大切な「友人」という資格は，今や異教徒にまで拡大される可能性があった。18 世紀の商人は，理論的に思考した同時代人と同様に，見知らぬ人々を脅威とみなすことはなかった

---

105) Rothchild 2001. Hirschman 1977; Hont 1987 も参照。
106) Silver 1997.
107) Defoe 1726: 34–35.

が，純粋に実利的な目的で見知らぬ人々とコミュニケーションをはかれる見込みのある手段をみつけることに関心を持っていた点では，同時代人と異なっていた。

　見知らぬ人々を親しい仲間に変える商業書簡の礼儀作法(しきたり)は，経済的・社会的信頼性を示す際に役立ち，礼節の規範と同様に，同時代の商業慣習に呼応していた。ワイズマンは，1779年に発表した『商業書簡(Epistolæ Commerciales)』の冒頭で，「商業は……市民社会の基盤であり，いかなる職業，国家，条件に属そうとも，あらゆる人々を結びつけ，真の利益と誠の友情の原理に最も不可欠なものである」と宣言している。このような言説は，当時はありきたりのものだっただろう。市民社会は規則に束縛されており，ワイズマンによれば，手引書に概説されている「さまざまな商業用語や専門用語による表現を厳しく守ること」によってのみ，商人は通信相手の期待にそう書簡を作成することができる。商人が自身の注文や誓約を書簡に書き留めると，それらは経済的・法的影響力を持つので，「慎重に」やらなければならない[108]。別の手引書では，信頼できない約束をしたり自分に関する誤ったイメージを相手に与えたりしないために，商人は曖昧さがなく明確なやりかたで書かなければならないとされている。また，礼儀正しい会話に近いながらも("approchant de la bonne conversation")，「気取らない("aisé")」文体で書くことも推奨されている。そして，几帳面な人物("homme exact")であるという評価をさらに高めるために，商人は迅速に返信を書くべきである。また，自分が暇だという印象を通信相手に与えないために，返信は簡潔にしたほうがよい[109]。

　ヨーロッパの交易の地理的な境界線が広がるにつれて，もともとはヨーロッパの言語を話さなかった商人が，礼儀正しい会話に参加するようになった。ヨーロッパの各帝国は，市場機会という誘因だけでなく，暴力や強制も用いて商業経営の規範を広めた。セファルディムのような国家を持たないディアスポラは，こうした商業上の規範の普及に貢献した。結果として，常にというわけではないがおおむねヨーロッパ勢力の庇護のもとで，交易に関するコスモポリタンな言語が近世に出現し，

---

[108] Wiseman, *Epistolæ commerciales*, pp.v, vii.
[109] Sinapius, *Lettres à l'usage des négocians*, pp. 3, 7-8.

まったく異なる背景を持つ商人たちの意思疎通を助けた。交易におけるコスモポリタンな言語は，コスモポリタンな実社会と同じ境界内にあったわけではない。1774年にマルセイユのルー一族はリヨンのドーデ＝デュポール商会に対して，リヴォルノ在住の裕福なユダヤ人商人であるハイム・アギブを推薦するので考慮してほしいと依頼している。ドーデとデュポールはこれを引き受けたが，ルー家に対し，自分たちは良きカトリック信者として，ユダヤ人を好まず，通常は彼らと取引をしないのだと釘を刺している[110]。18世紀にユダヤ人とマデイラ産ワイン販売の定期的な取引をしていたイギリス商人の書簡にも，ユダヤ人を風刺した言葉が差し挟まれている（とくに侮辱的なのは，「ちびでけちでむさくるしく汚いユダヤ人ども」というものである）[111]。商業書簡を作成する際のコスモポリタンな礼儀作法によって，自動的に契約や義務の強化が確保されたわけでもなかった。次章以下では，エルガス＝シルヴェラ商会が，遠近さまざまな地域における自身の契約上の義務や代理人関係を強化するために，法契約，慣習的な規範，社会的圧力，そして情報網をどのように利用していたかを検討する。

---

110) "Votre recommendation pour Vita Aghib, juif très riche, qui vous a été recommandé par une autre maison juive.. . Il faut qu'il vienne de votre part pour que nous en fassions le cas. La prophétie s'accomplit bien chez nous, car c'est une nation que nous n'aimons pas, n'ayant pas voulu traiter ni faire aucun commerce avec eux" (Carrière 1973: 283). Carrière は，このような発言はマルセイユではなされなかったであろうと示唆している。

111) Hancock 2006 から著者の許可を得て引用した。

第8章
エルガス゠シルヴェラ商会の異種交易ネットワーク

　これまで本書で述べてきたことすべてから，セファルディムのパートナーシップ，同族関係，宗教的結びつきが必ずしも内向きではなかったことは明らかである。エルガス゠シルヴェラ商会は，自らの共同体の外の集団との架け橋を築くために，法的，修辞的，経済的，社会的手段を見事に組み合わせていた。第8章，第9章では，彼らの商業における主要な目的地と，それぞれの地元で交易する際に彼らと協働したさまざまなビジネス上の代理人について詳細に検討する。私は互いに矛盾するように見える2つの目的を追究するが，その矛盾は表面的なものにすぎない。強調したいのは，同宗信徒とのみ交易していたのでもなく，常にインフォーマルな経営方式を好んだわけでもないパートナーシップの適応能力である。第4章ですでに検討したように，エルガス゠シルヴェラ商会の交易の主要軸はリヴォルノ・レヴァント間にあり，フランス人から彼らに授与されていた外交的保護によってかなり強化されていた。外交的保護は，海軍部隊，領事業務，財産権を保証する地域横断的な統治制度をともなっていた。また，異文化間交易が発展する手段のなかで，社会ネットワークの役割も強調したい。商業書簡の言葉遣いに関する分析から，法的側面の変化が修辞的な慣習に与える影響が明らかになった。同様に，社会ネットワークも，組織化されていないインフォーマルな関係ではなく，慣習的な商人の規範を含み，共同体組織に埋め込まれた関係であると理解すべきである。

　全体的に見て，エルガス゠シルヴェラ商会の書簡が最も頻繁に送られた宛先のなかで，最も遠い場所に光をあてる（図8.1，表8.1，8.2を参

第8章　エルガス＝シルヴェラ商会の異種交易ネットワーク

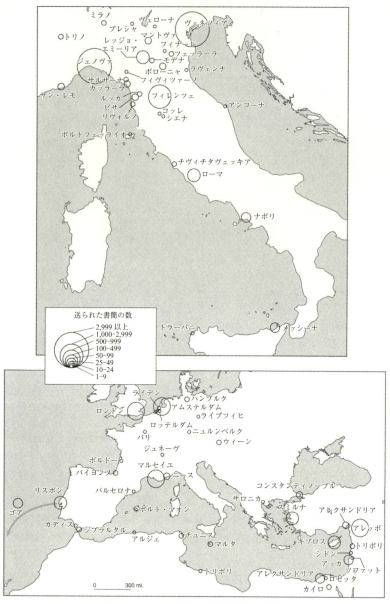

図8.1　エルガス＝シルヴェラ商会の商業書簡の宛先地（1704-46年）
典拠）ASF, *LCF*, 1931, 1935-1939, 1941, 1945, 1953, 1957, 1960.

照)。したがって，アレッポ (それとならんでアレクサンドレッタ，キプロス，オスマン帝国のその他の諸港)，ヴェネツィア，ジェノヴァ，アムステルダム，ロンドン，マルセイユ，リスボン，ゴアを取り上げる。これらの場所は，リヴォルノからの距離，およびエルガス＝シルヴェラ商会の通信相手の内訳という点で，互いに異なっている。とくに注目するのは，リスボンとゴアである。エルガス＝シルヴェラ商会はこの 2 都市で，本書で定義してきた異文化間交易 (見知らぬ者どうしの偶然の取引ではなく，「生まれによる」所属を共有しない商人のあいだの安定的な委託代理業務) に従事していたが，そこには，代理人に対する効果的な統制力を提供してくれるような包括的な法制度はなかった。また，リスボンとゴアは，18 世紀の交易に関する二次文献ではあまり知られていないにもかかわらず，リヴォルノのセファルディムのビジネス戦略の中心地であった[1]。

　ケネス・バンクスは，ボルドーのグラディス家のような親族の商業ネットワークを「コスモポリタン」と呼んでいる。同家のネットワークには，フランスの高官やカリブ海地域の親戚も含まれていた[2]。エルガス＝シルヴェラ商会の委託代理人は，グラディス家よりもさらに異種混交的であった。本章ではさらに，法的・社会的な締めつけに直面しつつ，見知らぬ相手との金銭のやりとりに日常的に従事していた商人にとって，「コスモポリタン」が正確には何を意味していたのかを理解することを目指す。すなわち，共同体的コスモポリタニズムの分析をグローバルな舞台に載せたいのだ。異文化間交易における最大の発動力は，私利であった。私利は，セファルディムやその他の人々が新しいビ

---

1) 紙幅の関係上，エルガス＝シルヴェラ商会の書簡の宛先となっているヨーロッパおよび地中海のすべての都市の検証はおこなっていない。ローマはアスカレッリ家やバラッファエリ家のようなユダヤ人家系に送られてきたさまざまな輸入商品の販路であったと言えば十分であろう。マントヴァは帝国の郵便事業の基地であった。ボローニャはイタリア中部とヴェネツィア間を陸送される商品が通る輸送ネットワークの結節点であると同時に，それ自体が産業の中心地でもあった。レッジョ・エミリアでは，エルガス＝シルヴェラ商会が輸出する最高級の絹織物のいくらかを購入していた。その商品の供給元はすべてイタリア系ユダヤ人たちであった。メッシーナでは，キリスト教徒の供給元 (ユダヤ人は 1492 年にシチリアから追放され，その後も戻ることは許されていなかった) から生糸を購入している。17-18 世紀におけるカラブリアとシチリアからの生糸輸出拡大については，Aymard 1965; G. Galasso 1994: 217-20 を参照。

2) Banks 2002: 156.

表8.1 エルガス＝シルヴェラ商会の商業書簡の宛先地（50音順, 1704-46年）

宛先地	書簡数	宛先地	書簡数
アクレ	68	ニース	49
アムステルダム	596	ニュルンベルク	1
アルジェ	1	バイヨンヌ	12
アレクサンドリア	89	パリ	5
アレクサンドレッタ	46	バルセロナ	2
アレッポ	514	ハンブルク	19
アンコーナ	5	ピサ	29
ウィーン	12	フィヴィツァーノ（トスカーナ）	2
ヴェネツィア	4,012	フィナーレ・ディ・モデナ	3
ヴェローナ	2	フィレンツェ	1,459
カイロ	23	フェッラーラ	23
カッラーラ	49	ブレシャ	2
カディス	2	ポルト・マオン（バレアレス諸島）	6
キプロス	413	ボルドー	1
ゴア	86	ポルトフェッライオ	2
コッレ（トスカーナ）	3	ボローニャ	46
コンスタンティノープル	47	マルセイユ	511
サルザーナ（リグーリア）	13	マルタ	10
サロニカ	2	マントヴァ	45
サン・レモ（リグーリア）	30	ミラノ	11
シエナ	1	メッシーナ	60
ジェノヴァ	3,588	モデナ	10
シドン（レバノン）	5	ライデン	1
ジブラルタル	15	ライプツィヒ	1
ジュネーヴ	1	リヴォルノ	15
スミルナ	196	リスボン	242
チヴィチタヴェッキア	10	ルッカ	15
チュニス	15	レッジョ・エミーリア	460
ツファット	1	ローマ	140
トラーパニ	1	ロゼッタ（エジプト）	1
トリノ	16	ロッテルダム	1
トリポリ（リビア）	4	ロンドン	552
トリポリ（レバノン）	10	不明	2
ナポリ	56	計	13,670

典拠）ASF, *LCF*, 1931, 19351939, 1941, 1945, 1953, 1957, 1960

ジネスの機会を探し求める動機であった。しかし，私利的な商人の野望は，法的，社会的，文化的障害に遭遇したのである。

　エルガス＝シルヴェラ商会は，可能なかぎり最も有能な代理人を選んだ。しかし，アムステルダムとロンドンでは，セファルディムのみを雇っている。なぜなら，ヨーロッパ北部では，彼らの経済的専門化はセファルディムが目立って頭角を現していた2, 3の活動に制限されてい

表 8.2 エルガス＝シルヴェラ商会の商業書簡の宛先地（頻度順，1704-46 年）

宛先地	書簡数	宛先地	書簡数
ヴェネツィア	4,012	バイヨンヌ	12
ジェノヴァ	3,588	ウィーン	12
フィレンツェ	1,459	ミラノ	11
アムステルダム	596	チヴィタヴェッキア	10
ロンドン	552	マルタ	10
アレッポ	514	モデナ	10
マルセイユ	511	トリポリ（レバノン）	10
レッジョ・エミーリア	460	ポルト・マオン（バレアレス諸島）	6
キプロス	413	アンコーナ	5
リスボン	242	パリ	5
スミルナ	196	シドン（レバノン）	5
ローマ	140	トリポリ（リビア）	4
アレクサンドリア	89	コッレ（トスカーナ）	3
ゴア	86	フィナーレ・ディ・モデナ	3
アクレ	68	バルセロナ	2
メッシーナ	60	ブレシャ	2
ナポリ	56	カディス	2
カッラーラ	49	フィヴィツァーノ（トスカーナ）	2
ニース	49	ポルトフェッライオ	2
コンスタンティノープル	47	サロニカ	2
アレクサンドレッタ	46	ヴェローナ	2
ボローニャ	46	アルジェ	1
マントヴァ	45	ボルドー	1
サン・レモ（リグーリア）	30	ジュネーヴ	1
ピサ	29	ライデン	1
カイロ	23	ライプツィヒ	1
フェッラーラ	23	ニュルンベルク	1
ハンブルク	19	ロッテルダム	1
トリノ	16	ロゼッタ（エジプト）	1
ジブラルタル	15	ツファット	1
リヴォルノ	15	シエナ	1
ルッカ	15	トラーパニ	1
チュニス	15	不明	2
サルザーナ（リグーリア）	13	計	13,670

典拠）ASF, *LCF*, 1931, 1935 1939, 1941, 1945, 1953, 1957, 1960.

たからである。同時に，彼らは常に，親しい間柄だが実力が疑わしい親族よりも，むしろ有力な同宗信徒を選んだ。同様に，オスマン帝国では，ほとんどの場合に親類かユダヤ人とだけ交易をおこなっていたが，キリスト教徒と取引するほうが有利な場合はそのようにし，定期的にサーヴィスを提供した。ヴェネツィアは，レヴァントとの関連に加えて，重要な商品・金融の市場であった。リヴォルノのセファルディム

は，ヴェネツィアに多くの有力な知人を持っていた。ヴェネツィアでは，エルガス＝シルヴェラ商会はおもにユダヤ人に頼っていたが，キリスト教徒の商人とも交易をおこなっていた。ユダヤ人がマルセイユ，リスボン，ゴアから追放されたのは事実だが，そのためにセファルディムが近づかなくなったわけではない。これら3つの場所はどこでも，とくにリスボンとゴアでは，エルガス＝シルヴェラ商会はまったくの他人と長期的な代理人関係を展開したのである。

　以下では，エルガス＝シルヴェラ商会がさまざまな地域においてどのような条件下で活動したかを知るために，通信文書，公証人その他の記録，および二次文献が証拠として利用される。検討の対象となる各港市に関して，彼らが出会った交易のパターン，ユダヤ人に対する既成の政策と広範にみられた姿勢，エルガス＝シルヴェラ商会が雇用した異なる集団からなる委託代理人（親戚，他の西方系セファルディム，一般のユダヤ人，非ユダヤ人）が注目の対象となる。予想に反して，この綿密な分析結果のなかで最も興味深い発見は，通信者どうしの社会的・地理的距離と，代理人関係の管理に干渉する制度のタイプとのあいだには，自然発生的な相互関係がないということである。そのかわり，ビジネス上の代理人のアイデンティティよりもむしろ地域や取引に応じて，法的強制力，政治的保護，社会的圧力が混在し，さまざまな形態をとっていた。たとえば，アムステルダムやヴェネツィアでは，エルガス＝シルヴェラ商会は自身の財産権を守りユダヤ人や非ユダヤ人との紛争を解決するために法廷を頼ることができた。それに反してリスボンやゴアでは，裁判所に行くのは厄介なことだった。つまり，異文化間交易にとって公的制度の干渉は必要な条件であったとは考えられないのだ。エルガス＝シルヴェラ商会が，自分たちに代わって訴訟を起こすためにどれくらい頻繁に代理人を指名していたかを推測することはできない。しかし，第6章で検討した代理人契約と他のあらゆる契約（海上保険，船荷証券，文書化されたパートナーシップ協定，為替手形，委任状，等々）との違いを思い出してほしい。後者だけが，法廷で取り上げられるのだ。第10章では，エルガス＝シルヴェラ商会が関係したおもな訴訟のみを取り上げる。

　特定の宛先に送られた手紙の数は，エルガス＝シルヴェラ商会によっ

ておこなわれた取引の数を正確に示してはいない。また，帳簿と書簡に記録された取引を体系立てて比較することは不可能なので，通信文書の統計的な分析の有用性にも限界がある。それでも，多少は適切な判断ができる。エルガス＝シルヴェラ商会の書簡帳は，1704年12月16日から1746年2月4日までをカヴァーしている[3]。この大量の通信文書は，さまざまな事柄を扱う「日常的な」手紙である。そのうちの37通だけが，「特別な」手紙で，この場合は為替手形の写しである[4]。この史料集は，中世から近世のヨーロッパで書かれた商業書簡の現存するコレクションのうち最大級のものよりは小さいが，それほど小規模なものでもない[5]。とくに同史料集は，元来不足している西方系セファルディムと

---

[3] ダヴィデ・シルヴェラの書簡帳の筆跡と君主に対する誓願書での署名を比較すると，パートナーシップの主要人物のひとりとして，彼が発送書簡の一部を個人的に複写していたことが推測される（ASF, *MP*, 2474, fol. 412r）。どの年でも書簡帳に複数の筆跡が存在することは，1人以上のパートナーと，おそらく1人かそれ以上の有給社員がこの職務にあたっていたことを示している。書簡を受領すると，商人は到着日を記録することが一般的であった。エルガス＝シルヴェラ商会が受領した書簡がないことにより，異なる場所に書簡が到着する時間を分析することは不可能である。しかし，発送書簡ではしばしば，それらが返答している書簡の日付が言及されている。これらの注記は，移動期間の統計データを集めるために十分なほど体系だった厳密なものではないが，ある程度指標を提示することは可能である。ヴェネツィアからの書簡はわずか4日でリヴォルノに到着可能であり（ASF, *LCF*, 1953, 在ヴェネツィアのヤコブおよびヨセフ・ベリリオス宛1742年11月7日付書簡），いっぽうアムステルダムからの書簡は通常20日から30日を要したようだ（ASF, *LCF*, 1953, 在アムステルダムのソロモン・ゴメス宛1742年11月5日付書簡，在アムステルダムのモーセ・カッスート宛1742年11月19日付書簡）。

[4] 通常の書簡と特殊な書簡の区別については，Melis 1972: 14-40を参照。エルガス＝シルヴェラ商会の書簡帳には，Raymond de Roover（1948: 34-35; 1963b: 90）がメディチ家のビジネス書簡のなかから見出した「商会書簡（company letters）」（取引の日常業務を扱い，現地の為替相場に関する情報を含む）と「私的書簡（private letters）」（支店長がフィレンツェへ送り，極秘にすべき情報を含む）の違いを区別する形跡は見られない。同様の区別は19世紀マルセイユのギリシア人の商社の通信にも見出され，一般の書簡はフランス語で書かれ会社全体に宛てられているが，私的書簡はギリシア語で書かれ部外秘の情報が含まれていた（Mandilara 1998: 177-78. Pepelasis Minoglou 2005: 178にも引用されている）。エルガス＝シルヴェラ商会が在アレッポのパートナーと非常にリスクの高い投資について議論する際に，別々に秘密裏に通信を交わしていた疑いについては，本書第10章を参照。

[5] 1704年もしくは1746年（この2つの年については，数通の書簡しか存在していない）付の30通の書簡を除くと，エルガス＝シルヴェラ商会では毎年平均333通の書簡を作成している。対照的に，ロンドンのチャールズ・マレスコとヤコブ・ダヴィデは，1668年から1680年にかけて毎年平均875通を受領している（Roseveare 1987: 14）。ストックホルムのある問屋商人の一族は，1650年代から1660年代にかけて毎年600から1,000通の書簡を発送した。1752年から61年の時期，ストックホルムの別のある商社は毎年1,100から1,300通

新キリスト教徒のビジネスの記録をかなり増やすことになる。また，ボルドーのグラディス家やデ・シルヴァ家の書簡集にも匹敵する[6]。同史料集はさらに，研究者が私的なビジネス文書よりもヨーロッパの特許会社の公的記録に依拠することが多い，レヴァントやポルトガル領インドのような地域での交易を，詳細に語っている[7]。

ある地域がエルガス＝シルヴェラ商会の書簡帳に現れる頻度が，こ

の書簡を受領した（Müller 1998: 238）。ヨーロッパで最大級の商人書簡のコレクションはフランチェスコ・ダティーニのもので，彼は14世紀後期から15世紀初期にかけて，10万通以上の書簡を受領し，度を超すほど大切に保管していた（Melis 1962, 1: 13-17; Dini 1991）。メディナ・デル・カンポのシモン・ルイスが受領した約5万通の書簡は，Lapeyre 1955, Gentil da Silva 1959-61, Vázquez de Prada 1960, Ruíz Martin 1965 によって分析・編集されている。マルセイユのルー商会（1728-1843年）の78,274通の通信文書は，Carrière 1973 と Carrière, Gutsatz, Courdurié, and Squarzoni 1976 で，大いに利用されている。ゴイティンの研究の中核をなす中世ユダヤ人の商業書簡は，非常に貴重ではあるが，約1,200通である（Goitein 1973b: 3-4）。グライフの研究は同種の史料250点を基にしている（Greif 2006: 60 n3）。

6）Menkis 1988; Raposo 1989. アムステルダムには，より小規模な商業書簡のコレクションが複数残存する。宝石商マヌエル・レヴィ・ドゥアルテの書簡については，E. Samuel 1978-80 を参照。アムステルダムとバイヨンヌのコラソ兄弟の書簡帳（1722-73年）は，バイヨンヌ支店から在アムステルダムの家長に宛てた書簡と，わずかなその他の書簡を含むのみである。したがって，それらからは委託代理人関係の問題を明らかにすることはできない（GAA, Arch. 5060; Evelyne Oliel-Grausz の好意により，このコレクションに対する私の関心が喚起されたことに感謝する）。コラソ家のパートナーシップについては，Pieterse 1973 を参照。GAA（Arch. 946）には，アブラハムおよびイサク・ダ・コスタ兄弟に関する18世紀の最初の30年間のわずかな書簡と台帳が含まれている。Studnicki-Gizbert（2007：91-121）は，スペインの異端審問所の保存記録のなかに，大西洋を横断して業務をおこなっていたセファルディムと新キリスト教徒による数通の商業書簡を確認している。おそらく，西方セファルディム世界からの商業通信のうちで最大のコレクションは，いまだその大部分が調査されていない。それはアーロン・ロペスに関するもので，彼は1731年にリスボンに生まれ，1752年にロードアイランドのニューポートに到着し，1782年に同地で没した。その書簡は，ニューポート歴史協会（Newport Historical Society），ロードアイランド歴史協会（Rhode Island Historical Society），全米ユダヤ人歴史協会（American Jewish Historical Society）など，北米のいくつかの文書館および個人のコレクションにおいて保管されている。Holly Snyder は，全米ユダヤ人歴史協会にあるロペスの書簡の目録作成を開始している（http://www.cjh.org/nhprc/Aaron Lopez.html）。ダヴィデ・リンドの商業書簡（1730-41年）は，ボルドーの Archives Départementales de la Gironde に保管されている（Frances Malino の好意により，これらの文書に対する私の関心が喚起された）。1978年の著作において Yogev は，ロンドンを拠点とするアシュケナジムのダイヤモンド商人 Yehiel Prager の，1770年代から1780年代にかけてイディッシュ語で書かれた通信文書を利用している。

7）レヴァントとの貿易に関して際立った例外は，ラドクリフ家のロンドンとアレッポ間の商業書簡である。R. Davis 1967 はこれらに基づいている。レヴァントに関して同様の情報源が希薄なことについては，Frangakis-Syrett 1991: 109 を参照。

のパートナーシップの全体的な商業活動との関連を正確に反映していない理由は，おもにコミュニケーションの社会基盤にある。喜望峰回りのポルトガル船がリスボンを出港するのは年初の2，3か月だけであり，ゴアに到着するには約半年かかったことを考えれば，ゴアに宛てて1年に1度以上手紙を書き送るのは多すぎるぐらいだっただろう。対照的に，リヴォルノ，フィレンツェ，ヴェネツィアのあいだでは，飛脚が毎週数度往復していた。さらに，エルガス＝シルヴェラ商会がアレッポのエリヤ・シルヴェラに対し，頻度は少ないが他の場所に送るどの手紙よりも長く詳細な手紙を書き送っていたのは，エルガス＝シルヴェラ商会がエリヤに自主性を認めていたからである。

　1年間に書かれた手紙の数がエルガス＝シルヴェラ商会の全体的な安定ぶりを示しているかどうかを判断することも難しい。通信文書の内容の濃さは，実際には，取引の相互関係がよくないことを示している可能性がある。たとえば，失った積荷を回収したり，強情な相手に取引を迫ったりする必要性があれば，書簡の量は増加しただろう。エルガス＝シルヴェラ商会の通信文書の宛先のなかで最も頻出する場所はヴェネツィアであり，毎年発送された手紙の9％（1732年）から80％（1709年），（平均で毎年30％）が同地に送られている。図8.2は，エルガス＝シルヴェラ商会の事業が，当初ゆっくり始まり，1713年にスペイン継承戦争が終了すると本格化し始め，続く15年間，つまりレヴァントにおけるヨーロッパ人の交易の興隆とポルトガル領インドとの関係回復の時期と連動して繁栄したことを示している。少なくとも（二次文献が豊富にある）地中海では，この経緯は，1712-17年におけるアレッポの絹輸出から生じる高い利益を示すイギリスの記録と一致している[8]。1720年の金融危機から生じた衝撃にもかかわらず，フランスも1715年から1724年までレヴァントで交易を拡大した[9]。1729年から1731年にかけて起こったリヴォルノ港の危機は，エルガス＝シルヴェラ商会にも影響を及ぼしたようだ。しかしアレッポは，当時のコンスタンティノープルやスミルナと比較すると，危機の影響は小さかった[10]。

8） R. Davis 1967: 237.
9） Paris 1957: 569-70.
10） Fukasawa 1987: 24.

第8章　エルガス＝シルヴェラ商会の異種交易ネットワーク

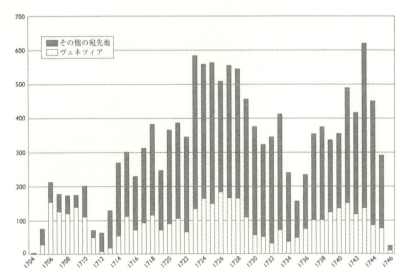

図8.2　エルガス＝シルヴェラ商会から送られた書簡の数（1704-46年）
典拠）ASF, *LCF*, 1931, 1935-1939, 1941, 1945, 1953, 1957, 1960.

　エルガス＝シルヴェラ商会の帳簿が残っている1730年から1744年の間，彼らの財政状況と通信のペースのあいだにはおおまかな相互関係があった。1730年1月から1732年11月まで，同社は約96,000スペインドルの取引を扱っていた。すべての出資者の生活費を差し引くと，年間約1,300スペインドルの黒字である[11]。1732年から1735年までに取引高は約2倍になったが，発送書簡がゆっくりペースダウンすると同時に，負債が累積していった[12]。1735年に手紙の数が減少したことは，エルガス＝シルヴェラ商会が1735-37年に直面した経営後退と一致している。この間，同商会の年間予算は約27,000スペインドルまで下落し，赤字に転落した[13]。アレッポにおけるフランス貿易にとっても，これらの年は困難な時期であった。1736年にアレッポでは18隻のイギリス船に対して，フランス船はわずか4隻が貨物を運んだにすぎなかった[14]。

---

11)　ASF, *LCF*, 1933, 1942.
12)　ASF, *LCF*, 1943, 1946.
13)　ASF, *LCF*, 1946, 1948.
14)　CCM, *AA 1801*, K.80.

モーセ・エルガスとともにエルガス＝シルヴェラ商会の創業メンバーのひとりであったダヴィデ・シルヴェラの死によって，彼の息子がただちに社内における父親の地位を引き継いだとはいえ，なんらかの問題が生じたのかもしれない。1740年以降，エルガス＝シルヴェラ商会の予算額は再び好転し，取引額は37,000から55,000スペインドルのあいだを推移した[15]。同商会の通信文書は，1740年代のなりゆきと歩調を合わせて変動していた。もっとも，実際にこのパートナーシップを終わらせる原因となった複雑な事情の展開にともなって書簡作成の頻度が増したことも考えられよう。

1　アレッポ，レヴァント，北アフリカ

　1743年10月22日，エルガス＝シルヴェラ商会はハンブルクのセファルディム商人ジョルジェ・エンリケ・ジャンケルに宛てて1通の書簡を発送した。同商会はジャンケルとそれまで一度も取引をしたことがなく，互いによく知っていたアムステルダムのダニエル・エンリケ・ソーサからの推薦状を彼に提示した。エルガス＝シルヴェラ商会は自分たちがジャンケルに提供できるサーヴィスを強調している。書簡には，同商会の専門はレヴァント貿易で，もっぱら第三者の代理で商品をバーター取引していると書かれている。したがってジャンケルは，エルガス＝シルヴェラ商会が通常，キプロスとアクレから原綿を，アレッポから赤色と青色の糸を，また，各種の自然染料，その他の中東産品をハンブルクへ発送し，ハンブルクで上質の琥珀，ガラス製ビーズ，その他の商品を購入していることを知るところとなった[16]。1740年代，ハンブルクにはもはや活況を呈するセファルディムの共同体はなかった。しかしハンブルクは，大西洋貿易ではアムステルダムを凌駕しており，それゆえに南欧のセファルディムにとって引き続き基準点であり続け

---
15) ASF, *LCF*, 1954, 1955, 1956, 1961.
16) ASF, *LCF*, 1945, 在ハンブルクのジョルジェ・エンリケ・ジャンケル宛1743年10月22日付書簡。

た[17]。

　エルガス＝シルヴェラ商会は，イタリアとレヴァントの商品をヨーロッパ北部に販売する機会の拡大をしきりに切望していた。レヴァント会社は，東地中海のイギリス貿易を独占しているとして，ロンドン商人による熾烈な批判の標的になった。その後1744年に，レヴァント会社は一定の料金と引き換えにすべてのイギリス臣民に開かれることが下院で可決された。リヴォルノのセファルディムは，とくにその年はレヴァント製生糸の価格がロンドンで急騰したこともあり，このニュースを歓迎した。エルガス＝シルヴェラ商会はただちにロンドンのベニヤミン・メンデス・ダ・コスタに書簡を送り，アレッポにおける彼の注文を実行する用意があることを伝えた[18]。レヴァント会社の独占は，イギリスのユダヤ人が貿易を占有することに対するおそれもあって，貴族院によってすぐに再確認され，1753年まで持続された[19]。しかし，リヴォルノのセファルディムがこの貿易に参入しようと殺到した熱意は，南北市場間の仲介者としての長い経験と，特許会社に対抗する構えを示している。

　アレッポは，1516年にオスマン朝に征服されたのち，バグダード，ダマスカス，シリアのトリポリを結ぶ主要なキャラヴァンルートの交差点に立地する地域的市場および国際的市場であると同時に，地方行政府の首都，教育と文化の中心，手工業都市として成長した。アレッポは海岸線から約75マイル離れている。16世紀後期にオスマン帝国政府が新

17）　同時期の大西洋貿易におけるハンブルクの重要性については，Jeannin 1971: 62 を参照。

18）　"[S]iendo que este Parlamento a hecho libre la Compagnia de Turquia, le ofrecemos nostra casa d'Aleppo para mandarlos en lo que fuere de su agrado." ASF, *LCF*, 1957, 在ロンドンのベニヤミン・メンデス・ダ・コスタ宛1744年6月22日付書簡。「トルコ会社」はレヴァント会社に対する当時の一般的な呼び名であった。1744年の指針については，Wood 1935: 153-54 を参照。ベニヤミン・メンデス・ダ・コスタは1725年にイギリスに帰化した（Ross 1970-73: 69）。裕福なセファルディムがイギリス臣民になった他の例として，1719年のフランシス・サルヴァドル，1742年のレヴィ・ソンシーノ，1744年のユダ・スピノ，1756年のモーセ・モンテフィオレなどが挙げられる（W. S. Samuel 1968-69: 122-23, 126, 128, 131）。注107も参照。

19）　Arkin 1975: 116. こうした懸念は，おそらく1744年に出版された『現在議会で決まりつつある法案，名付けて，レヴァント海域に貿易を拡大し規制するための法案に反対する理由（*Reasons against the bill now depending in Parliament, intituled, A bill for inlarging and regulating the trade to the Levant seas*）[n.p.: 1744]』という題名の作者不明かつ印刷所も記されていない小冊子に要約されている。

しい港アレクサンドレッタ（イスケンデルン）を建設するまで，アレッポは長年トリポリ港に依存してきた。アレクサンドレッタでは，ヨーロッパの船舶が商品の積み込み，積み降ろしをした。アレッポとアレクサンドレッタは，ラバやラクダで2-5日の距離にあった。この新しい居留地はかなり荒涼とした場所で，アレッポへのキャラヴァンルートは頻繁に在地の盗賊に襲われ非常に危険であったので，アレクサンドレッタにはヨーロッパの商人や代理人はほとんど住んでいなかった。彼らの大部分は船の到着に合わせてアレッポからアレクサンドレッタに赴いた。港とアレッポのあいだの情報伝達に，伝書鳩を使う者もいた。18世紀なかば，イギリス領事は，港で業務に当たろうとする役人が足りず，（倉庫を含む）港湾施設が貧弱で，さらに「空気が健康に悪い」と不満を述べている[20]。エルガス＝シルヴェラ商会は，アレクサンドレッタに自社の者を使者として派遣することもあったが，むしろフランスやイタリアの仲介業者に頼っていた[21]。

　アレッポにおけるフランス人との提携には，アレクサンドレッタで荷揚げ，荷下ろしする際の監視や財産権の保証にフランス人官吏を利用できるという明確な利点があった。エルガス＝シルヴェラ商会は，1743年に，アレクサンドレッタからフランス船に積まれて来るはずの綿2梱が届かないことを嘆いている。彼らは，委託商品が誤ってマルセイユに行ってしまったと確信していた。そこで彼らは，綿を取り戻せるかどうか，マルセイユの商業会議所に決定するよう尋ねてほしいと，アレクサンドレッタのフランス副領事に求めている[22]。アレッポにいるリヴォルノ系セファルディムにとって，フランス海軍もまた非常に重要であった。1727年4月4日に再びユダヤ人に対してアレッポとマルセイユ間の直接交易を禁止する王令が発布された2週間半後，エルガス＝シル

---

20) PRO, *SP*, 110/29, fols. 18v-19r, 49v, 52r-v. カレ神父による，アレクサンドレッタからアレッポまでの山岳部と砂漠を横断する危険の多い道の記述については，Fawcett 1947, 1:38 を参照。

21) エルガス＝シルヴェラ商会がアレクサンドレッタに送った46通の書簡のうち，33通はピエール・ロンジと息子たち宛であった。ロンジはキプロスでフランス商人とギリシア人女性のあいだに生まれ，1711年にアレクサンドレッタへ移住した。彼は同地でフランスの複数の商社の中心的代理人となった。彼はまた，フランソワ・ダニエルとパートナーシップを組む商人でもあった（Fukasawa 1987: 112）。

22) CCM, *AA1801*, J.949（1743年3月6日）。

ヴェラ商会はアムステルダムの通信相手に対して，同法は，アレッポを出入りする貨物を同商会がフランス艦隊に載せる能力を奪うものではないことを保証している[23]。しかし，フランス人に不当な扱いを受けたと感じたときには，リヴォルノのセファルディムはイギリスやオランダに乗り換えると脅しをかけた。そして，軍事的，外交的状況からそうする必要が生じたり，そのほうが有利であったりした場合には，実際にそうした[24]。この戦略的なコスモポリタニズムは，19世紀の批評家たちからは特定の国への忠誠心に欠けるものとして非難されたが，当時はごく普通のことであった。

　エルガス゠シルヴェラ商会がアレッポで交換した商品は，ヨーロッパからレヴァントに送られる標準的なものと違いはなかった。たとえば，フィレンツェ，ルッカ，ジェノヴァ，レッジョ・エミリアその他で織られた上質の絹織物（ormesini, rasi，フィレンツェやジェノヴァのダマスク織やヴェルヴェット，フランスのサテン，ナポリやメッシーナのtabisやmoirésなど），フランスやイギリスの毛織物，染料（コチニール，インディゴ，ブラジルボク），少量のアメリカ産砂糖，ヴェネツィアおよびオランダのガラス製ビーズ，ヴェネツィアの鏡や紙，琥珀，サンゴ，あまり量は多くないがコショウ（おもにイギリス領インドから），ナツメグ，イギリスの錫などである[25]。同商会はアレッポからは，綿糸，原綿を輸入した。これらはレヴァントに宛てた書簡のなかで最も注文が多かった商品である。そのほかには，アンゴラ毛，コショウや米を含むさまざまな商品も輸入した。17世紀はじめ，ヨーロッパ・アジア間交易の国際的なパターンにおいて構造的な変化が起こり，喜望峰周りの航路を有利なものにした。それにもかかわらず，エルガス゠シルヴェラ商会は陸路経由でアレッポに到着した南アジア産品の豊富さを喜んでおり，アレッポへの発送時期をバグダード，モスル，バスラ，メッカへ向かうキャラ

　23）　ASF, LCF, 1939, 在アムステルダムのヨセフ・デ・ロス・リオス宛1727年4月21日付書簡。
　24）　一例がCCM, AA1801, K.80（1724年7月2日）に見出される。
　25）　イギリス経由で輸入されたインドのコショウとイギリスの錫は，ASF, LCF, 1938, 在アレッポのエルガス゠シルヴェラ商会宛1721年12月5日付，1724年2月28日付，8月25日付書簡で言及されている。

ヴァンの出発に合わせようと骨を折っていた[26]。1743 年に同商会は，ロンドン在住で彼らの大事な顧客であるベニヤミン・メンデス・ダ・コスタに対して，アレッポとスラト間は年に2回キャラバンがおこなわれ，サンゴの陸路輸送を含めて輸送が盛況であると伝えている[27]。

　エルガス＝シルヴェラ商会の通信文書では，絹はあまり目立たない。18 世紀はじめまでに，原綿がアレッポからヨーロッパへ輸出される主要な商品として絹に取って代わっていた。16 世紀のあいだに，陸路経由の香料貿易の減少にともなって，アレッポはイラン産生糸の主要な市場になった。イラン産生糸は，ヨーロッパがレヴァントから輸入する主要な商品であった。この交易では 18 世紀前期までアルメニア人が目立っていたが，その後，イラン産の絹の輸出は 1722 年のサファヴィー朝滅亡と，それに続く 1736 年から 1743 年のナーディル・シャーによる侵攻と支配から生じた混乱によって途絶した[28]。ヨーロッパ人はアンティオキア周辺，沿岸平野，レバノンでシリア産の絹を買い始めた。これにより，スミルナが成長した[29]。そのいっぽうで，1730 年以降，イギリス人がベンガルや中国から海上経由で輸入する絹が，レヴァントのそれよりも多くなった[30]。絹交易の衰退は，シリア沿岸からの綿布と綿糸の目覚ましい増加によって相殺された。この絹から綿への転換は，すでに 17 世紀後期に，レヴァントの並品綿織物やインドの上質綿布の輸出とともに始まっていた[31]。しかし，シリアの港でヨーロッパ，とくにフランスの船舶に原綿が大量に積み込まれるようになったのは，18 世紀

---

26) ASF, *LCF*, 1941, 在ヴェネツィアのダニエル・ボンフィル宛 1732 年 12 月 12 日付書簡；ASF, *LCF*, 1945, 在ヴェネツィアのヤコブおよびヨセフ・ベリリオス宛 1737 年 4 月 5 日付書簡；ASF, *LCF*, 1953, 在ヴェネツィアのヤコブおよびヨセフ・ベリリオス宛 1741 年 6 月 9 日付書簡。

27) ASF, *LCF*, 1953, 在ロンドンのベニヤミン・メンデス・ダ・コスタ宛 1743 年 3 月 25 日付書簡。

28) 1690 年にアレッポのアルメニア人たちは同地の貿易における重要性の見地から特別に関税免除の恩恵を受けた（Eldem, Goffman, and Masters 1999: 33）。Ferrier 1986; Fukasawa 1987: 37; Masters 1988: 62, 80; Matthee 1999: 91, 144-45, 171-72, 224 も参照。

29) Masters 1988: 24-33; Marcus 1989: 148-50; Herzig 1990, 1992; Matthee 1999: 223-25.

30) R. Davis 1967: 133, 138.

31) Wood 1935: 75. 1623 年までにオスマン帝国当局は政策を修正し，定期的な綿輸出を解禁した（Faroqhi 1994: 458）。アナトリアにおける綿花生産の拡大とスミルナ経由の輸出については，Faroqhi 1987 を参照。

になってからである。レヴァントでフランスの船に積載された綿の量は，1700年から1789年のあいだに5倍に増加した[32]。1676年から1737年のあいだにリヴォルノに輸入された綿花と綿糸に関する統計によると，これらの輸入量は1701-05年のあいだ増加を続け，1728-32年に最高潮に達した[33]。1704年に事業を始めたときに，エルガス＝シルヴェラ商会がこの貿易に参入したのは偶然の一致ではない。

アレッポには有利な立場にいるパートナーがいたため，エルガス＝シルヴェラ商会は同地にいるほかの人とも通信をする必要はほとんどなかった。それゆえ，リヴォルノからアレッポへ送られた書簡のうち，エリヤ・シルヴェラ以外の人物に宛てたものはわずかしかなかった（514通中25通）[34]。アレッポは，オスマン帝国における同商会の活動の中心であった。エルガス＝シルヴェラ商会は，1世紀以上前に織物製造業が最盛期を迎えていたサロニカとだけ，散発的に接触していた。それよりむしろ，キプロス島と大規模な交易をしていた（同商会から413通もの書簡が送られている）。キプロス島は，この地域で最高級の原綿を産し，さらに，もともとリヴォルノとアレッポを結ぶ海路上の停泊地であった[35]。アレッポよりもユダヤ人が少ないキプロス，トリポリ，アクレのようなレヴァントの諸港では，エルガス＝シルヴェラ商会はもっぱらフランス，イギリス，オランダ，イタリア商人と通信していた。彼らは，ローマに住んでいたカトリックのキプロス司教を顧客にしていたこともあった[36]。スミルナは当時，アレッポよりも重要な国際商業の中

---

32) Paris 1957: 510.
33) Filippini 1979a: 43, 1998, 2: 128.
34) これら25通の書簡のうち，7通がイサクおよびヨセフ・ベリリオス宛（1723-25年）である。彼らはリヴォルノとヴェネツィアでエルガス＝シルヴェラ商会と密に結びついていた。残りの18通は以下のようなさまざまなユダヤ商人，フランス商人，イギリス商人，そしてイタリア商人に宛てられている。Mignot and Fabre（1710年），Jacques Minol（1710年），Jacob Garbi（1712-13年），Thomas Bind（1713年），Nathanial Harley（1714-15年），Richard Boyston（1715年），Noah Carbonnel（1715年），Salomon兄弟（1721年，1725年），Lucas and Everard Faukener（1724年），Samuel Clegivan（1725年），Daniel Jona（1729年）。
35) Paris 1957: 512. エルガス＝シルヴェラ商会への積荷保険の支払いに関する1742年の訴訟では，キプロスから輸入された多種類の綿布が列挙されている（ASL, *CGA: Atti civili*, 809, no.215）。
36) ASF, *LCF*, 1945, 在ローマのキプロス司教ガブリエル・ヘヴァ宛1739年5月18日付書簡。フランスによるアクレからの綿輸入については，Philipp 2001を参照。

心地であった。スミルナは海へのアクセスが容易で，さらに多様化した商品集散地であった[37]。ユダヤ人貿易商たちは，スミルナ，リヴォルノ，アムステルダムのあいだを定期的に行き来していた[38]。エルガス＝シルヴェラ商会は，スミルナでフランスの保護のもとに取引していた有名な2人のリヴォルノ系ユダヤ人，ヤコブ・イェズルムとヌネス・ダ・コスタと親密な関係を維持していた[39]。とはいえ，スミルナ在住の西方系セファルディムの数はアレッポより少なく，ギリシア正教徒の共同体と比べても影響力は小さかった[40]。

　エルガス＝シルヴェラ商会にとって，また他のヨーロッパ人のすべてのパートナーシップにとって，コンスタンティノープルは第一に金融の中心地であった。同地では，ヨーロッパの商人がレヴァントで買い付けをする際に対価として商品に加えて現金が必要な場合に，為替手形を換金することができた[41]。コンスタンティノープルに居住する西方系セファルディムは少なかった。エルガス＝シルヴェラ商会の同地でのおもな通信相手は，イタリア系ユダヤ人のガド・コネリアーノやキリスト教徒のドメニコ・ピザーニのようなヴェネツィアの貿易商であった。ヴェネツィア人はコンスタンティノープルに深く根を下ろしており，同地で他のヨーロッパ人の業務を請け負っていた[42]。実際，ヴェネツィアはエルガス家とシルヴェラ家をはじめとする多くの人々にとって，レヴァントとの結びつきにおいて依然として不可欠な場所であった[43]。コ

---

37)　Braudel 1972-73, 1: 285-86; D. Goffman 1990; Frangakis-Syrett 1992; Eldem, Goffman, and Masters 1999: 79-134.

38)　Bashan 1982-86: 57; Eldem, Goffman, and Masters 1999: 110-14.

39)　Schwarzfuchs 1984: 710. 1672年ハイム・ベンヴェニステはリヴォルノから最初にスミルナを訪れたユダヤ人となった。続く15年間にさらに移住者が増え，1687年に6家族がフランスの保護を受けていた。しかし，1688年の地震を契機に共同体は衰退した（Bashan 1982-86: 64n2)。

40)　Stoianovitch 1960; D. Goffman 1990: 83-85; Frangakis-Syrett 1992: 108-14. 本書第4章も参照。

41)　イギリスの実務については，R. Davis 1967: 202-3; Master 1988: 111 を参照。オスマン帝国内のフランスの金融ネットワークにおいてコンスタンティノープルが果たした役割については，Eldem 1999: 120-73 を参照。

42)　1749年アントニオ・ピザーニはコンスタンティノープルのイギリス大使館の「東洋諸語通訳」であった（PRO, SP, 97/34, fol. 168)。

43)　18世紀前期（とくに，1733年に調印されたヴェネツィアとオスマン帝国間の新たな平和協定のあと）のヴェネツィアとオスマン帝国間の貿易におけるコンスタンティノープ

ンスタンティノープルはまた，郵便サーヴィスの結節点でもあった。アレッポから送られた，またはアレッポ宛ての書簡の複写のうち，オスマン朝の首都へ送られたものもあり，そこから書簡はウィーンやナポリへ送られた[44]。

　北アフリカにおけるエルガス＝シルヴェラ商会の活動は，さほど熱心ではなく，予想できるように他のユダヤ人との代理人関係に依拠していた。その大半は，たとえばアレクサンドリアのアラメイダ家やフロレス一族のような，フランスの保護下で業務をおこなうセファルディムであった[45]。モカ・コーヒーやインドの香辛料の供給地というアレクサンドリアの役割がアメリカ産の主要商品の流入によって衰退していくいっぽうで，チュニスは18世紀にヨーロッパ向けの穀物，油，皮革，羊毛の供給源として成長した。エルガス＝シルヴェラ商会は，チュニス在住の最も有名なセファルディム系ユダヤ人の商家のなかで，ロンブローゾ家とカンポス家を頼っていた。しかし北アフリカ貿易に関しては，エルガス＝シルヴェラ商会の関与は副次的であった。第2章で検討したように，リヴォルノのユダヤ人商人のなかで，同商会とは異なるグループがこの分野にかかわっていたのである[46]。

ルの卓越性については，Mantran 1970: 385 を参照。

　44）　ASF, LCF, 1953, 在コンスタンティノープルのヨセフ・ジュラードとユダ・ピント宛1742年11月16日付書簡。

　45）　Schwarzfuchs 1984: 724. カイロでは，エルガス＝シルヴェラ商会はサロモン・アギブおよびニコラ・ボレッリと通信していた（後者はおそらくヴェネツィア商人である）。

　46）　チュニスに送られたエルガス＝シルヴェラ商会の書簡の1通は，ダルモンとロンブローゾの両方が宛先になっている。ロンブローゾ家については本書第2章注108を参照。モルドカイ・ダルモンは17世紀後半のチュニスにおける有力なユダヤ人商人のひとりであった（Boubaker 1987: 153）。リヴォルノのエルガス家の他のメンバーは，北アフリカとの交易により深く関係していた。マヌエル・エルガスはチュニスのヤコブおよびラファエル・ロンブローゾと提携していた（ibid.: 156）。彼の息子は1742年に，ガブリエル・ヴァレンシン，イサク・アルカイク，アブラハム・カリッロ，アブラハム・エンリケス，エリヤおよびベニヤミン・エスピノサなど，チュニスを本拠地とする多くのリヴォルノのユダヤ人の委託代理人であった（ASF, NMP, 25265, Giovanni Battista Gamerra, fol. 174r–v）。

2　ヴェネツィア

　エルガス゠シルヴェラ商会の書簡のなかで，ヴェネツィアに宛てたものは群を抜いて最も多い。彼らのネットワークにおいてこのアドリア海の港が傑出していることは，17世紀なかば以降のヴェネツィア経済の衰退はイタリアの港および東方産品の集散地としてヴェネツィアにとって代わったリヴォルノの勃興と対をなすものであったという一般的な認識とは相反するように見える。しかし，エルガス゠シルヴェラ商会のような商人の視点から見ると，ヴェネツィアとリヴォルノは，ライヴァル的な市場というよりもむしろ相互補完的な関係にあった。トスカーナのセファルディムにとって，ヴェネツィアはいくつかの重要な機能を果たしていた。18世紀初期でも，ヴェネツィアは依然として国際的な情報の中心地であり，レヴァントと密接に結びつき，商品の大集散地であると同時に，奢侈品製造の中心地でもあった。ヴェネツィアはまた金融業の中枢で，為替手形を換金し，海上保険や海上貸付の契約をおこない，公債に投資する競争的な機会を提供していた[47]。17世紀なかば，ヴェネツィアの金融市場では，ポルトガル系ユダヤ人と新キリスト教徒が重要な代理人となっていた。この時期，ヴェネツィアにはエルガス゠シルヴェラ商会より先に金融業務に従事していた者がおり，同商会はキリスト教徒の通信相手（トスカーナのサミニアーティ家など）に信用貸

---

47)　ヴェネツィアとリヴォルノのユダヤ人が数名，ヴェネツィアの貨幣鋳造所（Zecca）やその他の公債発行機関に投資している。ヴェネツィアのセファルディムは遺言に投資を記録した。このことについては，以下を参照。ASV, *NT*, Pietro Bracchi, 176.48 (1652), 765.112 (1662); ASV, *NT*, Andrea Calzavara, 260.830 (1672); ASV, *NT*, Luca Calzavara, 247.59 (1688); ASV, *NT*, Pietro Venier, 1008.60 (1687); ASV, *NT*, Cristoforo Brambilla, 166.35 (1678), 166.44 (1682), 167.281 (1698), 167.303 (1680), 167.306 (1692), 167.310 (1689); ASV, *NT*, Carlo Gabrieli, 518, fols. 234v–240v (1701), 519, fols. 154r–159v (1706), 168v–171r (1703), 520, fols. 36v–39r (1710), 183v–188r (1715), 280r–282v (1718), 521, fols. 1r–3r (1727). リヴォルノのユダヤ人によるヴェネツィアの財政機関への投資は，以下で言及されている。ASF, *NMP*, Agostino Frugoni, 24733, fol. 134r–v (1723), 24735, fol. 91r–v (1733), 24736, fol. 17r–v (1735); ASF, *NMP*, Niccolò Mazzinghi, 27111, fols. 11v–12r, no.22 (1748), 27r–v, no. 46 (1748), 27112, fol. 15r–v, no. 24 (1752), fols. 85v–86v, no.154 (1754), 27113, fols. 13r–v, no.16 (1763), 59r–v, no.81 (1765).

しや現金の両替を提供する業務を他のユダヤ人に頼っていた[48]。さらにヴェネツィアは，インドから輸入された未加工のダイヤモンドの販路としてリヴォルノに近く，熟練のカット職人や宝石商がいる場所でもあった[49]。

おそらく，ヴェネツィアに関してさらに重要なことは，かなり大きいセファルディム居住地であり続けたことである。18世紀はじめの30年間は，このユダヤ人共同体にとってとくに悩みの多い時期であった。政府からの法外な金銭的要求に応えることができず，1735年に破産してしまったからである[50]。金融危機とともに，多くのポルトガル系の家族がリヴォルノ，アムステルダム，ロンドン，ハンブルクへ移住した。しかし，この厳しい状況は，ヴェネツィアのユダヤ人共同体（l'Università degli Ebrei）の運営基盤にかかわるもので，個々のメンバー全員に関係したわけではないと主張する研究者もいる。ヴェネツィア貴族がますます商業から手を引いていくなかで，ユダヤ人がレヴァント貿易や穀物貿易，ギルド規制が厳しくない製造業（化学製造など），海運，そして金融業の分野に大々的に参入する余地が生じていた[51]。18世紀のヴェネツィアにおけるユダヤ人の経済活動に関する体系的な研究はないが，彼らが引き続きヴェネツィアの経済や商業に貢献していたことを示す証拠はある[52]。地中海貿易で活躍した西方系セファルディムの多くの家系は，引き続きリヴォルノとヴェネツィアのあいだを行き来し，通婚を続けてい

---

48) これらの金融業務は「アブラムおよびイサク・エルガス」からアスカニオ・サミニアティ＝ニッコロ・グァスコーニ商会に送られた30通の書簡に記録されている（ミラノのルイジ・ボッコーニ商科大学，Archivio Saminiati-Pazzi, seconda sezione, no.172）。

49) ヴェネツィアは中世においてダイヤモンド取引の重要な中心地であったが，17世紀なかばに職人のひとりヴィンチェンツォ・ペルッツィがブリリアント・カットを考案し，同産業が復興した。1773年になってもなお，ヴェネツィアのダイヤモンド加工職人組合は26人の組合員を有し（親方16人，熟練職人6人，徒弟4人），宝石加工職人組合には75人の組合員がいた（親方35人，熟練職人20人，徒弟20人）。Sagredo 1857: 244.

50) C. Roth 1930b: 333, 336-39.

51) G. Luzzatto 1950, 1962.

52) ヴェネツィア経済におけるユダヤ人の功績の程度は議論の的である。歴史学上の議論は18世紀以前に集中している。16世紀後期から17世紀初期にかけて，ヴァロナおよびコルフとの交易を除いて，ユダヤ人はヴェネツィアの貿易において小さな役割しか果たしていないとする研究者もいる（Tenenti 1959; Blumenkranz 1961）。他方で，16世紀なかばにユダヤ人はヴェネツィアの貿易において，少なくともヴェネツィアとコンスタンティノープル間の交易に関しては重要な地位を占めていたとする研究もある（たとえば，Arbel 1989, 1995）。

エルガス一族がたどった道は，ヴェネツィアの市場およびユダヤ人共同体の相対的な地位低下と弾力性の両方を示している。17世紀初期に，エルガス一族のなかでヴェネツィアに住む者がでてきた。そのなかには，商人であるヤコブ・エルガスが含まれている[53]。同家のメンバーを含む多くのセファルディムがリヴォルノに移住したとき，ヤコブはヴェネツィアにとどまった。ヤコブはヴェネツィアで貴石を取引しており，宝石商として活動していた[54]。1637年から1659年のあいだに，宝石商組合の成員からヤコブと彼の息子モーセに対して何度か訴訟が起こされており，相当の競争があったことがわかる[55]。1650年代から1670年代のあいだにヤコブが死去したのち，1690年まで，西方系ユダヤ人ネイションの主要メンバーのなかにダヴィデ・エルガスがいた。しかし，ダヴィデの納税額はあまり多くはない[56]。よって，エルガス＝シルヴェラ商会が1704年に創業したとき，ヴェネツィアには直接の親戚はまったくいないか，少なくとも遠距離交易に携わる者はいなかった。そこで，ヴェネツィアにおける各種のビジネスを管理するためにイサク・エルガ

　　53）　1621年にヤコブ・エルガスは，レバノンのトリポリからヴェネツィアに到着したと宣言している（ASV, *NA*, Domenico Adami, 79, fol. 12r-v）。その直後彼は，他のユダヤ人からさまざまなビジネスを委託され，ヴェネツィアに到着してまもないセファルディムの一族の長のなかで頭角を表した（ASV, *NA*, Giovanni Piccini, 10767, fols. 182v-183r; ASV, *VS: II serie,* 63, 1625年3月10日）。1629年，トゥルケッタと呼ばれていたモナスティル出身のマザルト・エルガス（おそらくヤコブの親族ではない）がヴェネツィアの異端審問所に出頭した。その理由は，夫であるサムエル・レヴィ，別名フェリーチェ・マガロッティがフェッラーラでカトリックに改宗したのち，彼女が洗礼を拒否したからであった（Ioly Zorattini 1980-99, 9: 20-22, 101）。

　　54）　1626-27年，ヤコブ・エルガスはフィレンツェのキリスト教徒商人とユダヤ人商人（フランチェスコ・ボンシ，カストロ，アボンスル）に真珠を供給している。ASF, *Monte di Pietà nel Bigallo*, 821, " Negozi di Perle di Venezia," fols. 1-4（Massimo Sanacoreが私にこの参考文書への関心を喚起してくれたことに感謝する）。当時ヤコブがフィレンツェとのあいだでおこなったダイヤモンド貿易については，ASV, *NA*, Giovanni Piccini, 10774, fols. 132v-133r, 167rも参照。

　　55）　宝石商組合とエルガスとの対立については，ASV, *Arti*, 422に記録されている。1655年にヤコブ・エルガスはおおよそ60歳であると申したてており，当時彼はダイヤモンドを商い，レヴァントとの交易に従事していた（ASV, *NA*, Giovanni Piccini, 10772, fols. 78r-79r）。

　　56）　BRM, *ACIV*, 2. 1761年のヴェネツィアのゲットーにおける家長の名前（1632-33年に編集されたリスト以降，唯一残存する包括的リスト）のなかに，エルガスという名前は見出されない。ASV, *Provveditori alla Sanità*, 573, fols. 215r-224v。

スが派遣された。イサクはパートナーシップの創業者モーセの兄弟だった[57]。イサクはヴェネツィアで絹織物，貴石，ガラス器その他の売買やバーター取引，アレッポへ向けて船積みされる積荷にかける海上保険の周旋，通貨両替への投機などに携わった[58]。

　エルガス＝シルヴェラ商会は，ヴェネツィアでより広い通信ネットワークを構築するにつれて，ユダヤ人とキリスト教徒の代理人を日常的に使うようになった。彼らが多くのキリスト教徒商人と協業したことは，セファルディムが複雑なヴェネツィア市場に参入する能力があったことを示す重要な手がかりである[59]。エルガス＝シルヴェラ商会は，大量のガラス製ビーズや鏡，とくに小型の半完成品の鏡を購入し，北アフリカやレヴァントでまとめて売却した[60]。同商会はまた，ヴェネツィア経済の新しい発展にも注意を払い続けていた。1735年には，サムエル・ヌネス・カルヴァリオの推薦により，アレッポにいるパートナーがおこなっている業務を設立まもないある合資会社に提供した。この会社はもともと，1720年から織物分野で活動していた[61]。

　ヴェネツィアにおけるエルガス＝シルヴェラ商会の主要な代理人および仕入れ先は，バルク・カルヴァリオ家，ベリリオス家，そしてボンフィル家の3つのセファルディム家系であった。これら3つの家系はみな，リヴォルノとヴェネツィアのあいだで婚姻や経済的紐帯で結ばれており，アレッポにも進出していた。第5章で指摘したように，モー

---

　57) ASF, *LCF*, 1931, 在アレッポのエルガス＝シルヴェラ商会宛1704年12月16日付書簡, 在ヴェネツィアのイサク・エルガス宛1706年5月14日付書簡。

　58) ASF, *LCF*, 1935, 在ヴェネツィアのマッテオおよびジャコモ・ズパナ宛1709年8月30日付書簡, 在ヴェネツィアのプロスペロおよびラファエル・サロニキオ宛1711年1月23日付書簡。

　59) エルガス＝シルヴェラ商会の通信において言及されているキリスト教徒商人の正確な人物像は，18世紀のヴェネツィア商人に関する文献の不足と，約14万の住民を抱えていた都市に対して公証人文書の索引が貧弱なことにより，不明なままである。

　60) ASF, *LCF*, 1941, 在ヴェネツィアのムラノ島のジャコモ・マッヅラとその息子宛1729年5月13日付書簡；ASF, *LCF*, 1945, 在ヴェネツィアのピエトロ・トレヴァノ宛1739年11月20日付書簡。リヴォルノのサウル・ボンフィルは，ヴェネツィアの他のユダヤ人商人からヴェネツィアの鏡を購入している（ASV, *NA*, Carlo Gabrieli, 7236, ヴェネツィア暦1720年1月10日）。

　61) ASF, *LCF*, 1945, ヴェネツィアの"Compagnia della nuova institutione"宛1735年12月30日付書簡。この小規模なヴェネツィアの合資会社については，Panciera 2000: 121-35を参照。

セおよびイサク・バルク・カルヴァリオは，彼らの商業的な成功が最高潮に達していた 1667 年に，彼らの姪と裕福なリヴォルノのアッティアス家との縁談をまとめた。1680 年代にヴェネツィアにおける資産の多くを失ったあと，バルク・カルヴァリオ一族からより多くのメンバーがリヴォルノへ移住する選択肢を追い求めるようになった。ヴェネツィアのユダヤ人共同体を襲った金融危機のさなか，1722 年にリヴォルノに脱出した人々のなかにイサク・カルヴァリオがいた[62]。6 年後，イサクの兄弟ヤコブもトスカーナへ移住し，そこで創設した商社は好調であった[63]。大公は，彼らや他のセファルディム家系の再定住を支援し，1732-33 年にはヴェネツィア元老院がユダヤ人商人を呼び戻そうとした試みに対抗して，トスカーナに移住したユダヤ人はヴェネツィアのユダヤ人共同体への負債を清算しなくてよいという権利を擁護している[64]。ヴェネツィアのバルク・カルヴァリオ家とリヴォルノのバルク・カルヴァリオ家の親密な協業は，1730 年代を通じて維持された。当時，ヤコブ，彼の兄弟アロン，そして彼の息子であるアブラハムとモーセは，リヴォルノ，アムステルダム，ヴェネツィアにおいて大規模なファミリービジネスを展開していた[65]。また同時期に，ダヴィデ・エルガスがブランカ・レベッカ・バルク・カルヴァリオと結婚している（第1章，第5章，図

---

62) ASV, *VS, II serie*, 64.127.

63) ASF, *NMP*, Giovanni Battista Gamerra, 25266, fols. 151v-157v; ASF, *NMP*, Agostino Frugoni, 24734, fol. 66v-r. このリヴォルノの家族に関する情報は，ヤコブ・バルク・カルヴァリオの遺言（1736 年）と彼の息子アブラハムの遺言（1747 年と 1751 年）からも得られる；ASF, *NMT*, Giovanni Battista Gamerra, 25280, fols. 41r-43v, 81r-83v, 92r-94r. 1788 年にもなお，故イサク・ハイムの息子イサク・バルク・カルヴァリオは，ヴェネツィア出身のユダヤ人で，リヴォルノに数年間居住したことがあると言われていた（"ebreo di Venezia da più anni abitante e domiciliato in questa città di Livorno"）；ASF, *NMT*, Niccolò Guidotti, 31386, fols. 9v-10v, 12v-14v.

64) Poliakov 1957; ASF, *MP*, 2506, 2531; ASF, *Consiglio di Reggenza*, 266. 1733 年にアブラハム・バルク・カルヴァリオの妻サラ・ベリリオスは，夫の債権者から嫁資を守るために，ヴェネツィアの法廷で彼女の代理をする法律家（*causidico*）に委任状を与えた。彼女の義母エステル・カビブも 1735 年に同様の措置をとっている（ASF, *NMP*, Agostino Frugoni, 24735, fol. 91r-v; 24737, fol. 17r-v）。

65) ASF, *NMP*, Giovanni Battista Gamerra, 25266, fols. 151v-157v; ASF, *NMP*, Giovanni Battista Gargani, 26271, fols. 11r-14v, no.7. エルガス＝シルヴェラ商会の通信文書では，ヤコブ・バルク・カルヴァリオのパートナーシップは，彼のユダヤ名およびキリスト教徒としての偽名であるディエゴ・ヌネス・カルヴァリオの息子ミケーレの両方の名のもとで登場する。

1.1, 1.2, 1.3 参照)。

　バルク・カルヴァリオ家は，多くの仲間と同様に，一族の年少者のひとりであるマヌエルを 1745 年にアレッポへ派遣した。マヌエルが 1747 年 12 月もしくは 1748 年 1 月はじめに死去すると，彼の父親は息子の財産の管理と未払いの信用取引があった場合の回収の代行権を，アレッポ在住のイサクおよびヨセフ・ベリリオスに与えた[66]。ベリリオス一族は 17 世紀初期にヴェネツィアに定住していた[67]。1 世紀後，一族はヴェネツィア，リヴォルノ，アレッポで業務をおこなっていた[68]。リヴォルノでは，ユダヤ人ネイションのなかでイサク・カルヴァリオも属している派閥の執行部に加わっていた[69]。ベリリオス家とバルク・カルヴァリオ家の男女は，リヴォルノ，ヴェネツィア，アレッポのどこかで少なくとも 3 世代にわたって通婚している。18 世紀初期に，ヤコブ・ベリリオスはヤコブ・バルク・カルヴァリオの娘ブランカと結婚し，ブランカの兄弟であるアブラハム・バルク・カルヴァリオは，サラ・ベリリオスと結婚した。アブラハムとサラの娘エステルは，のちにアレッポのダニエル・サックートと結婚した[70]。さらに，イサクおよびヤコブ・ベリリオスは，アレッポのエリヤ・シルヴェラと仕事の上で親密な関係にあった。

　ボンフィル家もバルク・カルヴァリオ家と関係を持っていた。1712 年に，ベニヤミン・ヌネス・カルヴァリオの娘でイサク・バルク・カ

---

　66) ASF, *NMP*, Giovanni Battista Gamerra, 25270, fols. 176r–177r, no. 346; 25272, fols. 2v–4v, no.3. マヌエルの父はのちにもう一人の息子であるアーロンを，財産を監督するためにアレッポに送り出した (PRO, *SP*, 110/72, pt. 3, fols. 579r–580v; PRO, *SP*, 110/73, Aleppo, 1749 年 9 月 7 日)。本書第 4 章も参照。

　67) ASV, *NT*, Pietro Bracchi, 180.1115; ASV, *NT*, Cristoforo Brambilla, 167.303; ASV, *NT*, Andrea Calzavara, 258.420; ASV, *NT*, Giovanni Piccini, 765.112; ASV, *NT*, 176–185.549.

　68) トスカーナに最初に到着したベリリオス家のメンバーは，おそらくヤコブの息子ダニエルである。彼は 1677 年にピサのユダヤ人共同体に加入を認可されている (ASP, *Consoli del mare*, 1022)。

　69) ASF, *MP*, 2497, fol. 458.

　70) ASF, *LCF*, 1953, 在アレッポのラビ・ヤコブ・ベリリオス宛 1742 年 4 月 9 日付書簡。ヴェネツィアのベリリオス家はリヴォルノの有力なセファルディム家系，たとえばパルド・ロケス家と通婚していた (Filippini 1989; 142 n50)。ヤコブおよびヨセフ・ベリリオスはヴェネツィアで 1735 年にリヴォルノのアブラハム・デル・リオの代理人として活動している (ASF, *NMP*, Agostino Frugoni, 24735, fols. 163r–164r)。

ルヴァリオのいとこでもあるラケルが，サウル・ボンフィルと結婚した[71]。サウルはコンスタンティノープル生まれで，同地には彼の兄弟がおり，6年前にヴェネツィアにやってきていた[72]。ヴェネツィアでサウルは自身の兄弟ダニエルとパートナーシップを組んでヴェネツィアとリヴォルノに支店を置き，相当の成功を収めていた[73]。サウルが1759年に遺言書を修正した際，一人息子のヤコブにイギリス東インド会社株4,000ポンド分を含む莫大な財産を遺している[74]。1775年から1800年のあいだ，ボンフィル家は，トレヴェス家に次いでヴェネツィアで2番目に裕福なユダヤ人商人一族であった[75]。

　ダニエル・ボンフィル，ヨセフおよびヤコブ・ベリリオス，ヤコブ・バルク・カルヴァリオは，ヴェネツィアにおけるエルガス＝シルヴェラ商会のおもな委託代理人であった。ベリリオス家は，リスクの高い冒険的事業における同商会のパートナーでもあった。これら3つの家系は，地中海における西方系セファルディム社会の上流階級に属していた。彼らは同じ分野の貿易で活動し，入念に計画された婚姻関係の結果，彼らの個人的な宿命は絶えず交差していた。その結果（嫁資を通じて）かなり多額の資金が移動し，また関係性が多角的になると，信用取引や信頼性の伝達が容易になり，監視にかかる費用が低減された。他の諸港では，エルガス＝シルヴェラ商会は他のセファルディムと同様の結びつきを期待することはできなかった。しかし，そうした場合でも，見知らぬ相手との持続的な代理人関係を発展させることが可能だった。

---

71) ASF, *NMP*, Giovanni Battista Gamerra, 25265, fols. 42r–43r.

72) ASL, *Dogana*, 10, no.128; ASF, *NMT*, Giovanni Giacomo Mazzanti, 23707, fols. 121v–125r; ASF, *NMT*, Filippo Gonnella, 27200, fols. 64v–65v. 他の場所でサウルは自分はクレタ生まれである（"oriundo di Canea"）と述べている；ASF, *Consiglio di Reggenza*, 645, no. 50。18世紀最後の数年間になっても，ボンフィルという名前の2人のイタリア系ユダヤ人商人がコンスタンティノープルで活動していた（Braude 1991a: 341）。

73) ASF, *NMP*, Giovanni Battista Gamerra, 25265, fols. 143v–147v; ASF, *MP*, 2481, fol. 518.

74) ASF, *NMT*, Filippo Gonnella, 27200, fols. 64v–65v. 1761年にサウルは新たな遺言書を作成したが，資産運営に関することのみ変更された。

75) G. Levi 1997: 223.

3　ジェノヴァ

　エルガス＝シルヴェラ商会の書簡のなかで，二番目に多い宛先はジェノヴァである。古くから続くこの海洋共和国は，もはや商品集散地としてリヴォルノと競争する存在ではなかった。しかし，地理的位置から，マルセイユを出入りしたりジブラルタル海峡を通過したりする地中海の船舶にとって，依然として天然の寄航港であった。ジェノヴァはリヴォルノに近いことから，エルガス＝シルヴェラ商会にとって商品売却の中心地であった。同商会は，南イタリア産の絹や，綿その他のレヴァントの商品を再輸出した。ジェノヴァからは，ポルトガルを経由して届く大量のサンゴとブラジルのタバコを輸入した[76]。ジェノヴァは18世紀になっても，引き続きスペイン領からの銀をレヴァント貿易に再分配する中心地の役割を果たしていたが，これは同商会にとってあまり重要ではなかった[77]。

　ジェノヴァとリヴォルノの競争は，ヴェネツィアとリヴォルノのそれよりも激しかった。リヴォルノから船舶を遠ざけるために，1590年からジェノヴァ政府は穀物や何点かの商品に対する関税を軽減する法を通過させた。しかしこの規定は，リヴォルノの同種の法ほどは成功しなかった。なぜなら，ジェノヴァの自由港に関する法律は何度も修正され，外国商人を魅了するに十分な誘因をともなったためしがなかったからである。さらに，ジェノヴァは1654年までスペインの支配領域にある衛星国で，それゆえ戦時にはスペインと対立する勢力の標的にされたからである[78]。市場のシェアを確保するために，ジェノヴァ政府は1715年以降，リヴォルノから到着する全商品に10％の追加的な税を

---

　76)　リヴォルノのセファルディムにとってのタバコ貿易の重要性については，Frattarelli Fischer 2003b: 106–07 を参照。フランス領チェサピーク産のタバコも，1721年以降ジェノヴァを通じて密輸入された（Price 1973: 446）。
　77)　Carrière 1981: 43.
　78)　Giacchero 1972; C. Costantini 1978: 323–34; Grendi 1987: 327; Kirk 2005: 141–42, 155–85.

課した[79]。トスカーナ大公国政府は当初報復しなかったが、マルセイユの疫病とジョン・ローの破産が悲惨な結果をもたらすと、リヴォルノは1722年にジェノヴァから到着する商品（サンゴ、タバコ、イギリス製の織物およびインドの綿）に追加関税を課した[80]。この関税合戦のさなか、リヴォルノは地中海貿易においてジェノヴァよりも強い立場にあったので、一貫してリヴォルノの魅力がまさっていた。1723年の夏、コルシカ島のサンゴ漁師が、トスカーナ大公国政府にひとつの好条件の取り決めを提示した。それは、依然として残っている関税をすべて免除することと引き換えに、漁師たちがリヴォルノに直接サンゴを運ぶというものであった[81]。

　ユダヤ人貿易商や他の外国商人の移住を優遇することによってリヴォルノと争おうとするジェノヴァの企ては、優柔不断で効果がなかった。1622年にアルメニア人がマルセイユから追放された。この2年後に彼らを誘致する機会がジェノヴァにもたらされたが、港の状況はかくのごとくであったので、この構想は失敗した。少数のポルトガル系新キリスト教徒が、1648年と1685年に彼らに与えられた特権に応えただけであった[82]。しかし、ジェノヴァのユダヤ人共同体は、リヴォルノのユダヤ人共同体とはまったく比べものにならなかった。1660年代には約40家族がいたが、この数は1704-06年には22家族まで落ち込んだ。さらに金融危機ののちの1763年には、70人にまで減っている[83]。経済的観点から、ジェノヴァのユダヤ人はリヴォルノのユダヤ人に大きく依存していた。ジェノヴァとの結びつきを強めたセファルディムのなかに、エルガス家がいた[84]。しかし、ジェノヴァのユダヤ人商人や銀行家は、大部分がこの都市の経済のなかではずっと末端の存在であった。それゆえエルガス＝シルヴェラ商会はしばしば、著名な貴族の一族で、リヴォ

---

79) Baggiani 1992: 688.
80) ASF, *MP*, 2275; 2481, fol.589; 2478, fol. 1036. Baggiani 1992 : 688-89, 700-706 も参照。
81) リヴォルノ総督ジャチント・デル・ヴィーニャは、この取り決めに好意的であった（ASF, *MP*, 2275）。
82) Brizzolari 1971: 130-65.
83) Ibid., 217; Urbani and Zazzu 1999, 2: 579.
84) 1673年にリヴォルノのアブラハムおよびイサク・エルガスはジェノヴァのセファルディム系ユダヤ人と交易をおこなっている（Urbani and Zazzu 1999, 1: 414-16）。

ルノで活動しイベリア半島にも足場を維持していたキリスト教徒商人のサーヴィスをあてにした。そのような人々のなかには，著名な貴族家系出身者もいた。そうするなかで彼らは，リヴォルノからジェノヴァ，リスボン，ヴェネツィアに広がる商業・金融ネットワークによって相互に結びついている非ユダヤ人との結びつきを発展させた。

サンゴ貿易は，これら諸都市におけるキリスト教徒とユダヤ人商人の相互依存を示す一例である。18世紀に，ジェノヴァはおもにリヴォルノの加工場に未加工サンゴを提供していた。エルガス＝シルヴェラ商会はジェノヴァにいる多くのユダヤ人を恒常的な代理人にしていた。そのなかには，モーセ・フア，メネス＝アルヴァレス商会，マヌエルおよびヨセフ・ダ・コスタ，ラザロ・サチェルドティ，ヤコブ・ロサスがいた。しかし，その全員が有能で信頼できたわけではない。ジェノヴァに移住した2人のリヴォルノ系ユダヤ人モーセ・バルク・カルヴァリオとアブラハム・ルゼナも，エルガス＝シルヴェラ商会にサンゴを納入していた。この2人の代理人と親密に結びついていたおかげで，エルガス＝シルヴェラ商会は彼らを自由に使うことができた。最後に，取引の状況をよりよく把握するために，1743年にエルガス＝シルヴェラ商会は，イサク・コーエン・ルゼナをジェノヴァにおける代理人に指名した[85]。また，リヴォルノ出身でルゼナ一族のメンバーのひとりが，カトリックに改宗してジュゼッペ・ジュスティニアーニと名乗り，ジェノヴァに移住した。この人物は，エルガス＝シルヴェラ商会を含むトスカーナのセファルディムとの接点を提供し続けた[86]。

ジェノヴァにおけるユダヤ人商人の社会が不安定だったことから，エルガス＝シルヴェラ商会は，通信相手の範囲をジェノヴァ市内で最も裕福な商人銀行家や貴族家系の人物などにも広げた。たとえば，カンビアーゾ家，ラストリコ家，ロメッリーニ家などである[87]。これらの家

---

85) ASF, *LCF*, 1957, 在ジェノヴァのジョヴァンニ・バッティスタ・カンビアーゾ宛1743年4月17日付書簡。

86) ジュゼッペ・ジュスティニアーニについては，ASL, *CGA: Atti civili*, 803, no. 676; Urbani and Zazzu 1999: 2, 847-48 を参照。

87) 1731年に貴族となったカンビアーゾ家の投資については，Felloni 1971: 91-94 を参照。ジャンバッティスタ・カンビアーゾは1719年から1729年のあいだ，サンゴ貿易を含むタバルカ島での貿易に従事する商社のパートナーのひとりであった（Bitossi 1990: 186）。

系は,相当の資産を意のままにしており,エルガス゠シルヴェラ商会にリスボンとの結びつきを提供していた。彼らは,リヴォルノで磨いて箱詰めしたサンゴをリスボンに輸出していた。このあと詳しく見ていくが,ラザロ・マリアおよびジャンアンドレアのカンビアーゾ兄弟は,リスボンにおけるエルガス゠シルヴェラ商会の主要な代理人であった。リグリアのサンゴ漁の村チェルヴォ出身のジュディチェ家も同様である。ジャコモ・ジュディチェは,1720年にカディス,リスボン,アムステルダム,ヴェネツィア,リヴォルノ,ロンドンにパートナーと通信相手がいた[88]。エルガス゠シルヴェラ商会の忠実な代理人のひとりであるパオロ・ジロラモ・メディチも,リスボンの本拠地からジェノヴァのカンビアーゾ家の数人と通信しており,リスボン在住のカンビアーゾ家とも知り合いになっていた[89]。エルガス゠シルヴェラ商会は,ヴェネツィアでファミリービジネスを営んでいたカンビアーゾ家に数度にわたって依頼を出している[90]。さらに,カンビアーゾ家とジュディチェ家のパートナーシップは,リヴォルノにも支店を置いていた[91]。つまり,

---

1733年,エルガス゠シルヴェラ商会の長であったダヴィデ・シルヴェラは,ジェノヴァのアッセレート゠パッジ商会が破産したのち,彼らからダヴィデの債権を回収するために,ジョヴァンニ・マリアおよびバルトロメオ・カンビアーゾに委任状を与えた(ASF, *NMP*, Agostino Frugoni, 24735, fol. 93r-v)。ロメッリーニ家はジェノヴァで最も古い貴族家系のひとつであり,タバルカ島を支配していた(本書第9章を参照)。ジャコモ・ロメッリーニは1719年から1737年にかけて,海上保険業に非常に積極的に関与した(Felloni 1971: 44-45)。

88) Grendi 1993: 186-88. ジュディチェ家のメンバーもまた,1697年から1727年にかけて,ジェノヴァのサンゴ職人ギルドのメンバーや幹部として繰り返しリストに現れている。

89) JFB, 1726 fMe, fols. 1v-2r, 122v, 139v.

90) ASF, *LCF*, 1938, 在ヴェネツィアのジョヴァンニ・アンドレア・カンビアーゾ宛1724年3月29日付書簡; ASF, *LCF*, 1945, 在ヴェネツィアのジョヴァンニ・バッティスタ・カンビアーゾ宛1736年11月21日付,1737年5月29日付書簡。サンティーノ・カンビアーゾの遺言書(1762年)とジョヴァンニ・バッティスタ・カンビアーゾの遺言書(1770年)は,ASV, *NT*, Giuseppe Bernardo Bellan, 149.158, および ASV, *NT*, Pietro Paolo Arduin, 20.387 の各々に見出される。これらも参照。

91) リヴォルノで多額の投資をおこなっていたジェノヴァ商人の遺言書の写しには,1702年にジェノヴァで死亡したジョヴァンニ・マリア・カンビアーゾ(バルトロメオの息子でジョヴァンニ・バッティスタの父)(ASF, *TF*, 15. no.324) と,1711年にジェノヴァで死亡したフランチェスコ・ロメッリーニ(アゴスティーノの息子)(ASF, *TF*, 16, no. 160) が含まれている。1743年にジェノヴァ商人マルコ・ジャンアンドレア・ラストリコはジェノヴァで遺言書を作成したが,リヴォルノに埋葬するよう望んでいる(ASF, *TF*, 19, no.77)。1770年代の終わりにジョヴァンニ・カンビアーゾ侯はリヴォルノで最も裕福な人物とみなされていた(Gorani 1986: 103; Sonnino 1909: 94)。

リヴォルノ系のセファルディムは，キリスト教徒の委託代理人や仕入れ業者がユダヤ人よりも市場で有利な立場にあった場合には，彼らとともに仕事をすることを強く希望した。エルガス＝シルヴェラ商会の商業ネットワークの節点には一群の個人や家系があり，その存在によって情報伝達の重層的な経路が構築され，キリスト教徒との協業を容易にしていたのである。

4 アムステルダム

エルガス＝シルヴェラ商会は，ヴェネツィアやジェノヴァではユダヤ人と非ユダヤ人の両方の代理人と取引していたが，そのいっぽうで，アムステルダムおよびロンドンでの通信相手はセファルディムだけであった[92]。しかしこれらの場所では，家族の成員とはほとんど接触していない。リヴォルノとアレッポにいるシルヴェラ家のいとこであるヤコブ・シルヴェラは，オランダの首都に住んでいた。彼はときおり，いとこたちの役にたつことはあったが，自身が主要な役割を果たすことはなかった[93]。エステル・エルガスの夫であるダニエル・デ・メディナがアムステルダムに移住していたが，エルガス＝シルヴェラ商会の通信にはまったく登場しない[94]。アムステルダム在住のエルガス家のメンバー，たとえば1732年まで東西両インドにおけるオランダ植民地貿易にかかわっていたモーセ，アブラハム，ラファエルのエルガス兄弟なども，エルガス＝シルヴェラ商会の事業には一切かかわっていない[95]。

---

92) 1715年に書かれた1通の書簡だけが在アムステルダムの非ユダヤ人商人に宛てられている。この人物のためにエルガス＝シルヴェラ商会は為替手形を現金化している（ASF, LCF, 1936, 在アムステルダムのGiovanni Paolo Weyhenmeyer宛1715年1月28日付書簡）。

93) ASF, LCF, 1945, 在アムステルダムのヤコブ・デ・シルヴェラ宛1736年6月22日付書簡；ASF, LCF, 1953, 在アムステルダムのヤコブ・デ・シルヴェラ宛1742年4月9日付書簡。

94) ASL, CGA: Cause delegate, 2500. ダニエル・マルケス・デ・メディナとリヴォルノのエステル・エルガスの結婚は，1728年にアムステルダムで記録された（Verdooner and Snel 1990-91, 2: 658, 792）。しかし，それはすでに1715年にリヴォルノで挙行されていた。

95) ASF, NMP, Giovanni Giuseppe Mazzanti, 23704, fols. 47r-48r, no.33; ASF, NMP, Filippo Gonnella, 27191, fols. 107v-108v, no.157. 1724年から28年にオランダ東インド会社アムステルダム事務所の販売記録には，ラファエル・エマヌエル・エルガスが総額約6,000ギ

アブラハム・エルガスの姻戚であるフェルディナンドおよびヤコブ・ロドリゲス・シルヴァは，ボルドーからアムステルダムに移住したか，あるいはそこでパートナーシップを組んでいた。アブラハムは彼らに委託代理業務を一度依頼したことがあったが，その仕事ぶりに落胆させられる結果となった。エルガス＝シルヴェラ商会は，1737年の1月に計50カラットの小粒の未加工ダイヤモンドを彼らに船で送り，最適な価格でこの宝石を売却するようにという通常の依頼をした。1か月半後シルヴァ家から，宝石は50カラットではなく48カラットしかなく，「ごく並の品である」と書き送ってきた。彼らが宝石を売却した価格があまりに安い（1カラットにつき8グルデン）ので，エルガス＝シルヴェラ商会では，仲介手数料を支払ったことを後悔し，ダイヤモンドの持ち主であったアルメニア商人はこれ以上彼らと取引することに関心を示さないだろう，と伝えている[96]。

エルガス＝シルヴェラ商会は，より頻繁にヨセフ・デ・ロス・リオスに頼った。ヨセフの一族には，リヴォルノ，アムステルダム，ロンドン，アレッポ，カリブ海に分家があり，また彼は妻を通じて，同商会の創業者であるモーセ・エルガスと関係を持っていた[97]。エルガス＝シルヴェラ商会は，アムステルダムのセファルディム商人のなかから他の通信相手を選んだ。とくに，リヴォルノないしはロンドンとのつながりを持つ者が選ばれた。たとえば，ソロモン・ゴメス（ロンドンのベニヤミン・メンデス・ダ・コスタのいとこ），ヤコブおよびエリヤ・ヌネス・ベルナル，ダヴィデ・オゾリオ・ジュニア，ヨセフ・メディナとその息子たち，モーセ・バルク・カルヴァロ，そしてイサク・ダ・コスタ・アッ

ルダーにのぼるコショウ，コーヒー，安息香，そして木材の販売人としてリストに挙げられている（Bloom 1937: appendix C）。1世代前の1686年から89年のあいだ，イサク・エルガス別名フェルナン・メンデス・エンリケが，スラトにあるオランダ東インド会社の工房からアムステルダムに向けてダイヤモンドを船積みしている（Edgar Samuel, pers. comm., 2005年8月）。ダヴィデ・エルガスという人物が1762年にオランダ領キュラソーで死亡している（Emmanuel 1957: 524）。

96）ASF, *LCF*, 1945, 在アムステルダムのフェルナンドおよびヤコブ・ロドリゲス・シルヴァ宛書簡（1737年1月21日，3月4日，4月1日，7月15日）。

97）ヨセフの兄弟であるアブラハム・デル・リオは1720年にアムステルダムに向けてリヴォルノを出発した（ASF, *MP*, 2474, fol. 422）。エルガス家とデル・リオ家はリヴォルノで通婚を続け，1810年にラケル・エルガスがアブラハム・デル・リオと結婚している（ASF, *NMT*, Giovanni Domenico Ferroni, 31640, no.7）。

ティアスとその息子たちなどである[98]。

　これらのユダヤ人たちは，エルガス＝シルヴェラ商会がアムステルダムで必要としていた業務を提供するのに有利な立場にいた。彼らはレヴァント商品を市場に出すことができたし，ダイヤモンド産業に確固たる地歩を占めてもいた[99]。彼らはまた，エルガス＝シルヴェラ商会のために有利な海上保険証券を入手することができ，また同商会のためにオランダの富くじを購入することも可能であった。オランダの富くじ購入は安全な投資であった。なぜなら，20年後にはあらかじめ決められた利益が生じ，毎年抽選で選ばれた少数の人には，事前投資の償還が認められるからであった[100]。

　18世紀前半，アムステルダムはヨーロッパの主要な商品集散地および金融センターとしての地位をロンドンに譲り渡した。オランダのセファルディムのなかで最も活動的であった者たちは，投資先の一部を海峡の向こうに変更し始めた[101]。当時，アムステルダムのセファルディム

　98）ヤコブおよびエリヤ・ヌネス・ベルナルは，リヴォルノにおけるエルガス＝シルヴェラ商会の出納係であったアブラハム・ヌネス・ベルナルと親戚関係であったらしい（ASF, *LCF*, 1954, fol.1, passim）。アブラハムの息子エリヤはヤコブ・シルヴェラの甥で，アムステルダムに定住し，1741年に同地で早逝した（ASF, *LCF*, 1945, 在フィレンツェのエフライムおよびダヴィデ・カッスート宛1740年11月24日付書簡；ASF, *LCF*, 1953, 在ナポリのアーロン・ウジエル宛1741年2月27日付書簡）。

　99）1720年代にエルガス＝シルヴェラ商会は，ゴア経由で受領したダイヤモンド原石を引き続きアムステルダムに船で送っていた（ASF, *LCF*, 1937, 在リスボンのメディチ＝ベロアルディ商会宛1720年7月1日付書簡，在アムステルダムのヤコブ・ヌネス・ベルナル宛1720年10月14日付書簡，在アムステルダムのヨセフ・デ・ロス・リオス宛1720年10月14日付書簡；ASF, *LCF*, 1938, 在アムステルダムのヨセフ・デ・ロス・リオス宛1721年6月20日付書簡）。エルガス家の他のメンバーも，未加工のダイヤモンドをリヴォルノからアムステルダムへ送り続けた（ASF, *NMT*, 2719, fols. 108v–109r, no.157）。

　100）1722年にヨセフ・ゴメス・シルヴェラはモーセ・ペレイラ・ダ・コスタとイサク・コルドヴァとともに，アムステルダムで富くじ券取引会社を設立した；GAA; *NA*, 8590, fol.234（Cátia Antunesの好意により，このコレクションに対する私の関心が喚起された）。他のリヴォルノのセファルディムとは異なり，エルガス＝シルヴェラ商会はオランダ公債あるいは東インド会社株には一度も投資しなかった。

　101）セファルディムの商人兼銀行家がオランダの商業資本主義，交易パターン，そして金融制度の勃興と確立において果たした正確な貢献は，計測不可能なだけに長いあいだ議論されてきた。その功績を熱心に賞賛するBloom（1937）は，オランダのセファルディムの経済的な役割の程度を過大評価している。対照的にvan Dillen（1935, 1940）は，オランダの黄金期におけるセファルディムの貢献を重要視していない。よりバランスのとれた見解として，Barbour1950：25を参照。17世紀初期のアムステルダムにおけるポルトガル系ユダヤ人

は大半が地中海に背を向けていた。とくに1654年にオランダ領ブラジルがポルトガル領になったあとは，カリブ海に業務の中心が移された。ユダヤ人は1659年にキュラソーで信仰の自由を獲得していた。オランダの砂糖プランテーションへの投資は，急激に増加した。また，いくらか逆説的ではあるが，1713年にスペイン継承戦争が終わるまで，アムステルダムのセファルディムが得た富は，スペインの王権とも結びついており，スペイン皇帝の領土に大量のアフリカ人奴隷を供給していた[102]。

　オランダ経済に対するセファルディムの影響力は1713年を境に低下した。同時に，アムステルダムにおける植民地部門と金融部門も，イギリスに遅れをとるようになった。しかし，オランダはエルガス＝シルヴェラ商会のようなパートナーシップにとって，重要であり続けた。何よりもまず，アムステルダムにはヨーロッパで最大のセファルディム共同体があり，ダイヤモンド産業の中心でもあった。さらに，オランダはレヴァント貿易では弱い立場にあったため，ギリシア人やアルメニア人よりもヨーロッパ北部にコネクションを持つユダヤ人が活躍する余地があった。それでも最も富裕なリヴォルノのセファルディムは，オランダの首都の先行きを考えて，イギリスに関心を向け始めていた。1727年にアムステルダムのヨセフ・デ・ロス・リオスに宛てた書簡のなかで，エルガス＝シルヴェラ商会はフランコ家がレヴァント商品をロンドンに輸出することによって得る利益に注意するよう呼びかけている。彼らはフランコ家に負けまいとしていたが，同じように成功することはけっしてなかった。実際には，2つの商会は仲間というよりもおそらく競争相手であった[103]。

　　　の存在を楽観的に再評価したものとして，Vlessing 1995: 236 を参照。
　102)　Israel 1978, 1983, 1984b, 1987b, 1989b, 2002a.
　103)　ASF, *LCF*, 1939, 在アムステルダムのヨセフ・デ・ロス・リオス宛1727年4月21日付書簡。リヴォルノにおけるエルガス＝シルヴェラ商会とヨセフおよびラファエル・フランコとの少量の取引は，ASF, *LCF*, 1942, fols. 11, 21（借方，1732年2月13日；借方，1732年8月18日）；ASF, *LCF*, 1943, fol.4（貸方，1710年4月10日）に記録されている。

5　ロンドン

　18世紀初期，ロンドンは国際貿易の首位にたっていることを示しつつあった。いっぽうで，とくにオランダ総督オラニエ公ウィレムが1688年に即位したあと，ロンドンのセファルディム共同体は，小さな移民集団から相当の規模の共同体に成長していた。1701年，ベヴィス・マークスに，スペイン系およびポルトガル系ユダヤ人の新しい荘厳なシナゴーグが落成した。大部分のセファルディム家系はアムステルダムからロンドンに移住した人々で，2つの共同体は高度に相互依存を続けた。とくに，ポルトガルで異端審問による迫害が激しくなった1720年代，スペインやポルトガルから避難してくる人々がさらに増えた。リヴォルノやヴェネツィアのより小規模なユダヤ人家系は，息子たちをロンドンに派遣した。エルガス家もそうした家系のひとつであった。1690年代以降，中欧や東欧から来たアシュケナジムの避難民が急速に増加したが，1740年代までは，セファルディムの数を超えることはなかった。
　ロンドンのセファルディムには，公証人，代書人，医者のほかに，海運業者や船主，仲買人，金融業者，商品および金銀の輸出入商人，宝石商とダイヤモンド貿易商，海軍・陸軍の御用商人がいた。しかし，イギリス経済に対する彼らの貢献はしばしば過大評価されていた。それは部分的には，ヨセフ・サルヴァドルが1753年に作成した『祖国愛（Philo-Patria）』と呼ばれるパンフレットによる。このパンフレットは，すべてのスペイン系およびポルトガル系ユダヤ人の帰化を認める議会法を後援するためのものだった。サルヴァドルはセファルディム商人の有益さを主張するために推測を相当誇張した。結局，彼の政治構想は人々の激しい抗議を誘発し，反発を生んだ。現代のもっと信頼できる推計によると，ユダヤ人がイギリスの海外貿易に占める割合は，わずか1-2％にすぎなかった[104]。ユダヤ人はとくにカリブ海およびカナリア諸島との交易に貢献したが，オランダの貿易においてアムステルダムのセファルディ

---

104)　E. Samuel 1966: 133.

ムが果たした役割とは比べものにならない[105]。この限定的な影響力は，人口および財政上の限界と同様に，法的規制によるものである。1697年以降，王立取引所において認可証を持つユダヤ人仲買人の数は，(124人中) 12人に上限が定められていた。イングランド銀行や株式市場への投資は制限されていない[106]。しかし，外国人であるセファルディムは，異邦人であるがゆえに，植民地貿易では不利な立場にあった。セファルディムのなかで最も富裕な者のみが，イギリス臣民になるための非常に長く費用がかかる道を進むことができたのである[107]。

アムステルダムでは国籍や法的地位に関係なく誰でも貿易に参加できたので，ロンドンとの際立った違いは驚くべきものであった。しかしロンドンでは，イギリス東インド会社によって設けられた特例によって，ユダヤ商人はイギリスの遠距離交易のある分野に積極的に参加した。それは，地中海のサンゴとインドのダイヤモンドの交換である[108]。エルガス＝シルヴェラ商会が1740年代にロンドンの代理人との関係を強化した背景には，リヴォルノとの密接な結びつきによって進められたこの交易の存在があった。

ロンドンとの結びつきを強化する際，エルガス＝シルヴェラ商会は，アムステルダムの場合ほど血縁者や親族に依存しなかった[109]。彼らのい

---

105) E. Samuel 1988-90b: 167. Zahedieh (1999:158) の計算によれば，1686年に西インドへ輸出していたロンドンで最大級の22の商社のうち，7社がユダヤ人の商社であった。しかし，この割合は他の時期や他の貿易部門については標準とみなすことはできない。

106) 古典的な研究では，Clapham (1945, 1: 279-82) がイングランド銀行への投資者のなかでスペインおよびポルトガルのユダヤ人の比率が高いことを強調している。最近の計算によると，1712年時点で，外国人，帰化人，ユグノー，クエーカー，そしてユダヤ人は，銀行株主の6％，東インド会社株主の10％を占めていたが，これらの集団に属する人物は，最も裕福かつ活動的な株主のなかにはほんの数人しか見出されない (Carruthers 1996: 156-57)。ロンドンの金融市場に投資したセファルディムの多くは，アムステルダムに居住していた (Furber 1940; Giuseppi 1955-59, 1962)。

107) 裕福なセファルディム商人が二級市民権 (いわゆる letters of endenization) を獲得したりイギリスの完全な臣民となったりした法的プロセスについては，W.S. Samuel 1968-69; Ross 1970-73 を参照。ロンドンにおけるセファルディムの移民たち (市民権を与えられた者を除く) のリストについては，Lipman 1971 を参照。

108) C. Roth 1964: 194, 233; Yogev 1978; Katz 1994: 176-77; Pollins 1982: 42-60.

109) ロンドンにおいてシルヴェラ (もしくはシルヴェイラ) という個人名の存在は1695年の人口調査までさかのぼることができる (Arnold 1962: 111) が，リヴォルノと関係を持つ者は見出されない。アブラハム・シルヴェラは5455年アダル月21日すなわち西暦1695年3月8日にイギリスの首都で死亡した (L.D.Barnett 1962:7)。1736年にエステル・アッティ

とこにあたるヤコブ・エルガスがイギリスの首都に戻り永住したあとは，まったく連絡を取っていない。そのかわり，1717年にディエゴ・メンデスに書簡を送っている。ディエゴは4年間，ロンドンにおける同商会の唯一の通信相手であった。彼は同商会からレヴァント産生糸を買い付け，彼らに海上保険証券を売り，イギリスおよびアレッポにおける商品価格について同商会と情報を交換した[110]。同商会は富くじ券（多くは各10ポンド）も購入しているが，リヴォルノのもっと裕福な（そしておそらく，もっと大胆な）セファルディムたちがしたように株式市場や公債には投資することはなかった[111]。

1740年代，エルガス＝シルヴェラ商会は，ロンドンをレヴァント商品の販路，そしてほかよりも有利な保険料金を得られる場所とみなしていた[112]。しかし，イギリスの首都における彼らの投資の最大の理由は，ダイヤモンドになっていた。顧客や代理人は，著名なセファルディム商人であった。たとえば，ユダ・スピノと息子たち（1721年秋以降），

アス・シルヴェラはヨセフ・マシアスと結婚した（Abecassis 1990-91, 1: 453, 3:395）。1753年にモーセ・ダ・ソーラ・シルヴェラはロンドンで宝石商をしていた（GAA, NA, 10454, fol. 1027）。1789年にモーセ・シルヴェラ・デ・マトスはオロ・ベナムと結婚した（Abecassis 1990-91, 2:15）。1798年にラファエル・シルヴェイラ・デ・サックスはフリーメイソン会員として登録されている（Shaftesley 1973-75: 188）。

110）　ASF, *LCF*, 1937, 在ロンドンのディエゴ・メンデス宛書簡（1717年2月26日，1718年3月4日）。リヴォルノで課された保険料に基づいたFilippiniの計算によると，1765年にユダヤ人貿易商がリヴォルノからロンドンへ輸出した商品の52.73％は絹，31.55％がサンゴであった。1789年に絹の比率はほぼ同じだが，サンゴは輸出のわずか13.07％を占めるのみであった（Filippini 1987: 51-52; 本書第4章注97も参照）。18世紀初期について利用可能な集計データはない。

111）　宝くじは1695年に創設され，大人気を得て1716年までに6％，1717年から1727年のあいだは5％，その後は4％の利益を生んだ（Neal 1990: 14, 51-52）。1711年から1714年のあいだ，イギリス政府は10ポンドの宝くじ券を52万枚，100ポンドの宝くじ券を38,000枚印刷した（R. Dale 2004 :24）。ボルドーのガブリエル・デ・シルヴァのような銀行家でさえ定期的にイギリスの宝くじ券を購入し，イギリス公債からの年金受領権も購入していた（Raposo 1989: 222-23）。

112）　ASF, *LCF*, 1953, 在ロンドンのナタン・レヴィ・ソンシーノ宛1741年2月27日付書簡；在ロンドンのユダ・スピノとその息子宛1741年5月15日付，9月2日付，1742年1月1日付書簡。ASF, *LCF*, 1957, 在ロンドンのベニヤミン・メンデス・ダ・コスタ宛1743年7月22日付書簡。1744年にエルガス＝シルヴェラ商会はロンドンの保険会社に対して民事訴訟を起こした。彼らはフランス国旗を掲げた中立船に積んだ積荷をシリアで回収したいと望んでいた。この船は当初の予定から外れてマルタで停船しており，商品をリヴォルノへ送らないおそれがあった（ASL, *CGA: Atti civili*, 845, no.794）。

ファッロ＝ヌネス商会（1732年以降），レヴィ・ソンシーノ（1734年後半）などである。エルガス＝シルヴェラ商会は，エリヤ・ヌネス・ベルナルに2度（1732年と1734年），ペレイラ＝リマ商会には1度（1732年），書簡を送っている。そのうちに彼らは，共同体における最も有名なメンバーたちからも事業委託を受けるようになった。1741年以降は，彼らの遠い親戚であるベニヤミン・メンデス・ダ・コスタがとくに強力な協力者であった。ディエゴ・メンデス，ユダ・スピノ，ナタン・レヴィ・ソンシーノ，エリヤ・ヌネス・ベルナルとともに，ベニヤミンはロンドンで最も抜きんでたダイヤモンド販売業者のひとりであった[113]。彼は23,000ポンドの預入金を持ち，1725年の時点でイギリス東インド会社株を保有するユダヤ商人のなかでは，フランシス・ペレイラ（114,840ポンド相当の株を保有）に次いで第2位につけていた[114]。ダ・コスタはエルガス＝シルヴェラ商会に助力して，たびたびマドラスにサンゴを海上輸送し，未加工ダイヤモンド，貴石，宝石をロンドンで売却した。エルガス＝シルヴェラ商会はダ・コスタとの取引で，フランシスおよびヨセフ・サルヴァドルの商社にも接近することができた。同商会は，サムエル・ギデオン商会とともに，ロンドンで最も大きな影響力を持つ商社であった[115]。

　要するに，ロンドン向けレヴァント商品の輸出業務をゆっくりと始めたあと，1740年代にエルガス＝シルヴェラ商会は，おもに同地におけるダイヤモンド交易に転身した。彼らはイギリスで最も裕福なセファルディムから支援されていたが，これらの人々とは血縁ではなく，（ベニヤミン・メンデス・ダ・コスタとも親戚としてかすかなつながりしかない），

---

113) Yogev 1978: 41, 73, 109, 118-19, 144-45, 170, 174.
114) Giuseppi 1955-59: 61. 17世紀後半，メンデス・ダ・コスタ家はイギリスでブラジルボクの輸入を事実上独占していた（Woolf 1970-73: 38）。
115) フランシス・サルヴァドル別名ダニエル・イェズルム・ロドリゲスは，ベニヤミンの姉妹ラケル・メンデス・ダ・コスタと結婚した。彼は1754年に死亡した。彼の息子ヨセフ・サルヴァドル（1716-86年）は父親のビジネスを受け継ぎ，アムステルダムのラケル・ロペス・スアッソと結婚してカリブ海貿易とダイヤモンド貿易に投資するいっぽう，イベリア貿易で大きな資産を築いたが，結局は貧困のうちにサウス・カロライナで没した。彼は1750年代と1760年代にイギリスの政策と財政に相当な影響を及ぼした（注104，本書第9章注161を参照）。彼の娘の1人は，アメリカ独立戦争で戦ったフランシス・サルヴァドルと結婚した（Hyamson 1951: 117; Woolf 1962-67）。

経済的利益と同時に広範囲で重層的な社会ネットワークを共有する仲であった。なぜなら，イギリスのユダヤ人は，地中海産サンゴの供給に関して，リヴォルノのユダヤ人に依存していたからである。ロンドンとリヴォルノのセファルディム共同体間で循環する個人と信用の回路は，このように成長し，高い世評を受けるための管理の手段をまちがいなく増やしていたのである[116]。

6 マルセイユ

マルセイユは，リスボンおよびゴアとともにエルガス＝シルヴェラ商会のネットワークにおける重要な結節点であった。ここでは反ユダヤ法によって，彼らはもっぱら非ユダヤ人の代理人や通信相手との取引を余儀なくさせられていた。法的差別によって非ユダヤ人との安定的な関係の創出が不可能になることはなかったが，リスボンやゴアに比べるとマルセイユでは法的な制限の迂回が容易であった。なぜなら，リヴォルノのユダヤ人は，オスマン帝国の集散地ではフランスの外交的保護を享受していたからである。さらに，フランスには異端審問がなかった。フランス人は，マルセイユで商品を売却しようとするユダヤ商人に名義を貸すことを禁止されていた。しかし，レヴァントでフランスの商人や船主がリヴォルノのセファルディムを頼りにしていたのみならず，フランスの絹織物業者も，イギリスの同業者（ペルシア，シリア，ベンガルで原料を調達していた）に比べて南イタリア産生糸により大きく依拠していた[117]。大量のイタリア産生糸が，リヴォルノを通じて輸出された。エルガス＝シルヴェラ商会の側では，サンゴやアメリカ大陸産品（コーヒー，インディゴ，コチニール，そしてとくに砂糖）をマルセイユで購入し，そ

　116）　エルガス＝シルヴェラ商会の通信文書は，ロンドンを出入りする他のリヴォルノのユダヤ人に言及している。このことについては，ASF, *LCF*, 1953, 在ロンドンのナタン・レヴィ・ソンシーノ宛 1742 年 1 月 1 日付書簡および ASF, *LCF*, 1957, 在ロンドンのモーセ・モンテフィオーレ宛 1743 年 10 月 14 日付書簡を参照。商人であるアブラハム・サラと結婚するためにリヴォルノに来たロンドンのキアラ・スピノの遺言書については，ASF, *NMT*, Filippo Gonnella, 27200, fol. 70r-v, no.28 も参照。

　117）　R. Davis 1970: 203-4.

れらをリヴォルノやアレッポで売却した[118]。

　マルセイユの非ユダヤ人との委託代理業は、マルセイユ、リヴォルノ、レヴァントを行き来するフランス船によって情報が簡単に伝わることと、これらの港におけるフランスの商社の存在によって容易になった。実際、マルセイユにおけるエルガス＝シルヴェラ商会の通信相手のなかには地元の商業界で傑出したメンバーも含まれており、全員がレヴァント貿易に基盤をおいていた。たとえば、同商会はキプロスのフランソワ・ブレと1708年に取引を開始し、彼は1719年にアレッポへ移ったあとも、ずっと誠実な代理人であった[119]。20年後、エルガス＝シルヴェラ商会はマルセイユでおもにオノレ・ブレを頼りにしている。他の通信相手として、フーキエ一族とその事業提携者（ロンバール家とドゥドン家）、プルダン兄弟、ルイ・マン、マチュー・マルタンなどがいた。彼らはみな、キプロスに商社か代理人を持っており、なかにはアクレで業務をおこなう者もいた[120]。また、スミルナ駐在のフランス領事ジャン＝アンドレ・ブール[121]、経験豊富な地中海の貿易商であるギレルミ家[122]、ジェラール・イレール・バリグ[123]、スイスのガンペールおよびイサク・ヴェルネ商会[124]、プロテスタントのガスパールおよびニコラ・ソリコフル（もしくはゾリコフェル）[125]、ランダウから移住したキクス家[126]なども通信相手であった。1707年にエルガス＝シルヴェラ商会は、彼らの商業上の業務を、ジョゼフ・ファーブルに申し出るという大胆な試みをおこなった。ファーブルはマルセイユで最も裕福な商人兼銀行家で、商業評議会の元議員であった。また彼は、元オスマン帝国駐在

---

118) ASF, *LCF*, 1957, 在マルセイユのラザル・プルダン宛1743年11月18日付書簡, 在マルセイユのオノレ・ブレ宛書簡（1743年11月18日, 1744年4月24日）。

119) CCM, *AA1801*, J.941.

120) フーキエとドゥドンについては、Carrière 1973：860を参照。エルガス＝シルヴェラ商会はプルダンに、マルセイユにおける彼らの委託代理人モーセ・カッスートの面倒を見るよう依頼している（ASF, *LCF*, 1953, マヌエル・デ・ヤコブおよび彼の兄弟とアンジェロ・レヴィ・ソンシーノ宛1741年5月14日付書簡）。

121) Carrière 1973: 473, 556, 602, 613.

122) Ibid., 95, 242, 294.

123) Ibid., 106, 881, 900.

124) Ibid., 929-30.

125) Ibid., 268, 743, 932, 294.

126) Ibid., 250, 276.

のフランス高官であり，コンスタンティノープルのフランス大使の個人的なことを引き続き取り仕切っていた。ファーブルは，アレッポにあるファーブル＝ミノ商会によってエルガス＝シルヴェラ商会に推薦された。しかし，ファーブルにはコンスタンティノープルに兄弟がいたうえ，マルセイユで守るべき明らかな地位と評判があり，またオスマン帝国全域で広く交際を展開していたため，ついにリヴォルノからの呼びかけに応じることはなかった[127]。

7　リスボン

　ヨーロッパ各地のセファルディム商人は，イベリア半島から追放されたあとも，ポルトガルおよびその領土と密接な商業上の関係を維持していた。しかし，それらの地域における自分の投資や，海外のユダヤ人との交際ゆえに取り調べを受ける可能性のある新キリスト教徒の生命を守ることに注意しなければならなかった。ポルトガルの異端審問が1720年代に最後の破壊的な運動を始めたころから，エルガス家とシルヴェラ家を含む大部分のリヴォルノ系ユダヤ人は，リスボンと交易する際には，改宗ユダヤ人の子孫よりもむしろ外国人の仲介者と取引した。彼らが好んだ代理人は，ポルトガルの首都に支店を持ち，リヴォルノおよびジェノヴァと結びつきを持つジェノヴァやフィレンツェの家系群であった。

　リスボンに送られたエルガス＝シルヴェラ商会の書簡には，首尾一貫した3つの特徴がある。書簡はすべて，ゴアに送られるサンゴの輸送に関しており，それと引き換えにインド産ダイヤモンドをこちらに送るようにという依頼であった。大部分はポルトガルの首都にいるイタリア商人に送られ，ごく一部だけがフランスやオランダの商社に届けられ

---

[127]　エルガス＝シルヴェラ商会の書簡は，"Monsieur Fabre, conseilleur et secretaire du Roi, Maison Couronne de France" 宛になっている（ASF, *LCF*, 1931, 1707年11月25日付書簡）。ジョセフ・ファーブルについては，Fournier 1920: 42–58; Carrière 1973: 78, 106, 254, 305, 804 を参照。

た[128]。また，これらの通信文書には，エルガスという名前ではなく，エンリケ・シルヴェラというような複数の偽名が見られる。この名前は，ポルトガルの古くからのキリスト教徒の姓として通用可能であった[129]。

　18世紀初期，リスボンのイタリア人は，16世紀なかばまで維持していた経済的主役の地位をもはや失っていた。それでもなお，国際貿易の構造変化に適応し，イタリア半島に利となるように地中海市場と大西洋市場のあいだで重要な結節点となった者も，わずかながらいたのである。さらに18世紀には，リスボンはリヴォルノとイベリア半島のあいだで最も重要な交流の中心地であった[130]。当時，ポルトガルの富はもっぱらブラジルに持つ領土から得ており，インドの領土からはそれより少なかった。同時期に，地中海との交易は，食料や手工業品を輸入し植民地産品を再輸出する外国商人の手に渡っていた。こうした外国商人のなかで，イギリスは17世紀なかば以降に交渉によって得た待遇のおかげで，有利な立場にあった[131]。1711年に少なくとも59のイギリスの商社

---

128) 1713年から1744年にかけてのエルガス＝シルヴェラ商会のリスボンにおける通信相手は，発送書簡数にしたがって列挙すると以下の通りである。メディチ＝ベロアルディ商会（82通），ラヴァラ（51通），ラザロ・マリア・カンビアーゾ（36通），メディチ＝ニッコリーニ商会（16通），シュッテ＝ブエス商会（15通），オリヴィエリ＝ヴァン・デン・ブルッヘ商会（12通），アンドレア・マルテルッチ（10通），ステファノ・オリヴィエリ（7通），ローラン・レイソン（5通），バルドゥッチ＝ジュディチ＝ペリーニ商会（4通），ジャンマリア・カンビアーゾ（2通），アントニオ・マンゾーニ（1通），ジャコモ・マンゾーニ（1通）。ローラン・レイソンは18世紀初期のリスボンにおける最も重要なフランス商人で，しばしば他のイタリア人のために仲介人の役割も果たしていた（Labourdette 1988: 29, 667, 670-71, 674）。1740年代にオランダのシュッテ＝ブエス＝レネル商会は，ポルトガルとの交易に従事する裕福なイギリス商人の通信相手のなかに見出される（Sutherland 1933: 24）。

129) エルガス＝シルヴェラ商会の会計帳簿では，リスボンとの取引はさまざまな偽名を用いて記録されている。エルガス＝シルヴェラ商会の名を掲げている書簡は，ASF, LCF, 1957, 在リスボンのメディチ＝ニッコリーニ商会宛1744年11月18日付書簡の1通のみである。フランコ家もまた，リスボンとゴアとの貿易にかかわる公正証書にはユダヤ名を除いている（Filippini 1989; 132n22）。リスボンの貿易商人を受益者としてエルガス＝シルヴェラ商会によってキリスト教徒の公証人のもとでリヴォルノで記名された委任状の大部分は，キリスト教徒的な偽名を用いて記録されている。

130) Filippini 1998, 1: 55. 18世紀後期に，セファルディムのパートナーシップであるダニエル・ボンフィル商会はリスボンからヴェネツィアに相当量の植民地産品を輸入している（G. Levi 1997: 240）。

131) 1642年以降，イギリスはポルトガルとの友好的な商業協定に署名した。1703年のメシュエン条約はその頂点をなすものである。同条約は，ポルトガルに輸入されるイギリスの織物と羊毛製品，およびイギリスに輸出されるポルトガルのワインを関税免除とした

がリスボンで活動していた。彼らはリスボンで，イタリアから奢侈品，地中海周辺から穀物と米を輸入していた。それらと交換するかたちで，ブラジル産砂糖とタバコ，インド産香辛料，アメリカの金銀塊がリヴォルノ，ジェノヴァ，ヴェネツィアへ輸送された[132]。フランス人は一度もポルトガルと条約を締結しなかった。リスボンでは伝統的にオランダ人は人気がなく，ハンブルクの人々は自分たちを支援してくれる強力な国家を持たなかった。こういった事情のおかげで，イタリア人はポルトガルと出身地のあいだの交易に参入することができた。

　1674年にトスカーナ大公国政府は，リスボン港に穀物，米，アニス，ヘーゼルナッツ，生糸，高級絹織物，あらゆる種類の布地，少量の綿，ミョウバン，紙，ガラス，絨毯，蠟，鋼を輸送する船舶の数について，私有船が20隻，その他の船舶が多数と記録している[133]。1728年にリヴォルノ駐在のヴェネツィア領事は，リヴォルノ港からリスボンに輸出される商品として，米，穀物，大麦，ソラマメ，紙，レヴァントの生糸，フィレンツェ，ボローニャおよびジェノヴァの絹織物を挙げている。また，リスボンからの輸入品として，ブラジルの砂糖，カカオ，茶，シナモン，磁器，タバコ，ダイヤモンドを挙げ，とくにジェノヴァ経由で密輸入されてフィレンツェの鋳造所に売却される金の重要性を強調している[134]。2年後，ある無名の作者によって，イタリア人はイギリス人に次いで大きな商社をもち，そのうちの数社だけでフランス全体よりも大きな取引量を誇っていると記録されている。この作者によると，イタリア人はあらゆる種類の絹織物，紙，シチリアとサルデーニャの穀物，ヴェネツィアとピエモンテ地方の米，磁器，ガラス，そして大量の未加工および研磨済みサンゴをゴアに送っていた。また，壮麗なロレートの聖母教会が，リスボン在住のイタリア商人がつくる信徒団の集会所になっていると記されている[135]。

(Lodge 1933; Fisher 1971, 1981)。
　　132) Fisher 1981: 23-25.
　　133) ASF, *Carte strozziane*, serie 1, 106, fols. 158-78, 182-90.
　　134) Guarnieri 1962: 613-14.
　　135) *Description de la ville de Lisbonne* 1730: 249-50, 227-28. 1716年に在リスボンのフランス領事もロレートの兄弟会およびそれに加わる商人の健全さについて述べている（ANP, *AE*, B/III/385, "Mémoire sur les consuls nationaux établis en Portugal"）。

16世紀なかば以降のリスボンにおけるイタリア商人共同体に関してほとんど知られていないため，この簡潔で作者不詳の記述の日付や内容はとくに重要である。14世紀ととくに15世紀には，ポルトガルの海外発展に対して金融資本，技術上の知識，市場用の資金を提供したのは，（おもにジェノヴァ人とトスカーナ人からなる）イタリアの航海者，商人，銀行家であった。しかし，ポルトガルの首都にいたイタリアの商人および金融業者は，16世紀初期までにヴェルザー家やフッガー家といったフランドルやドイツの競争相手にしだいに取って代わられた[136]。そして16世紀なかばにはイタリア商人の黄金期は終焉したが，リスボンにおける彼らの共同体が力を失ったわけではなかった。

イタリア商人のグループは，経済的な影響力が衰えるにつれて，宗教的な組織の周辺で集団としてのアイデンティティを形成し始めた。1521年に（メディチ家出身の）教皇レオ10世は，信徒団を組織しひとつのネイションとして「イタリア人」を代表する聖堂を建設する許可をイタリア商人に与えた[137]。リスボン在住のイタリア商人は全員ロレートの兄弟会への入会が求められ，輸出入にかかわる少額の税金を同会に納めた[138]。寄付者として，1672年には97人もの名前が記録された。そのうち，ジェノヴァ人は49人，フィレンツェ人は21人，ヴェネツィア人，ミラノ人，ローマ人，トリノ人が各4人から5人，ナポリ人が

---

[136] Verlinden 1957; Rau 1957, 1966.
[137] （おそらく，フェリペ2世に仕えてリスボンで活躍した名高い建築家フィリッポ・テルツィの助力で）1577年に完成した最初のロレートの聖母教会は，1651年に焼失した。(1676年に完成した）新たな教会は1755年の壊滅的な地震に耐え，今日ではリスボン中部に残る当時の稀少な建築物のひとつとなっている。1523年にイタリア商人たちが，同教会を教皇の直接的な庇護のもとでローマのサン・ジョヴァンニ・ラテラノ教会の傘下におくことに成功した（Ataíde and Meco 1986）。
[138] 税金は通常0.25％に定められていたが，教会再建の資金調達を目的として1651年から1719年のあいだに0.5％まで引き上げられた（Albini 1982）。Albiniはリスボンにあるロレートの聖母教会の教区記録について記述した最初の研究者である。それらの記録はもっぱら教会の建築面での改修および芸術作品にかかわる資金調達の文書で構成されているが，会計検査，遺言書の写し，および有力商人の裁判文書も含まれている。私はこれらの教区文書を1997年と2001年に調査した。私の訪問中に，1人の客員研究員がコレクションの再分類を開始したが，その作業は完成していない。そのため，古い目録にしたがって文書を追跡することが常に可能であるわけではない——それゆえに本書の注では，古い分類（o.c.)，新しい分類（n.c.）と示されている。

1人のみである[139]。1719年には，ロレートの信徒団の新しい規約に145人が署名している[140]。

当然のことながら，法的見地からはイタリア人というアイデンティティは存在しない[141]。個々の「イタリア人」は，帰化したポルトガル人であるか，イタリア半島各地の国家のいずれかに属する人々であるかのどちらかであり，後者の場合には，各々の領事や外交代表の司法権のもとにおかれていた。このように重複したアイデンティティが持つ曖昧さは，公的な用語に反映されている。つまり公的な用語には，包括的な呼称（「イタリア人」"nação italiana"）と特定の分類（「ジェノヴァ人」"nação genovêsa"，「フィレンツェ人」"florentina"，「ミラノ人」"milanêsa" など）の両方が含まれている。こうした曖昧さによって，信徒団の主要な役職の掌握をめぐって異なる国に属するグループのあいだで緊張が生じ，ときには信徒団と領事の対立もみられた[142]。さらに，行政および財政上の自主独立体としてのイタリア人ネイションと，ロレート聖堂を基盤とする宗教的な兄弟会としてのイタリア人の特権のあいだの関係はもっと曖昧であった。たとえば，リスボン駐在の教皇大使が兄弟会に対して新しい

---

139) これらの人々のうち9人は出身地不明である（NSL, Caixa VII, no.42.1 [o.c.]）。1674年付のトスカーナ大公国臣民による世界中の商人のパートナーシップ一覧では，リスボンについては3件しか含まれていない。そのうち3人はロレートの信徒団の名簿にも現れている（ASF, *Archivio Magalotti*, 225, fols. 331-333）。ポルトガルでは私的なビジネス文書は非常に稀少で，ロレートの教会文書は貿易の詳細に関して貧弱であるので，仮にポルトガルの情報源のみを通して分析するならば，リスボンに居住するジェノヴァ商人とトスカーナ商人の活動を十分に再構築することは不可能であろう。加えて，異端審問所が実施した3世紀以上に及ぶ広範な監視によって，異端審問所自体が作成した文書以外は，新キリスト教徒と本来のキリスト教徒とのあいだの関係を示す大部分の痕跡は消し去られてしまった。それゆえ，エルガス＝シルヴェラ商会のビジネス通信文書とリヴォルノの他のセファルディムの公証人文書は，他のどの文書よりも，リスボンに在住したイタリア商人の活動を明らかにしてくれる。

140) NSL, Caixa XI, no.14 (o.c.)/ Caixa V, no. 13 (n.c.).

141) この事実は，近世のリスボンにおけるイタリア人共同体に関する，より古く，より国粋主義的な研究において無視されてきた（たとえば，Peragallo 1904）。

142) たとえば1729年にリスボンのトスカーナ商人は，ジェノヴァの領事がスペイン王女とポルトガル王太子の結婚の祝賀を助成するために課そうとした税金の支払いを拒否した。彼らは，その税金はイタリア人共同体全体がひとまとめのアイデンティティで表現される行事に資金援助するためのものであり，それゆえに領事ではなく教会によって課税されるべきであると強く主張した。"Memorie e rissoluzioni di tuta la nazione italiana dopo l'incendio della chiesa in 1651 respetive la compagnia della nazione sopra l'archi trionfali, "（NSL, Caixa 1, no.16（o.c.））。

規約の制定を求めたとき，ジェノヴァの領事は，大使はそのような要求を押しつける司法権を持たないとして，これに反対している[143]。

異なる見解を持つ研究者もいるが，15世紀までにリスボンのイタリア人がすべて完全に同質化していたわけではない[144]。実際のところ，イタリア人男性のなかには，他の外国人と同様，ポルトガル人女性との結婚や王から与えられた特権によって帰化した者もいた。また，ポルトガル貴族の地位に加わった者も少数いたが，たいていは聖職に就いたことによるものだった[145]。こうした長期滞在者のなかで最も富裕な者は，ポルトガルの公債や商社（たとえば，ジェラル・ド・グラン-パラ・エ・マラナン商会）に投資したり，不動産を所有したりしていた[146]。しかしほとんどの場合，故郷との絆は断ち切られなかった。逆に多くのイタリア商人は，ポルトガルとイタリアの港町のあいだで，仲介者という自らの適所をきちょうめんに開拓し続けた。リスボンと故国のあいだを行き来して，ポルトガル語とイタリア語の両方の話し言葉を流暢に使い続けた者もいた。貴族であるパオロ・ジロラモ・メディチは，リスボンでエルガス=シルヴェラ商会と頻繁に通信文書を交わしていたが，フィレンツェにいてパオロの商売の一部に投資している兄弟のトンマーゾ・ガエターノと親しく連絡を取っていた[147]。1737年にパオロはポルトガルにおける

---

143) ASF, *MP*, 6358, pt. 2（1690年7月25日）。

144) Jacques Heers (1960; 143, 1961: 487) は，リスボンに移住したジェノヴァ人は，セビリャに定住してジェノヴァとより深い結びつきを維持した人々とは異なり，"une mentalité Atlantique" を受容したと主張している。Marco Spallanzani (1997:35) も，フィレンツェ人はしだいにポルトガルの文化を受け入れてフィレンツェの文化を忘れたと述べている。

145) 15世紀後期については，Rau 1982: 209 を参照。17世紀にジェノヴァのホアン・トマス・ゲルシは高名なキリスト騎士団会員の地位を求めた少数のリスボン在住のイタリア商人のひとりであった。彼は1685年に騎士団入会を許された。ゲルシとその息子および兄弟については，ANTT, *Habilitações da Ordem de Christo,* letra J, maço 93, no.96; ANTT, *RGT,* livro 29, fols. 99v-102r, livro 107, fols. 1v-3v; NSL, Caixa XII, no.130 (n.c.) を参照。17世紀ポルトガルの軍事騎士団については，Dutra 1971; de Olival 2001 を参照。

146) 18世紀後半のリスボンにおけるイタリア人とその他の外国人の商人共同体については，Pedreira 1995: 226-30 を参照。

147) JFB, 1726 fMe, fol. 139v. トンマーゾ・ガエターノ・メディチが1745年にフィレンツェで作成した遺言書が証明するように，彼は個人的には貿易に従事していなかった（ASF, *NMT*, Filippo Boncristiani, 25838, fols. 36v-45r, no.26)。しかしトンマーゾは，リスボンにおける彼の兄弟（および他の人々）の合資会社を援助した（本書第5章注55参照）。

トスカーナの外交代表に指名されている[148]。いっぽうでパオロは，リスボン在住のフィレンツェ貴族ルイジ・ニッコリーニと共同で私的な商業取引を続けていた。ルイジもときどきフィレンツェに通っていた[149]。エルガス＝シルヴェラ商会のリスボンにおける代理人のひとりであるエネア・ベロアルディも，1688年にフィレンツェで生まれた貴族で，フィレンツェに2人の兄弟がいた。1704年にポルトガルがスペインとフランスに宣戦布告をしたのち，ベロアルディは5年間リスボンを離れてジェノヴァで取引をしていた[150]。リスボンに戻るとすぐ，ベロアルディはパオロ・ジロラモ・メディチとパートナーシップを組み，1722年から1737年のあいだ，イタリア，ポルトガル領インド，ブラジル，スペイン領アメリカと交易した[151]。彼は独身で子供を持たなかったため，資産の大半をフィレンツェにいる甥のネーリ・ドラゴマーニに遺した[152]。リスボンにおけるエルガス＝シルヴェラ商会の通信相手には，ほかにジェノヴァ出身のラヴァラ一族もいた。彼らもまたポルトガルに根を下ろしていたが，故郷に親戚や資産を持っていた[153]。エルガス＝シルヴェラ商会はまた，リスボンのカンビアーゾ一族の事業にも頻繁に頼っていた。この一族は，ジェノヴァにおける同商会の通信相手のひとつであっ

---

148) Ghilardi 1994; ASF, *Segreteria e ministero degli esteri,* 2240（1737年2月4日）。

149) JFB, 1726 fMe, fol. 98v.

150) NSL, Caixa IV, no. 4.8（o.c.）/ Caixa IV, no.13（n.c.）。

151) 数人のフィレンツェ貴族によって1722年と1736年に資金が投資されたおかげでパートナーシップが組まれた。このパートナーシップは1737年に大損失を被った。ベロアルディはパートナーの割り当て分と債権を買取り，単独で活動を継続した。彼はフランシスコ・ピネイロとともにスペイン領アメリカ（カルハ・デ・リマ，ベラ・クルス，カルタヘナ）との交易およびリスボン・ブラジル間の交易に従事した（Lisanti 1973: cxxxi; Donovan 1990: 160, 162）。

152) ベロアルディは1748年11月29日にリスボンで死亡した。彼の遺言書によって，彼の男系子孫が断絶した場合，その資産はリスボンのロレート教会に移譲されると定められた（ANTT, *RGT*, livro 244, fols. 1r-5v）。1855年にその事態が発生すると，彼の遺言書のイタリア語訳が作成された（NSL, Caixa XIII［n.c.］）。

153) ジェノヴァとの緊密な結びつきは以下の人々の遺言書に示されている。ベント・ラヴァラ（1685年），ペドロ・フランシスコ・ラヴァラ侯（1717年），ヨセフ・ラヴァラ（1721年），ラヴァラ侯夫人アンナ・マリア・グイド（1753年）。これらの遺言書はすべてリスボンで作成された。ANTT, *RGT*, livro 99, fols. 118v-119v; livro 150, fols. 187v-190v; livro 166, fols. 106v-109v; livro 258, fols. 74r-77r を参照。1780年代にフィリッポ・ヴィットリオ・ラヴァラなる人物がマドリードでジェノヴァ人投資家の委託代理人となっている（Felloni 1971: 88）。

た。
　こうした相互に接続し地域を超えるネットワークの存在によって，異なる共同体に属する商人たちは，新キリスト教徒とユダヤ人のあいだのビジネス上の結びつきが安全でもなく，またおそらく望ましいものでもないとする背景のなかで，信頼に足る委託代理関係を発展させる能力を向上させた。エルガス＝シルヴェラ商会のリスボンにおける投資はサンゴとダイヤモンドの交換に限定されていたが，彼らの代理人はリスボンで他の多くの金融および商業活動に関係していた。それらの活動は，リヴォルノ系ユダヤ人に対するエルガス＝シルヴェラ商会の魅力を高めた。さらにエルガス＝シルヴェラ商会は，リスボンでも，そのほかでも，同じ港町で複数の代理人と協業することによって，競争を促したり均質化を図ったりしながら，代理人たちを互いに競わせる立場にあった。最後に，最も重要なことは，リスボンにいる同商会のジェノヴァ人とフィレンツェ人の通信相手が，リヴォルノおよびジェノヴァと多角的かつ重層的に結びついていたことである。こうすることで彼らは，不利な立場におかれた他のセファルディムからつまはじきにされないよう苦心していたのである。

8　ゴ　ア

　エルガス＝シルヴェラ商会がリスボンに発送した封筒には，インド航路を行く船でポルトガル領インドの首都に送られた計86通の書簡が同封されていた。これらの通信文書もまた，サンゴとダイヤモンドのバーター取引にかかわるものであった。しかしこの場合，書簡はヒンドゥー教徒の商人宛てになっており，その全員が傑出したサラスヴァティ・カーストのメンバーであった。このような通信相手を選んだ理由は，新キリスト教徒が異端審問によって壊滅状態になったのち，遠距離交易のいくつかの部門を含むゴアの経済においてサラスヴァティ階級が獲得していた卓越した役割によるものであった。
　17世紀初期まで，シルヴェラ一族のメンバーはゴアに自前の商社を持ち，そこから大量のダイヤモンドをリスボンに送っていた。100年後

には，ゴアに個人的なつながりはなくなっていた。1560年，ゴアに異端審問法廷が設立されると，しだいに同法廷は新キリスト教徒を標的にするようになった。新キリスト教徒は，インドへの渡航を禁じた1532年の禁令に反し，インド洋におけるポルトガルの商業・外交上の冒険事業に活発にかかわっていた。国家と教会による抑圧は，1620年代に激しさを増した[154]。イエズス会その他の宗教団体は，ポルトガル王室の支持を得て土着の人々の改宗も試みた。しかしアジアでは，有能なポルトガル系住民は少数で，ポルトガルの軍事力や経済力は弱体化しつつあったため，あらゆる経済活動において非キリスト教徒を差別する法を守らせることは不可能であった。あるポルトガル人の試算によると，1635年ごろにゴアの海上貿易への投資の70％は非キリスト教徒によるもので，大部分はヒンドゥー教徒であった[155]。この時期，ヒンドゥー教徒は宗教的実践の自由を奪われ高位の官職から追われるいっぽうで，ゴアとその周辺でポルトガルによって徴収された非農業収入のうち80-90％をコントロールしていた。サラスヴァティ・カーストによって集められた分だけで，この収入の約半分に達した[156]。サラスヴァティはポルトガル人にとっても不可欠の存在であり，インドの政治支配者との交渉において，とくにマラーターたちが1680年代と1740年代にゴアの存在を脅かしたときには，外交官の役割を務めた[157]。

　18世紀前半に，ゴアの経済は衰退の兆候を示す。17世紀後期のヨーロッパ人旅行者は，この都市が力と威光を失っていると述べ，ヒン

---

　154) 1623年と1627年に，すべての新キリスト教徒を本国に送還すべしという王令が発布された（Rego 1981: 67）。ポルトガル領インドのカトリック化全般については，Fischel 1956-57; Boxer 1969: 65-83, 228-48; Cunha 1995を参照。E. Samuel（1978-80: 14）には，1670年代以降，アムステルダムのセファルディムはゴアで新キリスト教徒の委託代理人を雇うことをおそれていることが見出される。

　155) De Souza 1975b: 442.

　156) Pearson 1972; de Souza 1975a: 32. サラスヴァティは元来，ゴア南方のカナラ海岸出身の成功した商人集団であった。カナラ海岸は16世紀後半にポルトガルによって占領された（Subrahmanyam 1990: 260-65）。

　157) Pissurlencar 1952: lii-lv, 1953-57, V: 528n. 18世紀のゴアにおけるカトリック信者とヒンドゥー教徒の日常的な関係については，Lopes 2001を参照。サラスヴァティについては，Wagle 1970; Conlon 1977; Pearson 1981を参照。Pearsonは，Conlonの言う「サラスヴァティ・バラモン」はゴード・サラスヴァティ・バラモン・カーストにおける小規模なサブグループを形成していると述べている（111-12 n5）。

ドゥー教徒が果たしている役割にも強い印象を受けていた。1674 年にカレ神父は、「もしヒンドゥー教徒や異教徒がここに住むことを許されたなら……ポルトガル人は、それは神に対する冒瀆だとかつては信じていた……。しかし、前任の副王〔サン・ヴィンセンテ伯、1668 年に死去〕は、この町は商人や貿易商がいないために荒廃しつつあると考えており、それゆえ彼は商業を再建するために地元のヒンドゥー教徒や商人が出入りすることを許可したのである」[158]。

現代の研究者の見解は、ポルトガル領インドの衰退は、ヒンドゥー教徒商人や金融業者、とくにグジャラートのバニヤンとゴアのバラモンによる私的貿易の拡大と並行していたことで一致している[159]。より広い範囲でインドとヨーロッパの貿易商人のあいだでみられた協業の特徴や結果については、さほど一致した見解がない。ホールデン・ファーバーやその他の研究者は、インド亜大陸におけるイギリス帝国の支配に先立つ時期を、ヨーロッパ商人と地元商人とのあいだの「パートナーシップの時代」と呼んでいる[160]。対照的にサンジャイ・スブラフマニヤムは、「抑制された紛争の時代」と呼ぶ時期に、ヨーロッパ人が持ち込んだ暴力の段階的拡大を指摘している[161]。地元の織物製造業者とヨーロッパの特許会社のあいだを仲介するインド商人が、地元の織物職人以上に自立性を喪失していたという事実を嘆く研究者もいる[162]。私が検討した史料では決定的な証拠は得られなかったが、実際には、18 世紀のゴアにおいて、サラスヴァティ階級がヨーロッパ商人の存在に大きく依拠していたことが示されている。同時に、ユダヤ人とヨーロッパの商人も、彼ら以上とまではいかなくとも同程度には、こうしたヒンドゥー教徒商人の専門知識と信用により大きく依拠しており、また、彼らの事業操作の影響を受けやすかった。

エルガス゠シルヴェラ商会がポルトガル領インドの首都で最も定期

---

158) Fawcett 1947, 1:217.
159) Boxer 1980: 43, Disney 1986; Pearson 1990; Pinto 1990. インド洋におけるヒンドゥー教徒および他の現地商人の共同体については、Pearson 1981; Habib 1990; Subrahmanyam and Bayly 1990; Das Gupta 2001 を参照。
160) Furber 1969; Kling and Pearson 1979. Scammell 1988 も参照。
161) Subrahmanyam 1990: 252-59.
162) Arasaratnam 1986.

的に取引した代理人は，ゴパラ・カモティンとその息子フォンドゥおよびニレアであった。カモティン家はおそらく当時ゴアで最も富裕な一族で，通訳，外交顧問，コショウ・塩・葉タバコ・嗅ぎタバコの国家請負人，要塞の納入業者，関税・租税の徴税人，船舶の納入業者，仲買人としてポルトガル人にサーヴィスを提供していた。彼らはまた，ヨーロッパ人やインド洋沿岸の権力者たちと，奴隷や各種の商品を交易していた[163]。カモティン一族の男性は，非常に強力な社会的立場にあったので，自分たちが乗る籠を運ばせるのにキリスト教徒の荷担ぎ人を雇うほどだった。こうした行為は植民地の身分秩序を脅かすものであり，1731年にゴアの大司教がキリスト教徒の荷担ぎ人を破門する結果を招いた[164]。サラスヴァティ・カーストの他のメンバーもまた，エルガス＝シルヴェラ商会と取引していた[165]。リスボンと同じくゴアでも，在地経済の状況や個々の代理人の信頼度に関する情報は少なかったが，エルガス＝シルヴェラ商会は代理人を頼りにしていた。これらの代理人たちは，概して互いをよく知っており，彼らのあいだの競争は，リヴォルノから彼らを隔てているかなりの距離と情報の不均衡にもかかわらず，正直に行動しようとする動機となった。

　エルガス＝シルヴェラ商会は，ゴアに送ったサンゴと引き換えに，インドのダイヤモンドを求めた。ダイヤモンドが手に入らないときは，ルビー，綿織物，地元産品（インディゴ，シェラック，コーヒー，コショ

　163）　ゴパラおよびフォンドゥ・カモティンを含むカモティン家の多くの分家は，18世紀前半に村落の課税，土地所有，ゴア周辺地域におけるポルトガル人の代理としての海上貿易などで役割を果たしていた。これらの役割については，彼らがポルトガル領インドの財政評議会に提出した請願によって評価可能である。たとえば，HAG, *PDCF*, 1133, fols. 5r, 63r, 69v, 134v, 162v; 1138, fols. 4r-v, 15v, 37r-38r, 41r-v, 51r-v, 62v-63r, 81v-82v, 96v, 158r; 1139, fols. 28r, 30, 65r, 146r-v, 163r, 177v, 203r-v, 207r; 1140, fols. 65r-70v, 176r-v; 1147, fols. 134r-v; 1148, fols. 198v-199r, 265r-267v. カモティン家は，絹その他の織物を販売する店舗もゴアで所有し経営していた（HAG, *PDCF*, 1139, fols. 198v-201v）。カモティン家の経済活動については，Pearson 1972; de Souza 1989; Pinto 1994: 53-56 も参照。ポルトガル領インドにおける公式通訳としての彼らの役割については，Pissurlencar 1952: xliii, lv, lvii, 1953-57, 5:62, 528n, 536-37, 555-57 を参照。

　164）　Priolkar 1961: 141.

　165）　ゴアにおけるエルガス＝シルヴェラ商会の通信相手には，Hari and Panduranga Parubu, Regolato Belacrisme, Panduranga and Sedaxiva Naiques（ポルトガル語ではナイクNaik），Babuxa Quenny がいた。公式通訳としてポルトガルを補佐していたナイク家は，ヴァサイー出身のバラモンの家系である（Pissurlencar 1952: l, lii）。

ウ，その他の香辛料，薬品など）を求めた[166]。1743年のような最悪の年には，彼らは同じ船で運んだダイヤモンドの3倍の価値の織物を受け取っている[167]。

　当時は，ゴアとゴアの海外貿易にとって苦しい時期であった。ポルトガルの商業活動は，他のヨーロッパ勢力の追い上げを受けていた。それに加えて，1736年には周辺地域がマラーターの攻撃にさらされている。1739年3月，フォンドゥ・カモティン商会は兵士と聖職者の集団に略奪された。掠奪者たちは，多額の現金，ダイヤモンド，金細工品，高級織物を奪っていった。6か月後，カモティンは戦争中に航海の中断によって生じたさらなる損失について訴えを起こした。1742年になってもなおカモティンは，彼の事業の結果はマラーターの勝利のせいであると嘆いている[168]。軍事面での崩壊がゴアにおけるダイヤモンド貿易を弱体化させるにつれて，リヴォルノのセファルディムはしだいにイギリス管理下にあるマドラスにサンゴを送るようになった。エルガス＝シルヴェラ商会の書簡は，ゴアにいるヒンドゥー教徒の代理人が無能であるとか信用できないとかいうよりも，むしろインド洋における軍事衝突と勢力バランスの変化が，このような方向転換の原因であったことを示している。ポルトガル領インドにいる特定の商人たちは，他のセファル

---

166) エルガス＝シルヴェラ商会はカモティン家への手紙のなかで，良質のダイヤモンドあるいはルビーが入手できない場合は，インディゴ（1717年1月18日，1717年12月24日），コーヒーもしくはコショウ（1718年1月17日，1719年1月2日），コショウのみ（1739年2月16日），シェラック（1719年1月29日，1730年2月7日，1731年2月1日），ないしは上質の織物（1713年1月20日）を求めている。ASF, *LCF*, 1935, 1937, 1941, 1945 を参照。1743年に彼らは南インドから少量の *folha do Balagate* と呼ばれる薬品を受領している（ASF, *LCF*, 1953, 在リスボンのシュッテ＝ブエス商会宛1742年8月27日付書簡）。18世紀後期にも，カモティン家は依然としてヨーロッパ人とサンゴを取引しており，ある程度成功していた（Carreira 1991）。

167) ASF, *LCF*, 1953, 在ゴアのフォンドゥ・カモティンとババサ・クエニー宛1743年3月13日付書簡。インド綿の大部分はリスボンで売却され，ダイヤモンドは船でリヴォルノへ送られた；ASF, *LCF*, 1957, 在リスボンのシュッテ＝ブエス商会宛1743年4月22日付書簡。

168) HAG, *PDCF*, 1135, fols. 80r–81v, 84v–85v; 1140, fols. 53r, 96r–v; 1143, fols. 19r–20r; 1148, fols. 271v–273r; 1149, fols. 260v–261v. 1739年に13万セラフィムを盗まれて，カモティンは罰金として同額の支払いを強制された（Pissurlencar 1957: 277–81, 302）。それに比較して，裕福なイエズス会は合計10万セラフィムを寄付している。Pearson（1990: 154）は，フォンドゥ・カモティン（フォンドゥ・カマト）はイエズス会よりも裕福であったが，イエズス会ほど愛国的ではなかったにちがいないと推測している。1755年のリスボン大地震の際，カモティン家は96,000セラフィム相当の商品の委託を失った（de Souza 1985: 935–36）。

ディムとのあいだにも個人的な絆や信用関係を広げていた。こうした商人を選んで定期的に書簡を交換することで，エルガス＝シルヴェラ商会は，まず顔を合わせることもなく自分たちに社会的義務も負わないような委託代理人に対して，適切かつ公正な処遇を十分に期待できた。

　エルガス＝シルヴェラ商会の経済活動および事業戦略は，リヴォルノのユダヤ人仲間のものと非常によく似ていた[169]。彼らは，アムステルダムのセファルディムとは異なり，大西洋商業の勃興には間接的にかかわっていただけである。彼らの活動は地中海の内部に限られていたわけではなかったが，中核は地中海にあった。エルガス＝シルヴェラ商会は，おもに綿糸や綿織物をアレッポやキプロスから輸出し，これらの商品をリヴォルノで外国商人に売却するか，あるいは他のレヴァント商品やイタリア産品と合わせてヨーロッパ北部に再輸出した。アレッポには，手工業製品や植民地産品などのさまざまな積み荷を船で送った。北アフリカとの交易にはごく小規模なかかわりしか持っていない。サンゴとダイヤモンドの交換を通じて，彼らは古代から続く地中海とインド洋のつながりを活発に維持していた。

　セファルディムのような交易に従事するディアスポラにとって，新しい市場に参入する機会が無限にあるわけではなかった。しかし，港町にほかのユダヤ人がいなかったり非常に数が少なかったりした場合，あるいは統治者の政府が敵意を持っている場合でも，ニッチを開拓したり信用できる代理人を見つけたりできるかぎり，思いとどまることはなかった。エルガス＝シルヴェラ商会の商業ネットワークを綿密に調査してみると，専門に扱う商品および彼らが受けた制度的な保護において顕著な異種混交性を示している。彼らは，必要な外交的支援をヨーロッパ諸国から確保できる場所（レヴァント）だけでなく，国家による保護が弱い場所（リスボンやゴア）でも貿易をおこなった。こうした多様性にもかかわらず，委託代理人の活動のしかたは，形式的にも実質的にも，どこでも同じであった。

---

169) この見解は，とくに Filippini 1998 で集められた二次文献だけでなく，リヴォルノを拠点とするユダヤ人商人の公証人文書（とくに委任状）に関する，体系的ではいないとしても詳細な分析に基づいている。

エルガス゠シルヴェラ商会は，支配的な力は持たなかったが，集中的にセファルディムのネットワークに入り込んだ。とはいえ，ヴェネツィアやジェノヴァのような近隣の港町では，遠く離れたヨーロッパ北部の首都におけるよりも多様な貿易をおこなった。ヴェネツィアとジェノヴァでは，必要なサーヴィスを提供しうる立場のユダヤ人を頼ったが，同様にキリスト教徒の商人とも持続的な代理人関係を保っていた。リヴォルノのセファルディムは，ヴェネツィアの貿易商人に対して，紙やガラス製品といったアレッポで需要が高い商品の供給や金融仲介業務と引き換えに，レヴァント市場における代理業務を提供した。ジェノヴァの機能はサンゴの購入とレヴァント商品販売の中心地というだけではなく，砂糖やタバコなど大西洋貿易の商品を輸送するすべての船舶の寄港地でもあった。さらに，エルガス゠シルヴェラ商会と取引のあったジェノヴァ人は，リスボンに親族や商業面での結びつきを持っていた。個別の商人共同体のメンバーは，このように複合的な関係性によって，はるかな距離を超えて結びついていたのである。

　18世紀初期，リヴォルノのセファルディムにとってヨーロッパ北部で最も関心のある場所は，アムステルダムからロンドンに移り始めた。セファルディムの商人や金融業者は，ロンドンではアムステルダムに比較すると周辺的な経済的位置づけのままであった。しかし，リヴォルノのユダヤ人との結びつきを発展させることで，少なくともひとつの重要な分野において，大きな影響力をふるっていた。それは南アジア市場向けのサンゴのビーズの輸入である。エルガス゠シルヴェラ商会は，イギリスの首都にいる最も有名なセファルディムと取引していた。複合的な関係は，リヴォルノ，アレッポ，アムステルダム，ロンドンを結ぶセファルディムの集団間ではいっそう濃かった。そして，エルガス゠シルヴェラ商会は，こうした複合的な関係によって，ヨーロッパ北部に移住した息子や甥たちではけっして得られない専門的知識や人脈や資金を有するユダヤ人を頼ることができたのである。

　本章では，リスボンとゴアでエルガス゠シルヴェラ商会のために業務をおこなっていた多様な委託代理人の確立された地位について考察した。第9章では，リヴォルノの他のセファルディムの代理人としても働くヒンドゥー教徒とエルガス゠シルヴェラ商会が，いかなる方法で長

期的なビジネス上の関係を発展させえたかについて説明する。サンゴとダイヤモンドの交易に従事していたセファルディム商人は，けっして正式な会社組織をつくらなかったが，彼らのグローバルな相互依存によって，外部の者とも取引することができた。シルヴェラ一族は，リヴォルノとアレッポに本拠地をおき，異端審問によって新キリスト教徒がポルトガル領インドから追放されたのちは，もはやゴアや南アジア，極東のいかなる場所にも親戚がいなかった。エルガス＝シルヴェラ商会は，ポルトガル国家の保護を受けることもできなかった。それでもセファルディム間の強い絆とゴアのヒンドゥー教徒との弱い結びつきは，エルガス＝シルヴェラ商会の活動を，金融面および地理的な面で拡大させたのである。

　エルガス＝シルヴェラ商会の通信相手が異種混合的であったことは，18世紀におけるディアスポラのセファルディムにとって例外的なことではなかった。ガブリエル・デ・シルヴァは，キャリアの開始にあたって，ボルドーの親類やコンヴェルソ共同体のメンバーから銀行設立の資金を集めた。エルガス家やシルヴェラ家と同様に，デ・シルヴァは一貫して親戚や他のユダヤ人を利用した。また彼は，ロンドンにいるいとこ，つまり実力者であるベニヤミン・メンデス・ダ・コスタの助力を得ることもあった。1758年にデ・シルヴァは，仏英間の戦争中のあらゆる法的困難を回避して6,000トゥール・リーヴル相当のイングランド銀行の年金を購入するためにダ・コスタの名前を使うことができるかどうか，ダ・コスタに尋ねている[170]。しかし，まもなく彼は，ローマ・カトリック信者，多くのフランス人カルヴァン主義者，ヨーロッパの他のプロテスタントにも通信相手の輪を拡大し，とくにパリの有力なユグノーの銀行家をひいきにした。1730年から1760年にかけて信用業務を拡大するにつれて，デ・シルヴァの通信相手のなかで非ユダヤ人の割合は大きくなり，1760年までに非ユダヤ人が優勢になった（キリスト教徒が25人，セファルディムが12人）。ビルバオ，カディス，マドリードと取引する際には，デ・シルヴァは新キリスト教徒よりも有能なフランス人を好んだ。その理由は，そのころまでに異端審問がコンベルソのネット

---

170) Raposo 1989: 161, 223.

ワークを分断していたためか，隠れユダヤ人との取引をするリスクがあまりに大きかったためか，あるいはその地域のフランス人のほうがより熟練していたためであった[171]。

　ガブリエル・デ・シルヴァは，エルガス＝シルヴェラ商会のメンバーとは異なり，フランスの南西部においてユダヤ教信仰を公然と実践することが王権によって許可されたのちも，ユダヤ人共同体の周縁にとどまっていた。彼がボルドーのユダヤ人とゆるやかにしか提携しなかったのは，こうした地元の状況によるものだった。そのおかげで彼は，キリスト教徒の顧客，とくにパリの住民や地方の貴族階級と関係を持つことが容易になった。宗教の違いはビジネスにおける協業の妨げとはならなかった。デ・シルヴァの同時代人であるボルドーのグラディス一族は，ユダヤ教を公然と奉じ，1740年代から1750年代にかけて，カリブ海やニューフランスにおける盛況な商業活動の一部として，キリスト教徒の商人とパートナーシップを結んだり，キリスト教徒の委託代理人を雇ったりしていた。グラディス家はまた，祖先が被ったような強制的な洗礼の正当性をイエズス会が主張し続けていたにもかかわらず，カナダでは経験豊富なイエズス会士と取引した[172]。エルガス＝シルヴェラ商会にとって，異種混交的な委託代理人と法的執行の脆弱性は，彼らがリスボンとゴアの間でおこなった地中海産サンゴとインド産ダイヤモンドの交換において最高潮に達したのであった。

---

171) Ibid., 89-90, 97, 248-61.
172) Menkis 1988: 151-245.

第9章
地中海産サンゴとインド産ダイヤモンドの交易

　サンゴ漁は今年当地〔チヴィタヴェッキア〕ではとても不振であった。そのことは，この貿易部門に従事する多くのリヴォルノのユダヤ商人たちに大損害を引き起こした。　　　（『商農金融新聞』[1] 1765年7月4日）

　喜望峰の先で排他的な特権を行使する〔ヨーロッパの〕商社のなかで，ダイヤモンド貿易に関心を持つものはない。ダイヤモンド貿易は常に私商人の手にあった。それがしだいにイギリス人，あるいはその庇護下に暮らすユダヤ人やアルメニア人の手に渡りつつある。　　（レナル神父）

　18世紀の時事を記述する者は，例外なく，リヴォルノのユダヤ人が地中海産サンゴとインド産ダイヤモンドの両方の貿易に従事していたことに言及する。今日では，地中海地域の経済における，2つの商品の結びつきや，サンゴの重要性はほぼ忘れ去られている。近世における東インドとの交易は，一般に，香料と織物を輸入する強力なヨーロッパの商社と結びつけられる。サンゴ礁の退化と18世紀の商業に関する学術研究における地中海の辺境化にともない，このテーマはほんの少数の専門家によって扱われるのみになった。本章では，ヨーロッパのインド産ダイヤモンド貿易とともに，サンゴ漁とその加工について検討する。また，この国際的なバーター取引においてリヴォルノのユダヤ人が果たした役割についても説明を試みる。これらの商品交換について語るなか

---

1)　*Gazette du commerce de l'agriculture ed des finances.*

で，交易に従事するディアスポラが近世商業に果たした役割に関する3つの議論にたち戻る．すなわち，マイノリティ集団によるニッチ的な分野への特化，「エスニックな経済ネットワーク」の閉鎖性と開放性の度合い，そして交易に従事するディアスポラと国家に支援された商業組織との関係，の3点である．

本章のテーマは，引き続き異文化間交易である．当時の遠距離交易は，いかなる部門も弱々しくはなかった．しかし，技術的な制約があり，需要と供給は不安定で，遠距離交易に従事する商人共同体間の結びつきは脆弱であった．その結果，サンゴとダイヤモンドの交換は，委託代理人がどのように機能したか，また，独占的なヨーロッパの商社がリスク低減のためにどのような役割を果たすことができたりできなかったりしたのか，といったことを示す最適の例となる．エルガス＝シルヴェラ商会の通信文書は，リヴォルノのセファルディム，リスボンのカトリック信者の代理人，ゴアのヒンドゥー教徒の商人兼仲介業者のあいだの代理人関係のメカニズムに関する情報を提供する，唯一の史料群である．またこれらの通信文書は，1740年代にインド産ダイヤモンド貿易の覇権がポルトガルからイギリスに移行する際に影響を与えた諸要因を理解する手がかりとなる．

1　地中海産サンゴ ── 漁，加工，取引

ベニサンゴは19世紀まで地中海の特産品であった．ほかは紅海やペルシア湾ではるかに少ない量が採取されるだけであった[2]．ローマ人は，アジア向けのサンゴ輸出が利益を生むことを発見し，マグレブのユダヤ人は，中世にもこの貿易を続けていた[3]．15-16世紀には，ヴェネツィアとジェノヴァの商人がレヴァントへサンゴを運び，香料その他の商品と

---

2) 現在の主要なサンゴ輸出国は，インドネシア，中国，フィリピンである（Green and Shirley 1999）．

3) Goitein 1967-93, 1: 47, 100, 153-54, 303, 2008: 170, 173, 188, 217, 228, 545; Constable 1994: 189. サンゴのビーズや装身具は「邪悪な目」を寄せつけないと信じられていたため，12世紀のユダヤ人のあいだでは新生児や花嫁への贈り物とされた（Goitein 2008: 346, 783）．

交換していた。とくにジェノヴァ人は，漁場が豊かなタバルカ島（チュニスの沖合）のサンゴを自由に手に入れて利益を得ていた。タバルカ島は，1542年から1741年まで，ロメッリーニ家の封土であった[4]。フィレンツェやジェノヴァから来た商人がサンゴ貿易においてあまりに目立つ存在となったので，1440年代以降，ロメッリーニ家はポルトガル王から広範囲の契約を獲得した[5]。サンゴの利益率は相当なものであったので，1553年にマルセイユはサンゴ漁のみを目的とした独占会社を設立し，北アフリカ沿岸で影響力を維持するべくオスマン帝国の地方総督やスルタンと争った[6]。

　ヨーロッパの貿易がインド洋へ拡大するにつれて，地中海のサンゴ漁は新たな重要性を獲得した。ベニサンゴはアジア商品の対価として受け取られる数少ないヨーロッパ商品であり，非常に需要が大きかった。ゴアへ向かうポルトガル船は，貴金属（西アフリカの金とアメリカの銀），卑金属（銅，鉛，錫，水銀）のみならず，サンゴ，ミョウバン，ワイン，オリーブ油，ダマスク織やタフタのような上質の絹織物を積載していた。フランドル出身でポルトガル領インドの兵士であったジャック・ド・クトル（1577–1640年）は，ポルトガル船によってゴアに持ち込まれるさまざまなサンゴ（丸型，枝状，加工済み，未加工）について記述を遺している。西アフリカで奴隷を購入する際にも，これより少量ではあったがサンゴが用いられた。リヴォルノ駐在ヴェネツィア領事の1728年の記述によれば，サンゴのなかには，はるか北の白海沿岸アルハンゲリスクの定期市まで運ばれるものもあった[7]。

　もっとも，地中海産サンゴの大部分は，最終的にはインドやヒマラヤに運ばれ，そこで伝統的な装身具類に用いられた。ヨーロッパと同様にアジアでも，サンゴは貴石のヒエラルヒーのなかでは最も地位が低かっ

---

4)　ヴェネツィアのサンゴ貿易については，Lane 1940: 582n5; Tucci 1957: 75, 79, 89, 189–95, 211, 221–22 を参照。ジェノヴァとタバルカについては，Heers 1961: 201, 378, 426–29; Bitossi 1990: 167–88 を参照。16世紀初期から18世紀初期には約1,500人のジェノヴァ人がタバルカ島に住んでおり，そのうち約350から500人がサンゴ漁に従事していた（Peyssonnel 1987: 163; Bitossi 1997: 217n6; Piccinno 2003: 52)。

5)　Viterbo 1903; Verlinden 1957: 621; Rau 1957, 1971: 101–2; Gentil da Silva 1966: 357; Melis 1990: 12; Tognetti 1999: 223–24.

6)　Masson 1908.

7)　De Coutre 1991: 345–56; Eltis 2000: 167; Guarnieri 1962: 613.

た。しかしアジアでは，サンゴは象徴的な価値を持っており，急発展しつつある貿易を刺激した。古くはマルコ・ポーロの記述のなかに，カシミールではサンゴが人々の心を惹きつけていることが見出される[8]。17世紀のヨーロッパのある専門家によれば，インドにおけるサンゴの価値は，ヨーロッパにおけるインド産真珠と同等だった[9]。フランスのユグノーの宝石商で，各地を広く旅して貴石に深い造詣を持っていたジャン＝バプティスト・タヴェルニエ（1605-89年）は，サンゴはインドで装飾品として用いられていると記している。タヴェルニエによると，とくにインドの北部や山間地域，そして日本では，貴石よりも大粒のサンゴのビーズが好まれ，衣服を飾るために用いられていた[10]。レナルによると，マドラスでは「内陸部の女性たちが髪に飾ったり，首飾りや腕飾りにするためのサンゴやガラス製品を整えたり売ったりすることに」，4万人以上が雇用されていた[11]。レナルが推計した従事者の数が検証不可能であるとしても，インド市場におけるサンゴの重要性の確証となる。

　ヨーロッパからの旅行者の印象は，少なくともこの場合は事実とかけ離れていない。地中海産サンゴの需要は17世紀に急増し，その結果，リグリアにおけるサンゴの価格は1600年から1700年のあいだに4倍になった[12]。18世紀には，地中海のサンゴ漁はヨーロッパ諸国間の激しい争奪の対象となった[13]。サンゴに関する新たな関心が起こるとともに，科学的知識も進展した。1751年にフランス人旅行家兼博物学者のジャン＝アンドレ・ペイソンネルによって，サンゴは一般に信じられていたような植物ではなく，虫の一種であることが最終的に確定された[14]。

---

8) Polo 2001: 56.
9) Gans 1630: 40-41.
10) Tavernier 1676-77, 2: 381. Chappuzeau 1665: 79 も参照。
11) Raynal 1776, 1: 409.
12) Grendi 1993: 151.
13) Tescione 1968: 88-93. 18世紀のダルマチア沿岸におけるサンゴ漁とヴェネツィアのサンゴ加工業については，ASV, *VS: II serie*, 356.125, 357.62, 359.93, 360.21, 362.152, 367.123, 387.K2°.6, 389.69, 402.42, 403.100 を参照。
14) この発見はロンドン王立協会の『哲学紀要（*Philosophical Transactions*）』にて発表され（Peyssonnel and Watson 1751-52），その後すぐに『百科全書（*Encyclopédie*）』に取り入れられた（Diderot and D'Alembert 1751-80, 4: 194-96）。『商業総合事典（*Diactionnaire universel de commerce*）』の第2版では，この発見は余談として言及されるのみである（Savary des Bruslons and Savary 1759-65, 2: 234-40）。その英訳版でも，「サンゴは独特な構造と形を

1 地中海産サンゴ

　地中海では，サンゴ礁はアルジェリア，チュニジア，リグリア，コルシカ，サルデーニャ，シチリア，カラブリア，カンパニアの沿岸，バレアレス諸島近海，カタルーニャのキレス岬やプロヴァンス沖のイエール諸島周辺，トスカーナと（ローマ北方の）チヴィタヴェッキアの沿岸，ダルマチア海岸の一部，そしてイオニア海やエーゲ海の一部にもみられる。北アフリカ沿岸の豊富なサンゴ礁は，空前のペースで開発された結果，17世紀後期には退化が始まった。1714年，エルガス＝シルヴェラ商会は，品質の劣るチュニジア産サンゴしか入手できていない[15]。増加する需要に対応して，18世紀にはサンゴ漁と貿易の新たなパターンが登場した。ナポリ近郊のトッレ・デル・グレコという小さな町が，この非常に骨が折れる作業に多くの人員を提供し始めた[16]。そのあいだ，リヴォルノはサンゴ生産の大部分に責任を持ち，大洋を横断する経済にサンゴ貿易を結びつけた。

　17世紀なかば以降，リヴォルノはサンゴの貿易と加工の世界的な中心地として台頭した。ジェノヴァの古いサンゴ職人組合は，1620年代からリヴォルノに対する障壁の設定を開始したが，これは，トスカーナの港市がもたらす脅威が大きくなりつつあったことを示している[17]。（サンゴ漁への出資から，磨き加工を施した完成品の輸出にいたる）製造のすべての工程をひとつの場所に集中させることで，セファルディムが支配する小さな商社の集団が「規模の経済」から利益を得ることが可能となっ

した植物である」と繰り返されている（Postlethwayte 1774, 1: s.v. "coral"）。1770年代に普及していたイタリア語の商業事典はペイソンネルの発見を記載しているが，相変わらずサンゴを植物と呼んでいる（Dizionario 1770–71, 2: 31–33）。

15）ASF, LCF, 1935, 在ジェノヴァのジョヴァンニ・バッティスタおよびニッコロ・カストロ宛1714年11月29日付書簡。17世紀末までに，チュニジアはサンゴよりも穀物，羊毛，皮革，蝋を多く輸出するようになっていた（Masson 1903: 504–5; Boubaker 1987: 104–28）。それでもフランスは，1740年のカピチュレーションの第12条で，アルジェおよびチュニスの沿岸とストラ湾でサンゴ漁をする権利を更新している（Noradounghian 1897–1903, 1: 282）。

16）19世紀後期にトッレ・デル・グレコは世界のサンゴ加工をほぼ独占していた。

17）1492年に設立されたジェノヴァのサンゴ加工業者のギルドは，加入している商人がリヴォルノの商人の使者にサンゴを売ることを1626年に禁止した（その後も繰り返し禁止している）。外国の商人が独自に操業していると見せかけながら実はリヴォルノの商人の代理人であることが発覚したため，同ギルドは1691年に外国人の加入を禁止した（Pastiné 1933: 353, 360）。1612年にいくらかのサンゴがリグリア地方のチェルヴォからリヴォルノに送られた（Grendi 1993: 151）。

388　第 9 章　地中海産サンゴとインド産ダイヤモンドの交易

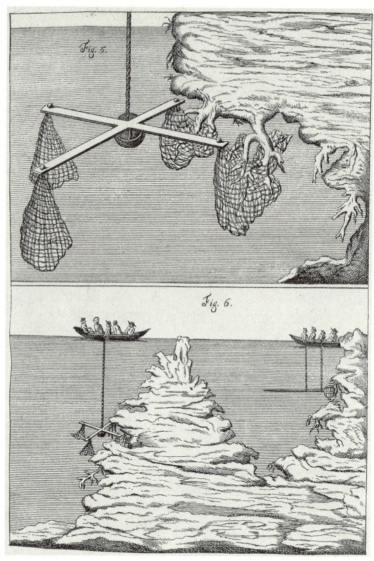

図 9.1　18 世紀の地中海におけるサンゴ漁
典拠）ジョヴンニ・フランチェスコ・ピヴァーティ『聖俗の事柄に関する科学と好奇の新辞書』（ヴェネツィア，ミロッコ社，1746-51 年），第 2 巻，図 54
図版提供）マディソン，ウィスコンシン大学記念図書館，特別コレクション

た。自然発生的な協業ないしは競争を通じて，また小規模ではあるが国家の支援も受けて，リヴォルノはサンゴに関する経済活動の先進的な中心地になった。原材料，労働力，専門技術，マーケティングが集中しているので，すべての投資者は，取引費用を低減することができた。この部門の発展は，垂直方向の統合と大規模企業化に向かうのではなく，言うなれば工業団地の一例となったのである[18]。

　毎年4月から9月にかけて，ナポリ，ジェノヴァ，コルシカ，サルデーニャの海沿いの寒村から，何百人ものサンゴ漁師が海に向かった。サンゴ漁の技術は事実上，古代とほぼ同じであった。小舟は網がついた十字型の木枠を載せている。サンゴ礁に近づくと，漁師は木枠を海底におろす。木枠がサンゴ礁にかかると，漁師は網にひっかかったサンゴの枝を根こそぎ取るために，あらゆる方向に小舟を漕ぐ（図9.1参照）。たいていの場合，漁師の1人が水に潜って網をひっかけた。小舟には通常，漕ぎ手と漁師で計7人が乗っていた。タヴェルニエによると，ジェノヴァ沿岸からは200隻のサンゴ漁の小舟が出航し，またタバルカ島だけで35から45隻の小舟が毎年サンゴ漁のために雇われていた。18, 19世紀には，トッレ・デル・グレコからシーズン中に最多で400隻のサンゴ漁の小舟が出航した[19]。

　毎年サンゴ漁のシーズンの終わりにあたる10月と11月には，リヴォルノで数百隻の小舟がサンゴを荷降ろしした。波止場では，商人兼加工業者，彼らの代理人，あるいはその仲買人などが，買い付け交渉をしたり，数か月前に投資した船の積荷を検査したりするために待ち構えていた。この季節市場は「リヴォルノのサンゴ定期市」として知られていた。その取引量は膨大であった。1759年には，トッレ・デル・グレコ，サンタ・マルゲリータ（リグリア），アジャクシオ（コルシカ）のサンゴ漁師が，サルデーニャとコルシカからリヴォルノに毎年サンゴを運び，それらはひとたび磨かれれば，少なくとも20万スペインドルの価値が

　18）　工業団地については，とくにBecattini 2004を参照。
　19）　Tavernier 1676–77, 2: 379; Tescione 1968: 113; Piccinno 2003: 53. サンゴ漁の危険性については，Savary des Bruslons and Savary 1723–30, 1: 1505を参照。その独特な特徴については，Lacaze-Duthiers 1864: 219を参照。地中海のサンゴ漁については，Ghidiglia 1892; Podestà 1877–84; Lacroix 1982; Filesi 1985; Grendi 1993: 131–61も参照。

あったと推定されている[20]。より大量のサンゴが北アフリカから届き，また生産地で買い付けられるサンゴもあった。トスカーナ近海のジリオ諸島やゴルゴナ諸島でも，ほんの少量ながらも，まだサンゴが採取されていた[21]。

サンゴの定期市は，2つの基本的な機能を果たしていた。ひとつは，競争，専門知識，政府当局の規定を通じて品質の規格を強制したことである。当時の分類学をみると，サンゴが色，形，品質，配列，加工の段階によって，信じがたいほどの多様さをもっていたことが理解できる。専門家はベニサンゴについて，14もの異なる濃淡を見分けていた[22]。結果として，さまざまなサンゴの価値と品質を評価するためには，非常に高い専門知識が要求された。詐欺行為の可能性も常に存在した。1679年，1683年，そして1707年に，トスカーナ政府当局は，低い品質のサンゴ（「偽サンゴ」"coralli falsi"）を売った者を摘発している[23]。可能なかぎり高い水準を維持し，リヴォルノにおける売買の評価を高めるため，港湾当局は専門知識を持つ仲買人にのみ定期市における取引を許可して

---

20) ASF, *Miscellanea Finanze A*, 366. これは Sonnino 1909: 57 にも引用されている。フィレンツェの新聞『ガッゼッタ・ウニヴェルサーレ（*Gazzetta Universale*）』の 1782 年 11 月 22 日版には，リヴォルノのサンゴ市が成功裏に終わったことを遅ればせながらに知らせるニュースが載っている。それによれば，売上げ額は 10 万ゼッキーノ（約 23 万スペインドル）以上であった。Pera 1888: 389 も参照。

21) 1702 年に，トスカーナ近海のサンゴ漁に関する新しい規定により，税が課され，すべてのサンゴをリヴォルノにもたらすことが義務づけられた。当時，ナポリ出身とリパリ出身の漁師たちがこの活動で支配的であった（ASL, *Dogana*, 5, fols. 147, 186, 191）。トスカーナのサンゴ礁の縮小については，ASF, *MP*, 2517, fol. 158r-v および 2519, fols. 189r, 194r; ASL, *GCM*, 963, fol. 71; ASL, *GCM*, 1219 を参照。1727 年にエルガス＝シルヴェラ商会はトスカーナ産サンゴの乏しさを嘆いている（ASF, *LCF*, 1939, 在ゴアのゴパラおよびフォンドゥ・カモティン宛 1727 年 1 月 24 日付書簡）。

22) Boot 1609: 305; Gans 1630: 41-47; Targioni Tozzetti 1768-79, 2: 458; Lacaze-Duthiers 1864: 332. エルガス＝シルヴェラ商会の発注や発送の記録には，きわめて多様な質や色彩の詳細が記され，なかには黒いサンゴもあった。ASF, *LCF*, 1945, 在リスボンのメディチ＝ニッコリーニ商会宛 1739 年 2 月 16 日付書簡；ASF, *LCF*, 1957, 在ジェノヴァのジュゼッペ・ジュスティニアーニ宛 1744 年 4 月 22 日付，5 月 13 日付書簡を参照。未加工のサンゴは，ほぼ完全な形を保っているもの（*netto*），小さな穴があるもの（*intranetto*），損傷の激しいもの（*camolato*）などに分類された。磨きをかけたのち，サンゴのビーズはさまざまな配列で糸に通された。最もよくみられた配列は，*grossetta*（大きくて粒のそろった玉を連ねたもの），*mezzania*（中粒の玉を連ねたもの），*filotti*（小粒の玉を連ねたもの），*migliari*（低質の玉を連ねたもの）であった。

23) ASL, *Dogana*, 44, fol. 752; Cantini 1800-32, 22: 10-11.

いた[24]。

　第二の機能は，季節限定の定期市の存在によって，商人兼加工業者，小舟の管理者や船主，そしてサンゴ漁師のあいだで，信用取引の循環が容易になったことである。小舟の管理者や船主は，漁師への給与に加えて船の艤装や防衛の費用を支払うためにも，信用取引を利用する必要があった。彼らは通常，約10艘の小舟をひとまとめに使い，海賊や湾内にいるその他の無法者を寄せつけないためにガレオン船を1隻雇っていた。商人兼加工業者は，小舟の乗組員と船団の準備に必要な金額を先払いし，サンゴ漁シーズンの終わりにはリヴォルノに小舟が戻ってきて，その元が取れることを期待していた。船長は海上貸付で借金するのが常であった。たとえば，1735年にユダヤ人のパートナーシップ（ヨセフおよびラファエル・フランコ商会），アルメニア商人（ダヴィデ・シェリマン），カトリックの貿易商（ジョヴァンニ・ヴァレンティ・ベラルディ）が，フランスの外交代表に対して，（ラングドックの）アグド岬沖合で，ナポリから来た数艘のサンゴ漁の小舟が拿捕されたことに関して不服を申したてている。彼らはこれらの舟の派遣に投資したので，積荷の所有権は自分たちにあると訴えている[25]。

　あらゆる形状と色彩のサンゴの枝は，船から降ろされると，都市内の多くの工房に送られ，カットされてさまざまな大きさと形のビーズに加工され，さまざまな配列で糸に通された。1593年に2度目のリヴォルノ憲章が発布された直後に，大公はジェノヴァ，ピサ，フィレンツェ，マルセイユから来た商人の組合に対して，リヴォルノにおけるサンゴ加工に関する5年間の独占権を与えた。この組合の背後にいたジェノヴァの企業家は，サルデーニャ島沖合のサンゴ漁にも2,000スクード投資し

---

[24]　サンゴに特化したある仲買人が1599年にピサで言及されている（Mazzei 1991: 32）。リヴォルノでは，このような仲買人の記録は1682年に始まる。その10年後，小売り販売の委託料は，並の質のサンゴの場合は1％，極細の枝状のサンゴの場合は3％に固定されていた（ASF, *Dogana*, 42, s.v. "corallo," "terraglio," および "corallo, sensali di"）。1718年に港湾当局は未加工サンゴの仲買人の活動を再び規制しようとした（ASL, *Dogana*, 6, nos. 42, 50）。

[25]　ASF, *NMP*, Giovanni Giuseppe Mazzanti, 23705, fols. 177v–179r, no. 149. 海上貸付は信用取引と海上保険を合わせたものだった。借り手は舟または貨物を抵当として提供し，出資者はすべてのリスクを負った。海上でのリスクは高かった——とくに戦争時には——ため，海上貸付の利率は15％に達することもあった。海上貸付は冒険貸付 respondentia または船舶抵当貸付（bottomry loans）と呼ばれることもあった。

ていた。その後も，ジェノヴァ，フランス，ポルトガルの他の投資家のなかに，リヴォルノでサンゴ事業を展開するための特権獲得をめざして交渉する人々がいた。リスボン在住でおそらく新キリスト教徒であったアントニオ・ディエス・フランコという名前の代理人と取引していた人々は，植民地産品と引き換えに大量のサンゴをフランコに送っていた。1636年にジェノヴァ人のピエル・ジョヴァンニ・ボッカルディは，ピサで20人ほどの職人を雇った[26]。ボッカルディがピサへ赴いたのち，ジェノヴァのサンゴ職人組合は，組合員が都市を離れることを禁止した。このことは，サンゴ加工において，いまやトスカーナの加工業者がジェノヴァの地位を脅かしていたことを示している[27]。17世紀のあいだに，それまでのジェノヴァやマルセイユではみられなかったようなかたちで，サンゴ産業（採集，整形，再分配）の包括的な経済のサイクルがリヴォルノに集中するようになったのである。

　信頼できるデータが不足しているが，18世紀のリヴォルノを訪れた訪問者や観察者の印象を信じるなら，当地での最も重要な産業はサンゴであった。1725年にドイツ人旅行家ゲオルグ・クリストフ・マルティニは，未加工のサンゴがビーズやアクセサリーに形を変えていく工程を記している。モンテスキューは，1728年にトスカーナのこの港を訪れた際に，その産業について記述している[28]。同年，リヴォルノ駐在ヴェネツィア領事は，20ものサンゴの工房があり，そこではシチリアとジェノヴァから来た親方が，地元の多くの貧しい男女を使って作業していると報告している[29]。ハプスブルク＝ロートリンゲン家の支配者たちも，

　　26) ASF. *Auditore delle Riformagioni*, 44, nos. 385-386, および 45, nos. 345-347; Mazzei 1991: 34, 40-42; Frattarelli Fischer 1997c: 89, 1998b: 37; Berti 2003: 93-140. コジモ1世はトスカーナ近海におけるサンゴ漁を優遇しようとし，ピサでサンゴ加工に携わる職人をシチリアから誘致した（Galluzzi 1781, 2: 159, 222）。1571年にコジモ1世は，毎週日曜日にリヴォルノでサンゴを買い付ける任務を負う役人を任命した（Diaz 1976:145）。R. Toaff（1990: 389）は，この役人であったジュゼッペ・ボーノという人物がレヴァント系ユダヤ人のヨセフ・ブエノと同一人物ではないかと推測している。

　　27) Patiné 1933: 335-38.

　　28) Martini 1969: 55-57; Montesquieu 1950, 2: 816-17. リヴォルノが植民地市場向けのサンゴ加工に特化していた19世紀のサンゴ職人については，より多くのことがわかっている。トッレ・デル・グレコはのちにサンゴ加工の芸術的な伝統を発展させた（Ghidiglia 1892: 17-24; Buonafalce 2007）。

　　29) Guarnieri 1962: 616. Vivoli 1842, 3: 224-25, 456, 457n116 も参照。

1 　地中海産サンゴ

　トスカーナにおけるサンゴ漁と加工業を引き続き保護した[30]。1779-80 年および 1790 年にリヴォルノに滞在したジュゼッペ・ゴラーニによると，当地で最も利益の上がる産業はサンゴであり，これは非常に高い技術力を必要とした。リヴォルノが経済危機に陥った 1810 年に，サンゴの工房は 1,340 人を雇用し，40,000 キログラムの未加工サンゴを加工していた。最も大きい 5 つの作業場は，ユダヤ人の所有であった。そのひとつエッレーラ兄弟のものは，作業場で仕事をする 12 人の職人に加えて，それぞれの自宅で作業する職人を 400 人以上抱えていた[31]。

　トスカーナのサンゴ加工業は，当初はジェノヴァからの移民によって始められたのであるが，ユダヤ人や，それより少ないがアルメニア人もこの分野において支配的になっていった。18 世紀初頭には，ダヴィデ・シェリマンがサンゴの作業場を開き，1723 年にその工房はリヴォルノで最も重要なもののひとつになっている。ルスタンという名のアルメニア人も，1720 年代にサンゴの工房を経営している。しかし，リヴォルノのアルメニア人共同体はユダヤ人のそれに比べて小さく，インド向けのサンゴ輸出における最大の勢力であるポルトガルやイギリスとの結びつきも弱かった。結果として，リヴォルノのアルメニア人はサンゴ産業では，ユダヤ人と同等の影響力を持つことはなかったのである[32]。

　17 世紀なかば以降，ユダヤ人，なかでもセファルディムは，サンゴの貿易と加工業への投資をますます増加させた。1660 年代には，スレマ一族がサンゴ産業のパートナーシップに 11,000 スペインドルを投資し，2 年間で 40％の利益を得ている[33]。イサク・グティエレス・ゴメスが 1687 年に死去したとき，彼の倉庫には 79 ポンドのサンゴの在庫が

---

　30)　ASF, *Consiglio di reggenza*, 105. これは Mangio 1978a:900 にも引用されている。1751 年にリヴォルノ総督であったジノリ侯は，地元経済にとってのサンゴの重要性を強調している（ASF, *Consiglio di reggenza*, 65）。

　31)　Gorani 1986: 91; Coppini 1993: 125.

　32)　シェリマンについては，Sanacore 1998: 130n16; ASF, *MP*, 2275（リヴォルノ総督ジャチント・デル・ヴィーニャからカルロ・リヌッチーニ宛 1723 年 8 月 16 日付書簡）を参照。ルスタンについては，Frattarelli Fischer 2006c: 30 を参照。アルメニア人が早くも 16 世紀後期にはリヴォルノでサンゴ加工業を確立していたと主張する学者もいるが（Macler 1904; Kévonian 1975: 236n138），この主張に史料的根拠による裏づけはない。

　33)　Cassandro 1983a: 93-94; R. Toaff 1990: 389-90.

あった[34]。1720年代には，フランコ一族およびアッティアス一族が，最も重要なサンゴの工房をそれぞれ所有し運営していた。彼らは数十年にわたってこの事業を継続した。アッティアス家のサンゴ工房は都市経済の要であり，大公フランチェスコ・ステファノ〔フランツ・シュテファン〕が1739年にリヴォルノを訪れた際にこの工房にたち寄ったほどであった。1776年に大公ピエトロ・レオポルドも，同様にアッティアスの工房を訪問している[35]。ヤコブ・グティエレス・ペーニャとアブラハム・ペーニャは，1730年代にもっと小規模な工房を経営していた[36]。1770年にリヴォルノでは81人のユダヤ人仲買人が登録されていた。そのうちサンゴを専門とする者は7人であった[37]。1787年，リヴォルノの三大工房は，ユダヤ人であるコーエン家，カルミ家，ヴィッラレアレ家が所有していた[38]。10年後，リヴォルノではサンゴ貿易商18人のうち12人，サンゴ加工業者5人のうち4人がユダヤ人であった[39]。

サンゴ工房の内部構造は，まったくわからないも同然である。その最大の理由は，業者の同職組合がなかったことにある。同職組合は，産業革命以前の商工業に関して多くの記録を残す機関だった。しかし，訴訟の記録によって，工房の資本や組織の詳細はある程度判明する。1743年11月，モーセ・バルク・カルヴァリオは，アブラハム・ルゼナおよびその息子サムエルとパートナーシップを組んで，ピサ近郊のユダヤ人地区でサンゴの工房を開いた。バルク・カルヴァリオは事業たち上げ

---

34) Frattarelli Fischer 1998b: 88.

35) Targioni Tozzetti 1768-79, 2: 458. Targioni Tozzetti の叙述は，Lalande の『あるフランス人のイタリア旅行（*Voyage d'un français en Italie*）』(1769) に収録されており，Dal Pane 1971, 1: 3n に引用されている。フランコ家とリヴォルノのサンゴ加工業については，ASF, *MP*, 2474, fol. 380; C. Roth 1931:11 を参照。17世紀にフランコ家は絹物業に多額の投資をしていたが，精糖や石鹸製造にも出資していた（ASF, *Auditore delle Riformagioni*, 44, nos. 275-288, および 45, nos. 130-131, 211-212; ASF, *Pratica segreta*, 192, fols. 50r-v, 70r-v, 105v-106r; R. Toaff 1990: 148, 388)。トスカーナ産業全般へのユダヤ人の投資については，Frattarelli Fischer 1997a, 2003b を参照。

36) ASF, *MP*, 2495, 2521; Frattarelli Fischer 1983: 894n38.

37) ASF, *Segreteria di finanze e affari prima del 1788*, 809.

38) ASL, *GCM*, 978, fols. 41v-44r.

39) Andrea Metra, *Il mentore perfetto dei negozianti* (Trieste, 1793-97). これは Braude 1991a: 342 に引用されている。ユダヤ人は，1841年にもなお12社のサンゴ加工会社をリヴォルノで経営していた（Sercia Gianforma 1990: 49)。

の資金を提供し，ジェノヴァおよびサンゴ産業と強い結びつきを持っていたルゼナ親子が労働力と専門知識を提供した[40]。必要な原材料を得るために，彼らのパートナーシップはリグリアのサンゴ漁師に相当額の前払い金を定期的に渡していた[41]。彼らが加工したサンゴの一部は，ヨセフおよびフランシス・サルヴァドル，ベニヤミン・メンデス・ダ・コスタ，ナタンおよびヤコブ・レヴィ・ソンシーノら，ロンドンのセファルディム卸商に直接送られた[42]。1762年にモーセ・バルク・カルヴァリオが死去すると，事業は甥のヤコブが引き継いだ。ヤコブは義兄弟のヤコブ・エルガスから，サンゴ会社のためにさらに多くの資金を得ている。カルヴァリオ＝ルゼナ工房は，1764年まで営業していた。同工房は，2世代にわたって418,000スペインドル以上の価値のサンゴを売却した。そして営業を終えるころには，約50人の職人を雇用するようになっていた（これは，ボッカルディが1世紀前に雇用していた人数の2.5倍にあたる）[43]。

　エルガス＝シルヴェラ商会は，セファルディムが支配的立場にある分野に投資し，既存の経済組織，広範囲な知識，そして他の商人兼加工業者と自らを結びつけている個人的なネットワークを十分に利用し

---

40) ASF, *Arte dei giudici e notai (Proconsolo)*, 608. サムエル・ルゼナは，父が労働力だけでなく流動資本も会社に投資しており，よって，受け取ったよりも多くの取り分を得る権利があると主張して訴訟を起こした。1773年にピサの *Auditore vicario*（ピサのユダヤ人に対する司法権を持つ民事裁判所）はカルヴァリオに有利な裁定を下した。2年後にフィレンツェの控訴裁判所はその判決を支持した（ASF, *Ruouta Civile*, 4802, fols. 383r-392r）。その訴訟記録の写しは，ASL, *Raccolta Pachò*, vol. 31, nos. 8-9 にも見出される。補足的な情報がモーセ・バルク・カルヴァリオの1752年，1756年，1760年の遺言書から得られる（ASF, *NMT*, Filippo Filippini, 25175, fols. 85r-89v, 101r-108r, 123v-126v）。サンタンドレア・フォリ・ポルタ教区にあった工房の場所は，ASF, *NMT*, Giovanni Lorenzo Meazzoli, 26541, fols. 21v-26v で言及されている。ルゼナ家によるジェノヴァとのサンゴ交易への投資については，Urbani and Zazzu 1999, 2: 507 も参照。

41) ASF, *NMP*, Giovanni Matteo Novelli, 26728, fols. 126v-128v.

42) 1748年にナタン・レーヴィ・ソンシーノはカルヴァリオに4,500スペインドルを貸している（ASF, *Arte dei giudici e notai [Proconsolo]*, 608）。ロンドンの代理人に与えられた委任状は，ASF, *NMP*, Giovanni Battista Gamerra, 25276, fols. 17v-18r; ASF, *NMP*, Giovanni Matteo Novelli, 26731, fols. 93r-96v, 159r-v に見出される。

43) 1766年に完了したトスカーナ貿易の調査では，ピサに1軒のサンゴ加工場が挙げられている。この加工場は，2人のユダヤ人企業家によって経営され，50人の労働者を雇っていた（Dal Pane 1971, 1: 91）。この情報は，カルヴァリオとルゼナがこの時期まで操業していた加工場を指している可能性がある。

た[44]。彼らは，遠距離通商の3つの手法をすべて使って，サンゴを獲得していた。3つの手法とは，地元の定期市，委託売買による交易，見本の提示による取引である。これらはマックス・ヴェーバーの時代から，資本主義的発展における共時的段階というよりもむしろ継続的段階として生じたと一般的に考えられてきた[45]。同商会の通信文書から，彼らが未加工サンゴの大半をジェノヴァで買い求め，チュニスでは多少の量を，そしてマルセイユではごく少量を購入していたことがわかる。1743年にはロンドンからの注文が急増し，エルガス＝シルヴェラ商会はイサク・コーエン・ルゼナという人物を使者としてジェノヴァに急ぎ派遣した。ルゼナには，購入すべき商品に関する指示と，支払いの前にすべてのサンゴの束を注意深く調べるようにという命令が与えられていた[46]。需要の拡大によって緊張感が増しつつある市場で，ルゼナはひとつの取引を成立させるのに1か月近くかかり，他の1件の取引については満足な結果にいたらなかった[47]。委託代理人に大量の発注をする場合，エルガス＝シルヴェラ商会は商品が自分たちの求める基準に達しているかどうか確認するために，事前にサンゴの種類と品質がわかる見本を見せるよう求めることもあった[48]。見本品を用いた取引は，ジェノヴァとリヴォルノのように，互いの距離が近いときには，より効果的に機能した。それでも依然として詐欺行為のリスクは存在した。1745年，アブラハム・エルガスは，ジェノヴァにおけるサンゴの供給元であった

---

44) アレッポへのサンゴの発送はエルガス＝シルヴェラ商会の初期の活動のなかで言及されている（ASF, *LCF*, 1931, 在アレッポのエルガス＝シルヴェラ商会宛1704年12月18日付書簡）。

45) Weber 1927: 292-93.

46) ASF, *LCF*, 1953, 在ジェノヴァのジョヴァンニ・バッティスタ・カンビアーゾ宛1743年2月20日付，2月26日付書簡，在ジェノヴァのイサク・コーエン宛1743年2月27日付書簡。

47) ASF, *LCF*, 1953, 在ジェノヴァのイサク・コーエン宛1743年3月20日付書簡，在ジェノヴァのジョヴァンニ・バッティスタ・カンビアーゾ宛1743年3月20日付書簡。

48) ASF. *LCF*, 1936, 在ジェノヴァのラザロ・サチェルドテ宛1715年4月1日付書簡；ASF, *LCF*, 1953, 在ジェノヴァのジョヴァンニ・バッティスタ・カンビアーゾ宛1743年2月13日付書簡；ASF, *LCF*, 1957, 在マルセイユのオノレ・ブレ宛1743年11月18日付書簡。彼らはまた，アラビカ種のコーヒーの見本も買い付けている（ASF, *LCF*, 1957, 在ジェノヴァのカルロ・ニッコロ・ズィニャーゴ宛1743年4月17日付書簡）。

ジャコモ・ガッツォをサンゴ売買における詐欺行為で告訴した[49]。

　エルガス＝シルヴェラ商会がリヴォルノで未加工および磨き済みサンゴを入手した方法は，あまりわかっていない。彼らはサンゴ加工の作業場を所有も経営もしていなかったようだが，ときには未加工のサンゴを磨いたビーズに加工するために，彼ら自身で職人を雇ったこともあったかもしれない。1715 年に，同商会はジェノヴァの供給元に対して，積荷の一部の品質について抗議している。数人の女性の職人（"le labotanti"）が，それらを不適切とみなしたのである[50]。在地の他の商人兼加工業者は，同商会に磨き済みサンゴを供給した[51]。

　加工が終わったサンゴは，決まった数量ごとに紙に包まれた。大半の包は遠方へ船で輸送された[52]。エルガス＝シルヴェラ商会は，サンゴの一部をヴェネツィアとアレッポに送っていた。この 2 つの都市は伝統的な市場であり，当時も依然としてアジアのキャラヴァンルートを経由して運ばれたエメラルド，ルビー，その他の貴石が届いていた[53]。アムステルダムに送られるサンゴは，それよりも少なかった。そのころまで，オランダ東インド会社はサンゴにほとんど関心を持っていなかったからである[54]。リヴォルノ在住のエルガス家の他のメンバーのなかには，サ

---

49) ASL, *CGA: Atti civili*, 850, no. 150. 1750 年にモーセ・エルガスと息子たちのパートナーシップは，490 ポンドのサンゴを買い付けたが，納入業者を契約違反の疑いで告訴した（ASL, *CGA: Atti civili*, 921, no.29）。

50) ASF, *LCF*, 1936, 在ジェノヴァのラザロ・サチェルドテ宛 1715 年 4 月 1 日付書簡。これらの女性を雇ったのがエルガス＝シルヴェラ商会だったのか，ほかの誰かだったのかは不明である。リヴォルノのサンゴ加工業における女性の役割については，Buonafice 2007 を参照。

51) ASF, *LCF*, 1953, 在ロンドンのベニヤミン・メンデス・ダ・コスタ宛 1743 年 2 月 18 日付書簡。

52) 包装材としての紙の使用は，リヴォルノのユダヤ人商人ヤコブ・バッサノからフランス王立アフリカ会社宛の 1775 年の書簡で言及されている（CCM, *AA1801*, L/III. 372)。

53) ASF, *LCF*, 1945, 在コンスタンティノープルのドメニコ・ピザーニと息子たち宛 1737 年 5 月 6 日付書簡；ASF, *LCF*, 1945, 在フィレンツェのエフライムおよびダヴィデ・カッスート宛 1738 年 11 月 26 日付，12 月 3 日付書簡。エルガス家の他のメンバーたちは，1770 年代になってもアレッポにサンゴを送り続けていた（ASF, *NMP*, Giovanni Matteo Novelli, 26733, fols. 121v–122r, no. 339）。リヴォルノからレヴァンテに向けてのイギリスによるサンゴの輸送は，1740 年代に記録されている（PRO, *SP*, 105/118, fol.10）。

54) オランダが東インド会社の香料，銅，錫，アヘンの独占に公式に制限をかけたのは，ようやく 1742 年になってからだった。このときにもなお，サンゴは東インド会社のスラトのオランダ商館のためにとりおかれる商品のなかに含まれていた（Prakash 1998: 232–33)。

ハラを越えた市場に向けて，北アフリカにサンゴのビーズを輸出している者もいた。しかし，この交易はしだいに重要性を失ってしまった[55]。リヴォルノで加工されたサンゴの大半は，リスボンとロンドンに向かう船に積まれたのである。

2 インド産ダイヤモンドとヨーロッパ商業
—— 1600年頃-1730年

1728年，ブラジルから最初のダイヤモンドの積荷がリスボンに到着した。このときまでインド亜大陸は，より小さい役割を持つボルネオ島とととともに，ダイヤモンド原石の最大の埋蔵地として知られていた[56]。インド産ダイヤモンドの最も有名な鉱山群は，1687年にムガール帝国の支配下に入ったゴルコンダ地方にあった（図9.2参照）。皇帝はダイヤモンドを探すために民間の企業家を雇い，決まった価格で交換していたが，一定の重さ以上の石はすべて自身のために手元に残していた（あるいは少なくとも手元に残そうとした）。このような石の大きさについてヨーロッパ人たちの説は異なっているが，おそらく10カラット程度であろう[57]。ポルトガル人はインドに到達した当初から，ダイヤモンドに関心を持つようになった。インド産ダイヤモンドに関する最も古い記述のひとつは，ガルシア・ダ・オルタ（1499頃-1569年）のベストセラー『インドの薬草，麻薬，医療上の薬物に関する対話（*Colóquios dos simples e drogas e cousas medicinais da Índia*）』（1563年）である[58]。1世紀後，タヴェルニエは貴石を求めて1638年から1668年にかけて6度にわたりインドを旅行し，帰国後，さらに詳細な記述を残した。この書物は，

---

55) ASF, *NMP*, Giovanni Battista Gamerra, 25265, fols. 95v–96r.

56) ブラジルのダイヤモンド鉱山の開発は，Brito 1732: 23 に印刷されて公表された。南アフリカでは，ダイヤモンドは1867年まで発見されなかった。概観については，Lenzen 1970 を参照。

57) ムガール帝国がゴルコンダのダイヤモンド鉱山を占領したことの衝撃については，Richards 1975: 14–17, 209–10 を参照。皇帝による大型の石の独占とその徹底の困難さについては，Roques 1996: 184; Savary des Bruslons and Savary 1723–30, 2: 83; Hamilton 1727: 366 を参照。

58) Orta 1987, 2: 198–201.

2　インド産ダイヤモンドとヨーロッパ商業

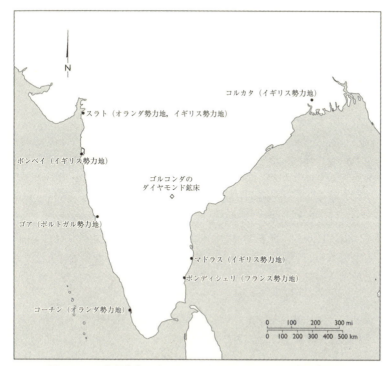

図9.2　18世紀前半のインドにおけるヨーロッパ人の主要定住地

のちに古典となった[59]。

　インド産のダイヤモンドや貴石は，中世を通じてレヴァントを経由してヨーロッパへ輸出された。大半はヴェネツィアでカットおよび研磨されていたが，なかにはアントウェルペン，リスボン，パリへ送られるものもあった。16世紀に，ポルトガル人は紅海からおもに真珠を輸入していたが，それに加えて海路による東方からのダイヤモンド輸入を始めてヴェネツィアと競争するようになった[60]。ポルトガル人はゴアとリスボンのあいだを行き来する船に，「自由箱（*caixas de liberdade*）」と呼ばれる場所をつくった。それは通常の大きさの箱で，役人が無税あるいは部分減税で本国に持ち帰ることを許されていた特定の品を入れるため

---

59)　Tavernier 1676-77, 2: 326-52. タヴェルニエの記述は数版を重ね，すぐに英訳が出された。
60)　真珠貿易については，Vassallo e Silva 1993 を参照。

のものだった。それにはダイヤモンドも含まれていた[61]。ダイヤモンドは綿布で包まれて小さな木箱に収められ，ビザリョ（*bizalhos*，英語では"bisalts"と表記されることもある）と呼ばれる蠟で封じられた。あるいは，ブルセ（*bulses*）と呼ばれる革の袋に入れられることもあった[62]。17世紀を通して，そしておそらくそののちも，ヨーロッパ向けの未加工ダイヤモンドの主要な輸出港はゴアであった[63]。

「自由箱」の制度や貴石の密輸の容易さのため，貿易の全体量を推計することは難しい。ジェイムズ・ボヤジャンによれば，1580年から1640年のあいだに，ダイヤモンド，ルビー，サファイヤ，真珠がインドからの帰り荷全体の価値に占める割合は，平均14％であった[64]。ポルトガル王は，香料およびアジア産品一般の貿易について厳重な独占を強いていた。しかし，ダイヤモンドや貴石は私貿易が許されていた。おそらくこの選択は，密輸に対する現実的な対応であった。また，この方策の結果，交易に従事するディアスポラの投資が誘発された。彼らは，個々の私商人よりも容易に貴石の国際貿易に対応できたからである。ボヤジャンによれば，セファルディム系ユダヤ人や新キリスト教徒は，公的にはポルトガル領全土から追放されていたにもかかわらず，この分野で活動していた。これは驚くべきことではない。ヨーロッパの旅行者たちは，1670年代のゴアにおける最も裕福な商人およびゴルコンダで指導的な立場にある卸商のなかに，2人のフランス系ユダヤ人マルタン兄弟がいたと記している[65]。

17世紀なかば以降，ポルトガルのダイヤモンド貿易に表立って挑戦したのは，オランダではなくイギリスであった。イギリス東インド会社は，1660年代に再編されると，ポルトガルの例にならって「特権」システムを導入した。このシステムは，会社の独占の枠外で，一定の量ま

---

61) 1575年以降，「自由箱」の大きさは，おおよそ4フィート×2.5フィート×2.5フィートであった。乗船する役人たちが運ぶことができる箱の価値と数は，役人の地位によって異なった（Boxer 1960: 37）。

62) ビザリョについては，Boyajian 1993: 50を参照。ブルセについては，Yogev 1978: 133を参照。

63) De Souza 1975b: 438.

64) Boyajian 1993: 44.

65) Fawcett 1947, 1: 207; Fryer 1992, 2: 87. Welch 2007: 233も参照。

での輸入品（コショウと綿布を除く）を買い付けることを海軍の高級船員に許可するというものである。インドからイギリスへ貴石を輸入することを望んでいた私商人は，いまやそれが可能になり，1664 年以降は関税の低減も期待できるようになった。この特権は地位に応じて変わった。1793 年までは，「サンゴ，琥珀，サンゴのビーズ，真珠，エメラルド，その他あらゆる種類の貴石」の輸出は，船長の場合は 2,000 ポンド相当，航海士の場合は 200 ポンド相当が認められていた[66]。東インド会社は，ダイヤモンド交易への投資も奨励し，貴石を購入する船舶の船員に私商人が海上貸付をおこなうことを許可した[67]。

1662 年に，イギリスのチャールズ 2 世とポルトガル王女との婚姻に関する合意事項によって，東インド会社はゴア経由でダイヤモンド貿易をおこなえるようになっていたが，前述の方策の結果，ダイヤモンドの私交易への投資はリスボンからロンドンへ向かった[68]。1681 年にジョサイア・チャイルド卿が取締役会の議長に選出された。これ以降と 1688 年の革命に続く数年のあいだ，ダイヤモンド貿易はさらに自由化が進んだ。これにより，イギリス商業におけるユダヤ人の位置づけに関する激しい議論に火がついたが，これは驚くべきことではない[69]。

サンゴ貿易に関する東インド会社の規定は，ダイヤモンド貿易の規定に反映された。同社がコロマンデルに初めてサンゴを輸出したのは，1624 年であった。のちに重商主義についての古典的な作品を書いたトーマス・マンは，当時，リヴォルノにおける同社のサンゴ購入を監督していた[70]。続く数十年のあいだ，東インド会社はこの業務を私的な貿易商に任せた。このトスカーナの港にいるユダヤ人商人は，地元における加

---

66) *Portable Instructions* 1779: 2. Furber 1976: 260-62, 270-71 も参照。ダイヤモンドを預かる船長は，1.4％の委託料を受け取った。1664 年に東インド会社の取締役会は，輸入ダイヤモンドにかける関税の税率を 2 ないし 4％に定めた。この税率の違いは，その商人が東インド会社株を持っているかどうかによった（Yogev 1978: 83）。Yogev はまた，1733 年までは輸入ダイヤモンドの価格に対し 5％の関税が課され，この年に 2.5％に引き下げられたとも述べている（133）。後者の記述は，その章の本文に引用され注 72 に示された 1732 年の議会制定法と矛盾するように思われる。

67) Yogev 1978: 71; Mentz 2005: 126-36.
68) E. Samuel 2000: 352.
69) Yogev 1978: 91-97.
70) Ibid., 104-6.

工生産も支配していたので，最も重要な役割を担っていた。1675年に，許可証の購入と輸送料の支払い（会社株保有者は1％，その他は2％に固定）を条件に，ロンドンからのサンゴのビーズの輸出が許可された。同社は1709年に再編され，より広範な特権が私商人に与えられた。それによると，私商人はダイヤモンドと少量の高価な薬品および香料（ムスク，竜涎香，胃石）を持ち帰ることを条件に，「あらゆる種類のサンゴ，サンゴのビーズ，琥珀，琥珀玉，真珠，エメラルド，その他すべての貴石」を東インド会社のインド貿易船に載せることが許可された[71]。1715年，同社の取締役会は，インドにおけるダイヤモンド購入のために銀の輸出を許可するよう株主総会に勧告している。1720年には，ダイヤモンドの輸入だけでなく，サンゴ，銀，貴石の輸出に関するあらゆる規制が廃止された。最終的に，1732年に議会によってダイヤモンドと貴石の輸入に関する関税が撤廃された[72]。この決議によって，ロンドンは未加工ダイヤモンドの市場として世界の首位に躍進した。

　ゲダリア・ヨーゲウがおこなった試算では，1711年から1796年にかけてイギリスに輸入されたインド産ダイヤモンドのうち，価格にして50％はユダヤ人によるもので，それとは別に5％はユダヤ人と非ユダヤ人のパートナーシップが扱っていた。さらに，1750年から1775年に東インド会社から発行されたサンゴ輸入の許可証の75.7％が，ユダヤ人貿易商に与えられている[73]。イギリス・アジア間貿易におけるこの分野において，ユダヤ人が大きな比率を示していた理由は，簡単には説明できない。一般的に歴史家は，追放のおそれがあるなかで暮らす共同体は高価軽量商品の交易を好む傾向があると説明している。また，法的障壁によって非カトリックのマイノリティは手工業の同業組合に参加できなかったが，高価な貴石の加工や装身具の製作を含む一部の業種は規制外であったことが理由である，とも説明する。しかし，話はそれだけでは終わらない。セファルディムは，アルメニア人と同様に，不安定なダイヤモンドの世界市場で取引するために必要ないくつかの特性を備えてい

---

71) Ibid., 198-9. ムスクと竜涎香は動物からとれるもので，とくに香料として中世以来ヨーロッパで珍重されていた。胃石は解毒作用があると信じられていたために高価であった。
72) Ibid., 68.
73) Ibid., 337-39.

た。つまり，秘密主義，高度な協業と統合，遠距離間での情報へのアクセスと長期の信用取引，そして交易の地理的パターンが変化してもそれに対応できる能力である。さらに，彼らの同族会社では，公的な徒弟制度なしに専門知識を伝授することが可能であった。

17-18世紀に，西方系セファルディムのディアスポラのヨーロッパにおける活動の地理的範囲は，サンゴとダイヤモンドの交易の地理を形成し，またそれによって影響を受けていた。リヴォルノは，サンゴの取引と加工の中心地としての地位をマルセイユとジェノヴァから奪った。アムステルダムは，ダイヤモンドのカッティングと研磨の中心として，アントウェルペンに取って代わった[74]。オランダのセファルディムはダイヤモンド産業を支配するようになり，数を増しつつあったアシュケナジムの避難民を雇用していた。18世紀後半になって初めて，セファルディムの優位に挑戦するのに十分な資金を蓄積して自身のダイヤモンド会社を設立する数人のアシュケナジムが現れた[75]。ヴェネツィアには宝石の貿易における長年の伝統があり，また引き続きユダヤ人が居住していたので，依然として重要であった[76]。したがって，エルガス＝シルヴェラ商会は，未加工のダイヤモンド，ルビー，エメラルド，真珠をヴェネ

---

[74] 16世紀から17世紀初期のアントウェルペンでダイヤモンドとサンゴの貿易に従事していたポルトガル系新キリスト教徒については，Pohls 1948: 121-30, 197-218; Everaert 2002を参照。新キリスト教徒のダイヤモンド仲買人やカット職人がリスボンからアントウェルペンに移住したことについての情報は，ANTT, *Inquisição de Lisboa*, processo 310に見出される。

[75] ポルトガル系のダイヤモンドカット職人の存在は，1612年以降のアムステルダムで記録されている（van Dillen 1935: 25）。1655年から1699年のあいだにアムステルダムで調査された886人のポルトガル系ユダヤ人のうち，3人がサンゴの研磨職人，20人がダイヤモンドのカット職人・研磨職人，6人が宝石商として挙げられている（Swetschinski 2000: 103, 157）。1670年代にアムステルダムで最も裕福なポルトガル系ユダヤ人だったアントニオ・ロペス・スアッソは，商人兼銀行家であると同時にダイヤモンドの仲買人でもあった（Swetschinski and Schönduve 1988: 32）。アムステルダムのユダヤ人ダイヤモンドカット職人と貿易商については，Vaz Dias 1930; Bloom 1937: 40-44; Crespo Fabião 1973; E. Samuel 1978-80; Israel 1989b: 139-40も参照。

[76] ユダヤ人がヴェネツィアで居住を許された1516年以前にもダイヤモンドのカッティングを活発におこなっていたことの証拠は，宝石商ギルドの1436年の規約（BMC, *MSS IV*, 139, 205）とJacoby 1977: 184, 199に見出される。1552年から1719年までのヴェネツィアの宝石商ギルドの文書には，違法に営業するユダヤ人との対立が記録されている（ASV, *Arti*, 422-424; BRM, *ACIV*, 7）。本書第8章注55も参照。

ツィアに送っていた[77]。17世紀後期に未加工ダイヤモンドの世界市場としてロンドンが台頭してくると、企業家精神旺盛なセファルディムはロンドンへの移住を準備し始めた。同時に、ロンドンとアムステルダムのユダヤ人共同体が密接に統合し、ダイヤモンド研磨職人とカッティング職人が極度にアムステルダムに集中していたことを考慮すると、イギリスの首都が重要なダイヤモンド産業を成長させなかった理由が説明できる[78]。

アルメニア人は、人数の割には、ヨーロッパのダイヤモンド貿易に多すぎるほど参入していた[79]。17世紀の大半を通じて、アルメニア人はとくにキャラヴァンとレヴァントの交易路に依然として影響力を持っていた。1670年代にスラトにいたフランスの外交使節によると、同地でダイヤモンド売買を支配しているのはユダヤ人とアルメニア人であった。しかし、アルメニア人にとってヨーロッパに向けて船舶で貴石を輸送することが困難であったことから、彼らの交易はペルシアに限定されていた[80]。アルメニア人は1688年から1697年にかけて、東インド会社とのあいだで締結された取り決めによって、南アジアにおける堅固な拠点を獲得した。しかし第5章で指摘したように、ヨーロッパにおけるアル

---

[77] ASF, *LCF*, 1937, 在ヴェネツィアのミゲル・カルヴァリオ宛1718年2月11日付書簡、および同年7月15日付書簡；ASF, *LCF*, 1939, 在ヴェネツィアのサムエル・ラカ宛1726年6月17日付書簡；ASF, *LCF*, 1941, 在ヴェネツィアのダニエル・ボンフィル宛1730年3月10日付、8月11日付、8月18日付書簡；ASF, *LCF*, 1953, 在ヴェネツィアのピエトロ・トレヴァーノ宛1741年1月20日付書簡、および在ヴェネツィアのダニエル・ボンフィル宛1742年9月7日付書簡；ASF, *LCF*, 1957, 在ヴェネツィアのイゼッポ・ドリウッツィ宛1743年12月13日付、1745年2月12日付書簡；ASF, *LCF*, 1960, 在ヴェネツィアのダニエル・サキ宛1745年11月26日付書簡。ダイヤモンドは通常、フィレンツェからヴェネツィアまで、特別な箱に入れられて郵便で運ばれた。たとえば、このサーヴィスに1スペインドル9ソルド8デナーロの支払いがおこなわれたことがASF, *LCF*, 1933, Debit, 1730年9月5日に記録されている。

[78] Yogev 1978: 142. Edgar Samuel（2000: 351）は、大型の石の研磨は資本集約的な活動であり、よって、ロンドンのような大市場の近くでのみ利益が得られるものであったのに対し、小型の石の研磨は労働集約的な活動であり、よって低賃金の労働者を高度に集中させることが必要であったという事実によって、ロンドンとアムステルダムにおける労働の区分を説明している。

[79] ダイヤモンド貿易へのアルメニア人の関与については、Seth 1897: 257-62; Van Rooy 1966: 347; Aghassian and Kévonian 1988: 159; Sanacore 1998: 134-37; Aslanian 2006: 88n26, 2007b: 135, 152, 156 を参照。

[80] Roques 1996: 157-58.

メニア人の存在は，とうていセファルディムに太刀打ちできるようなものではなかった。海外には一連の小規模な居留地があり無数の旅商人もいたが，大半のイラン系アルメニア人はエスファハーンに居住地を維持した。さらに，18世紀の第2四半期になると，彼らは大幅な後退に苦しむことになる。1740年代に，ロンドンは国際商業の中心地として，またダイヤモンド貿易における世界の首位としての地位を獲得した。まさにそのとき，そこにアルメニア人の姿はなかった[81]。しかし，アルメニア人は一定の役割を担い続けた。その理由のひとつは，貴石，とくに最高級の貴石は，市場における大きなシェアを支配するよりも，むしろ厳選された顧客との個人的な結びつきを開拓することによって売買された，という事実による。

インドで商人がダイヤモンドを入手した方法について，ヨーロッパの史料は苛だたしいほど曖昧である。ジャン・シャルダンは1672年にペルシアを旅行し，買い手と売り手が手振りのみで値段の交渉をする一種の沈黙取引について記している。タヴェルニエによると，インドのヒンドゥー教徒とムスリムのダイヤモンド仲買人も同じ習慣を持っていた。のちの時代にも同様の記述が繰り返されているが，その正確さには疑問が残る[82]。エルガス＝シルヴェラ商会の書簡では，バラモンの代理人がいかにして貴石を入手し，どのような要素が貴石の価格に影響を与えるのかということは，明らかにされない。しかしヨーロッパに到着したインド産ダイヤモンドの大部分は，インドのカットのしかたがヨーロッパではあまり好まれなかったことから，カットも研磨もされていなかったことはわかっている。1717年にエルガス＝シルヴェラ商会は，ゴアの仕入れ先に対して，カットしていないルビー ("rubinos gresos sem lavorar") だけを送るようにと，明確に求めている[83]。

未加工ダイヤモンド，とくに石が大きい場合，品質の見極めが難し

---

81) 1690年代にロンドンには最多で40人のアルメニア人がいたが，50年後にはほとんど誰もいなくなっていた（Herzig 2004: 161-62; Aslanian 2004: 63）。

82) Chardin 1983, 2: 208; Tavernier 1676-77, 2: 236. ゴルコンダの鉱山でダイヤモンドの売買に手振りが使われていることを1741年に書き留めたイエズス会士の旅人の叙述も参照（Delaporte 1990: 144-45）。

83) ASF, LCF, 1937, 在ゴアのゴパラおよびニレア・カモティン宛1717年1月18日付書簡。

かった。産業革命以前の商品取引の特徴として，標準化の欠如が挙げられるのだが，貴石の価格のばらつきはとくに顕著である。未加工ダイヤモンドの価格は，原則として，重量と重量単位の価格の積の二乗に相当するという単純な法則で計算可能である[84]。「しかしこのルールは」と，ある専門家は次のように告白している。「けっして一般的ではない……なぜなら，特別に上質のダイヤモンドの推定価格は，固定相場がまったくないからである」[85]。インドにおける「ダイヤモンド購入の実用指南」が書かれた手引書では，「未加工ダイヤモンドの価値はかなり不確定である。重さや大きさだけでは，この問題に対処できない。それらの要素は常に品質や形に取って代わられる。経験と訓練だけが確実性にいたる道である」ことが強調されている[86]。定期市での小さい石の売却や，17世紀なかば以降にアムステルダムやロンドンに出現したダイヤモンド競売は，価格の標準化に対しては限定的な効果しかもたらさなかった。こうした競売ではしばしば，カットされていない小さいダイヤモンドの包みは，開封されることなく売却されていた。このやりかたは，リスクに対する買い手の寛容さを試すものであった。ダイヤモンドの価格はかなり一貫性に欠けるものであった。1721年にリヴォルノの裕福なセファルディム商人であるダヴィデ・スレマは，真珠および宝石とターバンとのバーター取引で不正を働いたとして告訴された。このときスレマは，「公正価格」の規定から貴石を除外した法学者と神学者の見解を引用して，自身を弁護している。「公正価格」のルールは，一般的に合意されている価格の1.5倍を超える価格差異（*laesio ultra dimidium iusti pretii*）を罰するものであった[87]。

　イギリス東インド会社が扱った貿易に関する公的な統計によると，ダイヤモンドは，18世紀はじめからの75年間，アジアからイギリスへの

　　84）　この原則は，"The gouldesmthes Storehowse" と呼ばれる作者不明の手書き文書ですでに言及されている（Lenman 2002: 99–100）。同じ原則が Malynes 1622: 57; Roberts 1638: 24–27; Tavernier 1676–77, 2: 352–55; Fryer 1992, 2: 145; Jeffries 1751: 7–8 でも繰り返されている。
　　85）　Mawe 1823: 14, 13.
　　86）　*Portable Instructions* 1779: 96.
　　87）　未開封の包みについては，Yogev 1978: 138–39 を参照。スレマについては，ASF, *MP*, 2476, fols. 123–152 を参照。ローマ法および教会法に則った「公正価格」のルールについては，Baldwin 1959 を参照。

2 インド産ダイヤモンドとヨーロッパ商業

公的な輸入額の約 14％を占めていた[88]。この数字には，密輸と，ブラジル，アムステルダム，リスボンからの合法的な輸入，イラン経由の輸入は含まれていない[89]。サンゴとダイヤモンドの交換によって生じた利益に関する証言は，当てにならない。さまざまな情報源をもとにした印象では，この貿易は可能性としては身入りのよいものではあったが，リスクの多い事業でもあった。1660 年代から 1680 年代にかけて，ロンドンで売却されたインド産ダイヤモンドの一般的な利益率は 40-60％であった[90]。1686 年 9 月，メディチ大公の情報提供者であったあるイギリス人は，スラトのイギリス商社がヨーロッパにおけるダイヤモンドの売却によって 18 か月間で 100％の利益を得たと推計している。しかし，ほんの数か月後には，インドにおける価格上昇によって利益が縮小される可能性があることが，同じ人物によって報告されている[91]。1740 年代にマドラスからロンドンへダイヤモンドを輸出していたユダヤ人のあるパートナーシップの利益率は，28-124％（平均 46％）であったのに対し，続く 10 年間にモーセ・メンデス・ダ・コスタがロンドンからインドへ船で輸送したサンゴの利益率は，約 18％にすぎなかった[92]。1766 年にリヴォルノのある商人は，ユダヤ人がロンドンを経由しておこなうリヴォルノ・マドラス間のサンゴとダイヤモンドの交易では，少なくとも 20-25％の利益を得られると推計している。しかし，この数字の根拠は不明である。フランス人船長のピエール・ブランシャールは，1784 年に自分でゴアへ運んだサンゴ輸送で，244％という桁外れの利益を得た[93]。エルガス＝シルヴェラ商会の通信文書および帳簿では，ゴアとロンド

---

88) この大まかな数値は，次に基づいて算出されている。(a) 1711 年から 1796 年のあいだにイギリスに輸入されたインド産ダイヤモンドの総価格を 7,514,700 ポンド（すなわち，年平均約 88,000 ポンド）とする，Yogev (1978: 337-39) が収集したデータ，(b) 1700 年から 1760 年のあいだに東インド会社がアジアから輸入した総額 597,620 ポンドの年平均 (Chaudhuri 1978: 509-11)。1782 年から 1793 年のあいだのインド産ダイヤモンドの公式な輸入額は年 45,500 ポンドだった（Furber 1948: 231）。

89) 東インド会社の独占の外でインドからイギリスへ輸入されたダイヤモンドの想定額には大きな開きがある。Mentz 2005: 119-21 を参照。

90) Mentz 1996: 167-68.

91) ASF, *MP*, 1606（スラトから大公宛 1686 年 9 月 20 日付書簡）。

92) Yogev 1978: 143-44, 340.

93) 1766 年のリヴォルノ商人の推計については，ASL, *GCM*, 963, fol. 112r を参照。ブランシャールの利益については，Blanchard 1806: 251 を参照。

ンにおける信用取引が長期かつバーターで設定されているため，個々の取引の利益を算出することはできない。しかし彼らの破産は，大粒ダイヤモンドの貿易に潜在するリスクを忘れてはならないことを物語っている。

3　機能する異文化間連携

スペイン継承戦争による軍事対立が収束した直後の 1713 年 1 月末，エルガス＝シルヴェラ商会は穴が多い低級の研磨済みサンゴのビーズ 48.4 ポンドをバルドゥッチ，ジュディチ，ペリーニに船で送った。この 3 人はリスボンで活動するジェノヴァ商人で，あるポルトガル商人によって「非常に裕福で，リヴォルノと大きな取引をしている」と言われたパートナーシップを組んでいた[94]。彼らのいとこであるアブラハムおよびマヌエル・デ・モラ，別名ボナヴェントゥーラおよびロペス・デ・モラレスが，エルガス＝シルヴェラ商会にリスボンのこの商会を推薦した[95]。サンゴにつけられた書簡によると，エルガス＝シルヴェラ商会は，ゴアにいるゴパラおよびニレア・カモティンに宛てて次のインド便の船にサンゴを積むようにリスボンの代理人たちに依頼している。カモティンに宛てた 2 通目の書簡では，帰り荷としてリスボンにダイヤモンドを送るよう注文している。そして，サンゴの代価としてダイヤモンドが入手できない場合にかぎり，高級織物でもよいとしている。バルドゥッチ＝ジュディチ＝ペリーニ商会は，ダイヤモンド（と他の商品）

94）　Silva 1992: 88 から引用した。1720 年代から 1740 年代にかけて，リスボンのバルドゥッチ家はブラジル産の砂糖やタバコの再輸出と穀物の輸入も活発におこなっていた（ANSL, Caixa IV, no. 4［o. c.］）。

95）　Mora というキリスト教徒的な偽名は，アブラハムの息子マヌエル・デ・モラの 1709 年の遺言書（ASF, NMT, Lorenzo Leoni, 23736, fols. 24r-25r）にも，エルガス＝シルヴェラ商会の帳簿（ASF, LCF, 1930, 1705 年 5 月 1 日）にも明記されている。この一族は 1664 年以来リヴォルノで事業を営んでいた。この年，アブラハム・デ・モラことヴェントゥーラ・ロペス・デ・モラレスが海上貸付を引き受ける認可を大公から受けた。また彼は，ユダヤ人ネイションの長を世襲の地位として金で買おうとしたが，失敗に終わった（R. Toaff 1990: 683）。アブラハムおよびヤコブ・デ・モラは 1723 年にリヴォルノで破産した（ASF, NMP, 25261, fols. 39r-47v, no. 31）。

がリヴォルノに届くと保証している。エルガス＝シルヴェラ商会は，リヴォルノおよびヴェネツィアからゴアに届くあらゆる種類のサンゴとその他の商品の時価を定期的に知らせることも，カモティンに求めている[96]。

　エルガス＝シルヴェラ商会は，1710年，ゴアとのこの特殊な大陸間のバーター取引に，試験的に参入した[97]。彼らはこのとき，組織的には不安定であるにもかかわらず利益の出る事業にみえるものに従事している他のユダヤ人たちの仲間入りをしようと決意していた。取引を完結するには通常2年から3年かかった。交換のタイミングは，インドのモンスーンによって決まった。エルガス＝シルヴェラ商会が1713年の1月に発送した荷は，順調であった。1714年の秋にはゴアから帰り荷の発送準備ができていた[98]。しかしほかのときには，待ち時間がもっと長くなることもあった。1717年の6月，エルガス＝シルヴェラ商会では，彼らが2年前に送ったサンゴと交換したダイヤモンドの受け取りが期待できると，このときになってやっと知らされた[99]。このように，彼らは自分たちが受け取るであろう商品の価値や質でさえも，事前に正確に予測することはできなかったのである。それゆえに，彼らが書簡の末尾に船荷証券の内容を筆写するときに，ゴアへ送ったサンゴの金銭的価値をわざわざ含めておいたのは一度きりだった[100]。ゴアにおけるサンゴの価格は，地中海の漁期やヨーロッパ船の到着，ゴアでのダイヤモンドの供給などによって毎年変動することを彼らは承知していた。彼らが通信相手に頼めることは，名声を保ちつつ，可能なかぎり迅速に（"com toda reputazão e brevidade"）サンゴを売ることだけであった。市場に見込み

---

96) ASF, *LCF*, 1935, 在ゴアのゴパラおよびニレア・カモティン宛1713年1月20日付書簡，および在リスボンのバルドゥッチ＝ジュディチ＝ペリーニ商会宛1713年1月30日付書簡．

97) ASF, *LCF*, 1932, fols. 36, 52.

98) ASF, *LCF*, 1936, 在リスボンのバルドゥッチとジュディチ宛1714年12月5日付書簡，および在ゴアのゴパラおよびニレア・カモティン宛1715年1月10日付書簡．

99) ASF, *LCF*, 1937, 在リスボンのピエトロ・フランチェスコ・ラヴァラ宛1717年6月4日付書簡．

100) ASF, *LCF*, 1945, 在リスボンのメディチ＝ニッコリーニ商会宛1739年2月16日付書簡．リヴォルノにおけるサンゴの価格は，常にというわけではないが，かなり頻繁に，アレッポ宛の書簡に示されていた。たとえば，ASF, *LCF*, 1939, 在アレッポのエルガス＝シルヴェラ商会宛1725年9月10日付書簡を参照．

がない年には，次のポルトガル船団が到着するまで支払いを完了するのを待つように，カモティンに指示している[101]。

カモティンへの書簡で，エルガス＝シルヴェラ商会の典型的な書きかたは以下のようになっていた。「私たちは，貴社が前述の船から未加工および磨き済みサンゴが入っている 1 番の番号がついた箱を受け取り……そして貴社が私たちに知らせた理由によって，今までのところそれを売却できずにいることを理解しました。今ごろはもう神と貴社の素晴らしい努力のおかげで私たちにとってかなり有利にサンゴが売れ，市場の状況が改善して，私たちが貴社のおかげで利益を得続けられるようになっていることを願っています……。貴社からの手紙で，私たちを貴方が信用し，今年は……472：－：31 セラフィンの価値がある 11 番の番号がついたダイヤモンドの包 1 個を私たちに送ったことを了解しました。貴社は私たちに，そのダイヤモンドは合法的な商品で，上質であると知らせました。貴社の知らせた通りであれば，喜ばしいです……私たちはこの価格について，貴社を信用します」[102]。

情報がかなり曖昧でまれにしか届かない場合，信用取引関係はどのように機能しえたのか。リヴォルノの人々は，どのような動機で，ゴアにいる代理人の自主性に任せる気になったのか。また，どうやって，帰り荷として送られる品物の横領，商品の量や質のごまかし，あるいはエルガス＝シルヴェラ商会からの要請の無視，などをゴアの代理人がすることを阻止したのか。実際，とくにユダヤ人がポルトガルの海外領から追放されており，インドと地中海のあいだのコミュニケーションは希薄で，商人間の争いを調停する統一された政治的・法的権威が存在していなかったことを考慮すると，リヴォルノとポルトガル領インド間の

---

101) ASF, *LCF*, 1935, 在ゴアのガパラおよびニレア・カモティン宛 1713 年 1 月 20 日付書簡。

102) "Vemos avião Vms recevido de detta nau a caxja n. 1 coral gregio e raspado… e que ainda não avião podido Vms vendere detto coral pella reçoins nos motivão que esperamos em Deus e suas boas deligensias aixão a esta ora saido de elles a tudo noso maior vatagem, esperando se acomodem os tempos para poder continuar a valernos de suos favores. Osevando para detta sua que nos anteciparam Vms e nos remeteram com esta moçcão… un visalho diamantes de n. 11 do valor de xerafinos 472:–:31 e que e fasenda limpa e boa que temos muito gosto que seixam com disem… e lhes daremos credito de dettos xerafinos."ASF, *LCF*, 1953, 在ゴアのフォンドゥ・カモティンとバブサ・クエニー宛 1741 年 5 月 8 日付書簡。

バーター取引に従事する商人共同体の異種混交性は，少なくとも，交換される商品と同じくらい驚くべきものであった。それでも，1713 年にバルドゥッチ＝ジュディチ＝ペリーニ商会の助けを借りてサンゴを初めてゴアに送ったのち，エルガス＝シルヴェラ商会は，21 年間にわたってゴアのヒンドゥー教徒の代理人にダイヤモンドを注文し続けた。

　海商法に関する慣習的な規範および商品の品質，価格，効能に関する情報の活発な流れと結合した書簡作成のしきたりが共有されていたことにより，効果的な公式もしくはなかば公式の管理制度が生み出された。当事者たちが地理的，文化的に途方もなく隔たっている場合でも，これらの管理制度は契約を順守させるよう作用した。セファルディムがサンゴとダイヤモンドの交易に集中していたことは，エルガス＝シルヴェラ商会のような個々の商社が異文化間交易に従事できるために決定的な意味を持ったのである。

　いくつかの書簡のなかでは，アジアからのダイヤモンド輸送の命運が西方系セファルディムをひとつに結びつけていることをエルガス＝シルヴェラ商会が明確に認識していたことが示されている。1722 年 4 月，ポルトガル船ノッサ・セノーラ・ド・カボ号がマスカレン諸島の沖合で拿捕された知らせを受けて，当初パートナーたちは，同船が輸送中だったダイヤモンドを二度と取り戻せないのではないかと心配した。この事件をジェノヴァのアブラハム・ルゼナに知らせる手紙では，彼らは「当地」つまりリヴォルノ，およびアムステルダムで損失を覚悟している多数の「われわれのネイション」の商人たちのために神の慈悲を願っている（"que el Dio tenga piedad y restaure a los perdientes que bastantes ai de nostra nación aqui y Amsterdam"）[103]。20 年後の 1743 年，エルガス＝シルヴェラ商会は，彼らの「ネイション」が全般的にサンゴとダイヤモンドの交易を掌握しており，それがいまやロンドンまで拡大していることを

103）エルガス＝シルヴェラ商会は，ノッサ・セノーラ・ド・カボ号に 7,000 セラフィンの価値のダイヤモンド 2 箱を船積みしており，リスボンにいる通信相手にこの情報の確認を依頼している。幸い，ポルトガル副王がようやくナントに到着して貴石の大半をもたらし，オランダのセファルディムたちに石は無事だと伝えて安心させるようアムステルダムの外交代表に依頼した。ASF, *LCF*, 1938, 在ジェノヴァのアブラハム・ルゼナ宛 1722 年 4 月 22 日付書簡，在リスボンのメディチ＝ベロアルディ商会宛 1722 年 5 月 6 日付，11 月 27 日付書簡，在リスボンのジョヴァンニ・バッティスタ・ラヴァラ宛 1722 年 5 月 27 日付書簡。

神に感謝している（"es de dar gracia a Deus que este negosio este la maior parte en nostra nación"）[104]。セファルディムは，地理的に分散していたが相互に結びついていた。このことは，外部の人々と取引関係をつくろうとする際には，セファルディム商人にとって利点となった。1724年，エルガス＝シルヴェラ商会はカモティン商会に対して，ゴアからの帰り荷でのダイヤモンド輸送が満足のいく結果になれば，バイア，ロンドン，その他どこの場所でも，自分たちの友人にカモティン商会を推薦すると書簡で約束している[105]。

　リヴォルノのユダヤ人，リスボンのイタリア人，ゴアのヒンドゥー教徒のあいだで，散発的な取引が安定した異文化間ネットワークに変化した具体的な要因は，3つ挙げられる。まず，長命を保つことで個々のメンバーの過去の行為が共有の記憶となり，事業への参入を望む者は喜んで保証人となってくれる多くの後援者が得られる。どの時期をとっても，おそらくリヴォルノでは20，リスボンではその約半数のパートナーシップと，ゴアでは4から5の家系がこのネットワークの中核を成していた。この数は，有益な情報を収集し不正を阻止するには十分な多さであったが，そのうちの誰かを騙すいっぽうでほかの者と取引することを可能にするほど多くはなかった。第二に，リヴォルノのセファルディムは，すでにサンゴとダイヤモンドの交換に関心を持っていたロンドンその他のユダヤ人と密接に結びついていた。そのため，彼らと取引する人々は，可能なかぎり最高のサーヴィスを提供しようという気持ちを強くした。第三に，メンバーが属する各々の集団の社会的団結と内部組織によって，制度的な監視のメカニズムや仲間からの圧力を通じた秩序の維持が可能であった。

　イタリア半島のセファルディムとリスボンのイタリア商人（とくにフィレンツェ人とジェノヴァ人）との関係は，イベリア半島からの脱出者がヴェネツィアとリヴォルノに定住したときにさかのぼる。16世紀後期，ヴェネツィアにいるポルトガル出身の新キリスト教徒は，リスボ

　　104）ASF, *LCF*, 1957, 在ロンドンのベニヤミン・アルヴァレンガ宛1743年9月9日付書簡。
　　105）ASF, *LCF*, 1938, 在ゴアのゴパラおよびフォンドゥ・カモティン宛1724年6月30日付書簡。

ンにいるイタリア人貿易商の仲介業者として活動していた[106]。続く数十年間，ポルトガルの首都にいたイタリア人によって提供されたサーヴィスのなかには，ゴアとのダイヤモンド交易に関係するものもあった。1623 年，リスボンに拠点を持つイタリア商人であるフランチェスコ・モレッリとヤコモ・ターティは，アムステルダムのフェリペ・エンリケと通信していた。エンリケはおそらく新キリスト教徒であった。ポルトガルで交易するイタリア系一族の跡継ぎであったモレッリは，1629 年作成の遺言書のなかで，ゴアに船で送ったサンゴの委託と，ヴェネツィアに送った 2 包のダイヤモンドについて言及している[107]。早くも 1620 年代には，エルガス一族はリスボンからインド産ダイヤモンドを輸入し，それをヴェネツィアへ送っている[108]。

　17 世紀を通じて，リヴォルノのセファルディムはインドとのポルトガル貿易におけるこの分野への参入の度合いを高め，リスボンのイタリア商人にますます頼るようになった。1740 年代にロンドンが頭角を現すにつれてリスボンとの結びつきは弱まったが，消滅したわけではなかった。1750 年に，サウル・ボンフィルは，ゴアから届くダイヤモンドを回収するためにリスボンのイギリス商人（フランシス・モリス）を使うことを考えていたものの，すぐに考えを変え，旧知のジェノヴァ人代理人ジョヴァンニ・アンドレアおよびフランチェスコ・カンビアーゾを頼ることにした[109]。1756 年，リヴォルノのセファルディム商人の未亡人であるエステル・ヌネスは，リスボンのルイジ・ニッコリーニに対して，ゴアのナイク一族が彼女に宛てて船で送った貴石およびその他の商品の回収を委託している[110]。1765 年になっても，マヌエル・エルガ

---

[106] ガスパルおよびジョアン・リベイラはヴェネツィアに居住していた 2 名の傑出したポルトガル系の新キリスト教徒で，1575 年に在リスボンのパートナーであるニッコロ・ジラルディとジョヴァンニ・デ・バルディから，ポルトガル船売却の際の彼らの仲介手数料支払いのため為替手形を受領している（Ruspio 1998-99: 34）。リスボンのジラルディについては，Rau 1965-66 を参照。

[107] "Notarial Records Relating to the Portuguese Jews in Amsterdam up to 1639," *Studia Rosenthaliana* 25.2（1991）: 180, 184; ANSL, Caixa IX, 37（n.c.）を参照。

[108] Ruspio 2005: 139. ヴェネツィアの別の新キリスト教徒の，リスボンにおける委託代理人としてのモレッリについては，Ruspio 2007: 148 n129 を参照。

[109] ASF, *NMP*, 25273, Giovanni Battista Gamerra, fol. 138r-v, no.262, fols. 145v-146r, no.277.

[110] ASF, *NMP*, Giovanni Battista Gamerra, 25276, fol. 31r-v, no.84.

スの息子であるラファエル・エルガスを含む数名のリヴォルノのユダヤ人商人が，ゴアにサンゴを送っていた[111]。ラファエルが1770年に作成した遺言書では，彼の「インドのゴアからレヴァント宛ての通信相手」のあいだのあらゆる貸付残高を清算するよう命じている[112]。

　リヴォルノで登録された委任状は，エルガス＝シルヴェラ商会と通信していたのと同じリスボンのイタリア商人（フランス人の場合もある）やゴアのサラスヴァティのグループが，18世紀前期に，リヴォルノの他のセファルディムにも日常的にサーヴィスを提供していたことを示している[113]。有力なフランコ一族は，イギリスのダイヤモンド貿易に参入するために，一族の若いメンバー数人をロンドンとマドラスに移住させたが，1710年から1730年のあいだは，引き続きリスボンを経由してダイヤモンド取引をおこなっていた。リスボンでは，パオロ・ジロラモ・メディチとラザロ・マリア・カンビアーゾを含む数人のフィレンツェ人とジェノヴァ人が彼らの法定代理人として指名された[114]。1723年から1745年まで，リスボンの3つのイタリアの商社——メディチ商会，ニッコリーニ商会，カンビアーゾ商会——が，リヴォルノのマヌエル・エルガス，アブラハム・デ・モラ，サムエル・エルガスとパートナー，マヌエル・フェリーチェ・ソンシーノ，サルヴァトーレ・ベネデットの仲介人として活動している[115]。アブラハム・スレマ，別名フランシスコ・ヴァイスは，1717年にゴアとのサンゴとダイヤモンドの交易を始めた。彼は当初，おそらく新キリスト教徒の子孫であるアゴスティーノ・カルヴァロ・ダ・コスタとフランシスコ・ガエタノ・ダ・コスタなる2人

---

111) Filippini 1989: 132 n23, 1998, 3: 259 n21.

112) PRO, *PROB*, 11/962, fol.174r. 彼はゴアから到着する彼の商品を回収するために，リスボンのイタリア人商人も1人指名している（ASF, *NMP*, Giovanni Matteo Morelli, 26733, fols. 37r-v, no.98）。

113) フランス商人はときおりリヴォルノのセファルディムによる委任状に言及している。ASF, *NMP*, Giovanni Battista Gamerra, 25265, fol. 46r-v（1741）；ASF, *NMP*, Filippo Gonnella, 27192, fols. 106v-107r; 27193, fols. 1v-2r（1756）を参照。

114) ASF, *NMP*, Giovanni Giuseppe Mazzanti, 23691, fols. 17r-20r, no. 25; 23703, fol. 79r-v, no.54; 23704, fols. 32r-33r, no.23, fols. 137v-140, no.122; 25269, fol. 74r-v, no.148; ASF, *NMP*, Giovanni Battista Gamerra, 25260, fol. 114r-v, no.109.

115) ASF, *NMP*, Giovanni Battista Gamerra, 25260, fol. 46r-v; 25261, fol. 30r-v, no.23; 25267, fols. 166v-167r; ASF, *NMP*, Agostino Frugoni, 24736, fols. 4r-5r; 24737, fols. 151r-152r; ASF, *NMP*, Giovanni Giuseppe Giuliani, 23410, fols. 121v-122r.

のポルトガル人を頼っていた。しかし2年後には，スレマはすでにヒンドゥー教徒商人との交易を始めている。1720年，スレマはダ・コスタを指名した委任状を無効にし，かわりにリスボンのメディチ＝ベロアルディ商会とラヴァラ一族のほうを選択した。それ以降彼らは，ポルトガルの首都におけるスレマの代理人業務をおこなった[116]。スレマはまた，ときには彼の代理でゴアへ船でサンゴを送ることをエルガス＝シルヴェラ商会に依頼することもあった[117]。

リスボンとゴアのこれらの代理人たちは，他の西方系セファルディムとも直接接触していた。カモティン家は1706年にアムステルダムのアントニオ・ガブリエル・ヌネスへ，そして1727年にはヤコブ・ペレイラにダイヤモンドを船で送っている[118]。1704年，アムステルダムのガスパールおよびマヌエル・メンデスは，リスボンのアントニオ・マンゾーニに委任状を与えた。その委任状でマンゾーニは，メンデスのものであるダイヤモンドを税関に請求し，それをアムステルダムへ船で送ることを任されている[119]。12年後，ジャコモ・マンゾーニは，アムステルダムのヤコブ・ド・パドロのために同様の役割を果たした[120]。メディチ＝ベロアルディ商会は，1734年に，アムステルダムとバイヨンヌで事業を展開していたコラソ商会の商業書簡のなかで，「友人（amigos）」として言及されている[121]。1722年，エルガス＝シルヴェラ商会は，アムステルダムを経由してリスボンのカンビアーゾ家にサンゴを送るという

---

116) ASF, *NMP*, Giovanni Battista Gamerra, 25260, fols. 180v-181r, no.191; ASF, *NMP*, Agostino Frugoni, 24732, fols. 15v-16r, 87v-88r, 90v-91r, 142v-143r; 24733, fols. 44v-46r. スレマは1719年と1720年の2回のみ，ゴアから届く商品を回収するために，親しいジェノヴァ人もしくはフィレンツェ人の仲介人を雇うのではなく，リスボンのポルトガル商人に委任状を与えている（ASF, *NMP*, Agostino Frugoni, 24732, fols. 16r-v, 141v-142v; 24733, fols. 44v-46v）。

117) ASF, *LCF*, 1939, 在リスボンのウリヴィエリ＝ファン・デン・ブルッヘ商会宛1726年11月8日付書簡。

118) GAA, *NA*, 11291, fol. 34. ウィスラ・カモティンから在アムステルダムのヌネスに送られたダイヤモンドは，ロンドンでヤコブ・エルガスによって保険がかけられた（GAA, *NA*, 2943, fol.34）。ダヴィデ・フランコ・メンデスの未亡人ラケル・モカタはゴアのカモティン家から受領していたダイヤモンドを1707年に処分した（GAA, *NA*, 6036, fol.58）。

119) GAA, *NA*, 2943, fol. 13.

120) ASF, *LCF*, 1936, 在リスボンのジャコモ・マンゾーニ宛1716年3月18日付書簡。

121) GAA, *Arch*, 5060, Colaço correspondence, vol. 6, fol. 545.

通常とは異なるルートを使って，オランダの首都にいる代理人であるヨセフ・デ・ロス・リオスを，リスボンやゴアとつながる異文化間交易のネットワークに取り込んだ[122]。カンビアーゾ家はリヴォルノのキリスト教徒商人にもサーヴィスを提供しており，その結果，2都市間を行き交う情報網が重なり合うこととなった[123]。

ロンドンにいるセファルディムのダイヤモンド仲買人は，通常，イギリス領インドとの結びつきに依拠していた。しかし，ブラジルの鉱山が発見されると——ポルトガルが1740年に鉱山の国家独占を宣言するまでは——，インドまたはブラジルのダイヤモンドをもたらしうる代理人を求めて商人はリスボンに殺到し，ポルトガルの首都にいた多くの有力なイギリス商人に頼った[124]。しかし，イタリア商人が忘れ去られたわけではない。1728年，ブラジル産ダイヤモンドの包みがリスボンに流れ込むようになるとすぐ，フランシス・サルヴァドル・ジュニア，アブラハムおよびヤコブ・フランコ，ベニヤミン・メンデス・ダ・コスタは，パオロ・ジロラモ・メディチに対して，加工済みと未加工の石を彼らの代理で購入することを依頼し始めている[125]。

すべての商人が等しく有能かつ高潔であったわけではない。エルガス＝シルヴェラ商会の書簡から，信じる宗教に関係なく，取引が不満足に終わったあと消えていった宛先がいくつかあることが判明している。1715年に，エルガス＝シルヴェラ商会は，ジェノヴァのラザロ・サチェルドテに対して，小粒でいくつかのサイズにそろえた上質のサンゴを船で送るよう依頼し，1ポンドにつき12.5スペインドルを支払うことを彼に約束した。値段は高額だったが，支払いを終えたのち，サ

---

122) ASF, *LCF,* 1938, 在リスボンのラザロ・マリア・カンビアーゾ宛1722年2月4日付書簡．

123) ASF, *NMP*, Giovanni Battista Gamerra, 25267, fols. 18v-19v; 25273, fols. 155v-156r, no.294; ASF, *NMP* , Giovanni Giuseppe Mazzanti, 23705, fols. 16v-17r, no.22.

124) E. Samuel 1989: 108, 113 n49.

125) JFB, 1726 fMe, fols. 17v, 19r-v, 21r, 22v, 23r, 28v-30v, 43r, 44v-47v, 48v, 53r, 55r-v, 60r, 63r, 68v, 72v, 73v, 77v, 98v, 102r, 128v, 129v. リオ・デ・ジャネイロにおけるメディチの供給者はアントニオ・ペレイラ，ジョアン・ロドリゲス・シルヴァ，そしてファウスティノ・デ・リマであった。メディチはまたアブラハム・フランコが中国産絹をブラジルで販売する手助けもした。Fisher（1971: 55, 57）と Yogev（1978: 278 n35）は，在ロンドンのベニヤミン・メンデス・ダ・コスタのためにメディチ＝ベロアルディ商会が1728年から30年におこなったサーヴィスに言及している。

チェルドテが彼らに送ってきたサンゴの質が悪いことがわかった。3 週間後，彼らは 150 ポンドのサンゴをサチェルドテに注文したが，今回はただちに送るという条件をつけた。リヴォルノではリスボンに向けて船が出港の準備を整えており，遅れると，リスボンからインドに向かう船団の航海シーズンを逃す可能性があった。サチェルドテは再び失望させた。サンゴの一部を送るのに 2 か月かかり，リヴォルノに積荷が着くころには，ポルトガルの船団にサンゴを積んで送るには遅すぎたのである[126]。2 度の損害を受けたのち，エルガス＝シルヴェラ商会は，二度とラザロ・サチェルドテと取引しなかった。それでも，サチェルドテから一度少量のインド綿布を購入し，1731 年から 32 年にかけては，サンゴの入手可能性について何かわかったら知らせるように繰り返し頼んでいる[127]。サチェルドテはユダヤ人であるが，セファルディムではない。もし意図的な詐欺行為ではなかったならば，彼は明らかに有能ではなかった。

　エルガス＝シルヴェラ商会がサチェルドテを誹謗したかどうかについて，利用可能な史料から立証することはできない。しかし，ジェノヴァの公証人文書によると，彼は 1715 年以降リヴォルノのセファルディムとは一切取引しておらず，このことは偶然ではないかもしれない[128]。15 年以上経過したあとになって，エルガス＝シルヴェラ商会はサチェルドテに情報や小規模の購入を依頼している。つまり大きなリスクをともなわずに彼からなにがしかを得ようとしたのであって，これも驚くべきことではない。世界各地から届く商業書簡から，十分にサーヴィスを果たしてくれない代理人に対処する一般的な方策は妥協であったことがわかる。16 世紀ジェノヴァの有名な商人兼銀行家のブリニョレ家，1750 年代のスウェーデンのパートナーシップとアムステルダム

---

[126]　ASF, LCF, 1936, 在ジェノヴァのラザロ・サチェルドテ宛 1715 年 2 月 15 日付，2 月 27 日付，4 月 1 日付，4 月 22 日付，6 月 26 日付書簡。

[127]　ASF, LCF, 1941, 在ジェノヴァのラザロ・サチェルドテ宛 1731 年 11 月 28 日付，12 月 5 日付，1732 年 1 月 18 日付，1 月 23 日付，2 月 6 日付，2 月 20 日付，2 月 27 日付，3 月 5 日付，3 月 19 日付書簡。

[128]　Urbani and Zazzu 1999 におけるラザロ・サチェルドテの項目を参照。1716 年 5 月に彼はアブラハムとイサク・デ・ロス・リオスが彼に対して申したてた訴訟に対処するために，リヴォルノで法定代理人を指名している（ibid., 714）。

にいる彼らの代理人，18世紀後半ゴアのマーマイ・カマト家といった多種多様な通信文書群からも，こうした態度ははっきりとわかる[129]。商人は，標準以下の委託代理人に対する法的手段が事実上存在しないことを認識しているので，貸しについては忘れつつ，相手から少しでも搾り取ることを経験的に身につけていたのである。

　詐欺行為をはたらいた代理人に対する声高な抗議の声をエルガス＝シルヴェラ商会の通信のなかに探し求めても無駄である。しかし彼らは，失望したときには手加減しなかった。同商会の書簡群はリヴォルノに残る唯一の史料であるため，信用できない代理人が同社の通信相手のなかから消えたことが，他のセファルディムが当の代理人を追放することにつながったかどうかを確かめることはできない。しかし，シナゴーグの文書館文書(ゲニザ)やさまざまな近世の商業書簡集にみられるように，商人は抗議と和解のバランスをとることを身につけていた[130]。たとえば，1724年，エルガス＝シルヴェラ商会は前年にカモティンがサンゴにつけた価格に疑問を呈し，この先の注文を差し控えると脅している。これは最初の警告であった。3年後，同商会はゴパラおよびフォンドゥ・カモティンに対して，帰り荷がなく，ゴパラの息子でフォンドゥの兄弟であるニレアからの報告もないことに繰り返し不満を述べている。同時に同商会はリスボンのラザロ・マリア・カンビアーゾに対して，最近ゴア

---

　129)　Court 2004: 993; Müller 1998: 243-45; XCHR, *MHC/P*, 6437.
　130)　Greif（2006; 60 n3, 63 n11）は250通の文書庫(ゲニザ)の書簡を分析し，不正への言及は文書の5％以下であることを見いだした。――この数字は，マグレブ商人間の委託代理人関係は，その多くが親戚関係になくても，高レベルの順守が特徴であったことを示している。Gilの研究（Gil 2003: 314）は800点以上の文書の分析に基づいており，マグレブ出身のユダヤ人のあいだで生じた紛争を重要視してはいるが，その結果は上記のGreifが出した割合と一致する。Greif（1989: 868-69; 1994: 924; 2006: 66-67）はまた，1055年に金銭を着服した在イェルサレムのあるマグレブ出身の委託代理人に対して起こった中傷の動きについても，注意を促している。この動きは，地中海各地にいる彼の仲間が彼へのすべての発注を取り消す契機となった。しかし，中傷は好ましくない影響を生じることもあり，すべての告発が結託からの排除にいたるわけではなかった。11世紀のカイロにいたある重要なユダヤ人商人は，彼の委託代理人がブラジルウッドの積荷を扱ったやりかたに不満を述べる「長文の怒りの書簡」を書いたが，受取人はあらゆる告発に反証し，その書簡を「いい加減な人物の空言」と呼んだ（Goitein 1967-93, 1: 164-65, 1973b: 93）。Goitein（1967-93, 1:168）は，1通の書簡がビジネス上の友人に対する「強い表現で書かれた告発」と通信の継続に対する希望の両方を表現している可能性があると指摘している。満足のいかない委託代理人への応化の他の例については，Goitein 1973b: 113を参照。

から戻ったカンビアーゾの「友人たち」がカモティン一族のこれらのメンバーについてどう評価しているか尋ねている[131]。1729年, 同商会はカモティンが彼らのためにリスボンに送ったダイヤモンドの包みが, 領収書の額より10万レアルも安く査定されたと知らされた。エルガス＝シルヴェラ商会は, 最近ゴアから戻ったばかりのポルトガル船の船長ジョアン・ゴンサルヴェス・ドス・サントスに問い合わせるよう, リスボンの通信相手に命じている。ビザリョ荷を輸送したのは, この人物だったからである[132]。

4 リスボンからロンドンへ
—— 1740年代におけるインドとのダイヤモンド貿易

リヴォルノのセファルディムの多くは, 1664年から1732年にかけて東インド会社が定めた規則に後押しされて, サンゴとダイヤモンドの交易の主軸をリスボン・ゴア・ルートからロンドン・マドラス・ルートに移し始めた。マドラスはゴアよりもゴルコンダのダイヤモンド鉱山に近く, イギリス人によって1639年から40年のあいだにセント・ジョージ要塞と取引所が建設されていた。イギリス人旅行家のアレクサンダー・ハミルトンが記しているように, マドラスよりも免税の鉱山で石を手に入れるほうが望ましかった。1650年以降イギリス人はマドラスにサンゴの市場も開いた。1670年代以降, ロンドンのユダヤ人はコロマンデル海岸とのダイヤモンド貿易を活発におこなっていた。そして1680年代なかばからは, 数人がセント・ジョージ要塞に移り住んだ。ジャン・シャルダンとトマス・ピットのもとにいた優れたダイヤモンド仲買人たちは, セント・ジョージ要塞に移住したセファルディムを頻繁に使っていた。1731年のインド人商人の証言によると, ユダヤ人のな

---

131) ASF, *LCF*, 1938, 在ゴアのゴパラおよびフォンドゥ・カモティン宛1724年6月30日付書簡；ASF, *LCF*, 1939, 在ゴアのゴパラおよびフォンドゥ・カモティン宛1727年1月24日付書簡, 在リスボンのラザロ・カンビアーゾ宛1727年1月27日付書簡。
132) ASF, *LCF*, 1941, 在リスボンのラザロ・マリア・カンビアーゾ宛1729年2月25日付書簡, 在ゴアのゴパラおよびフォンドゥ・カモティン宛1729年2月25日付書簡。

かには，地元のダイヤモンド鉱山について際立った知識を持つ者もいたという[133]。この分野におけるユダヤ人商人の影響力がかくも大きかったので，ジョサイア・チャイルド卿は，1687年，ヨーロッパの政治制度の歴史において初めて，マドラスの東インド会社の居留地を統括する評議会にユダヤ人の代表を参加させることを着想した[134]。

1680年代以降，マドラスは未加工ダイヤモンドの供給地としてますます重要性が高まった。もっともそれは，ゆっくりとしたプロセスであり，インド洋におけるイギリスの力の伸長に加え，多くの重大な要素をともなっていた。インドにおけるポルトガル帝国の衰退のなかにあっても，ゴアは1730年までダイヤモンド貿易の中心地としての主要な機能を保っている[135]。タヴェルニエがダイヤモンド，ルビー，サファイヤ，トパーズその他の貴石を買い付ける事業をアジアで最も精力的に展開していたのは，17世紀後期のゴアであった[136]。ポルトガル系ユダヤ人のマヌエル・レヴィ・ドゥアルテ（1631-1714年）は，アムステルダムで活発な宝石貿易をおこなっており，未加工ダイヤモンドの大半をゴアからリスボンないしはリヴォルノ経由でオランダに船で運んでいた。彼や彼の事業提携者は，イギリスのインド貿易船の乗組員や乗客からはあまり石を買わず，またマドラスやスラトに直接代理人を派遣してダイヤモンドを購入していたセファルディム系ユダヤ人のパートナーシップに投資することも少なかった[137]。

1730年代，未加工ダイヤモンドの世界規模の貿易は混乱状態にあった。ブラジル産ダイヤモンドがヨーロッパ市場に溢れ，価格が低下した

---

[133] Hamilton 1727: 366-67; Yogev 1978: 106; Fischel 1960: 81; BL. *Sloan MS* 1968, fols. 54r-55r. ジャン・シャルダン卿とその兄弟ダニエルは1682年に在マドラスのロドリゲス兄弟とパートナーシップを結んだ。この提携は2組の兄弟が自身で交易をおこなうのに十分な資本を蓄積した約20年後に解消された（Beinecke Rare Book and Manuscript Library, Yale University, *John Chardin correspondence and documents, 1671-1719*, box 1, folders 1-5; E. Samuel 2000: 354-60)。イギリス人は1765年以降ベンガル州の都市ベナレス近郊のダイヤモンド鉱山も支配した（Marshall 1976: 128, 221-22, 250-51, 255)。1780年代と1790年代にベンガルとのダイヤモンド交易で活躍した在ロンドンのユダヤ人パートナーシップについては，Fischel 1964: 433-98を参照。

[134] E. Samuel 2004: 251.

[135] Boxer 1969: 148-49.

[136] Tavernier 1676-77, 2: 369.

[137] E. Samuel 1978-80.

のである。コロマンデルにおける政情不安と飢饉の発生が混乱に拍車をかけた[138]。エルガス＝シルヴェラ商会は，1730年にゴアの通信相手に対して，マドラスやスラトから届くダイヤモンドより質が悪く価格が高いものを送ってきたことを非難している。同時に同商会は，リスボンの仲買人に対して，もしポルトガルのダイヤモンドの価格と質に満足できない場合，ロンドンにおけるサンゴの需要が伸びているならば，ゴアに送るサンゴの量を減らすことを検討していると知らせている[139]。エルガス＝シルヴェラ商会が注文を保留すると脅しをかけるのは，これが初めてではない。しかしカモティン商会は，いまや圧力が現実のものであると知ることになる。1731年，彼らは過去20年間で初めてリヴォルノからの手紙を受け取らなかった。実はこの年，ロンドンにおけるサンゴ需要は低かったのだが，マドラスがゴアの手ごわい競争相手として浮上しつつあったのである[140]。

　ポルトガル王権は，1740年にブラジル産ダイヤモンドの採掘，1753年にはヨーロッパにおける販売を，外国人投資家のカルテルに請け負わせた。その後，ダイヤモンド市場では以前のルートが再開され，続く半世紀間市場が拡大した[141]。ブラジル産ダイヤモンドの大量流入は，リ

---

138) マドラス周辺地域における1729年と1731年の飢饉については，Chaudhuri 1978：252を参照。

139) ASF, *LCF*, 1941, 在リスボンのメディチ＝ベロアルディ商会宛1730年2月17日付書簡。

140) ASF, *LCF*, 1941, 在ジェノヴァのジョヴァンニ・バッティスタ・カンビアーゾ宛1731年6月6日付，6月13日付，6月27日付，8月22日付書簡。エルガス＝シルヴェラ商会は1734年にゴアでのサンゴ取引における薄利を嘆いている（"o mau estado do negocio de essa venda"; ASF, *LCF*, 1945, 在ゴアのフォンドゥ・カモティンとバブサ・クエニー宛1734年2月26日付書簡）。

141) 1732年から1783年のあいだで，リスボンへのブラジル産ダイヤモンドの輸出は1733-34年に頂点に達し，225,000カラットが船積みされた。175,000カラット相当が輸出された1766年から67年を除き，通常毎年の輸出量は70,000から80,000カラットであった。ブラジルの鉱山は1771年から1783年のあいだ，国家の直接管理下に置かれ，産出量が減少した（Gonçalves Pereira 1982：231-34）。リスボンとロンドンにおける1733年から34年の最高級ダイヤモンドの低価格については，BNL, Códex 746, fol. 49r; Jeffries 1751：65を参照。ヨセフ・サルヴァドルと彼の息子フランシスはブラジル産ダイヤモンドの販売における国家の利権では表に出ない役割を務めただけであるにもかかわらず，カルテルへの彼らの干渉は反ユダヤ主義的感情を煽りたてた。BNL, Códex 746 ("História chronological dos contratos da minerassão dos diamantes ... até o anno de 1788")；BNL, Códex 7167 ("Notícia a respeito das Minas de Diamantes da Capitania de Minas Gerais, no Brasil, desde a sua descoberta, em 1728, até

ヴォルノのセファルディムにも影響を及ぼした。彼らはこの貿易から排除されたのである。エルガス＝シルヴェラ商会は，1742年の夏，目前に迫ったブラジル産ダイヤモンドの積荷のロンドン到着について，そのせいで前年のような値崩れが起きるのではないかという懸念を表明している[142]。しかし全体的に見て，アジア産ダイヤモンドの貿易は1740年以降再び好転した。その理由のひとつは，インド産の石のほうがブラジル産より高品質であると多くの人が信じていたことにある。ブラジル産ダイヤモンドがインド産として売られている，という噂が広まるほどであった[143]。

このころには，エルガス＝シルヴェラ商会は，リスボンとゴアよりもロンドンとマドラスを優先し始めていた。移行の主要因は，リヴォルノ・リスボン・ゴアを結ぶ委託代理業の機能停止よりもむしろ，国際貿易における構造変化であった。喜望峰岬経由のイギリスの航路は，必ずしもポルトガルの航路より安価というわけではなかったが，信頼度が非常に高かった[144]。東インド会社はまた，同社社員の為替手形に裏書きすることで，イギリス領インドとの私商人による信用取引を促進した。セント・ジョージ要塞のイギリスの役人たちは，1731年に，ロンドン本社のサンゴ商の代理人に手形を換金するよう指示されている。この代理人たちは，インドへ向けたサンゴのさらなる輸送に再投資しようとしていた[145]。しかしエルガス＝シルヴェラ商会は，彼らがロンドンで委託販

1773") を参照。こうした意見は，Júnior 1945 のような現代の研究にも引き継がれている。最近の研究では，ポルトガル王室が新たな鉱山の潜在能力を十分に活用することができなかったのは，強欲な外国人投資家の存在よりはむしろ，（ポルトガルの資金不足，ブラジル産ダイヤモンドの市場のアムステルダムとロンドンへの集中といった）構造条件およびポンバルの政治的誤算に起因するとしている。Solla 1977; Gonçalves Pereira 1982; H. Bernstein 1986: 141–42 n7; Maxwell 1995: 121–25 を参照。

142) ASF, *LCF*, 1953, 在ロンドンのベニヤミン・メンデス・ダ・コスタ宛 1742年8月6日付書簡。エルガス＝シルヴェラ商会は1743年に再び，ブラジルからダイヤモンドを運ぶ船団がリスボンに到着することを危惧している（ASF, *LCF*, 1953, 在ロンドンのベニヤミン・アルヴァレンガ商会宛 1743年2月11日付書簡）。

143) Jeffries 1751: 70–71, 75–76; Ricard 1799, 3: 661; Mawe 1823: 61. エルガス＝シルヴェラ商会は1732年にブラジル産の石は小さく販売が難しいと記している（ASF, *LCF*, 1941, 在ゴアのフォンドゥ・カモティンとバブサ・クエニー宛 1732年2月1日付書簡）。

144) Magalhães Godinho 1993: 17–23 と Chaudhuri 1993: 59–60 を比較。

145) Yogev 1978: 116. Hejeebu 2005: 503–4 も参照。

売したサンゴの利益を為替手形で受領することはめったになく，ダイヤモンドを受け取ることのほうが多かった[146]。ゴアの通信相手に対して，同商会はサンゴと引き換えに為替手形や海上貸付を受け取ることを拒否している[147]。1740年にゴア北方の領土がマラーターによって征服されると，ポルトガル領インドの首都は一層衰退した[148]。エルガス＝シルヴェラ商会は，1741年に，マドラスからの帰り荷に満足していると述べている[149]。この年ダイヤモンド貿易は好調で，ゴアからビザリョ荷も届いた[150]。

　リスボンは，リヴォルノのセファルディムの調達ネットワークから突然消えたわけではない。イギリスのインド貿易船はサンゴ，ダイヤモンド，金を購入ないしは密輸するためにしばしばリスボンにたち寄っていた[151]。しかし，エルガス＝シルヴェラ商会は1740年代にロンドンとの通信を強化し，ロンドンの通信相手を増やした。そのなかにはベニヤミ

---

146) ASF, *LCF*, 1945, 在ロンドンのユダ・スピノ宛1739年12月13日付書簡。2年後エルガス＝シルヴェラ商会は東インド会社に振り出された ("sobre a Compania") 472 パゴダ 34 ファナム 72 カシュ相当の手形を受領している (ASF, *LCF*, 1953, 在ロンドンのベニヤミン・メンデス・ダ・コスタ宛1741年11月6日付書簡)。他の機会に，彼らは為替手形ではなく明確にダイヤモンドのみをマドラスから帰り荷として船積みすることを求めた (ASF, *LCF*, 1953, 在ロンドンのユダ・スピノとその息子宛1741年7月31日付書簡；ASF, *LCF*, 1957, 在ロンドンのベニヤミン・メンデス・ダ・コスタ宛1743年9月23日付書簡)。

147) "[O] procedido de dhos corais em diamantes grosos e limpos, o em telerias, e de ninhuma manera não queremos em letteras de cambio nem sobre marittimo." ASF, *LCF*, 1953, 在ゴアのフォンドゥ・カモティンとバブサ・クエニー宛1741年5月8日付書簡。

148) Bethencourt 1998: 253-56. さらなる詳細については，Pissurlencar 1957を参照。リスボンに住むトスカーナ人たちはマラータ戦争に関する知らせを注意深く追いかけていた (ASF, *Segreteria e ministero degli esteri*, 2240, 1740年4月26日，10月11日)。

149) エルガス＝シルヴェラ商会は1741年11月にマドラスから779パゴダ31ファナム1カシュ相当のダイヤモンド，在ロンドンのスピノとサルヴァドルから472パゴダ34ファナム76カシュ相当の為替手形を受領した (ASF, *LCF*, 1953, 在ロンドンのベニヤミン・メンデス・ダ・コスタ宛1741年11月6日付書簡)。

150) ASF, *LCF*, 1953, 在ゴアのフォンドゥ・カモティンとバブサ・クエニー宛1741年5月8日付書簡。エルガス＝シルヴェラ商会は破産間近の1744年11月に，ゴアから最後のダイヤモンドの包みを受領した (ASF, *LCF*, 1957, 在リスボンのメディチ＝ニッコリーニ商会宛1744年11月18日付書簡)。

151) Fisher 1971: 24, 133; Yogev 1978:41. エルガス＝シルヴェラ商会は，1735年，1737年，1738年，1742年にはカモティン家に書簡を送っていない。それにもかかわらず1739年にゴアからルビーを受け取っている (ASF, *LCF*, 1945, 在ロンドンのユダ・スピノ宛1739年2月23日付書簡)。

ン・アルヴァレンガ, ベニヤミン・メンデス・ダ・コスタといった有名なダイヤモンド商が含まれている。しかし, イギリスの保護下でマドラスに暮らすユダヤ人の共同体は, 小規模なものであった。ソロモン・サロモンが1754年にセント・ジョージ要塞で死去したのち, ラファエル・エルガスはサンゴの積荷を回収するために, ユダヤ人以外に人材を探さねばならず, 実際ジョン・ウォルシュとヘンリー・ファン・ジッタルトに委託している。この積荷は, ユダ・スピノとヨセフ・サルヴァドルがソロモン・サロモンの委託でロンドンからマドラスへ送った商品であった[152]。マドラスで年ごとに入手できるダイヤモンドは, 質量ともにかつてのゴアに比べて予想が難しく, 情報はロンドンに届いたあとに, リヴォルノに届けられた。1745年, エルガス＝シルヴェラ商会の人々は, ダイヤモンドを積んでセント・ジョージ要塞を出港したイギリスの船団の到着を心待ちにしていた。そのダイヤモンドの価値は, 東インド会社の台帳には記載されたものの, 同商会には知らされていなかった[153]。また, マドラスにおける仲介サーヴィスは, 必ずしもゴアのそれより安かったわけではない。マドラスを拠点としてアジア貿易に従事していたイギリスの役人は, 慣習として7％の手数料をとった。ロンドンのセファルディムは, 同地での単純な取引にはわずか1％しか請求できなかった。もし彼らがかわりにポルトガルのルートを使っていたなら, エルガス＝シルヴェラ商会は, カモティン商会に5.5％, リスボンのイタリア人代理人に3％の手数料を支払わなければなかった[154]。したがって, ロンドン・マドラス・ルートは, よくてせいぜい0.5％の節約しか約束されなかったのである。しかし, これらの比率は提供されるサーヴィスの種類によって異なり, 時々刻々上下動した。したがって, これだけでは, サンゴとダイヤモンドの貿易におけるルートの変更を説明すること

---

152) ASF, *NMP*, Filippo Gonnella, 27192, fols. 32r–33r, no. 32, 33r–34v, no.33.

153) ASF, *LCF*, 1960, 在ロンドンのベニヤミン・メンデス・ダ・コスタ宛1745年12月20日付書簡。

154) Mentz 1996: 165; ASF, *LCF*, 1953, 在ロンドンのベニヤミン・メンデス・ダ・コスタ宛1741年11月13日付書簡；ASF, *LCF*, 1945, 在ゴアのフォンドゥ・カモティンとパブサ・クエニー宛1736年2月20日付書簡；在リスボンのメディチ＝ニッコリーニ商会宛1741年7月24日付書簡；在ロンドンのベニヤミン・メンデス・ダ・コスタ宛1741年11月13日付書簡。

4　リスボンからロンドンへ

はできない。

　きわめて重要なのは，東インド会社はインドとのコミュニケーションおよび信用取引の流れを安定させることには一役買っていたが，サンゴやダイヤモンドの需要と供給をコントロールしなかったということである。これらの商品価格の変動を図示できる一貫性のあるデータはないが，激しい上下動を示す証拠はある。需要の増大によって，1743年から44年にかけて価格が高騰した。チュニスの総督(ベイ)が1741年にタバルカ島を掌握すると，すでに18世紀初頭には衰退の道をたどっていた同地のジェノヴァのサンゴ漁は中断されてしまった[155]。価格の高騰に影響を受けたのは，高額なサンゴよりもむしろ安価なサンゴであった。1743年，ジェノヴァでは，最上のサンゴは1ポンドにつき14-15スペインドルで買うことができた。翌年，同種のサンゴの価格は，1ポンドにつき15-15.75スペインドルになっている[156]。1744年の夏，エルガス=シルヴェラ商会は，メンデス・ダ・コスタから受けた2,500-3,000スペインドル相当のサンゴの注文を満たそうと悪戦苦闘していた。通常のジェノヴァからの調達では足りず，同商会はマルセイユに頼った[157]。しかし，1744年に英仏間の海上戦争が勃発し，マドラスが1746年から48年にかけてフランスによって占領されたことにより，ダイヤモンド貿易は減速した。保険費用が高騰し，サンゴ価格は下落，そして貴石はリヴォルノからロンドンへ陸路で送らざるをえなくなった[158]。交易に従

[155]　Piccinno 2003: 54-61.
[156]　ASF, *LCF*, 1953, 在ジェノヴァのイサク・コーエン宛1743年2月27日付書簡，在ロンドンのベニヤミン・メンデス・ダ・コスタ宛1743年3月25日付書簡；ASF, *LCF*, 1957, 在ジェノヴァのジュゼッペ・ジュスティニアーニ宛書簡（1744年5月13日，5月20日）。サンゴの種類と質によって価格は大きく異なる。大粒（grossezza）と中粒（mezzanie）は1743年に1ポンドにつき7-18スペインドルであった。1739年のはじめ，安価な種類のサンゴ（internetos, toccos, fillotos）は1ポンドにつき4.25-7.5スペインドルであった。
[157]　ASF, *LCF*, 1957, 在ロンドンのベニヤミン・メンデス・ダ・コスタ宛1743年10月21日付，1744年2月10日付，7月10日付，10月12日付，11月18日付書簡。在ジェノヴァのジュゼッペ・ジュスティニアーニ宛1744年7月29日付書簡，在ロンドンのベニヤミン・アルヴァレンガ宛1744年8月10日付書簡；ASF, *LCF*, 1957, 在マルセイユのラザル・プルダン宛1743年11月18日付書簡，在マルセイユのオノレ・ブレ宛1743年11月18日付書簡。
[158]　ASF, *LCF*, 1957, 在ロンドンのベニヤミン・メンデス・ダ・コスタ宛1744年5月29日付，6月22日付書簡；Pera 1899: 277; ASF, *LCF*, 1957, 在フィレンツェのフランチェスコ・ペリニ宛1744年8月12日付書簡，在ロンドンのベニヤミン・アルヴァレンガ宛1744

事するディアスポラの業務は，商業の覇権を争う軍事行動に対してとくに脆弱であり，国際政治による被害を再び被ったのである。

　1739年のマラーター同盟によるゴア攻撃ののち，ポルトガル王権は，新キリスト教徒とセファルディムの商人兼銀行家に対して，インドにおける反撃の資金調達のため，9千万レアル（約125,000スペインドル）の融資を求めた。リスボンで発行された国債には，「当王国，リヴォルノ，アムステルダムの商人から借り入れた資金（"o dinheiro que se toma por empréstimo aos mercadores do Reyno, Leorne e Amsterdão"）」についての記述がある——この表現は，まちがいなくポルトガル系の新キリスト教徒とユダヤ人を暗示している。しかし，政府との妥協を避けるいっぽうで，宗教裁判所が新キリスト教徒をさかんに迫害しているときに彼らを異端審問の危険にさらすことを避けるために，彼らの正体は秘密にしておかねばならなかった。そして資金はゴアで使えるようにする必要もあった。セファルディムとゴアのカモティン商会を結ぶ役割は，再び，リスボンの厳選されたイタリア人集団に委ねられた。1742年，ジョヴァンニ・バティスタ・ラヴァラ，エネア・ベロアルディ，ラザロ・マリアおよびジャンアンドレア・カンビアーゾ——エルガス＝シルヴェラ商会がリスボンで最も信頼していた通信相手たち——はイベリア系ユダヤ人の融資によって発行された国債を購入し，全額をゴアに送った[159]。

　この各集団——西方系セファルディム，リスボンのイタリア人，ゴアのサラスヴァティ——のあいだの協働は，単なる一時的なものにとどまらなかった。いくつかの点で，これはアブナー・グライフが「結託（coalition）」と呼んだものに似ている。中世におけるマグレブのユダヤ人と同様，経済面での協業の動機は自己の利益であった。そしてマグレブ人のあいだでみられたように，倫理的規範や法的措置以上に，書簡による情報の流布によって，遠く離れた代理人のあいだの協業が強化された。しかしこの場合，社会的な強制手段と同様に，法的・修辞学的伝統

年8月24日付，10月5日付書簡，在ロンドンのベニヤミン・メンデス・ダ・コスタ宛1744年8月31日付，9月20日付，11月18日付書簡。

　159） ANTT, *Chancelaria D. João V*, livro 18, fols. 269r–270r; livro 22, fols. 123r–125r, 131v–133v.

が組み合わされることにより，代理人関係は地理的，文化的境界を越えて機能したのである。ゴアの地元の商人や仲買人は，遠距離交易における契約関係を律するヨーロッパの慣習や書面による規範を受け入れた。彼らはまた，ヨーロッパ風の書簡作成における礼儀作法も受容した。こうした慣例によって，外部者に対しても同宗信徒に対するのと同様の好意を示す行動規範が生まれたのである。

　エルガス＝シルヴェラ商会はゴアの代理人と宗教が異なり，たしかに自分たちの姉妹や娘とゴアの代理人との結婚話をまとめようとはしていない。おそらく彼らは，フォンドゥ・カモティンと呼んでいた人物と一度も会ったことはない。これらの集団にとって，同化は，市場での関係を強化する手段として社会的経済的圧力をかけるための前提条件ではなかった[160]。むしろ，事業に関するニュースの流布や各共同体が課す内部規律によって，外部者との経済的紐帯の進展が容易になったのだ。ヨーロッパの法廷においては個人法責任が決まりであったが，集団としての評価は，いまだきわめて重要であった。セファルディム商人は，姻戚関係，共同体の諸制度，通信文書，そしてさまざまな日常の接触を通じて，互いを監視した。ヨーロッパのキリスト教徒の社会のなかで，彼らは自分たちの世間体に気を遣い，世俗のリーダーたちは不誠実な商行為を可能なかぎり精査し，制裁することに熱心に取り組んだ。リスボンにあるロレートの聖母マリア兄弟会は，その名声を危うくするメンバーを取り締まる自律的な権力は持たなかった。しかし同会は，非公式に自身の集団組織を通じて社会統制を行使した。サラスヴァティがどのようなかたちで監視をおこなっていたかについて，史料上はあまりはっきりしない。しかし，予想される通り，エルガス＝シルヴェラ商会の通信文書は，一族が（おそらくより大きな集団も）メンバーの評判に無関心ではなかったことを示している。

　セファルディム・イタリア人・ヒンドゥー教徒による異種混合の提携は，近世における共同体と市場の関係を考えるにあたって，多くのこと

---

[160] Greif（2006: 213-16）は，19世紀のメキシコ・カリフォルニア間の商業契約は法的諸制度よりもむしろ評判のみで実行されたことを見出している。合衆国から来たよそ者がこの地域で交易を始める際，仮によそ者が地元の「共同体責任システム」に加わろうとするならば，国境の北から来た男性とメキシコ人女性間の結婚が必要であることが示されている。

を暗示している（あるメンバーの期待を裏切った代理人の全員をすべてのセファルディムが排斥したかどうかは実証できないとしても）。歴史家の大半は，グライフが提唱した「結託」という概念を，他の単一で閉鎖的な諸集団に適用してきた。ヨアンナ・ペペラシス・ミノグルーは，19世紀の黒海地域におけるギリシア系商人のディアスポラに関する研究のなかで，外部者との多様な事業および契約関係（これについてはほとんど不明である）が，いかにして閉鎖的な民族宗教の共同体内部の非公式な関係と共存していたかを示している。ミノグルーは論証のなかで，グライフが定義したような結託が中世の域をはるかに超えて存続したことを示し，その効率性を強調する[161]。リヴォルノ，リスボン，ゴアを結ぶネットワークに関して私がこれまで明らかにしてきた証拠によって，交易に従事するディアスポラの歴史における未開拓分野の研究はさらに進むだろう。つまり，私たちは，親族関係や民族集団のネットワークを本質的に過去の遺物で閉所恐怖症的なものとして見るのをやめ，集団的な評判のコントロールと個々人の法的責任との相互作用について分析していくことになる。

　異文化間交易を展開するうえで，高度な文化的順応は欠かせない。ヒンドゥー教徒の商人たちは，ヨーロッパの言語，事業のやりかた，書簡作成のしきたりを習得した。リヴォルノのセファルディムは，リスボンにいるトスカーナおよびジェノヴァの貿易商人と個人的にも文化的にもさらに深く親しんでいた。彼らは本拠地のリヴォルノで，後者の身内や仲間と日常的に顔を合わせていた。しかし，これらの共同体間の信頼関係によって共同体間の社会的境界線が曖昧になることはなかった。従来理解されてきたようなものとしての共同体主義と個人主義，つまり同化と分離のあいだには，社会的なネットワークと競争の激しい市場という異なる融合の形があり，そこには，共同体的コスモポリタニズムが集団間の経済的な協業の障害にならない構造が含まれている。

　リヴォルノ，リスボン，ゴアを結びつけた異文化間の結託は，1730年代に衰え始めた。その理由は，管理形態の崩壊ではなく，ロンドン・マドラス間の交易ルートがよりよい条件を提供したことにある。ルート

---

161) Pepelasis Minoglou 1998, 2002, 2005: 179-80.

の移行は突然発生したわけでも，また完遂したわけでもなく，少なくとも散発的には，以前と同じリスボンとゴアの仲介人たちを使い続けたリヴォルノのセファルディムも少数いた。いっぽうでイギリス東インド会社は，明確にセファルディムに言及してはいないが，自分たちの活動範囲にセファルディムを誘致するための規定を可決した。同社はセファルディムに対して，有利な関税率，より信頼性の高い海上輸送サーヴィス，そして信用取引や情報の移動に関するこれまで以上の大幅な協力を提供した。しかし，イギリス人でさえも，地中海産サンゴとインド産ダイヤモンドの供給の不安定さからセファルディムを守ることはできなかった。

　リヴォルノのセファルディムと東インド会社とのあいだで進んだ協業の形態は，18世紀前半におけるフランスとオスマン帝国のセファルディムとの関係を想起させる。東インド会社もフランス王も，貿易の特定の分野でセファルディムが果たす役割を理解し，セファルディムが持つ専門知識をフルに活用しようとするいっぽうで，新しい縄張りを線引きし，その地域で自らの優位を強く主張していた。フランスは，レヴァントを出入りする自国船にセファルディム商人が積み込む商品から利益を得ていた。同様にイギリスは，地中海産サンゴの貿易をロンドンのほうに誘致しようと躍起になっており，このために，セファルディムに依拠していたのである。セファルディムのほうでは，国家機関が彼らの自由にさせた各種のサーヴィス（新しい市場に接近するための海軍力から，証明書の登記まで）を進んで巧みに利用した。これらの提携を成りたたせている相互の利益にもかかわらず，力の不均衡と不信が残った。ヨセフ・サルヴァドルは東インド会社で大きな影響力を持つ株主であったが，一度も同社の取締役に選ばれることはなかった[162]。

　地中海産サンゴとインド産ダイヤモンドのバーター取引は，しだいにポルトガル人からイギリス人の手に移った。しかし企業組織は，伝統的なもの（非公式で集団的）から近代的なもの（公式で個人主義的）に完全

---

[162] Woolf（1962-67: 108）およびYogev（1978: 72, 285-86 n22）は，サルヴァドルが東インド会社における最初のユダヤ人取締役であったとする通説（たとえばHyamson 1951:117）を訂正している。サルヴァドルが1750年代と1760年代に同社の取締役たちに及ぼした影響については，Lenman and Lawson 1983: 810-18; Bowen 2006: 34を参照。

に移行するにはいたらなかった。東インド会社の制度改革は，海外従業員たちの日和見主義を抑え，マドラスと交易するセファルディムの助けとなったかもしれないが，ロンドン・リヴォルノ間の代理人関係は，完全に非公式のままであった[163]。エルガス＝シルヴェラ商会がロンドン，リスボン，ゴアに送った書簡のなかで，法的機関の介入に関する言及は，非常に少なく，ごくまれである。さらに，それらは船荷証券の証明や商品の委託販売のみに集中している。第6章ですでに詳細に検討したように，委任状と商業書簡の写しがこの機能を満たしていた。交易に携わるパートナーたちが委託代理人の仕事の質を監督することは，困難であった。ロンドンのユダヤ人であろうがゴアのヒンドゥー教徒であろうが，法的な脅しよりも，社会的経済的動機のほうが，より有効であった。このことは，大半のビジネスの通信書簡に法的論争に関する記述がないことの説明となる[164]。第10章では，商人間の契約が完全に遂行されなかった場合，法廷の有効性は限定的であったことを，さらに深く実証的に検討する。

---

163) Hejeebu (2005) は，18世紀インドにおける会社の従業員による順守について，楽観的に説明している。ロンドンのセファルディムがマドラスで未加工ダイヤモンドを入手させた委託代理人については，ほとんど知られていない。委託代理人には，会社の従業員だけでなく，合法的な私商人や密輸業者も含まれていた。

164) Goldberg (2005: 200-208, 229) は，公的な法的行為の議論は文書庫(ゲニザ)の書簡の1%でしかないことを見出している。ラビやイスラーム法廷の介入が言及される場合，論争は所有権，財産分割，その他の所有権に関しておこなわれたが，委託代理人の行為に対する満足度が取り沙汰されることはけっしてなかった。

第 10 章

巨大ダイヤモンド事件
―― 商人と訴訟 ――

　1737 年，アガー・メナセーという名のペルシア系ユダヤ人が 60 カラットのダイヤモンドを持ってアレッポにやってきた。彼はイラン西部のハムダン出身のメシア・ミズラヒの息子で，そのダイヤモンドをほかの 2 人のペルシア系ユダヤ人と共同で所有していた[1]。アレッポは，ヨーロッパとアジアを結ぶ商業の中心地であるだけでなく，宝石と宝飾品の重要な市場でもあった。このような石を持ってイランからやってきた人なら誰でも，アレッポを目指して当然だった。そのうえ，このダイヤモンドの大きさは桁外れだった。エルガス＝シルヴェラ商会のアレッポにおける責任者であったエリヤ・シルヴェラは，あるていど宝石に通じており，オスマン支配下にあったこの都市における西方系セファルディムの指導者と目されていた[2]。この石を見た彼は，莫大な利益を夢に描

---

　1) 所有者のあとの 2 名は，アガー・ゼーヴィとアガー・アランだった。ゼーヴィの父イスラエル・ヤドガーは，ハムダンの北西約 100 マイルの町サナンダジュの出身だった (ASL, *CGA: Cause delegate*, 2500, fols. 1197r, 1217r, 1212v)。大半の史料では，メナセーはファーストネームのみで言及されている。例外は，フィレンツェ高等法廷での訴訟で「メナセー・ミズラヒ」と呼ばれたことである (ASF, *Ruota Civile*, 4167, no. 12)。ミズラヒという姓は，東方出身のユダヤ人を指す普通名詞でもある。ヨーロッパの史料では，彼の名の綴りは，Menassé, Menascé, Menecé, Menase, Menasech, Menaseh, Menasch など，さまざまであった。アガー (*Agah*) という語は，トルコ語で「主人，師，長」を意味する呼称に由来し（ペルシア語の *Khwaja* に相当），名高い商人を呼ぶのによく使われた。エルガス＝シルヴェラ商会がメナセーにヘブライ語で書いた書簡の宛名には，彼のユダヤ名に尊称である「師(ラヴ)」が添えられている (ASF, *LCF*, 1945, 在マルタのメナセー・レヴィ師宛て 1740 年 11 月 28 日付書簡)。この書簡の翻訳をしてくれた Jonathan Ray の助力に感謝する。
　2) 2. エリヤ・シルヴェラは，のちに「アレッポの宝石商」と言われるようになる (NATH, *HR: Resolutie*, 673)。

いたにちがいない。リヴォルノにいるパートナーたちの代理で行動する権限を持っていたシルヴェラは，イスラム暦5449年キスレヴ月の3日（西暦1738年11月15日），メナセーとの契約書に署名した。そこには，その石をイタリアに運んで販売することと引き換えにメナセーにかなりの額の金を貸すことへの同意も記されていた。この契約書（shetar）はユダヤ法に則って，ヘブライ語で起草され裏書きされた[3]。この石を借り受ける資金を用意するため，シルヴェラはイサク・ベリリオスを仲間に入れた。それは賢明な選択に思われた。彼らは2人とも，宝石の取引に長年の経験があり，ヴェネツィアとリヴォルノに親類がいたため，このダイヤモンド原石にカットを加えてヨーロッパの市場に売り込むには，メナセーよりも有利な立場にあったからである。また，エルガス＝シルヴェラ商会は，ヴェネツィアのベリリオス家と長年取引をおこなっていた[4]。

だが，この投機は早々と失敗の兆候を示した。リヴォルノに石が届くと，エルガス＝シルヴェラ商会はフィレンツェ人の職人を雇い，厳しい監視のもとでカットと研磨をおこなわせた。また，ロンドン，アムステルダム，パリ，マドリード，ナポリ，その他でセールスをおこなうのに使うため，当時の習慣どおり，ガラス製のコピー見本を数点つくらせた。しかし，当初の期待に反して，エルガス＝シルヴェラ商会は魅力的な買い手を無為に待ち続けなければならなかった。彼らは，アレッポにいるパートナーたちがこの石につけた最低価格——13万スペインドル——が「法外」なのではないかと考え始めた[5]。この言い値で売ろうと1年半を無益に過ごしたのち，戦略変更の必要性があることに関係者全員が同意した。

新しい契約書がイスラム暦5500年タムズ月の5日（西暦1740年6月

---

3) 3. この契約の条件は，NATH, *HR: Rekesten*, 142に言及されている。Menachem 1974: 183–88, s. v. "shetar" も参照。

4) ベリリオスとの商業上の関係については，第8章を参照。ベリリオス商会が1756年に破産したときにヴェネツィアで差し押さえられた品物のなかには，「超越的な額」に値すると思われた約24カラットのダイヤモンドがあった。ASV, *VS: I serie*, 185, fols. 102r–103r（1756年7月24日）。

5) ASF, *LCF*, 1945, 在ヴェネツィアのヤコブおよびヨセフ・ベリリオス宛1739年3月27日付書簡。

30日）にアレッポで起草された。今度は，エルガス＝シルヴェラ商会のトスカーナ支部がこの石を持って「七つの地域をめぐる旅」をおこなうことが取り決められた。つまり，ヨーロッパの7か所を巡回する計画で，最初の3つの目的地は，パリ，アムステルダム，ロンドンだった。そして，もし必要があれば，さらに4つの目的地があとで決められることになっていた[6]。最初の契約書に書かれていた条項の大半は再び繰り返された。すなわち，セファルディム側が石を見返り担保として，メナセーにアレッポ貨で35,600スペインドル（リヴォルノ貨の約21,500スペインドルに相当）を貸すこと，アレッポからリヴォルノまでダイヤモンドを運ぶための輸送費と保険料を負担すること，メナセーはこのダイヤモンドの販売に関するいかなる決定に対しても拒否権を持つこと，エルガス＝シルヴェラ商会は旅費を負担するが，ダイヤモンドが売れたら，その費用を差し引けること，イサクおよびヨセフ・ベリリオスのパートナーシップとエルガス＝シルヴェラ商会は，双方ともに，最終的な売価の1％を代理手数料として受け取ること，エルガス＝シルヴェラ商会には，彼らが払った前金，労力，時間に対する見返りとしてアレッポ貨で75,000スペインドル（リヴォルノ貨で約45,000スペインドルに相当）が固定額で支払われること，などである。さらにエルガス・シルヴェラ商会は，投資した資本を守るため，万一イスラム暦5501年キスラブ月1日（1740年11月20日）までに石が売れなかった場合，メナセーが借入金の全額（21,500スペインドル）とセールスの必要経費の半額，合わせて44,000スペインドルをメナセーが支払うことを要求した。

　こうして，トスカーナの諸文献において「巨大ダイヤモンド事件」（*l'affare del diamante grosso*）の名で知られることになる一大叙事詩が始まった[7]。パリ，アムステルダム，ロンドンは，世界でもとくに重要

6）　契約書のイタリア語訳は1747年にリヴォルノ総督の法廷に提出された（ASL, *CGA: Atti civili*, 2249, no. 953）。Rabbi Samuel Laniado, Rabbi Isaac Berahas, Jacob Ribera Enriquez, Hillel Piciotto, Joseph Pinheiro がアレッポでの証人だった。

7）　リヴォルノにあるイギリスのタッカー・アンド・ベッカー銀行によって1749年8月21日に書かれた書簡のなかで，この石は「巨大ダイヤモンド」として言及されている（「皇帝摂政〔ママ〕は，巨大ダイヤモンドがそなたの手に売られるのは10月末日まで延期されるようにとの命をフィレンツェでお出しになった」）。ASL, *CGA: Cause delegate*, 2500, fol. 1257. この場合，「巨大な」をイタリア語から英語に訳すには，"great" よりも "big" とするほうが適切である。

なダイヤモンド市場であり，これらの三大都市でひとりも買い手が見つからないことは考えられなかったので，エルガス＝シルヴィア商会もメナセーも，それらに続く訪問地をあえて契約書に明記していなかった。その結果，彼らの契約書は明らかに不完全なものとなってしまったのである。

　法的な契約書のなかにはほかよりも行き届いたものもあるが，ありとあらゆる不測の事態に対応しうる契約書はない。概して，万事に備えた条項をひとつひとつ起草するのは，あまりにも時間とコストがかかりすぎる。まさにこの「巨大ダイヤモンド事件」の場合のように，ときには，契約書の作成後に予期せぬ事態が起きたりするものなのである。利己的な契約者であれば，若干の条項を自分に有利に歪曲できるよう，故意に情報を伏せておくこともある[8]。前章までのあいだに私は，不備の多い契約形態のなかでもとりわけ，委託代理に光を当ててきたが，それは意図があってのことである。このタイプの契約が想定するのは，次のようなやりとりである。遠隔地にいる代理人は，当事者が最大の利益を得られるよう，能力のかぎりに最善のサーヴィスを提供する。当事者はその見返りに，彼の名において交渉された取引の何％かの額というささやかな報酬だけでなく，無条件の「友情」をも与える。この「友情」には，将来において義理を果たす約束が付随していた。これに対して，ダイヤモンド事件にかかわる契約書は，まったく隙がないとは言わないまでも，当事者のいっぽうが取り決めのいずれかに違反した場合に法廷に提出できる程度に詳細なものだった。しかし，この種の契約で明記された合意が最終的に締結されるには，当事者全員の善意が必要である。したがって，このケースは，信用と法的強制力のあいだの緊張関係を際立たせるものなのである。

　経済学者パーサ・ダスグプタが言うように，「信用には，契約で明確には想定していなかったような状況下で，相手がするであろうこと，またはしたであろうことに対する期待が含まれる[9]」。そのような期待は，協定を結ぼうとする相手の評判によって決まるとダスグプタは付言す

---

　8)　法学と経済学においては，不完全な契約に関する文書は大きな問題である。Ayres and Gertner 1989; O. Hart 1995; Tirole 1999; Battigalli and Maggi 2002 を参照。
　9)　Dasgupta 1998: 53.

る。私が繰り返し示してきたように，また，エルガス兄弟とシルヴィラもわかっていたように，信用に値するかどうかは，個人や集団の生得の属性などではない。それは，同じマイノリティの宗教信条を共有する者どうしの場合であっても変わらない。評判とは，商人が自分にかけられた期待に忠実に答えながら少しずつ積み上げていくものであり，それ自体が高価な商品なのである。それでもなお，より多くの代理人を獲得するため，商人はときおり，信用する相手に関してリスクを冒さなければならない。

　以下の節では，なぜエルガス＝シルヴィラ商会がこのようにリスクの多いビジネスに手を出したのか，なぜ旅が始まったのちに彼らとメナセーのあいだに溝ができてしまったのかを探っていく。巨大ダイヤモンド事件の経緯を通して，この物語の主人公たちが事業に失敗するまでをたどると同時に，彼らがいかなる論理に基づいて行動したのかを理解したいのである。私の関心は，当時の異国間における契約法や法制度の比較史的分析よりもむしろ，世評が有効性を失ったのちにエルガス＝シルヴィラ商会が事業提携者との関係においてどのような駆け引きをしたかを検証することにある。本章ではまた，トスカーナで破産にかかわる法的手続きのなかで姻戚関係が果たした役割についても論じる。そうすることにより，特定の親類関係がセファルディム商人の事業運営に与えた影響が確認されるだろう。

1　七つの地域をめぐる旅，あるいは終わりの始まり

　嵐に見舞われ，航海の途中でマルタ島にとどまったのち，メナセーは1741年4月のはじめにリヴォルノに到着した。彼は10か月前にアレッポでベリリオスおよびシルヴェラと署名を交わした契約書の写しを携えていた[10]。彼はエルガス兄弟とシルヴェラが「七つの地域をめぐる旅」の準備に勤しんでいるのを見た。だが，ハプスブルク家の宮廷では誰もこのダイヤモンドに関心を示しそうになかった。ヴェネツィアで見本を

---

10) ASF, *LCF*, 1945, 在マルタのメナセー・レヴィ師宛1740年11月28日付書簡；ASF, *LCF*, 1953, 在ヴェネツィアのヤコブおよびヨセフ・ベリリオス宛1741年4月21日付書簡。

受け取っていたベリリオスは，ポーランド王がライプツィヒの市でその石を買ってくれるかもしれないとほのめかした[11]。フィナーレ・ディ・モデナから来たユダヤ人ディーラーが1740年11月にダイヤモンドを検めたが，研磨した状態を見ないうちは買えないと断った。その後，ロマネッリというヴェネツィアのユダヤ人ディーラーが石を吟味するために自らリヴォルノにやって来て，5万スペインドルで買うことを申し出た。エルガス兄弟とシルヴェラは，それでは儲けが少ないと考えて断ったが，あとでそれを後悔することになる[12]。

　石の買い手を探してヨーロッパ中を旅して回ることは，エルガス兄弟やイサク・シルヴェラの社会的地位からすれば卑俗なことだった。彼らは信頼できる代理人としてモーセ・ヴィタ（ハイム）・カッストーを雇い，自分たちのかわりにメナセーに同行してパリ，ロンドン，アムステルダムへ旅してもらうことにした。カッストーはエルガス＝シルヴェラ商会が長年取引をしていたフィレンツェのユダヤ人宝石商の一族の出で，50歳，旅の経験も豊かで，1733-35年にははるばるエルサレムまで航海したこともあった[13]。

　パートナーたちのうちの年長者であるアブラハム・エルガスは，カッストーに会うため，1741年1月末に自らサン・ロマーノに赴いた。サ

　11）　ASF, *LCF*, 1945, 在ヴェネツィアのヤコブおよびヨセフ・ベリリオス宛1739年3月13日付，3月20日付，4月3日付，4月17日付書簡。フリードリヒ・アウグスト2世が1741年にライプツィヒの市で有名な41カラットのダイヤモンド（いわゆる「ドレスデンの緑」）を購入したのは明らかである。このダイヤモンドは現在，ドレスデンの王宮に保管されている。

　12）　ASF, *LCF*, 1945, 在フィレンツェのモーセ・カッストー宛1740年11月23日付，11月28日付，12月2日付書簡；ASF, *LCF*, 1953, 在フィレンツェのエフライムおよびダヴィデ・カッストー宛1741年1月27日付，3月10日付書簡。

　13）　カッスート家は1663年からダイヤモンドのカットと研磨をリヴォルノで営んでおり，フィレンツェで宝石の貿易を活発におこない続けた（ASF, *Auditore delle Riformagioni*, 46, fols. 216-19）。カッストーが聖地へ赴いたときの旅費の計算書（BLO, *MS Ital.* d. 9）を含む部分のみ，研究されてヘブライ語からイタリア語に翻訳されている（R. D. Barnett 1966; Salzmann and Cassuto 1984; Cedarmas 2006: 265-313）。カッストーがエルガス＝シルヴェラ商会のためにおこなったヨーロッパ旅行についての記述は，現地の習慣やユダヤ人コミュニティに関しては詳しいが，巨大ダイヤモンドに関してはあまり詳しくないのが残念である。カッストーの生年月日については，Cedarmas 2006: 270-71を参照。Cedarmas (ibid., 271n39, 280) は，モーセの姓をCassutoではなくCafsutoと綴ることにこだわっている。Salzmann and Cassuto（1984）は両方の綴りを用いている。

1 七つの地域をめぐる旅, あるいは終わりの始まり 437

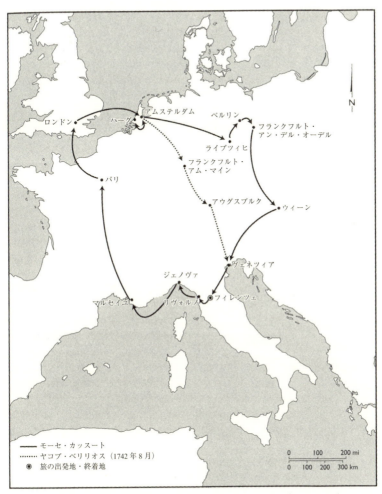

図 10.1 七つの地域を巡る旅（1741 年 5 月 16 日-1743 年 6 月 18 日）

ン・ロマーノはトスカーナ地方の町で，リヴォルノの北に位置する。友人やライバルたちの目の届かないこの場所で，アブラハムはカッスートに巨大ダイヤモンドを手渡し，間もなく始まる旅の詳細について話し合った[14]。5月にエルガス＝シルヴェラ商会はカッスートに委任権を与え，いかなる法廷でも自分たちの代理となれるようにした。また，ダイヤモンドが売れた暁には彼らからカッスートに1％の委任料が支払われることになった[15]。1741年5月16日，モーセ・カッスートと弟のダヴィデは，ヴェネツィアから着いたばかりのメナセー，ヤコブ・ベリリオス，2人の従僕とともに，マルセイユ行きの船に乗り込んだ（一行の旅程を示す地図は，図10.1を参照）。

　マルセイユに上陸したカッスートと一行はヴェルサイユを目指した。1741年7月，カッスートはルイ15世の宮廷でフルーリー枢機卿とその側近たちにダイヤモンドを見せたが，大臣のひとりが買うことに反対した。ある宮廷人の仲介でシェリマン一族の代理人が王に石を売りつけようとした詐欺未遂事件があったばかりだというのが理由だった[16]。タイミングの悪さとフランス宮廷の冷遇に失望したエルガス兄弟とシルヴェラは，ロンドンに行くことをカッスートに提案した。1741年8月2日にロンドンに到着した彼は，パートナーの勧めにしたがって，ユダ・スピーノとベニヤミン・メンデス・ダ・コスタを見つけ出した。彼らはロンドンのダイヤモンド市場の表裏を知り尽くしていて，カッスートのガイド役を果たしてくれることになった[17]。

　1741年夏のロンドンではダイヤモンドの相場が高くなっていたので，ベニヤミン・メンデス・ダ・コスタはエルガス＝シルヴェラ商会に，その石を妥当な値で売ることは完全に可能だと請け負った。3か月近くにわたってカッスートはインド産やブラジル産のダイヤモンドについて

---

14) ASF, *LCF*, 1953, 在フィレンツェのエフライムおよびダヴィデ・カッスート宛1741年1月27日付書簡。

15) ASF, *NMP*, Agostino Frugoni, 24738, fols. 14v–15r. 法定代理人の権限は，カッスートが常に携行できるよう，彼宛ての書簡にも書き写された（ASF, *LCF*, 1953, 在リヴォルノのモーセ・カッスート宛1741年5月16日付書簡）。

16) BLO, *MS Ital.* d. 9, fols. 108r–v.

17) ASF, *LCF*, 1953, 在ロンドンのモーセ・カッスート宛1741年7月17日付，9月8日付書簡。

1　七つの地域をめぐる旅，あるいは終わりの始まり

の情報を集め，専門家の助言も求めたりしたが，メナセーが受けたのは 6,000 ポンドすなわち 25,000 スペインドルの申し出だけだったと報告した。それらの言い値があまりにも低かったので，エルガス兄弟とシルヴェラはカッスートが手紙に書き違いをしたのではないかと疑ったほどだった。だが，カッスートと仲間たちはくじけず，イギリスを離れて大陸に戻った。彼らは，アムステルダムにいるベニヤミン・メンデス・ダ・コスタの兄弟といとこに宛てた推薦状を携えていた[18]。一行は 1741 年 10 月 30 日にオランダの首都に到着した。カッスートはそこに 1 年半近くとどまり，潜在的購買者を探したり，依頼人の金で遊び暮らしたりしていたが，高値で石を売る望み（あるいはおそらく，石を売ること自体）はますます厳しくなっていった。

リヴォルノを出てから早くも 2 週間後に，カッスートはメナセーに不快感を覚え始めていた。彼の苛立ちは時とともに強まっていった。メナセーが焦っている理由をエルガス＝シルヴェラ商会から聞いていなかったので，はじめのうちはわからなかったのだが，メナセーがサンクトペテルブルクに巨大ダイヤモンドを持っていこうと言い出したとき，大変な問題を抱え込んでいることに気づいた。そのころサンクトペテルブルクは，ロシア＝スウェーデン戦争（1741-43 年）のために「危険極まりないことは明らか」だったのだ[19]。6 か月前にメナセーがそのダイヤモンドに対して 6 万ギニー（約 27 万スペインドル）という常軌を逸した値段を要求したということを聞いたエルガス兄弟とシルヴェラは，彼が狂っているか，本気で売りさばく気がないのではないかと思った[20]。メナセーが足を引きずって旅を続ければ続けるほど，提携者たちは怒りを露わにして，彼を「頑固者」，「野蛮人」，「悪人」，「破廉恥者」，果ては「犬」とまで呼ばわった[21]。

---

18) ASF, *LCF*, 1953, 在ロンドンのモーセ・カッスート宛 1741 年 7 月 17 日付，9 月 24 日付書簡，および在アムステルダムのモーセ・カッスート宛 1741 年 11 月 13 日付書簡。

19) ASF, *LCF*, 1953, 在ロンドンのモーセ・カッスート宛 1741 年 9 月 4 日付，1742 年 2 月 5 日付，2 月 26 日付書簡。

20) ASF, *LCF*, 1953, 在ロンドンおよびアムステルダムのモーセ・カッスート宛 1742 年 2 月 26 日付，3 月 26 日付，9 月 4 日付書簡。ベリリオスはハーグの法廷で，イギリスの 60,000 ギニーはオランダの 693,000 ギルダーに相当すると計算している（NATH, *HR: Rekesten*, 142）。

21) エルガス＝シルヴェラ商会がメナセーを呼ぶのに用いた言葉は〔イタリア語で〕，

アムステルダムで2か月経ってもダイヤモンドが売れなかったので，エルガス兄弟とシルヴェラは激昂し，損失が出てもいいからダイヤモンドを扱う公の市で競売にかけるようカッスートに促した[22]。商業上の係争を扱う上訴法廷は，ハーグにあるホラントおよびゼーラント州の最高裁判所だったので，カッスートは1742年1月ここに申し立てをおこない，アムステルダムでダイヤモンドを競売にかける許可を求めた。すでにヨーロッパのおもなダイヤモンド取引場を回ったあとなので，ここで競売にかけられないとしたら，それを売るためには命懸けで新たな土地に旅しなければならないとカッスートは主張したが，無駄だった[23]。シルヴェラが署名した契約により，メナセーはどこであろうと買い手を探し続ける権限を与えられていたからである。リヴォルノでロメッリーニが買値をつけてくれるのを待っているあいだに，エルガス＝シルヴェラ商会は，その言い値を受けるかどうかの決定をこのペルシア人に任せてしまったのである[24]。ハーグの法廷がどうしてそれを無効化できただろうか。このペルシア系ユダヤ人は，契約には一切反しておらず，それどころか，その履行を実現させようとしていたのである。カッスートは，彼の非合理性を責めることならできただろう。メナセーが自分を殺すと脅したという申したてを試みることもできただろう[25]。辛抱強い判事が彼の言い分を聞いてくれるかもしれないと望むことさえできただろう。しかし，いかなる法廷であっても，この種の契約を当事者のいっぽうの意思に反して無効にすることはできなかったし，隠された動機や

"testa dura," "cattivo uomo," "mal sogieto," "un sugieto tan infame," "cane" であった（ASF, *LCF*, 1953, 在アムステルダムおよびロンドンのモーセ・カッスート宛1741年8月28日付，9月4日付，9月24日付，10月9日付，1742年2月26日付，3月26日付，5月14日付，8月6日付，8月20日付書簡）。

22) ASF, *LCF*, 1953, 在アムステルダムのモーセ・カッスート宛1741年11月27日付書簡。

23) カッスートとベリリオスは，自分たちの見解を立証する文書をつけて90項目にまとめた請願書をオランダとゼーラントの最高裁判所に提出した（NATH, *HR: Rekesten*, 142）。この裁判所については，Asser 1987: 108を参照。カッスートはこれに先立ち，アムステルダムのユダヤ人の長たちに相談していた。

24) ASF, *LCF*, 1953, 在フィレンツェのエフライムおよびダヴィデ・カッスート宛1741年2月27日付書簡。

25) ASF, *LCF*, 1953, 在アムステルダムのモーセ・カッスート宛1742年2月5日付，2月26日付書簡。

契約の条項を超える情報についての徹底的調査に着手することもできなかった。

　エルガス兄弟とシルヴェラはリヴォルノから，カッスートがハーグの法廷に訴えを起こしたことに対して警告した。彼らは，当初の契約条項とは反対の判決が下されて，アレッポでさらなる係争を生むのではないかとおそれていた。アレッポでは，オスマンの判事たちはヨーロッパで出された判決を尊重しないだろうし，概してユダヤ人には非好意的だと彼らは主張した[26]。メナセーにアムステルダムの競売場でダイヤモンドを売るよう強いるというカッスートの計画に対し，アレッポからは断固とした異議が寄せられ，契約の遵守が要請された。契約にしたがえば，計画全体をとりやめる前にさらに4か所でその石を売る努力をする必要があった[27]。

　予期した通り，ハーグの法廷はペルシア人に好意的な裁定を下した。カッスートへの書簡のなかでエルガス＝シルヴェラ商会は，現代の法学者が主張するのと同じことを明確に述べている。すなわち，商人が法廷に訴えるのは，協力関係を維持したり修復したりするためよりはむしろ，双方がもはや取引し合うことを望まないか，そうすることを要求された場合であるということである。エルガス＝シルヴェラ商会は次のように述べている。「当事者たちが出廷すれば友好的な同意に達すると請け負って訴訟を別の判事に回すような判事など聞いたことがない。当事者たちが法廷に訴えたならば，それは，自分たちでは論争を解決できず，ほかに方法がないことを意味するのだ[28]。」

---

　26)　ASF, *LCF*, 1953, 在アムステルダムのモーセ・カッスート宛1742年2月5日付，2月12日付，2月19日付，2月26日付，6月11日付，6月18日付，5月21日付書簡；在アレッポのヤコブ・ベリリオス宛1742年4月9日付書簡。他のユダヤ人たちは，自分たちの商業契約を履行させるための強制力に関してオスマンの法廷を信用していなかった。その一例がASV, *NA*, Angelo Maria e Giovanni Piccini, 10840（1671年1月21日）に見出される。エルガス＝シルヴェラ商会はのちに，カッスートが自分でハーグ法廷に訴訟を起こしたのであり，それが長引いたことについては彼ひとりの責任であると主張した。(ASF, *LCF*, 1953, 在アムステルダムのモーセ・カッスート宛1742年7月2日付書簡。)

　27)　ASF, *LCF*, 1953, 在アムステルダムのモーセ・カッスート宛1742年2月19日付書簡。

　28)　"[M]ai aviamo inteso dire che un magistrate la cometa al altro per vedere amichevolmente convenire poi comparendo in giudizio, è segno che fra le parte non è potuto sortire acomodamento, basta al fatto non vi è rimedio." ASF, *LCF*, 1953, 在アムステルダムのモーセ・

エルガス＝シルヴェラ商会はなぜ，このような不運な結果を予期できなかったのだろうか。彼らの書簡には，ダイヤモンドがリヴォルノに着く以前の取引の全容については何も書かれていない。そのため，エリヤが全般的双務協定によって付与された権限を用いてダイヤモンドの購入を自ら決めたのか，それともエルガス＝シルヴェラ商会の２つの支部がこの件について秘密裡にやりとりし，それらの書簡が彼らの書簡集に入っていないのか，われわれにはわからないのである。われわれにわかるのは，ただ，エルガス＝シルヴェラ商会が1735-37年に赤字を出し，年間予算が27,000スペインドルに落ち込んでいたということだけである。60カラットのダイヤモンドは希少な逸品であり，それを売る機会は見逃し難かった。南アフリカのダイヤモンド鉱脈がみつかったあとの19世紀末でさえ，30カラットを超える重さのダイヤモンドは世界に100個しかなかったのである。

ダイヤモンド価格の一般的な査定法によれば，精巧にカットされた62.5カラットの石は31,250ポンド（約135,000スペインドル）の価値があった[29]。しかし，ダイヤモンドの値段は，重さだけでなく，透明度，色，カットにも大きく左右された。さらに，巨大なダイヤモンド原石は，カッティングの結果を正確に予測するのが困難であるため，きわめて危険な投資であった（現在もそうである）。それは，標準化や専門的技能の高度化によってもなお克服されることのない危険なのである[30]。

カッスート宛1742年3月19日付書簡。L. Bernstein 1996, 2001 も参照。

29) Jeffries 1751: appendix, 16. 巨大ダイヤモンドの大きさは史料によって若干異なる。エルガス＝シルヴェラ商会が1740年6月30日にアレッポで署名した契約書では，アレッポ単位で250グレインとなっている（ASL, *CGA: Atti Civili*, 2249, no.953）。カッスートの旅行日誌では225グレインである（BLO, *Ms. Ital.* d. 9, fol. 108r）。エルガス＝シルヴェラ商会の書簡では，221グレインという記述が1回，222グレインという記述が2回出てくる（ASF, *LCF*, 1945, 在フィレンツェのエフライムおよびダヴィデ・カッスート宛1738年7月14日付書簡；ASF, *LCF*, 1953, 在フィレンツェのエフライムおよびダヴィデ・カッスート宛1741年4月21日付書簡；在ロンドンのベニヤミン・メンデス・ダ・コスタ宛1741年7月17日付書簡）。カッスートがハーグの最高裁判所に提出した請願書には，アレッポ単位で58カラットの重さがあると書かれていた（NATH, *HR: Rekesten*, 142）。

30) Streeter 1882: 29-30; M. Hart 2002: 1-21. 18世紀で世界最大のダイヤモンドは，ムガール皇帝が所有していたもの（カット後で約280カラット），次いでオルレアン公所有のもの（140カラット），トスカーナ大公所有のもの（良質の黄色ダイヤモンドで139.5カラット），タヴェルニエがゴルコンダである私商人が手にしているのを見たという242カラットのダイヤモンドなどであった。いわゆるブラガンサ・ダイヤモンド，すなわち1,680カラット

1 七つの地域をめぐる旅，あるいは終わりの始まり

1779年1月28日にロンドン王立証券取引所近くのバンク・コーヒーハウスで競売にかけられた数包のダイヤモンド原石に関する記録から，62.5カラットのダイヤモンド原石の値段は160ポンド（700スペインドル足らず）にすぎなかったことがわかる[31]。19世紀初頭のある目利きのディーラーはこう語る。「巨大なダイヤモンドが持ち主に報いることはまれである。めったに買い手がつかないからだ。ある友人が私にしてくれた話では，彼の父が見事に輝く石を12,000ポンドで買ったものの，処分できないまま20年間もそれを手元に置いていたが，そのうち事情により手放さざるを得なくなり，2年ものあいだヨーロッパ中を回ったあげく，可能なかぎり最善の条件で売ったところが，9,000ポンドだったということだ[32]。」

エルガス＝シルヴェラ商会は，1738年にアレッポで最初に例のダイヤモンドを受け取ったとき，それは非の打ち所がない一級品だとコメントした[33]。だが，それまで彼らが専門に扱っていたのは，インドから木箱で送られてきた小さな石だった。実際，市場に出回るダイヤモンドの大半は小粒だった。たとえば，フィレンツェ人のソロモン・ウルビーノが1737年にアレクサンドリアで船積みした荷物のなかには566個のダイヤモンドが含まれていたが，その総カラット数は37であった[34]。エルガス＝シルヴェラ商会は，旅のついでにダイヤモンドのアクセサリー類の販売もカッスートに託していた。彼らの言うところによれば，それらはまれにみる完璧さで，3,600ポンド（約15,000スペインドル）の値をつけるべきものであった[35]。しかし，巨大な石の販売がまったく困難な話であることを彼らが知ったときには，もう手遅れだったのである。

のブラジル産の石は，おそらくトパーズであったと考えられる。
31) *Portable Instructions* 1779: 96.
32) Mawe 1823: 46–47.
33) "[N]on è di prima acqua ben sì qualcosa semmeno e non ha difetto alcuno." ASF, *LCF*, 1945, 在フィレンツェのエフライムおよびダヴィデ・カッスート宛1738年7月14日付書簡。
34) ASF. *NMP*, Agostino Frugoni, 24736, fols. 81r–84v.
35) "[U]n diamante come quello di perffezione e vista non si trova facilemente." ASF, *LCF*, 1957, 在ロンドンのモーセ・カッスート宛1741年9月24日付書簡。のちに彼らは "un diamante labrado a facetas de primera agua, della forma de una almendra o sea ovado, con el circulo de plata y con 2 diamantes uno per parte al longo, a lado con una sintica blu, fillado con el de fuera fillo dentro de una caxita." と述べた。ASF, *LCF*, 1957, 在ロンドンのベニヤミン・メンデス・ダ・コスタ宛1745年7月5日付書簡。

エリヤ・シルヴェラは，巨大ダイヤモンドの価値を過大評価しただけでなく，どう考えても，ほとんど見知らぬペルシア系ユダヤ人を信用することにした。そうすることで，彼は，ジャック・サヴァリの言う，善良で賢明な駐在員やパートナーを選ぶための黄金律——相手の習慣("moeurs")，財力("facultez")，ビジネスのやりかた("sa conduite dans ses affairs")を知る——を破ったのである[36]。エルガス＝シルヴェラ商会のアレッポ支店がそれまでイラン系ユダヤ人と取引していたかどうかは定かではないが，これら2つの集団間の契約は，例の巨大ダイヤモンド事件にかぎられていたとまではいかなくとも，散発的なものであったことは信じてもよい[37]。シルヴェラとメナセーが通訳を介さずに話ができたかどうかも明確ではない。複雑な商談をおこなえるほど，エリヤのヘブライ語は堪能だったのだろうか。いっぽうメナセーは，ペルシア語とオスマン・トルコ語は十分流暢に話せたが，イタリア語もスペイン語もポルトガル語もできなかった（のちにリヴォルノで通訳を雇っている）。エリヤの一族とメナセーの一族は，確実に，婚姻関係も持たなければ，同じ共同体の会議に同席したこともなかった。アレッポの同じシナゴーグには，行ったことがあったかもしれないし，なかったかもしれない。要するに，エルガス＝シルヴェラ商会は，メナセーに対する社会的影響力をほとんど，あるいはまったく持っていなかったのである。

事後的に振り返れば，メナセーの提案を受け入れたエリヤを軽率で世間知らずだったと言って責めるのは簡単である。しかし，エルガス＝シルヴェラ商会はそれまで，インドとの通常の取引においてこれほど大きなサイズのダイヤモンドを手に入れたことはなかったのである。60カラットのダイヤモンドは，直接手渡しするしかなかった。西方系セファルディムとペルシア系ユダヤ人のあいだにあった「弱い絆」（マーク・グラノヴェッターの言葉を借りるならば）は，エルガス＝シルヴェラ商会がなぜ乏しい情報に基づいて無謀なリスクを冒そうとしたかの説明にはならないが，彼らがそのような気になったことを理解する助けには

---

36) Savary 1675: bk. 2, chap. 63, p.170.

37) 小規模の商業エリートはまだ残っていたが，1722-30年のアフガン人の侵攻によってサファヴィー朝が滅亡したのちのペルシアのユダヤ人は，大部分が貧しく秩序も乱れていた。Moreen 1990を参照。

1 七つの地域をめぐる旅，あるいは終わりの始まり

なる。つまり，この場合，他の場合においてと同様に，新たな機会は，一族や友人よりも広い範囲の知人やあまりよく知らない個人からもたらされたのである。

　エルガス゠シルヴェラ商会がヨーロッパ中を旅する代理人やアレッポにいるパートナーたちと協力するための努力を妨げたのは，彼らを隔てる距離と通信にかかる時間だった。最もよい条件のもとでも，アレクサンドリアからリヴォルノまでの航海には 24 日を要したし，たいていの場合，リヴォルノから出された手紙がアレッポに着くのに 40 日以上，アムステルダムへは 20 日から 25 日，ロンドンへは優に 1 か月が必要だった[38]。リヴォルノにいる年長のパートナーたちは，「七つの地域をめぐる旅」への対処法について常にエリヤ・シルヴェラと意見を同じくしたわけではなかった。また，カッスートの所在も，彼がメナセーとの不和をどう解決するつもりなのかも，必ずしも確かではなかった。たとえば，希望価格を下回る入札額を受け入れることをベリリオスが提案したとき，エルガス兄弟とシルヴェラは，アレッポにいるエリヤ・シルヴェラに相談してからでなければ返事をすることができなかった。その 2 か月後にリヴォルノのパートナーたちがカッスートに知らせた内容は，メナセーとの合意規定を変更する方法についてエリヤがラビに相談中であり，どのような解決法にも時間がかかるだろうというものだった[39]。

　メナセーの態度が非協力的だったのは，無理もなかった。彼がすぐにわかったのは，ロマネッリがこの巨大ダイヤモンドに最初につけた 50,000 スペインドルが相場の値段だということだった[40]。メナセーがパートナーたちに 44,000 スペインドルの負債を負っていたことを思い出していただきたい。彼はまた，1％のコミッション料として 1,000 ス

---

38) 24 日がアレクサンドレッタからリヴォルノまでの旅としては短期間であるということは，ASF, *LCF*, 1931, 在アレッポのエルガス゠シルヴェラ商会宛 1704 年 12 月 16 日付書簡に言及されている。第 8 章注 3 も参照。リヴォルノとロンドンのあいだの郵便事情については，Roseveare 1987: 100-105 を参照。

39) ASF, *LCF*, 1953, 在ロンドンのモーセ・カッスート宛 1741 年 9 月 4 日付書簡，在アムステルダムのモーセ・カッスート宛 1741 年 11 月 6 日付書簡。

40) 1743 年 2 月になって初めて，エルガス゠シルヴェラ商会は，その巨大ダイヤモンドが 1 年半前にパリでトゥール貨 250,000 リーヴルと見積もられたことを知らされた。彼らによれば，それはほぼ 50,000 スペインドルに値する額だった（ASF, *LCF*, 1953, 在アムステルダムのモーセ・カッスート宛 1743 年 2 月 25 日付書簡）。

ペインドルをエルガス゠シルヴェラ商会とベリリオスに払わなければならなかった。そのうえ，旅費の問題もあった。旅にかかった経費はダイヤモンドの売り上げから差し引き，エルガス゠シルヴェラ商会に返さなければならなかった。ざっと計算してみても，この石を売るために協力的に行動するだけの経済的動機がメナセーには残されていなかったのだ。彼がとることのできた最善の戦略は，引き延ばしであった。カッストートが激怒したのもまったく当然である。ダスグプタにしたがえば，メナセーのふるまいは信用の過失にあたる。それは，契約上の合意では明確にカヴァーされていない状況下で彼がするであろう行為についてのパートナーたちの期待を裏切ったからである。しかし，このような御都合主義を監視したり罰したりするような裁判所はなかったので，カッストートは法に訴えることはできなかった。

　メナセーが3個のダイヤモンドとその他の宝石を持っていると怪しんだエルガス兄弟とシルヴェラは，法廷に出向いて，それらの石を没収して自分たちに返してもらうよう要請することを考えた。しかし，カッストートもベリリオスも，メナセーの所持品について信頼できる情報は持っていなかったし，いずれにせよ，メナセーには，ダイヤモンドが売れていないのにエルガス゠シルヴェラ商会に金を払う義務は一切なかった[41]。石が売れる見込みが減少し，メナセーとの摩擦が拡大したため，ヤコブ・ベリリオスとダヴィデ・カッストートと従僕の1人は1742年8月5日にアムステルダムを去り，フランクフルト・アム・マインとアウグスブルクを経てヴェネツィアに帰った[42]。

　アムステルダムを離れる際，ベリリオスはダイヤモンドをレベッカ・バルク・カルヴァリオの夫であるヤコブ・ヌネス・エンリケスの手に委ねた（図1-2参照）。彼はまた，法定代理人としての完全な権限をエンリケスに与えたが，それはもともとの契約では許されないことだった。エルガス兄弟とシルヴェラは裏切られたと感じた。そこで彼らは，義務を守っていないとしてベリリオスと彼の家族を責めた。彼らは，巨大ダイヤモンドを持ってヴェネツィアに旅することをカッストートに禁じ

---
　41) ASF, *LCF*, 1953, 在アムステルダムのモーセ・カッストート宛1742年3月19日付，6月4日付書簡。
　42) BLO, *MS Ital.* D. 9, fol. 158v.

た。ベリリオスの家族はヴェネツィアにいたため，カッスートが誘拐されるのではないかと恐れたのである[43]。だが彼らは，旅の仲間を見捨てたとしてベリリオスを法廷に訴えることはせず，「良き調和と兄弟愛をもって（"boa corespondensia y com hermandade"）」行動し，メナセーの悪意を抑える手助けをしてくれるように懇願した。彼らは，不和を友好的に解決できなければ判事の前に引き出す（"bonariamente ho per via di giudice"）と言って脅したが，判事が大した助けにはならないことはわかっていた[44]。

この投機の資金を調達するため，エルガスとシルヴェラとベリリオスは1740年にアレッポでリヴォルノ貨の21,500スペインドルに相当する額を年利12%で借り入れていた。ダイヤモンドに保険をかけてアレクサンドリアからリヴォルノまで運ぶのに2,000スペインドルかかり，メナセーとカッスートとベリリオスの旅費は彼らの計画を超えて最終的に6,600スペインドルもの散財となった。1744年における彼らの財政状態が巨大ダイヤモンドを買ったときより健全だったとしても，年商55,000スペインドルに対し6,600スペインドルは12%にのぼる額である。さらに，彼らはカッスートに1%のコミッション料を払わねばならなかった[45]。エキサイティングな商売の旅になると思われたものをカッ

---

43) ASF, *LCF*, 1953, 在アムステルダムのモーセ・カッスート宛1742年8月20日付, 11月2日付, 11月19日付, 12月3日付, 12月24日付, 12月31日付書簡, 在ヴェネツィアのヤコブおよびヨセフ・ベリリオス宛1742年9月7日付, 11月2日付書簡。エルガス兄弟とシルヴェラは，ベリリオスがそのダイヤモンドをヴェネツィアのジョヴァンニ・ボンメルに渡そうとしているのではないかと疑った。ASF, *LCF*, 1953 および 1957 のモーセ・カッスートおよびベリリオス商会宛1741年8月14日付, 1742年11月2日付, 12月3日付, 12月21日付, 12月24日付, 1743年5月6日付書簡も参照。ボンメル家はヴェネツィアで事業を経営し，ウィーンとヴュルテンベルクに支店を持っていた（ASF, *NT*, Carlo Gabrieli, 516.235, 516.240, 516.242）。ボンメルはフランコ家をはじめとする他のリヴォルノ在住セファルディムにもサーヴィスを提供していた（ASF, *NMP*, Niccolò Mazzinghi, 27111, fols. 114v-115r, no. 191）。カッスートはフィレンツェに戻る途中，こっそりヴェネツィアにたち寄ったが，幸いベリリオスにもメナセーにも知られなかった（ASF, *LCF*, 1957, 在フィレンツェのモーセ・カッスート宛1743年6月21日付書簡）。

44) ASF, *LCF*, 1953, 在ヴェネツィアのヤコブおよびヨセフ・ベリリオス宛1742年12月21日付書簡, ASF, *LCF*, 1957, 在フィレンツェのエフライムおよびダヴィデ・カッスート宛1742年12月31日付書簡, 在アムステルダムのモーセ・カッスート宛1743年1月21日付書簡。

45) ASF, *LCF*, 1953, 在アムステルダムのモーセ・カッスート宛1742年11月2日付書簡, ASF, *LCF*, 1957, 在ヴェネツィアのヤコブおよびヨセフ・ベリリオス宛1745年3月12日

スートと仲間たちが始めてから1年半後の1743年初頭，エルガス＝シルヴェラ商会にとって問題だったのは，もはやダイヤモンドからどれだけの利益を得られるかではなく，どうやってそれをヌネス・エンリケスから取り返すか，ベリリオスとメナセーが自分たちに見えないところで合意を取り決めたりしないことをどのように確かめるか，そして，たとえ安くとも受け入れ可能な値でその石を売るにはどうすればよいか，といったものになっていた。

　エルガス＝シルヴェラ商会は，トスカーナで相談した法律顧問の助言にしたがって，「七つの地域をめぐる旅」の全行程を完了させる以外に選択の余地はないと判断した。1743年2月，カッスートは，契約条件を満たすため次に訪れるべき4か所の目的地を選んだことを示す新たな請願をハーグの最高法廷に提出した。今回は彼の要求が認められ，それにしたがうことが法廷からメナセーに命じられた[46]。カッスートはまた，エンリケスから石を取り戻すことにも成功した。いっぽう，エルガス＝シルヴェラ商会とベリリオスは，50,000スペインドルの値を受け入れることで合意し，その値で売れなかった場合には，ダイヤモンドをフィレンツェに持ち帰るようカッスートに命じた[47]。

　1743年5月7日，カッスートはようやくアムステルダムを発った。それから6週間，彼はライプツィヒ，ベルリン，フランクフルト・アン・デル・オーデル，ウィーンを含むいくつかの都市を訪れた。旅の最終段階を急ぎ足で回ったことは，巨大ダイヤモンドが売れる可能性をエルガス＝シルヴェラ商会とベリリオスがもはや諦めたことを示している。カッスートとメナセーの旅費を払い続けるのをやめて石をリヴォルノに戻すほうが得策だった。カッスートは石を携えたまま，1743年6月18日にフィレンツェ郊外の自分の別荘に戻った[48]。ダイヤモンドが

付書簡，ASF, *LCF*, 1960, 在ヴェネツィアのヤコブおよびヨセフ・ベリリオス宛1745年12月31日付書簡。同時代の文書から，年12%はアレッポでは並の利子であった事実が証明される（PRO, *SP*, 110/72, pt. 3, fol. 579v; PRO, *SP*, 105/118, fol. 191）。

　46）　ASF, *LCF*, 1953, 在アムステルダムのモーセ・カッスート宛1743年1月21日付，4月1日付書簡，在ロンドンのソロモン・ゴメス宛1743年2月1日付書簡。

　47）　ASF, *LCF*, 1953, 在ヴェネツィアのヤコブおよびヨセフ・ベリリオス宛1743年2月15日付書簡，在アムステルダムのモーセ・カッスート宛1743年2月25日付書簡，ASF, *LCF*, 1957, 在アムステルダムのモーセ・カッスート宛1743年4月22日付書簡。

　48）　BLO, *MS Ital.* d. 9, fol. 97r, 174v.

売れないいま，問題は所有権が誰に属するかであった。ペルシア人たちはその石を抵当にエルガス＝シルヴェラ商会から金を借りているのに，まだ正当な所有者だと言えるのだろうか。エルガス＝シルヴェラ商会は，売れるまで石を管理し続けなければならないのだろうか。彼らが交わした契約には，所有権というすこぶる重要な問題に関して答えになるようなことは何も書かれていなかったのである。

　カッスートが国に帰るとすぐ，エルガス＝シルヴェラ商会はよい助言者をみつけるよう彼に依頼した。彼らは深刻な問題に直面していた。夏の暑さが増し，係争も錯綜を深めてきたころ，彼らは町で最も尊敬を集めていた1人の法律家を雇った。リヴォルノ税関の長官だったジョヴァンニ・バルダッセローニである[49]。法廷に訴えるのは，費用も時間もかかるうえに評判にも傷がつくので，彼らは3人のユダヤ人を仲裁人にたてることによって論争を解決しようとした。仲裁は商人が好んだ法的解決法であった。イタリアではどこでもそうであったように，リヴォルノのユダヤ人は，ユダヤ法に基づいて裁定してくれる仲裁人を自分で選ぶことを認められていた[50]。1744年2月，エルガス＝シルヴェラ商会とメナセーとのあいだの「妥協」（これは法律用語であった）を起草する3人の仲裁人が指名された。しかし，9か月たっても，メナセーが選んだ仲裁人はほかの2人の仲裁人が提案した妥協に署名をしていなかった。その妥協案では，石と石に関するあらゆる決定権がエルガス＝シルヴェラ商会に帰属するとなっていたのが理由である[51]。

　仲裁は国の裁判所も十分に認める準公式な裁決のシステムだった[52]。

---

49) ASF, *LCF*, 1957, 在フィレンツェのモーセ・カッスート宛1743年6月21日付, 9月6日付書簡。ジョヴァンニ・バリダッセローニについては，Addobbati 2007: 118n14, 123n27を参照。

50) Colorni 1945: 306-7; R. Toaff 1990: 220-21.

51) 3人の仲裁人は，Isaac Lopes Pereira（メナセーの選定），Isaac Moreno（エルガス＝シルヴェラ商会の選定），この2人によって中立者として選ばれたRabbi Jacob Lusena（1690頃-1760年）であった。彼らは，その役割に対し合計で400スペインドルの報酬を受けた（ASF, *NMP*, Giovanni Matteo Novelli, 26723, fols. 159r-160r; ASL, *CGA: Atti civili*, 848, no. 981）。

52) 仲裁人には2種類あった。ひとつは，私的な当事者（係争の迅速な解決を望む商人や一族の成員であることが多い）が選定するもので，当事者たちはその判定を遵守しなければならなかった。もうひとつは地元の法廷が選定するもので，その判定に対しては異議申したてができた。仲裁の歴史については，Martone 1984を参照。Kuehn (1991: 19-74) は，15

しかし，ユダヤ人仲裁人の 2 人が示した提案を受け入れたくなかったメナセーは，フィレンツェの枢密院に訴えた。枢密院は，論争を解決すべく，法律に熟達した 3 人のキリスト教徒を調停者 (giudici delegati) に選んだ。彼らは 1745 年 9 月にこの件をリヴォルノ総督の法廷に送った[53]。公の機関が介入することにより，係争は友好的な形態から公式な様相に完全に移行し，ユダヤ人の法的自己管理を離れてキリスト教徒の権威が調停に入ることになった。メナセーはトスカーナの言語も法もわからなかったので，トスカーナの法制度に対処するための補佐役に，イサク・アッティアスの息子モーセを雇った。エルガス家とアッティアス家のあいだには，1689 年のアブラハム・エルガスの殺人事件以来の対立関係があった。おそらくこの人選は，訴訟費用にまつわるエルガス兄弟とシルヴェラの憤りをさらに大きくさせたであろう[54]。

彼らが予期していた最悪の事態は，まもなく現実のものとなった。6 か月後，訴訟は長引いており，ダイヤモンドは売れないままだった。1746 年 3 月，エルガス＝シルヴェラ商会は破産を宣言しなければならなかった。だが，実際のところ，後述するように，メナセーに対する彼らの訴訟は，結果的には負債を防護する助けとなったのである。1746 年 5 月 11 日，カッスートは，トスカーナの民事最高上訴院に対し，枢密院が指名した 3 人の判事による裁決への不服を申したてた[55]。同年 9

世紀のフィレンツェでは，仲裁と法的な形の判決とが共存していたと主張している。仲裁の重要性については，Soman 1982; Garnot 1996 も参照。

53) ASL, *CGA: Atti civili*, 854, no. 451. 枢密院は，君主の意思を直接に示すものとしてコジモ 1 世によって設置され，法規範やローマ法に関係なく裁定を下した。その権能が明確に定義されることはなかったが，実際には，原則として，一族間の係争，封建的権利に関する論争，外国人がかかわる問題などを扱った。この法廷については，Anzilotti 1910: 83-106; Pansini 1973 を参照。

54) メナセーはモーセ・アッティアスのほかに，通訳としてイザーク・ロペス・ペレイラを何度か雇った (ASF, *NMP*, Niccolò Mazzizghi, 27109, fols. 73r-74r, 188v-189r; ASF, *NMP*, Giovanni Matteo Novelli, 29723, fols. 159r-160r)。

55) ASF, *Ruota Civile*, 4167, no. 12. 民事控訴院は，1502 年に設立され，1532 年にコジモ 1 世によって再編された。民法と教会法に通じた 5 人の外国人によって構成され，商業裁判所 (Mercanzia) の判決に対する控訴法廷であった。判事はフィレンツェ近隣，院長はトスカーナの都市から選ばれた。17 世紀には，民事控訴院で保留中の訴訟が過剰となったため，仲裁に判事を指名することが一般化した (その手続きは「委任訴訟 (*cause delegate*)」と呼ばれた)。1621 年以降は，「委任判事 (*giudici delegati*)」となる民事控訴院判事には既定の報酬を払うことが義務づけられた。訴訟を迅速化するのにこの手続きがどれほど効果的であっ

月，アブラハム・エルガスとダヴィデ・エルガスとイサク・シルヴェラの妻たちは，死去した仲間の未亡人たちとともにカッスートの援助に駆けつけ，同様の要請をピサの海事監督局に提出した[56]。女たちの訴えは認められなかったが，彼女たちが表に出てきたことにより，リヴォルノにいるエルガス家とシルヴェラ家の男女を巻き込む複雑な法的戦略が開始され，最終的にエルガス＝シルヴェラ商会は完璧な財政破綻から救われたのである。

2　破産と嫁資

1582年にフィレンツェで承認された法は，不正な破産と不本意な破産を区別し，後者はもはや罪ではないことが宣言されていた。1585年にフィレンツェの商業裁判所が公布した新しい規約には，不本意な破産の際にとるべき法的手続きの要点が記されており，標準的な手続きでは，破産を友好的に清算するには債権者の3分の1（債権額が合計で全体の2分の1以上）が正式な「妥協」によって同意することとされていた。さらに，商人は第三者への負債を払う前に妻の損失を埋め合わせねばならないと定めた規則もあった。トスカーナでは，これらの規定はユダヤ人にもキリスト教徒にも等しく適用された[57]。

ジェイコブ・プライスが18世紀初頭の北米貿易で中心的な役割を果たしていたあるイギリス企業の盛衰を扱った研究のなかで述べたよ

たかは，ケース・バイ・ケースであった（Pansini 1977, 1993）。

56)　ASL, *CGA: Atti civili spezzati*, 2334, nos. 190, 953. ピサの商業裁判所も，100スクードを超える額がかかわる民事訴訟の控訴院として機能した。また，特別な許可があれば，信徒団理事が下した判決に対する異議申したても受け付けた。

57)　Santarelli 1964: 147–52, 245–47, 284; Cantini 1800–32, 2: 178–79; 1591年のリヴォルノ憲章（第15条）；1593年のリヴォルノ憲章（第14条）。1713年に改訂された商業裁判所規則には，破産手続きに関するユダヤ人女性への明確な言及がある（Cantini 1800–32, 22: 131–36）。嫁資に加え，従業員の給与，特定の状況下では賃貸料が，他のあらゆる債務に先立って支払われねばならなかった。ユダヤ法では，女性は夫の債権者として行動することが保証されていた（Kaufman 1993: 202）。1582年の法令の文言はCantini 1800–32, 10: 194–99に活字化されている。不本意な破産（*faillite*）と不正な破産（*banqueroute*）の区別は，当時のフランスの商法でもなされていた（Szramkiewicz 1989: 180–93）。同様の区別は18世紀のイギリスでより複雑に発展した。これについては，Hoppit 1987: 8–41を参照。

うに，破産は民間の商人のあいだでは当たり前に起こりうるものだった[58]。流動資本の不足に追いやられたアブラハム・エルガスとダヴィデ・エルガスおよびイサク・シルヴェラは，宝石類やさまざまな所有物，また，商業書簡，契約書，帳簿などの業務上の記録類を携えて，リヴォルノのカプチン会修道院に逃げ込んだ。破産したユダヤ人はカトリックの施設に逃げ込むのが常だった。ローマ・カトリック教会の財産は，世俗の権威には介入できなかったからである。しかし，債権者と妻たちからの再三の抗議を受けて，エルガス兄弟とシルヴェラは業務上の記録類をリヴォルノ総督の法廷に預け，そこで破産についての審理が始められることになった[59]。

エルガス＝シルヴェラ商会の債権者の3分の2以上は，貸付金の分割返済の同意書に署名した。債権者の全員とは言わないまでも大半はセファルディムであり，リヴォルノ内外の商人，代理業者，銀行家，資本提供者などが含まれていたが，地元の職人や労働者もいた。債権者のなかには，ブランカ・デル・リオ，エステル・エルガス，エステル・ロドリゲス・シルヴァ，ブランカ・レベッカ・カルヴァリオ，デボラ・エルガスの名前があった。彼女たちは，1704年以来，リヴォルノのエルガス＝シルヴェラ商会に出資していた人々の妻や未亡人であった。彼女たちの嫁資の合計額は32,550スペインドルにのぼった。いっぽう，商会の負債額の合計は，22,218スペインドル19ソルド10デナーロであった[60]。1746年5月21日，ブランカ・デル・リオとその他の女たちは組合（*consortium*）を結成した。これはみせかけの法人で，男性の法律専

---

58) Price 1992: 3.

59) ASL, *CGA: Atti civili spezzati*, 2234, nos. 190, 953. アブラハムおよびダヴィデ・エルガスとイサク・シルヴェラが逃避先としてカプチン会修道院を選んだのは，住んでいた別荘の至近にあったからであると思われる。17世紀には，ギリシア正教のサンティッシマ・アンヌンツィアータ聖堂が支払不能に陥ったユダヤ人の逃避先となることが何度かあった（C. Galasso 2002a: 56）。1663年，当時リヴォルノに在住していた裕福なアルメニア商人 Maracara Avanchinz の逮捕状が出されたとき，彼はある修道院に逃げ込んで逮捕を逃れた（Baghdiantz McCabe 1999: 306）。彼はのちにフランス東インド会社の重役になった。

60) 39人の債権者（全員で59人のうち）がこの合意に達した。彼らの債権額は合計で12,331スペインドル19ソルド0デナーロであった。枢密院は1747年4月29日にこの「妥協」を承認した。合意を受け入れた債権者たちに対し，エルガス＝シルヴェラ商会は全額を返済しなければならなかったが，まずは25％の分割払い分を18か月以内（すなわち1749年10月まで）に納めるものとされた。ASL, *CGA: Atti civili spezzati*, 2249, no. 953.

2 破産と嫁資

門家に法廷で彼女たちをまとめて代表し，夫たちとその債権者たちを告訴する権限を委任することを可能にした。法の規定に則って，組合はリヴォルノの法廷に対し，残っている家産を査定し流動化するために夫たちの財産目録を作成するよう要請した[61]。女たちがこのような法的手段をとったのは，自分自身の利害を守るためだったのだろうか，それとも夫や子供たちの利害をも守るためだったのだろうか。

ルチャーノ・アッレグラをはじめとする何人かの著述家は，近世イタリアのユダヤ人にみられた高額の嫁資を，ユダヤ人女性が同時代のカトリックの女性たちよりも法的・経済的自立性を持っていた事実と結びつけた[62]。キリスト教徒女性の権利が土地によって異なったのは当然であるが，それを考慮しても，ユダヤ法がローマ法や中世後期から近世のイタリア諸国の法規よりも広範な自立性を女性に与えていたのは疑いない。ユダヤ人女性は自分から離婚を起こすことはできなかったが，離婚後は再婚できた。ケニス・ストウは，ルネサンス期ローマのユダヤ人は息子や娘が結婚相手を選ぶ自由をカトリックの親たちよりも大幅に認めていたと主張している[63]。ユダヤの民法および刑法では，女性は公共の場において男性と同等の基本的権利を有するものとされていた。つまり，ユダヤ人女性は，訴訟を起こしたり，告訴されたり，契約を交わしたり，法廷で証言したり，店を経営したり，男性を法的後見人とすることなしに事業を経営したりする権利を持っていたのである[64]。もっとも，これらの権利のなかには民法による制限を受けるものもあった。たとえ

---

61) このような女性の組合は，リヴォルノの破産訴訟ではよくみられた（C. Galasso 2002a: 54）。エルガス＝シルヴェラ商会の財産目録については，第3章注102を参照。

62) Allegra 1993, 1996, 1999. Cristina Galasso（2002a: 42, 73-74, 157-58）も，リヴォルノのユダヤ人女性の自立性を強調する。彼女によれば，セファルディム女性の平均的な嫁資は1,850スペインドル（低いもので200スペインドル，高いもので6,700スペインドルないしそれ以上）であったのに対し，アシュケナジムやイタリア人の女性の嫁資の平均はわずか700スペインドルであった。しかし，彼女がサンプルにしたのは82人のセファルディム女性と19人のアシュケナジムおよびイタリア人の女性のみであり，裕福なセファルディム家族の大半を含んでいないと思われる（第5章参照）。

63) Stow 1995a. ヴェネツィアとトスカーナの聖職者の法廷によって調停された結婚解消訴訟については，それぞれ Ferrano 2001 と Lombardi 2001: 167-77 を参照。

64) ラビ教義は女性の証言を制限していたが（Kaufman 1993: 197-201），ルネサンス期のイタリアでユダヤ人女性の宣誓が許されていたことを示す証拠があり，事業の実務に関してもそれが可能であった（Adelman 1991: 142）。

ばトスカーナでは，キリスト教徒女性もユダヤ人女性もともに，通常，法廷では男性の後見人（*mundualdus*）によって代弁されなければならなかった[65]。

　ユダヤ法は，嫁資として与えられていたものに加えて母からも父からも遺産を相続することを女性に認め，寡婦や離婚女性が自分自身の財産や死亡した夫の財産を管理することも認めていた。しかし，強制されたレヴィレート婚の場合には，セファルディムの寡婦はこの特権を制限されていた。同様に，レヴィレート婚は寡婦や離婚女性が子供の（少なくとも娘の）後見人となったり，彼らの後見人を指名したりする権限に影響を与えることがあった。このような権限は，原則的には，再婚後は子供たちの養育権を失ったルネサンス期フィレンツェの「冷酷な母親」とユダヤ人の母親とを分ける相違点であった[66]。

　16世紀のルッカやアウグスブルクでも，18世紀のリヨンでも，商業的なパートナーシップの資本のなかで嫁資が重要な部分を占めることは多かった[67]。同時に，キリスト教徒のパートナーシップでは，親族でない者のあいだで資本を調達するのに有限責任契約がしばしば利用された。第5章で見たように，リヴォルノのセファルディムは，投機的事業の資金を賄う際に，外部の投資家よりも嫁資に頼っていた。近世リヴォルノのユダヤ人女性（あるいはセファルディムに限っても）の嫁資がキリスト教徒の女性（イタリア人であれ，それ以外であれ）の嫁資よりも体系的に高かったことを証明するに足るデータはない。しかし，セファ

　65）　18世紀には，ユダヤ人女性はキリスト教徒の法律家を後見人（mundualdus）として雇い，法廷で代弁してもらうことができた（ASL, *GCM*, 961, no. 13）。1702年のある公文書には，リヴォルノの既婚ユダヤ人女性が法的後見人の補助なしに嫁資をめぐる訴訟を起こせたこと（ASF, *MP*, 2428, fol. 38r-v），しかし，mundualdus として行動してもらうために傍聴人に金を払うのが常であったこと（ibid., fols. 45r-46r）が書かれている。中世フィレンツェの男性の法的後見人については，Kuehn 1991: 212-37 を参照。ローマの法廷におけるユダヤ人女性の立場との比較については，Stow and Debenedetti Stow 1986: 68-69 を参照。

　66）　Stow 1995a: 462-44; C. Galasso 2002a: 92; Adelman 1991: 151. 14世紀フィレンツェの「冷酷な母親」については，Klapisch-Zuber 1985: 117-31 を参照。Giulia Calvi（1994）は，17世紀から18世紀にかけて変化が起こり，トスカーナの諸権威が寡婦に子供たちの後見権を与え始めたことを示す。子供たちの後見は，女性が家産を相続できないまでも，その管理運営をおこなうことを可能にする特権であった。ルネサンス期のヴェネツィアでも，女性が子供たちの法的後見人として認められる場合があった（J. Shaw 2006: 183）。

　67）　Berengo 1965: 41-43; Häberlein 1998: 18n64; Taylor 1963: 51.

ルディムの婚姻関係が新婦から新郎，および新郎から新婦への資金移行を含んでおり，破産訴訟の際にはその総額が「嫁資」とみなされていたことはわかっている。それは，ユダヤ人女性に寡婦産の全額もしくは大半と嫁資を弁償される権利が与えられていたからである。このようなセファルディムの慣習は，意図的にせよ，そうでないにせよ，支払い不能に陥った商人の家産の少なからぬ部分を守ったのである。

対照的に，キリスト教徒の商人のあいだに広まっていた嫁資のシステムは，概して，新郎から新婦への金銭の移行を含んでいなかったため，嫁資を口実に夫の家産を守ることができなかった。もっとも，原則的には，多額の嫁資を妻から得られるならば，キリスト教徒の商人が嫁資のシステムを利用することを妨げるものはなかった。たとえば，リヴォルノの保険局(シクルタ)（海上保険への課税を担当する役所）の長を務めたことのある人物が1762年に汚職の罪で裁判にかけられ，12,000スペインドルの罰金を科せられたが，それ以上の額を嫁資分として妻に返還しなければならないという理由で一切払わなかった[68]。しかし，実際には，キリスト教徒の族外婚と嫁資のシステムにより，商業上の借入金よりも嫁資が優先される仕組みから商人が利益を得ることは少なかった。

要するに，女性の自立性の程度を評価する際，女性たちが属する親族関係や権限移譲のシステムと嫁資を切り離して考えることはできないのである。リヴォルノの西方系セファルディムは，他のユダヤ人社会とは対照的に，配偶者に関する選択の自由を女性にあまり認めず，女性の法的自立性を家父長制に基づく一族の再生産戦略と生存戦略に縛りつけていたという点で，キリスト教徒の上流階級により近かった[69]。支払い不能に陥りつつある夫から嫁資分を取り返すために女性たちが（親族の同意なしに）法的行動をとる権利と義務の重要性を学者たちは強調するが，同時に彼らは，その法的行動の結果が女性のみならず世帯全体を利したことも認めている[70]。セファルディム商人の場合，破産条項によって保

---

68) Addobbati 1996a, 1: 10-11.
69) ラインラントやローマのように中下層の家庭が大半を占めた中近世のユダヤ人社会における核家族の増加については，Stow 1987, 1995b, 1: xviii, 2001: 29; Todeschini 1994b: 32-33を参照。
70) Kirshner 1985; Ago 1995; Häberlein 1998: 19.

護される総額のうち夫の取り分は大きな割合を占めたため，女性の個人的な利害と実家や婚家の全体的な福利のあいだに明確な線を引くことは不可能である。エルガス＝シルヴェラ商会の設立者のひとりの妻であったブランカ・デル・リオは，深刻な病状に陥った1747年4月末，遺言状を作成した。彼女が主たる相続人に指名したのは，イサク・シルヴェラの妻となった娘のデボラであり，息子たちには各々20スペインドルしか譲らなかった[71]。そうすることにより，ブランカは，嫁資の返還に関する自分の権利が娘に帰属することを確かにしたのである。もしも息子のアブラハム・エルガスとダヴィデ・エルガスが彼女の財産の大部分を相続していたならば，イサク・シルヴェラは，エルガス＝シルヴェラ商会の債権者たちの要求額から義母の嫁資7,500スペインドルを差し引くことができなかっただろう。

　数年にわたり，ブランカと他の女たちは法的係争に毎日のように取り組んでいた。彼女たちは夫の債権者の要求に繰り返し抗議し，嫁資の返還を要求するために同商会の債権者たちに対する訴訟を起こした。1746年7月，彼女たちは夫がもはや事業をおこなっていないにもかかわらず，離婚扶養料の請求をした。彼女たちが現実に夫たちと対峙したのも，手続き上敗訴したのも，この小さな問題においてだけであった[72]。それ以外の場合には，同商会は常に妻たちの法的作戦からなんらかの益を得た。この戦略は，巨大ダイヤモンドの管理権は自分にあると主張するメナセーを論駁するための告訴状をブランカたちが提出したことを見れば明らかである。彼女たちの言い分は，ダイヤモンドは自分たちの嫁資の担保として必要不可欠であるというものであった。こうして，石の所有権の問題は嫁資の返還の問題と絡み合うことになった。すなわち，エルガス家とシルヴェラ家の妻たちは，嫁資の返還を得る自分たちの権利を擁護することにより，夫たちを債権者やメナセーに対して防衛する道具となったのである。

---

　71)　ブランカは1747年5月6日に亡くなり，その1か月後，デボラは彼女の遺言の写しをリヴォルノ総督の法廷に預けた（ASL, *CGA: Atti civili spezzati*, 2249, no. 953）。

　72)　裁判中に引用された商業裁判所の規定（bk. 6, chap. 3）によれば，支払い不能に陥った商人の妻は，夫の破産から6か月間は嫁資に関する法的行動を起こすことが禁じられていた（ASL, *CGA: Atti civili spezzati*, 2245, no. 953）。

3　リヴォルノのユダヤ人 ── 市場と法廷のあいだで

　カッスートがフィレンツェに帰還したのち，エルガス＝シルヴェラ商会は，ロンドンにいるベニヤミン・アルヴァレンガとベニヤミン・メンデス・ダ・コスタを通じて，ダイヤモンドを売る努力を再開した。しかし，その努力が長引けば長引くほど，事業存続の危機は増大した。1745 年 11 月，彼らはベニヤミン・メンデス・ダ・コスタに追従するように訴えた。「お願いします。あなたにはその力がおありなのですから。いつも私たちを支えてくださったあなたの英雄的なおこないによって，弱い立場の私たちをお助けくださいませんでしょうか。とくに，私たちが縁者であることをお考えください。[73]」このように誇張的な美辞麗句には，彼らの絶望が表れている。しかし，支払い不能状態は，親族の紐帯や民族的な忠誠を秤にかけることになった。商会の財政状況が悪化し，彼らのリヴォルノの口座からアルヴァレンガとメンデス・ダ・コスタが引き出す為替手形に裏書きすることができなくなると，ロンドンのセファルディムたちは彼らを見捨てた[74]。

　さらに 1 年半がすぎた 1747 年 5 月 12 日になってようやく，巨大ダイヤモンドはロンドン王立証券取引所に近いチャドウェル・コーヒーハウスで競売にかけられた。このときも，人々が予期したほどの重さがないことがわかったため，売れなかった。いっぽう，石の所有権を主張するメナセーは，代理人のアッティアスをウィーンに送り，皇帝（このこ

---

[73] "[T]odos rogamos a el que puede para suas prosperidades pues las eroicas obras que com Vms siemepre asistem de aiudar a la parte mas flacas masima siendo pariente" (ASF, *LCF*, 1960, 在ロンドンのベニヤミン・メンデス・ダ・コスタ宛 1745 年 11 月 22 日付書簡).

[74] ASF, *LCF*, 1957, 在ロンドンのベニヤミン・アルヴァレンガ宛 1745 年 5 月 24 日付, 6 月 14 日付, 6 月 21 日付書簡，在ロンドンのベニヤミン・メンデス・ダ・コスタ宛 1745 年 12 月 31 日付書簡。未払いのまま手形の期限が切れると，商人はいわゆる抗議証書の作成を公証人に依頼した。エルガス＝シルヴェラ商会の未払い為替手形に対する抗議は，ASF, *NMP*, 25267, Giovanni Battista Gamerra, fols. 151v–152r, 180r–v に言及がある。ある親類がエルガス＝シルヴェラ商会の救済に現れ，アルヴァレンガに支払うべき 260 スペインドル分の為替手形の一部を払うことを申し出た（ASF, *NMP*, 25267, Giovanni Battista Gamerra, 25268, fol. 10r）。

ろにはトスカーナの君主も兼ねるようになっていた）が10万スペインドルという驚くべき額で巨大ダイヤモンドを買うことに関心を持つかどうか探らせた。アッティアスがこの最後の試みに心を動かされた経緯は定かではない。カッスートがヨーロッパ各地で犯した失敗のニュースは広まってはいなかったのだろうか。いずれにせよ，ウィーンへの旅は無益に終わった[75]。

　1747年夏，エルガス＝シルヴェラ商会はダイヤモンドの管理権を失う危険にさらされた。ある法廷の裁定により，メナセーが保証金と引き換えに石を得られることになったからである。ただし，彼は石をトスカーナの外に持ち出すことはできなかった。壊滅的な損失から彼らが救われたのは，ひとえに妻たちと有能な法律顧問のおかげである[76]。「七つの地域をめぐる旅」が始まってから7年近くがたち，より多くの法廷がこの訴訟に巻き込まれていったが，石は依然として売れず，その所有権の問題に決着をつけるのはまったく容易なことではなかった。

　ペルシアにいるメナセーの提携者たちは，エルガス兄弟やシルヴェラと同様に彼に苛立っていた。彼がイランを発ってからなんの便りもなかったため（明らかにメナセーは彼らの手紙にひとつとして返事を出さなかった），石の共同所有者のひとりの父親アガー・イスラエル・ヤドガーは遠路はるばる旅に出かけ，1746年10月にリヴォルノに到着した。到

---

[75] ASL, *CGA: Cause delegate*, 2500, no. 953 ("Memoria"); ASF, *NMP*, Niccolò Mazzinghi, 27110, fols. 73r–74r（1746年8月19日）。ASF, *NMP*, Roberto Micheli, 27236, fol. 165r-v（1746年12月13日）。

[76] 女性たちの組合の法的代理人は，抵当（*pegno*）と担保（*mallevadoria*）の微妙な差異を主張した。法によれば，後者は破産債権の見返り保証としては不十分であり，メナセーが現金と引き換えにダイヤモンドを得ることができないことを意味した。さらに，ブランカと女性たちは，自分たちの夫がフィレンツェの債権者たちよりも高い社会階級に属しているため，メナセーが公債局になにがしかの預金をすることで提供できる保証より大きな保証を与えられる資格があることを強調した。1747年8月18日，メナセーはリヴォルノ総督から第二審判決を得た。それは彼に有利な内容で，同意された額を預けるのと引き換えにダイヤモンドを彼に渡すことを再び命じていた。そこでエルガス兄弟とシルヴェラは妻たちとともに枢密院に訴え，その判決は無効となった。彼らはまた，メナセーに貸している29,156スペインドル17ソルド8デナーロ——つまり，メナセーが返償に同意していた額の半分とダイヤモンドを売る努力にかかった費用を合わせた額——に対する要求を枢密院に提出した。彼らと妻たちの関心がどこに集中していたかは，彼らがフィレンツェの上級衡平法廷に訴えたことからわかる。また，この問題を扱える司法組織の多様性は，所有権をめぐる訴訟がいかに容易に長期化したかを示している。ASL, *CGA: Atti civili spezzati*, 2249, no. 953を参照。

着後，はじめのうちはメナセーを全面的に支援していたが，しだいに慎重になっていき，メナセーに与えていた法定代理人の権限を無効にし，かわりにモーセ・アッティアスを法定代理人にした[77]。ヤドガーも容疑を免れなかった。総督の法廷に呼び出されて証言を求められた彼は，リヴォルノに来る途中でアレッポにたち寄った際，論争をおさめるためにベリリオスとシルヴェラがメナセーに貸している額の約3分の2を支払うことに新たに同意したという供述を否定した。もしシルヴェラがアレッポでその支払いを受けていたならば，エルガス＝シルヴェラ商会は，もはやリヴォルノでメナセー相手に訴訟を続けることができなくなっていただろう。彼らはその供述を裏づけることに興味を示さず，当時の情報技術では，トスカーナの判事たちが真実を確かめるのは不可能だった[78]。

　ますます多くの判決が出され，ますます多くの上訴がなされた。そのなかには，総督の法廷が指名した3人の判事によって1749年7月に協議された解決策もあった。総督の法廷はセファルディムたちとメナセーが相互に支払うべき額を明示したが，判決文にはメナセーの要求が多分に盛り込まれていた。巨大ダイヤモンドの運命は，いまだ定まらなかった。エルガス＝シルヴェラ商会は，ロンドンの競売所で石を売る努力を執拗に続けた。メナセーは，自分がベリリオスとシルヴェラに支払うべき額を下回る値段でダイヤモンドが売れることを恐れていたため，それを妨害しようとした。しかし，メナセーの敵対者たちは，数件の訴訟に関し法廷審議の延期を得ていたため，彼は裁定に異議を唱えること[79]

---

77) ASF, *NMP*, Filippo Gonnella, 27190, fol. 60r–v, no. 56.
78) ASL. *CGA: Cause delegate*, 2500, fols. 1192r–1196v, 1217r–1222v. イスラエル・ヤドガーの審問の記録をヘブライ語からイタリア語に翻訳するために地元のラビが雇われた。
79) エルガス＝シルヴェラ商会はメナセーの正当な債権者であると認められ，その額は10,740スペインドル（ベリリオスとシルヴェラがアレッポでメナセーに貸しつけた額の半分）と「七つの地域をめぐる旅」のあいだに彼に与えていた1,460スペインドル10ソルド3デナーロとされた。メナセーは，カッストートとベリリオスにかかった旅費の支払いを援助する義務はないとされた。彼らはアムステルダム滞在を不当に引き延ばしたからである。エルガス＝シルヴェラ商会は，メナセーがアムステルダムに行くまでの旅で費やした額の半分をメナセーに返償しなければならなかった。ASL, *CGA: Atti civili spezzati*, 2249, no. 953 を参照。このような手詰まり状態は珍しいことではなかった。ヴェネツィアで1649年に破産したユダヤ人パートナーシップの清算には25年を要した（Bonazzoli 1998: 49）。

ができなかった。1749年12月までにダイヤモンドは売却された[80]。買い値も買い手も不明であるが，なんの利益も得られなかったにちがいない。数年後，彼らがかつて雇っていた従業員の相続人が未払いになっていた多額の給与の支払いを請求したとき，エルガス＝シルヴェラ商会は困窮を訴えたからである。リヴォルノの総督は，彼らが妻たちの嫁資を抵当に借金することを認めたが，彼らがどちらかといえば貧しいことを認識していた[81]。

「確かな儲けのないところには損失がある[82]」とは，セファルディムの諺である。エルガス家とシルヴェラ家が愚かな投資から学んだ苦い教訓がそこに集約されている。歴史家にとって，事業の失敗のケースは，当事者たちが利益を目指して編み出した戦略や彼らが直面した困難を再構築するための貴重な情報源となる。エリヤとメナセーがともにユダヤ人であったのは，些細な問題ではない。結局のところ，メナセーは，明らかに自分の故郷により近いエスファハーンに行くことができたにもかかわらず，わざわざアレッポまで足を運び，この企てのためにアルメニア人のダイヤモンド・ディーラーを雇ったのである。シルヴェラが見知らぬ相手と不完全な契約を結ぼうとしたのは，この60カラットのダイヤモンドに容易に買い手がつくだろうと見込んだ彼の誤算によるものではあったが，宗教的アイデンティティを共有しているという心強さも手伝っていたことはありうる。だが，この物語の展開は，「中間的少数民族(ミドルマン・マイノリティ)」の均質性を当然のものとみなす人類学の理論を見直す必要を強く感じさせるものである[83]。離散ユダヤ人の歴史に連続して起こった変化の結果，西方系セファルディムはペルシア系ユダヤ人との接触や社会経済的なつながりをほとんど，あるいは完全に失っていた。エルガス家とシルヴェラ家がゴアのヒンドゥー教徒たちとのあいだに

---

80) ASL, *CGA: Cause delegate*, 2500, no. 953.

81) "Sopra di che devo accennare che veramente gl'Ergas e Silvera son poveri, ma l'erede Nunes Bernal pretende che non siano inpossibilitati a dare una mallevadoria perché possono prestarla le loro mogli con la metà delle doti"（ASL, *GCM*, 939, fols. 205v-207v）.

82) "[E] ben dice il proverbio spagnolo, a onde no ai ganancia cierta es la perdita"（ASF, *LCF*, 1957, 在フィレンツェのモーセ・カッスート宛1743年7月12日付書簡）.

83) Landa（1994: 101-13）は，「中間的集団(ミドルマン・グループ)」が機能するには「民族的に均質」であることが必要だと想定しているが，その基準を具体的な歴史的用語で定義づけてはいない。Bonacich 1973; Light and Gold 2000 も参照。

持っていたコミュニケーションのルートのほうが，メナセーの親類や友人たちとのあいだのものよりも緊密だったのである。

アヴナー・グライフにならって，ユダヤ人であることは，それ自体では事業上の信用の基礎とはならないことをわれわれも認めねばならない。しかしながら，この巨大ダイヤモンド事件を物語るにあたって私が興味を持ったのは，新制度派経済学者たちのように見知らぬ相手の財産所有権を保護するための法制度の存在を特定することよりもむしろ，当事者たちがこのような制度を利用した事例やその方法を調べることであった。カッストーはハーグ最高法廷の裁定を得ようと苦戦していたが，いっぽうエルガス＝シルヴェラ商会が示した見解は，ヨーロッパ南部の法システムよりもヨーロッパ北部の法システムのほうが優れていたと信じる近現代の歴史家の見かたとは大いに食い違っている。エルガス兄弟もシルヴェラも，裁定が下されるまでの時間に多少の差がある以外，ネーデルラントと他の場所で裁判の手順に重要な違いはないと考えていたのである[84]。

彼らの見解は，不完全な契約の履行は，外的権威よりもむしろ当事者たちの自発的，あるいは社会的に強要された協力にかかっているという理解から来ている。それは，新制度派経済学の用語を使えば，信用可能な脅し（credible threats）よりも信用可能な責任（credible commitments）にかかっているということである。この理由から，エルガス＝シルヴェラ商会は，ユダヤ教徒も異教徒も含む多様な委託代理人と取引する際，リサ・バーンスタインが「関係維持規範（relationship-preserving norms）」と呼んだものを日常的に用いていた。この場合それは，通信や通信を機能させる社会的紐帯や脅しを通じた好意とサーヴィスの交換として理解される。ときには，当事者たちが係争で和解したのち，判決が両者の取引の新たなきっかけになることもあるが，契約不履行のすべてが償われるとはかぎらなかった。エルガス＝シルヴェラ商会が想定していた協力的な企てをメナセーが故意に怠り始めたとき，彼

---

[84] "[C]rediamo che non vi sia differenza dell'giustizia dell'Haya all'altri luighi, poi quello che vuol dire giustizia è una sola, la differenza che vi possa essere sia un poco più di tempo ho meno"（ASF, *LCF*, 1957, 在アムステルダムのモーセ・カッスート宛 1743 年 4 月 29 日付書簡）。

らはバーンスタインが言うところの「終盤規範（end-game norms）」すなわち，当事者たちがこれ以上互いに取引しないと決めたときに用いられる規範に訴えた[85]。仲裁は，メナセーがそれにしたがうことを拒否したため，効力を失った。トスカーナの諸法廷がかかわるようになると，法的多元性によって，エルガス＝シルヴェラ商会もメナセーも，上訴の機会をふんだんに得ることができた。エルガス＝シルヴェラ商会はまた，フィレンツェでおこなわれる裁判を監督する立場に友好的な判事が指名されるようにとカッスートにそれとなく要求したことを確実にするために，自分たちの社会的名声を利用しようとした[86]。ペルシア人であるメナセーは，リヴォルノの言葉を話せないまったくの外来者であったにもかかわらず，トスカーナの法廷ではじめのうちは公平な審問を受けた。最終的には商会側が法廷で優位にたったが，それは「ピュロスの勝利」にすぎなかった。ずさんな投機的事業の失敗を法的に埋め合わせることはできなかったからである。

エルガス＝シルヴェラ商会の大胆ながらも手抜かりの多い巨大ダイヤモンドへの投資は，彼らの商業活動の最も堅実に確立された部門であったレヴァント貿易が深刻な自然災害と戦争の結果に苦しんでいるときにおこなわれた。疫病のはびこるアレッポは，1742年4月なかばから1744年2月まで，異常なまでに長く厳しい飢饉に襲われた[87]。オスマン帝国とサファヴィー朝の戦争は激しさを増し，1743年12月，アレッポはもう少しで包囲されるところであった。同年9月，戦火が近づいてきたため，フランスの領事はアレッポの貿易に損害が出ることを恐れた。オスマンとサファヴィー朝の対立の激化とそれが東地中海の市場に与える影響に対するエルガス＝シルヴェラ商会の懸念は，1741年から

---

[85] L. Bernstein 1996. 信用可能な責任と信用可能な脅しについては，Williamson 1985: 167-68 を参照。

[86] ASF, *LCF*, 1957, 在フィレンツェのエフライムおよびダヴィデ・カッスート宛1745年4月5日付書簡。

[87] 当時アレッポにいたイギリス人内科医の残した記述によると，「今季，ユダヤ人たちは数の多さに比例して苦しんだ」。1743年の2月から7月にかけて18,170人が死亡し，うち383人がユダヤ人だった（Russell 1794, 2: 341r, 335r-387r）。ラッセルはこの計算で東方系セファルディムと西方系セファルディムの区別はしていない。

続いていた。1742年7月にはスミルナで大火が起こり，都市の3分の2を焼き尽くし，その余波が地域全体の商業に打撃を与えたため，彼らのおそれは増した[88]。リヴォルノは1742年1月下旬から2月上旬にかけて3週間連続で地震に見舞われた。インフラストラクチャーへの被害は軽かったが，人々の自信が揺らぎ，地震後の商売は低調になった[89]。これらの不運が続くさなか，オーストリア継承戦争が1744年に地中海に波及し，フランス商業は一時的に中断され，保険の掛金は急騰した。

　思慮を欠く投機と不運な状況は，エルガス＝シルヴェラ商会のような家族的パートナーシップが呑み込むには大きすぎた。彼らはパートナーシップが解消されたのちもリヴォルノに住み続けたが，地位の低下に苦しんだ。独立した事業を新しく起こすことができなかったアブラハム・エルガスとイサク・シルヴェラは，リヴォルノのキリスト教徒およびユダヤ人の仲介業者の数を規制した1759年の新しい法律を利用し，この従属的な地位で活動する免許を得た[90]。彼らの場合，貧困といっても，絶対的な意味ではなく相対的な意味で理解しなければならない。多額の嫁資のおかげで，彼らの家族は最悪の状態に陥らずにすみ，結束の存続が確かなものになった。2人とも，ユダヤ人共同体のなかで終身の役職を保持し続けた[91]。また，イサク・シルヴェラが1766年に没したとき，彼のかつてのパートナーたちは未成年だった息子のアブラハム・ガブリエルを保護下に置いた[92]。

　エルガス家とシルヴェラ家の没落は，セファルディムがリヴォルノのユダヤ人社会での権力を失い，イタリア系や北アフリカ系が勢力を強めていくのと同時期に起こった。西方系セファルディムは，ユダヤ人共同体ができたころから優勢であり，リヴォルノが国際的な商品集散地として発展するのに大いに寄与したが，18世紀が進むにつれ，次第に商業

---

88) Marcus 1989: 23; ASF, *LCF*, 1953 在ヴェネツィアのヤコブおよびヨセフ・ベリリオス宛1741年8月4日付書簡；CCM, *AA1801*, J. 908（1743年9月30日付書簡）；Frangakis-Syrett 1992: 55–57.

89) ASF, *LCF*, 1953, 在アムステルダムのモーセ・カッスート宛1742年1月22日付，2月5日付書簡．

90) ASF, *Segreteria di finanze e affari prima del 1788*, 809.

91) 彼らがgovernantiのメンバーであったことが1763年の登録簿に記されている（ACEL, *Minute* 103）．

92) ASL, *CGA: Atti civili spezzati*, 2312, no. 804; ASL, *GCM*, 963, fol. 287v.

活動から撤退して不労所得生活者(ランティエ)という社会的・経済的外観をまとうようになっていったことが指摘されている。いっぽう,イタリア系や北アフリカ系のユダヤ人たちはしだいに遠距離交易を活発におこなうようになっていった[93]。このプロセスが起こった証拠はあるものの,その力学は,ユダヤ人社会内部の勢力バランスの変化のみに対応したわけではない。別の要因として,西方系セファルディムが最も活躍していた東地中海とインド洋におけるヨーロッパ諸国の商業力と軍事力が18世紀のあいだに強化されたことが挙げられる。それとは対照的に,北アフリカ系ユダヤ人たちは,フランスによる植民地支配が始まるまで,チュニスとマルセイユのあいだの交易における影響力を維持した。

　アムステルダムでも,セファルディム商人は18世紀後半に徐々に地盤を失っていった。彼らは海外貿易や手工業に投資していた資本を引き揚げ,財政部門に移した。威信や安全策だけがこの資本移行の動機だったのではない。1713年のユトレヒト条約でアフリカ人奴隷をスペイン領アメリカに供給する30年間の契約がイギリスに認められると,オランダのセファルディムの商人や外交官はしだいに不要な存在になっていった。また,イベリア半島と新ユダヤ人のあいだに残っていたつながりは,1720年代から1740年代にかけて異端審問所の迫害によって弱められた。さらに,オランダの産業,とくに繊維産業とタバコ産業では,ユダヤ人の存在が大きかったが,プロイセンやスカンディナヴィア諸国やロシアがこれらの部門でオランダに競争をしかけていた。そして,中心市場としての地位を低下させ始めたアムステルダムは,1763年と1772-73年に財政危機に見舞われたのである[94]。

　国際経済におけるこれらの,またその他の構造的変化は,ユダヤ人世界内部の力学を揺さぶった。アムステルダムのポルトガル系およびスペイン系のユダヤ信徒団は,より多くの貧者がスリナムに移住するのを援助した[95]。海峡の向こう側では,イギリス在住の影響力あるセファルディムの多くが改宗し,アシュケナジムのなかに社会経済的地位を獲得する者が現れ,新たにモロッコ系ユダヤ人が大挙して流入してきたこと

---

93) Filippini 1984a: 664-65; 1993: 15; 1998, 2: 256-69, 3: 49-71, 242.
94) Israel 1984a: 30; 1992: 394-98; 2002a: 566, 568-84.
95) Israel 1992: 395; Y. Kaplan 2000: 148-49, 287; Levie Bernfeld 2002.

により，ユダヤ人社会の結束力が試練にかけられることになった。西方系セファルディムのあいだの緊密なコミュニケーションと離散ユダヤ人社会内における彼らの明確な優越性の感覚が弱まってきた 18 世紀末には，「セファルディム的世界秩序」（ダニエル・シュローターの言）の終焉は間近に迫っていたのである[96]。

リヴォルノにおけるセファルディムの寡頭支配は急落下したわけではなかったが，商業から投機への部分的な移行はみられた。エルガス＝シルヴェラ商会の破産後，一族のなかで最も成功したのは，ダヴィデの息子のヤコブ・エルガスだった。彼はロンドンとのサンゴおよびダイヤモンドの貿易を活発に続け，海上保険に特化するようになっていった[97]。彼はセファルディムがまだユダヤ人ネイションのなかで影響力を行使できることを身をもって示した。1757 年には，ヤコブ・フランコと協力して，支配層を形成していたイタリア系ユダヤ人を妨害した[98]。そして，1790 年に没したときも富裕者のままであった[99]。

トスカーナがフランス帝国に併合された 1808 年以降，リヴォルノは長い停滞期に入り，ユダヤ人が経済活動をおこなっていた多くの場所もしだいに重要性を失っていった。東地中海におけるセファルディム商業の中核であったアレッポは，劇的に衰退した[100]。フランスは，1830 年にアルジェを，1881 年にチュニスを征服し，北アフリカにおけるユダヤ人貿易商への依存度を弱めていった。東地中海では，地元のユダヤ人たちが銀行業で一定の地位を維持したが，手工業の大部分ではアルメニア人とギリシア人に取って代わられた[101]。1809 年にナポレオンがおこなわせたリヴォルノの市勢調査によれば，世帯主として 6 名のエルガスが記録され，社会経済的階層の上層または中層にランキングされて

---

96) Schroeter 2002.
97) ASF, *Arte dei Giudici e Notai (Proconsolo)*, 608; Addobbati 2007: 146.
98) Filippini 1993: 14-15, 1993: 1051-52.
99) ヤコブ・エルガスには子がなかったので，8,000 スペインドルをタルムード・トーラに援助する信託財産とし，それに匹敵する巨額の基金をコミュニティの貧者のために残し，さらに，イングランド銀行に預けてあった 5,000 ポンドの年金とかなりの不動産を姪の Rachel Baruch Carvaglio と甥の Abraham Baruch Carvaglio に遺譲した（ASF, *NMT*, Jacopo Filippo Bargioni, 28920, fols. 6v-14r; PRO, *PROB*, 11/1220, fols. 369r-374r）。
100) Fukasawa 1987: 141-43.
101) Barnai 1992: 150.

いた。すなわち，3名が「資産家（possidenti）」（暮らし向きがよく，不動産を所有している者を指す語），2名が銀行の従業員，1名が金融ブローカーとして記録されていた[102]。1809年のこのリストにシルヴェラ姓は見当たらないが，シルヴェラ家は19世紀の大半を通じてアレッポで国際商業にかかわり続け，1860年にイタリアの市民権を獲得し，のちにマンチェスターに移住した[103]。

1820年代以降，200年のリヴォルノの歴史のなかで初めて，流出するユダヤ人の数が流入するユダヤ人の数を上回るようになった[104]。エルガス姓を持つ数家族がこの港町に住み続けていたが，1840年代以降，彼らの存在を示す証拠は乏しくなる[105]。19世紀におけるリヴォルノからのユダヤ人の流出に関する記録はあまりにも不完全で，彼らがいつ，どこへ移っていったかを描き出すことは難しい[106]。口承による歴史や書かれた情報の断片からは，19世紀末から20世紀初のサロニカに多数のエ

---

102) Filippini 1982: 90, 1998, 1: 230.

103) Collins 2006: 295. シルヴェラ家は19世紀後半にアレッポで活動していたヨーロッパ出身の商人として記録されている。Mafalda Ade Winter (University of Tübingen), pers. comn., November 2007.

104) Filippini 1982: 58.

105) 1830年代のリヴォルノにいたエルガス姓をもつ数家族についての言及が ACEL, *Minute*, 114 (129) および 118 (21) に見出される。これらの情報について Liana Elda Funaro に感謝する。1841年のリヴォルノでは5世帯のエルガスが数えられる（Luzzati 1990: appendix）。20世紀のトスカーナではエルガス家に関し2件の形跡しかたどれなかった。ファシスト政権下の1934年，ロドルフォ・エルガスという人物が所有していた見事な美術コレクションがミラノで競売にかけられた（1934年の Galleria Dedalo の目録を参照）。ロドルフォ・エルガスと妻のフェデリーガ・シャフェルは1920年にウィーンからフィレンツェにやってきて，1935年までモントゥギ丘陵に住んでいた（Nicoletta Baldini は親切にも私のためにフィレンツェ市の戸籍課から彼らの個人ファイルを入手してくれた）。エルガス姓を持つ人物でイタリア史上知られている最後の1人は，プロデューサーのモリス・エルガスである。1922年にサロニカで生まれた彼は，ベオグラードに行ったのちイタリアに移り，戦争を生き延びて，ロッセリーニ監督『ロヴェレ将軍』（1959）やポンテコルヴォ監督『カポ』（1960）といった有名な映画を1950年代から1960年代にプロデュースし，1995年にローマで死去した。

106) ACEL, *Registro delle emigrazioni*, 200 (1824-30), 201 (1831-42), 202 (1843-54, ここには H から Z までの頭文字を持つ姓のみが記録されている), 203 (1854年12月-1865年)。これらの記録簿の一部は欠損している。ジュゼッペ・エルガスという人物が1838年12月7日にマルセイユへ，1839年6月5日にヴェネツィアへ行ったことが記録されている。1758-89年，1796-99年，1806-08年にフィレンツェを支配した当局のいわゆるパスポート発行記録には，エルガスの名を持つ人物はひとりも記載されていない（ASF, *Segreteria e ministero degli esteri*, 2741-2743）。

ルガスがいたことがわかる。彼らはおそらく、リヴォルノから、もしくは、このころまでにサロニカと鉄道で結ばれていたマケドニアの都市モナスティルからやってきたのであろう[107]。

　19世紀なかばにも、再びリヴォルノの上流ユダヤ人のあいだに動きがあった。今度は南を目指す流出だった。リヴォルノ港が衰退したため、彼らはかつて忌避していたオスマン帝国内の新旧の市場でよりよい機会を得ようした。カイロ、アレクサンドリア、チュニス、そしてとりわけサロニカで、彼らはイタリア人、リヴォルノ人、ヨーロッパ人、セファルディム、ユダヤ人、といったアイデンティティをごちゃまぜにして用いた。リヴォルノで、イタリア系ユダヤ人、北アフリカ系ユダヤ人、スペイン系ユダヤ人、ポルトガル系ユダヤ人であった人々は、新天地では単にリヴォルノ系ユダヤ人となった。彼らはポルトガル語よりもむしろイタリア語を話し、西洋化されたセファルディムが持つフランスびいきの政治的・文化的態度を持つようになり、総イスラエル連盟（Alliance Israélite Universelle）の活動を支援した。また、排他的な同族婚をおこなったといわれている。サロニカのユダヤ人に関する初期の研究をおこなったある研究者は、彼らを「カースト」と呼んだ[108]。彼らは新しいやりかたでヨーロッパと地中海をつなぎ、閉鎖的であると同時にコスモポリタンな新しい存在形態を生み出したのである。

　107）　私は Benjamin Ergas, Rachel Ergas, Yasmine Ergas との会話から得られたわずかな情報をつなぎ合わせた。Julia Phillips Cohen, Mark Cohen, Paris Papamichos Chronakis, Isaac Nehama たちの博識に感謝する。1943年3月に43人のエルガスがモナスティルからトレブリンカへ強制移動させられた（M. Cohen 2003: 212）。イギリス戦時経済大臣の秘密軍事作戦（the Special Operation Exective）の文書庫のある記録から、1903年ころにテッサロニキで生まれ、第一次世界大戦後は毛織物と糸の商人としてマルセイユに住んでいたモーリス・エルガスなる人物が、1943年にリスボンに住み、イギリスが彼の足取りを見失う以前は「情報に関してのみ要注意のうえ利用できる」者とみなされていたことがわかる（PRO, HS9/H83/7, ins. 274626）。
　108）　Nehama 1935-36, 6: 254.

#　結　論

———

　相互の結びつきをしだいに強めていく近世世界において，個々の人々は，帰属する宗教を変えたり，友人の行動に目を光らせたり，新たなアイデンティティを身につけたり，言葉の通じない場所で支配者として認められるようになったりした。戦争や強制移住の結果，広大な地域の構造が変化し，諸集団が住む場所を変え新しい環境に適合することを強いられた。思想や書物は，かつてないほど長い距離を行き来した。いっぽう，近世のヨーロッパは，高度に細分化され階層化された社会であり続けた。すなわち，身分制社会であり，そこでは，たいていの場合，宗教と家柄が法的地位の決定要因であり，親類関係や共同体構造は閉鎖的な傾向にあり，見知らぬ相手と取引する際に生じる不確実性を打ち消すような中央集権的信用制度や法制度は存在しなかった。そのため，交易に従事するディアスポラの遠距離交易への参加についての問いかけは，これらの両極端——異文化間契約（自発的なものもあれば，強制されたものも，その両方が混じり合ったものもある）の遍在と，これらの契約が交わされる非常に厳密な規範的枠組み——の交差点を探索することになる。

　本書では，交易に従事するディアスポラのひとつについて考察し，とりわけ，あるパートナーシップを重点的に扱った。ひとつの都市（リヴォルノ）や多かれ少なかれ均質性をもつひとつの集団（西方系セファルディム）を論及の枠組みとして取りあげるよりもむしろ，エルガス＝シルヴェラ商会を中心に置くことで，彼らの商業書簡のなかに見出される多様な軌跡を追うことができた。利用可能な史的記録の欠落によって制限されはするものの，小規模なグローバル・ヒストリーは，忘れ去られていた関係を明らかにしたり，当然と考えられていた関係を見直したりする助けとなる。小規模なグローバル・ヒストリーはまた，セファル

ディム商人が交流相手である社会的・国家的存在物——同じ宗教を信じる人々，各地の権威，外国勢力，交易に従事する他の共同体——とのあいだに発展させた力関係や市場関係を多層的に分析することを促してくれる。

　私はエルガス＝シルヴェラ商会の消滅で本書を締めくくることを選んだが，それは，私の目的がヨーロッパ重商主義の巨大国の時代におこなわれた小規模な経済活動や交易に従事するディアスポラを栄光化することにはなかったからである。結局のところ，巨大ダイヤモンド事件は，資金を集め信用に頼って生きるにはかぎられた力しか持たない家族経営の会社が，一度の見誤った投資だけで埋没してしまうことを教えてくれる。私は，それにもかかわらず，しばしば旧式で非効率的と言われる商業組織形態，すなわち一般的パートナーシップにセファルディム商人たちが固執し続けた理由を考察した。彼らの婚姻のパターンや，より広範で相互に結ばれたディアスポラ社会に属していることは，この事業形態に強い力を与えた。さらに，多くの家族経営会社を含む私的パートナーシップは，地中海貿易の特徴であり続け，大西洋圏でも広く普及し，ヨーロッパとアジアを結ぶ交易のニッチの所々に存在し続けた。しばしば指摘されるように，18世紀のアムステルダムとロンドンでは，リヴォルノやマルセイユよりも金融部門が自律的であったが，商品の取引（非常に長距離の輸送であっても）は，匿名的な資本主義よりもむしろ，シャルル・キャリエールが「人格化された」資本主義と呼んだものに大きく委ねられていた[1]。したがって，このような事業上の取り決めに取って代わられていった多様な社会的・法的取り決めを読み解いていくことが肝要なのである。

　エルガス＝シルヴェラ商会は，組織として伝統的であり，先進技術が持つ利点を欠いていたにもかかわらず，外に向かっていこうとした。彼らは，いくつかの合資会社や国営事業がしたのと同じやりかたで供給や価格をコントロールすることはできなかったが，かわりに，情報を集めるのに広範なネットワークを利用し，迅速に動いた。彼らは，先駆者の開拓精神を発揮しなかったかわりに，微小な市場変動に適応する熟

---

1) Carrière 1973: 916.

練した能力を持っていた。彼らは他のセファルディムと競争したが、エルガス家とシルヴェラ家は、他のセファルディムと緩やかに調和を保つような集団的行動によってのみ（カルテルを組んだわけではなかったが）、ニッチ的な特定市場において自らの地位を獲得し、維持したのだった。東地中海のよういくつかの地域では、彼らのネットワークは第一に離散ユダヤ人に由来していたが、それ以外の場所ではどこでも、さまざまな事業共同体を組み合わせて利用していた。人類学者や社会学者が「民族的経済ネットワーク」と呼ぶものが持つ限定性と代理関係を取り仕切る際に法制度が持っていた構造的脆弱性のあいだで、エルガス＝シルヴェラ商会は、代理人が信用を裏切るかもしれないという脅威を、家族的手段、共同体的手段、制度的手段、さらに多方面の手段をうまく混ぜ合わせていくことで抑制しようとした。巨大ダイヤモンド事件が悪方向に転じたとき、彼らは、相手の日和見主義を修正するために法廷にできることとできないことを明確に理解していた。

　近世のヨーロッパでは、あらゆる階層の男たちと、より少ないながらも女たちが、裁判を利用することが増加したが、法律の専門家を別にすれば、他の集団よりも頻繁に法廷にたっていたのは商人（貴族もそうであったが）であった[2]。セファルディム商人も例外ではなかった。リヴォルノでも、居住と交易を許されていた他のヨーロッパの港でも、商法や民法にかかわることでセファルディムは公的な差別を受けないものとされていた。実際、セファルディム商人は法廷記録に常に見出される。とはいえ、商人が締結した契約をめぐる係争がすべて実際に法廷にかけられたわけではない。委託代理は、商人が活動範囲を広げるのに大いに役立ったが、遠距離交易に用いられた契約のなかでは最も不完全なタイプであった。そのため、法の領域外の措置や調整を多分に必要としたのである。

　リヴォルノのセファルディムがおこなった貿易のうちで最も不安定で危険な部門——リスボンとゴアを通しておこなわれる地中海産サンゴとインド産ダイヤモンドの大陸間交易——に関し、彼らが外国での訴訟を起こすには、自分たちの共同体の外部の仲介者に頼らねばならず、概し

---

[2] たとえば、Brooks 1986: 48-111; Kagan 1981; Muldrew 1999: 199-271; J. Shaw 2006 などを参照。

て，法制度による保護もなかった。ひとつの取引に関与する人々が多様であるほど外的権威の役割が欠かせなくなると予想するのが普通であるが，彼らの流儀(モドゥス・オペランディ)は，そのような予想を覆す。そして反対に，情報伝達の連鎖が経済的誘因と社会的コントロールを生み出し，共有された行動規範が期待値を標準化するという仮説に合致する。リヴォルノのセファルディムは，自分たちが輸出するサンゴをダイヤモンドやその他のインド産の品物と交換してくれる遠隔地の見知らぬ人物に重要な決定を任せる際，商法や民法で認められている数種類の契約（法定代理人の権限，保険の約款，海上貸付，保証書など）を利用した。しかし，代理人が積極的に指示にしたがうようにさせるためには，法的な脅しよりも，商売のしかたに関する一般的な習慣や，市場価格についての入手可能な情報や，書簡を通して広まる多角的な誘因などに頼った。このように，ネットワークは市場機会を閉じるよりは開くものであった。

　エルガス＝シルヴェラ商会の活動からわかるように，C・A・ベイリーの言う「商業信用共同体」が効果的に機能するのに，民族的あるいは宗教的な意味で均質である必要はなかった。セファルディムのあいだでも，誓約や脅しが信じられるのは，それが信用できるコンテクストにおいて表現されたときだけであった。実際，「共同体」という語が持つ共感的な響きを払拭するため「商業信用ネットワーク」と言ったほうがよい。ネットワークという概念を私が持ち出したのは，義務や所有権に関する対立の仲裁に外的権威が間接的な役割しか果たせない場合の異文化間交易が持つ水平的・自己統制的な性質を強調したかったからである。とはいえ，ネットワークを反階級的な組織ととらえる紋切り型の表現と，歴史的により正確な性格付けとのバランスをとるようにした。そうすることで私は，分断された個人の配列としてではなく，自己同一性のよりどころと自律性を持つ構成集団としてネットワークをとらえることを提案した。平等主義が近世商業ネットワークの特徴ではないのは，それが社会一般の特徴でないのと同じである。異文化間交易のネットワークに加わっていたセファルディムの家系は，商業資本の形成や運用や移動を条件づけるやりかたにおいて家父長的であった。セファルディム共同体の寡頭支配的で厳格な構造は，間接的な，あるいは追放の脅しを通した集団的規律を用いることにより，ネットワーク構成員の信用性

を高めた。さらに，一部の国家的権威は，リヴォルノのセファルディムに外交上の保護を与えたり特定の市場へのアクセスを許したりすることによって，彼らの商業的努力をサポートした。交易に従事するディアスポラは，大砲を搭載した船舶の時代には弱い立場にあったが，列強に対し，不均衡ではあっても互恵的な連携を結ぶよう仕向けることができた。メディチ家と，その後のハプスブルク゠ロートリンゲン家の統治者は，リヴォルノのユダヤ人の最も重要なスポンサーだったが，フランス国王も東地中海ではそれらに劣らず重要であったし，イギリス東インド会社はダイヤモンド貿易における新たな可能性を彼らに与えた。

ネットワークが情報に依存しているとすれば，その基本は言語とコミュニケーション手段にある。社会学者アーヴィン・ゴフマンが40年前に指摘したように，当事者が理性的に行動すると想定するのは道理にかなってはいるが，そのような想定は，交換に参与する他者の誠実性と信用性の認識に照らして理解されねばならない。したがって，直接顔を合わさずにおこなう取引において，当事者たちが信用や約束や脅しを伝え合うときの明言が持つ価値を評価しなければならない[3]。異文化間ネットワーク研究は，義務的責任や警告が理解可能で信用できるものになる過程を明らかにするものであるべきだ。商業通信は，17-18世紀の商人が情報を得たり拡散させたりする最も重要な手段であり続けた。商人の手紙は，裁判の証拠として受理されたし，出身地の異なる代理人たちによって交換されたため，非常に厳密なプロトコルにしたがって書かれた。異文化間交易は，商業通信に用いられる言語に，一見矛盾するような二重の影響を及ぼした。すなわち，そこで用いられる慣用句が統語論的にも正書法的にもハイブリッドでありながら，意思伝達のスタイルはどんどん標準化されていったのである。

標準化は必要から生まれ，規範的文学によって是認され再生されていった。ヨーロッパの商業手引書（アルス・メルカトリア）（いまや印刷術の恩恵を受けるようになった）のなかには，伝えたいことを表現するのに適切な定型句をまとめた手紙の書きかたのマニュアルがいろいろ含まれている。このような定型句は，17-18世紀には，愛や互恵主義といった昔ながらの商業言語

---

[3] E. Goffman 1969: 102-3.

とジェントルマン的エチケットを組み合わせたものになっていた。セファルディム（キリスト教的礼儀作法の規範を取り入れてはいるものの，キリスト教社会で貴族の地位は望めない者）やヒンドゥー教徒（近世ヨーロッパの礼儀作法の境界をはるかに越えたところにいる者）は，これらのコミュニケーション規範を無理なく吸収でき，それらに順応するのが当然と考えられていた。つまり，明らかに，これらの規範は実用性とレトリック性を併せ持っていたのである。修辞的な定型句は，意味の面よりもむしろ，射程と形態の点においてコスモポリタンな論弁上の現実を生み出した。この論弁上の現実は，実際の現実（こちらはきわめて限定的なままであった）とは隔絶されたものであると同時に密接に結びついていた。というのは，いかなる異文化間交易も，コスモポリタンな言語を伝達手段とせずにおこなうことはできなかったからである。

　離散ユダヤ人のように汚名的なレッテルを貼られたマイノリティについて研究する際，われわれは，集団的な信頼の概念が市場取引に影響を与えるかどうか，またそうだとすればどのように影響したのかを問わねばならない。商業上の係争を裁定する判事は，法的個人主義の原則を守るものと考えられているが，守ったとしても，法の番人とて偏見を払拭することはできない。1527年にスレイマン大帝がフィレンツェ共和国に与えた合意書のある条項には，「フィレンツェ国民が債務（オスマンの臣民に対する）を負う場合，負債の返済は債務者のみに求められ，他のいかなるフィレンツェ国民もその責任を問われない」とある[4]。同じ原則は，200年後にフランスの旗の下で営業するセファルディム商人にも適用された。とはいえ，それが相互の尊重につながったわけではないし，セファルディムにも外交的保護を拡大したヨーロッパ諸国の当局そのものがときおりおこなった集団的報復から彼らを守ったわけでもなかった[5]。

　だが，彼らの集団的イメージに対して保護的な団体もあった。1749年にレヴァント会社は，シリアのキリスト教徒とのいかなる関係も避けるよう職員に警告した。アレッポ駐箚イギリス領事が彼らを「偏狭で迫

---

[4]　Çizakça 1996: 21 に引用されている。
[5]　セファルディム商人のひとりが犯した罪のため全セファルディム商人にアレッポのフランス領事が科した罰金については，第4章を参照。

害的な精神」を持つとして非難したからである。このような主張は，ムスリムの権威者や一般人の目に映る「西洋人(フランク)」のすべてに否定的な影響を与えたかもしれない[6]。同様の懸念は，オスマン帝国内のキリスト教徒商人とユダヤ商人の扱いにかぎられたものではなかった。キリスト教徒たちは何世紀も前から，ユダヤ人は貪欲な金貸しであるという画一的なイメージを抱いていた。また，国際貿易や国際金融の特定の部門にセファルディムが多すぎるという思い込みもあった。こうしたイメージは，リヴォルノやアムステルダムやその他のヨーロッパ都市にも染みわたっており，アウトサイダーを意識することにつながった。

要するに，エルガス＝シルヴェラ商会が加わっていた信用ネットワークは，無定形でも，無限でも，自然発生的でもなく，社会的規範や，法習慣や，安定性を付与してくれるコミュニケーションのルールなどに刻み込まれたものだった。集団が持つ境界線の保持は，異文化間交易を妨げたのではなく，むしろ，異集団間の期待を高めたり義務的な言葉に実質性を与えたりするかぎりにおいて，見知らぬ者どうしの交易を容易にしたのである。セファルディムのネットワークは，唯我主義的でも反権威主義的でもなく，むしろ制度的権力を是認しようとした。異文化間交易は，寛容と受容を広めはしなかったが，経済的関心のみによっても誘発されたし，関与する人々の否定的イメージとも共存しえた。このような発見はすべて，交易に従事するディアスポラについての研究の中心的教義に矛盾する。エルガス＝シルヴェラ商会が海外の代理人に多くの非ユダヤ人を雇っていたという事実は，交易に従事するディアスポラは閉鎖的で均質的な共同体であり，その成員は相互依存し，長期的信用や部外者との代理関係に携わる手段（もしくは適性）を持たないという，広く流布している推定の誤りを証明するものである。将来起こりうる対立を仲裁するのに有効な法廷に頼ることができない場合にも彼らが非ユダヤ人を雇ったことは，見知らぬ者どうしが協力するには個々の法的強制力が必要であるという新制度派経済学の主張ともくいちがう。また，エルガス家やシルヴェラ家が自分たちの代理人であるキリスト教徒やヒンドゥー教徒の一族と婚姻関係を結ぼうとせず，そうすることもできな

---

6) PRO, *SP*, 105/118, fol. 117.

かったという事実は，グライフやカーティンの議論とも衝突する。それとも，このパートナーシップは異例なケースだと結論づけるべきなのだろうか。

　本書の結論では，セファルディムとその他の交易に従事するディアスポラとを十分に比較する余裕はない[7]。しかし，交易に従事するディアスポラは孤立した結束力の強い共同体であるという暗黙裡に広まっている断定に疑問を投げかけなければ，エルガス＝シルヴェラ商会が代表的な事例であったかどうかを決めることができない。ユグノー，クェーカー，アルメニア人，ギリシア人，その他の交易に従事するディアスポラが見知らぬ相手とのビジネスをどのようにおこなったかは，あまりよくわかっていない。その第一の理由は，歴史家が彼らを地元社会への同化傾向を持つ集団，あるいは結束力の強い集団としてイメージし，その内的調和が，中央集権国家や非人格的(インパーソナル)な市場や軍事帝国主義の台頭によってのみ崩れたとみなす点にある。私が集めた証拠は，おもにリヴォルノのセファルディムに関するものであるが，交易に従事するディアスポラが異文化間交易に携わった方法に探究を拡大することによって，市場と共同体との関係や非公式な強制手段と公式な強制手段との関係についての，より微妙な歴史を描き出せることを示している。

　当時の乏しい統計データも，迫害や文化的変容といった概念に依存する文化的アプローチも，国家とディアスポラの，あるいは家族的資本主義と非人格的(インパーソナル)な市場の明確な対比も，セファルディムというディアスポラの際立った特徴について湧いてくる関心に十分な答えを与えてはくれない。ユーリ・スレスキンは，最近，貿易（および近代性全般）に関してユダヤ人が独特であったことを再主張した。しかし彼は，体系的な比較よりもむしろ言葉遊び的な隠喩を用いてそれを表現している。つまり，「アポロン主義者」（農業社会と牧畜社会）と「メルクリウス主義者」（これらの社会にサーヴィスを提供する者）に分割された世界においては，多くの者が「メルクリウス主義者」になりたがるが，ユダヤ人（並はずれて熟練した典型的メルクリウス主義者）ほどうまくそうできる者はいない，というのである[8]。私はそれとは著しく異なるやりかたで，リヴォ

---
　7) より進んだ考察は Trivellato 2009 にある。
　8) Slezkine 2004: 40.

ルノのセファルディムを彼ら自身の在地的，地域的，世界的コンテクストに置き，3つの方向性で調査をおこなった。それらをさらに追究すれば，比較研究の基礎となりえるだろう。私がとった第一の方向性は，家族的紐帯や社会的伝統の重要性を主張することを越えて，親族間の特定の取り決め，人口動態と移民のパターン，共同体の構造といった特定の条件が，個々の商業共同体の事業組織と，その共同体が異文化間交易に携わる能力とにどのような影響を与えたかを，より具体的に探究しようとするものであった。第二は，交易に従事する個々のディアスポラが親族と他人を同様に結びつけるために動員した社会的，法的，その他諸々の規則性の組み合わせを探し出すことにより，非人格的な市場(インパーソナル)の誕生物語を再考するものであった。第三は，交易に従事するディアスポラが17-18世紀に新たな商業パターンを形成する際，どのていど国家権力から自立的であり，どのていど国家権力に頼ったかを問いかけることであった。

交易に従事するディアスポラは，国家権力に完全に依存していたわけでも，本質的に国家権力を嫌っていたわけでもなかった。彼らは隠遁者のように閉じこもっていたわけでもないし，支配社会に溶け込む性向を持っていたのでもなかった。個々の集団の特性に光を当てることは，近世における異文化間交易の一般的理論の発展を遅らせるかもしれないが，交易に従事するディアスポラを前近代世界の古臭い残滓（したがって非効率的な経済制度）あるいは協力的な親類知己一同の牧歌的共同体ととらえる単純な解釈を越えたところにわれわれを進ませてくれる。エスファハーンのジュルファ地区に基盤を置くアルメニア商人は，18世紀なかば以降，徐々にではあるが，無情にも衰退した。また，それ以降，国際貿易におよぼすセファルディムの影響力も，少しずつ蝕まれていった。これらのことは，2000年以上にわたって交易に従事する諸々のディアスポラが示してきた活力が軍事力を持つヨーロッパの植民地主義の伸張によって終焉したとするカーティンの説に時期的に合致する[9]。しかし，他の商人共同体はもっと抵抗力を示した。イランのアルメニア人と西方系セファルディムが地中海貿易における伝統的な役割か

---

9) Curtin 1984: 230-54.

ら撤退していくにつれ，ギリシア人企業家たちが前に出始めた。ギリシア人の船乗りや貿易商や仲介業者——ヴェネツィア支配下やオスマン支配下の者もいた——は，16世紀にすでに東地中海においてヴェネツィア商人との関係を発展させていたし，イギリスが東地中海に支配を広げるのに貢献していた。ギリシア人は海賊行為や私掠行為を勝手におこなっていたが，国家公認の商業企業体の隙間に入り込んだり，それらと協力したりしていた。国家公認の商業企業体は，少なくとも初期段階においては，新市場に参入するのに，これらの水夫や仲介者に頼っていたのである。ロシアが1774年にクリミア半島を征服し，イオニア海の島々を保護領にすると，ギリシアの船主や商人たちは黒海のあちこちに拡散し，19世紀から20世紀初頭には，黒海を拠点に国際海運業のかなりの部分を担うようになっていた[10]。彼らは，旧式と言われる事業形態，すなわち，包括的パートナーシップを用いることでそれを成し遂げたのである[11]。

　離散ギリシア人は，失われた世界の最後の生き残りではなかった。今日のグローバリゼーションでは多国籍企業と国家間合意が支配的であるが，国家を持たない新旧のディアスポラが——なかには，洗練された国際テロ組織も含まれる——，グローバルな交流の場の重要なニッチを占め続けている。おそらくダイヤモンド産業は，資本主義のなかでも，家族的紐帯や口頭での契約や法の領域外の裁定によって繁栄している最も典型的な部門だろう[12]。このような現象は，超歴史的に繰り返される出来事や，集団内の結束を示す独特で驚くべき例や，資本主義の原始的形態の遺物として扱うべきではない。これらの現象は，社会経済的プロセスの多種多様な変化に光を当て，近世の諸社会を変容させるのに市場が果たした役割と限界を知る手がかりとなる複雑な組織として扱うべきなのである。

---

　10)　Fusaro 2003, 2005; Harlaftis 1996: とくに3-9, 39-52。
　11)　19世紀にマルセイユに基盤を置いていたギリシア商人の73-95％は，包括的パートナーシップで活動していた（Mandilara 1998: 176）。
　12)　Ben-Porath 1980: 6; Colemman 1988: 98-99; L. Bernstein 1992; Shield 2002. 国際貿易の民族的貿易ネットワークに関する文献の論評については，Rauch 2001を参照。

あ と が き

　本書は，英書Francesca Trivellato, *The Familiarity of Strangers. The Sephardic Diaspora, Livorno, and Cross-Cultural Trade in the Early Modern Period*（Yale University Press, New Haven and London, 2009）の日本語訳である．他の言語に訳されたものとしては，イタリア語版 *Il commercio interculturale. La disapora sefardita, Livorno e i traffici globali in età moderna*（Viella, Roma, 2016），およびフランス語版 *Coral contre diamants. De la Méditerranée à l'océan Indien au XVIIIe siècle*（Éditions du Seuil, Paris, 2016）がある．

　著者のフランチェスカ・トリヴェッラートは，1970年パドヴァに生まれ，1995年にヴェネツィア・カ・フォスカリ大学で歴史学の学位を得たのち，1999年にミラノ・ルイージ・ボッコーニ大学から社会経済史学の博士号，2004年にブラウン大学から歴史学の博士号を授与された．本書の原著を上梓したときはイェール大学で歴史学の教鞭をとっていたが（2004年より助教授，2007年からは正教授），2018年からはプリンストン高等研究所の歴史学教授を務めている．初期の研究には，近世ヴェネツィアのガラス産業を扱った *Fondamenta dei vetrai. Lavoro, tecnologia e mercato a Venezia tra Sei e Settecento*（Donzelli, Roma, 2000）などがあるが，そこから，とりわけユダヤ人を含む国際的な商人たちの活動や前近代のグローバルな商業世界において作用していた諸関係──個人的，親族的，共同体的，制度的，ビジネス上の，そして，どの範疇にもおさまりきらない複雑で多様な──に関心が広がっていったようだ．

　本書の原題 *Familiarity of Strangers* は，実に見事に彼女の関心を言い表している．商人たちは，手紙や口伝え以外に通信手段がなかった前近代においても，地理的にも文化的にも遠く隔たった見知らぬ相手と取引をおこなっていた．それを可能にしたものは，しばしば，グローバルな

広がりをもつディアスポラのネットワークであると考えられてきた。本書は、イタリアの港湾都市リヴォルノに根を下ろしたセファルディム系ユダヤ人のあるパートナーシップが残した 13,670 通もの書簡の綿密な分析を通じて、イタリア半島とヨーロッパ北部とオスマン帝国、さらにはインドにまでおよんだ彼らの商業活動の日常を再現する。著者自身が「小規模なグローバルヒストリー (global history on a small scale)」と呼ぶ手法によってわれわれに示される現実は、多くの通念を覆す、あるいは少なくともそれらに疑問を投げかけるものである。本書の主人公であるエルガス家とシルヴェラ家の人々は、セファルディム共同体のなかで重要な役割を果たし、各地のユダヤ人とつながり合ういっぽうで、キリスト教徒とも親しく交際し、インドのヒンドゥー教徒とのあいだにも信用関係を構築した。彼らがとくに地中海のサンゴとインド産のダイヤモンドの取引で成功をおさめつつも予期せぬ失敗で破滅していく経緯からは、彼らが頼った諸関係、彼らを翻弄した諸関係が、同胞のネットワークや制度的発展といった単純な図式では説明できないことが看取される。社会ネットワーク分析の手法も取り入れた独自のアプローチによって異文化間交易研究の視野を広げた本書は、世界的にも高く評価され、2010 年にアメリカ歴史学協会の Leo Gershoy 賞（17–18 世紀のヨーロッパ史に関して英語で書かれた最も優秀な書物に与えられる）を受賞した。

　だが、この原題はあまりにも見事すぎて、とうてい日本語に訳せるものではない。その深い含蓄は英語に近い他の西欧言語であっても表しにくいためか、あるいは一見しただけでは意味をとりかねるためか、イタリア語版やフランス語版では原書の副題や内容に即したタイトルとなっている。われわれの日本語訳でも、原題のニュアンスをなんとか伝えることができないものか苦慮したが、結局は断念して、『異文化間交易とディアスポラ——近世リヴォルノとセファルディム商人』というわかりやすいタイトルにすることにした。

　本書の内容にも、日本語表現をどうするべきか悩まされる点が多かった。まず、本書第一のキーワードのひとつである Jew(s) を「ユダヤ人」とすることにずいぶん遅疑逡巡した。「ユダヤ教徒」とするほうが厳密なのではないかとも考えたが、さまざまな文脈でのおさまりの都合から、最終的に「ユダヤ人」で統一することにしたが、そこにはまだ一抹

の迷いが残っている。また，diasporaは当初，「離散民族」としていたが，複雑でセンシティヴな問題をはらむことから，カタカナで「ディアスポラ」としたり，各々の文脈に応じて訳し分けたりした。このような例は枚挙にいとまがないが，最も頻繁に直面したのは固有名詞の問題である。同じ名前でも地域によって変化するだけでなく，発音がほぼ同じでも綴りが異なるなど，固有名詞のヴァリエーションには著者も手を焼いたようだが，彼女はファーストネームをすべて英語表記にすることでこの問題を打開した。もっとも，非英語圏の固有名詞を英語化して表記することが珍しくない英語の文章のなかでなら，それはなんら特別なことではないだろう。しかし，イベリア半島からイタリアに移り住んだ人々の名前を英語風にカタカナ化することは奇異にすぎる。かといって，ポルトガル風，スペイン風，イタリア風のどれを選べばよいのかもわからない。われわれにとって救いだったのは，登場人物の大半がユダヤ人であり，ユダヤ人のファーストネームの多くが聖書の登場人物にちなむということであった。そこで，ユダヤ人のファーストネームは日本語の新共同訳聖書の表記に準ずることにした。それは，本書が描き出すセファルディムのコスモポリタニズム（特定の国や地域や文化圏のみに属さないこと）を日本語で表現することの一助になったのではないかと自負している。とはいえ，一筋縄ではいかないケースも多々あったし，われわれの知識や考えがおよばなかったために不適切な訳しかたをしてしまった箇所が少なからずあるにちがいない。そのような点については，読者の方々からの率直なご指摘を仰ぎたい。

　著者フランチェスカを私に紹介し，本書の日本語訳を熱心に勧めてくれたのは，同志社大学大学院文学研究科（文化史学専攻）での同期生だった玉木俊明氏（現在は京都産業大学教授）である。もともと英語を専攻していて歴史学の素養もないまま畑ちがいの分野に進んだ私であったが，学生時代から鬼才を発揮していた玉木氏と机を並べたおかげで，研究者として歩んでいくために必要な多くを学ぶことができた。あの若き日々から幾星霜もの月日が流れ，躍進を続ける玉木氏と私との差は，縮まるどころかますます広がるばかりだが，本書の翻訳を通じて新たな知見が得られたことを感謝したい。もっとも，正直に言えば，このような大著を一人で翻訳する自信はなく，はじめは多忙を言い訳にして逃げて

いた。それを引き受ける決心がついたのは，かねてからイタリアのユダヤ人について研究していた藤内哲也氏と地中海商業史に詳しい飯田巳貴氏の協力を得ることができたからである。これら古くからの友人たちの助けがなければ，この重責を果たすことはできなかっただろう（なお，翻訳の担当は，1～3章と5章を藤内氏に，6～9章を飯田氏にお願いし，残りと全体の調整を和栗がおこなった）。

知泉書館の小山光夫社長と編集担当の松田真理子氏にも，あまりにも時間がかかりすぎてご迷惑をおかけしたことをお詫び申し上げるとともに，辛抱強く見守っていただいたことに心から感謝したい。着手から出版までに数年を費やしてしまったが，ようやく肩の荷を降ろせる安堵と，フランチェスカ・トリヴェッラートの名著を日本に紹介できることの誇らしさをしみじみと感じている。

2019年7月

和　栗　珠　里

参考文献一覧

*原著からそのまま転記。そのため，地名などが英語表記になっている。

Abecassis, José Maria. 1990-91. *Genealogia Hebraica: Portugal e Gibraltar, sécs. XVII a XX*, 5 vols. Lisbon: Sociedade Industrial Gráfica Telles da Silva.

Abrahams, I. 1925. "Passes Issued to Jews in the Period 1689 to 1696." *Jewish Historical Society of England: Miscellanies* Part 1: xxiv-xxvii.

Abu-Lughod, Janet L. 1989. *Before European Hegemony: The World System, A.D. 1250-1350*. New York: Oxford University Press.

Ackerman-Lieberman, Phillip Isaac. 2007. A Partnership Culture: Jewish Economic and Social Life Seen Through the Legal Documents of the Cairo Geniza. Ph.D. diss., Princeton University.

Adams, Julia. 2005. *The Familial State: Ruling Families and Merchant Capitalism in Early Modern Europe*. Ithaca: Cornell University Press.

Addison, Joseph. 1705. *Remarks on Several Parts of Italy, etc. in the Years 1701, 1702, 1703*. London: Jacob Tonson.

Addobbati, Andrea. 1993. "Il casino dei nobili di Pisa e il disciplinamento delle aristocrazie toscane nel XVIII secolo." *Bollettino storico pisano* 63: 277-307.

―――. 1996a. Il mercato assicurativo a Livorno tra Sette e Ottocento. Ph.D. diss., Naval University Institute, Naples, Italy.

―――. 1996b. "Il negozio della 'Sicurtà' marittima a Livorno (sec. XVIII)." *Nuovi studi livornesi* 4: 9-63.

―――. 2002. *La festa e il gioco nella Toscana del Settecento*. Pisa: Edizioni Plus-Università di Pisa.

―――. 2003. "La giurisdizione marittima e commerciale dei consoli del Mare in età medicea." In Tangheroni 2003: 311-15.

―――. 2007. *Commercio, rischio, guerra: Il mercato delle assicurazioni marittime di Livorno (1694-1795)*. Rome: Edizioni di storia e letteratura.

Adelman, Howard. 1991. "Italian Jewish Women." In *Jewish Women in Historical Perspective*, ed. Judith R. Baskin. Detroit: Wayne State University Press, 135-58.

―――. 1994. "Custom, Law, and Gender: Levirate Union Among Ashkenazim and Sephardim in Italy After the Expulsion from Spain." In *The Expulsion of the Jews: 1492 and After*, ed. Raymond B. Wadding and Arthur H. Williamson. New York:

Garland, 107-25.

Adelman, Jeremy, and Stephen Aron, eds. 2001. *Trading Cultures: The Worlds of Western Merchants.* Turnhout, Belgium: Brepols.

Aghassian, Michael, and Kéram Kévonian. 1988. "Le commerce arménien dans l'Océan Indien aux 17e et 18e siècles." In Lombard and Aubin 1988: 155-81.

Aghib Levi d'Ancona, Flora. 1971. "Marche di fabbrica e vecchie tradizioni." *Quaderni della labronica* 7: 5-32.

―――. 1989. "The Sephardi Community of Leghorn (Livorno)." In Barnett and Schwab 1989: 180-202.

Ago, Renata. 1995. "Ruoli familiari e statuto giuridico." *Quaderni storici* 88: 111-33.

Albini, Giuliana. 1982. "Per una storia degli italiani in Portogallo: L'archivio 'Nossa Senhora do Loreto'." *Nuova rivista storica* 66: 142-48.

Allegra, Luciano. 1993. "A Model of Jewish Devolution: Turin in the Eighteenth Century." *Jewish History* 7.2: 29-58.

―――. 1996. *Identità in bilico: Il ghetto ebraico di Torino nel Settecento.* Turin: Zamorani.

―――. 1999. "All'origine del mito della *Jewish Momie:* Ruoli economici e ideali domestici delle donne ebree italiane nell'età moderna." In Le *donne delle minoranze: Le ebree e le protestanti d'Italia,* ed. Claire E. Honess and Verina R. Jones. Turin: Claudiana, 211-21.

Álvarez Nogal, Carlos. 1997. *El crédito de la monarquía hispánica en el reinado de Felipe IV.* Avila: Junta de Castilla y León, Consejería de Educación y Cultura.

Angiolini, Franco. 1996. *I Cavalieri e il Principe: L'Ordine di Santo Stefano e la società toscana in età moderna.* Pisa: Edizioni Firenze.

Angiolini, Franco, and Daniel Roche, eds. 1995. *Cultures et formations négociantes dans l'Europe moderne.* Paris: EHESS.

Ansaldi, Ansaldo. 1689. *De commercio et mercatura discursus legales.* Rome: Ex Typographia Dominici Antonij Herculis.

Antunes, Cátia. 2004. *Globalisation in the Early Modern* Period: *The Economic Relationship Between Amsterdam and Lisbon, 1640-1705.* Amsterdam: Aksant.

Anzilotti, Antonio. 1910. *La costituzione interna dello Stato fiorentino sotto il duca Cosimo I de' Medici.* Florence: F. Lumachi.

Aoki, Masahiko. 2001. *Toward a Comparative Institutional Analysis.* Cambridge: MIT Press.

Arasaratnam, Sinappah. 1986. *Merchants, Companies and Commerce on the Coromandel Coast, 1650-1740.* Delhi: Oxford University Press.

Arbel, Benjamin. 1989. "Venice and the Jewish Merchants of Istanbul." In Toaff and Schwarzfuchs 1989: 39-56.

―――. 1995. *Trading Nations: Jews and Venetians in the Early Modem Eastern Mediterranean.* Leiden: Brill.

Arbell, Mordechai. 2000. *The Portuguese Jews of Jamaica.* Kingston, Jamaica: Canoe Press.

Arkin, Marcus. 1975. *Aspects of Jewish Economic History.* Philadelphia: Jewish Publication Society of America.

Arnold, Arthur P. 1962. "A List of Jews and Their Households in London Extracted from the Census List of 1695." *Jewish Historical Society of England: Miscellanies* Part 6: 73-141.

Ashtor, Elyahu. 1983. "Pagamento in contanti e baratto nel commercio italiano d'oltremare (secoli XIV-XVI)." In *Storia d'Italia: Annali,* vol. 6, *Economia naturale, economia monetaria,* ed. Ruggiero Romano and Ugo Tucci. Turin: Einaudi, 361-96.

Aslanian, Sebouh. 2004. "Trade Diaspora Versus Colonial State: Armenian Merchants, the English East India Company, and the High Court of Admiralty in London, 1748-1752." *Diaspora* 13-1: 37-100.

―――. 2006. "Social Capital, 'Trust' and the Role of Networks in Julfan Trade: Informal and Semi-Formal Institutions at Work." *Journal of Global History* 1: 383-402.

―――. 2007a. From the Indian Ocean to the Mediterranean: Circulation and the Global Trade Networks of Armenian Merchants from New Julfa, 1605-1748. Ph. D. diss., Columbia University.

―――. 2007b. "The Circulation of Men and Credit: The Role of the Commenda and the Family Firm in Julfan Society." *Journal of the Economic and Social History of the Orient* 50.2-3: 124-71.

―――. 2008. "'The Salt in a Merchant's Letter': The Culture of Julfan Correspondence in the Indian Ocean and the Mediterranean." *Journal of World History* 19.2: 127-88.

Asser, W. D. H. 1987. "Bills of Exchange and Agency in the 18th Century Law of Holland and Zeeland: Decisions of the Supreme Court of Holland and Zeeland." In Piergiovanni 1987: 103-30.

Astorri, Antonella. 1998. *La Mercanzia a Firenze nella prima metà del Trecento: Il potere dei grandi mercanti.* Florence: Olschki.

Ataíde, Maia M., and José Meco. 1986. *A Igreja de Nossa Senhora do Loreto.* Lisbon: Emabaixada de Itália-Instituto Italiano de Cultura.

Avrahami, Itshaq. 1984. "La contribution des sources internes, hébraiques, judéo-arabes et arabes à l'histoire des Juifs Livournais à Tunis." *Rassegna mensile di Israel* 50.9-12: 725-41.

Aymard, Maurice. 1965. "Commerce et production de la soie sicilienne aux XVIe et XVIIe siècles." *Mélanges d'archéologie et d'histoire* 77.2: 609-40.

Ayres, Ian, and Robert Gertner. 1989. "Filling Gaps in Incomplete Contracts: An Economic Theory of Default Rules." *Yale Law Journal* 99.1: 87-130.

Bachi, Roberto. 1938. "La demografia dell'Ebraismo italiano prima della emancipazione." *Rassegna mensile di Israel* 12.10-12: 256-320.

Baggiani, Daniele. 1992. "Tra crisi commerciale e interventi istituzionali: Le vicende del porto di Livorno in età tardo medicea (1714-1730)." *Rivista storica italiana* 104.3: 678-729·

―――. 1994. "Appunti per lo studio del movimento di navi e merci a Livorno tra XVIII e XIX secolo." *Ricerche storiche* 24.3: 701-17.

―――. 1997. "Le prime manifatture di Livorno e la promozione produttiva al tempo della Reggenza lorenese (1746-1765)." *Nuovi studi livornesi* 5: 83-119.

Baghdiantz McCabe, Ina. 1999. *The Shah's Silk for Europe's Silver: The Eurasian Trade of the Julfa Armenians in Safavid Iran and India (1530-1750)*. Atlanta: Scholars.

Baghdiantz McCabe, Ina, Gelina Harlaftis, and Ioanna Pepelassis Minoglou, eds. 2005. *Diaspora: Entrepreneurial Networks*. Oxford: Berg.

Baladouni, Vahé, and Margaret Makepeace, eds. 1998. *Armenian Merchants of the Seventeenth and Eighteenth Centuries: English East India Company Sources*. Philadelphia: American Philosophical Society.

Balbi de Caro, Silvana, ed. 1997. *Merci e monete a Livorno in età granducale*. Milan: Silvana.

Balducci Pegolotti, Francesco. 1936. *La pratica della mercatura,* ed. Allan Evans. Cambridge, Mass.: Medieval Academy of America.

Baldwin, John. 1959. "The Medieval Theories of the Just Price: Romanists, Canonists, and Theologians in the Twelfth and Thirteenth Centuries." *Transactions of the American Philosophical Society* 49.4: 27-80.

Banks, Kenneth J. 2002. *Chasing Empire Across the Sea: Communications and the State in the French Atlantic, 1713-1763*. Montreal: McGill-Queen's University Press.

Barbour, Violet. 1950. *Capitalism in Amsterdam in the Seventeenth Century*. Baltimore: Johns Hopkins University Press.

Barnai, Jacob. 1992. "The Jews of the Ottoman Empire in the Seventeenth and Eighteenth Centuries." In Beinart 1992, 2: 134-65.

―――. 1993. "Christian Messianism and the Portuguese Marranos: The Emergence of Sabbateanism in Smyrna." *Jewish History* 7.2: 119-26.

Barnett, Lionel D. 1931. *El Libro do los Acuerdos, Being the Records and Accompts of the Spanish and Portuguese Synagogue of London from 1663 to 1681*. Oxford: Oxford University Press.

―――, ed. 1949. *Bevis Marks Records, Being Contributions to the History of the Spanish and Portuguese Congregation of London,* pt. 2, "Abstracts of the Ketubot or Marriage Contracts of the Congregation From Earliest Times Until 1837." Oxford: Oxford University Press.

―――. 1962. "The Burial Register of the Spanish and Portuguese Jews, London, 1657-1735." *Jewish Historical Society of England: Miscellanies* Part 6: 1-72.

Barnett, Richard D., ed. 1964. "The Correspondence of the Mahamad of the Spanish and Portuguese Congregation of London During the Seventeenth and Eighteenth

Centuries." *Transactions of the Jewish Historical Society of England* 20: 1-49.

―――. 1966. "The Travels of Moses Cassuto." In Shaftesley 1966: 73-121.

―――. 1973-75. "Diplomatic Aspects of the Sephardic Influx from Portugal in the Early Eighteenth Century." *Transactions of the Jewish Historical Society of England* 25: 210-21.

Barnett, Richard D., and W. M. Schwab, eds. 1989. *The Sephardi Heritage: Essays on the Historical and Cultural Contribution of the Jews of Spain and Portugal,* vol. 2, *The Western Sephardim.* London: Vallentine-Mitchell.

Baron, Salo Wittmayer. 1952-83. *A Social and Religious History of the Jews,* 18 vols. New York: Columbia University Press.

Barth, Fredrik. 1956. "Ecological Relationship of Ethnic Groups in Swat, North Pakistan." *American Anthropologist* 58.6: 1079-89.

―――, ed. 1969. *Ethnic Group and Boundaries: The Social Organization of Cultural Difference.* Bergen, Norway: Universitets Forlaget; London: Alien and Unwin.

Bartolomei, Arnaud. 2007. "La publication de l'information commerciale à Marseille et Cadix (1780-1820): La fin des réseaux marchands?" *Rives nord-méditerranéennes* 27: 85-108.

Bashan, Eliezer. 1982-86. "Contacts Between Jews in Smyrna and the Levant Company of London in the Seventeenth and Eighteenth Centuries." *Transactions of the Jewish Historical Society of England* 29: 53-73.

Baskes, Jeremy. 2005. "Colonial Institutions and Cross-Cultural Trade: *Repartimiento* Credit and Indigenous Production of Cochineal in Eighteenth-Century Oaxaca, Mexico." *Journal of Economic History* 65.1: 186-210.

Basso, Jeannine. 1990. *Le genre épistolaire en langue italienne (1538-1662): Répertoire chronologique et analytique,* 2 vols. Rome: Bulzoni; Nancy: Presses Universitaires de Nancy.

Battigalli, Pierpaolo, and Giovanni Maggi. 2002. "Rigidity, Discretion, and the Costs of Writing Contracts." *American Economic Review* 92.4: 798-817.

Bayly, C. A. 2002. " 'Archaic' and 'Modern' Globalization, ca. 1750-1850." In *Globalization* in *World History,* ed. A. G. Hopkins. New York: Norton, 45-72.

Beawes, Wyndham. 1752. *Lex Mercatoria Rediviva; or, The Merchant's Directory.* London: For the author, by J. Moore, and sold by E. Comyns.

Becattini, Giacomo. 2004. *Industrial Districts: A New Approach to Industrial Change.* Cheltenham, U.K.: Edward Elgar.

Beckford, Peter. 1786. *Letters and Observations, Written in a Short Tour Through France and Italy by a Gentleman.* Salisbury: E. Easton.

Bedarida, Gabriele. 1984. "120 anni di rapporti fra il Gran Duca e la Nazione Ebrea di Livorno: Il problema della Cancelleria (1647-1763)." *Rassegna mensile di Israel* 50.9-12: 606-33.

Beinart, Haim, ed. 1992. *Moreshet Sepharad: The Sephardi Legacy,* 2 vols. Jerusalem:

Magnes Press-Hebrew University.

Bekius, René. 2003. "A Global Enterprise: Armenian Merchants in the Textile Trade in the 17th and 18th Centuries." Paper presented at the Conference "Carpets and Textiles in the Iranian World, 1400-1700" (Ashmolean Museum, Oxford, 30-31 August 2003).

Bellatti Ceccoli, Guido. 2008. *Tra Toscana e Medioriente: La storia degli arabi cattolici a Livorno (sec. XVII-XX).* Livorno: Editasca.

Bellavitis, Anna. 2001. *Identité, mariage, mobilité sociale: Citoyennes et citoyens à Venise au XVIe siècle.* Rome: Ecole Française de Rome.

Bellomo, Manlio. 1961. *Ricerche sui rapporti patrimoniali tra coniugi: Contributo alla storia della famiglia medievale.* Milan: Giuffrè.

ben Israel, Menasseh. 1645-47. *Thesouro dos Dinim, que o povo de Israel he obrigado saber e observer,* 2 vols. Amsterdam: Eliahu Aboab/Jozef Ben Israel.

Ben-Porath, Yoram. 1980. "The F-Connection: Families, Friends, and Firms in the Organization of Exchange." *Population and Development Review* 6.1: 1-30.

Benson, Bruce L. 1989. "The Spontaneous Evolution of Commercial Law." *Southern Economic Journal* 55: 644-61 (now in D. Klein 1997: 165-90).

Bentley, Jerry H. 1993. *Old World Encounters: Cross-Cultural Contacts and Exchanges in Pre-Modem Times.* New York: Oxford University Press.

Benton, Lauren A. 2002. *Law and Colonial Cultures: Legal Regimes in World History, 1400-1900.* Cambridge: Cambridge University Press.

Berengo, Marino. 1965. *Nobili e mercanti nella Lucca del Cinquecento.* Turin: Einaudi.

Berkovitz, Jay R. 2004. *Rites and Passages: The Beginnings of Modern Jewish Culture in France, 1650-1860.* Philadelphia: University of Pennsylvania Press.

Bernstein, Harry. 1986. *The Brazilian Diamond in Contracts, Contraband and Capital.* Lanham, Md.: University Press of America.

Bernstein, Lisa. 1992. "Opting Out of the Legal System: Extralegal Contractual Relations in the Diamond Industry." *Journal of Legal Studies* 21.1: 115-57.

―――. 1996. "Merchant Law in a Merchant Court: Rethinking the Code's Search for Immanent Business Norms." *University of Pennsylvania Law Review* 144.5: 1765-821.

―――. 2001. "Private Commercial Law in the Cotton Industry: Creating Cooperation Through Rules, Norms, and Institutions." *Michigan Law Review* 99.7: 1724-90.

Berti, Marcello. 2003. "La pesca ed il commercio del corallo nel Mediterraneo e le prime 'Compagnie dei coralli' di Pisa nel XVI e XVII secolo." In Doneddu and Fiori 2003: 77-169.

Bertini, Franco. 1994. "Le società di accomandita a Firenze e Livorno tra Ferdinando III e il regno d'Etruria." In *Istituzioni e società in Toscana nell'età moderna (Atti delle giornate di studio dedicate a Giuseppe Pansini).* Rome: Ministero per i beni culturali e ambientali-Ufficio centrale per i beni archivistici, 538-63.

Bertoli, Gustavo, ed. 1992. *Leggi e bandi del periodo mediceo posseduti dalla Biblioteca*

Nazionale Centrale di Firenze. Florence: Titivillus.

Bethencourt, Francisco. 1998. "0 Estado da Índia." In *História da expansão portuguesa,* ed. Francisco Bethencourt and Kirti Chaurdhuri, 5 vols. Lisbon: Temas e Debates, 3: 250-69.

Bhabha, Homi K. 1994. *The Location of Culture.* London: Routledge.

Bhattacharya, Bhaswati. 2005. "Armenian European Relationship in India, 1500-1800: No Armenian Foundation for European Empire?" *Journal of the Economic and Social History of the Orient* 48.2: 277-322.

―――. 2008. "The 'Book of Will' of Petrus Woskan (1680-1751): Some Insights into the Global Commercial Networks of the Armenians in the Indian Ocean." *Journal of the Economic and Social History of the Orient* 51.1: 67-98.

Biale, David. 2002. *Cultures of the Jews,* vol. 2, *Diversities of Diaspora.* New York: Schocken.

Bitossi, Carlo. 1990. *Il govemo dei magnifici: Patriziato e politica a Genova fra Cinque e Seicento.* Genoa: ECIG.

―――. 1997. "Per una storia dell'insediamento genovese di Tabarca: Fonti inedite (1540-1770)." *Atti della società ligure di storia patria* 111: 213-78.

Blanchard, Pierre. 1806. *Manuel du commerce des Indes orientales et de la Chine.* Paris, Bordeaux, Marseilles: Chez Bernard, Chez Bergeret, Chez Sube et Laporte.

Blom, J. C. H., R. G. Fuks-Mansfeld, and Ivo Schöffer, eds. 2002. *The History of the Jews in the Netherlands.* Portland, Ore.: Littman Library of Jewish Civilization.

Bloom, Herbert I. 1937. *The Economic Activities of the Jews of Amsterdam in the Seventeenth and Eighteenth Centuries.* Williamsport, Penn.: Bayard Press.

Blumenkranz, Bernard. 1961. "Les Juifs dans le commerce maritime de Venise (1592-1609)." *Revue des études juives* 120: 143-51.

Boccara, Elia. 2007. "Una famiglia di mercanti ebrei italo-iberici a Tunisi nella seconda metà del XVII secolo: I Lombroso." *Materia giudaica* 12.1-2: 195-210.

Boccato, Carla. 1976. "Testamenti di israeliti nel fondo del notaio veneto Pietro Bracchi seniore (secolo XVII)." *Rassegna mensile di Israel* 42: 3-19.

―――. 1990. "Testamenti di ebrei del ghetto di Venezia (sec. XVII)." *Archivio veneto* 135: 109-21.

―――. 1993a. "Aspetti della condizione femminile nel ghetto di Venezia (secolo XVII): I testamenti." *Italia* 10: 105-35.

―――. 1993b. "The Testament of Jacob Cohen Ascanasi: The Family and Commercial Enterprise in the Venetian Ghetto at the End of the Sixteenth Century." *Mediterranean Historical Review* 8.1: 105-24.

―――. 2006. "Sull'eredità di un mercante ebreo nella Venezia del primo Seicento: Un percorso d'archivio." *Rassegna mensile di Israel* 72.2: 53-62.

Bodian, Miriam. 1987. "The 'Portuguese' Dowry Societies in Venice and in Amsterdam: A Case Study in Communal Differentiation Within the Marrano Diaspora." *Italia* 6: 30-

61.

―――. 1989. "Amsterdam, Venice and the Marrano Diaspora in the Seventeenth Century." In Michman 1989: 47-66.

―――. 1994. " 'Men of the Nation': The Shaping of *Converso* Identity in Early Modern Europe." *Past and Present* 143: 48-76.

―――. 1997. *Hebrews of the Portuguese Nation: Conversos and Community in Early Modern Amsterdam.* Bloomington: Indiana University Press.

―――. 2004. "Les juifs portugais d'Amsterdam et la question identitaire." In *Arquivos do Centra Cultural Calouste Gulbenkian,* vol. 48, *La Diaspora des "Nouveaux-Chrétiens,"* 103-16.

Boer, Harm den. 1988. "Spanish and Portuguese Editions from the Northern Netherlands in Madrid and Lisbon Public Collections." *Studia Rosenthaliana* 22.2: 97-143.

―――. 2002. "Las múltiples caras de la identidad: Nobleza y fidelidad ibéricas entre los sefardíes de Amsterdam." In Contreras, García García, and Pulido 2002: 95-112.

Boissevain, Jeremy. 1974. *Friends of Friends: Networks, Manipulators and Coalitions.* Oxford: Blackwell.

Boissevain, Jeremy, and Clyde J. Mitchell, eds. 1973. *Network Analysis: Studies in Human Interaction.* The Hague: Mouton.

Bonacich, Edna. 1973. "A Theory of Middleman Minorities." *American Sociological Review* 38.5: 583-94.

Bonazzoli, Viviana. 1987. "Ebrei italiani, portoghesi, levantini sulla piazza commerciale di Ancona intorno alla metà del Cinquecento." In Cozzi 1987b: 727-70.

―――. 1993. "Sulla struttura familiare delle aziende ebraiche nella Ancona del '700." In *La presenza ebraica nelle Marche, secoli XIII-XX,* ed. Sergio Anselmi, Viviana Bonazzoli, and Giuseppina Boiani Tombari. Ancona: Proposte e Ricerche, 139-54.

―――. 1998. *Adriatico e Mediterraneo orientale: Una dinastia mercantile ebraica del secondo '600: I Costantini.* Trieste: Lint.

―――. 2000-1. "Una identità ricostruita: I portoghesi ad Ancona dal 1520 al 1547." *Zakhor: Rivista di storia degli ebrei d'Italia* 5: 9-38.

Bonfil, Roberto. 1991. *Jewish life in Renaissance Italy.* Berkeley: University of California Press.

Bonnard, Georges A. 1961. *Gibbon's Journey from Geneva to Rome: His Journal from 20 April to 2 October 1764.* London: Thomas Nelson.

Boogert, Maurits H. van den. 2005. *The Capitulations and the Ottoman Legal System: Qadis, Consuls, and Beratlıs in the 18th Century.* Leiden: Brill.

Boot, Anselmus Boetius de. 1609. *Gemmarum et lapidium historia.* Hanoviae: Typis Wechelianis, apud C. Marnium et heredes.

Borges, Charles J., S.J. 1998. "Native Goan Participation in the Estado da Índia and the Inter-Asiatic Trade." In *A carreira da Índia e as rotas dos estreitos: Actas do VIII seminário internacional de história indo-portuguesa (Angra do Heroísmo, 7 a 11 de junho de 1996)*, ed. Artur Teodoro de Matos and Luís Filipe R. Reis Thomaz. Angra do Heroísmo: O Seminario, 667-86.

Borlandi, Antonia. 1963. *Il manuale di mercatura di Saminiato de' Ricci.* Genoa: Di Stefano.

Borlandi, Franco. 1936. *El libro di mercantie et usanze de' paesi.* Turin: S. Lattes.

Bornstein-Makovetsky, Leah. 1992. "Jewish Lay Leadership and Ottoman Authorities During the Sixteenth and Seventeenth Centuries." In Rodrigue 1992: 87-121.

Bosher, J. F. 1995. "Hugenot Merchants and the Protestant International in the Seventeenth Century." *William and Mary Quarterly* 52.1: 77-102.

Boubaker, Sadok. 1987. La *Régence de Tunis au XVIIe siècle: Ses relations commerciales avec les ports de l'Europe méditerranéenne, Marseilles et Livourne.* Tunis: Ceroma, Zaghouan.

Bourdieu, Pierre. 1980. "Le capital social: Notes provisoires." *Actes de la recherche en sciences sociales* 31: 2-3.

Bowen, H. V. 2006. *The Business of Empire: The East India Company and Imperial Britain, 1756-1833.* Cambridge: Cambridge University Press.

Boxer, Charles R. 1960. "The Carreira da Índia, 1650-1750." *Mariner's Mirror* 46.1: 35-54.

———. 1969. *The Portuguese Seaborne Empire, 1415-1825.* London: Hutchinson.

———. 1970. *"Plata es Sangre:* Sidelights on the Drain of Spanish-American Silver in the Far East, 1550-1700." *Philippine Studies* 18.3: 457-75.

———. 1980. *Portuguese India in the Mid-Seventeenth Century.* Delhi: Oxford University Press.

Boyajian, James C. 1983. *Portuguese Bankers at the Court of Spain, 1626-1650.* New Brunswick, N.J.: Rutgers University Press.

———. 1993. *The Portuguese Trade in Asia Under the Habsburgs, 1580-1640.* Baltimore: Johns Hopkins University Press.

Braga, Maria Luisa. 1982. "A lnquisição na época de D. Nuno da Cunha de Ataíde e Melo (1707-1750)." *Cultura, Historia e Filosofia* 1: 175-260.

Braude, Benjamin. 1985. "Venture and Faith in the Commercial Life of the Ottoman Balkans, 1500-1650." *International History Review* 7.4: 519-42.

———. 1991a. "The Jews of Trieste in the Eighteenth Century." In *Gli ebrei tra Italia nord-occidentale e Impero asburgico dal Medioevo all'età contemporanea,* ed. Giacomo Todeschini and Pier Cesare Ioly Zorattini. Pordenone: Studio Tesi, 329-51.

———. 1991b. "The Rise and Fall of Salonica Woolens, 1500-1650: Technology Transfer and Western Competition." *Mediterranean Historical Review* 6.2: 216-36 (now in Meyuhas Ginio 2002: 216-36).

———. 2001. "The Myth of the Sephardi Economic Superman." In Adelman and Aron 2001: 165-94.

———. 2007. "Christians, Jews, and the Myth of Turkish Commercial Incompetence."

In *Relazioni economiche tra Europa e mondo islamico, secc. XIII-XVIII (Atti della "Trentottesima Settimana di Studi" dell'Istituto Internazionale di Storia economica "F. Datini," Prato, 1-5 maggio 2005),* ed. Simonetta Cavaciocchi. Florence: Le Monnier, 219-39.

Braudel, Fernand. 1972-73. *The Mediterranean and the Mediterranean World in the Age of Philip II,* 2 vols. New York: Harper and Row.

―――. 1981-84. *Civilization and Capitalism, 15th-18th Century,* 3 vols. New York: Harper and Row.

Braudel, Fernand, and Ruggiero Romano. 1951. *Navires et marchandises à l'éntrée du port de Livourne (1547-1611).* Paris: Armand Colin.

Bregoli, Francesca. 2007a. "Jewish Scholarship, Science, and the Republic of Letters: Joseph Attias in Eighteenth-Century Livorno." *Aleph* 7: 97-181.

―――. 2007b. Mediterranean Enlightenment: Jewish Acculturation in Livorno, 1737-1790. Ph.D. diss., University of Pennsylvania.

Brito, Francisco Tavares de. 1732. *Itinerario geografico com a verdadeira descripção dos caminhos, estradas, rossas, citios, povoaçoens, lugares, villas, rios, mantes, e serras, que ha da cidade de S. Sebastião do Rio de Janeiro até as Minas do Ouro.* Seville: Antonio da Sylva.

Brizzolari, Carlo. 1971. *Gli ebrei nella storia di Genova.* Genoa: Sabatelli.

Broens, Nicolás. 1989. *Monarquía y capital mercantil: Felipe IV y las redes comerciales portuguesas (1627-1635).* Madrid: Ediciones de la Universidad Autónoma de Madrid.

Brooks, Christopher W. 1986. *Pettyfoggers and Vipers of the Commonwealth: The "Lower Branch" of the Legal Profession in Early Modern England.* Cambridge: Cambridge University Press.

Brown, Kenneth, and Harm den Boer. 2000. *El barroco sefardí: Abraham Gómez Silveira.* Kassel: Reichenberg.

Brubaker, Rogers. 2004. *Ethnicity Without Groups.* Cambridge: Harvard University Press.

Bruijn, Jaap R., and Femme S. Gaastra, eds. 1993. *Ships, Sailors and Spices: East India Companies and Their Shipping in the 16th, 17th and 18th Centuries.* Amsterdam: Nederlandisch Economisch-Historisch Archief.

Brulez, Wilfrid. 1959. *De Firma della Faille en de internationale handel van Vlaamse firma's in de 16e eeuw.* Brussels: Paleis der Academiën.

―――. 1965. *Marchands flamands à Venise.* Brussels: Institut Historique Belge de Rome.

Bueno de Mesquita, Ethan, and Matthew Stephenson. 2006. "Legal Institutions and Informal Networks." *Journal of Theoretical Politics* 18.1: 40-67.

Bunis, David. 1992. "The Language of the Sephardim: A Historical Overview." In Beinart 1992, 2: 399-422.

Buonafalce, Ilaria. 2007. "Coral Girls: Le scuole del corallo ed il mestiere di corallaia tra XVIII e XX secolo." *Nuovi studi livornesi* 14: 111-42.

Büsching, Anton Friedrich. 1762. *A New System of Geography,* 6 vols. London: A. Millar.

———. 1778. *An Introduction to the Study of Geography; or, a General Survey of Europe.* London: J. Bew.

Caffiero, Marina. 1997. "Tra Chiesa e Stato: Gli ebrei italiani dall'età dei lumi agli anni della Rivoluzione." In Vivanti 1997: 1089-132.

———. 2004. *Battesimi forzati: Storie di ebrei, cristiani e convertiti nella Roma dei papi.* Rome: Viella.

Calonaci, Stefano. 2005. *Dietro lo scudo crociato: I fedecommessi di famiglia e il trionfo della borghesia fiorentina (1400-ca. 1750).* Florence: Le Monnier Università.

Calvi, Giulia. 1994. *Il contratto morale: Madri e figli nella Toscana moderna.* Bari: Laterza.

Cantini, Lorenzo. 1800-32. *Legislazione toscana raccolta e illustrata,* 32 vols. Florence: Albizziniana and Giuseppe Fantosini.

Caracciolo, Alberta. 1963. "Il dibattito sui 'porti franchi' nel Settecento: Genesi della franchigia di Ancona." *Rivista storica italiana* 75.3: 538-58.

Carlebach, Elisheva. 1990. *The Pursuit of Heresy: Rabbi Moses Hagiz and the Sabbatian Controversies.* New York: Columbia University Press.

Carlin, Martha. 2007. "Shops and Shopping in the Early Thirteenth Century: Three Texts." In *Money, Markets and Trade in Late Medieval Europe: Essays in Honour of John H. A. Munro,* ed. Lawrin Armstrong, Ivana Elbl, and Martin M. Elbl. Leiden: Brill, 491-537.

Carmona, Maurice. 1964. "Aspects du capitalisme toscan aux XVIe et XVIIe siècles: Les sociétés en commandite à Florence et à Lucques." *Revue d'histoire moderne et contemporaine* 11: 81-108.

Carpi, Daniele, Attilio Milano, and Alexander Rofé, eds. 1967. *Scritti in memoria di Leone Carpi: Saggi sull'ebraismo italiano.* Jerusalem: Fondazione Sally Mayer.

Carreira, Ernestine. 1991. "Marselha e o Oriente Português, o capitão Pierre Blancard." *Revista de cultura (Instituto Cultural de Macau)* 14: 181-91.

———. 1998. "La correspondence de Francisco Gomes Loureiro négociant portugais au Gujarat." In *Sources européennes sur le Gujarat,* ed. Ernestine Carreira. Paris: L'Harmottan, 77-120.

Carrière, Charles. 1973. *Négociants marseillais au XVIIIe siècle: Contribution à l'étude des économies maritimes.* Marseilles: Institut Historique de Provence.

———. 1981. "Le marché de l'argent espagnol, à Marseille, au XVIIIe siècle." In *L'argent et la circulation des capitaux dans les pays méditerranéennes (XVIe-XXe siècles): Actes des journées d'étude (Bendor, 3, 4 et 5 mai 1979).* Nice: Université de Nice, 33-57.

Carrière, Charles, and Marcel Courduiré. 1975. "Les grandes heures de Livourne au XVIIIe siècle: L'example de la guerre de Sept ans." *Revue historique* 254: 39-80.

———. 1984. "Un sophisme économique: Marseille s'enrichit en achetant plus qu'elle

ne vend (Réflexions sur les mécanismes commerciaux levantins au XVIIIe siècle)." *Histoire, économie et société* 3.1: 7-51.
Carrière, Charles, Michel Gutsatz, Marcel Courdurié, and René Squarzoni. 1976. *Banque et capitalisme commercial: La lettre de change au XVIIIe siècle.* Marseilles: Institut Historique de Provence.
Carruthers, Bruce G. 1996. *City of Capital: Politics and Markets in the English Financial Revolution.* Princeton: Princeton University Press.
Carruthers, Bruce G., and Sarah L. Babb. 2000. *Economy/Society: Markets, Meanings, and Social Structure.* Thousand Oaks: Pine Forge Press.
Casella, Alessandra, and James E. Rauch, eds. 2001. *Networks and Markets.* New York: Russell Sage.
Casey, James. 2007. *Family and Community in Early Modern Spain: The Citizens of Granada, 1570-1739.* Cambridge: Cambridge University Press.
Casini, Bruno. 1962. *L'archivio del Governatore ed Auditore di Livorno (1550-1838).* Rome: Quaderni della "Rassegna degli Archivi di Stato, " no. 12.
Cassandro, Michele. 1983a. *Aspetti della storia economica e sociale degli ebrei di Livorno nel Seicento.* Milan: Giuffrè.
―――. 1983b. "Per una storia economica degli Ebrei livornesi." In *Studi in onore di Gino Barbieri: Problemi e metodi di storia ed economia,* 3 vols. Pisa: IPEM, 1: 379-407.
Cassuto, Umberto. 1918. *Gli ebrei a Firenze nell'età del Rinascimento.* Florence: Galletti e Cocci.
Castignoli, Paolo. 2001. *Studi di storia: Livorno dagli archivi alla città.* Livorno: Belforte.
Cavignac, Jean. 1991. *Les israélites bordelais de 1780 à 1850: Autour de l'émancipation.* Paris: Publisud.
Cedarmas, Adonella. 2006. *Per la cruna del mondo: Carlo Camucio e Moisé Vita Cafsuto, due pellegrini nella Terra Santa del Settecento.* Milan: Franco Angeli.
Cerutti, Simona. 2003. *Giustizia sommaria: Pratiche e ideali di giustizia in una società di ancien régime; Torino XVIII secolo.* Milan: Feltrinelli.
―――. 2004. "Microhistory: Social Relations Versus Cultural Models?" In *Between Sociology and History: Essays on Microhistory, Collective Action, and Nation-Building.* Helsinki: SKS/Finnish Literature Society, 17-40.
Cesarani, David, and Gemma Romain, eds. 2006. *Jews and Port Cities, 1590-1990: Commerce, Community and·Cosmopolitanism.* London: Vallentine-Mitchell.
Chapman, Stanley. 1992. *Merchant Enterprise in Britain: From the Industrial Revolution to World War I.* Cambridge: Cambridge University Press.
Chappuzeau, Samuel. 1665. *Histoire des ioyavx, et des principales richesses de l'Orient et de l'Occident.* Geneva: Widerhold.
Chardin, Jean. 1983. *Voyage de Perse à Ispahan,* 2 vols. Paris: La découverte (abr. ed. of his *Journal de voyage du chevalier Chardin en Perse et aux Indes Orientales* [London:

Chez Moses Pitt, 1686]).

Chartier, Roger. 1991. "Des 'secrétaires' pour le peuple? Les modèles épistolaires de l' Ancien Régime entre literature de cour et livre de colportage." In *La correspondance: Les usages de la lettre au XIXe siècle*, ed. Roger Chartier. Paris: Fayard, 159-207.

Chaudhuri, K. N. 1978. *The Trading World of Asia and the English East India Company 1660-1760*. Cambridge: Cambridge University Press.

———. 1985. *Trade and Civilization in the Indian Ocean: An Economic History from the Rise of Islam to 1750*. Cambridge: Cambridge University Press.

———. 1993. "The English East India Company's Shipping." In Bruijn and Gaastra 1993: 49-80.

Chaudhury, Sushil. 2005. "Trading Networks in a Traditional Diaspora: Armenians in India, c. 1600-1800." In Baghdiantz McCabe, Harlaftis, and Pepelassis Minoglou 2005: 51-72.

Chauvard, Jean-François. 2005. *La circulation des biens à Venise: Stratégies patrimoniales et marché immobilier (1600-1750)*. Rome: École Française de Rome.

Cherif, Mohamed Hedi. 1995· "Le Beylik, les populations et le commerce maritime dans la Tunisie du XVIIIe siècle." In *Histoire économique et sociale de l'empire ottoman et de la Turquie (1326-1960): Actes du sixième congrès international tenu à Aix-en-Provence du 1er au 4 juillet 1992*, ed. Daniel Panzac. Paris: Peeters, 105-18.

Çizakça, Murat. 1996. *A Comparative Evolution of Business Partnerships: The Islamic World and Europe, with Specific Reference to the Ottoman Archives*. Leiden: Brill.

Clapham, Sir John. 1945. *The Bank of England: A History*, 2 vols. Cambridge: Cambridge University Press.

Cleirac, Estienne. 1647. *Us, et coustumes de la mer*. Bordeaux: Guillaume Millanges.

Clément, Raoul. 1960. *Les français d'Égypt aux XVIIe et XVIIIe siècles*. Cairo: Institut Français d'Archéologie Orientale.

Clifford, James. 1997. "Diasporas." In James Clifford, *Routes: Travel and Translation in the Late Twentieth Century*. Cambridge: Harvard University Press, 244-77.

Cochrane, Eric. 1973. *Florence in the Forgotten Centuries, 1527-1800*. Chicago: University of Chicago Press.

Coclanis, Peter A., ed. 2005. *The Atlantic Economy During the Seventeenth and Eighteenth Centuries: Organization, Operation, Practice, and Personnel*. Columbia: University of South Carolina Press.

Cohen, Abner. 1971. "Cultural Strategies in the Organization of Trading Diasporas." In *The Development of Indigenous Trade and Markets in West Africa: Studies Presented and Discussed at the Tenth International African Seminar at Fourah Bay College, Freetown, December 1969*, ed. Claude Meillassoux. Oxford: Oxford University Press, 266-81.

Cohen, Mark. 2003. *Last Century of a Sephardic Community: The Jews of Monastir, 1839-1943*. New York: Foundation for the Advancement of Sephardic Studies and Culture.

Cohen, Mark R., ed. 1988. *The Autobiography of a Seventeenth-Century Venetian Rabbi: Leon Modena's Life of Judah*. Princeton: Princeton University Press.

———. 1994. *Under Crescent and Cross: The Jews in the Middle Ages*. Princeton: Princeton University Press.

Cohen, Richard I. 1998. *Jewish Icons: Art and Society in Modern Europe*. Berkeley: University of California Press.

Cohen, Robert. 1982. "Passage to the New World: The Sephardi Poor of Eighteenth Century Amsterdam." In *Neveh Ya'akov: Jubilee Volume Presented to Dr. Jaap Meijer on the Occasion of His Seventieth Birthday*, ed. Lea Dasberg and Jonathan N. Cohen. Assen: Van Gorcum, 31-42.

———. 1991. *Jews in Another Environment: Surinam in the Second Half of the Eighteenth Century*. Leiden: Brill.

Cohen, Thomas V. 1988. "The Case of the Mysterious Coil of Rope: Street Life and Jewish Persona in Rome in the Middle of the Sixteenth Century." *Sixteenth Century Journal* 19.2: 209-21.

Coleman, James. 1988. "Social Capital in the Creation of Human Capital." *American Journal of Sociology*. 94-Supplement: 95-121.

Colley, Linda. 2002. *Captives: Britain, Empire and the World, 1600-1850*. London: Jonathan Cape.

———. 2007. *The Ordeal of Elizabeth Marsh: A Woman in World History*. New York: Pantheon.

Collezione degli ordini municipali di Livorno. 1798. Livorno: Presso Carlo Giorgi.

Colli, Andrea. 2003. *The History of Family Business, 1850-2000*. New York: Cambridge University Press.

Collins, Lydia. 2006. *The Sephardim of Manchester: Pedigrees and Pioneers*. Manchester: Shaare Hayim, The Sephardi Congregation of South Manchester.

Colorni, Vittorio. 1945· *Legge ebraica e leggi locali: Ricerche sull'ambito d'applicazione del diritto ebraico in Italia dall'epoca romana al secolo XIX*. Milan: Giuffrè.

———. 1956. *Gli ebrei nel sistema del diritto comune fino alla prima emancipazione*. Milan: Giuffrè.

Concina, Ennio, Ugo Camerino, and Donatella Calabi. 1991. *La città degli ebrei: Il ghetto di Venezia; Architettura e urbanistica*. Venice: Albrizzi.

Conforto, Maria Letizia, and Lucia Frattarelli Fischer. 1982. "Il 'prospetto delle case' di Livorno a metà del '700." *Storia urbana* 21: 31-62.

Conlon, Frank F. 1977. A *Caste in a Changing World: The Chitrapur Saraswat Brahmans, 1700-1935*. Berkeley: University of California Press.

Constable, Olivia Remie. 1994. *Trade and Traders in Muslim Spain: The Commercial Realignment of the Iberian Peninsula, 900-1500*. Cambridge: Cambridge University Press.

Contreras, Jaime, Bernardo J. García García, and Ignacio Pulido, eds. 2002 *Familia, religión y negocio: El sefardismo en las relaciones entre el mundo ibérico y los Países Bajos en la Edad Moderna.* Madrid: Fundación Carlos Amberes.

Cook, Karen S., ed. 2001. *Trust in Society.* New York: Russell Sage.

Cook, Karen S., Russell Hardin, and Margaret Levi. 2005. *Cooperation Without Trust?* New York: Russell Sage.

Cooperman, Bernard Dov. 1976. Trade and Settlement: The Establishment and Early Development of the Jewish Communities in Leghorn and Pisa (1591-1626). Ph.D. diss., Harvard University.

Cooter, Robert, and Janet T. Landa. 1984. "Personal Versus Impersonal Trade: Size of Trading Groups and Contract Law." *International Review of Law and Economics* 4: 15-22.

Coppini, Romano Paolo. 1993. *Il Granducato di Toscana: Dagli 'anni francesi' all'Unità.* Turin: UTET.

Cortugli, Benedetto. 1990. *Il libro dell'arte di mercatura,* ed. Ugo Tucci. Venice: Arsenale.

Costantini, Claudio. 1978. *La Repubblica di Genova nell'età moderna.* Turin: UTET.

Costantini, Vera. 2001. "Il commercio veneziano ad Aleppo nel Settecento." *Studi veneziani* 42: 143-211.

Costo, Tommaso, and Michele Benvenga. 1991. *Il segretario di lettere,* ed. Salvatore S. Nigro. Palermo: Sellerio.

Coudert, Allison P., and Jeffrey S. Shoulson, eds. 2004. *Hebraica Veritas? Christian Hebraists and the Study of Judaism in Early Modern Europe.* Philadelphia: University of Pennsylvania Press.

Court, Ricardo. 2004. *"Jenuensis ergo mercator:* Trust and Enforcement in the Business Correspondence of the Brignole Family." *Sixteenth-Century Journal* 35.4: 987-1003.

Cowan, Alexander. 1982. "Rich and Poor Among the Patriciate in Early Modern Venice." *Studi veneziani* 6: 147-60.

Cozzi, Gaetano. 1987a. "Società veneziana, società ebraica." In Cozzi 1987b: 333-73.

———, ed. 1987b. *Gli Ebrei e Venezia, secoli XIV-XVIII (Atti del Convegno internazionale organizzato dall'Istituto di storia della società e dello stato veneziano della Fondazione Giorgio Cini, Venezia, Isola di San Giorgio Maggiore, 5-10 giugno 1983).* Milan: Edizioni Comunità.

Crémieux, Adolphe. 1908. "Un établissement juif à Marseille au XVIIe siècle." *Revue des études juives* 55: 119-45·

Crespo Fabião, Luís. 1973. "Subsídio para a história dos chamados 'judeus-portugueses' na indústria dos diamantes em Amsterdão nos séculos XVII e XVIII." *Revista da Faculdade de Letras* [Lisbon]15: 455-519.

Crouzet, François. 1966. "Angleterre et France au XVIIIe siècle: Essai d'analyse comparée de deux croissances économiques." *Annales: Économies, Sociétés, Civilisations* 21.2: 254-91.

Cunha, Ana Cannas da. 1995. *A inquisição no Estado da Índia: Origens (1539-1560).*

Lisbon: Arquivos Nacionais Torre do Tombo.
Curtin, Philip D. 1984. *Cross-Cultural Trade in World History.* Cambridge: Cambridge University Press.
Cymerman, Benjamin, ed. 1997. *The Diaries of Rabbi Ha'im Yosef David Azulai ('Ma'agal Tov'—The Good Journey).* Jerusalem: Bnei Issakhar Institute.
Dale, Richard. 2004. *The First Crash: Lessons from the South Sea Bubble.* Princeton: Princeton University Press.
Dale, Stephen Frederic. 1994. *Indian Merchants and Eurasian Trade, 1600-1750.* Cambridge: Cambridge University Press.
Dal Pane, Luigi. 1971. *Industria e commercio nel Granducato di Toscana nell'età del Risorgimento,* 2 vols. Bologna: Pàtron.
Das Gupta, Ashin. 1970. "Trade and Politics in Eighteenth-Century India." In *Islam and the Trade of Asia: A Colloquium,* ed. D. S. Richards. Oxford: Bruno Cassier; Philadelphia: University of Pennsylvania Press, 181-214 (now in Das Gupta 2001: 141-79).
―――. 2001. *The World of the Indian Ocean Merchant, 1500-1800.* New Delhi: Oxford University Press.
Dasgupta, Partha. 1998. "Trust as a Commodity." In Gambetta 1998: 49-72.
―――. 2000. "Economic Progress and the Idea of Social Capital." In *Social Capital: A Multifaceted Perspective,* ed. Partha Dasgupta and Ismail Serageldin. Washington, D. C.: World Bank, 325-424.
―――. 2003. "Social Capital and Economic Performance: Analytics." In *Foundations of Social Capital,* ed. Elinor Ostrom and T. K. Ahn. Cheltenham, U.K.: Edward Elgar, 309-39.
David, Jean-Claude, and Thierry Grandin. 1991. "L'habitat permanent des grands commerçants dans les khans d'Alep à l'époque ottomane." In Panzac 1991, 2: 85-124.
Davis, James C. 1962. *The Decline of the Venetian Nobility as a Ruling Class.* Baltimore: Johns Hopkins University Press.
Davis, Natalie Zemon. 2006. *Trickster Travels: A Sixteenth-Century Muslim Between Worlds.* New York: Hill and Wang.
Davis, Ralph. 1967. *Aleppo and Devonshire Square: English Traders in the Levant in the Eighteenth Century.* London: Macmillan.
―――. 1970. "English Imports from the Middle East, 1580-1780." In *Studies in the Economic History of the Middle East from the Rise of Islam to the Present Day,* ed. M. A. Cook. London: Oxford University Press, 193-206.
Dean, Trever. 1997. "Marriage and Mutilation: Vendetta in Late Medieval Italy." *Past and Present* 157: 3-36.
De Azevedo, Lucio J. 1921. *História dos cristãos novos portugueses.* Lisbon: Livraria Clássica.
de Coutre, Jacques. 1991. *Andanzas asiàticas,* ed. Eddy Stols, B. Teensma, and J.

Werberckmoes. Madrid: Historia 16.

Defoe, Daniel. 1726. *The Complete English Tradesman in Familiar Letters*. London: Charles Rivington.

———. 1710. *An Essay Upon Publick Credit*. London: Printed, and sold by the booksellers.

Delaporte, Abbé. 1990. *La Ravenala ou le voyageur français aux Indes musulmanes (1739-1741)*. Sainte Clotilde, La Réunion: ARS Terres Créoles.

Delille, Gérard. 1985. *Famille et propriété dans le Royaume de Naples, XVe-XIXe siécle*. Rome: École Française de Rome.

de Olival, Maria Fernanda. 2001. *As ordens militares e o estado moderno: Honora, mercê e venalidade em Portugal (1641-1789)*. Lisbon: Estar.

de Roover, Raymond. 1948. *Money, Banking and Credit in Medieval Bruges: Italian Merchant-Bankers, Lombards and Money-Changers; A Study in the Origins of Banking*. Cambridge, Mass.: Medieval Academy of America.

———. 1953. *L'evolution de la lettre de change, XIVe-XVIIIe siècles*. Paris: Armand Colin.

———. 1963a. *The Rise and Decline of the Medici Bank, 1397-1494*. Cambridge: Harvard University Press.

———. 1963b. "The Organization of Trade." In *The Cambridge Economic History of Europe*, vol. 3, *Economic Organization and Policies in the Middle Ages*, ed. M. M. Postan, E. E. Rich, and Edward Miller. Cambridge: Cambridge University Press, 42-118.

———. 1974. "Gerard de Malynes as an Economic Writer: From Scholasticism to Mercantilism." In *Business, Banking, and Economic Thought in Late Medieval and Early Modern Europe: Selected Studies of Raymond de Roover*, ed. Julius Kirshner. Chicago: University of Chicago Press, 346-66.

Derouet, Bernard. 2007. "Political Power, Inheritance, and Kinship Relations: The Unique Features of Southern France (Sixteenth-Eighteenth Centuries)." In Sabean, Teuscher, and Mathieu 2007: 105-24.

Description de la ville de Lisbonne. 1730. Amsterdam: Chez Pierre Humbert.

de Souza, Teotonio R. 1975a. "Glimpses of Hindu Dominance of Goan Economy in the Early Seventeenth Century." *Indica* 12: 27-35.

———. 1975b. "Goa-Based Portuguese Seaborne Trade in the Early Seventeenth Century." *Indian Economic and Social History Review* 12.4: 433-42.

———. 1985. "Mhamai House Records: Indigenous Sources for Indo-Portuguese Historiography." In *II Seminário Internacional de História Indo-Portuguesa: Actas*. Lisbon: Instituto de Investigação Científica Tropical, 933-41.

———. 1989. "French Slave-Trading in Portuguese Goa (1773-1791) ." In Teotonio R. de Souza, *Essays in Goan History*. New Delhi: Concept, 119-31.

De Testa, Baron I. 1864-1911. *Recueil des traités de la Porte ottomane avec les puissance étrangères depuis le premier traité conclu, en 1536, entre Suléyman I et François I jusqu'à nos jours,* 11 vols. Paris: Amyot.

Diaz, Furio. 1976. *Il Granducato di Toscana: I Medici.* Turin: UTET.

―――. 1978. "Prolusione." In *Livorno e il Mediterraneo* 1978, 15-23.

Diaz, Furio, Luigi Mascilli Migliorini, and Carlo Mangio. 1997. *Il Granducato di Toscana: I Lorena dalla Reggenza agli anni rivoluzionari.* Turin: UTET.

Díaz-Mas, Paloma. 1992. *Sephardim: The Jews from Spain.* Chicago: University of Chicago Press.

Diderot, Denis, and Jean Le Rond d'Alembert, eds. 1751-80. *Encyclopédie ou Dictionnaire raisonné des sciences, des arts et des métiers,* 17 vols. Paris: Chez Brisson, David, Le Breton, Durand.

di Leone Leoni, Aron. 1998. "Testamenti: Rabbini e notai." *Zakhor: Rivista di storia degli ebrei d'Italia* 2: 175-78.

―――. 2000. "Per una storia della Nazione Portoghese ad Ancona e a Pesaro." In Ioly Zorattini 2000: 27-97.

―――. 2005. *The Hebrew Portuguese Nation in Antwerp and London at the Time of Charles V and Henry VIII: New Documents and Interpretations.* Jersey City: KTAV.

di Leone Leoni, Aron, and Herman Prins Salomon. 2001. "La Nation Portugaise de Hambourg en 1647 d'après un document retrouvé." In Méchoulan and Nahon 2001: 263-93.

Dini, Bruno. 1991. "L'Archivio Datini." In *L'impresa, industria, commercio, banca secc. XIII-XVIII (Atti della "Ventiduesima Settimana di Studi" dell'Istituto Internazionale di Storia economica "F. Datini," Prato, 30 aprile-4 maggio 1990),* ed. Simonetta Cavaciocchi. Florence: Le Monnier, 45-58.

Di Porto, Bruno. 1980. "La Nazione Ebrea." In *Livorno e Pisa* 1980: 237-43.

Disney, Anthony R. 1978. *Twilight of the Pepper Empire: Portuguese Trade in Southwest India in the Early Seventeenth Century.* Cambridge: Harvard University Press.

―――. 1986. "Goa in the Seventeenth Century." In *The First Portuguese Colonial Empire,* ed. Newitt Malyn. Exeter: University of Exeter, 85-99.

Ditz, Toby L. 1999. "Formative Ventures: Eighteenth-Century Commercial Letters and the Articulation of Experience." In *Epistolary Selves: Letters and Letter-Writers, 1600-1945,* ed. Rebecca Earle. Aldershot, U.K.: Ashgate, 59-78.

Dixit, Avinash K. 2004. *Lawlessness and Economics: Alternative Modes of Governance.* Princeton: Princeton University Press.

Dizionario di commercio dei signori fratelli Savary. 1770-71. 4 vols. Venice: Giambattista Pasquali.

Donahue, Charles Jr. 2005. "Benevenuto Stracca's *De Mercatura:* Was There a *Lex Mercatoria* in Sixteenth-Century Italy?" In Piergiovanni 2005b: 69-120.

Doneddu, Giuseppe, and Alessandro Fiori, eds. 2003. *La pesca in Italia tra età moderna e contemporanea: Produzione, mercato, consumo.* Sassari: Editrice Democratica Sarda.

Donovan, William Michael. 1990. Commercial Enterprise and Luso-Brazilian Society During the Brazilian Gold Rush: The Mercantile House of Francisco Pinheiro and the Lisbon to Brazil Trade, 1695-1750. Ph.D. diss., Johns Hopkins University.

Doria, Giorgio. 1986. "Conoscenza del mercato e sistema informativo: Il know-how dei mercanti-finanzieri genovesi nei secoli XVI e XVII." In *La repubblica internazionale del denaro,* ed. Aldo De Maddalena and Hermann Kellenbenz. Bologna: 11 Mulino, 57-122.

Dubin, Lois C. 1999. *The Port Jews of Habsburg Trieste: Absolutist Politics and Enlightenment Culture.* Stanford: Stanford University Press.

―――. 2006. "Citizens into Subjects: Jewish Autonomy and Inclusion in Early Modern Livorno and Trieste." *Jahrbuch des Simon-Dubnow-Instituts/Simon Dubnow Institute Yearbook* 5: 51-81.

Dursteler, Eric. 2006. *Venetians in Constantinople: Nation, Identity, and Coexistence in the Early Modern Mediterranean.* Baltimore: Johns Hopkins University Press.

Dutra, Francis A. 1971. "Membership in the Order of Christ in the Seventeenth Century: Its Rights, Privileges, and Obligations." *The Americas* 27.1: 3-25 (now in Francis A. Dutra, *Military Orders in the Early Modern Portuguese World: The Orders of Christ, Santiago and Avis* [Aldershot, U.K.: Variorum, 2006]).

Edwards, Jeremy, and Sheilagh Ogilvie. 2008. *Contract Enforcement, Institutions and Social Capital: The Maghribi Traders Reappraised.* CESifo Working Paper Series No. 2254. http:/ /ssrn.com/abstract=1107801.

Egmond, Florike. 1993. "Countours of Identity: Poor Ashkenazim in the Dutch Republic." In Michman 1993: 205-25.

Eldem, Edhem. 1986. "La circulation de la lettre de change entre la France et Constantinople au XVIIIe siècle." In *L'empire ottoman, la république de Turquie et la France,* ed. Hâmit Batu and Jean-Louis Bacqué-Grammont. Istanbul: ISIS, 87-97.

―――. 1999. *French Trade in Istanbul in the Eighteenth Century.* Leiden: Brill.

Eldem, Edhem, Daniel Goffman, and Bruce Masters. 1999. *The Ottoman City Between East and West: Aleppo, Izmir, and Istanbul.* Cambridge: Cambridge University Press.

Eltis, David. 2000. *The Rise of African Slavery in the Americas.* Cambridge: Cambridge University Press.

Emirbayer, Mustafa, and Jeff Goodwin. 1994. "Network, Analysis, Culture, and the Problem of Agency." *American Journal of Sociology* 99.6: 1411-54.

Emmanuel, Isaac S. 1957. *Precious Stones of the Jews of Curaçao: Curaçaon Jewry 1656-1957.* New York: Bloch.

Emmanuel, Isaac S., and Suzanne A. Emmanuel. 1970. *History of the Jews of the Netherlands Antilles.* Cincinnati: American Jewish Archives.

Encyclopædia Britannica; or, a Dictionary of Arts, Sciences, etc. 1778-83. 2d ed., 10 vols. Edinburgh: J. Balfour [et al.].

Encyclopaedia Judaica 1971-72. 16 vols. Jerusalem: Encyclopaedia Judaica.

Endelman, Todd M. 1979. *The Jews of Georgian England, 1714-1830: Tradition and Change in a Liberal Society.* Philadelphia: Jewish Publication Society of America.

―――. 1990. *Radical Assimilation in English Jewish History, 1656-1945.* Bloomington: Indiana University Press.

―――. 2002. *The Jews of Britain, 1656 to 2000.* Berkeley: University of California Press.

Engels, Marie-Christine. 1997. *Merchants, Interlopers, Seamen and Corsairs: The "Flemish" Community in Livorno and Genoa (1615-1635).* Hilversum: Verloren.

Ensminger, Jean. 2001. "Reputations, Trust, and the Principal Agent Problem." In Cook 2001: 185-201.

Epstein, Louis M. 1942. *Marriage Laws in the Bible and the Talmud.* Cambridge: Harvard University Press.

Epstein, Marc Alan. 1980. *The Ottoman Jewish Communities and Their Role in the Fifteenth and Sixteenth Centuries.* Freiburg: Klaus Schwartz Verlag.

Epstein, Stephan R. 2000. "Constitutions, Liberties, and Growth in Pre-Modern Europe." In *Cultural Factors in Economic Growth,* ed. Mark Casson and Andrew Godley. Munich: Springer, 152-81.

Everaert, John. 2002. "Antwerp, Turning Table of the International Circuit in Precious Stones and Jewels (16th and 17th Centuries)." In *Economia e arte, secc. XIII-XVIII (Atti della "Trentatreesima Settimana di Studi" dell'Istituto Internazionale di Storia economica "F. Datini," Prato, 30 aprile-4 maggio 2000),* ed. Simonetta Cavaciocchi. Florence: Le Monnier, 403-6.

Falk, Ze'ev W. 1966. *Jewish Matrimonial Law in the Middle Ages.* Oxford: Oxford University Press.

Farinelli, Arturo. 1925. *Marrano (Storia di un vituperio).* Geneva: Olschki.

Faroqhi, Suraiya. 1987. "Notes on the Production of Cotton and Cotton Cloth in Sixteenth- and Seventeenth-Century Anatolia." In Islamoğlu-İnan 1987: 262-70.

―――. 1994. "Crisis and Change, 1590-1699." In İnalcık and Quataert 1994: 411-636.

―――. 2004. *The Ottoman Empire and the World Around It.* London: Tauris.

Fasano Guarini, Elena. 1978. "Esenzioni e immigrazioni in città tra sedicesimo e diciasettesimo secolo." In *Livorno e il Mediterraneo* 1978: 56-76.

―――. 1980. "La popolazione." In *Livorno e Pisa* 1980: 199-215.

Faur, José 1992. *In the Shadow of History: Jews and Conversos at the Dawn of Modernity.* Albany: State University of New York Press.

Favero, Giovanni, and Francesca Trivellato. 2004. "Gli abitanti del ghetto di Venezia in età moderna: Dati e ipotesi." *Zakhor: Rivista della storia degli ebrei in Italia* 7: 9-50.

Fawcett, Charles, ed. 1947. *The Travels of the Abbé Carré in India and the Near East, 1672 to 1674,* 3 vols. London: Hakluyt Society.

Febvre, Michel. 1681. *Teatro della Tvrchia, dove si rappresentano i disordini di essa, il genio, la natura e i costumi di quattordici nazioni che l'habitano.* Milan: Heredi di A.

Malatesta.

Felloni, Giuseppe. 1971. *Gli investimenti fmanziari dei genovesi in Europa tra il Seicento e la Restaurazione.* Milan: Giuffrè.

Ferraro, Joanne M. 2001. *Marriage Wars in Late Renaissance Venice.* Oxford: Oxford University Press.

Ferrier, R. W. 1970. "The Agreement of the East India Company with the Armenian Nation, 22nd June 1688." *Revue des études arméniennes* 7: 427-43.

―――. 1973. "The Armenians in the East India Company in Persia in the Seventeenth and Early Eighteenth Centuries." *Economic History Review* 26.1: 38-62.

―――. 1986. "Trade from the Mid-14th Century to the End of the Safavid Period." In *The Cambridge History of Iran,* vol. 2. *The Timurid and Safavid Periods,* ed. Peter Jackson and Laurance Lockhart. Cambridge: Cambridge University Press, 412-90.

Fettah, Samuel. 1998. "Temps et espaces des trafics portuaires en Méditerranée: Le cas du port franc de Livourne (XVIIe-XIXe siècles)." *Ricerche storiche* 28.2: 243-73.

―――. 2000. "Les Émeutes de Santa Giulia à Livourne: Conflits locaux et résistence au despotisme éclairé dans l'Italie de la fin du XVIIIe siècle." *Provence historique* 202: 459-70.

―――. 2004. "Livourne: Cité du Prince, cité marchande (XVIe-XIXe siècles)." In *Florence et la Toscane XIVe-XIXe siècles: Les dinamiques d'un État italien,* ed. Jean Boutier, Sandro Landi, and Olivier Rouchon. Rennes: Presses universitaires de Rennes, 179-95.

Fierli, Giorgio. 1803. *Della società chiamata accomandita e di altre materie mercantili secondo le leggi, e statuti veglianti in Toscana.* Florence: Antonio Brazzini.

Filesi, Teobaldo, ed. 1985. *La pesca del corallo nelle acque nordafricane (1734-1860) nelle fonti dell'Archivio di Stato di Napoli.* Naples: Massimo.

Filippini, Jean-Pierre. 1976. "La Nation française de Livourne (fin XVIIe-fin XVIIIe siècle)." In *Dossiers sur le commerce français en Méditerranée Orientale au XVIIIe siècle,* ed. Jean-Pierre Filippini et al. Paris: Presses Universitaires de France, 235-48.

―――. 1977. "Livourne et l'Afrique du Nord au 18e siècle." *Revue d'histoire maghrebine* 7-8: 25-149.

―――. 1979a. "Grandeur et difficultées d'un port franc: Livourne, 1676-1737." *Association française des historiens economists: Bulletin* 12: 36-46.

―――. 1979b. "Une famille juive de Livourne au service de roi de France au XVIIIe siècle: Les Calvo de Silva." *Revue des études juives* 138.3-4: 255-89.

―――. 1980. "Livourne et la guerre (de la fin du XVIIe siècle a la fin du XVIIIe siècle)." *Bulletin de la société d'histoire moderne* 79.7: 2-9.

―――. 1982. "La comunità israelitica di Livorno durante il periodo napoleonico." *Rivista italiana di studi napoleonici* 19.1-2: 23-113.

―――. 1983. "La ballottazione a Livomo nel Settecento." *Rassegna mensile di Israel* 49.1-4: 199-268.

———. 1984a. "Il posto dei negozianti ebrei nel commercio di Livorno nel Settecento." *Rassegna mensile di Israel* 50.9-12: 634-49.

———. 1984b. "Les Juifs d'Afrique du Nord et la communauté de Livourne au XVIIIe siècle." In Miège 1984: 60-69.

———. 1987. "La Nazione ebrea di Livorno e l'Inghilterra nel Settecento." *Studi livornesi* 2:49-62.

———. 1988. "Les nations à Livourne." In *I porti come impresa economica (Atti della "Diciannovesima Settimana di Studi" dell'Istituto Internazionale di Storia economica "F Datini," Prato, 2-6 maggio 1987),* ed. Simonetta Cavaciocchi. Florence: Le Monnier, 581-94·

———. 1989. "Le rôle des négociants et des banquiers juifs de Livourne dans le grand commerce international en Méditerranée au XVIIIe siècle." In Toaff and Schwarzfuchs 1989: 123-47·

———. 1990. "La 'nation juive' de Livourne et le Royaume de France au XVIIIe siècle." In *La France et la Méditerranée: Vingt-sept siècles d'interdependance,* ed. lrad Malkin. Leiden: Brill, 259-71.

———. 1993. "Da 'Nazione Ebrea' a 'Comunità Israelitica': La comunità ebraica di Livorno tra Cinquecento e Novecento." *Nuovi studi livornesi* 1: 11-23.

———. 1997. "La nazione ebrea di Livorno." In Vivanti 1997: 1046-66.

———. 1998. *Il porta di Livorno e la Toscana (1676-1814),* 3 vols. Naples: Edizioni Scientifiche Italiane.

———. 1999. "Gli ebrei e le attività economiche nell'area nord africana (XVII-XVIII secolo)." *Nuovi studi livornesi* 7: 131-49.

———. 2001. "Il Granduca e la Nazione ebrea di Livorno nel Settecento, tra la prepotenza degli 'spagnoli' e le pretese degli 'italiani.'" *Nuovi studi livornesi* 9: 37-51.

Finkelstein, Andrea. 2000. *Harmony and the Balance: An Intellectual History of the Seventeenth-Century English Economic Thought.* Ann Arbor: University of Michigan Press.

Finn, Margot C. 2003. *The Character of Credit: Personal Debt in English Culture, 1740-1914.* Cambridge: Cambridge University Press.

Fischel, Waiter J. 1956-57. "Leading Jews in the Service of Portuguese India." *Jewish Quarterly Review* 47.1: 37-57.

———. 1960. "The Jewish Merchant-Colony in Madras (Fort St. George) During the 17th and 18th Centuries: A Contribution to the Economic and Social History of the Jews in India." *Journal of the Economic and Social History of the Orient* 3: 78-107, 175-95.

———. 1964. "The Activities of a Jewish Merchant House in Bengal (1786-1798)." *Revue des études juives* 123.2: 433-98.

Fisher, Stephen H. E. 1971. *The Portugal Trade: A Study of Anglo-Portuguese Commerce, 1700-1770.* London: Methuen.

―――. 1981. "Lisbon, Its English Merchant Community and the Mediterranean in the Eighteenth Century." In *Shipping, Trade and Commerce: Essays in Memory of Ralph Davis,* ed. P. L. Cottrell and D. H. Aldcroft. Leicester: University of Leicester Press, 23-44.

Fortunati, Mama. 1996. *Scrittura e prova: I libri di commercio nel diritto medievale e moderno.* Rome: Fondazione Sergio Mochi Onory per la storia del diritto italiano.

Fortune, Stephen Alexander. 1984. *Merchants and Jews: The Struggle for British West Indian Commerce, 1650-1750.* Gainesville: University Press of Florida.

Foss, John. [1798.] *Journal of the Captivity and Suffering of John Foss.* Newburyport, Mass.: Angier March.

Fournier, Joseph. 1920. *La Chambre de Commerce de Marseille et ses représentants permanents à Paris (1599-1875).* Marseilles: Barlatier.

Franco Mendes, David. 1975. *Memorias do estabelecimento e progresso dos Judeos portuguezes e espanhoes nesta famosa citade de Amsterdam (1772),* ed. L. Fuks, R. G. Fuks-Masfeld, and B. N. Teensma. Assen: Van Gorcum.

Franco Mendes, David, and Joaquim Mendes dos Remédios. 1990. *Os judeus portugueses em Amsterdão.* Lisbon: Edições Távola Redonda.

Frangakis-Syrett, Elena. 1991. "Trade Practices in Aleppo in the Middle of the 18th Century: The Case of a British Merchant." *Revue du monde musulman et de la Méditerranée* 62: 93-110.

―――. 1992. *The Commerce of Smyrna in the Eighteenth Century (1700-1820).* Athens: Center for Asia Minor Studies.

Frattarelli Fischer, Lucia. 1983. "Proprietà e insediamento ebraici a Livorno dalla fine del Cinquecento alla seconda metà del Settecento." *Quaderni storici* 54: 879-96.

―――. 1984. "Insediamenti ebraici e tipologia abitativa nella Livorno del Seicento." *Rassegna mensile di Israel* 50.9-12: 583-605.

―――. 1987. "Per la storia dell'insediamento ebraico nella Pisa del Seicento." *Critica Storica/Bollettino A.S.E.:* 1-54.

―――. 1989. "Livorno città nuova: 1574-1609." *Società e storia* 46: 873-93.

―――. 1991. "Le case degli ebrei a Livorno: Interni domestici del Seicento e del Settecento." In *La Nazione Ebrea di Livorno: Itinerari di una vita.* Livorno: Graphis Arte, 3-39.

―――. 1993. "Livorno 1676: La città e il porto franco." In *La Toscana nell'età di Cosimo III: Atti del convegno, Pisa-San Domenico di Fiesole (FI), 4-5 giugno 1990,* ed. Franco Angiolini, Vieri Becagli, and Marcello Verga. Florence: Edizioni Firenze, 45-66.

―――. 1994. "Il principe, l'Inquisizione e gli Ebrei." In Luzzati 1994: 217-31.

―――. 1997a. "Gli ebrei toscani dalla città alla campagna / Tuscan Jews: From the City to the Countryside." In *Città e campagna: Tradizioni storiografiche e prospettive di ricerca / Town and Country: Historiographical Traditions and Research Prospects,* ed. Ann Katherine Isaacs. Pisa: Pacini, 143-52.

————. 1997b. "L'insediamento ebraico a Livorno dalle origini all'emancipazione." In *Le tre sinagoghe: Edifici di culto e vita ebraica a Livorno dal Seicento al Novecento*, ed. Michele Luzzati. Livorno: Umberto Allemandi, 33-46.

————. 1997c. "Merci e mercanti nella Livorno seicentesca, 'magazzino d'Italia e del Mediterraneo.'" In Balbi de Caro 1997: 65-90.

————. 1998a. "Ebrei a Pisa fra Cinquecento e Settecento." In Luzzati 1998: 89-115.

————. 1998b. "Per la storia dell'insediamento degli Armeni a Livorno nel Seicento." In *Gli Armeni* 1998: 23-41.

————. 1999. "Gli armeni a Livorno." In *Roma-Armenia*, ed. Claude Mutafian. Rome: Edizioni De Luca, 297-302.

————. 2000a. "Cristiani nuovi e nuovi ebrei in Toscana fra Cinque e Seicento: Legittimazioni e percorsi individuali." In Ioly Zorattini 2000: 99-149.

————. 2000b. "Il bagno delle galere in 'terra cristiana': Schiavi a Livorno fra Cinque e Seicento." *Nuovi studi livornesi* 8: 69-94.

————. 2003a. "Ebrei a Pisa e Livorno nel Sei e Settecento tra Inquisizioni e garanzie granducali." In *Le inquisizioni cristiane e gli ebrei: Tavola rotonda nell'ambito di una Conferenza annuale della Ricerca (Roma, 20-21 dicembre 2001)*. Rome: Accademia Nazionale dei Lincei, 253-95.

————. 2003b. "Reti toscane e reti internazionali degli ebrei di Livorno nel Seicento." *Zakhor: Rivista di storia degli ebrei d'Italia* 6: 93-116.

————. 2005. "Stereotipi, ruolo economico e insediamento degli ebrei nelle fonti statali ed ecclesiastiche del Granducato di Toscana (secoli XVII-XVIII)." In *Percorsi di storia ebraica (Atti del convegno internazionale, Cividale del Friuli-Gorizia, 7-9 settembre 2004)*. Udine: Forum, 45-84.

————. 2006a. "Lo sviluppo di una città portuale: Livorno, 1575-1720." In *Sistole/Diastole: Episodi di trasformazione urbana nell'Italia delle città*, ed. Marco Folin. Venice: Istituto Veneto di Scienze, Lettere ed Arti, 271-333.

————. 2006b. "Percorsi di conversione di ebrei nella Livorno di fine Seicento." *Nuovi studi livornesi* 13: 139-71.

————. 2006c. "Scelta religiosa e lacerazioni familiari nelle comunità ebraiche toscane tra Sei e Settecento." In *Generazioni: Legami di parentela tra passato e presente (Atti del Convegno-Pisa, 29 settembre-10 ottobre 2005)*, ed. Ida Fazio and Daniela Lombardi. Rome: Viella, 241-58.

————. 2006d. " 'Pro Armenis Unitis cum conditionibus': La costruzione della Chiesa degli Armeni a Livorno; Un *iter* lungo e accidentato." In *Gli Armeni a Livorno: L'intercultura di una diaspora (Interventi nel convegno "Memoria e cultura armena fra Livorno e l'oriente")*, ed. Giangiacomo Panessa and Massimo Sanacore. Livorno: Debatte, 27-41.

————. 2006e. "Sui battesimo dei bambini ebrei: Il caso di Livorno." In *Salvezza delle*

anime, disciplina dei corpi: Un seminario sulla storia del battesimo, ed. Adriano Prosperi. Pisa: Edizioni della Normale, 449-82.
———. 2008. *Fuori dal ghetto: Ebrei e nuovi cristiani a Pisa e Livorno (sec. XVII-XVIII).* Turin: Zamorani.
Frattarelli Fischer, Lucia, and Paolo Castignoli, eds. 1987. *Le "livornine" del 1591 e 1593.* Livorno: Cooperativa Risorgimento.
Friedenberg, Daniel M. 1988. "Now Rest in Peace Jacob Baruch Carvalho: The Three-Century Diaspora of a Jewish Portrait." *Jewish Art* 14: 56-63.
Friedman, Jonathan. 2005. "Diasporization, Globalization, and Cosmopolitan Discourse." In *Homelands and Diasporas: Holy Lands and Other Places,* ed. André and Alex Weingrod. Stanford: Stanford University Press, 140-65.
Fryer, John. 1992. *A New Account of East India and Persia, Being Nine Years' Travels, 1672-1681,* 3 vols. New Delhi: Asian Educational Services.
Fubini, Guido. 1998. *La condizione giuridica dell'ebraismo italiano,* 2d ed. Turin: Rosenberg and Sellier.
Fukasawa, Katsumi. 1987. *Toileries et commerce du Levant d'Alep à Marseille.* Paris: CNRS.
———. 1999. "Marseille, parte du Levant: Un essai de comparaison." In *Actes du 50e congrès d'études régionales de la fédération historique du Sud-Ouest tenu à Bordeaux, le 25-26 et 27 avril 1997,* vol. *2, Bordeaux porte oceane, carrefour européen.* Bordeaux: Publications de la Fédération historique du Sud-Ouest, 581-93.
———. 2000. "Les lettres de change et le commerce du Levant au XVIIIe siècle." In *Négoce, ports et océans, XVIe-XXe siècles: Mélanges offerts à Paul Butel,* ed. Silvia Marzagalli and Hubert Bonin. Pessac: Presses universitaires de Bordeaux, 61-79.
Fuks-Mansfeld, R. G. 2002. "Enlightenment and Emancipation From c. 1750 to 1814." In Blom, Fuks-Mansfeld, and Schöffer 2002: 164-91.
Furber, Holden. 1940. "The United Company of Merchants of England Trading to the East Indies, 1783-96." *Economic History Review* 10.2: 138-47.
———. 1948. *John Company at Work: A Study of European Expansion in India in the Late Eighteenth Century.* Cambridge: Harvard University Press.
———. 1969. "Asia and the West as Partners Before 'Empire' and After." *Journal of Asian Studies* 28. 4: 711-21.
———. 1976. *Rival Empires of Trade* in *the Orient 1600-1800.* Minneapolis: University of Minnesota Press.
Fusaro, Maria. 2003. "Les Anglais et les Grecs: Un réseau de coopération commerciale en Méditerranée vénitienne." *Annales: Histoire, Sciences Sociales* 58.3: 605-25.
———. 2005. "Coping with Transition: Greek Merchants and Shipowners Between Venice and England in the Late Sixteenth Century." In Baghdiantz McCabe, Harlaftis, and Pepelasis Minoglou 2005: 95-123.
Gaggio, Dario. 2006. "Pyramids of Trust: Social Embeddedness and Political Culture in

Two Italian Gold Jewelry Districts." *Enterprise and Society* 7.1: 19-58.

Galasso, Cristina. 2002a. *Alle origini di una comunità: Ebree ed ebrei a Livorno nel Seicento*. Florence: Olschki.

———. 2002b. " 'Solo il loro servigio si brama, sia fedel, accurato, sincer': Il servizio domestico nella comunità ebraica di Livorno (secoli XVII-XVIII)." *Società e storia* 97: 457-74·

———. 2005. "Legami familiari, risorse economiche e identità religiosa delle ebree di Livorno tra Sei e Settecento." In *Sul filo della scrittura: Fonti e temi per la storia delle donne a Livorno*, ed. Lucia Frattarelli Fischer and Olimpia Vaccari. Pisa: Edizioni Plus-Pisa University Press, 69-85.

Galasso, Giuseppe. 1994. "Il Mezzogiorno nella 'crisi generale' del Seicento." In Giuseppe Galasso, *Alla periferia dell'impero: Il Regno di Napoli nel periodo spagnolo*. Turin: Einaudi, 217-46.

Galgano, Francesco. 1976. *Storia del diritto commerciale*. Bologna: Il Mulino.

Galleria Dedalo [Milan]. 1934. *Collezione dott. Ergas: Esposizione e vendita all'asta Marzo 1934-A.XII.* Milan: Rizzoli.

Galluzzi, Riguccio. 1781. *Istoria del Granducato di Toscana sotto il goveno della casa Medici,* 5 vols. Florence: Gaetano Cambiagi.

Gambetta, Diego, ed. 1998. *Trust: Making and Breaking Cooperative Relations.* Oxford: Blackwell.

Gampel, Benjamin R., ed. 1997. *Crisis and Creativity in the Sephardic World, 1391-1648.* New York: Columbia University Press.

Gans, Johann Ludwig. 1630. *Corallorum historia.* Frankfurt: Sumptibus Lucræ Jennisi.

García-Arenal, Mercedes, and Gerard Wiegers. 2002. *A Man of Three Worlds: Samuel Pallache, a Maroccan Jew in Catholic and Protestant Europe.* Baltimore: Johns Hopkins University Press.

Garnot, Benoît, ed. 1996. *L'infrajudiciaire du Moyen Age à l'époque contemporaine (Actes du colloque de Dijon, 5-6 octobre 1995).* Dijon: Éditions universitaires de Dijon.

Gaster, Moses. 1901. *History of the Ancient Synagogue of the Spanish and Portuguese Jews.* London: n.p.

Gauci, Perry. 2001. *The Politics of Trade: The Overseas Merchant in State and Society, 1660-1720.* Oxford: Oxford University Press.

Gavi, Francesca. 1995. "La disputa sull'ingresso del deputato della 'Nazione' ebrea nella comunità di Livorno, lettere e memorie." *Nuovi studi livornesi* 3: 251-71.

Gelderblom, Oscar. 2003. "The Governance of Early Modern Trade: The Case of Hans Thijs, 1556-1611." *Enterprise and Society* 4.4: 606-39.

———. 2013. *Cities of Commerce: The Institutional Foundations of International Trade in the Low Countries, 1250-1650.* Princeton: Princeton University Press.

Gentil da Silva, José. 1959-61. *Marchandises et finances: Lettres de Lisbonne 1563-1578,* 2 vols. Paris: S.E.V.P.E.N.

———. 1966. "L'appel aux capitaux étrangers et le processus de la formation du capital marchand au Portugal du XIVe au XVIIe siècle." In Mollat and Adam 1966: 341-63.

Gershon, Philip S. 1957. *Jewish Family in Italy (1680-1760), Based on Selected Responsa from Isaac Lampronti's Rabbinic Encyclopedia Pachad Yitzchock*. Ph.D. diss., Hebrew Union College.

Ghezzi, Roberto. 2007. *Livorno e il mondo islamico nel XVII secolo: Naviglio e commercio di importazione*. Bari: Cacucci.

Ghidiglia, Carlo. 1892. *L'industria del corallo e la sua computisteria*. Bologna: Fava e Garagnani.

Ghilardi, Fabrizio. 1994. "Un diplomatico fiorentino alla corte dei Braganza (1737-1742)." In *Toscana e Portogallo: Miscellanea storica nel 650 anniversario dello Studio Generale di Pisa*. Pisa: ETS, 245-53.

Giacchero, Giulio. 1972. *Origini e sviluppo del portofranco genovese: 11 agosto 1590-9 ottobre 1778*. Genoa: SAGEP.

Gianighian, Giorgio Nubar. 2004. "Segni di una presenza." In Zekiyan and Ferrari 2004: 59-92.

Gil, Moshe. 2003. "The Jewish Merchants in the Light of Eleventh-Century Geniza Documents." *Journal of the Economic and Social History of the Orient* 46.3: 273-319.

Ginzburg, Carlo, and Carlo Poni. 1979. "Il name e il come: Scambio ineguale e mercato storiografico." *Quaderni storici* 40: 181-90 ["The Name and the Game: Unequal Exchange and the Historical Marketplace." In *Microhistory and the Lost People of Europe,* ed. Edward Muir and Guido Ruggiero. Baltimore: Johns Hopkins University Press, 1991, 1-10].

Giura, Vincenzo. 1984. *Storie di minoranze: Ebrei, greci, albanesi nel regno di Napoli*. Naples: Edizioni Scientifiche Italiane.

Giuseppi, J. A. 1955-59. "Sephardi Jews and the Early Years of the Bank of England." *Transactions of the Jewish Historical Society of England* 19: 53-63.

———. 1962. "Early Jewish Holders of Bank of England Stock (1694-1725)." *Jewish Historical Society of England: Miscellanies* Part 6: 143-74.

Gli Armeni lungo le strade d'Italia: Atti del convegno internazionale (Torino, Genova, Livorno, 8-11 marzo 1997): Giornata di studi a Livorno. 1998. Pisa: Istituti Editoriali Poligrafici Internazionali.

Glick, Thomas. 1997. "On Converso and Marrano Ethnicity." In Gampel 1997: 59-76.

Gluckman, Max. 1955. *The Judicial Process Among the Barotse of Northern Rhodesia (Zambia)*. Manchester: Manchester University Press.

Goffman, Daniel. 1990. *Izmir and the Levantine World, 1550-1650*. Seattle: University of Washington Press.

Goffman, Erving. 1969. *Strategic Interaction*. Philadelphia: University of Pennsylvania Press.

Goitein, S. D. 1967-93. *A Mediterranean Society: The Jewish Communities of the Arab World as Portrayed in the Documents of the Cairo Geniza*, 6 vols. Berkeley: University of California Press.

―――. 1971. "Formal Friendship in the Medieval Near East." *Proceedings of the American Philosophical Society* 115.6: 484-89.

―――. 1973a. *Interfaith Relations in Medieval Islam*. Jerusalem: Jerusalem Post Press.

―――. 1973b. *Letters of Medieval Jewish Traders Translated from the Arabic with Introductions and Notes*. Princeton: Princeton University Press.

―――. 2008. *India Traders of the Middle Ages: Documents from the Cairo Geniza ("India Book")*, ed. Mordechai Akiva Friedman. Leiden: Brill.

Goldberg, Jessica. 2005. Geographies of Trade and Traders in the Eleventh-Century Mediterranean: A Study Based on Documents from the Cairo Geniza. Ph.D. diss., Columbia University.

―――. 2007. "Back-Biting and Self-Promotion: The Work of Merchants of the Cairo Geniza." In *History in the Comic Mode: Medieval Communities and the Matter of Persons*, ed. Rachel Fulton and Bruce W. Holsinger. New York: Columbia University Press, 117-27.

Goldgar, Anne. 2007. *Tulipmania: Money, Honor, and Knowledge in the Dutch Golden Age*. Chicago: University of Chicago Press.

Goldish, Matt. 2008. *Jewish Questions: Responsa on Sephardic Life in the Early Modern Period*. Princeton: Princeton University Press.

Goldthwaite, Richard A. 1983. "Organizzazione economica e struttura famigliare." In *I ceti dirigenti nella Toscana tardo comunale*. Florence: Papafava, 1-13 (now in Richard A. Goldthwaite, *Banks, Palaces and Entrepreneurs in Renaissance Florence* [Aldershot, U.K.: Variorum, 1995]).

―――. 1987. "The Medici Bank and the World of Florentine Capitalism." *Past and Present* 114: 3-31.

Gonçalves Pereira, Eduardo. 1982. "Pombal e a questão dos diamantes." *Brotéria: Cultura e informação* 115.2-4: 209-38.

Goodman, Jordan. 1981. "Financing Pre-Modern Industry: An Example from Florence, 1580-1660." *Journal of European Economic History* 10: 415-35.

Gorani, Giuseppe. 1986. *Siena, Lucca e Livorno nel XVIII secolo*. Pontedera (Pisa): Bandecchi e Vivaldi.

Goris, J. A. 1925. *Étude sur les colonies marchandes méridionales (portugais, espagnols, italiens) à Anvers de 1488 à 1568: Contribution à l'étude des débuts du capitalisme moderne*. Louvain: Librairie Universitaire.

Goslinga, Cornelis Christiaan. 1985. *The Dutch in the Caribbean and the Guineas, 1680-1791*. Assen: Van Gorcum.

Graizbord, David L. 2004. *Souls in Dispute: Converso Identities in Iberia and the Jewish Diaspora, 1580-1700*. Philadelphia: University of Pennsylvania Press.

Grandchamp, Pierre. 1920-33. *La France en Tunisie de la fin du XVIe siècle à l'avènement de la dynastie hassinite,* 10 vols. Tunis: J. Barlier / J. Aloccio.

Granovetter, Mark S. 1973. "The Strength of Weak Ties." *American Journal of Sociology* 78.6: 1360-80.

———. 1974. *Getting a Job: A Study of Contacts and Careers.* Cambridge: Harvard University Press.

———. 1983. "The Strength of Weak Ties: A Network Theory Revised." *Sociological Theory* 1: 201-33.

———. 1985. "Economic Action and Social Structure: The Problem of Embeddedness." *American Journal of Sociology* 91.3: 481-510.

Grant Smith, David. 1974. "Old Christian Merchants and the Foundation of the Brazil Company, 1649." *Hispanic American Historical Review* 54.2: 233-59.

Grassby, Richard. 1994. *The English Gentleman in Trade: The Life and Works of Sir Dudley North, 1641-1691.* Oxford: Clarendon.

Green, Edmund, and Frances Shirley. 1999. *The Global Trade in Coral.* Cambridge, U.K.: World Conservation Press.

Green, John. 1736. *A Journey from Aleppo to Damascus.* London: W. Mears.

Green, Nile. 2006. "Ostrich Eggs and Peacock Feathers: Sacred Objects as Cultural Exchange Between Christianity and Islam." *Al-Masaq: Islam and the Medieval Mediterranean* 18.1: 27-78.

Greene, Molly. 2002. "Beyond the Northern Invasion: The Mediterranean in the Seventeenth Century." *Past and Present* 174: 42-71.

Greif, Avner. 1989. "Reputation and Coalition in Medieval Trade: Evidence on the Maghribi Traders." *Journal of Economic History* 49.4: 857-82.

———. 1994. "Cultural Beliefs and the Organization of Society: A Historical and Theoretical Reflection on Collectivist and Individualist Societies." *Journal of Political Economy* 102.5: 912-50.

———. 1996. "The Study of Organizations and Evolving Organizational Forms Through History: Reflections from the Late Medieval Family Firm." *Industrial and Corporate Change* 5.2: 473-501.

———. 1998. "Historical and Comparative Institutional Analysis." *American Economic Review* 88.2: 80-84.

———. 2001. "Impersonal Exchange and the Origins of Markets: From the Community Responsibility System to Individual Legal Responsibility in Pre-Modern Europe." In *Communities and Markets in Economic Development,* ed. Masahiko Aoki and Yujiro Hayami. Oxford: Oxford University Press, 3-41.

———. 2006. *Institutions and the Path to the Modern Economy: Lessons from Medieval Trade.* Cambridge: Cambridge University Press.

———. 2008. *Contract Enforcement and Institutions Among the Maghribi Traders: Refuting Edwards and Ogilvie.* http://ssrn.com/abstract=1153826.

Gremigni, Elena. 1996. *Periodici e almanacchi livornesi secoli XVII-XVIII.* Livorno: San Benedetto.

Grendi, Edoardo. 1987. "Traffico e navi nel porta di Genova fra 1500 e 1700." In Edoardo Grendi, *La repubblica aristocratica dei genovesi: Politica, carità e commercio fra Cinque e Seicento.* Bologna: Il Mulino, 309-64.

―――. 1993. *Il Cervo e la Repubblica: Il modello ligure di antico regime.* Turin: Einaudi.

―――. 2004. "Gli inglesi a Genova (secoli XVII-XVIII)." *Quaderni storici* 115: 241-78.

Groppi, Sergio. 1990. *L'archivio Saminiati-Pazzi.* Milan: Egea.

Guarnieri, Gino. 1962. *Livorno marinara: Gli sviluppi portuali, la funzione economica, la tecnica commerciale, marittima.* Livorno: Benevenuti e Cavaciocchi.

―――. 1969. *Livorno e la Marina Mercantile Toscana sotto i Lorena dal Trattato di Vienna all'Unità d'Italia.* Pisa: Giardini.

Guinnane, Timothy. 2005. "Trust: A Concept Too Many." *Jahrbuch für Wirtschaftsgeschichte* 1: 77 -92.

Guyot de Merville, Michel. 1729. *Voyage historique d'Italie.* The Hague: Guyot de Merville.

Häberlein, Mark. 1998. *Kinship, Gender, and Business Failure: Merchants' Bankruptcies and Social Relations in Upper Germany, 1520-1620.* Florence: European University Institute, Working Papers HEC, no. 98/6.

Habermas, Jürgen. 1989. *The Structural Transformation of the Public Sphere: An Inquiry into a Category of Bourgeois Society.* Cambridge: MIT Press.

Habib, Ifran. 1990. "Merchant Communities in Precolonial India." In Tracy 1990: 371-99.

Hacker, Joseph R. 1994. "Jewish Autonomy in the Ottoman Empire: Its Scope and Limits; Jewish Courts from the Sixteenth to the Eighteenth Centuries." In Levy 1994: 153-202.

Haggerty, Sheryllynne. 2006. *The British-Atlantic Trading Community, 1760-1810: Men, Women, and the Distribution of Goods.* Leiden: Brill.

Hall, Stuart. 1990. "Cultural Identity and Diaspora." In *Identity: Community, Culture, Difference,* ed. Jonathan Rutherford. London: Lawrence and Wishart, 222-37.

Hamilston, Alastair, Alexander H. de Groot, and Maurits H. van den Boogert, eds. 2000. *Friends and Rivals in the East: Studies in Anglo-Dutch Relations in the Levant from the Seventeenth to the Early Nineteenth Century.* Leiden: Brill.

Hamilton, Alexander. 1727. *A New Account of the East Indies.* Edinburgh: Printed by John Mosman.

Hancock, David. 1995. *Citizens of the World: London Merchants and the Integration of the British Atlantic Community, 1735-1785.* Cambridge: Cambridge University Press.

―――. 1998. "Commerce and Conversation in the Eighteenth-Century Atlantic: The Invention of Madeira Wine." *Journal of Interdisciplinary History* 29.2: 197-219.

―――. 2000. "'A Revolution in the Trade': Wine Distribution and the Development of the Infrastructure of the Atlantic Market Economy, 1703-1807." In McCusker and Morgan 2000: 134-42.

―――. 2002. *The Letters of William Freeman, London Merchant, 1678-1685*. London: London Record Society.

―――. 2005a. "Self-Organized Complexity and the Emergence of an Atlantic Market Economy, 1651-1815: The Case of Madeira." In Coclanis 2005: 30-71.

―――. 2005b. "The Trouble with Networks: Managing the Scots' Early-Modern Madeira Trade." *Business History Review* 79.3: 467-91.

―――. 2006. "Combining Success and Failure: Madeira's Atlantic Trading Networks, 1640-1815." Paper presented at the annual meeting of the American Historical Association (Philadelphia, 5-8 January 2006).

Hansmann, Henry, Reinier Kraakman, and Richard Squire. 2006. "Law and the Rise of the Firm." *Harvard Law Review* 119.5: 1333-403.

Hardin, Russell. 2002. *Trust and Trustworthiness*. New York: Russell Sage.

―――, ed. 2004. *Distrust*. New York: Russell Sage.

Harlaftis, Gelina. 1993. *Greek Shipowners and Greece 1945-1975: From Separate Development to Mutual Interdependence*. London: Athlone.

―――. 1996. *A History of Greek-Owned Shipping: The Making of an International Tramp Fleet, 1830 to the Present Day*. London: Routledge.

Harris, Alan Charles. 1967. "La demografia del ghetto in Italia, 1516-1797 circa." *Rassegna mensile di Israel* 33.1-5: appendix, 3-68.

Hart, Matthew. 2002. *Diamond: The History of a Cold-Blooded Love Affair*. New York: Plume.

Hart, Oliver D. 1995. *Firms, Contracts, and Financial Structure*. Oxford: Clarendon.

Hauser, Henri. 1925. "Le 'parfait négociant' de Jacques Savary." *Revue d'historie économique et sociale* 13: 1-28.

Heers, Jacques. 1960. "Portugais et Génois au XVe siècle: La rivalité Atlantique-Méditerranée." In *Actas do III cóloquio internacional de estudos luso-brasileros (Lisboa, 1957)*. Lisbon: Imprensa de Coimbra, 2: 138-47 (now in Jacques Heers, *Société et économie à Gênes (XIVe-XVe siècles)* [London: Variorum, 1979]).

―――. 1961. *Gênes au XVe siècle: Activité économique et problèmes sociaux*. Paris: S.E.V.P.E.N.

―――. 1977. *Family Clans in the Middle Ages: A Study of Political and Social Structures in Urban Areas*. Amsterdam: North-Holland.

Hejeebu, Santhi. 2005. "Contract Enforcement in the English East India Company." *Journal of Economic History* 65.2: 496-523.

Hernandez Esteve, Esteban. 1985. "A Spanish Treatise of 1706 on Double-Entry Bookkeeping: 'Norte Mercantil y Crisol de Cuentas' by Gabriel de Souza Brito." *Accounting and Business Research* 15.60: 291-96.

Herzig, Edmund. 1990. "The Iranian Silk Trade and European Manufacture in the XVIIth and XVIIIth Centuries." *Journal of European Economic History* 19.1: 73-89.

———. 1991. The Armenian Merchants of New Julfa, Isfahan: A Study in Premodern Trade. Ph. D. diss., St. Anthony's College, Oxford University.

———. 1992. "The Volume of Iranian Raw Silk Exports in the Safavid Period." *Iranian Studies* 25.1-2: 61-79.

———. 1993. "The Family Firm in the Commercial Organization of the Julfa Armenians." In *Études safavides,* ed. Jean Calmard. Paris: Institut français de recherche en Iran, 287-304.

———. 2004. "Venice and the Julfa Armenian Merchants." In Zekiyan and Ferrari 2004: 141-64.

———. 2006. "Borrowed Terminology and Techniques of the New Julfa Armenian Merchants: A Study in Cultural Transmission." Paper presented at the Sixth Biennial Conference on Iranian Studies, London (3-5 August 2006).

Herzog, Tamar. 1997. "'A Stranger in a Strange Land': The Conversion of Foreigners into Community Members in Colonial Latina America (17th-18th Centuries)." *Social Identities* 3.2: 247-63.

Hilaire, Jean. 1986. *Introduction historique au droit commercial.* Paris: Presses Universitaires de France.

Hirschberg, H. Z., ed. 1974-81. *A History of the Jews in North Africa,* 2 vols. Leiden: Brill.

Hirschman, Albert O. 1977. *The Passions and the Interests: Political Arguments for Capitalism Before Its Triumph.* Princeton: Princeton University Press.

Hoffman, Philip T, Gilles Postel-Vinay, and Jean-Laurent Rosenthal. 2000. *Priceless Markets: The Political Economy of Credit in Paris, 1660-1870.* Chicago: University of Chicago Press.

Hont, Istvan. 1987. "The Language of Sociability and Commerce: Samuel Pufendorf and the Theoretical Foundations of the 'Four Stage' Theory." In *The Language of Political Theory in Early Modern Europe,* ed. Anthony Pagden. Cambridge: Cambridge University Press, 253-76 (now in Istvan Hont, *Jealousy of Trade: International Competition and the Nation-State in Historical Perspective* [Cambridge: Harvard University Press, 2005], 159-84).

Hoock, Jochen, Pierre Jeannin, and Wolfgang Kaiser, eds. 1991-2001. *Ars Mercatoria: Handbücher und Traktate für den Gebrauch des Kaufmanns, 1470-1820: Eine analytische Bibliographie in 6 Bänden,* 3 vols. Paderborn: Schöningh.

Hoppit, Julian. 1987. *Risk and Failure in English Business, 1700-1800.* Cambridge: Cambridge University Press.

Horden, Peregrine, and Nicholas Purcell. 2000. *The Corrupting Sea: A Study of Mediterranean History.* Oxford: Blackwell.

Horowitz, Elliott. 1994. "The Early Eighteenth Century Confronts the Beard: Kabbalah and Jewish Self-Fashioning." *Jewish History* 8.1-2: 95-115.

―――. 2001. "Processions, Piety, and Jewish Confraternities." In *The Jews of Early Modern Venice,* ed. Robert C. Davis and Benjamin Ravid. Baltimore: Johns Hopkins University Press, 231-47.

―――. 2002. "Families and Their Fortunes: The Jews of Early Modern Italy." In Biale 2002: 271-334.

Horowitz, Henry, and Patrick Polden. 1996. "Continuity or Change in the Court of Chancery in the Seventeenth and Eighteenth Centuries?" *Journal of British Studies* 35.1: 24-57.

Hunecke, Volker. 1997. *Il patriziato veneziano alla fine della Repubblica, 1646-1797: Demografia, famiglia, ménage.* Rome: Jouvence.

Huussen, Arend H. 2002. "The Legal Position of the Jews in the Dutch Republic c. 1590-1796." In Israel and Salverda 2002: 25-41.

Hyamson, Albert M. 1951. *The Sephardim of England: A History of the Spanish and Portuguese Jewish Community, 1492-1951.* London: Methuen.

Ilbert, Robert. 1992. "Alexandrie, cosmopolite?" In *Villes ottomans à la fin de l'empire,* ed. Paul Dumont and François Georgeon. Paris: L'Harmattan, 171-85.

―――. 1996. *Alexandrie, 1830-1930: Histoire d'une communauté citadine,* 2 vols. Cairo: Institut Français d'Archéologie Orientale.

―――. 2002. "La Méditerranée aux lumières du présent: questions sur le cosmopolitism." In *Lucette Valensi à l'œuvre: Une histoire anthropologique de l'Islam méditerranéen,* ed. François Pouillon et al. Saint Denis: Bouchène, 105-13.

Imízcoz Beunza, José María. 1998. "Communauté, réseau social, élites: L'armature sociale de l'Ancien Régime." In *Réseaux, familles et pouvoirs dans le monde ibérique à la fin de l'Ancien Régime,* ed. Juan Luis Castellano and Jean-Pierre Dedieu. Paris: CNRS, 31-66.

İnalcık, Halil. 1960-2000. "Imtíyāzāt-The Ottoman Empire." In *The Encyclopedia of Islam,* 11 vols. Leiden: Brill, 3; 1179-89.

―――. 1994. "The Ottoman State: Economy and Society." In İnalcık and Quataert 1994: 9-409.

İnalcık, Halil, and Donald Quataert, eds. 1994. *An Economic and Social History of the Ottoman Empire, 1300-1914.* Cambridge: Cambridge University Press.

Infelise, Mario. 2002. *Prima dei giornali: Alle origini della pubblica informazione (secoli XVI e XVII).* Rome: Laterza.

Ioly Zorattini, Pier Cesare, ed. 1980-99. *Processi del S. Uffizio di Venezia contra ebrei e giudaizzanti,* 14 vols. Florence: Olschki.

―――. 1984. *Battesimi di fanciulli ebrei a Venezia nel Settecento.* Udine: Doretti.

―――, ed. 2000. *L'identità dissimulata: Giudaizzanti iberici nell'Europa cristiana dell'età moderna.* Florence: Olschki.

Islamoğlu-İnan, Hurí, ed. 1987. *The Ottoman Empire and the World-Economy.*

Cambridge: Cambridge University Press.

Israel, Jonathan I. 1978. "Spain and the Dutch Sephardim, 1609-1660." *Studia Rosenthaliana* 12.1-2: 1-61 (now in Israel 1990: 355-415).

―――. 1983. "The Economic Contribution of Dutch Sephardi Jewry to Holland's Golden Age, 1595-1713." *Tijdschrift voor Geschiedenis* 96: 505-35 (now in Israel 1990: 417-47).

―――. 1984a. "An Amsterdam Jewish Merchant of the Golden Age: Jeronimo Nunes da Costa (1620-1697), Agent of Portugal in the Dutch Republic." *Studia Rosenthaliana* 18.1: 21-40.

―――. 1984b. "The Changing Role of the Dutch Sephardim in International Trade, 1595-1715." In Michman 1984: 31-51.

―――. 1987a. "Duarte Nunes Da Costa (Jacob Curiel) of Hamburg, Sephardi Nobleman and Communal Leader." *Studia Rosenthaliana* 21.1: 14-34 (now in Israel 1990: 333-54).

―――. 1987b. "The Jews of Venice and Their Links with Holland and the Dutch Jewry (1600-1710)." In Cozzi 1987b: 95-116.

―――. 1989a. *Dutch Primacy in World Trade, 1585-1740.* Oxford: Clarendon.

―――. 1989b. "The Dutch Republic and Its Jews During the Conflict of the Spanish Succession." In Michman 1989: 117-36.

―――. 1989c. "Sephardic Immigration into the Dutch Republic, 1595-1672." *Studia Rosenthaliana* 23.2: 45-53.

―――. 1990. *Empires and Entrepôts: The Dutch, the Spanish and the Jews, 1585-1713.* London: Hambledon.

―――. 1992. "The Sephardi Contribution to Economic Life and Colonization in Europe and the New World (16th-18th Centuries)." In Beinart 1992, 2: 365-98.

―――. 1998. *European Jewry in the Age of Mercantilism, 1550-1750,* 3d ed. Portland, Ore.: Littman Library for Jewish Civilization.

―――. 2001. "The Jews of Dutch America." In *The Jews and the Expansion of Europe to the West, 1450 to 1800,* ed. Paolo Bernardini and Norman Fiering. New York: Berghahn, 335-49.

―――. 2002a. *Diasporas Within a Diaspora: Jews, Crypto-Jews and the World Maritime Empires, 1540-1740.* Leiden: Brill.

―――. 2002b. "The Republic of the United Netherlands Until About 1750: Demography and Economic Activity." In Blom, Fuks-Mansfeld, and Schöffer 2002: 85-115.

―――. 2002c. "Philosophy, Commerce and the Synagogue: Spinoza's Expulsion from the Amsterdam Portuguese Jewish Community in 1656." In Israel and Salverda 2002: 125-40.

Israel, Jonathan I., and Reinier Salverda, eds. 2002. *Dutch Jewry: History and Secular Culture (1500 -2000).* Leiden: Brill.

Jacob, Margaret C. 2006. *Strangers Nowhere in the World: The Rise of Cosmopolitanism in Early Modern Europe.* Philadelphia: University of Pennsylvania Press.

Jacoby, David. 1977. "Les Juifs de Venise du XIVe au milieu du XVIe siècle." In *Venezia centro di mediazione tra oriente e occidente,* ed. Hans Georg Beck, Manoussos Manoussacas, and Agostino Pertusi. Florence: Olschki, 163-216.

James, Harold. 2006. *Family Capitalism: Wendels, Haniels, Falcks, and the Continental European Model.* Cambridge: Harvard University Press.

Jamgocyan, Onnik. 1991. "Une famille de financiers arméniens au XVIIIe siècle: les Serpos." In Panzac 1991, 1: 365-89.

Jeannin, Pierre. 1967. *Les marchands au XVIe siècle.* Paris: Seuil.

―――. 1971. "Die Hansestädte im europäischen Handel des 18. Jahrhunderts." *Hansische Geschichtsblätter* 89: 41-73.

―――. 2001. "La diffusion de l'information." In *Fiere e mercati nella integrazione delle economie europee, secc. XIII-XVIII (Atti della "Trentaduesima Settimana di Studi" dell'Istituto Internazionale di Storia economica "F. Datini," Prato, 9-12 maggio 2000),* ed. Simonetta Cavaciocchi. Florence: Le Monnier, 231-62.

Jeffries, David. 1751. *A Treatise on Diamonds and Pearls,* 2d ed. London: C. and J. Ackers.

Jones, W. J. 1967. *The Elizabethan Court of Chancery.* Oxford: Clarendon.

Jonker, Joost, and Keetie Sluyterman. 2000. *At Home on the World Markets: Dutch International Trading Companies from the 16th Century Until the Present.* The Hague: Sdu Uitgevers.

Júnior, Augusto de Lima. 1945. *História dos diamantes nas Minas Gerais, século XVIII.* Rio de Janeiro: Edições Dois Mundos.

Kafadar, Cemal. 1986. "A Death in Venice (1575): Anatolian Muslim Merchants Trading in the Serenissima." *Journal of Turkish Studies* 10: 191-217 (now in Subrahmanyam 1996).

―――. 1997-98. "The Question of Ottoman Decline." *Harvard Middle Eastern and Islamic Review* 4.1-2: 30-75.

Kagan, Richard L. 1981. *Lawsuits and Litigants in Castille, 1500-1700.* Chapel Hill: University of North Carolina Press.

Kagan, Richard L., and Philip D. Morgan. 2009. *Atlantic Diasporas: Jews, Conversos, and Crypto-Jews in the Age of Mercantilism, 1500-1800.* Baltimore: Johns Hopkins University Press.

Kamen, Henry. 1988. "The Mediterranean and the Expulsion of the Spanish Jews in 1492." *Past and Present* 119: 30-55.

Kaplan, Benjamin. 2007. *Divided by Faith: Religious Conflict and the Practice of Toleration in Early Modern Europe.* Cambridge: Belknap Press of Harvard University Press.

―――. 2008. "Integration vs. Segregation: Religiously Mixed Marriage and the

Verzuiling Model of Dutch Society." In *Catholic Communities in Protestant States: Britain and the Netherlands, 1570-1720*, ed. Benjamin Kaplan, Robert Moore, Henk van Nierop, and Judith Pollmann. Manchester: Manchester University Press, 48-66.

Kaplan, Yosef. 1984. "The Social Function of the *Herem* in the Portuguese Jewish Community of Amsterdam in the Seventeenth Century." In Michman 1984: 111-56 (now in Y. Kaplan 2000: 108-42).

———. 1985. "The Travels of Portuguese Jews from Amsterdam to the 'Lands of Idolatry' (1644-1724)." In *Jews and Conversos: Studies in Society and the Inquisition: Proceedings of the Eighth World Congress of Jewish Studies Held at the Hebrew University of Jerusalem, August 16-21, 1981*, ed. Yosef Kaplan. Jerusalem: Magnes, 197-224.

———. 1989a. *From Christianity to Judaism: The Story of Isaac Orbio de Castro*. Oxford: Oxford University Press.

———. 1989b. "The Portuguese Community in 17th-Century Amsterdam and the Ashkenazi World." In Michman 1989: 23-45.

———. 1989c. "Political Concepts in the World of the Portuguese Jews of Amsterdam During the Seventeenth Century: The Problem of Exclusion and the Boundaries of Self-Identity." In *Menasseh Ben Israel and His World*, ed. Yosef Kaplan, Henry Méchoulan, and Richard H. Popkin. Leiden: Brill, 45-62.

———. 1992. "The Jewish Profile of the Spanish-Portuguese Community of London During the Seventeenth Century." *Judaism* 41: 229-40 (now in Kaplan 2000: 155-67).

———. 1997. "The Self-Definition of the Sephardic Jews of Western Europe and Their Relation to the Alien and the Stranger." In Gampel 1997: 121-45.

———. 1999. *Les nouveaux-juifs d'Amsterdam: Essais sur l'histoire sociale et intellectuelle du judaïsme séfarade au XVIIe siècle*. Paris: Chandeigne.

———. 2000. *An Alternative Path to Modernity: The Sephardi Diaspora* in *Western Europe*. Leiden: Brill.

———. 2002a. "Bom Judesmo: The Western Sephardic Diaspora." In Biale 2002: 337-67.

———. 2002b. "El perfil cultural de tres rabinos sefardítes a través del análisis de sus bibliotecas." In Contreras, García García, and Pulido 2002: 268-86.

———. 2002c. "The Jews in the Republic Until about 1750: Religious, Cultural, and Social Life." In Blom, Fuks-Mansfeld, and Schöffer 2002: 116-63.

Katz, David S. 1982. *Philo-Semitism and the Readmission of the Jews to England 1603-1655*. Oxford: Clarendon.

———. 1994. *The Jews in the History of England 1485-1850*. Oxford: Clarendon.

Kaufman, Michael. 1993. *The Woman in Jewish Law and Tradition*. Northvale, N.J.: Jason Aronson.

Kellenbenz, Hermann. 1958. *Sephardim an der unteren Elbe: Ihre wirtschaftliche und politische Bedeutung vom Ende des 16. bis zum Beginn des 18. Jahrunderts*.

Wiesbaden: Franz Steiner.

―――. 1989. "History of the Sephardim of Germany." In Barnett and Schwab 1989: 26-40.

Kessler, Amalia D. 2004. "A 'Question of Name': Merchant-Court Jurisdiction and the Origin of the *Noblesse Commerçante*." In *A Vast and Useful Art: The Gustave Gimon Collection of French Political Economy,* ed. Mary Jane Parrine. Stanford: Stanford University Libraries, 49-65.

―――. 2007. *A Revolution in Commerce: The Parisian Merchant Court and the Rise of Commercial Society in Eighteenth-Century France.* New Haven: Yale University Press.

Kévonian, Kéram. 1975. "Marchands arméniens au XVIIe siècle: À propos d'un livre arménien à Amsterdam en 1699." *Cahiers du monde russe et sovietique* 16.2: 199-244.

Khachikian, Levon. 1966. "The Ledger of the Merchant Hovhannes Joughayetsi." *Journal of the Asiatic Society* 8.3: 153-86 (now in Subrahmanyam 1996).

Kirk, Thomas Allison. 2005. *Genoa and the Sea: Policy and Power in an Early Modern Maritime Republic, 1559-1684.* Baltimore: Johns Hopkins University Press.

Kirshner, Julius. 1985. "Wives' Claims Against Insolvent Husbands in Late Medieval Italy." In *Women in the Medieval World: Essays in Honor of John H. Mundy,* ed. Julius Kirshner and Suzanne F. Wemple. Oxford: Blackwell, 256-303.

―――. 2002. "*Li Emergenti Bisogni Matrimoniali* in Renaissance Florence." In *Society and Individual in Renaissance Florence,* ed. William J. Connell. Berkeley: University of California Press, 79-109.

Klapisch-Zuber, Christiane. 1985. *Women, Family, and Ritual in Renaissance Italy.* Chicago: University of Chicago Press.

Klein, Daniel B., ed. 1997. *Reputation: Studies in the Voluntary Elicitation of Good Conduct.* Ann Arbor: University of Michigan Press.

Klein, P. W. 1965. *De Trippen in de 17e eeuw.* Assen: Van Gorcum.

Klein, P. W., and J. W. Veluwenkamp. 1993. "The Role of the Entrepreneur in the Economic Expansion of the Dutch Republic." In *The Dutch Economy in the Golden Age: Nine Studies,* ed. Karel Davids and Leo Noordegraaf. Amsterdam: Nederlandisch Economisch-Historisch Archief, 27-53.

Kling, Blair B., and M. N. Pearson, eds. 1979. *The Age of Partnership: Europeans in Asia Before Dominion.* Honolulu: University Press of Hawaii.

Klooster, Wim. 1998. *Illicit Riches: Dutch Trade in the Caribbean, 1648-1795.* Leiden: KITLV.

Kooijmans, Luuc. 1995. "Risk and Reputation: On the Mentality of Merchants in the Early Modern Period." In Lesger and Noordegraaf 1995: 25-34.

Körner, Karl-Hermann. 1994. "Sobre Abraham Meldola e a sua Nova Grammatica Portugueza de 1785." In *Die Sefarden in Hamburg: Zur Geschichte einer Minderheit,*

ed. Michael Studemund-Halévy. Hamburg: Helmut Buske, 375-81.
Kramer, Roderick M., and Karen S. Cook, eds. 2004. *Trust and Distrust in Organizations: Dilemmas and Approaches.* New York: Russell Sage.
Kuehn, Thomas. 1991. *Law, Family, and Women: Toward a Legal Anthropology of Renaissance Italy.* Chicago: University of Chicago Press.
―――. 2008. *Heirs, Kin, and Creditors in Renaissance Florence.* Cambridge University Press.
Kuran, Timur. 2004. "Why the Middle East Is Economically Underdeveloped: Historical Mechanisms of Institutional Stagnation." *Journal of Economic Perspectives* 18.3: 71-90.
Labourdette, Jean-François. 1988. *La nation française à Lisbonne de 1699 à 1790, entre colbertisme et libéralisme.* Paris: Fondation Calouste Gulbenkian-Centre Culturel Portugais.
Lacaze-Duthiers, Henri de. 1864. *Histoire naturelle du corail.* Paris: J. B. Baillière.
Lacroix, J.-B. 1982. "Les pecheurs corses de corail aux XVIIe et XVIIIe siècles." *Bulletin de la société des sciences historiques et naturelles de la Corse:* 9-43.
Lafon, Jacqueline-Lucienne. 1979. *Les Députés du Commerce et l'Ordonnance de Mars 1673: Les jurisdictions consulaires; principe et competence.* Paris: Éditions Cujas.
Lamdan, Ruth. 2002. *A Separate People: Jewish Women in Palestine, Syria and Egypt in the Sixteenth Century.* Leiden: Brill.
Lamoreaux, Naomi R., Daniel M. G. Raff, and Peter Temin. 2003. "Beyond Markets and Hierarchies: Toward a New Synthesis of American Business History." *American Historical Review* 108.2: 404-33.
Landa, Janet Tai. 1994. *Trust, Ethnicity, and Identity: Beyond the New Institutional Economics of Ethnic Trading Networks, Contract Law, and Gift Exchange.* Ann Arbor: University of Michigan Press.
Landes, David S. 2006. *Dynasties: Fortunes and Misfortunes of the World's Great Family Businesses.* New York: Viking.
Lane, Frederic C. 1940. "The Mediterranean Spice Trade: Further Evidence of Its Revival in the Sixteenth Century." *American Historical Review* 45.3: 581-90.
―――. 1944a. *Andrea Barbarigo, Merchant of Venice (1418-1449).* Baltimore: Johns Hopkins University Press.
―――. 1944b. "Family Partnerships and Joint Ventures in the Venetian Republic." *Journal of Economic History* 4.2: 178-96.
Lapeyre, Henri 1955. *Une famille des marchands: Les Ruiz.* Paris: Armand Colin.
Laras, Giuseppe. 1972. "La 'Compagnia per il riscatto degli schiavi' di Livorno." *Rassegna mensile di Israel* 38.7-8: 87-130.
―――. 1978. "I Marrani di Livorno e l'Inquisizione." In *Livorno e il Mediterraneo* 1978: 82-104.
Lattes, Alessandro. 1884. *Il diritto commerciale nella legislazione delle città italiane.*

Milan: Hoepli.

―――. 1899・ *Il diritto consuetudinario delle città lombarde.* Milan: Hoepli.

―――. 1909. "Lo Stracca giureconsulto." *Rivista di diritto commerciale* 7.1: 624-49.

Lavarda, Sergio. 1998. *L'anima a Dio e il corpo alla terra: Scelte testamentarie nella Terraferma veneta (1575-1631).* Venice: Istituto Veneto di Scienze, Lettere ed Arti.

Lehmann, Matthias B. 2005. "A Livornese 'Port Jew' and the Sephardim of the Ottoman Empire." *Jewish Social Studies* 11.2: 51-76.

Lemercier, Claire. 2005. "Analyse de réseaux et histoire." *Revue d'histoire moderne et contemporaine* 52.2: 88-112.

Lenman, Bruce. 2002. "The East India Company and the Trade in Non-Metallic Precious Materials from Sir Thomas Roe to Diamond Pitt." In *The Worlds of the East India Company,* ed. H. V. Bowen, Margarette Lincoln, and Nigel Rigby. Suffolk, U.K.: National Maritime Museum and the University of Leicester; Rochester, N.Y.: Boydell, 97-109.

Lenman, Bruce, and Philip Lawson. 1983. "Robert Clive, the 'Black Jagir,' and British Politics." *Historical Journal* 26.4: 801-29.

Lenzen, Godehard. 1970. *The History of Diamond Production and the Diamond Trade.* New York: Praeger.

Lesger, Clé. 2006. *The Rise of the Amsterdam Market and Information Exchange: Merchants, Commercial Expansion and Change in the Spatial Economy of the Low Countries, c. 1550-1630.* Aldershot, U.K.: Ashgate.

Lesger, Clé, and Leo Noordegraaf, eds. 1995. *Entrepreneurs and Entrepreneurship in Early Modern Times: Merchants and Industrialists Within the Orbit of the Dutch Staple Market.* The Hague: Gegevens Koninklijke Bibliotheek.

Levi, Giovanni. 1991. "On Microhistory." In *New Perspectives on Historical Writing,* ed. Peter Burke. University Park: Pennsylvania State University Press, 93-113.

―――. 1997. "I commerci della Casa Daniele Bonfil e figlio con Marsiglia e Costantinopoli (1773-1794)." In *Venezia: Itinerari per la storia della città,* ed. Stefano Gasparri, Giovanni Levi, and Pierandrea Moro. Bologna: Il Mulino, 223-43.

Levi, Scott C. 2001. *The Indian Diaspora in Central Asia and Its Trade, 1550-1900.* Leiden: Brill.

Levie Bernfeld, Tirtsah. 1993. *"Caridade escapa da morte:* Legacies to the Poor in Sephardi Wills from Seventeenth-Century Amsterdam." In Michman 1993, 179-204.

―――. 2002. "Financing Poor Relief in the Spanish-Portuguese Jewish Community in Amsterdam in the Seventeenth and Eighteenth Centuries." In Israel and Salverda 2002, 63-102.

Levy, Avigdor, ed. 1994. *The Jews of the Ottoman Empire.* Princeton: Darwin.

Lévy, Lionel. 1999・ *La nation juive portugaise: Livourne, Amsterdam, Tunis, 1591-1951.* Paris: L'Harmattan.

Lévy-Bruhl, Henri. 1938. *Histoire juridique des sociétés de commerce en France aux*

XVIIe et XVIIIe siècles. Paris: Domat-Montchrestien.
Lewis, Bernard. 1984. *The Jews of Islam*. Princeton: Princeton University Press.
Light, Ivan, and Steven Gold. 2000. *Ethnic Economies*. San Diego: Academic Press.
Lipman, V. D. 1971. "Sephardi and Other Jewish Immigrants in England in the Eighteenth Century." In *Migration and Settlement (Proceedings of the Anglo-American Jewish Historical Conference, 1970)*. London: Jewish Historical Society of England, 37-62.
Lisanti, Luís, ed. 1973. *Negócios coloniais: Uma correspondência comercial do século XVII*. São Paolo: Ministério da Fazenda.
Litchfield, R. Burr. 1969a. "Demographic Characteristics of Florentine Patrician Families from the Sixteenth to the Nineteenth Centuries." *Journal of Economic History* 29.2: 191-205.
―――. 1969b. "Les investissements commerciaux des patriciens florentins au XVIIIe siècle." *Annales: Économies, Sociétés, Civilisations* 24: 685-721.
Livi, Livio. 1918-20. *Gli ebrei alla luce della statistica*, 2 vols. Florence: Libreria della Voce.
Livorno e il Mediterraneo: Atti del convegno "Livorno e il Mediterraneo nell'età medicea." 1978. Livorno: Bastogi.
Livorno e Pisa: Due città e un territorio nella politica dei Medici; Livorno, progetto e storia di una città tra il 1500 e il 1600. 1980. Pisa: Nistri-Lischi and Pacini.
Lo Basso, Luca. 2002. *In traccia de' legni nemici: Corsari europei nel Mediterraneo del Settecento*. Genoa: Philobiblon.
―――. 2004. *A vela e a remi: Navigazione, guerra e schiavitù nel Mediterraneo (secc. XVI-XVIII)*. Genoa: Philobiblion.
Lodge, Richard. 1933. "The English Factory at Lisbon: Some Chapters in Its History." *Transactions of the Royal Historical Society* 16: 211-45.
Lombard, Denys, and Jean Aubin, eds. 1988. *Marchands et hommes d'affaires asiatiques dans l'océan indien et la mer de la Chine, 13e-20e siècles*. Paris: EHESS *[Asian Merchants and Businessmen in the Indian Ocean and the China Sea*. New Delhi: Oxford University Press, 2000].
Lombardi, Daniela. 2001. *Matrimoni di antico regime*. Bologna: Il Mulino.
Lopes, Maria de Jesus dos Mártires. 2001. "Hinduism in the Quotidian of the Christians of Goa in the 18th Century." In *The Portuguese, Indian Ocean and European Bridgeheads, 1500-1800: Festschrift in Honour of Prof. K. S. Mathew*, ed. Pius Malekandathil and Jama Mohammed. Tellicherry, Kerala, India: Fundação Oriente and Institute for Research in Social Sciences and Humanities of MESHAR, 354-63.
Lopez, Robert S. 1971. *The Commercial Revolution of the Middle Ages, 950-1350*. Englewood Cliffs: Prentice-Hall.
Lopez, Robert S., and Irving W. Raymond. 1955. *Medieval Trade* in *the Mediterranean World: Illustrative Documents*. New York: Columbia University Press.
López Belinchón, Bernardo. 2002. "Familia, negocios y sefardismo." In Contreras, García

García, and Pulido 2002: 343-63.
Lorena, Pietro Leopoldo. 1969. *Relazioni sul governo della Toscana,* ed. Arnaldo Salvestrini, 3 vols. Florence: Olschki.
LoRomer, David G. 1987. *Merchants and Reform in Livorno, 1814-1868.* Berkeley: University of California Press.
Lutzky, Alexander. 1940. "The 'Francos' and the Effect of the Capitulations on the Jews in Aleppo (From 1673 Till the Time of the French Revolution)" [in Hebrew]. *Zion* 6.1-2: 46-79.
Luzzati, Michele. 1985. *La casa dell'ebreo: Saggi sugli ebrei a Pisa e in Toscana nel Medioevo e nel Rinascimento.* Pisa: Nistri-Lischi.
―――. 1986. "Privilegio e identità nella storia degli ebrei livornesi." *Studi livornesi* 1: 37-42.
―――, ed. 1990. *Ebrei di Livorno tra due censimenti (1841-1938): Memoria familiare e identità.* Livorno: Comune di Livorno.
―――, ed. 1994. *L'Inquisizione e gli ebrei in Italia.* Rome: Laterza.
―――, ed. 1995. *Le tre sinagoghe: Edifici di culto e vita ebraica a Livorno dal Seicento al Novecento.* Livorno: Umberto Allemandi.
―――, ed. 1998. *Gli ebrei di Pisa (secoli IX-XX): Atti del Convegno internazionale, Pisa 3-4 ottobre 1994.* Ospitaletto, Pisa: Pacini.
Luzzatto, Aldo, ed. 2000. *La comunità ebraica di Venezia e il suo antico cimitero.* Milan: Il Polifilo.
Luzzatto, Gino. 1950. "Sulla condizione economica degli Ebrei veneziani nel secolo XVIII." *Rassegna mensile* di *Israel* 16.6-8: 161-71.
―――. 1962. "Armatori ebrei a Venezia negli ultimi 250 anni della Repubblica." *Rassegna mensile* di *Israel* 28.3-4-160-68.
Macaulay, Stewart. 1963. "Non-Contractual Relations in Business: A Preliminary Study." *American Sociological Review* 28.1: 55-67.
Macler, Frédéric. 1904. "Notes de Chahan de Cirbied sur les arméniens d'Amsterdam et de Livourne." *Anahit* 6.1: 8-16.
Magalhães Godinho, Vitorino. 1993. "The Portuguese and the 'Carreira da Índia,' 1497-1810." In Bruijn and Gaastra 1993: 1-47.
Malanima, Paolo. 1982. *La decadenza di un'economia cittadina: L'industria di Firenze nei secoli XVI-XVIII.* Bologna: Il Mulino.
―――. 1990. *Il lusso dei contadini: Consumi e industrie nelle campagne toscane del Sei e Settecento.* Bologna: Il Mulino.
―――. 1995. "I commerci del mondo del 1674 visti da Amsterdam e da Livorno." In *Ricerche di storia moderna in onore di Mario Mirri,* ed. Giuliana Biagioli, 4 vols. Pisa: Pacini, IV, 153-80.
Malkiel, David J. 1991. *A Separate Republic: The Mechanics and Dynamics of Venetian Jewish Self-Government, 1607-1624.* Jerusalem: Magnes.

———. 1997. "Jews and Wills in Renaissance Italy: A Case Study in Jewish-Christian Cultural Encounter." *Italia* 12: 7-69.

Malynes, Gerard. 1622. *Consuetudo, vel, Lex Mercatoria; or, The Ancient Law-Merchant*. London: Adam Islip.

Mandilara, Anna. 1998. *The Greek Business Community in Marseille, 1816-1900: Individual and Network Strategies*. Ph. D. diss., European University Institute.

Mangio, Carlo. 1978a. "Commercio marittimo e Reggenza lorenese in Toscana (provvedimenti legislativi e dibattiti)." *Rivista storica italiana* 90.4: 898-938.

———. 1978b. "Testimonianze di viaggiatori francesi su Livorno fra Sei e Settecento." In *Livorno e il Mediterraneo* 1978: 306-19.

———. 1980a. "La memoria presentata dalla 'Nazione inglese' di Livorno in occasione dell'inchiesta del 1758." In *Gli inglesi a Livorno e all'isola d'Elba (secc. XVII-XIX): Atti del Convegno, Livorno-Portoferraio, 27-29 settembre 1979*. Livorno: Bastogi, 58-65.

———. 1980b. "Un episodio dei rapporti fra Impero ottomano e Toscana medicea: il 'Diploma del Gran Turco' del 1668." *Bollettino storico pisano* 49: 209-31.

———. 1995. "'Nazioni' e tolleranza a Livorno." *Nuovi studi livornesi* 3: 11-21.

Mann, Vivian B., ed. 1989. *Gardens and Ghettos: The Art of Jewish Life in Italy*. Berkeley: University of California Press.

Mantran, Robert. 1970. "La navigation vénitienne et ses concurrents en Méditerranée orientale aux XVIIe et XVIIIe siècles." In *Mediterraneo e Oceano Indiano: Atti del VI Colloquia internazionale di storia marittima, tenuto a Venezia dal 20 al 29 settembre 1962*, ed. Manlio Cortelazzo. Florence: Olschki, 375-87 (now in Mantran·1984).

———. 1977. "La transformation du commerce dans l'Empire ottoman au XVIIIe siècle." In *Studies in Eighteenth-Century Islamic History;* ed. Thomas Naff and Roger Owen. Carbondale: Southern Illinois University Press, 220-35 (now in Mantran 1984).

———. 1984. *L'Empire Ottomain du XVIe au XVIIIe siècle: Administration, économie, société*. London: Variorum.

Marcocci, Giuseppe. 2004. *I custodi dell'ortodossia: Inquisizione e Chiesa nel Portogallo del Cinquecento*. Rome: Edizioni di storia e letteratura.

Marcus, Abraham. 1989. *The Middle East on the Eve of Modernity: Aleppo in the Eighteenth Century*. New York: Columbia University Press.

Margariti, Roxani Eleni. 2007. *Aden and the Indian Ocean Trade: 150 Years in the Life of a Medieval Arabian Port*. Chapel Hill: University of North Carolina Press.

Markovits, Claude. 2000. *The Global World of Indian Merchants, 1750-1947: Traders of Sind from Bukhara to Panama*. Cambridge: Cambridge University Press.

Marrara, Danilo. 1965. *Studi giuridici sulla Toscana medicea: Contributo alia storia degli stati assoluti in Italia*. Milan: Giuffrè.

Marshall, P. J. 1976. *East Indian Fortunes: The British in Bengal in the Eighteenth

Century. Oxford: Clarendon.
Martini, Georg Christoph. 1969. *Viaggio in Toscana (1724-1745)*, ed. Oscar Trumpy. Modena: Aedes Muratoriana.
Martone, Luciano. 1984. *Arbiter-Arbitrator: Forme di giustizia privata nell'età del diritto comune*. Naples: Jovene.
Marzagalli, Silvia. 1999. *"Les boulevards de la fraude": Le négoce maritime et le Blocus continental, 1806-1813; Bordeaux, Hambourg, Livourne*. Villeneuve d'Ascq: Presses Universitaires du Septentrion.
———. 2007. "La circulation de l'information, révélateur des modalités de fonctionnement propres aux réseaux commerciaux d'Ancien Régime." *Rives nord-méditerranéennes* 27: 123-39.
Mascilli Migliorini, Luigi. 1989. "Viaggiatori in Toscana nell'età dei Lorena." In *La Toscana dei Lorena: Riforme, territorio, società; Atti del convegno di studi (Grosseto, 27-29 novembre 1987)*, ed. Zeffiro Ciuffoletti and Leonardo Rombai. Florence: Olschki, 639-49.
Masson, Paul. 1886. *Histoire du commerce français dans le Levant du XVIIe siècle*. Paris: Hachette.
———. 1903. *Histoire des éstablissements et du commerce français dans l'Afrique barbaresque (1560-1793)*. Paris: Hachette.
———. 1908. *Les compagnies du corail: Étude historique sur le commerce de Marseille au XVe siècle et les origines de la colonisation française en Algérie-Tunisie*. Paris: Fontemoing.
———. 1911. *Histoire du commerce français dans le Levant du XVIIIe siècle*. Paris: Hachette.
Masters, Bruce. 1987. "'Trading Diasporas' and 'Nations': The Genesis of National Identity in Ottoman Aleppo." *International History Review* 9: 345-67.
———. 1988. *The Origins of Western Economic Dominance in the Middle East: Mercantilism and the Islamic Economy in Aleppo, 1600-1750*. New York: New York University Press.
Mathias, Peter. 1995. "Strategies for Reducing Risk by Entrepreneurs in the Early Modern Period." In Lesger and Noordegraaf 1995: 5-24.
Matteoni, Dario. 1985. *Livorno*. Rome: Laterza.
Matthee, Rudolph P. 1999. *The Politics of Trade in Safavid Iran: Silk for Silver, 1600-1730*. Cambridge: Cambridge University Press.
———. 2005. "Christians in Safavid Iran: Hospitality and Harassment." *Studies on Persianate Societies* 3: 3-43.
Mawe, John. 1823. *A Treatise on Diamonds and Precious Stones: Including Their History, Natural and Commercial, To Which is Added, the Methods of Cutting and Polishing With Colored Plates*, 2d ed. London: Printed and Sold for the Author, 149, Strand; and Longan, Hurst, Rees, Orme, and Brown, Paternoster Row.

Maxwell, Kenneth. 1995. *Pombal: Paradox of the Enlightenment.* Cambridge: Cambridge University Press.

Mazzei, Rita. 1991. *La Pisa medicea: L'economia cittadina da Ferdinando I a Cosimo III.* Florence: Olschki.

―――. 2003. "L'economia pisana e la dinamica del commercia internazionale dell'età moderna." In Tangheroni 2003: 293-97.

McCusker, John. J. 2005. "The Demise of Distance: The Business Press and the Origins of the Information Revolution in the Early Modern Atlantic World." *American Historical Review* 110.2: 295-321.

McCusker, John J., and Cora Gravesteijn. 1991. *The Beginning of Commercial and Financial Journalism: The Commodity Price Currents, Exchange Rate Currents, and Money Currents of Early Modern Europe.* Amsterdam: Nederlandisch Economisch-Historisch Archief.

McCusker, John J., and Kenneth Morgan, eds. 2000. *The Early Modern Atlantic Economy.* Cambridge: Cambridge University Press.

McLean, Paul. 2007. *The Art of Network: Strategic Interaction and Patronage in Renaissance Florence.* Durham: Duke University Press.

McLean, Paul, and John F. Padgett. 2004. "Obligation, Risk, and Opportunity in the Renaissance Economy: Beyond Social Embeddedness to Network Co-Constitution." In *The Sociology of the Economy,* ed. Frank Dobbin. New York: Russell Sage, 193-227.

Méchoulan, Henry. 1990. *Amsterdam au temps de Spinoza: Argent et liberté.* Paris: Presses Universitaires de France.

―――. 1991. *Être Juif à Amsterdam au temps de Spinoza.* Paris: Albin Michel.

―――. 2001. "N'est pas marrane celui qu'on croit." In Méchoulan and Nahon 2001: 295-307·

Méchoulan, Henry, and Gérard Nahon, eds. 2001. *Mémorial I.-S. Révah: Études sur le marranisme, l'hétérodoxie juive et Spinoza.* Paris: Peeters.

Melis, Federigo. 1962. *Aspetti della vita economica medievale (Studi nell'Archivio Datini di Prato),* 2 vols. Siena: Monte dei Paschi/Olschki.

―――. 1972. *Documenti per la storia economica dei secoli XIII-XVI.* Florence: Olschki.

―――. 1973. "Intensità e regolarità nella diffusione dell'informazione economica generale nel Mediterraneo e in Occidente alla fine del Medioevo." In *Histoire économique du monde méditerranéen, 1450-1650: Mélanges en l'honneur de Fernand Braudel.* Toulouse: Privat, 389-424.

―――. 1990. "Di alcune figure di operatori economici fiorentini attivi nel Portogallo nel XV secolo." In Federigo Melis, *I mercanti italiani nell'Europa medievale e rinascimentale.* Florence: Le Monnier, 1-18.

Menachem, Elon, ed. 1974. *The Principles of Jewish Law.* Jerusalem: Keter.

Menard, Russell R. 1991. "Transport Costs and Long-Range Trade, 1300-1800: Was There a European 'Transport Revolution' in the Early Modern Era?" In Tracy 1991: 228-75.

Menkis, Richard. 1988. The Gradis Family of Eighteenth-Century Bordeaux: A Social and Economic Study. Ph.D. diss., Brandeis University.

———. 1990. "Patriarchs and Patricians: The Gradis Family of Eighteenth-Century Bordeaux." In *From East and West: Jews in a Changing Europe, 1750-1870,* ed. Frances Malino and David Sorkin. Oxford: Blackwell, 11-45.

Mentz, Søren. 1996. "English Private Trade on the Coromandel Coast, 1660-1690: Diamonds and Country Trade." *Indian Economic and Social History Review* 33.2: 155-73.

———. 2005. *The English Gentleman Merchant at Work: Madras and the City of London, 1660-1740.* Copenhagen: Museum Tusculanum Press and University of Copenhagen.

Meron, Orly. 1998. "The Dowries of Jewish Women in the Duchy of Milan (1535-1597)." *Zakhor: Rivista di storia degli ebrei d'Italia* 2: 127-37.

Merzario, Raul. 1981. *Il paese stretto: Strategie matrimoniali nella diocesi di Como, secoli XVI-XVIII.* Turin: Einaudi.

Meyuhas Ginio, Alisa, ed. 2002. *Jews, Christians, and Muslims in the Mediterranean World After 1492.* London: Frank Crass.

Michman, Jozeph, ed. 1984. *Dutch Jewish History: Proceedings of the Symposium on the History of the Jews in the Netherlands (November 28-December 3, 1982, Tel Aviv-Jerusalem).* Jerusalem: Hebrew University of Jerusalem, Institute for Research on Dutch Jewry.

———, ed. 1989. *Dutch Jewish History: Proceedings of the Fourth Symposium on the History of the Jews in the Netherlands (7-10 December, 1986, Tel Aviv-Jerusalem).* Jerusalem: Tel Aviv University, Hebrew University of Jerusalem, Institute for Research on Dutch Jewry.

———, ed. 1993. *Dutch Jewish History: Proceedings of the Fifth Symposium on the History of the Jews in the Netherlands (25-28 November, 1991, Jerusalem).* Jerusalem: Hebrew University of Jerusalem, Institute for Research on Dutch Jewry.

Miège, Jean-Louis, ed. 1984. *Les relations intercommunautaires juives en Méditerranée occidentale, XIIIe-XXe siècles: Actes du colloque international de l'Institut d'Histoire des Pays d'Outre-mer (GIS Méditerranée Aix-en-Provence) et du Centre de Recherches sur les Juifs d'Afrique du Nord (Institut Ben Zvi Université de Jérusalem), Abbay de Sénanque, Mai 1982.* Paris: CNRS.

Milano, Attilio. 1949. *Storia degli ebrei italiani nel Levante.* Florence: Casa Editrice Israel.

———. 1963. *Storia degli ebrei in Italia.* Turin: Einaudi.

———. 1967. "L'amministrazione della giustizia presso gli ebrei di Livorno nel Sei e Settecento." In Carpi, Milano, and Rofé 1967: 133-64.

Milgrom, Paul R., Douglass C. North, and Barry R. Weingast. 1990. "The Role of Institutions in the Revival of Trade: The Law Merchant, Private Judges, and the Champagne Fairs." *Economics and Politics* 2.1: 1-23.

Misson, Maximilien. 1739. *A New Voyage to Italy,* 4 vols. London: Printed [by C. Jephson] for J. and J. Bonwick et al.

Mitchell, J. Clyde, ed. 1969. *Social Networks in Urban Situations: Analyses of Personal Relationships in Central African Towns.* Manchester: Manchester University Press.

―――. 1974. "Social Networks." *Annual Review of Anthropology* 3: 279-99.

Molho, Anthony. 1994. *Marriage Alliance in Late Medieval Florence.* Cambridge: Harvard University Press.

―――. 1997. "Ebrei e marrani fra Italia e Levante ottomano." In Vivanti 1997: 1011-43.

Mollat, Michel, and Paul Adam, eds. 1966. *Les aspects internationaux de la découverte océanique aux XVe et XVIe siècles: Actes du cinquième colloque international d'histoire maritime (Lisbonne, 14-16 septembre 1960).* Paris: S.E.V.P.E.N.

Montesquieu, Charles Louis de Secondat Baron de. 1950. *Oeuvres complètes,* ed. André Masson, 3 vols. Paris: Nagel.

Morabito, Raffaele. 2001. *Lettere e letteratura: Studi sull'epistolografia volgare in Italia.* Alessandria: Edizioni dell'orso.

Moreen, Vera Basch, ed. 1990. *Iranian Jewry During the Afghan Invasion:* The Kitāb-I Sar Guzasht-I Kāshā *of Bābāī b. Farhād.* Stuttgart: Franz Steiner.

Morelli Timpanaro, Maria Augusta. 2003. *Tommaso Crudeli: Pappi, 1702-1745; Contributo per uno studio sulla Inquisizione a Firenze nella prima metà del XVIII secolo.* Florence: Olschki.

Morgan, Kenneth. 1993. *Bristol and the Atlantic Trade in the Eighteenth Century.* Cambridge: Cambridge University Press.

―――. 2000. "Business Networks in the British Export Trade to North America, 1750-1800." In McCusker and Morgan 2000: 36-62.

Mori, Giorgio. 1956. "Linee e momenti dello sviluppo della città, del porto e dei traffici di Livorno." *La Regione* 3-12: 3-44.

Morineau, Michel. 1976. "Naissance d'une domination: Marchands européens, marchands et marché du Levant au XVIIIe et XIXe siècles." In *Commerce de gros, commerce de detail dans les pays méditerranéens (XVIe-XIXe siècles): Actes des journées d'étude (Bendor, 25-26 avril 1976).* Nice: Centre de la Méditerranée Moderne et Contemporaine, 145-84.

Mortimer, Thomas. 1766. *A New and Complete Dictionary of Trade and Commerce.* London: Printed for the Author.

Moutoukias, Zacaría. 1992. "Réseaux personnels et autorité coloniale: Les négociants de Buenos Aires au XVIIIe siècle." *Annales: Économies, Sociétés, Civilisations* 47. 4-5: 889-915.

―――. 1997. "Negocios y redes socials: Modelo interpretativo a partir de un caso rioplatense." *Caravelle* 67: 37-55.

Muchnik, Nathalia. 2005. *Une vie marrane: Les pérégrinations de Juan de Prado dans l'Europe du XVIIe siècle.* Paris: Honoré Champion.

Muldrew, Craig. 1999. *The Economy of Obligation: The Culture of Credit and Social Relations in Early Modern England.* New York: St. Martin's.

Müller, Leos. 1998. *The Merchant Houses of Stockholm, c.1640-1800: A Comparative Study of Early Modern Entrepreneurial Behaviour.* Uppsala: Uppsala University Library.

Murdoch, Steve. 2006. *Network North: Scottish Kin, Commercial and Covert Associations in Northern Europe, 1603-1746.* Leiden: Brill.

Murphy, James J. 2001. *Rhetoric in the Middle Ages: A History of the Rhetorical Theory from Saint Augustine to the Renaissance.* Tempe: Arizona Center for Medieval and Renaissance Studies.

Nadler, Steven. 2003. *Rembrandt's Jews.* Chicago: University of Chicago Press.

Nahon, Gérard. 1977. "Pour une approche des attitudes devant la mort au XVIIIe siècle: Sermonnaires et testateurs juifs portugais à Bayonne." *Revue des études juives* 86: 3-123.

―――. 1984. "Les relations entre Amsterdam et Constantinople au XVIIIe siècle d'après le *Copiador de Cartas* de la Nation Juive Portugaise d'Amsterdam." In Michman 1984: 157-84.

―――. 1989a. "Amsterdam and Jerusalem in the 18th Century: The State of the Sources, and Some Questions." In Michman 1989: 95-116.

―――. 1989b. "The Sephardim of France." In Barnett and Schwab 1989: 46-74.

―――. 1993. *Métropoles et périphéries sefarades d'Occident: Kairouan, Amsterdam, Bayonne, Bordeaux, Jérusalem.* Paris: Cerf.

―――. 2003. *Juifs et Judaïsm à Bordeaux.* [Bordeaux]: Mollat.

Najemy, John M. 1993. *Between Friends: Discourses of Power and Desire in the Machiavelli-Vettori Letters, 1513-1515.* Princeton: Princeton University Press.

Nash, R. C. 2005. "The Organization of Trade and Finance in the British Atlantic Economy, 1600-1830." In Coclanis 2005: 95-151.

Neal, Larry. 1990. *The Rise of Financial Capitalism: International Capital Markets in the Age of Reason.* Cambridge: Cambridge University Press.

Nee, Victor. 1998. "Norms and Networks in Economic and Organizational Performance." *American Economic Review* 88.2: 85-89.

Nehama, Joseph. 1935-36. *Histoire des Israélites de Salonique,* 5 vols. Paris: Durlacher; Thessaloniki: Librairie Molho.

Netanyhau, Benzion. 1966. *The Marranos of Spain From the Late XIVth to the Early XVIth Century According to Contemporary Hebrew Sources.* New York: American Academy for Jewish Research.

Noradounghian, Gabriel effendi. 1897-1903. *Recueil d'actes internationaux de l'Empire ottoman: Traités, conventions, arrangements, déclarations, protocoles, procès verbaux, firmans, berats, lettres patentes et autres documents relatifs au droit public extérieur de la Turquie,* 4 vols. Paris: F. Pichon.

North, Douglass C. 1990. *Institutions, Institutional Change, and Economic Performance.* Cambridge: Cambridge University Press.

―――. 1991a. "Institutions." *Journal of Economic Perspectives* 5.1: 97-112.

―――. 1991b. "Institutions, Transactions Costs, and the Rise of Merchant Empires." In Tracy 1991: 22-40.

North, Douglass C., and Robert P. Thomas. 1973. *The Rise of the Western World: A New Economic History.* Cambridge: Cambridge University Press.

Novinsky, Anita. 1992. "Juifs et nouveaux chrétiens du Portugal." In *Les Juifs d'Espagne: Histoire d'une diaspora, 1492-1992,* ed. Henry Méchoulan. Paris: Liana Levi, 75-107.

Nusteling, H. P. H. 2002. "The Jews in the Republic of the United Provinces: Origins, Numbers and Dispersion." In Israel and Salverda 2002: 43-62.

Ogilvie, Sheilagh C. 2004. "How Does Social Capital Affect Women? Guilds and Communities in Early Modern Germany." *American Historical Review* 109.2: 325-59.

Oliel-Grausz, Evelyne. 1999. Relations et réseaux intercommunautaires clans la diaspora sefarade d'occident au XVIIIe siècle. Ph.D. diss., Univerity of Paris 1-Sorbonne.

―――. 2000. "A Study in Intercommunal Relations in the Sephardi Diaspora: London and Amsterdam in the Eighteenth Century." In *Dutch Jews as Perceived by Themselves and by Others: Proceedings of the Eighth International Symposium on the History of the Jews in the Netherlands,* ed. Chaya Brasz and Yosef Kaplan. Leiden: Brill, 41-58.

―――. 2006. "Networks and Communication in the Sephardi Diaspora: An Added Dimension to the Concept of Port Jews and Port Jewries." In Cesarani and Romain 2006: 61-76.

Orfali, Moisé. 1992. "Reforming and Conforming: A History of the Jews of Livorno, 1693-1707." *Mediterranean Historical Review* 7.2: 208-18.

―――. 1997. "Il *Daniello* da Livorno: Testo e contesto." *Zakhor: Rivista di storia degli ebrei d'Italia* 1: 207-20.

―――. 2001. "The Portuguese Dowry Society in Livorno and the Marrano Diaspora." *Studia Rosenthaliana* 35.2: 143-56.

Orrery, John Boyle, Earl of. 1773. *Letters from Italy, in the Years 1754 and 1755.* London: B. White.

Orta, Garcia de. 1987. *Colóquios dos simples e drogas e cousas medicinais da Índia* [1563], 2 vols. Lisbon: lmprensa Nacional-Casa da Moeda.

Owen Hughes, Diane. 1978. "From Brideprice to Dowry in Mediterranean Europe."

Journal of Family History. 3. 3: 262-96.
Padgett, John F., and Paul D. McLean. 2006. "Organizational Invention and Elite Transformation: The Birth of Partnership Systems in Renaissance Florence." *American Journal of Sociology* 111.5: 1463-568.
Padoa Schioppa, Antonio. 1992. *Saggi di storia del diritto commerciale.* Milan: Edizioni Universitarie di Lettere, Economia, Diritto.
Pagano de Divitiis, Gigliola. 1993· "Il porto di Livorno fra Inghilterra e Oriente." *Nuovi studi livornesi* 1: 43-87.
―――. 1997. *English Merchants in Seventeenth-Century Italy.* Cambridge: Cambridge University Press.
Pamuk, Şevket. 2000. *A Monetary History of the Ottoman Empire.* Cambridge: Cambridge University Press.
Panciera, Walter. 2000. *Fiducia e affari nella società veneziana del Settecento.* Padua: Cleup.
Panessa, Giangiacomo. 1991. *Le comunità greche a Livorno: Vicende fra integrazione e chiusura nazionale.* Livorno: Belforte.
Pansini, Giuseppe. 1973. "Il Magistrato Supremo e l'amministrazione della giustizia civile durante il Principato Mediceo." *Studi senesi* 85: 283-315.
―――. 1977. "La Ruota fiorentina nelle strutture giudiziarie del Granducato di Toscana." In *La formazione storica del diritto moderno in Europa.* Florence: Olschki, 533-79.
―――. 1992. "Potere politico ed amministrazione al tempo della Reggenza lorenese." In *Pompeo Neri: Atti del colloquio di studi di Castelfiorentino 6-7 maggio 1988,* ed. Aldo Frantoianni and Marcello Verga. Castelfiorentino: Società Storica della Valdelsa, 29-86.
―――. 1993. "Le cause delegate civili nel sistema giudiziario del principato mediceo." In *Grandi tribunali e rote nell'Italia di antico regime,* ed. Mario Sbriccoli and Antonella Bettoni. Milan: Giuffré, 605-41.
Panzac, Daniel, ed. 1991. *Les villes dans l'Empire ottoman: Activités et sociétés,* 2 vols. Paris: Centre National de Recherche Scientifique.
―――. 1992. "International and Domestic Maritime Trade in the Ottoman Empire During the 18th Century." *International Journal of Middle East Studies* 24.2: 189-206.
Pardi, Giuseppe. 1918. "Disegno della storia demografica di Livorno." *Archivio storico italiano* 76.1: 1-96.
Paris, Robert, ed. 1957. *Histoire du commerce de Marseille,* vol. 5, *De 1660 à 1789: Le Levant.* Paris: Plon.
Parker, Charles H. 2006. "Paying for the Privilege: The Management of Public Order and Religious Pluralism in Two Early Modern Societies." *Journal of World History* 17.3: 267-96.

Pastiné, Onorato. 1933. "L'arte dei corallieri nell'ordinarnento delle corporazioni genovesi (secoli XV-XVIII)." *Atti della società figure di storia patria* 61: 277-415.

Payne, John. 1791. *Universal Geography Formed into a New and Entire System,* 2 vols. London: Printed for the Author.

Pearson, M. N. 1972. "Indigenous Dominance in a Colonial Economy: The Goa *Rendas,* 1600-1670." *Mare Luso-Indicum* 2: 61-73.

―――. 1981. "Banyas and Brahmins: Their Role in the Portuguese Indian Economy." In M. N. Pearson, *Coastal Western India: Studies from the Portuguese Records.* New Delhi: Concept, 93-115.

―――. 1990. "Goa-Based Seaborne Trade (17th-18th Centuries)." In *Goa Through the Ages,* ed. Teotonio R. de Souza, 2 vols. New Delhi: Concept, 2: 146-75 (now in M. N. Pearson, *The World of the Indian Ocean, 1500-1800: Studies in Economic, Social and Cultural History* [Aldershot, U.K.: Ashgate/Variorum, 2005]).

―――. 2003. *The Indian Ocean.* New York: Routledge.

Pedreira, Jorge Miguel. 1995. Os homens de negócio da praça de Lisboa, de Pombal ao Vintismo (1755-1822): Differenciação, reprodução e identificação de um grupo social. Ph. D. diss., New University of Lisbon.

Pepelasis Minoglou, Ioanna. 1998. "The Greek Merchant House of the Russian Black Sea: A Nineteenth-Century Example of a Traders' Coalition." *International Journal of Maritime History* 10.1: 61-104.

―――. 2002. "Ethnic Minority Groups in International Banking: Greek Diaspora Bankers of Constantinople and Ottoman State Finances, c. 1840-81." *Financial History Review* 9.2: 125-46.

―――. 2005. "Toward a Typology of Greek-Diaspora Entrepreneurship." In Baghdiantz McCabe, Harlaftis, and Pepelasis Minoglou 2005: 173-89.

Pera, Francesco. 1888. *Curiosità livornesi inedite e rare.* Livorno: Raff[aele] Giusti .

―――. 1899. *Nuove curiosità livornesi inedite e rare.* Livorno: Tip[ografia] Cenniniana.

Peragallo, Prospero. 1904. *Cenni intorno alla colonia italiana in Portogallo nei secoli XIV, XV, XVI.* Turin: Paravia.

Peri, Giovanni Domenico. 1638. *Il negotiante,* 2 vols. Genoa: Pier Giovanni Calenzano.

Perrot, Jean-Claude, 1981. "Les dictionnaires de commerce au XVIIIe siècle." *Revue d'histoire moderne et contemporaine* 1: 36-67 (now in Jean-Claude Perrot, *Une histoire intellectuelle de l'économie politique: XVIIe et XVIIIe sèlcle* [Paris: EHESS, 1992], 97-125).

Perry, Thomas Whipple. 1962. *Public Opinion, Propaganda, and Politics in Eighteenth Century England: A Study of the Jew Bill of 1753.* Cambridge: Harvard University Press.

Petit, Carlos. 1997. *"Mercatura y ius mercatorum:* Materials para una antropología del comerciante premoderno." In *Del ius mercatorum al derecho mercantil: III Seminario de historia del derecho privado (Stiges, 28-30 de mayo de 1992),* ed. Carlos Petit. Madrid: Marcial Pons, Ediciones Jurídicas y sociales, 15-70.

Peyssonnel, Jean-André. 1987. *Voyages dans les régences de Tunis et d'Alger,* ed. Lucette Valensi. Paris: Editions de la Découverte.

Peyssonnel, [Jean-André], and William Watson. 1751-52. "An Account of a Manuscript Treatise, Presented to the Royal Society, Intitled, Traité du Corail, Contenant les Nouvelles Decouvertes, qu'on a Fait sur le Corail, les Pores, Madrepores, Scharras, Litophitons, Eponges, et Autres Corps et Productions." *Philosophical Transactions* 47: 445-69.

Philipp, Thomas. 1994. "French Merchants and Jews in the Ottoman Empire During the Eighteenth Century." In Levy 1994: 315-25.

―――. 2001. "The Trade of Acre in the Eighteenth Century: French Merchants and Local Rulers in the World Economy." In Adelman and Aron 2001: 89-112.

Piccinno, Luisa. 2003. "Prime ricerche sui pescatori di corallo genovesi dell'Isola di Tabarca." In Doneddu and Fiori 2003: 43-61.

Piergiovanni, Vito, ed. 1987. *The Courts and Development of Commercial Law.* Berlin: Dunker and Humbolt.

―――. 2005a. "Genoese Civil Rota and Mercantile Customary Law." In Piergiovanni 2005b: 191-206.

―――, ed. 2005b. *From Lex Mercatoria to Commercial Law.* Berlin: Dunker and Humbolt.

Pieterse, Wilhelmina Chr[istina]. 1973. "Abraham Lopes Colaso en zijn zoon Aron, kooplieden te Amsterdam en Bayonne van ca. 1700 tot 1774." *Studia Rosenthaliana* 7.1: 1-7.

―――. 1989. "The Sephardi Jews of Amsterdam." In Barnett and Schwab 1989: 75-99.

Pinto, Celsa. 1990. "Goa-Based Overseas and Coastal Trade (18th and 19th Centuries)." In de Souza 1990, 2: 176-212.

―――. 1994. *Trade and Finance in Portuguese India: A Study of the Portuguese Country Trade 1770-1840.* New Delhi: Concept.

Pissurlencar, Panduronga S. S. 1952. *Agentes de diplomacia portuguesa na Índia (hindus, muçulmanos, judeus e parses).* Bastorá-Goa: Tipografia Rangel.

―――, ed. 1953-57. *Assentos do Conselho de Estado,* 5 vols. Bastorá-Goa: Tipografia Rangel.

―――. 1957. *The Portuguese and the Marathas.* Trans. P. R. Kakodkar. Bombay: State Board for Literature and Culture.

Podestà, Francesco. 1877-84. "L'Isola di Tabarca e le pescherie di corallo nel mare circostante." *Atti della società ligure di storia patria* 13: 1007-44.

Podolny, Joel M., and Karen L. Page. 1998. "Network Forms of Organization." *Annual Review of Sociology* 24: 57-76.

Pohls, Hans. 1948. *Die Portugiesen in Antwerpen, 1567-1648.* Wiesbaden: Steiner.

Polanyi, Karl. 1944. *The Great Transformation: The Political and Economic Origins of Our Time.* Boston: Beacon Hill.

Polanyi, Karl, Conrad M. Arensberg, and Harry W. Pearson, eds. 1957. *Trade and Market in the Early Empires: Economies in History and Theory.* Glencoe, Ill.: Free Press.

Poliakov, Léon. 1957. "Un tentativo di Venezia per attirare gli ebrei di Livorno." *Rassegna mensile di Israel* 23.7: 291-95.

Pollins, Harold. 1982. *Economic History of the Jews in England.* London: Associated University Press.

Polo, Marco. 2001. *The Travels of Marco Polo,* ed. Manuel Komroff et al. New York: Modern Library.

Pomeranz, Kenneth, and Steven Topik. 1999. *The World That Trade Created: Society, Culture, and the World Economy, 1400-the Present.* Armonk, N.Y.: Sharpe.

Portable Instructions for Purchasing the Drugs and Spices of Asia and the East-Indies. 1779. London: D. Steel.

Postlethwayte, Malachy. 1774. *The Universal Dictionary of Trade and Commerce,* 2 vols. London: W. Strahan, J. and F. Rivington, J. Hinton [etc.].

Powell, Walter W. 1990. "Neither Market Nor Hierarchy: Network Forms of Organization." *Research in Organizational Behavior* 12: 295-336.

Prakash, Om. 1998. *European Commercial Enterprise in Pre-Colonial India.* Cambridge: Cambridge University Press.

Prange, Sebastian R. 2006. " 'Trust in God, But Tie Your Camel First': The Economic Organization of the Trans-Saharian Slave Trade Between the Fourteenth and Nineteenth Centuries." *Journal of Global History* 1: 219-39.

Price, Jacob M. 1973. *France and the Chesapeake: A History of the French Tobacco Monopoly, 1674-1791, and Its Relationship to the British and American Tobacco Trades.* Ann Arbor: University of Michigan Press.

—————, ed. 1979. *Joshua Johnson's Letterbook, 1771-1774: Letters from a Merchant in London to His Partners in Maryland.* London: London Record Society.

—————. 1986. "The Great Quaker Business Families of Eighteenth-Century London: The Rise and Fall of a Sectarian Patriciate." In *The World of William Penn,* ed. Richard S. Dunn and Mary Maples Dunn. Philadelphia: University of Pennsylvania Press, 363-99.

—————. 1991. "Transaction Costs: A Note on Merchant Credit and the Organization of Private Trade." In Tracy 1991: 276-97.

—————. 1992. *Perry of London: A Family and a Firm on the Seaborne Frontier, 1615-1753.* Cambridge: Harvard University Press.

Price, Jacob M., and Paul G. E. Clemens. 1987. "A Revolution of Scale in Overseas Trade: British Firms in the Chesapeake Trade, 1675-1775." *Journal of Economic History* 47.1: 1-43.

Priolkar, Anant Kaaba. 1961. *The Goa Inquisition.* Bombay: Bombay University Press.

Prosperi, Adriano. 1994. "L'Inquisizione romana e gli ebrei." In Luzzati 1994: 67-120.
———. 1998. "Ebrei a Pisa: Dalle carte dell'Inquisizione romana." In Luzzati 1998: 117-57.
Pryor, John H. 1977. "The Origins of the Commenda Contract." *Speculum* 52.1: 5-37.
Pullan, Brian. 1977. "'A Ship With Two Rudders': 'Righetto Marrano' and the Inquisition in Venice." *Historical Journal* 20: 25-58.
———. 1983. *The Jews of Europe and the Inquisition of Venice, 1550-1670.* Totowa, N.J.: Barnes and Noble.
Putnam, Robert D. 1993. *Making Democracy Work: Civic Traditions in Modern Italy.* Princeton: Princeton University Press.
Quondam, Amedeo, ed. 1981. *Le 'carte messaggiere': Retorica e modelli di comunicazione epistolare; per un indice dei libri di lettere del Cinquecento.* Rome: Bulzoni.
Rabo, Annika. 2005. *A Shop of One's Own: Independence and Reputation Among Traders in Aleppo.* London: Tauris.
Raposo, José do Nascimento. 1989. Don Gabriel de Silva, a Portuguese-Jewish Banker in Eighteenth-Century Bordeaux. Ph. D. diss., York University, Toronto, Ontario.
Rapp, Richard Tilden. 1975. "The Unmaking of the Mediterranean Trade Hegemony: International Trade Rivalry and the Commercial Revolution." *Journal of Economic History* 35.3: 499-525.
Rau, Virgínia. 1957. "A Family of Italian Merchants in Portugal in the XVth Century: The Lomellini." In *Studi in onore di Armando Sapori,* 2 vols. Milan: Istituto Editoriale Cisalpino, 1: 717-26.
———. 1965-66. "Um grande mercador-banqueiro italiano em Portugal: Lucas Giraldi." *Estudos italianos em Portugal* 24: 3-35.
———. 1966. "Les marchands-banquiers étrangers au Portugal sous le règne de João III (1521-1557)." In Mollat and Adam 1966: 295-307.
———. 1971. "Bartolomeo di Iacopo di ser Vanni mercador-banqueiro Florentino 'estante' em Lisboa nos meados do século XV." *Do tempo e da história* 4: 97-117.
———. 1982. "Privilégios e legislação portuguesa referentes a mercadores estrangeiros (séculos XV e XVI)." In Virgínia Rau, *Estudos sabre história económica e social do antigo regime.* Lisbon: Editorial Presença, 201-25.
Rauch, James E. 2001. "Business and Social Networks in International Trade." *Journal of Economic Literature* 39.4: 1177-203.
Ravid, Benjamin. 1976. "The First Charter of the Jewish Merchants of Venice, 1589." *AJS Review* 1: 187-222.
———. 1978. *Economics and Toleration in Seventeenth-Century Venice: The Background and Context of the* Discorso *of Simone Luzzatto.* Jerusalem: Central Press.
———. 1982. "'How Profitable the Nation of the Jewes Are': The *Humble Addresses* of

Menasseh ben Israel and the *Discorso* of Simone Luzzatto." In *Mystics, Philosophers, and Politicians: Essays in Jewish Intellectual History in Honor of Alexander Altmann,* ed. Jehuda Rainharz and Daniel Swetschinski. Durham: Duke University Press, 159-80.

———. 1987. "The Religious, Economic and Social Background and Context of the Establishment of the Ghetti of Venice." In Cozzi 1987b: 211-59.

———. 1991. "A Tale of Three Cities and their *Raison d'État:* Ancona, Venice, Livorno, and the Competition for Jewish Merchants in the Sixteenth Century." *Mediterranean Historical Review* 6.2: 138-62 (now in Meyuhas Ginio 2002: 138-62).

———. 2001. "The Forced Baptism of Jewish Minors in Early Modern Venice." *Italia* 13-15: 259-301.

Ray, John. 1738. *Travels through the Low-Countries, Germany, Italy, and France, with Curious Observations,* 2d ed., 2 vols. London: J. Walthoe [et al).

Raymond, André. 1974. *Artisans et commerçants au Caire au XVIIIe siècle,* 2 vols. Beirut: Damascus.

———. 1984. "The Population of Alep in the Sixteenth and Seventeenth Centuries According to Ottoman Census Documents." *International Journal of Middle East Studies* 16.3: 447-60.

———. 1991. "Alep à l'époque ottomane (XVIe-XIXe s.)." *Revue du monde musulman et de la Méditerranée* 62: 93-110.

Raynal, abbé [Guillaume-Thomas-François]. 1776. *A Philosophical and Political History of the Settlements and Trade of the Europeans in the East and West Indies.* Trans. J. Justamond, 2d ed., 5 vols. London: T. Cadell.

Rego, A. da Silva 1981. "The Monsoon Codices at the National Archives of the Torre do Tombo." In *Indo-Portuguese History: Sources and Problems,* ed. John Correira-Afonso. Bombay: Oxford University Press, 51-71.

Renouard, Yves. 1961. "Information et transmission des nouvelles." In *L'histoire et ses methodes,* ed. Charles Samaran. Paris: Gallimard, 95-142.

Repetti, Emanuele. 1835. *Dizionario geografico, fisico e storico della Toscana.* Florence: Presso l'Autore.

Révah, I. S. 1959-60. "Les Marranes." *Revue des études juives* 118.1: 29-77.

———. 1963. "Le premier réglement imprimé de la 'Santa Companhia de dotar orfans e donzelas pobres.'" *Boletim internacional de bibliografia luso-brasileira* 4: 650-91.

Revel, Jacques. 1996. "Micro-analyse et construction du social." In *Jeux d'échelles: La micro-anaylse à l'expérience,* ed. Jacques Revel. Paris: Gallimard-Le Seuil, 15-36.

Reynaud, Jean. 1947. *Répertoire numérique des Archives: Chambre de Commerce de Marseille,* vol. 1, *Archives antérieurs à* 1801: *Fonds particuliers de la Chambre.* Marseilles: Robert.

Ricard, Samuel. 1700. *Traité général du commerce.* Amsterdam: Chez Paul Marret.

———. 1799. *Traité général du commerce,* new ed., 3 vols. Paris: Chez J. -Ch.

LaVeux.

Ricci and Guidotti. 1751. *Introduzione alla pratica del commercio, ovvero, Notizie necessarie per l'esercizio della mercatura.* Livorno: Gio. Paolo Fantechi.

Richards, John F. 1975. *Mughal Administration in Golconda.* Oxford: Clarendon.

Riley, James C. 1986. *The Seven Years' War and the Old Regime in France: The Economic and Financial Toll.* Princeton: Princeton University Press.

Rivkin, Ellis. 1957-58. "The Utilization of Non-Jewish Sources for the Reconstruction of Jewish History." *Jewish Quarterly Review* 48.2: 183-203.

Roberts, Lewes. 1638. *The Merchants Mappe of Commerce.* London: Ralph Mabb.

Rodrigue, Aron. 1990. *French Jews, Turkish Jews: The Alliance Israélite Universelle and the Politics of Jewish Schooling in Turkey, 1860-1925.* Bloomington: Indiana University Press.

———, ed. 1992. *Ottoman and Turkish Jewry: Community and Leadership.* Bloomington: Indiana University.

Romano, Ruggiero. 1978. "Rapporti tra Livorno e Napoli nel Seicento." In *Livorno e il Mediterraneo* 1978: 202-5.

Roques, Georges. 1996. *La manière de négocier aux Indes, 1676-1691: La compagnie des Indes et l'art du commerce*, ed. Valérie Bérinstain. Paris: Maisonneuve et Larose.

Rosa, Mario. 1997. "La Santa Sede e gli ebrei nel Settecento." In Vivanti 1997: 1067-87.

Roseveare, Henry, ed. 1987. *Markets and Merchants of the Late Seventeenth Century: The Marescoe-David Letters, 1668-1680.* Oxford: Published for the British Academy by the Oxford University Press.

Ross, J. M. 1970-73. "Naturalisation of Jews in England." *Transactions of the Jewish Historical Society of England* 24: 59-74.

Roth, Cecil. 1930a. "Les Marranes à Venise." *Revue des études juives* 89: 201-23.

———. 1930b. *Venice.* Philadelphia: Jewish Publications Society of America.

———. 1931. "Notes sur les marranes de Livourne." *Revue des études juives* 91: 1-27.

———. 1932. *A History of the Marranos.* Philadelphia: Jewish Publications Society of America.

———. 1946. *The History of the Jews of Italy.* Philadelphia: Jewish Publication Society of America.

———. 1964. *A History of the Jews in England,* 2d ed. Oxford: Clarendon.

———. 1967. "Stemmi di famiglie ebraiche italiane." In Carpi, Milano, and Rofé 1967: 165-84.

Roth, Norman. 1995. *Conversos, Inquisition, and the Expulsion of the Jews from Spain.* Madison: University of Wisconsin Press.

Rothman, Natalie E. 2006. "Becoming Venetian: Conversion and Transformation in the Seventeenth-Century Mediterranean." *Mediterranean Historical Review* 21.1: 39-75.

Rothschild, Emma. 2001. *Economic Sentiments: Adam Smith, Condorcet, and the Enlightenment.* Cambridge: Harvard University Press.

Rozen, Minna. 1984. "The Leghorn Merchants in Tunis and Their Trade with Marseilles at the End of the 17th Century." In Miège 1984: 51-59.

———. 1985. "Les marchands juifs livournais à Tunis et le commerce avec Marseilles à la fin du XVIIᵉ siècle." *Michael* 9: 87-129.

———. 1988. "Contest and Rivalry in Mediterranean Maritime Commerce in the First Half of the Eighteenth Century: the Jews of Salonika and the European Presence." *Revue des études juives* 147. 3-4: 309-52.

———. 1992. "Strangers in a Strange Land: The Extraterritorial Status of Jews in Italy and the Ottoman Empire in the Sixteenth to the Eighteenth Centuries." In Rodrigue 1992: 123-66.

Rubens, Alfred. 1935. *Anglo-Jewish Portraits: A Biographical Catalogue of Engraved Anglo-Jewish and Colonial Portraits from the Earliest Times to the Accession of Queen Victoria.* London: Jewish Museum.

———. 1949. "Anglo-Jewish Coat of Arms." In *Anglo-Jewish Notabilities: Their Arms and Testamentary Dispositions.* London: Jewish Historical Society of England, 75-128.

———. 1955-59. "Portrait of Anglo-Jewry, 1656-1836." *Transactions of the Jewish Historical Society of England* 19: 13-52.

Ruderman, David B. 1998. "Cecil Roth, Historian of Italian Jewry: A Reassessmen." In *The Jewish Past Revisited: Reflections on Modern Jewish Historians,* ed. David N. Myers and David B. Ruderman. New Haven: Yale University Press, 128-42.

———. 2001. "Introduction." In *Cultural Intermediaries: Jewish Intellectuals in Early Modern Italy,* ed. David B. Ruderman and Giuseppe Veltri. Philadelphia: University of Pennsylvania Press, 1-23.

Ruíz Martin, Felipe. 1965. *Lettres marchandes échangées entre Florence et Medina del Campo.* Paris: S.E.V.P.E.N.

Ruspio, Federica. 1998-99. La comunità portoghese a Venezia (1567-1618), thesis (tesi di laurea), University of Venice-Ca' Foscari.

———. 2000-1. "Una comunita di marrani a Venezia." *Zakhor: Rivista di storia degli ebrei d'Italia* 5: 53-85.

———. 2005. La presenza portoghese a Venezia (fine del XVI-metà del XVII secolo), Ph.D. diss., University of Venice-Ca' Foscari.

———. 2007. *La Nazione Portoghese: Ebrei ponentini e nuovi cristiani a Venezia.* Turin: Zamorani.

Russell, Alexander. 1794. *The Natural History of Aleppo,* 2d ed., 2 vols. London: G. G. and J. Robinson.

Sabean, David Warren. 1998. *Kinship in Neckarhausen, 1700-1870.* Cambridge: Cambridge University Press.

Sabean, David Warren, Simon Teuscher, and Jon Mathieu, eds. 2007. *Kinship in Europe: Approaches to Long-Term Developments (1300 -1900).* New York: Berghahn.

Sagredo, Agostino. 1857. *Sulle consorterie delle arti edifzcative in Venezia.* Venice: Naratovich.

Sahlins, Marshall. 1972. *Stone Age Economics.* Chicago: Aldine-Atherton.

Salmon, Thomas. 1729. *Modern History; or, The Present State of All Nations,* 26 vols. London: Tho. Wotton, J. Shuckburgh and T. Osborne.

Salzmann, Milka Cassuto, and David Cassuto, eds. 1984. *Diario di un viaggio in Terra Santa di Moisè Vita Cafsuto da Firenze 1734 estratto da un manoscritto italiano inedito.* Jerusalem: Ben-Zvi.

Samuel, Edgar. 1966. "The Jews in English Foreign Trade: A Consideration of the 'Philo-Patriae' Pamphlets of 1753." In Shaftesley 1966: 123-43.

―――. 1978-80. "Manuel Levy Duarte (1631-1714): An Amsterdam Merchant Jeweller and His Trade with London." *Transactions of the Jewish Historical Society of England* 27: 11-31.

―――. 1988-90a. "The Curiel Family in 16th-Century Portugal." *Transactions of the Jewish Historical Society of England* 31: 111-36.

―――. 1988-90b. "The Readmission of the Jews to England in 1656, in the Context of English Economic Policy." *Transactions of the Jewish Historical Society of England* 31: 153-69.

―――. 1989. "The Trade of the 'New Christians' of Portugal in the Seventeenth Century." In Barnett and Schwab 1989: 100-114.

―――. 2000. "Gems from the Orient: The Activities of Sir John Chardin (1643-1713) as a Diamond Importer and East India Merchant." *Proceedings of the Huguenot Society* 27.3: 351-68.

―――. 2004. *At the End of the Earth: Essays on the History of the Jews of England and Portugal.* London: Jewish Historical Society of England.

Samuel, Wilfred S. 1968-69. "A List of Jewish Persons Endenizened and Naturalised 1609-1799." *Transactions of the Jewish Historical Society of England: Miscellanies* Part 7: 111-44.

Sanacore, Massimo. 1982-83. I Consoli del Mare a Pisa, dall'età medicea alle riforme leopoldine, thesis (tesi di laurea), University of Pisa.

―――. 1998. "Splendore e decadenza degli Sceriman a Livorno." In *Gli Armeni* 1998: 127-60.

Sani, Filippo. 2006. "Il Settecento." In *La Massoneria a Livorno: Dal Settecento alla Repubblica,* ed. Fulvio Conti. Bologna: Il Mulino, 27-98.

Santarelli, Umberto. 1964. *Per la storia del fallimento nelle legislazioni italiane dell'età intermedia.* Padua: Cedam.

Santini, Luigi. 1982. "I protestanti a Livorno nel period a mediceo-lorenese." In *I Valdesi e l'Europa.* Torre Pellice: Società di Studi Valdesi, 351-87.

Saraiva, Antonio José. 1969. *Inquisição e cristãos-novos.* Porta: Editorial Nova.

Sardella, Pierre. 1948. *Nouvelle et spéculations à Venise au début du XVIe siècle.* Paris:

Armand Colin.

Sassetti, Filippo. 1853. "Ragionamento di Filippo Sassetti sopra il commercio ordinato dal Granduca Cosimo I tra i sudditi suoi e le nazioni del Levante; diretto a Bongianni Gianfigliazzi, cavaliere Gerosolimitano." *Archivio storico italiano* appendix 9: 171-84.

Sauvaget, Jean. 1941. *Aleppo: Essai sur le dévelopement d'une grande ville syrienne dès origines au milieu du XIXe siècle.* Paris: Geuthner.

Savary, Jacques. 1675. *Le parfait négociant, ou, Instructon générale pour ce qui regarde le commerce des marchandises de France et des pays étrangers.* Paris: Jean Guignard fils.

―――. 1679. Le *parfait négociant, ou, Instructon générale pour ce qui regarde le commerce des marchandises de France et des pays étrangers,* 2d ed. Paris: J. Guignard.

Savary des Bruslons, Jacques, and Philemon Louis Savary. 1723-30. *Dictionnaire universel de commerce,* 3 vols. Paris: J. Estienne.

―――. 1759-65. *Dictionnaire universel de commerce,* new ed., 5 vols. Copenhagen: C. et A. Philibert.

Scammell, G. V. 1988. "The Pillars of Empire: Indigenous Assistance and the Survival of the Estado da Índia, c. 1600-1700." *Modern Asian Studies* 22: 473-89 (now in G. V. Scammell, *Ships, Ocean and Empire: Studies in European Maritime and Colonial History, 1400-1750* [Aldershot, U.K.: Variorum, 1995]).

Schechter, Ronald. 2003. *Obstinate Hebrews: Representations of Jews in France, 1715-1815.* Berkeley: University of California Press.

Schorsch, Jonathan. 2004. *Jews and Blacks in the Early Modern World.* Cambridge: Cambridge University Press.

Schroeter, Daniel J. 1994. "Orientalism and the Jews of the Mediterranean." *Journal of Mediterranean Studies* 4.2: 183-96.

―――. 2002. *The Sultan's Jews: Morocco and the Sephardi World.* Stanford: Stanford University Press.

Schwartz, Stuart B. 1991. "The Voyage of the Vassals: Royal Power, Noble Obligations, and Merchant Capital Before the Portuguese Restoration of Independence, 1624-1640." *American Historical Review* 96.3: 735-63.

Schwarzfuchs, Simon. 1966. "Notes sur les juifs de Bayonne au XVIIIe si4cle." *Revue des études juives* 125.3: 353-64.

―――. 1975. *Les Juifs de France.* Paris: Albin Michel.

―――. 1981. *Les registres de délibérations de la Nation juive portuguese de Bordeaux (1711-1787).* Paris: Fundação Calouste Gulbenkian, Centra Cultural Português.

―――. 1984. "La 'nazione ebrea' livournaise au Levant." *Rassegna mensile di Israel* 50.9-12: 707-24.

Scott, John. 2000. *Social Network Analysis: A Handbook,* 2d ed. London: Sage.

Seally, John. 1787. *A Complete Dictionary, or Universal Gazetteer of Ancient and Modern Geography,* 2 vols. London: Scatcherd and Whitaker.
Sebag, Paul. 1991. *Histoire des Juifs de Tunisie des origines à nos jours.* Paris: L' Harmattan.
Segre, Renata. 1983. "La società ebraica nelle fonti archivistiche italiane." In *Italia Judaica: Atti del I Convegno internazionale, Bari 18-22 maggio 1981.* Rome: Ministero per i Beni Culturali e Ambientali – Pubblicazioni degli Archivi di Stato, 239-50.
―――. 1991. "Sephardic Settlements in Sixteenth-Century Italy: A Historical and Geographical Survey." *Mediterranean Historical Review* 6.2: 112-37 (now in Meyuhas Ginio 2002: 112-37)·
―――. 1996. "La Controriforma: Espulsioni, conversioni, isolamento." In Vivanti 1996: 709-78.
Sercia Gianforma, Anna. 1990. "Gli ebrei livornesi nel censimento del 1841." In Luzzati 1990: 23-59.
Seth, Mesrovb Jacob. 1897. *History of the Armenians in India From the Earliest Times to the Present Day.* London: Luzac.
Sewell, William H. Jr. 2005. *Logics of History: Social Theory and Social Transformation.* Chicago: University of Chicago Press.
Shaftesley, John M. 1973-75. "Jews in English Regular Freemasonry, 1711-1860." *Transactions of the Jewish Historical Society of England* 25: 150-209.
―――, ed. 1966. *Remember the Day: Essays on Anglo-Jewish History Presented to Cecil Roth by Members of the Council of the Jewish Historical Society of England.* London: Jewish Historical Society of England.
Shaw, James E. 2006. *The Justice of Venice: Authorities and Liberties in the Urban Economy, 1550-1700.* Oxford: Oxford University Press.
Shaw, Stanford J. 1991. *The Jews of the Ottoman Empire and the Turkish Republic.* New York: New York University Press.
Sherman, Charles Phineas. 1917. *Roman Law in the Modern World,* 2 vols. Boston: Boston Book.
Shield, Renée Rose. 2002. *Diamond Stories: Enduring Change on 47th Street.* Ithaca: Cornell University Press.
Sicroff, Albert. 1960. *Les controverses des statuts de 'pureté de sang' en Espagne du XVe au XVIIe siècle.* Paris: Didier.
Siegmund, Stefanie B. 2002. "Division of the Dowry on the Death of the Daughter: An Instance in the Negotiation of Laws and Jewish Customs in Early Modern Tuscany." *Jewish History* 16.1: 73-106.
―――. 2006. *The Medici State and the Ghetto of Florence: The Construction of an Early Modern Jewish Community.* Stanford: Stanford University Press.
Silva, Maria Julia de Oliveira e. 1992. *Fidalgos-mercatores no século XVIII: Duarte Sodré*

Pereira. Lisbon: Imprensa Nacional-Casa da Moeda.
Silver, Allan. 1997. " 'Two Different Sorts of Commerce': Friendship and Strangership in Civil Society." In *Public and Private in Thought and Practice: Perspectives on a Grand Dichotomy*, ed. Jeff Weintraub and Krishan Kumar. Chicago: University of Chicago Press, 43-74.
Simonsohn, Shlomo, ed. 1993-97· *Documentary History of the Jews in Italy*, 18 vols. Leiden: Brill.
Slezkine, Yuri. 2004. *The Jewish Century*. Princeton: Princeton University Press.
Smyrnelis, Marie-Carmen. 1995. "Les arméniens catholiques de Smyrne aux XVIIIe et XIXe siècles." *Revue du monde arménien moderne et contemporaine* 2: 25-44.
Snyder, Holly. 2006. "Rules, Rights and Redemption: The Negotiation of Jewish Status in British Atlantic Port Towns, 1740-1831." *Jewish History* 20.2: 147-70.
―――. 2009. "English Markets, Jewish Merchants, and Atlantic Endeavors: Jews and the Making of British Transatlantic Commercial Culture, 1650-1800." In Kagan and Morgan 2009: 50-74.
Solla, Luís De Castro e. 1977. "Os diamantes no Brasil do século XVIII." *Brotéria: Cultura e informação* 105.4: 327-34.
Soman, Alfred. 1982. "L'infra-justice à Paris d'après les archives notariales." *Histoire, économie, société* 3: 369-75.
Sonnino, Guido. 1909. *Saggio sulle industrie, marina e commercio in Livorno sotto i primi due Lorena (1737-1790)*. Cortona: Tipografia E. Alari.
Sood, Gagan D. S. 2007. "'Correspondence Is Equal to Half a Meeting': The Composition and Comprehension of Letters in Eighteenth-Century Islamic Eurasia." *Journal of the Economic and Social History of the Orient* 50.2-3: 172-214.
Sorkin, David. 1999. "The Port Jew: Notes Towards a Social Type." *Journal of Jewish Studies* 50.1: 87-97.
Spallanzani, Marco. 1997. *Mercanti fiorentini nell'Asia portoghese (1500-1525)*. Florence: SPES.
Sperling, Jutta Gisela. 1999. *Convents and the Body Politic in Late Renaissance Venice*. Chicago: University of Chicago Press.
―――. 2005. "Women's Property Rights in Portugal Under Dom João I (1385-1433): A Comparison with Renaissance Italy." *Portuguese Studies Review* 13.1-2: 27-59.
Sprunger, M. 1991. "Faillissementen: Een aspect van geestelijke tucht bij de Waterlandsdoopsgezinde gemeente te Amsterdam in de zeventiende eeuw." *Doopsgezinde Bijdragen* 17: 101-30.
Starke, Mariana. 1800. *Letters from Italy, Between the Years 1792 and 1798*, 2 vols. London: Printed by T. Gillet, for R. Phillips.
Steele, Ian K. 1986. *The English Atlantic 1675-1740: An Exploration of Communication and Community*. Oxford: Oxford University Press.
Steensgaard, Niels. 1967. "Consuls and Nations in the Levant from 1570 to 165o."

Scandinavian Economic History Review 15.182: 13-55 (now in Subrahmanyam 1996).

―――. 1973. *Carracks, Caravans and Companies: The Structural Crisis in the European-Asian Trade in the Early Seventeenth Century.* Lund: Studentlitteratur (reprinted as *The Asian Trade Revolution of the Seventeenth Century: The East India Companies and the Decline of the Caravan Trade* [Chicago: University of Chicago Press, 1974]).

Stein, Sarah Abrevaya. 2002. "Sephardi and Middle Eastern Jewries Since 1492." In *The Oxford Handbook of Jewish Studies,* ed. Martin Goodman. Oxford: Oxford University Press, 326-62.

Stevens, Sacheverell. [1758?]. *Miscellaneous Remarks Made on the Spot, in a Late Years Tour Through France, Italy, Germany and Holland.* London: S. Hooper and J. Swan.

Stillman, Norman A. 1979. *The Jews of Arab Lands: A History and Source Book.* Philadelphia: Jewish Publication Society of America.

Stoianovich, Traian. 1960. "The Conquering Balkan Orthodox Merchants." *Journal of European Economic History* 20.2: 234-313.

―――. 1977. "Pour un modèle du commerce du Levant: Économie concurrentielle et économie de bazar 1500-1800." In *Istanbul à la jonction des cultures balkaniques, méditerranéenes, slaves et orientales, aux XVIe-XIXe siècles.* Bucharest: Association Internationale d'Études du Sud-est Européen, 189-248.

Stow, Kenneth. 1977. *Catholic Thought and Papal Jewry Policy 1555-1593.* New York: Jewish Theological Seminary of America.

―――. 1987. "The Jewish Family in the Rhineland in the High Middle Ages: Form and Function." *American Historical Review* 92.5: 1085-110.

―――. 1995a. "Marriages Are Made in Heaven: Marriage and the Individual in the Roman Jewish Ghetto." *Renaissance Quarterly* 48.3: 445-91.

―――. 1995b. *The Jews in Rome,* 2 vols. Leiden: Brill.

―――. 2001. *Theater of Acculturation: The Roman Ghetto in the Sixteenth Century.* Seattle: University of Washington Press.

Stow, Kenneth, and Sandra Debenedetti Stow. 1986. "Donne ebree a Roma nell'età del ghetto: Affetto, dipendenza, autonomia." *Rassegna mensile di Israel* 52: 63-116.

Streeter, Edwin W. 1882. *The Great Diamonds of the World: Their History and Romance.* London: George Bell and Sons.

Studemund-Halévy, Michael. 2000. *Biographisches Lexikon der Hamburg Sefarden: Die Grabinschriften des Portugiesenfriedholfs an der Königstraße in Hamburg-Altona.* Hamburg: Hans Chrisians.

―――. 2002. "*Codices gentium:* Semuel de Isaac Abas, coleccionista de libros hamburgués." In Contreras, García García, and Pulido 2002: 287-319.

―――. 2004. "Étrangers universels: Les réseaux séfarades à Hambourg." *Arquivos do Centro Cultural Calouste Gulbenkian,* vol. 48, *La Diaspora des "Nouveaux-*

Chrétiens," 117-50.
Studnicki-Gizbert, Daviken. 2007. *A Nation Upon the Ocean Sea: Portugal's Atlantic Diaspora and the Crisis of the Spanish Empire, 1492-1640.* Oxford: Oxford University Press.
———. 2009. "La *Nación* Among the Nations: Portuguese and Other Maritime Trading Diasporas in the Atlantic, Sixteenth to Eighteenth Centuries." In Kagan and Morgan 2009: 75-98.
Stumpo, Enrico. 1997. "La circolazione monetaria sulla piazza di Livorno: Le monete toscane e quelle forestiere, il corso dei cambi." In Balbi de Caro 1997: 138-46.
Subrahmanyam, Sanjay. 1990. *The Political Economy of Commerce: Southern India, 1500-1650.* Cambridge: Cambridge University Press.
———. 1992. "Iranians Abroad: Intra-Asia Elite Migration and Early Modern State Formation." *Journal of Asian Studies* 51.2: 340-63 (now in Subrahmanyam 1996).
———. 1995. "On *Imârat* and *Tijârat:* Asian Merchants and State Power in the Western Indian Ocean, 1400 to 1750." *Comparative Studies in Society and History* 37.4: 750-80.
———, ed. 1996. *Merchant Networks in the Early Modern World.* Brookfield, Vt.: Variorum.
———. 1997. "Connected Histories: Notes Towards a Reconfiguration of Early Modern Euraisa." *Modern Asian Studies* 31.3: 735-62.
Subrahmanyam, Sanjay, and C. A. Bayly. 1990. "Portfolio Capitalists and the Political Economy of Early Modern India." In *Merchants, Markets and the State in Early Modern India,* ed. Sanjay Subrahmanyam. Delhi: Oxford University Press, 242-65.
Sutcliffe, Adam. 2006. "Identity, Space and Intercultural Contact in the Urban Entrepôt: The Sephardic Bounding of Community in Early Modern Amsterdam and London." In Cesarani and Romain 2006: 93-108.
Sutherland, Lucy Stuart. 1933. *A London Merchant, 1695-1774.* Oxford: Oxford University Press.
Sutton, David. 2005. *Aleppo: City of Scholars.* Brooklyn: Mesorah.
Swetschinski, Daniel M. 1981. "Kinship and Commerce: The Foundation of Portuguese Jewish Life in Seventeenth-Century Holland." *Studia Rosenthaliana* 15, 52-74.
———. 2000. *Reluctant Cosmopolitans: The Portuguese Jews of Seventeenth-Century Amsterdam.* Portland, Ore.: Littman Library of Jewish Civilization.
Swetschinski, Daniel, and Loeki Schönduve. 1988. *De famille Lopes Suasso financiers van Willem III / The Lopes Suasso Family, Bankers to William III.* Amsterdam: Joods Historisch Museum.
Szramkiewicz, Romuald. 1989. *Histoire du droit des affaires.* Paris: Montchrestien.
Tadmor, Naomi. 2001. *Family and Friends in Eighteenth-Century England: Household, Kinship and Patronage.* Cambridge: Cambridge University Press.
Tangheroni, Marco, ed. 2003. *Pisa e il Mediterraneo: Uomini, merci, idee dagli Etruschi*

ai Medici. Milan: Skira.

Targioni Tozzetti, Giovanni. 1768-79. *Relazione d'alcuni viaggi fatti in diverse parti della Toscana,* 12 vols. Florence: G. Cambiagi.

Tavani, Giuseppe. 1959. "Os judeus portuguêses de Livorno e algumas características da sua língua." *Revista do livro* 16: 99-108.

Tavares, Maria José Pimenta Ferro. 1982-84. *Os judeus em Portugal no século XV*, 2 vols. Lisbon: Universidade Nova de Lisboa/Faculdade de Ciências Sociais e Humanas.

Tavernier, Jean Baptiste. 1676-77. *Les six voyages de Jean Baptiste Tavernier,* 2 vols. Paris: Gervais Clouzier.

Tavor Bannet, Eve. 2005 . *Empire of Letters: Letter Manuals and Transatlantic Correspondence, 1688-1820.* Cambridge: Cambridge University Press.

Taylor, George V. 1963. "Some Business Partnerships at Lyon, 1785-1793." *Journal of Economic History* 23.1: 46-70.

Teensma, Benjamin N. 1993. "The Suffocation of Spanish and Portuguese Among Amsterdam Sephardi Jews ." In Michman 1993: 137-77.

Tékéian, C. D. 1929. "Marseille, la Provence et les Arméniens." *Mémoires de l'Institut Historique de Provence* 6: 5-65.

Tenenti, Alberto. 1959. *Naufrages, corsaires et assurances maritimes à Venise (1592-1609).* Paris: S.E.V.P.E.N.

Tescione, Giovanni. 1968. *Italiani alia pesca del corallo ed egemonie marittime nel Mediterraneo.* Naples: Industrie Tipografiche Editoriali Assimilate.

Thomson, J. K. J. 1982. *Clermont-de-Lodève 1633-1789: Fluctuations in the Prosperity of a Languedocian Cloth-Making Town.* Cambridge: Cambridge University Press.

Tilly, Charles. 2005. *Trust and Rule.* New York: Cambridge University Press.

Tirole, Jean. 1999. "Incomplete Contracts: Where Do we Stand?" *Econometrica* 67.4: 741-81.

Toaff, Alfredo S. 1955. "Cenni storici sulla comunità ebraica e sulla sinagoga di Livorno." *Rassegna mensile di Israel* 21: 355-68, 411-26.

———. 1965. "La giurisdizione autonoma degli ebrei di Livorno e la controversia con R. Ja'acob Sasportas (1680)." *Rassegna mensile di Israel* 31: 273-85.

Toaff, Ariel, and Simon Schwarzfuchs, eds. 1989. *The Mediterranean and the Jews: Banking, Finance and International Trade (XVI-XVIII Centuries).* Ramat-Gan: Bar Ilan University Press.

Toaff, Renzo. 1968. "La giurisdizione autonoma degli Ebrei in Toscana in base ai privilegi del 1593." *Rassegna mensile di Israel* 34.1: 15-27.

———. 1986. "La 'Cassa per il riscatto degli schiavi' ebrei del Granduca di Toscana nella Livorno del Seicento." *Studi livornesi* 1: 43-63.

———. 1990. *La nazione ebrea a Livorno e Pisa (1591-1700).* Florence: Olschki.

———. 1991. "La nazione ebrea di Livorno." In *La Nazione Ebrea di Livorno: Itinerari di una vita.* Livorno: Edizioni Graphis Arte, 13-29.

Todeschini, Giacomo. 1989. *La ricchezza degli ebrei: Merci e denaro nella riflessione ebraica e nella definizione cristiana dell'usura alla fine del Medioevo.* Spoleto: Centro Italiano di Studi sull'Alto Medioevo.

———. 1994a. *Il prezzo della salvezza: Lessici medievali del pensiero economico.* Rome: La Nuova Italia Scientifica.

———. 1994b. "Osservazioni sul patrimonio femminile ebraico alla fine del Medioevo." In *Padre e figlia,* ed. Luisa Accati, Marina Cattaruzza, and Monika Verzar Bass. Turin: Rosenberg and Sellier, 31-40.

———. 2002. *I mercanti e il tempio: La società cristiana e il circolo virtuoso della ricchezza fra Medioevo ed Età Moderna.* Bologna: Il Mulino.

———. 2004. "Franciscan Economics and Jews in the Middle Ages: From a Theological to an Economic Lexicon." In *Friars and Jews in the Middle Ages and Renaissance,* ed. Steven J. McMichael and Susan E. Myers. Leiden: Brill, 99-117.

———. 2008. "Theological Roots of the Medieval/Modern Merchants' Self-Representation." In *The Self-Perception of Early Modern Capitalists,* ed. Margaret C. Jacob and Catherine Secretan. New York: Palgrave Macmillan, 17-46.

Tognetti, Sergio. 1999. *Il Banco Cambini: Affari e mercati di una compagnia mercantile-bancaria nella Firenze del XV secolo.* Florence: Olschki.

Tracy, James D., ed. 1990. *The Rise of Merchant Empires: Long-Distance Trade in the Early Modern World, 1350-1750.* Cambridge: Cambridge University Press.

———, ed. 1991. *The Political Economy of Merchant Empires.* Cambridge: Cambridge University Press.

Trexler, Richard. 1980. *Public Life in Renaissance Florence.* New York: Academic.

Trivellato, Francesca·. 2000. *Fondamenta dei Vetrai: Lavoro, Tecnologia e Mercato a Venezia tra Sei e Settecento.* Rome: Donzelli.

———. 2009a. "Sephardic Merchants in the Early Modern Atlantic and Beyond: Toward a Comparative Historical Approach to Business Cooperation." In Kagan and Morgan 2009: 99-120.

———. 2009b. "Sephardic Merchants Between State and Rabbinic Courts: Malfeasance, Property Rights, and Religious Authority in the Eighteenth-Century Mediterranean." In *From Florence to the Mediterranean and Beyond: Essays in Honor of Anthony Molho,* ed. Diogo Ramada Curto, Eric Dursteler, Julius Kirshner, and Francesca Trivellato. Florence: Olschki.

Tucci, Ugo. 1957. *Lettres d'un marchand vénitien: Andrea Berengo (1553-1556).* Paris: S.E.V.P.E.N.

Udovitch, Abraham L. 1970a. *Partnership and Profit in Medieval Islam.* Princeton: Princeton University Press.

———. 1970b. "The 'Law Merchant' of the Medieval Islamic World." In *Logic in Classical Islamic Culture (First Giorgio Levi Della Vida Biennial Conference),* ed. G. E. von Grunebaum. Wiesbaden: Otto Harrassowitz, 113-30.

—————. 1977. "Formalism and Informalism in the Social and Economic Institutions of the Medieval Islamic World." In *Individualism and Conformity in Classical Islam (Fifth Giorgio Levi Della Vida Biennial Conference)*, ed. Amin Banani and Speros Vryonis Jr. Wiesbaden: Otto Harrassowitz, 61-81.

The Universal Gazetteer; or, a Description of the Several Empires, Kingdoms ⋯ in the Known World. 1771. 3d ed. London: W. Strahan [et al.].

Urbani, Rossana, and Guido Nathan Zazzu. 1999. *The Jews in Genoa*, 2 vols. Leiden: Brill.

Valensi, Lucette. 1969. "Islam et capitalism: Production et commerce des chéchias en Tunisie et en France aux XVIIIe siècle." *Revue d'histoire moderne et contemporaine* 16.2: 376-400.

—————. 1977. *On the Eve of Colonialism: North Africa Before the French Conquest.* New York: Africana.

—————. 1985. *Tunisian Peasants in the Eighteenth and Nineteenth Centuries.* Cambridge: Cambridge University Press; Paris: Éditions de la Maison des Sciences de l'Homme.

Valle, Pietro della. 1665. *The Travels of Sig. Pietro della Valle, a Noble Roman, into East-India and Arabia Deserta.* London: Printed by J. Macock (abr. ed. of his *Viaggi di Pietro della Valle il Pellegrino*, 4 vols. [Rome: Appresso Vitale Mascarde, 1650-63]).

van Dillen, J. G. 1935. "De Vreemdelingen te Amsterdam in de eerste Helft der zeventiende Eeuw, I: De Portugeesche Joden." *Tijdschrift voor Geschiedenis* 50: 4-35.

—————. 1940. "De economische positie en betekenis der Joden in de Republiek en in de Nederlandse koloniale wereld." In *Geschiedenis der Joden in Nederland*, ed. Hendrik Brugmans and A. Frank. Amsterdam: Van Holkema and Warendorf, 561-616.

Vanneste, Tijl. 2006. "Diamond Trade in the First Half of the Eighteenth Century Through the Eyes of an English Merchant: The James Dormer Network." European University Institute, Mimeo.

Van Rooy, Silvio. 1966. "Armenian Habits as Mirrored in 17-18th Century Amsterdam Documents." *Revue des études arméniennes* 3: 347-57.

Vassallo e Silva, Nuno. 1993. "The Portuguese Gem Trade in the Sixteenth Century." *Jewellery Studies* 6: 19-28.

Vaz Dias, A. M. 1930. "Joden in den Amsterdamschen diamanthandel van de 18e eeuw." *De Vrijdagavond* 7: 234-36.

Vázquez de Prada, Valentín. 1960. *Lettres marchandes d'Anvers*, 4 vols. Paris: S.E.V.P.E.N.

Veiga Tones, José. 1978. "Uma longa guerra social: Os ritmos da repressão inquisitorial em Portugal." *Revista da história económica e social* 1: 55-68.

Verdooner, Dave, and Harmen Snel. 1990-91. *Trouwen in Mokum: Jewish Marriage in Amsterdam 1598-1811*, 2 vols. Gravenhage: Warray.

Verga, Marcello. 2001. "Proprietà e cittadinanza: Ebrei e riforma delle comunità nella Toscana di Pietro Leopoldo." In *La formazione storica dell'alterità: Studi di storia della tolleranza nell'età moderna offerti a Antonio Rotondò,* ed. Henry Méchoulan. 3 vols. Florence: Olschki, 3: 1047-67.

Verlinden, Charles. 1957. "La colonie italienne de Lisbonne et le developpement de l'économie metropolitaine et coloniale portugaise." In *Studi in onore di Armando Sapori,* 2 vols. Milan: Istituto Editoriale Cisalpino, 1: 617-28.

Verrucoli, Pietro. 1981. "L'opera di Benvenuto Stracca." In *Benvenuto Stracca nel quarto centenario della morte: Convegno di studio, Ancona 29 marzo 1980.* Ancona: Camera di Commercio Industria Artigianato e Agricoltura, 29-40.

Villani, Stefano. 1999. "'Cum scandalo catholicorum ... ': La presenza a Livorno di predicatori protestanti inglesi tra il 1644 e il 1670." *Nuovi studi livornesi* 7: 9-58.

―――. 2003. "Religione e politica: Le comunità protestanti a Livorno nel XVII e XVIII secolo." In *Livorno dal Medioevo all'età contemporanea: Ricerche e riflessioni,* ed. Daniele Pesciatini. Livorno: Frediani, 36-64.

―――. 2004a. "Alcune note sulle recinzioni dei cimiteri acattolici livornesi." In *Nuovi studi livornesi* 11: 35-51.

―――. 2004b. "I consoli della nazione inglese a Livorno tra 1665 e 167r Joseph Kent, Thomas Clutterbuck e Ephraim Skinner." *Nuovi studi livornesi* 11: 11-34.

Vitale, Michela, ed. 1997. *Il matrimonio ebraico: Le kettubot dell'Archivio Terracini.* Turin: Zamorani.

Viterbo, Sousa. 1903. *A pesca do coral no século XV.* Lisbon: Calçada do Cabra.

Vivanti, Corrado, ed. 1996. *Storia d'Italia: Annali* 11.1: "Gli Ebrei in Italia." Turin: Einaudi.

―――, ed. 1997. *Storia d'Italia: Annali* 11. 2: "Gli Ebrei in Italia." Turin: Einaudi.

Vivoli, Giuseppe. 1842. *Annali di Livorno dalla sua orgine sino all'anno di Gesù Cristo 1840,* 4 vols. Livorno: Giulio Sardi.

Vlessing, Odette. 1995. "Portuguese-Jewish Merchant Community in Seventeenth-Century Amsterdam." In Lesger and Noordegraaf 1995: 223-43.

―――. 2002. "The Excommunication of Baruch Spinoza: The Birth of a Philosopher." In Jonathan and Salverda 2002: 141-72.

Wachtel, Nathan. 2001. *Le foi du souvenir: Labyrinthes marranes.* Paris: Seuil.

Wagle, N. K. 1970. "The History and Social Organization of the Gauda Sāraswata Brāhmanas of the West Coast of India." *Journal of Indian History* 48: 7-25, 295-333.

Waquet, Jean-Claude. 1990. *Le Grand-Duché de Toscane sous les derniers Médicis: Essai sur le système de finances et la stabilité des institutions dans les anciens états italiens.* Rome: École Française de Rome.

Waterhouse, Ellis. 1958. *Gainsborough.* London: Spring.

Weber, Max. 1927. *General Economic History,* Trans. Frank H. Knight. New York: Greenberg.

―――. 1952. *The Protestant Ethic and the Spirit of Capitalism* [1904-5], ed. Talcott Parsons. London: Alien & Unwin.

———. 1968. *Economy and Society: An Outline of Interpretative Sociology*, ed. Guenther Roth and Claus Wittich. 3 vols. New York: Bedminster.

———. 2003. *The History of Commercial Partnerships in the Middle Ages*, ed. Lutz Kaelber. Lanham, Md.: Rowman and Littlefield.

Weinstein, Roni. 2004. *Marriage Rituals Italian Style: A Historical Anthropological Perspective on Early Modern Italian Jews*. Leiden: Brill.

———. 2009. "La famiglia ebraica in età moderna." In *Storia d'Europa e del Mediterraneo*, ed. Alessandro Barbero, vol. 10: *Età Moderna: Ambiente, popolazione, società*. Naples: Salerno Editrice, 677-727.

Welch, Anthony, ed. 2007. *The Travels and Journal of Ambrosio Bembo*. Trans. Clara Bargellini. Berkeley: University of California Press.

Wellman, Barry, and Charles Wetherell. 1996. "Social Network Analysis of Historical Communities: Some Questions from the Past for the Present." *History of the Family* 1.1: 97-121.

Weyl, Jonas. 1886. "Les Juifs protégés français aux échelles du Levant et en Barbarie sous les règnes de Louis XIV et Louis XV." *Revue des études juives* 12: 267-82.

———. 1887. "Les Juifs protégés français aux échelles du Levant et en Barbarie sous les règnes de Louis XIV et Louis XV." *Revue des études juives* 13: 277-94.

———. 1888. "La residence des juifs à Marseille." *Revue des études juives* 17: 96-110.

Whaley, Joachim. 1985. *Religious Toleration and Social Change in Hamburg, 1529-1819*. Cambridge: Cambridge University Press.

White, Donald Maxwell. 1961. *Zaccaria Seriman (1709-1784) and the* Viaggi di Enrico Wanton: *A Contribution to the Study of the Enlightenment in Italy*. Manchester: Manchester University Press.

Wijnroks, Erik. 2003. *Handel tussen Rusland en de Nederlanden, 1560-1640: Een netwerkanalyse van de Antwerpse en Amsterdamse kooplieden, handelend op Rusland*. Hilversum, The Netherlands: Verloren.

Williamson, Oliver E. 1985. *The Economic Institutions of Capitalism: Firms, Markets, Relational Contracting*. New York: Free Press.

———. 1993. "Calculativeness, Trust, and Economic Organization." *Journal of Law and Economics* 36.1: 453-86.

Winter, Michael. 1992. *Egyptian Society Under Ottoman Rule, 1517-1798*. London: Routledge.

Wood, Alfred C. 1935. *A History of the Levant Company*. Oxford: Oxford University Press.

Woolf, Maurice. 1962-67. "Joseph Salvador 1716-1786." *Transactions of the Jewish Historical Society of England* 21: 104-37.

———. 1970-73. "Foreign Trade of London Jews in the Seventeenth Century." *Transactions of the Jewish Historical Society of England* 24: 38-58.

Wyrwa, Ulrich. 2000. "'Perché i moderni rabbini pretendono di dare ad intendere una

favola chimerica ... .' L'illuminismo toscano e gli ebrei." *Quaderni storici* 102: 139-62.
Yamey, Basil S. 1971. "Jacob de Metz's 'Sendero Mercantil': An Unrecorded Book on Accounting, 1697." *Accounting and Business Research* 2: 180-81.
Yanagisako, Sylvia J. 2007. "Bringing It All Back Home: Kinship Theory in Anthropology." In Sabean, Teuscher, and Mathieu 2007: 33-48.
Yerushalmi, Yoseph Hayim. 1971. *From Spanish Court to Italian Ghetto: Isaac Cardoso; A Study in Seventeenth-Century Marranism and Jewish Apologetics.* New York: Columbia University Press.
―――. 1980. *The Re-Education of the Marranos in the Seventeenth Century: Third Annual Rabbi Louis Feinberg Memorial Lecture in Judaic Studies (March 26, 1980).* University of Cincinnati: Judaic Studies Program.
Yogev, Gedalia. 1978. *Diamonds and Coral: Anglo-Dutch Jews and Eighteenth-Century Trade.* Leicester: Leicester University Press.
Zahedieh, Nuala. 1998. "Credit, Risk and Reputation in Late Seventeenth-Century Colonial Trade." In *Merchant Organization and Maritime Trade in the North Atlantic, 1600-1815,* ed. Olaf Uwe Janzen. St. John's, Newfoundland: International Maritime Economic History Association, 53-74.
―――. 1999. "Making Mercantilism Work: London Merchants and Atlantic Trade in the Seventeenth Century." *Transactions of the Royal Historical Society* 9: 143-58.
Zampieri, Alberta. 1995-96. *Storia del Gioco del Ponte,* 4 vols. Pisa: Banco Ambrosiano Veneto.
Zekiyan, Boghos Levon. 1978. "Le colonie armene del Medio Evo in Italia e le relazioni cultutrali italo-armene." In *Atti del prima simposio internazionale di arte armena (Bergamo, 28-30 giugno 1975).* Venice: Tipo-Litografia Armena di Venezia, 803-929.
Zekiyan, Boghos Levon, and Aldo Ferrari, eds. 2004. *Gli armeni e Venezia: Dagli Sceriman a Mechitar; Il momento culminante di una consuetudine millenaria.* Venice: Istituto Veneto di Scienze, Lettere ed Arti.
Zell, Michael. 2002. *Reframing Rembrandt: Jews and the Christian Image in Seventeenth-Century Amsterdam.* Berkeley: University of California Press.
Zimmels, H. J. 1958. *Ashkenazim and Sephardim: Their Relations, Differences, and Problems as Reflected in the Rabbinical Responsa.* London: Oxford University Press.

人 名 索 引

ア 行

アギブ家 Aghib family　　103, 111
アッティアス家 Attias family　　146, 349, 394, 450
アッレグラ，ルチャーノ Allegra, Luciano　　453
アディソン，ジョゼフ Addison, Joseph　　213
アンサルディ，アンサルド Ansaldi, Ansaldo　　321
イェズルム家 Jesurum family　　87
イスラエル，ジョナサン Israel, Jonathan I.　　9, 36, 39, 80, 86, 109, 143, 189-91, 222, 276, 431, 458-59, 467
ヴァイス家 Vais family　　111, 414
ヴァレンシン家 Valensin family　　111, 344
ヴィーコ，ジャンバッティスタ Vico, Giambattista　　148
ウィリアムソン，オリヴァー Williamson, Oliver　　20, 302
ヴェーバー，マックス Weber, Max　　234, 247-48, 396
ウォーラーステイン，イマニュエル Wallerstein, Immanuel　　175
ウドヴィッチ，アブラハム Udovitch, Abraham　　294
エルガス家 Ergas family　　13, 27, 35-39, 42-49, 54-56, 60, 63, 65, 68-69, 96, 101-03, 111, 141, 147, 151, 154, 171, 227-30, 235, 299, 302-06, 323, 343-44, 353, 356-60, 366, 380, 397, 450-51, 456, 460, 463, 466, 471, 475
エルガス＝シルヴェラ商会 Ergas and Silvera　　13, 36-39, 49, 55-56, 59-64, 67-74, 83, 103, 111-14, 121, 146-48, 154, 186, 197, 201, 208, 218, 221, 230-36, 244-46, 250-56, 299-300, 304, 308, 317, 321-23, 390, 396-97, 408-11
オーバン，ジャン Aubin, Jean　　21
オリエル＝グロース，イヴリン Oliel-Grausz, Evelyne　　112
オリバーレス（伯公爵）Olivares, Count-Duke of　　57, 96, 189, 211

カ 行

カーティン，フィリップ Cartin, Philip D.　　18, 20, 25, 29, 175, 476-77
カザレージ，ジュゼッペ・ロレンツォ・マリア Casaregi, Giuseppe Lorenzo Maria　　321
カッスート家 Cassuto family　　304, 436
カプラン，ヨセフ Kaplan, Yosef　　31, 114, 140, 279
カマト家 Kamat family　　262, 284, 301-07, 318-19, 322, 324, 418
カモティン家 Camotim family　　321, 376-77, 415, 423
カンビアーゾ家 Cambiaso family　　354-55, 372, 414, 416
カンポス家 Campos family　　111, 344
ギボン，エドワード Gibbon, Edward　　120
キャリエール，シャルル Carrière, Charles　　61, 470
ギレルミ家 Guilhermy family　　365
グティエレス・ペーニャ家 Gutierrez

Pegna family　111
グライフ，アヴナー Greif, Avner　7,
　22-25, 29, 248, 253, 264-67, 274,
　334, 426, 428, 461, 476
グラックマン，マックス Gluckman, Max
　275
グラディス家 Gradis family　141, 264,
　329, 334, 381
グラノヴェッター，マーク Granovetter,
　Mark S.　28, 251, 444
クラマー，マティアス Kramer, Matthias
　314
クリエル家 Curiel family　165
ゴイティン，S・D　Goitein, S. D.
　22, 24, 309-10, 334
コーエン，アブナー Cohen, Abner　18
コーエン，トマス Cohen, Thomas　162
コーエン家 Coen family　394
ゴフマン，アーヴィン Goffman, Erving
　473
ゴラーニ，ジュゼッペ Gorani, Giuseppe
　393
コルベール，ジャン＝バティスト
　Colbert, Jean-Baptiste　197, 201,
　268, 311
コワイエ，ガブリエル・フランソワ
　Coyer, Gabriel François　311

　　　　　サ　行

サーリンズ，マーシャル Sahlins,
　Marshall　245
サヴァリ，ジャック Savary, Jacques
　119, 213, 268, 282-83, 310-11, 444
サックート家 Saccuto family　60
サトクリフ，アダム Sutcliffe, Adam
　168
サミニアーティ家 Saminiati family　345
サミニアーティ＝パッツィ商会
　Saminiati-Pazzi　189
サムエル・ギデオン商会 Samuel
　Gideon's　363

シェーデル，J・C　Schedel, J. C.　315
シェクター，ロナルド Schechter, Ronald
　164
シェリマン家 Sceriman family　257,
　438
シナピウス，ヨハン・クリスティアン
　Sinapius, Johann Christian　315-
　17, 320
ジャニン，ピエール Jeannin, Pierre　287
シャルダン，ジャン Chardin, Jean　405,
　419-20
シャルティエ，ロジェ Chartier, Roger
　297
ジュディチェ家 Giudice family　355
シュローター，ダニエル Schroeter,
　Daniel J.　465
シルヴェラ家 Silvera family　13, 27,
　35-39, 55-60, 65, 69, 96, 101, 147,
　151, 171, 227-28, 264, 299, 302-
　06, 323, 343, 356, 366, 373, 380, 451,
　456, 460, 463, 466, 471, 475
スアッソ家 Suasso family　9, 165
ストウ，ケネス Stowe, Kenneth　150,
　453
ストゥドウニキ＝ギズベール，ダヴィケ
　ン Studnicki-Gizbert, Daviken　263
スピノ家 Supino family　102
スピノザ，ベネディクトゥス Spinoza,
　Benedict　83, 108, 278, 279
スブラフマニヤム，サンジャイ
　Subrahmanyam, Sanjay　175, 375
スレスキン，ユーリ Slezkine, Yuri　19,
　476
スレマ家 Sulema family　393
ソーキン，デイヴィッド Sorkin, David
　164
ソリア家 Soria family　111
ソンシーノ家 Sonsino family　102

　　　　　タ　行

タヴェルニエ，ジャン＝バティスト

人名索引

Tavernier, Jean-Baptiste　386, 389, 398-99, 405, 420, 442
ダ・オルタ, ガルシア da Orta, Garcia　398
ダスグプタ, パーサ Dasgupta, Partha　274, 277, 434, 446
ダティーニ, フランチェスコ Datini, Francesco　242, 310-12, 317, 334
ダフォーン, リチャード Dafforne, Richard　321
チョードゥリ, K・N Chaudhuri, K. N.　21-22
チョードゥリ, スシル Chaudhury, Sushil　19
デフォー, ダニエル Defoe, Daniel　27, 282, 324
デュビン, ルイス Dubin, Lois C.　163
トゥボー, ジャン Toubeau, Jean　311
ド・マレルブ, A・M de Malherbe, A. M.　319
ド・ラ・セル, ジャン・プジェ de La Serre, Jean Puget　320

ナ 行

ナオン, ジェラール Nahon, Gérard　164
ナポレオン　16, 127, 156, 163, 465
ヌネス・ベルモンテ家 Nunes Belmonte family　9
ノース, ダグラス North, Douglass C.　21-22, 25, 29

ハ 行

バース, フレデリック Barth, Frederik　30, 65, 253
パーセル, ニコラス Purcell, Nicholas　11
ハーディン, ラッセル Hardin, Russell　247
ハーバーマス, ユルゲン Habermas, Jürgen　287, 312

バーンスタイン, リサ Bernstein, Lisa　295, 461-62
バネット, イヴ・テイヴァー Bannet, Eve Tavor　298
ハプスブルク家、ハプスブルク＝ロートリンゲン家　xii, 16, 86-88, 127, 136, 138, 162-63, 175, 185-86, 196, 217-18, 268, 392, 435, 473
ピエトロ・レオポルド（トスカーナ大公、神聖ローマ皇帝）　5, 8-11, 16, 76, 78, 84-87, 90, 98, 119, 125, 157, 161-63, 167, 170, 179, 186-87, 196, 270, 273, 286, 308, 353, 368, 370, 394, 442
フランツ・シュテファン（トスカーナ大公）　16, 186, 394
ハミルトン, アレクサンダー Hamilton, Alexander　419
バルドゥッチ＝ジュディチ＝ペリーニ商会 Barducci, Giusici and Perini　367, 408-11
バルク＝カルヴォリオ家 Baruch Carvaglio family　54, 68, 101, 111, 146, 183, 231-32, 348-50
パルド・ロケス家 Pardo Roques family　350
バンクス, ケネス Banks, Kenneth　329
ハンコック, デイヴィッド Hancock, David　62, 249, 263, 287-88, 311
ビーウェス, ウィンダム Beawes, Whyndham　ix
ビュッシング, アントン・フリードリヒ Büsching, Anton Friedrich　118, 137
フア家 Fuà family　305
ファッロ家 Farro family　111, 159, 201, 363
ファッロ＝ヌネス商会 Farro and Nunes　363
ファーバー, ホールデン Furber, Holden　375
フィリッピーニ, ジャン＝ピエール Filippini, Jean-Pierre　184-85, 188,

207, 214
フーキエ家 Fouquier family　365
ブールリエ, ジャン Bourlier, Jean　312
プライス, ジェイコブ Price, Jacob　276, 451
プラン, ブライアン Pullan, Brian　31, 62, 77, 96, 114, 140, 163, 176, 279, 359
フランコ家 Franco family　63, 71, 101-02, 111, 141, 147, 160, 183, 359, 367, 394, 414, 447
フランコ・アルブケルケ家 Franco Albuquerque family　87
ブオンタレンティ, ベルナルド Buontalenti, Bernardo　125
プルダン兄弟 Predent brothers　365
ブルベイカー, ロジャーズ Brubaker, Rogers　18
ブローデル, フェルナン Braudel, Fernand　173-74, 180-81, 189
ブロード, ベンジャミン Braude, Benjamin　212
ペイソンネル, ジャン=アンドレ Peyssonnel, Jean-André　386-87
ベイリー, C・A Bayly, C. A.　19, 472
ペペラシス・ミノグルー, ヨアンナ Pepelasis Minoglou, Ioanna　428
ペリ, ジョヴァンニ・ドメニコ Peri, Giovanni Domenico　283, 367, 408-11, 425
ベリリオス家 Belilios family　68, 231, 236-38, 321, 348, 350-51, 432
ベン・イスラエル, メナセー ben Israel, Menasseh　86, 222, 276
ベルモンテ家 Belmonte family　9, 165
ホーデン, ペレグリン Horden, Peregrine　11
ポール・プレポー商会 Prepaud, Paul and son　283-84
ボシャー, J・F Bosher, J. F.　19
ポスルスウェイト, マラキー Postlethwayt, Malachy　316
ボッカーラ家 Boccara family　111
ボディアン, ミリアム Bodian, Miriam　141
ボヤジャン, ジェイムズ Boyajian, James C.　400
ポランニー, カール Polanyi, Karl　20
ボンフィル家 Bonfil family　231, 348-51

マ　行

マイ, ヨハン・カール May, Johann Carl　315
マカスカー, ジョン McCusker, John J.　287
マティー, ルディ Matthee, Rudi　170
マリャベッキ, アントニオ Magliabecchi, Antonio　148
マリンズ, ジェラード Malynes, Gerard　26-27, 270, 282
マルコヴィッツ, クロード Markovits, Claude　20
マルティニ, ゲオルグ・クリストフ Martini, Georg Christoph　190, 392
マン, トーマス Mun, Thomas　401
ミラーノ, アッティリオ Milano, Attilio　119
ムラトーリ, ルドヴィーコ・アントニオ Moratori, Ludovico Antonio　148
メシュラン, アンリ Méchoulan, Henri　122
メディチ家 Medici family　5, 8, 16, 32, 44, 85-90, 125, 127, 129-31, 135, 155-57, 160, 162, 169, 175, 179-82, 187, 196, 211, 268, 270, 369, 407, 473
コジモ（イル・ヴェッキオ）　124
コジモ1世（トスカーナ大公）　84, 124-25, 392, 450
コジモ3世（トスカーナ大公）　87, 131, 149, 157

人名索引　　　555

ジャンガストーネ（トスカーナ大公）
　87–88
フェルディナンド1世（トスカーナ大公）　138, 140
フランチェスコ1世（トスカーナ大公）　84, 125
メディチ＝ニッコリーニ商会 Medici and Niccolini　366
メディチ＝ベロアルディ商会 Medici and Beroardi　261, 367, 415–16
メネス＝アルヴァレス商会 Meneses and Alvares　354
メンデス家 Mendes family　43
モデナ，レオン（ラビ）Modena, Leon, Rabbi　106, 149, 278
モルテラ，サウル・レーヴィ Mortera, Saul Levi　165
モルニョー，ミシェル Mornieau, Michel　213
モンテスキュー，シャルル・ルイ・ド・Montesquieu, Charles Louis de　118–19, 392
モンテフィオーレ家 Montefiore family　102, 159–60

　　　　ヤ・ラ・ワ　行

ヨーゲウ，ゲダリア Yogev, Gedalia　402
ラヴァラ家 Ravara family　372, 415
ラカ家 Racah family　103, 111
ラストリコ家 Lastrico family　354
ラドクリフ商会 Radcliffe company　238
リヌッチーニ，カルロ Rinuccini, Carlo　88–90, 286, 308, 393
ルー家 Roux family　159, 300, 326
ルゼナ家 Lusena family　354, 395
レオン家 Leon family　111
レカナーティ家 Recanati family　103, 112, 159, 198, 228, 300
ロー，ジョン Law, John　186, 353
ロス，セシル Roth, Cecil　119, 143
ロメッリーニ家 Lomellini family　354–55, 385
ロンバール，デニス Lombard, Denys　21, 321, 365
ロンブローゾ家 Lombroso family　111, 344

ワイズマン，チャールズ Wiseman, Charles　317, 325

事項索引

あ 行

アイデンティティ　x, 3, 5, 7, 14, 19–20, 27, 30–34, 72–75, 81, 83, 112–14, 122–23, 150, 153, 220, 246, 252, 258, 265, 272, 299–300, 308, 332, 369–70, 460, 467, 469
アクレ　337, 342, 365, 330–31
アジア　10–11, 57, 78, 84, 127, 175–76, 192, 208, 256, 264, 283, 301, 340, 374, 379–80, 384–86, 397, 400, 402–07, 411, 420, 422, 424, 431, 470
アシュケナジム → ユダヤ人
合資契約(アッコマンディータ) → 合資
アフリカ　11, 18, 72, 84, 145, 155, 246, 263, 289, 359, 378, 385, 398, 442, 464
　（フランス王立）──会社　219, 322, 397
　北──　6, 22, 27, 43, 48, 62–63, 86, 96, 103–07, 111–12, 137–38, 155–63, 175, 180, 192, 203, 207, 214, 219, 241, 291, 298, 337, 344, 348, 378, 385, 387, 390, 398, 464–67
アムステルダム　xi, 6, 9–10, 30–33, 37, 46–48, 54–55, 58–68, 72, 74, 79–83, 86, 94–96, 99–101, 107, 109, 114, 122, 127, 134, 140–43, 148–51, 154, 158–60, 164–70, 187–93, 222, 226, 230, 234, 241, 249, 254–57, 264, 267, 273–81, 287, 290–91, 294, 300, 308–09, 313, 316–17, 320, 322, 329–34, 337, 340, 343, 346, 349, 355–63, 374, 378–79, 397, 403–07, 411–17, 420, 422, 426, 432–33, 436, 439–41, 445–48, 459, 461, 463–64, 470, 475
アメリカ　6, 10, 19, 43, 64, 67, 80, 95, 176, 178, 191, 208, 246, 277, 340, 344, 363–64, 368, 385
　スペイン領──　96, 532, 372, 464
『商業手引(アルス・メルカトリア)』 → 商業手引書
アルメニア
　──人　17, 19, 21, 64, 84, 118, 127, 133–37, 170, 173–76, 188, 193, 198, 213, 252–57, 266, 323, 341, 353, 359, 383, 393, 402–05, 460, 465, 476–77
　イラン系──人　253–54, 258, 323, 405
　ペルシア系──人　257
　離散（した）──人 → 離散
アレクサンドレッタ（イスケンデルン）
　Alexandretta (Iskenderun)　203, 329, 339, 445, 200, 330–31
アレッポ　10, 13, 14, 27, 34–35, 38–39, 54–55, 60, 68, 109–11, 177–79, 192–208, 212–18, 233–38, 245, 254, 256, 262, 287, 291, 298, 304, 306, 321, 329, 333–44, 348, 350, 356–57, 362, 365–66, 378–80, 396–97, 409, 431–35, 441–48, 459–60, 462, 465–66, 474
アンコーナ　43, 46, 72, 97, 186, 195, 223–26, 244, 252
イギリス，イングランド　xii, xiii, 7, 10–11, 18, 27, 39, 48, 61, 65, 69, 71, 78, 81, 88, 95, 102, 112–13, 132–34, 137, 143, 145, 159, 161, 167–68, 173–74, 180–83, 187, 190–92, 195, 203–04, 207, 214, 217–19, 233, 238,

事項索引　　557

241, 244, 246, 249, 255, 263, 270, 274-77, 287-88, 294, 296, 300, 303, 310-11, 315, 318, 324, 326, 335-43, 353, 359-64, 367, 375-79, 384, 393, 397, 400-07, 413-16, 420-24, 429, 433, 439, 451, 464-67, 474, 478
──人　　19, 118, 133, 135, 138, 173, 180-81, 187-88, 193-94, 200-03, 213, 217, 238, 256, 309, 319, 341, 368, 383, 407, 419-20, 429, 462
委託 commission　　260, 266, 294, 296, 373, 434, 471
──代理業 ──agency　　4, 25, 256, 259, 262, 281-82, 286, 294, 329, 357, 365, 422
──代理人 ──agent　　220, 239, 253-62, 272, 282, 303-05, 310, 323, 329, 332, 334, 344, 351, 356, 365, 372, 374, 378-81, 384, 396, 413, 418, 430, 461
イタリア　　5, 9-11, 24, 26, 33, 42-44, 57, 61, 63, 72-73, 76-80, 83-84, 94, 97-103, 106-07, 110, 118-21, 128-31, 135, 148-49, 155-56, 161-64, 167, 170, 173-74, 178-91, 199, 202-03, 221-26, 234, 240, 248, 265-67, 282-83, 286, 289, 308, 311, 313, 329, 338-39, 345, 352, 364, 367-72, 378, 394, 413-14, 432, 449, 453, 466-67
──語　　16, 45, 84, 107, 110, 128, 138, 151, 252, 283, 298-300, 312-16, 321, 371-72, 387, 433, 436, 439, 444, 459, 467
──商人　　173, 189, 342, 366-71, 412-16
──人　　127, 188, 213, 367-71, 412-14, 424-27, 453-54, 467
異端審問（所）　　5, 11, 17, 31, 33, 42-45, 57-59, 74-82, 86-89, 96, 98, 114, 123, 148, 150, 165-66, 191, 334, 347, 360, 364, 366, 370, 373-

74, 380, 426, 464
委任状 powers of attorney　　32, 48, 64, 138, 234, 260, 271-72, 284, 302, 332, 349, 355, 367, 378, 395
異文化間交易 → 交易
異文化間仲介業者　　3, 28
イベリア　　ix, 5, 8, 11, 14, 31-32, 42, 44, 46, 54, 57, 72-79, 81-82, 86-90, 96-99, 106, 112-14, 127, 141, 154-56, 173, 178, 189-91, 211, 230, 354, 363, 366-67, 412, 464
──系ユダヤ人 → ユダヤ人
イラン　　170, 193, 203, 253-54, 258, 266, 323-34, 341, 405, 407, 431, 444, 458, 477
──系アルメニア人 → アルメニア人
サファヴィー朝　　170, 255, 341, 444, 462
イングランド → イギリス
イングランド銀行　　101-03, 151, 278, 361, 380, 465
インド　　5, 6, 10, 12, 15, 19, 43, 49, 57, 61-66, 78, 89, 98, 112, 151, 174, 177-78, 183, 200, 203, 241, 255-57, 262, 283, 288-89, 296, 300-01, 319, 341, 344, 346, 353, 356, 361, 367-68, 373-77, 383-86, 393, 397-410, 413-26, 443-44, 472, 473
イギリス領──　　340, 416, 422
──産ダイヤモンド → ダイヤモンド
──洋　　9, 15, 17, 21, 24, 112, 192, 289, 300-01, 374-378, 385, 420, 464
ポルトガル領── Estado da Índia xiii-xiv, 12, 17, 43, 246, 301, 334-35, 372-77, 380, 385, 410, 423
非人格的な　　3, 6-7, 16, 21, 25, 265, 274, 476, 477
ヴェネツィア　　xi, xiii-xiv, 6, 11, 14, 17, 31, 33, 42-48, 54-56, 63, 68, 72, 76-78, 81-87, 94-106, 109, 114, 127-30, 141-45, 149, 153, 155, 160, 173-74, 178-85, 189-96, 201-02,

事項索引

206-08, 211-14, 219, 222-25, 228-32, 236-37, 239-43, 249, 252, 254, 257, 259, 265-79, 284, 286, 289-91, 306, 311, 314, 317, 323, 329, 331-35, 340-56, 360, 367-69, 379, 384-86, 392, 397, 399, 403-04, 409, 412-13, 432, 435-38, 446-48, 453-54, 459, 463, 466, 478
エスファハーン　253, 257, 405, 460, 477
エリート　15, 64, 69, 82, 86, 109, 112, 122, 124, 140-41, 145, 150, 154, 158, 162, 169, 225, 253, 257, 279, 311, 444
オーストリア継承戦争（1740-48 年）71, 463
オスマン帝国　ix-x, xiii, 5-6, 10, 13, 27, 42-43, 47, 55, 61, 64, 72, 77, 84-85, 94, 99, 105-10, 113, 118, 124, 129, 138, 158, 169-70, 173-82, 186-87, 190-204, 212-14, 218-19, 238, 252, 254-55, 257, 280, 300, 310, 329, 331, 338, 341-43, 364-66, 385, 429, 462, 467, 475
オランダ　xii-xiii, 9, 11, 32, 46, 47, 54, 69, 73, 78-81, 87, 94-96, 100-13, 118, 133, 135, 140, 143, 145, 150, 155, 158, 164-67, 170, 174, 176, 178, 180-83, 188-95, 200-08, 211-14, 219-22, 234, 239, 256-57, 264, 276-77, 284, 288, 301, 307, 313, 316, 320, 340, 342, 356-60, 366-68, 397, 400, 403, 411, 416, 420, 439, 440, 464

か　行

海賊　62, 174, 179, 186-87, 259, 291, 391, 478
海軍令 Editto della Marina　186
海事監督局 Consoli del Mare　267, 268, 451

改宗　x, 4, 17, 31, 36, 42-43, 74-76, 82, 90, 98, 102, 106, 114, 130-31, 136, 146, 155, 168, 193, 305, 308, 347, 354, 366, 374, 464
嫁資 dowries, nedynya　39, 45, 60, 66-67, 81, 97, 151, 159, 219, 221-34, 240, 244, 248, 250, 273, 349, 351, 451-56, 460, 463
カスティーリャ　42, 57, 81, 107
カストロ戦争 War of Castro　187
カトリック　x, 4, 9, 11, 17, 32-33, 72-75, 83-84, 86, 97, 120, 124, 128, 130-37, 149-50, 162-65, 168, 189, 197, 215, 220-21, 225, 227, 257, 265, 309, 326, 342, 347, 354, 374, 380, 384, 391, 402, 452, 453
——教会　76, 78, 80, 85, 114, 121, 222, 253, 452
——信徒　12, 261
金貸し　26, 176, 193, 475
寡婦産 tosefet　224-32, 244, 250, 455
カピチュレーション　194-96, 217, 387
神　22, 24, 26, 32, 71, 76, 109, 113, 132, 163-65, 217, 303, 308-09, 339, 375, 383, 404, 406, 410-12, 470, 475
ガラス　147, 177, 208, 291, 306, 348, 368, 379, 386, 432
——ビーズ　208, 292, 337, 340, 348
カリブ海　6, 19, 95, 145, 189-90, 264, 329, 357, 359-60, 363, 381
為替手形　60, 62, 64, 66, 179, 204, 207, 236-37, 256, 271, 273, 278, 280, 283, 293-94, 301, 321-22, 332-45, 356, 413, 422-23, 457
『完全なる商人』（サヴァリ著）Le parfait négociant（Savary）　282, 310
寛容令（1781 年）Toleranzpatent（1781）163
生糸 → 絹
絹　13, 62-63, 89, 101, 130, 157, 176-77, 181-84, 188, 192, 203, 256, 293,

事項索引

329, 335, 340-41, 348, 352, 362, 364, 368, 376, 385, 394
　生糸　　10, 63, 176-79, 193, 199, 203, 208, 292, 329, 338, 341, 362, 365, 368
喜望峰　　18, 64, 192, 289, 335, 340, 422
キプロス　　77, 236, 245-56, 321, 329, 337, 339, 342, 365, 378, 200, 209-11, 330-31
偽名（キリスト教的な）Christian pseudonyms　　32, 36, 90, 98, 235, 349, 367, 408
キャラヴァン　　10, 21, 177, 192, 217, 338-41, 397, 404
キャラコ → 綿
キュラソー（島）　　95, 190, 357, 359
教皇　　43, 76-77, 84-85, 134-36, 147, 155, 171, 182, 226, 299, 369-70
　教皇庁　　76-77, 136, 226
兄弟会　　81, 368-70, 427
共同体的コスモポリタニズム → コスモポリタニズム
共同体責任 → 責任
「巨大ダイヤモンド事件」big diamond affair（l'affare del diamante grosso）433-35, 444, 461, 470-71
ギリシア　　11, 135-36, 169, 252, 343, 478
　――語　　72, 108, 333
　――人　　44, 84, 127, 133-34, 137, 169, 173-76, 188, 193, 198, 213, 333, 339, 359, 465, 476-48
キリスト教　　26, 30-34, 42-43, 57, 75-81, 102, 106, 110, 112, 120-21, 137, 162-63, 165-66, 174, 212, 215, 222, 305, 319, 474
キリスト教徒　　7, 14, 17, 24-27, 30-34, 37, 42-43, 63, 68, 73, 76-87, 90, 94, 97-98, 106, 114-15, 118, 120-24, 127-32, 137-38, 140, 143-50, 154, 163-65, 170-71, 176-79, 182, 195, 220-28, 234-35, 239,

241, 246-47, 252, 255, 257, 274-81, 285, 299-300, 320, 329, 331-32, 343, 345-49, 353-56, 367, 370, 376, 379-81, 408, 416, 427, 450-55, 463, 474, 475
　新――　　6, 17, 31, 36-37, 42-46, 57-58, 74-81, 84-90, 94-100, 107, 114, 123, 127, 135, 143, 145, 155, 165, 167, 189-191, 222, 230, 233-34, 263, 334-45, 353, 366, 370, 373-74, 380, 392, 400, 403, 412-14, 426
　＊マラーノも参照
　非――　　26, 72, 76, 374
クエーカー　　276, 361
クラン　　44-45, 57, 59
グローバル・ヒストリー　　12-15, 174, 263, 469
毛織物　　54, 176-77, 181, 193, 198, 208, 304, 340, 467
結婚　　14, 46, 55, 60, 65-69, 74, 81, 89, 95, 98-101, 105-06, 111, 114, 133, 142, 153, 155, 159-60, 167, 221-35, 243-45, 250, 255, 257, 263, 275, 281, 308, 310, 314, 319, 349-50, 356-357, 362-64, 370-71, 427, 453
　――契約　　56, 66-67, 221, 224-26, 230, 232, 257
　結婚契約 kettubot　　56, 226, 228, 231
　婚姻（関係）　　15, 36-38, 45, 47, 55-56, 69, 160, 224, 231, 241, 257, 348, 351, 401, 444, 455, 470, 475
　通婚　　7, 56, 68, 111, 155, 164, 222, 231, 247, 257, 263, 346, 350, 357
　同族――, 同族婚　　6, 32, 37, 154, 221-27, 232, 241, 467
　レヴィレート婚 levirate marriage 224-27, 250, 454
血族　　12, 20, 36, 56, 167, 250
　＊親族も参照
結託 coalition　　266, 418, 426, 428
ゲットー　　39, 43, 45, 54, 77-81, 85-86, 94, 98-99, 106, 128, 131, 143,

145, 150, 154, 162, 278, 347
文書庫 Geniza　22, 47, 97, 197, 284, 294, 297, 309, 319, 418, 430, 467
ゴア　12, 15, 17, 43, 256, 261, 263, 271, 283, 289–302, 305, 308, 318–22, 329, 332, 335, 358, 364–68, 373–81, 384–85, 390, 399–401, 405–30, 460, 471
交易　随所
　異文化間——　1, 3–8, 12, 15–20, 23–29, 32, 34, 37–38, 70, 74, 83, 113, 171, 221, 246, 257, 295–98, 323, 327, 329, 332, 384, 411, 416, 428, 472–77
　遠距離——　14, 18, 21–24, 219, 281, 283, 286, 288, 294–95, 319, 324, 347, 361, 373, 384, 427, 464, 469, 471
　——に従事するディアスポラ → ディアスポラ
合資　5, 12, 244, 348, 371, 470
合資契約, 合資契約 accomandita (pl. accomandite)　221, 239–43, 250
公証人　23, 33, 68, 97, 146, 190, 226, 228, 232–35, 242, 244, 254, 256, 260, 270–72, 282–83, 289, 310, 313, 316, 332, 348, 360, 367, 370, 378, 417, 457
コーチン　43, 284, 301–02, 307
個人法責任システム → 責任
コスモポリタニズム　122–24, 168, 340
　共同体的——　30, 123–24, 154, 164, 167, 171, 220, 247, 276, 329, 428
　コスモポリタン（な）　5, 29, 122–24, 168–70, 248, 309, 325–26, 329, 467, 474
ゴルコンダ（インドのダイヤモンド鉱床）398, 400, 405, 419, 442
婚姻 → 結婚
コンスタンティノープル　43, 47, 100, 108, 193, 196, 202, 204, 212,

215–17, 228, 290, 335, 343–46, 351, 366, 397
コンメンダ（契約）*commenda*（contract）23, 239, 243, 248, 253–56, 266
コンパニーア *compagnia*（pl. *compagnie*）　239, 242–43, 248
コンベルソ　31, 75, 81, 82, 380
　＊新キリスト教徒も参照

さ　行

サーヴィス　17, 47–48, 64, 175, 197, 207, 245, 288, 290, 294, 304, 331, 337, 344, 354, 376, 379, 404, 412–17, 424, 429, 434, 447, 461, 476
裁判　13, 60, 77, 90, 108, 129, 163, 196, 236, 259, 268, 270, 273, 369, 455–56, 461–62, 471, 473
　刑事——　128, 237, 270, 313
　——官　77, 86, 129, 236–37, 270, 273
　——権　90, 108, 163, 167, 194, 196, 256
　訴訟　45, 90, 97–98, 129, 138, 161, 167, 195, 234, 236–37, 240, 244, 255, 260, 269–73, 281, 332, 347, 362, 394–95, 417, 431, 441, 450–59, 471
　民事——　128, 237, 270, 313
裁判所　88, 268, 273, 295, 332, 446, 449
　控訴——　395
　最高——　440, 442
　宗教——　426
　商業—— *Mercanzia*　128, 235, 240, 268–69, 296, 450–51, 456
　上訴——　129
　民事——　235, 237, 267, 395
　＊法廷も参照
詐欺　23, 60, 119, 260–61, 266, 276, 290, 390, 396–97, 417–18, 438
サファヴィー朝 → イラン

事項索引　561

サラスヴァティ（階級）Saraswat caste
　　373-76, 414, 426-27
サロニカ　　43, 94, 108, 110, 177, 193,
　　201, 216, 289, 342, 466-67
サンゴ　　64, 66, 68, 101, 130, 151, 188,
　　190, 208, 256, 280, 284, 291, 321,
　　340-41, 352-55, 361-64, 366, 368,
　　373, 376-80, 383-87, 389-98, 401-
　　03, 407-19, 421-25, 465
　　――（の）ビーズ　　60, 67, 77, 183,
　　390, 398, 401-02, 408
　　地中海産（の）――　　5, 12, 55-56,
　　64, 101, 361, 364, 381-86, 429, 472
　　――漁　　355, 383-93, 425
サント・ステファノ騎士団　　63, 182,
　　196
ジェノヴァ　　17, 22-26, 56-57, 63, 90,
　　100, 103, 107, 124, 132, 170, 180,
　　182, 189, 194, 233, 236, 248, 259,
　　265-67, 281, 285, 299, 304-05, 318,
　　329, 340, 352-56, 366-73, 379,
　　384-97, 403, 408, 411-17, 421, 425,
　　428
事業提携　　4, 14, 20, 24, 34, 242, 249,
　　259, 310, 365, 420, 435
慈善　　63, 100, 102, 106, 109, 122, 151,
　　303
　　――基金, 慈善基金 Hebrà　　81-82
　　――団体, 慈善団体 Hebrà　　45, 81-
　　82, 97, 151, 153, 158, 277
七年戦争（1756-63年）　　187
シナゴーグ　　22, 31, 39, 42, 66-67,
　　79, 82-85, 94, 106, 111, 117, 131-
　　35, 146, 149, 151, 153, 160, 279, 280,
　　284, 294, 297, 309, 360, 418, 444
市民権（トスカーナ大公国の）　　128,
　　161, 361, 466
社会ネットワーク → ネットワーク
シャブタイ運動, シャブタイ派
　　Sabbatianism　　55, 166, 193
自由港　　117, 352
「自由箱」caixas de liberade　　400

ジュルファ　　253-57, 323, 477
　　ニュー・――　　253-55, 257
少額の贈与 mohar　　224
商慣習法 law merchant, lex mercatoria
　　266-68, 270
商業手引書,『商業手引』ars merca-
　　toria　　26, 267, 283, 312-13, 320-
　　21, 473
商業書簡 → 書簡
商業通信 → 通信
書簡　　13, 17, 23, 71-72, 90, 131, 134,
　　170, 179, 235, 237, 249, 251, 255,
　　261-62, 272-73, 277, 282-90,
　　292-305, 308-27, 333-40, 342-
　　46, 352, 356, 359, 362-63, 366-67,
　　373, 377-78, 405, 408-12, 416, 418,
　　426-28, 430, 442, 472
商業――　　14, 29, 189, 260-62, 297-
　　98, 301-04, 308-17, 320-27, 333-
　　34, 415, 417-18, 430, 452, 469
（――作成用の）手引書　　298, 315,
　　317, 325
＊通信, 手紙も参照
女性　　39, 68, 81-82, 88-100, 109, 133,
　　146, 153-54, 158, 160, 165, 223-
　　24, 227, 230-31, 257, 319, 339, 371,
　　386, 397, 427, 451-58
未婚――　　81, 153
新キリスト教徒 → キリスト教徒
新制度派経済学　　3, 21, 26, 29, 267,
　　461, 475
親族　　15, 36, 45, 55-56, 60, 68-69, 97-
　　98, 102-03, 112-14, 151, 154, 160,
　　207, 219-22, 228, 232-37, 240-51,
　　255-58, 263-64, 274-75, 281, 303,
　　323, 329, 331, 347, 361, 379, 428,
　　454-55, 457, 477
＊血族も参照
信託遺贈 fideicommissum（pl. fideicom-
　　missa）　　223
信徒団 congregation　　66, 72-73, 79-
　　82, 87, 100, 107-09, 159-60, 164,

222, 252, 263, 277-79, 368-70, 451
　——理事 *massari*　　90, 109, 128-29, 133, 146, 148, 156, 161, 163, 167, 226, 237, 268-70, 273, 281, 451
　スペイン・ポルトガル系（の）——（共同体）　　31, 47, 65-67, 80, 83, 86, 94, 112, 155, 158, 166, 278, 465
新聞　287-94, 383, 390
信用　4, 7-8, 13-20, 23, 26-29, 48, 62, 83, 95, 113, 115, 134, 176, 179, 183, 187, 242, 244, 246-47, 250, 254-59, 262-66, 269, 271, 275-77, 281-82, 285, 293, 295, 297, 302-10, 322, 345, 350-51, 364, 375-91, 403, 408, 410, 418, 422, 425, 429, 434-35, 441, 444, 446, 461-62, 469-75
スペイン　v, ix-x, xiii, 4, 10, 31, 42-43, 57-58, 68, 78-79, 82, 85-86, 90, 96, 98-99, 108-11, 118, 140, 165-66, 178, 190-91, 204, 208, 222, 243, 255, 318, 334, 352, 359-60, 370, 372
　——系（の）信徒団 → 信徒団
　——系ユダヤ人 → ユダヤ人
　——語　x-xi, 107-10, 151, 291, 298-300, 313-16, 320, 444
　——人　24, 127
　——領アメリカ → アメリカ
スペイン継承戦争（1701-13 年）　203, 208, 280, 335, 359, 408
スミルナ　55, 71, 100, 110, 119, 192-95, 201-04, 213, 242, 254, 257, 335, 341-43, 365, 463
スリナム　95, 190, 277, 464
税　43, 47, 54, 60, 63, 66-67, 90, 108, 117, 125, 127, 129, 150, 161, 181, 182-88, 194-200, 204, 211-14, 272, 289, 302, 341, 347, 352-53, 367-70, 376, 390, 399, 401-02, 415, 419, 429, 449, 455
　停泊—— *ancoraggio*　　182
摂政（トスカーナの）　88, 127, 138, 185, 270, 433

セファルディム → ユダヤ人
責任
　共同体——　23, 25, 265, 427
　個人法——　23, 25, 266, 274, 427
　無限——　241, 243-44, 249, 253
　有限——　25, 49, 220, 233, 238-39, 243, 248-49, 265-66, 454
セント・ジョージ要塞 Fort St. George　419, 422, 424
船舶抵当貸借 bottomry loans　256
全般的双務協定 bilateral general partnership　442
総督（リヴォルノの）governer of Livorno　13, 90, 129, 131, 135, 148, 163, 188, 268, 270-71, 274, 286, 307, 353, 360, 385, 393, 425, 433, 450, 452, 456, 458-60
訴訟 → 裁判

た　行

大西洋　5-6, 9, 11, 15, 19, 31, 39, 56, 61-62, 75, 96, 112, 145, 164, 169, 174-75, 181, 184, 190, 211, 219, 226, 244, 246, 249, 252, 255, 258, 263, 275, 286-89, 293-94, 297, 311, 334, 337-38, 367-79, 470
ダイヤモンド　xiv, 12, 55, 64-68, 101, 154, 165, 190, 241, 256, 271, 283, 289-90, 304, 308, 321, 334, 346-47, 357-63, 368, 373, 376-78, 384, 398-416, 419-25, 430-50, 456-62, 465, 472, 478
　インド産——　xiv, 5, 55-56, 101, 103, 178, 309, 366, 381, 383-84, 398-99, 402, 405, 407, 413, 429, 438, 471
　——貿易（交易）　55, 57, 112, 264, 347, 361, 363, 376-77, 380, 383, 384, 400-05, 414, 419-20, 423, 425, 473
　ブラジル産——　88, 416, 420-22,

事項索引　563

　　　438
代理　16, 138, 169, 236, 244, 246, 251-52, 259-60, 337, 349, 376, 379, 415-16, 432-33, 438, 471
　　委託――（業，業者，人）→ 委託
　　――店　189, 244
　　――人（業者）　4, 5, 7, 17, 23-24, 37, 55-56, 68, 102-03, 113, 127, 133, 138, 159, 219-20, 234-39, 243-47, 250-256, 259-277, 282-85, 289-97, 301-10, 321-32, 339, 344-45, 348, 350-51, 354-56, 361-66, 372-73, 376-79, 384, 387-89, 392, 395, 405, 408-30, 434-38, 445-46, 452, 457-59, 471-75
タバコ　48, 61, 64, 130, 165, 177-78, 181, 188, 190, 352-53, 368, 376, 379, 408, 464
タバルカ（島）　354-55, 385, 388, 425
仲介，仲介業　245, 375, 378, 424, 438
　　――業者　176, 187, 212, 281, 339, 463, 478
　　――手数料　66, 357, 412
　　――人（者）　66-67, 255, 338, 366-67, 371, 384, 412-15, 429, 471, 478
チュニス　37, 48, 60, 100, 103, 107, 111-12, 160-61, 177, 201, 206-07, 242, 291, 330-31, 344, 385, 387, 396, 425, 464-65, 467
調停　8, 26, 128, 157, 212, 246, 259, 269, 302, 410, 450, 453
通婚 → 結婚
通信 correspondence　147, 211, 217, 261-62, 272, 284, 286-87, 290-93, 297, 300, 304, 316, 318, 321-22, 332-33, 336, 342, 344, 348, 355-56, 413-14, 418, 423, 430, 445, 461
　　商業――　14, 29, 69, 199, 260-62, 272, 282-87, 293-94, 297, 299, 303, 306, 311-16, 319, 323, 334, 473
　　――相手 correspondents　236, 259,
266, 271, 282-86, 289-94, 300, 304-10, 317-19, 325, 329, 340, 343, 345, 354-57, 362-67, 372-73, 376, 380, 409, 411, 414, 418-23, 426
　　――文書 correspondence　69, 297-302, 309, 313, 315, 317, 323, 332-37, 341, 349, 364, 367, 370-73, 384, 396, 407, 418, 427
　　＊文通も参照
ディアスポラ diaspora　3, 4, 6, 9, 19, 27, 30, 37, 42, 141, 174, 179, 213, 264, 300, 325, 380, 403, 428, 470, 476-78
　　交易に従事する――　trading diaspora　7, 13-25, 29, 127, 174-76, 206, 221, 249, 252, 258, 263, 323, 378, 384, 400, 425-70, 473-77
　　＊離散も参照
手紙　56, 119, 197, 215. 260, 271, 277, 282, 288-90, 297-300, 305-09, 312-22, 332-36, 377, 410-11, 421, 439, 445, 458, 473
　　＊書簡，通信も参照
同族婚 → 結婚
統治官 governanti　156, 157, 160
ドゥブロヴニク → ラグーザ
トスカーナ　xiii-xiv, 5, 11-16, 35, 39, 42, 44, 48, 54, 60, 63, 66, 71, 78, 84-89, 93, 97, 100, 103, 105, 113, 118-25, 129-30, 134, 137-38, 148, 150, 157, 161-63, 167-70, 175, 179, 181-88, 196, 199, 207, 213, 217-18, 223, 232, 239-40, 248, 268-70, 274, 286, 290, 299, 310, 345, 349-50, 354, 369-72, 387, 390-95, 401, 423, 428, 433, 435, 438, 448-54, 458-59, 462, 465-66
　　――大公（国）　xi-xii, 5, 8-11, 16, 76, 78, 84-87, 90, 98, 119, 125, 157, 161-62, 167, 179, 187, 196, 270, 273, 286, 308, 353, 368, 370, 442
　　――（の）摂政 → 摂政

事項索引

トッレ・デル・グレコ　387, 389, 392
富くじ　358, 362
トリポリ（リビア）　270
トリポリ（レバノン）　138, 299, 306, 338-39, 342, 347
トルコ人　26-27, 63, 84, 118, 127, 132, 138, 256
奴隷　11, 63, 127-28, 131-32, 137-38, 145-46, 155, 169, 359, 376, 385, 464
トレント公会議　257

な行

ナポリ　48, 64-65, 180, 186, 340, 344, 358, 369, 387-91, 432
ナントの勅令　19
ニッチ　5, 12, 37, 193, 378, 384, 470-71, 478
ネイション　47, 54, 63, 68, 71-75, 81-84, 97, 100, 106, 113, 117, 122-24, 127-34, 140-41, 149-63, 166-67, 171, 188, 195-98, 212, 215-16, 219, 227, 245, 276, 280, 300, 347, 350, 369-70, 408, 411, 465
ネットワーク　9, 12-14, 26, 34, 37-38, 54, 61, 69, 74, 96, 105, 112-13, 159, 179, 188-90, 211, 218, 221, 242-47, 251-54, 257, 263-64, 274-76, 285, 288, 293, 295, 329, 343, 345, 348, 354, 356, 364, 373, 378-80, 384, 395, 412, 416, 423, 428, 470-75, 478
　社会——　34, 171, 262, 276, 327, 364
　社会——分析　28, 246-247

は行

ハーグ　154, 439-42, 448, 461
パートナー　35-36, 39, 55-56, 64, 99, 103, 105, 207, 235, 238-39, 242-45, 248, 250, 253, 262, 304, 321, 333, 342, 348, 351, 354-55, 372, 411-14, 430, 432, 436, 438, 444-46
ビジネス——　5, 19, 47, 147, 250
パートナーシップ　6, 13-14, 23-25, 35, 38, 46-49, 54, 61, 65-69, 83, 103, 121, 138, 179, 187-91, 196, 201-02, 216, 219-21, 225, 228, 231-35, 237-44, 247-52, 260, 262, 265-66, 275, 286, 299-300, 327, 332-39, 343, 348-51, 355, 357, 359, 367, 370, 372, 375, 381, 391-97, 402, 407-08, 412, 417, 420, 433, 454, 459, 463, 469-70, 476
双務的——bilateral——　236-37
＊全般的双務協定も参照
ファミリー——　221, 241-44, 249, 253, 264, 463
包括的——general——　220, 223, 232-34, 237, 239, 242, 244, 247-48, 250, 256, 470, 478
バイヨンヌ　6, 78, 81, 95, 199, 285, 334, 415
破産　13, 15, 24, 35, 49, 54, 147, 185, 196, 224-25, 237, 242, 271, 276, 279, 293-94, 317, 346, 353, 355, 408, 423, 432, 435, 450-60, 465
パッサロヴィッツ条約（1718年）　217
破門、破門 herem　82, 163, 167, 276, 279-80, 376
バラモン　12, 301, 308, 319, 374-76, 405
ハリザ halizah　226
成人式（バル・ミツヴァ）bar mitzvah　149, 308
パルナッシム → 評議員、評議会
ハンブルク　6, 31, 46, 79, 82, 95, 99, 114, 133, 140-41, 145, 154, 262, 279, 292, 294, 307, 316-322, 337-38, 346, 368, 330-31
反ユダヤ、反ユダヤ主義 anti-Semitism　32, 34, 86, 120, 168, 199, 278-79,

事項索引　565

364, 421
ピサ　33, 35, 42–45, 60, 67–68, 84–89, 101, 120, 124–25, 131, 135, 147–51, 156, 232, 240, 267–69, 350, 391–95, 451
東インド会社（イギリス）　21, 66, 101–03, 151, 300, 310, 351, 361, 363, 400–07, 419–25, 429–30, 473
東インド会社（オランダ）　100, 257, 356–58, 397
東インド会社（フランス）　452
評議員，評議会（ユダヤ共同体の）parnassim, mahamad　80, 89, 108, 127, 156, 160, 165, 167
ヒンドゥー教徒　12, 24, 27, 246, 255–56, 262, 264, 271, 300, 302, 308, 319, 321, 373–80, 384, 405, 411–12, 415, 427–30, 461, 474–75
フィレンツェ　v, xiv, 13, 16, 24, 72, 84–86, 90, 97–101, 114, 124–25, 128, 131, 148, 154, 157, 159, 183–84, 188–89, 222–24, 234, 240–43, 248, 268–69, 290, 293, 310, 318, 333, 335, 340, 347,
船荷証券 bills of landing　235, 272, 283–84, 302, 332, 409, 430
ブラジル　79, 94–95, 99, 178, 190, 235, 293, 352, 359, 367–68, 372, 398, 407–08, 416, 422, 443
　——産ダイヤモンド → ダイヤモンド
　ポルトガル領——　359
ブラジルボク　177, 340, 363, 418
フラテルナ fraterna　241–43, 249
フランス　xiii, 10–11, 14, 31, 55, 59, 71–72, 78–81, 95, 98–99, 109–12, 118, 127, 132, 148, 163–64, 168–69, 174, 178, , 180, 183–87, 191–92, 195–208, 211–19, 223, 239, 267–69, 280, 288, 291, 300–01, 305, 310–11, 318–21, 335–44, 352, 362–68, 372, 381, 386–87, 391–92, 397, 404, 425, 429, 438, 451, 462–65, 467, 473–74

　——王, 王権　5, 79, 86, 168, 175, 180, 194–97, 310, 429, 473
　——系ユダヤ人 → ユダヤ人
　——語　x, 21, 107–10, 120, 177, 263, 300–01, 312–16, 319, 321, 333
　——人，商人　10, 110, 118–19, 133–35, 173, 175, 178, 180, 187–88, 191, 194–99, 202–07, 212–18, 238, 245, 257, 264, 294, 300–01, 310, 327, 329, 339–42, 364, 367–68, 380–81, 386, 394, 451, 463–67, 475
　——領事　107, 110, 133, 181, 184, 194–200, 203–04, 214–16, 365, 368, 463, 475
プロテスタント　11, 32, 76, 79, 83, 89, 124, 135, 137, 164, 168, 221, 365, 380
文通 correspondence　148, 321–22
　「良き——」boa correspondencia（buona corrispondenza）　321–22
　＊通信も参照
慈善基金，慈善団体 → 慈善
ヘブライ語　31, 33, 36, 63, 75, 80, 96–97, 107–08, 147, 151, 226, 298–99, 313, 431–32, 436, 444, 459
ペルシア　7, 10, 84, 177–78, 193, 256, 364, 384, 404, 405, 458
　——系アルメニア人 → アルメニア人
　——系ユダヤ人 → ユダヤ人
　——語　431, 444
　——人　84, 119, 127, 440–41, 449, 462
破門 → 破門
宝石　5, 47, 60, 64, 66, 147–48, 290, 346, 357, 363, 403, 406, 420, 431–32, 436, 446, 452
　——商　334, 346–47, 360, 362, 386, 403, 431, 436
法廷　8, 23, 26, 90, 97, 128, 166, 196, 228, 232, 236–37, 240, 246, 251, 255, 260, 262, 264–68, 271–74, 281, 283, 290, 295, 277, 299, 302–

事 項 索 引

03, 313, 332, 349, 427, 430-31, 434, 438-39, 441, 448-50, 454, 458, 462, 470, 475
異端審問――→ 異端審問（所）
　最高―― 98, 461
　商業―― 6, 269, 311
　上訴―― 269
　民事―― 6, 237, 268, 270, 273, 302, 313
　ユダヤ―― 90, 107, 237, 268
　ラビの―― 109, 280
　リヴォルノ総督の―― 13, 129, 271, 433, 450, 452, 456, 459
　＊裁判所も参照
保険　　　63, 66, 182, 207, 260-61, 271-73, 286, 342, 362, 415, 425, 433, 447, 463, 472
　海上―― 48, 62-63, 101, 187, 234, 252, 271, 332, 345, 348, 355, 358, 362, 391, 455, 465
　――証書 207, 252, 256, 273, 302, 358, 362
ボルドー　　　6, 10, 56, 61, 78-79, 95, 107-09, 122, 140-41, 145, 155, 164, 186, 192-93, 233, 264, 267, 286, 294, 300, 307, 318, 322, 329, 334, 357, 362, 380-81
ポルトガル　　ix-x, xiii, 4, 6, 17, 37, 42, 46, 54, 57-58, 68, 72, 74-90, 94-100, 110, 118, 132, 134, 157-58, 165, 189-92, 208, 234, 245, 263-64, 271, 283, 302, 319, 335, 352-53, 360, 366-74, 377, 380, 384-85, 392-93, 400-03, 410-26
　――系（の）信徒団 → 信徒団
　――系ユダヤ人 → ユダヤ人
　――語　　x-xi, 63, 72, 80, 99, 107-10, 151, 233, 262, 298-301, 316, 320, 371, 376, 444, 467
　――人　　31, 46, 57, 72, 79, 127, 195, 293, 301, 304-06, 319, 321-22, 370-71, 374-76, 398-99, 408, 415,
429
　――領インド → インド

ま　行

マイノリティ　　4, 87, 113, 118, 122-23, 138, 164, 168, 170, 182, 192-93, 197, 202, 215, 276, 384, 402, 435, 474
「中間的少数民族」middleman minorities　19, 460
マグレブ　　23-24, 138, 248, 253, 261, 265-66, 284, 310, 384, 418, 426
　――系ユダヤ人 → ユダヤ人
信徒団理事 → 信徒団理事
マドラス　　102, 256, 363, 377, 386, 407, 414, 419-25, 428, 430
マドリード　　42, 46, 57-59, 94, 99, 372, 380, 432
マラーター　　374, 377, 423, 426
マラーノ　　37, 43, 75, 77, 80-83, 86-88
　＊新キリスト教徒も参照
マルセイユ　　10, 49, 56, 61-63, 71, 111-12, 137, 159, 168-69, 176-82, 185-87, 192, 196-207, 212-17, 238, 280, 285, 288-91, 300, 322, 326, 329, 332-34, 339, 352-53, 364-66, 385, 391-92, 396, 403, 425, 438, 464, 466-67, 470, 478
見知らぬ相手（人物，者，人々）strangers　4-8, 20, 25, 29, 34, 37, 123, 221, 246, 251, 257-58, 266, 275, 324-25, 329, 351, 444, 460-61, 469, 472, 475-76
「中間的少数民族」→ マイノリティ
ムスリム　　11, 24, 27, 34, 84, 94, 106, 110, 112, 117-20, 127, 131-32, 137-38, 146, 169-70, 173, 176, 192-93, 196, 212, 248, 255, 262, 405, 475
綿　　　10, 12, 48, 62-64, 70, 176-77,

事項索引　　567

181, 192, 200, 203, 217, 276, 300, 332, 337, 339, 340-42, 352-53, 368, 376-78, 400, 401, 417
キャラコ　　177, 203
＊インド更紗も参照
流儀 モドゥス・オペランディ modus operandi　　5, 274, 472

や　行

遺言，遺言書　　45, 47, 49, 56, 68, 97-102, 107, 109, 146, 151, 153, 223, 225, 232, 260, 345, 349, 351, 355, 364, 369, 371-72, 395, 408, 413-14, 456
友情　　23, 123, 303-04, 307, 310, 314, 317-18, 321, 324-25, 434
郵便　　286, 288, 290, 294, 329, 344, 404, 445
ユダヤ教　　4, 17, 31, 33, 36, 46, 58, 74-76, 79, 81-87, 90, 95, 98-99, 107, 114, 123, 127, 131, 140, 143-46, 150, 155, 158, 166, 275, 278-81, 291, 305, 308, 381, 461
　隠れユダヤ教徒　　33, 75, 86-87, 90, 107
ユダヤ人　　随所
　アシュケナジム　　72-73, 81, 94-95, 112, 141, 155, 158-59, 164-65, 226, 278, 334, 360, 403, 453, 464
　アフリカ系──　　159
　イギリス系──　　143, 145
　イタリア系──　　72, 81, 85, 105, 112, 141, 155-60, 163, 199, 225-28, 313, 322-23, 329, 343, 351, 413, 463-65, 467
　イベリア系──　　4, 5, 14, 30, 42, 44, 73, 75, 80, 83-84, 89, 96, 107, 158, 173, 187, 193, 426
　イラン系──　　444
　北アフリカ系──　　111, 157, 160-63, 463-64, 467
　新──　　31, 158, 234, 464

　スペイン系──　　43, 467
　西方系──　　347
　西方系セファルディム　　9, 37, 73, 110, 112, 155, 159-60, 164, 169, 175, 191-94, 200-03, 207, 211-16, 219-20, 225, 245, 250-51, 254, 256, 258, 264, 277, 299, 332-33, 343, 346, 351, 403, 411, 415, 426, 431, 444, 455, 460, 462-65, 469, 477
　セファルディム系──　　7, 26, 49, 72, 78, 80, 83, 85, 89, 130, 159, 212, 344, 353, 400, 420
　非──　　5-8, 17, 29-31, 48, 83, 112-13, 121, 123, 131, 149-50, 162-68, 220, 234, 241, 244-47, 250, 298, 332, 354, 356, 364-65, 380, 402, 475
　フランス系──　　400
　ペルシア系──　　15, 299, 431, 440, 444, 460
　ポネント系──　　ix
　ポルトガル系──　　ix, 6, 72, 82, 99, 106, 150, 159, 164, 190, 245, 345-61, 403, 420, 467
　マグレブ系──　　22-23, 294
　離散（した）──, 離散（した）セファルディム → 離散
　レヴァント系──　　42, 77, 84-85, 106, 252, 392
　──（の）共同体　　9, 14, 42-47, 59-60, 65, 69, 79-84, 88-90, 93, 97-98, 108-09, 112, 115, 121-22, 133, 141, 143, 149, 155, 163-67, 208, 211, 228, 236, 241, 275, 278, 280, 346-50, 353, 381, 404, 424, 463-64
　──社会　　4, 8, 12, 24, 72, 81, 83, 105-07, 112-13, 124, 193, 309, 455, 464-65
ユダヤ信徒団 → 信徒団
ユダヤ法 halakhah　　22, 78-90, 97, 107, 112, 128, 167-68, 222, 225, 232-33, 237, 364, 432, 449, 451-54
ユダヤ法廷 → 法廷

ユトレヒト条約（1713年） 464
ユトレヒト同盟（1579年） 79

　　　　　ら　行

ラグーザ（ドゥブロヴニク） 47, 133
ラビ　　33, 37-38, 48, 55, 72, 81, 86, 97, 102, 106-12, 118, 128, 140-41, 148-49, 166-67, 222, 225-28, 276, 278-81, 319-20, 350, 430, 445, 453, 459
　──の法廷 → 法廷
リヴォルノ　　随所
リヴォルノ総督 → 総督
リヴォルノ憲章 livornine　　8, 10, 16, 32-33, 43, 78, 85-89, 93, 97, 127-35, 145, 164, 391, 451
離散　　19, 69, 76, 96, 112, 478
　──（した）アルメニア人　　174, 253, 255, 257
　──（した）共同体　　14, 36-37, 74, 89, 112-113, 222, 251
　──（した）セファルディム　　17, 68-69, 74-76, 80, 83, 89, 107-09, 171, 180, 257
　──（した）ユダヤ人　　6, 15, 174, 252, 265, 275, 460, 465, 471, 474
　＊ディアスポラも参照
リスボン　　10, 12, 17, 45, 54, 57, 60-61, 74, 77, 96-99, 147, 178, 183, 190, 234, 239-40, 246, 256, 261-64, 271, 283, 289, 292, 302-05, 308, 318, 329, 332-35, 354-55, 358, 364-73, 376-81, 384, 390, 392, 398-99, 401, 403, 407-30, 467, 471
レヴァント会社（イギリス）　　47, 194-95, 202, 217, 219, 338, 474
レヴァント会社（オランダ）　　219
レヴィレート婚 → 結婚
ローマ　　5, 11, 14, 39, 43, 65, 76-78, 85, 94, 97, 128-31, 136-37, 150, 162-63, 217, 224-26, 232-35, 268-69, 272, 329, 342, 369, 380, 384, 387, 406, 450-55, 467
ロシア　　11, 19, 118, 177, 187, 193, 218, 256, 439, 464, 478
ロレート　　368-72, 427
ロンドン　　xiv, 6, 10, 49, 56, 60-68, 71-72, 82-83, 88-89, 94, 96, 100-08, 111, 123, 140-43, 149, 151, 159, 167-69, 184, 186, 189, 233, 238, 241, 249, 256, 264, 267, 270, 272, 274, 278-79, 287-90, 293, 303-05, 308-11, 316, 321, 329, 330, 333-34, 338, 341, 346, 355-64, 379-80, 386, 395-98, 401-07, 411-16, 419-33, 436, 438-45, 448, 457, 459, 465, 470
ロンドン条約（1718年）　　181

和栗　珠里（わぐり・じゅり）
1963 年生まれ。神戸市外国語大学外国語学部英米語学科卒業，同志社大学大学院文学研究科博士後期課程（文化史学西洋史専攻）単位取得後退学。桃山学院大学国際教養学部教授。専門は近世ヴェネツィア史
〔主要業績〕「〈ポスト・カンブレー期〉ヴェネツィアの寡頭支配層とパトロネジ」(『西洋史学』第 214 号)，『イタリア都市社会史入門　12 世紀から 16 世紀まで』（共著，2008 年，昭和堂），アレッサンドロ・マルツォ・マーニョ著『ゴンドラの文化史　運河をとおして見るヴェネツィア』（翻訳，2010 年，白水社）など

藤内　哲也（とうない・てつや）
1970 年生まれ。京都大学大学院文学研究科博士後期課程修学退学。博士（文学）。鹿児島大学法文教育学域法文学系教授。専門は中近世イタリア史，ヴェネツィア史
〔主要業績〕『近世ヴェネツィアの権力と社会　「平穏なる共和国」の虚像と実像』（昭和堂，2005 年），『イタリア都市社会史入門 12 世紀から 16 世紀まで』（共編著，昭和堂，2008 年），『クロスボーダーの地域学』（共編著，南方新社，2011 年），『はじめて学ぶイタリアの歴史と文化』（編著，ミネルヴァ書房，2016 年）など

飯田　巳貴（いいだ・みき）
1968 年生まれ。東京外国語大学外国語学部アラビア語学科卒業，一橋大学大学院経済学研究科博士後期課程単位取得退学，博士（経済学）。専修大学商学部准教授。専門は中近世東地中海域の社会経済史
〔主要業績〕"Trades in Constantinople in the First Half of the 15th Century" (Mediterranean World, XV, 1998),『港町と海域世界』（共著，2005 年，青木書店），"The Textile Market in Istanbul and Bursa in the First Half of the 17th Century: An Introduction" (Mediterranean World, IXX, 2008),『16・17 世紀の海商・海賊：アドリア海のウスコクと東シナ海の倭寇』（共著，2016 年，彩流社）など

〔異文化間交易とディアスポラ〕　　ISBN978-4-86285-299-1

2019 年 9 月 1 日　第 1 刷印刷
2019 年 9 月 5 日　第 1 刷発行

訳　者　和栗　珠里
　　　　藤内　哲也
　　　　飯田　巳貴
発行者　小山　光夫
印刷者　藤原　愛子

発行所　〒113-0033 東京都文京区本郷 1-13-2
　　　　電話03(3814)6161 振替00120-6-117170
　　　　http://www.chisen.co.jp
　　　　株式会社　知泉書館

Printed in Japan　　　　　　　　印刷・製本／藤原印刷

拡大するヨーロッパ世界　1415-1914
玉木俊明　　　　　　　　　　　　　　　　　菊/464p/6000円

中世後期イタリアの商業と都市
齊藤寛海　　　　　　　　　　　　　　　　　菊/492p/9000円

情報の世界史　外国との事業情報の伝達　1815-1875
S. R. ラークソ／玉木俊明訳　　　　　　　　菊/576p/9000円

北方ヨーロッパの商業と経済　1550-1815年
玉木俊明　　　　　　　　　　　　　　　　　菊/434p/6500円

近世貿易の誕生　オランダの「母なる貿易」
M. v. ティールホフ／玉木俊明・山本大丙訳　菊/416p/6500円

北欧商業史の研究　世界経済の形成とハンザ商業
谷澤　毅　　　　　　　　　　　　　　　　　菊/390p/6500円

穀物の経済思想史
服部正治　　　　　　　　　　　　　　　　　菊/488p/6500円

ロシア綿業発展の契機　ロシア更紗とアジア商人
塩谷昌史　　　　　　　　　　菊/288p＋口絵8p/4500円

スウェーデン絶対王政研究　財政・軍事・バルト海帝国
入江幸二　　　　　　　　　　　　　　　　　A5/302p/5400円

女たちは帝国を破壊したのか　ヨーロッパ女性とイギリス植民地
M. シュトローベル／井野瀬久美惠訳　　　　 四六/248p/2400円

茶の帝国　アッサムと日本から歴史の謎を解く
A. ＆ I. マクファーレン／鈴木実佳訳　　　　 四六/376p/3800円

日本茶文化大全　*ALL ABOUT TEA*　日本茶篇
W. H. ユーカース／静岡大学AAT研究会編訳　B5変形/166p/2800円

イタリアルネサンスとアジア日本　ヒューマニズム・アリストテレス主義・プラトン主義
根占献一　　　　　　　　　　　　　　　　　A5/290p/5000円